국어 방언 성조론

국어 방언 성조론

김차균

도서출판 역락

책을 내면서

1999년에 「우리말 방언 성조의 비교.(도서 출판 역락)」라는 책을 통해서 20세기 후반의 성조론적 수준에서 지은이의 방언 성조 연구 결과가 집대성되었다. 21세기에 들어오면서 음향음성학의 발전은 속도에 있어서나 내용에 있어서나 놀라운 것이다. 그러나 음운학의 분야인 성조론에서는 나라 안은 물론이고 밖에서도 음향음성학의 방법을 제대로 활용하지 못하고 있다. 이로 말미암아 전통적인 성조론을 연구하는 사람들은 음성학적인 타당성이 모자라는 독단적인 주장을 밀고 나가고 있고, 음운론적인 소양이 부족한 음성학자가 성조론을 다룰 경우에는 음향음성학적인 측정에 머물러 있어서 인간의 정신·심리적인 소리 인식에 접근하지 못하고 있다.

최근 10여 년에 걸쳐서 컴퓨터와 음향기기의 발달로 말소리 특히 운율 분야의 연구는 듣는 학문에서 보는 학문으로 옮아가고 있다. 이로 말미암아 짧은 기간 안에서 보면 성조론은 이간의 정신·심리적인 면을 다루는 인문학의 영역에서 전문적인 지식과 숙련을 필요로 하는 자연 과학의 분야로 전환되어 가고 있는 듯하다.

그러나 일차적인 기능이 의사소통에 있는 언어학의 지식과 방법론을 결여한, 그러면서도 극히 제한된 방법으로 통제된 음파 측정의 계량화가 언어 연구(우리의 경우 성조 연구)에 어떠한 성과를 가져올지는 참으로 의심스럽다.

지금까지의 성조론 연구의 업적들은 그 연구 방법이나 태도로 보아 대략 ① 음운론적으로 타당하면서 음성학적으로도 정확성과 타당성이 있는 것, ② 음운론적으로 타당하면서 음성학적으로 정확성이 부족한 것, ③ 음운론적으로 타당하지 못하면서 음성학적으로 정확성이 있는 것, ④ 음운론적으로 타당성이 없고 음성학적으로도 정확성이 없는 것으로 분류할 수가 있다. 이 네 가지 가운데서 넷째 번의 경우는 전혀 논할 만한 가치가 없다. 우리말의 방언 성조론에 대한 논저들 가운데서 ④에 해당하는 것은 물론 한편도 없다.

순수하게 ③에 해당하는 논저들도 물론 없지만, 최근의 업적들 가운데는 어느 정도 이에 가까운 것이 없지 않다. 음운론을 모르더라도 그 연구가 음성학적으로 정확하다면 앞으로 어느 때에 음성학과 음운론을 관련시키는 데에 유능한 학자가 나오면 그 연구 성과가 빛을 볼 날이 없지는 않겠지만, 음운론을 모르는 사람은 무엇이 음운론적으로 유의미한 것인가를 모르기 때문에 음향 스펙트로그람에서 음운론적으로 관여적인 현상의 측정을 빠뜨리고 거의 불필요한 현상을 측정할 수도 있다. 따라서 그 연구 결과가 언어학적으로는 무용지물이 될 가능성도 부인할 수 없다.

순수하게 ②에 해당하는 연구는 그 이름이나 학술 용어는 무엇이든지 간에 대상 방언의 운율(/성조) 체계를 알고, 또 운율형(/성조형)의 수를 바르게 인식하며, 그러한 인식에 일관성이 있으면, 그것들의 실현인 물리적인 자료는 정확하게 모르더라도 연구사에 남을 만한 가치가 있다. 그 음성학적인 정확성은 음성학자가 앞으로 보완해 줄 것이기 때문이다. 우리말 운율 연구에 ②의 경우로 분류될 만한 업적들을 만나기는 그리 어려운 것은 아니다. 그러나 ②에 가깝다 하더라도 학문적인 수련이 충분하지 못한 사람들은 같은 운율형에 속하는 것을 다르게 분류하거나 다르게 분류해야 될 것을 같은 것으로 분류하는 경우를 많이 볼 수 있다. 잘못된 분류는 붕어를 잉어로, 잉어를 붕어로 잘못 판별하는 것과 같은 오류를 범하게 되어 있다.

②에 속하는 사람들은 대개 그가 사용하는 운율 기술의 잣대가 없거나, 있어도 불완전하거나, 잣대를 능숙하게 사용할 만한 수련이 없는 경우가 있어서 결국 그의 음운론적인 기술이 정확하게 무엇인가를 나타내지 못하는 경우도 있다. ②에 속하는 사람들은 반드시 유능한 음성학자일 필요는 없다. 음성학적인 측정이란 것은 숙련된 다른 사람에게 대신하게 할 수도 있기 때문이다.

①에 속하는 연구 결과는 가장 좋은 업적이라 할 수 있다. 그러나 그의 연구가 주로 청취음성학에 바탕을 두고 있고, 음향음성학에는 관심이 없는 것일 때는 그 연구자의 주장이 ③에 속하는 사람들에게 독단적인 주장이라는 오해를 받기가 쉽고, 또 연구자 자신도 자기의 능력이 남보다 우위에 있다는 것을 증명할 수가 없다. 이 경우에 연구자는 단기적으로는 남에게 인정을 못 받을 수도 있지만, 장기적으로 심각한 문제가 되지는 않는다.

①에 속하면서 청취음성학과 음향음성학의 관계를 올바르게 관련시킨 연구는 국어 음운론에서도, 다른 언어의 음운론에서도 거의 없다. 이 책은 바로 이러한 일을 몇 가지 목표들 가운데 하나로 하고 있다. 이러이러한 음향학적인 측정 수치는 이러이러하게 들리는 것이며, 거꾸로 이러이러하게 들리는 것은 이러이러한 음향학적인 수치를 가지고 있다는 것을 전문가가 아닌 일반 화자들에게도 이해할 수 있도록 바르게 설명하는 일이 지금까지의 성조론에서는 거의 시도된 바가 없기 때문에 이 책은 그 일에 주목하게 된 것이다.

여기에서 이러이러하게 들린다는 것이 막연한 느낌이나 감정을 나타내는 것이어서는 안 된다. 그것은 누구나 인정할 수 있는 근거에 바탕을 두고 있는 것이라야 한다. 〈반짝 반짝 작 은별〉이라는 노래말은 《도-도-솔-솔-라-라-솔:》로 불리어져야 우리가 익히 알고 있는 노래가 될 것이다. 그런데 이 노래는 다-장조로 부를 수도 있고, 사-장조로 부를 수도 있다. 말에서 변별적인 높낮이는 상대적인 것이기 때문에 노래와 닮은 점이 있다. 이런 점에서 어떤 음조형을 듣고 이것이 어떤 특정의 형에 속하는 것인지 아닌지에 대한 판단 능력을 얻는 데에 피아노나 풍금과 같은 건반 악기를 이용한 훈련이 필요하다.

그러나 노래와 말은 다른 점이 있다. 같은 노래가 조옮김으로 말미암아 다른 높이로 불리어지는 것은 가능하지만, 앞뒤의 소리의 상대적인 폭은 고정되어 있어야 한다. 그러나 같은 성조형에 속하는 음조형이라도 그것이 전달의 초점이거나 대조나 강조 강세를 받거나, 고조된 감정이 얹히는 운율구에[1] 얹힐 때는 머리 속에 있는 랑그(langue)적인 음조형보다 그 운율구 안의 최고조와 최저조 사이의 상대적인 폭이 넓어지고, 강한 강세를 가진 운율구 뒤에서 약화된 운율구나 구정보를 나타내는 운율구는 랑그적인 음조형보다 상대적인 폭이 좁아지는 경향이 있어서 이러한 변이음조형을 설명할 수 있도록 이론이 개선되지 않으면 안 된다. 이 책에서는 이렇게 고쳐진 운율 이론을 동적 운율 이론이라고 부르고 있다.

이 책은 표면적으로는 경북 성주 방언과 경남 고성 방언의 성조를 비교하는 것이 주된 내용이지만, 이를 통한 성조 이론의 제시가 그 뒤에 숨어 있는 참된 목표 가운데 하나이다. 하나의 성조 이론은 해당 연구 대상이 되어 있는 한두 개의 방언에만 적용되는 것일 수도 있고, 그 대상 방언의 어느 좁은 자료들만을 설명하는 데에만 적용될 수도 있다. 그러나 많은 자료를 가지고 여러 방언을 두루 조사하고 분석하다가 보면 훨씬 더 보편 타당한 이론이 요구되기도 한다.

이 책에 제시된 동적 성조 이론은, 우리말의 어느 개별 방언의 어절 성조의 기술을 넘어서지 못 했던 종래의 성조론을 뛰어넘어서, 중세 국어와 현대 국어의 모든 성조 방언에 적용될 수 있도록 일반화되었으며, 랑그적이며 고정된 어절 성조뿐만 아니라, 대화체의 월 속에서 천변만화하는 빠롤적인 음조형을 분석하여 랑그적인 정신·심리적인 성조 체계에 접근할 수 있는 길을 열어 놓았다는 데에 그 특징이 있다.

이 책에서 사용하는 방점법이라는 성조 이론은 600여 년 전 세종대왕의 음운학적인 역량

1) 이 책에서 운율구는 허웅(1965, 1972)의 어절을 포함할 뿐만 아니라, 문법적인 복잡성이나 크기에 관계없이 하나의 운율형으로 발음되기만 하면 형태소, 낱말, 또는 그보다 더 큰 단위인 구나 월, 때로는 둘 이상의 월을 가리키기도 하고, 때로는 낱말의 일부분(보기 : /이·일#나다/〈일어나다〉, /개·앤#·찮다/〈괜찮다〉는 각각 한 낱말이 두 개의 운율구로 구성되어 있다.)을 가리키기도 한다. 이 책에서 쓰는 운율구는 현대의 음성학이나 음운론에서 음운론적인 낱말, 운율적인 낱말, 운율어보다 그 포함하는 범위가 다양하고 넓다.

에서 출발한 것이지만, 우리말과 같거나 비슷한 성조 체계를 기술하는 데에는 세계에서 가장 힘있는 이론들 가운데에 하나이다. 방점법은 물리적인 자료를 적는 것이라기보다는 음운론, 넓게는 언어학 전체, 더 넓게는 우리의 인식 체계 전체에 바탕이 되어 있는 대립과 중화, 그리고 유표성 이론에 바탕을 두고 있기 때문이다. 우리말 방언 성조를 비교언어학적인 견지에서 다루려고 할 때에는 방점법이 아니고는 능히 그 일을 처리해 낼 수 있는 이론이 아직은 없다. 물론 방점법이라는 이론이 이미 잘 다듬어진 이 시점 이후에는 이에 대한 변종이 나올 수 있을 것은 예측할 수 있는 일이다.

위에서 장황하게 이 책이 나와야 할 이유를 늘어놓았지만, 여러 분들의 도움이 없었으면 이 책이 나올 수 없었을 것이다. 국어 성조론의 창시자로서 성조론이 나아가야 할 방향을 바르게 가르쳐 주었고, 특히 젊었을 때부터 학자로서 갖추어야 할 정신적이 자세를 지은이에게 가르쳐 주신 눈뫼 허웅 스승님께 감사와 존경의 마음을 드린다. 여러 해에 걸쳐서 같이 방언 조사를 해 주었고 책 끝 부분에 있는 대구 방언의 표현적 장음화에 대한 예문까지 조사해서 적어 준 이문규 교수님, 우리말 방언 성조의 공통된 표기법의 개발을 여러 해에 걸쳐서 주장해 왔고, 피아노 건반에서 이웃하는 건들의 주파수의 관계를 조사해 준 김주원 교수님, 경남 고성 방언의 성조 조사에 같이 참여했을 뿐만 아니라 함안 방언의 구어체 예문 800여 개를 다른 방언으로 바꿔서 활용하는 일을 기꺼이 승낙해 준 구현옥 박사님, 그리고 멀리 중국에 가 있으면서 창녕 방언의 구어체 예문 200여 개를 다른 방언으로 바꿔서 활용하는 일을 기꺼이 승낙해 준 최규수 교수님의 도움이 컸었다. 이 자리를 빌어 이분들에게 깊은 감사를 드린다.

이 책의 주된 방언 자료는 경북 성주 방언과 경남 고성 방언이다. 성주 방언을 택하게 된 것은 이 방언의 성조 체계가 대구 방언과 가까우면서도 비교적 주위의 다른 방언의 영향을 적게 받아서 비교적 순수성을 잘 보존하고 있다고 생각되었기 때문이다.[2] 그리고 고성 방언을 택한 것은 이 방언이 서남부 경남 방언의 원형을 가장 잘 보존하고 있다고 생각되기 때문이다.[3]

성주 방언의 조사는 정산 종사님의[4] 14대 할아버지 때부터 고향이며 야성 송씨의 집성촌

2) 성주는 성산가야의 옛 터전으로, 경북의 서남단에 위치하고 있어서 성조적인 특징으로는 경북의 김천, 칠곡, 경남의 고령, 합천 방언과도 닮은 점이 많다.

3) 고성은 소가야 문화권의 중심지로 이 지역의 방언은 진주, 사천, 통영, 거제 등을 포함하는 서남부 경남 방언권의 특징을 잘 보존하고 있다. 진주 방언은 이 방언권에서 개신파의 중심이다.

인 성주군 초전면 고산정에서 했으며, 송인결 교무님이 제보자를 선정해 주었고, 아울러 자신의 생가에서 방언 조사를 불편 없이 할 수 있도록 도와 주었다. 고성 방언은 소가야 문화의 전통을 잘 보존하고 있는 고성군 상리면 척번정리(滌煩亭里)의 것을 조사했으며, 경상대학교 국어교육과 김지홍 교수님이 제보자의 선정을 도와 주었고, 또한 경상대학교 경남문화연구소에서 조사 중간 결과를 발표하는 일까지 주선해 주었다.

송인결 교무님과 김지홍 교수님께 이 자리를 빌어 고맙다는 말씀을 드린다. 그리고 수십 시간 동안 기꺼이 성주 방언의 자료를 제보해 주신 송준일 선생님과 구순이 여사님, 고성 방언의 자료를 제보해 주신 문승찬 선생님과 이기분 여사님께도 또한 깊은 감사를 드린다.

출판계의 경제적인 형편이 지극히 어려운 이 때에 오직 국어국문학을 사랑하는 마음으로 이 책의 출판을 맡아 주신 도서출판 역락 이대현 사장님과 이 책이 나오기까지 여러 달 동안 해를 넘기면서까지 온갖 노력을 다 해 주신 역락 임직원 여러분께 깊은 감사를 드린다.

이천일년 동짓달 열 사흗날 김 차균 씀

4) 정산(솥뫼) 종사(야성 송씨, 속명은 홍욱, 1900~1962)는 원불교 제2대 종법사로 계송 삼동윤리 "한 울안 한 이치에, 한 집안 한 권속이, 한 일터 한 일꾼으로 일원세계 건설하자."를 설하고 열반에 들었다.

고마운 분들에 대한 소개

◆ 경상남도 고성 방언 자료 조사

Ⅰ. 고성 방언 제보하신 분들(방점은 성주 방언의 성조를 나타낸다.)

1 **:이·기·분**(·여·자) ① 전주 :이·씨 ② 〈음·력〉 1931. 10. 10 ③ 〈:주·소〉 :경·남 :고·성·군 :상·리·면·척·번·정·리(滌煩亭里) ④ :고·성·군 영·오·면 오동·리·에 :거·주·하·다·가 ⑤ 10·살·때 :상·리·면 신·촌·리(·척·번·리·에·서 10·리 :거·리)·에 ·와·서 살·았·으·며 ·결혼 :후·에 ·척·번·리·에 ·옴

2 **문승·찬**(남·자) ① 남평문·씨 ② 1934. 9. 17. ③ 〈:주·소〉 :경·남 :고·성·군 :상·리·면 ·척·번·정·리(滌煩亭里) ④ 선·조·들·은 :임·진 :전·쟁 :이·후 :고·성·군·에 :정·착 ⑤ :고·성·군 :삼·산·면 :삼·봉·리·에·서 고등·학·교·때·까·지 :거·주 ⑥ 그 :후·에 :고·성 ·읍·에·서 :살·다·가 ⑦ 1961·년·에 ·척·번·리·로 이사

Ⅱ. 방언 조사한 때

2001년 1월 07일~2001년 2월 18일(60시간)

Ⅲ. 방언 조사한 곳 : 다모아모텔(경상남도 고성군 상리면 무선리)

Ⅳ. 고성 방언을 같이 조사한 사람

김차균〈충남대학교 언어학과 교수〉

구현옥〈문학 박사, 동아대학교 강사〉

◆ 경상북도 성주 방언 자료 조사

Ⅰ. 성주 방언 제보하신 분들(방점은 성주 방언의 성조를 나타낸다.)

1 **:구 :순·이**(·여·자) ① :구·씨 :구·씨 ② 음·력 1937. 12. 09. ③ 〈:주·소〉 :경·상·북·도 성주·군 ·초·전·면 고산정(高山亭) ④ 〈태·어 난곳〉 :경·상·북·도 성주·군 ·벽·진·면 매·수·동

2 **:송 :준·일**(남·자) ① :야·성 :송·씨 ② 음·력 1920. 12. 16. ③ 〈:주·소〉 :경·상·북·도 성주·군 ·초·전·면 고산정 ④ 〈태·어 난곳〉 :경·상·북·도 성주·군 ·초·전·면 고산정

Ⅱ. 방언 조사한 때
1999년 1월 26일~2001년 2월 16일(50시간)

Ⅲ. 방언 조사한 곳 : 구순이 님 집, 송준일 님 집

Ⅳ. 성주 방언을 같이 조사한 사람
김차균〈충남대학교 언어학과 교수〉
이문규〈부산교육대학교 국어교육과 전임강사〉

◆ 이 책에 활용된 월 차원 입말의 바탕 자료

Ⅰ. 주자료 : 구현옥(1998). 함안 지역어의 음운 변동 현상. 한국문화사.

Ⅱ. 보충 자료 : 최규수(1995). 창녕 지역어의 특성. 한국문화연구 7. 부산대학교 민족문화연구소.

목 차

1. 머리말

이 연구는 경남 고성 방언과 경북 성주 방언의 성조(tones) 및 성조형(tonological patterns)의 체계와 그 음조적인 특징들을 대조적으로 분석·기술하고, 나아가서는 이 두 방언의 성조형의 대응 관계를 밝히며, 또한 이 두 방언이 영남·영동 방언이라는 큰 방언권 안에서 어떠한 위치를 가지고 있는 것인가를 밝히며, 이 일을 통해서 국어 성조론에 있어서 획기적인 방법론이 저절로 드러나게 하는 것이 목적이다.

2장에서는 두 방언의 자음과 모음의 체계를 간략하게 기술한다. 3장은 순수 성조 이론의 부분으로 성조를 단순히 물리 생리적인 실질로 보지 않고, 대립과 중화 및 무표와 유표라는 관점에서 체계화하고 기호화하는데, 이는 지은이의 독창적인 견해라기보다는 훈민정음 해례 및 최세진(1517)의 방법을 재현하는 것이다. 다만 새로운 점이 있다면 대립과 중화에 의해서 운율구 안에서 필연적으로 도출되는 방점의 연결 방법 곧 방점형이라는 개념을 체계화하는 것이다. 방점 체계는 단순히 우리말의 어느 한 방언의 운율 체계가 아닌 우리 옛말과 현대의 모든 성조 방언에 공통되는 하나의 민족어의 유전 인자에 비유될 수 있는 운율적인 동일성을 명시적으로 기호화하는 것이다.

4.1~4.3절은 순수 형식적이고 추상적인 개념인 방점형을 각각의 방언(이 연구에서는 고성 방언과 성주 방언)의 운율적인 영역에 속하는 성조형으로 바꾸고, 다시 성조형을 실질적인 음조 표상, 곧 음조형으로 바꾸는 방법을 논한다. 성조형을 음조형으로 바꾼다는 것은 성조형에 규칙을 적용하여 음조형을 도출하는 것을 말한다. 그러나 이 장에서 말하는 음조형은 물리적인 음향의 측정치 자체는 아니다. 성조형에서 음조형의 도출은 분절 음운론에서 음운론적인 표상을 음성적인 표상으로 바꾸는 것에 비유할 수 있다.

4.4절에서는 두 방언의 음조형들을 각각 핵심부와 하강부로 나누어 더 세분된 15등급의 수치로 계량화하여, 각 방언의 화자들의 높낮이 및 그 모양, 그리고 길이 등에 대한 인식 방법이나 내용을 심리적인 차원에서 분석하고, 성조 연구자들이 분석 대상으로 하는 각 방언의 음조형을 기술할 때 여기에서 분석된 내용을 활용할 수 있는 모형을 제시한다.

5장에서는 귀에 들어오는 빠롤(parole)적인 음향 자료를 화자들이 정신·심리적인 차원의 음조형, 곧 주관적이고 랑그(langue)적인 음조형에 관련시키는 방법을 논한다. 화자들의 개인적인 신체, 성격 및 정서적인 상태와 사회 및 문화적인 조건, 그리고 화용론적인 여러 요인에 따라 무한히 다르게 실현되는 음파를 제한된 랑그적인 정적인 인식의 모형으로 어떻게 받아들이는가를 논한다. 이를 위해서는 음악에서 조옮김법과 비슷한 방법을 이용하여, 음조형의 인식의 기준선의 상하 이동과, 이에 따른 상대적인 음조형 전체의 이동과, 음조형의 강화와 약화 등을 다룰 수 있는 동적인 운율 이론 확립한다.

6장에서는 5장에서 세운 동적인 운율 이론을 활용하여 고성 방언과 성주 방언의 구어체 월의 음향 자료를 측정하여 계량화하고, 그것을 4.4절에서 기술한 음조형에 대한 심리적 인식에 따른 계량화와 대조하여, 음향 자료를 심리적인 음조형으로 환원하는 방법을 보인다.

7장에서는 화자의 정서적인 강도에 비례하여 일부의 어찌씨 또는 풀이씨의 특정 음절을 길게 발음하는 이른바 표현적인 장음화를 다룬다. 표현적인 장음화는 때로는 사건의 리듬을 표현하는 데에도 사용되는데, 성조와는 독립적인 차원의 운율적인 자질이다.

8~10장에서는 다시 성조론으로 돌아가되, 이미 3장에서 확립된 성조형이 둘 이상 결합되어 하나의 운율구를 이룰 때, 성조형들의 성조 변동 여부를 다루고, 변동하는 경우에는 변동하는 모습을 다룬다. 8장에서는 토씨와 풀이씨 씨끝의 기저 성조를 분석하는 법을 다루고, 9장에서는 두 개의 직접성분이 결합되어 하나의 단위를 이룰 때 앞쪽 성분의 성조형이 평성형으로 변하는 현상인 첫 성분 평성화를 다룬다. 그리고 10장에서는 풀이씨의 굴곡형에 나타나는 성조 변동 현상을 다룬다.

11장과 12장에서는 풀이씨의 기본형과 굴곡형들의 성조의 대응 관계 자료를 다루며, 13장에서는 이름씨의 대응 관계를 다루되, 여기에는 약간의 매김씨, 어찌씨 등의 성조 대응 자료도 포함되어 있다.

14장에서는 변동 평성형 풀이씨의 성조 대응을 다루되, 하나의 개별 방언만을 볼 때는 변덕스럽고 까다롭게 보이며, 특히 2음절 변동 평성형 풀이씨의 일부 굴곡형들의 성조형, 따라서 음조형은 개별 방언의 음조형 실현이라는 음운론의 차원에서는 다룰 수도 없는 복잡한 현상들을 비교언어학적인 관점에서는 아주 훌륭하게 처리해 낼 수 있음을 보이고, 이러한 처리를 통하여 공통 영남·영동 방언 조어가 중세 국어 이전에 우리말의 공통 조어에서 분화하여 존재했을 것이라는 가설의 타당성을 증명한다.

부록①에서는 창원 방언과 고성 방언의 구어체 문장 자료에 방점법으로 성조를 표시하여 제시하고, 부록②에서는 성조와는 별개 차원의 운율적인 자질인 표현적 장음화를 나타내는 (:)을 붙여서 창원 방언, 고성 방언, 성주 방언, 대구 방언의 구어체 월들을 제시한다. 부록②의 창원 방언과 고성 방언의 방점과 표현적인 장음화 부호는 지은이가 적은 것이고, 성주 방언의 그것은 이문규 교수와 지은이가 같이 조사하여 붙인 것이며, 대구 방언의 그것은 이문규 교수가 단독으로 조사해 준 것이다.

2. 자음과 모음 및 그 적는 법

김차균(1969, 1973ㄱ, 1998ㄹ, 1999ㄷ)에 따르면 표준 방언인 서울말을 포함하는 모든 방언의 자음은 약자음(여린소리) /ㄱ, ㄴ, ㄷ, ㄹ, ㅁ, ㅂ, ㅇ, ㅈ, (ㅿ)/과 강자음(센소리)로 나눠지고, 센소리는 다시 경음(된소리) /ㄲ, ㄸ, ㅃ, ㅆ, ㅉ, (ㆆ)/과 격음(거센소리) /ㅅ, ㅋ, ㅌ, ㅍ, ㅎ/으로 나눠진다. 이들 가운데 장애음의 체계와 음운론적 자질을 적으면 다음과 같다.[1)]

(1) 평음 /b/(ㅂ)	/d/(ㄷ)	/j/(ㅈ)	/g/(ㄱ)	(/z/(ㅿ))	(/ø/(ㅇ))
경음 /p/(ㅃ)	/t/(ㄸ)	/c/(ㅉ)	/k/(ㄲ)	/s/(ㅆ)	(/ʔ/(ㆆ))
기음 /p^h/(ㅍ)	/t^h/(ㅌ)	/c^h/(ㅊ)	/k^h/(ㅋ)	/s^h/(ㅅ)	(/h/(ㅎ))

(2)	ㄷ/d/	ㅌ/t^h/	ㄸ/t/	ㅈ/j/	ㅊ/c^h/	ㅉ/c/	ㅅ/s^h/	ㅆ/s/	(ㅇ/ø/	ㅎ/h/)
〔센〕	-	+	+	-	+	+	-	+	(-	+)
〔기〕	-	+	-	-	+	-	+	-	(-	+)

/ㅅ/이 유기음인지 평음인지에 대하여 오랫동안 견해의 일치를 보지 못하고 팽팽한 대립을 하고 있는데, 이경희(2000)에서는 양쪽의 주장을 상세하게 열거한 다음, 다시 스스로의 실험 자료를 더 보태어 /ㅅ/이 /ㅂ, ㄷ, ㅈ, ㄱ/과 더불어 평음이라고 주장한다.

그러나 일반적으로 음향학적인 실험 자료가 어떤 음운론적인 결론을 이끌어 내는 데에는 참고 자료는 될지언정 그것이 결정적인 증거는 되지 못한다. /ㅅ/은 마찰음이고, /ㅂ, ㄷ, ㅈ, ㄱ/은 파열음이기 때문에 성문을 포함한 여러 발음 기관의 조건이 다른데, 그 실험 결과가 어느 한쪽 주장에만 유리한 증거가 된다고 주장하는 데에는 무리가 있다.[2)]

---

1) /ø/(ㅇ), /ʔ/(ㆆ), /h/(ㅎ)는 성문 위쪽의 구강에 협착이 없는 소리이어서 음성학적인 관점에서 장애음은 아니지만, 음운론적인 관점에서 성문 자체를 조음부로 보면 우리말의 자음체계 안에서 이들을 장애음으로 볼 수도 있기 때문에 여기에 넣어 두었다.

2) 유성음화 환경에서 /ㅅ/이 /ㅂ, ㄷ, ㅈ, ㄱ/과 마찬가지로 유성음화 된다는 것을 이경희(2000)에서는 /ㅅ/이 평음이라는 증거로 들고 있다. 그러나 그러한 주장은 /ㅅ/의 유성음화 빈도와 /ㅂ, ㄷ, ㅈ, ㄱ/의 유성음화 빈도가 거의 같은 것인지, 그리고 /ㅅ/이 유성음화 되어 이루어진 소리가 /z/와 완전히 같은 소리인지에 대한 증거, … 등이 제시되지 않는 한, /ㅅ/이 평음이라고 보기는 어렵다. 일반적으로 다른 나라의 말에 나타나는 〔z〕는 우리말의 토박이에게는 /ㅈ/으로 들리는데, 유성음화 환경에서 /ㅅ/의 유성음화로 나타나는 〔ʂ〕는 /ㅈ/

음향 기기가 아닌 화자들의 반응도 중요한 증거가 되어야 할 것이며, 때로는 그러한 반응이 실험을 통한 실질적인 음향학적인 자료보다 음운론적인 판정을 내리는 데에 더 유효한 수가 있다. 그러한 반응은 의식적인 반응과 무의식적인 반응으로 나눌 수가 있는데, 이 가운데 무의식적인 반응은 음운론적인 판단에 대한 강력한 증거가 될 수 있다.

먼저 의식적인 반응의 보기를 들어 보자. /ㄱ-ㅋ-ㄲ, ㄷ-ㅌ-ㄸ, (A)-(B)-ㅆ, ㅈ-ㅊ-ㅉ/을 주고 /ㅅ/이 A와 B 가운데 어디에 들어가느냐고 묻는 경우 이에 대한 대답은 추리나 판단에 따른 의식적인 반응이 될 수 있다. 왜냐하면 이에 대한 대답은 학교의 수업을 통해서 배운 지식에 기대거나, 또는 통속 언어학적으로 머리 속에 들어 있는 대답을 하거나, 또는 대답을 하려고 하는 순간 어떻게 대답하는 것이 좋을지 미리 생각한 다음에 대답하기 때문이다. 아마 이 질문에 대한 응답자의 10중 8,9는 ㅅ이 A에 들어간다고 할 것이다. 이러한 의식적인 판단에 따른 대답은 토박이의 잠재의식의 영역에 들어 있는 음운 체계에 대한 믿을 만한 증거가 되기에는 부적합하다.

그러나 어떤 추리나 판단에 따른 대답에 기대지 않고, 어떤 유형의 말투 속에 나타나는 반응을 통해서 우리는 음운 체계 속에서 /ㅅ/의 위치를 묻는 질문에 대하여 보다 믿을 수 있는 대답을 얻어낼 수가 있다. 다음의 (3)ㄴ,ㄷ은 시조 (3)ㄱ을 혀짤배기 소리로 바꾼 것이다.

(3) ㄱ. 시조 원문

동창이 밝았느냐	노고지리 우지진다
소치는 아희 놈은	상긔 아니 일었느냐
재 넘어 사래 긴 밭을	언제 갈려 하나니

ㄴ. 혀짤배기 소리로 옮김(Ⅰ)

동탕이 바ㅣ간〔baygan'〕느냐	노고디디 우디딘다
*도티는 아희노믄	*당기아니 이던느냐
대너머 *다대긴 바틀	언데 가ㅣ여〔gayyə〕 하나니

ㄷ. 혀짤배기 소리로 옮김(Ⅱ)

동탕이 바ㅣ간〔baygan'〕느냐	노고디디 우디딘다
토티는 아희노믄	탕기아니 이던느냐
대너머 타대긴 바틀	언데 가ㅣ여〔gayyə〕[3] 하나니

으로 들리는 경우가 없다.(허웅(1965)에 따르면 우리말에서는 〔z〕, 〔ʒ〕가 /ㅈ/의 변이음으로 나타나는 일이 있다.) 그렇다면 〔ʂ〕와 〔z〕의 구별을 가능케 하는 음향 자질을 음향음성학자는 음향 자료에서 찾아내지 않으면 안 된다. 그리고 유성음화 환경에서도 /ㅅ/이 유성음화하지 않고 오히려 직접 뒤따르는 모음이 /ㅌ, ㅊ, ㅍ, ㅋ/ 뒤에서처럼 /ㅅ/ 뒤에서도 무성음으로 발음되는 경우도 자주 나타난다. 물론 고모음이 더 자주 무성음화하지만 저모음 〔a, ɛ〕도 가끔 무성음으로 나타난다. 유성음화 환경에서 유성음화에 바탕을 두고 /ㅅ/을 /ㄷ, ㅈ, ㅂ, ㄱ/과 같은 계열로 잡을 경우 표 (1)과 (2)에서 /ㅎ/은 우리말 토박이의 직관과는 상관없이 다른 자리로 옮겨지지 않으면 안 된다. 왜냐하면 유성음화 환경에서 /ㅎ/(h)는 〔ɦ〕로 자주 바뀌며, 〔ɦ〕는 음성학적으로는 〔h〕의 유성음이라고는 할 수 없으나, 토박이들은 대부분 〔ɦ〕를 〔h〕의 유성음이라고 믿고 있기 때문이다.

3) 혀짤배기 말이나 우리말의 습득 과정에 있는 어린애들의 말에서는 정상적인 성인의 말에 나타나지 않는 〔gayyə〕와 같은 소리의 연결도 나타난다. 이 말의 음절 경계는 〔gay$yə〕와 같이 나누어지기 때문에 첫 음절에는 우리말에 쓰이지 않는 하향성 2중모음 〔gay〕가 나타난다. 〔bay$gan'niɲa〕(바ㅣ간느냐←/밝았느냐/)에

(3)ㄱ을 혀짤배기말로 바꾸라면 사람들의 10의 7,8은 (3)ㄴ보다는 (3)ㄷ으로 바꾸게 된다. 시조 원문 (3)ㄱ에서 음절 초성의 위치에 오는 /ㅅ/을 (3)ㄴ에서는 〔ㄷ〕으로 바꾼 것이고, (3)ㄷ에서는 〔ㅌ〕으로 바꾼 것이다. (3)ㄷ이 (3)ㄴ보다 우세하게 나타나는 것은 토박이들의 잠재의식 속에서는 /ㅅ/이 유기음으로 작용함을 나타내는 증거이다.

비성조 방언에서 중세 국어 시대의 비상성형(곧, 평성형이나 거성형)에 대응하는 음절로 시작되면서 그 어절의 첫 자음이 /ㅂ, ㄷ, ㅈ, ㄱ, ㄹ, ㅁ, ㄴ, ㅇ/으로 시작되면 그 어절 전체의 음조형은 압도적으로 〔MHX〕형으로 나타나고, 된소리(/ㄲ, ㄸ, ㅉ, ㄲ, ㅆ/)나 거센소리(/ㅋ, ㅌ, ㅊ, ㅍ/)나 /ㅅ, ㅎ/으로 시작되면 그 음조형은 〔HHX〕형으로 나타난다.4) /ㅅ, ㅎ/으로 시작되는 어절의 음조형이 된소리나 거센소리로 시작되는 어절의 그것과 같다는 것은 /ㅅ, ㅎ/이 된소리나 거센소리와 같은 종류의 소리라는 것을 나타내는 증거이다. 그런데 /ㅅ, ㅎ/은 된소리라고 할 수는 없으므로 결국 거센소리라고 할 수 있다.

지은이는 서울말을 비롯한 비성조 방언에서 /ㅅ/으로 시작되는 어절 또는 음운론적인 낱말의 음조형이 /ㅌ, ㅊ, ㅍ, ㅋ, ㅎ/으로 시작되는 것의 음조형과 같을 뿐만 아니라 혀짤배기말에서 /ㅅ/이 /ㅌ/으로 대치된다(보기: /세세생생/→〔테테탱탱/*데데댕댕〕)는 사실을 /ㅅ/이 유기음이라는 증거로 내세웠으나(김차균 : 1999ㄷ, 김차균 외 : 2000ㄱ, 2000ㄴ), 이경희(2000)에서는 이러한 증거를 빠뜨리고 있다. 이리하여 이경희(2000)의 /ㅅ/이 경음이라는 강력한 주장에도 불구하고, /ㅅ/이 유기음이라는 사실을 무효로 할 만큼 논쟁이 완벽한 것은 아님을 지적해 두고자 한다.

성주 방언의 모음 체계는 /i(ㅣ), e(ㅔㅐ), ə(ㅡㅓ), a(ㅏ), u(ㅜ), o(ㅗ), ü(ㅟ)/의 7개가 있고, ㅔ와 ㅐ는 〔E〕로 발음되며, ㅚ, ㅙ, ㅞ는 셋 다 〔wE〕/〔ö〕로 발음되어 구별되지 않지만, 자료를 정리할 때는 한글 맞춤법을 고려하여 구별해 적기로 한다. 다만 송준일 님의 경우에는 표준말의 /ㅚ/에 대응하는 모음이 전고원순 모음 /ㅟ/(ü)로 나타나는 경우가 압도적이다. (보기: 쇠고기〉 쉬고기, 외삼촌〉 위삼촌, 괴기〉 귀기). 송준일 님의 〔ㅟ〕(ü)는 구순이 님의 발음으로는 드물게 〔ㅟ〕(ü)로 발음되는 경우도 있으나, 더 자주 임의변이음 〔ㅣ〕(i)로 나타난다.

고성 방언의 모음 체계는 /i(ㅣ), e(ㅔ), ɛ(ㅐ), ə(ㅡㅓ), a(ㅏ), u(ㅜ), o(ㅗ)/의 7개가 있고, ㅡ와 ㅓ는 둘다 〔ɨ ɜ ə〕로 임의변이하며, ㅚ, ㅙ, ㅞ는 셋 다 〔wE〕로 발음되어 구별되지 않는다. 그러나 자료를 정리할 때는 한글 맞춤법을 고려하여 구별해 적기로 한다. (보기: 배(船), 베(布), 그림, 거리)

서 〔bay〕도 또한 정상적인 우리말에는 쓰이지 않는 하향성 2중모음을 가진 음절이다.

4) 이에 대해서는 김차균(1969, 1973ㄱ, 1998ㄹ, 1999ㄷ)에서 그 자료들을 볼 수 있다. 또 김차균(2002)에서는 중세 국어의 상성형에 대응하는 비성조 방언의 어절들 곧 첫 음절이 장음절로 나타나는 어절들이 갖는 음조형이 둘 이상의 임의변이형을 가질 경우에 /ㅂ, ㄷ, ㅈ, ㄱ, ㄹ, ㅁ, ㄴ, ㅇ/으로 시작되는 어절에 얹히는 변이음조형과 (/ㄲ, ㄸ, ㅉ, ㄲ, ㅆ/)나 거센소리(/ㅋ, ㅌ, ㅊ, ㅍ/)으로 시작되는 어절에 얹히는 음조형은 구별되며, /ㅅ, ㅎ/으로 시작되는 어절의 음조형은 후자와 같은 성질을 가진다. 〔MHX〕와 〔HHX〕에서 X의 부분은 대체로 하나 이상의 M의 연속 곧 M_1으로 나타나지만, 억양에 따른 변조 현상이 나타날 수도 있다.

3. 방점법과 중화

중세 국어와 현대 국어의 성조 방언을 바라보는 눈은 일찍부터 일본이나 서구 그 가운데서도 미국 성조론의 영향을 많이 받아서 물리-생리적인 현상을 중심으로 하여 높낮이를 몇 등급으로 보아야 할지, 그리고 성조 방언에서 음절(특히 음절 가운데서 모음)의 길이를 높낮이와는 독립된 운율적인 단위로 보아야 할 지에만 관심을 두어 왔다. 그리고 성조 학자는 높낮이를 강조하면서도 토박이가 (대게는 스스로 설명하지는 못하지만) 자기 방언에 대한 잠재적인 언어 지식으로 몇 개의 성조소를 가지고 있는 지에는 크게 관심을 두지 않고, 성조 학자가 자기의 귀로 들어서 구별되는지 안 되는지에 따라 자의적으로 성조의 종류나 수를 결정해 왔다. 대개는 다른 방언이나 중세 국어와 자기가 기술하려는 방언의 관계에 세심한 주의를 기울이지 않다가 보니까 고저에 대한 아무런 기준도 없이 자의적으로 이 음절은 높고 저 음절은 낮다고 주장하는가 하면, 하나의 방언을 두고 두 학자가 그것을 기술할 때, 완전히 고저에 대하여 상반되는 기술을 하는 수도 있었다.

지은이의 직관으로는 경북 내륙 지방 방언과 경북 동해안 방언과 동남부 경남 방언과 서남부 경남 방언은 같은 성조 체계를 가지고 있는데도 불구하고, 많은 학자들은 표면적인 고저 또는 고저 장단에만 그것도 잣대도 없이 집착하기 때문에 우리말의 방언들이 한 민족 언어(겨레말)로서 갖추고 있는 동일성과 동질성에 대한 통찰을 놓치고 있다.

성조라는 것을 인간의 정신의 영역과 좀더 가까운 의사소통의 기능과는 관계없는 고저 또는 고저·장단이라는 물질적인 것으로밖에 볼 수 없을까? 그렇지는 않다. 지은이는 최근 10여 년 우리말의 성조를 대립과 중화라는 의사 소통의 기능에 바탕을 둔 방점법이라는 성조 기술의 방법을 사용하여 중세 국어와 현대의 방언들의 성조를 일관성 있게 기술하는 데에 성공하고 있다. 방점법은 □, ·□, :□처럼 글자 옆에 점을 찍어 성조를 적는 방법으로, 세종대왕이 분절음을 적는 훈민정음 28자와 더불어 창제한 것으로, 지은이가 최근에 방언 성조를 기술하기 위하여 이것을 재현한 것이다. 세종대왕이 방점을 만들 때는 우리말의 성조 체계를 2분 체계로 본 것인 듯하나, 그러한 관점을 명시적으로 나타낸 학자는 최세진(1517)이다.

(4) 우리말의 성조는 평성과 측성으로 나뉘고, 측성은 다시 상성과 거성으로 나뉜다.[5] (최세진 : 1517)

---

5) 중요한 내용만 간추려 적은 것이다. 자세한 원문과 우리말 옮김은 박태권(1976)을 참조.

이 방법에 따라 현대 우리말의 2성조 방언의 성조를 분류하면 성조는 뒤따르는 음절의 성조의 대립을 가능하게 하는 평성과 뒤따르는 음절의 성조를 중화하여 대립을 불가능케 측성으로 나뉘게 된다. 중화되어 이루어지는 성조는 다시 뒤따르는 음절의 성조의 대립을 허용하지 않고 중화하는 것으로 보아 역시 측성이다. 이리하여 2성조 방언의 중화는 다음과 같이 기술될 수 있다.

(5) 우리말 2성조 방언에서 평성은 측성 뒤에서 측성으로 중화된다.

2성조 방언에는 함남 북청 방언(램지 : 1978), 육진 방언(전학석 : 1993), 룡정 방언(김차균 : 1997ㄷ, 1998ㄹ, 1999ㄷ), 30세 이하의 일부 젊은 사람들의 대구 방언(김차균 : 1994ㅅ, 1999ㄷ) 등이 있다.

이 책의 연구 대상이 되어 있는 경북 성주 방언과 경남 고성 방언을 포함하는 거의 대부분의 경북 및 경남의 방언과 강원도 동해안 방언은 3성조 체계를 가지고 있는데, 3성조 방언에서 성조들의 대립과 중화를 기술하면 다음과 같다.

우리말의 성조는 평성과 측성으로[6] 나누어지고, 측성은 다시 거성과 상성으로 나누어진다. 어두 음절(운율구, 대개는 어절 첫 음절)에서는 평성, 거성, 상성의 대립이 가능하지만, 평성 뒤에서는 평성과 측성의 대립만 가능하고, 상성과 거성의 대립은 불가능하다. 그리고 상성이나 거성 또는 측성 뒤에서는 모든 성조가 측성으로 중화된다.

현대의 음운론적인 관점에서 보면, 평성은 무표 성조이고, 거성, 상성, 측성은 유표 성조이다. 중세 국어의 표시법에 따라서 현대의 방언들에서도 평성은 □(0점), 거성은 ·□(1점), 상성은 :□(2점)으로 표시할 것이며, 2성조 방언에서 측성과 3성조 방언에서 둘째 음절 이하에서 나타나는 측성은 거성과 마찬가지로 ·□(1점)으로 표시할 것이다. 결국 무표 성조인 평성은 무점으로, 유표 성조인 측성은 유점으로 표시하되, 어두 음절에서 거성과 상성이 대립을 이룰 때는 음조적인 특성이 단순한 거성은 ·□(1점), 더 복잡한 상성은 2점으로 표시한다는 것이다.

훈민정음과 훈민정음 예의 및 해례, 그리고 최세진(1517)에 따르면, 우리말의 성조는 다음과 같이 표시된다.

(6) 성조의 표시법
평성(0점) □

6) 측성은 어두에서는 거성(음조적인 특징이 단순 수평 성조이고, 그 길이는 1모라이다.)과 상성(음조적인 특징이 방언에 따라 완만한 굴곡조이거나 수평조로 나가다가 뒤끝만 가볍게 올라가며, 그 길이는 1.6모라 안팎으로 길다.)으로 구별되 실현되지만, 둘째 음절 이하에서는 상성과 거성의 구별이 없어져서 단순 수평 음조 1모라의 길이로 발음된다. 결국 둘째 음절 이하에 나타나는 측성은 1모라이고 단순 수평 음조이며, 뒤따르는 성조를 중화시킨다는 점에서 어두에 나타나는 거성과 공통성을 갖는다. 따라서 중세 국어의 문헌에서도 그랬지만, 현대의 방언들에서도 둘째 음절 이하의 측성은 어두에 나타나는 거성과 마찬가지로 1점(·□)으로 표시할 것이다.

거성(1점) ·□
상성(2점) :□
측성(1점) ·□

거성과 측성은 모두 ·□으로 표시되었는데, 이 경우의 측성은 상성과 거성의 상위 분류에 대한 이름이 아니라 중화로 말미암아 도출되는 성조이다. 성주 방언과 고성 방언뿐만 아니라 현대 우리말의 모든 3성조 방언의 성조의 중화 규칙을 적으면 다음과 같다.

(7) 3성조 체계의 중화 규칙
ㄱ. 《{□, ·□, :□} — 》의 환경에서 :□(=두점)은 ·□(한점)으로 바뀐다.
ㄴ. 《{·□, :□} — 》의 환경에서 □(=무점)은 ·□(=한점)으로 바뀐다.

이 규칙으로 말미암아 현대 우리말의 5음절 어절에 한정하여 나타날 수 있는 방점 표상의 연결 방법을 보이면 다음과 같다.

(8) 5음절 어절의 방점 표상

	보통의 표시법	간략 표기법
ㄱ. 평측형	□·□·□·□·□	□·$□^4$
	□□·□·□·□	$□^2$·$□^3$
	□□□·□·□	$□^3$·$□^2$
	□□□□·□	$□^4$·□
	□□□□□	$□^5$
ㄴ. 거성형	·□·□·□·□·□	·$□^5$
ㄷ. 상성형	:□·□·□·□·□	:$□^5$

분절음의 음운론에서 다음의 보기들이 나타내는 바와 같은 여러 가지 음운 규칙이 있듯이 중화 규칙 (7)은 중세 국어와 현대 국어의 성조 방언들에 나타나는 가장 보편적인 규칙이다.

(9) /꽃+만/ 기저 표상
꽂만 중간 표상
꼳만 닫힘소리 규칙
꼰만 열림도 높이기
꼼만 강도 동화
〔꼼만〕 음성 표상

이와 마찬가지로 /삼·십·만년/이라는 방점 표상은 다음과 같은 과정을 거쳐서 도출된다.

(10) 성주·고성 방언 공통
/삼+·십+:만+년/ 기저 표상

삼십 :만 년	중간 표상
삼십·만 년	중화 규칙 (7)ㄱ
삼십·만년	중화 규칙 (7)ㄴ
/삼십·만년/	최종 방점 표상

다음은 풀이씨 굴곡형에 나타나는 중화의 보기들이다.

(11) 고성 방언

/·춥+더+·다/	기저 표상
·춥더·다	중간 표상
·춥더·라	다른 규칙들
·춥·더·라	중화 규칙 (7)ㄴ
/·춥·더·라/	최종 방점 표상

(12) 성주 방언

/·춥+더+·다/	기저 표상
·춥더·다	중간 표상
·춥더·라	다른 규칙들
·춥·더·라	중화 규칙 (7)ㄴ
/·춥·더·라/	최종 방점 표상

(13) 고성 방언

/:작+·았+겠+·다/	기저 표상
:작·았겠·다	중간 표상
:작·았·겠·다	중화 규칙 (7)ㄴ
/:작았겠·다/	최종 방점 표상

(14) 성주 방언

/:작+·었+겠+·다/	기저 표상
:작었겠·다	중간 표상
:작었·겠·다	중화 규칙 (7)ㄴ
/:작었·겠·다/	최종 방점 표상

이제 두 낱말이 결합될 때 성조가 중화되는 보기를 든다.

(15) 고성 · 성주 방언 공통

/·물#마·신·다/→/·물·마·신·다/

/·물#먹는·다/→/·물·먹·는·다/

/·잠#·자·더·라/→/·잠·자·더·라/

/·물#:사·마·구/→/·물·사·마·구/

(16) 고성 · 성주 방언 공통
/:덜#마·신·다/→/:덜·마·신·다/
/:덜#먹는·다/→/:덜·먹·는·다/
/:못#·자·더·라/→/:못·자·더·라/
/:못#:모·신·다/→/:못·모·신·다/

(17) 고성 · 성주 방언 공통
/노·래#불·렀·다/→/노·래#불·렀·다/
/노·래#부른·다/→/노·래·부·른·다/
/노·래#·하·더·라/→/노·래·하·더·라/
/빨·리#:걷·는·다/→/빨·리·걷·는·다/

평성형과 다른 낱말이 결합될 때 성조가 어떻게 나타나는지 보자.

(18) 성주 방언
ㄱ. 상성형과 거성형은 평성형 뒤에서 중화된다.
/가실#·구·름/→/가실·구·름/
/삼한#:사·온/→/삼한·사·온/
ㄴ. 평성형 뒤에서 평측형은 방점의 변동이 없다.
/나무#숭군·다/→/나무숭군·다/
/술#먹는·다/→/술먹는·다/
/술#마·신·다/→/술마·신·다/
/팔#다리/→/팔다리/

(19) 고성 방언
ㄱ. 상성형과 거성형은 평성형 뒤에서 중화된다.
/가실#·구·름/→/가실·구·름/
/삼한#:사·온/→/삼한·사·온/
ㄴ. 평성형 뒤에서 평측형은 방점의 변동이 없다.
/나무#숭군·다/→/나무숭군·다/
/술#먹는·다/→/술먹는·다/
/술#마·신·다/→/술마·신·다/(/술마신·다/도 가능)[7]
/팔#다리/→/팔다리/(/팔다·리/도 가능)

---

7) 고성 방언의 /술마·신·다/~/술마신·다/, /팔다리/~/팔다·리/와 같은 임의 변동 현상은 서남부 경남 방언에 나타나는 수의적인 규칙 초점ㄹ에 따른 것이다.

4. 성조형과 그 실현

4.1 높낮이의 기준과 표기법

물건의 길이는 우리의 전통적인 자로 잴 수도 있고, 미터나 피트, 또는 뼘으로 잴 수도 있다. 미터밖에 모르는 사람은 전통적인 자로 잰 수치를 보고 어느 정도의 길이인지를 알 수가 없다. 방언의 운율을 기술할 때 가장 문제가 되는 것은 어떤 한 학자가 첫 음절의 높이는 그 대상 방언의 음조로 보아 /H/이고, 둘째 음절은 /L/이라고 할 때에 이러한 높낮이의 표시를 다른 방언에서는 어느 정도의 높이인지를 알 수가 없다는 것이다. 높낮이 기술의 모호성을 배제하기 위해서는 방언의 성조 또는 음조를 기술하는 사람들은 자기의 주장에 대한 잣대를 제시해야 한다. 지은이는 다음과 같은 기준을 제시한 바가 있다(김차균 : 1998ㄹ, 1999ㄷ, 김차균 외 : 2000ㄱ,ㄴ).

(20) 우리말의 음조

〔15〕

〔H〕(고조)의 음역 (〔12〕~〔15〕)

〔11〕

〔M〕(중조)의 음역 (〔4〕~〔11〕)

〔4〕

〔L〕(저조)의 음역 (〔1〕~〔3〕)

〔1〕

※경남 방언들의 대부분에는 〔1〕~〔15〕의 음조 영역이 나타나고, 그 밖의 방언들에는 〔4〕~〔15〕만 나타난다. 전남 방언에는 운율구의 끝 음절 또는 끝에서 둘째 음절에 억양의 하나로 〔1〕이 나타나는 경우가 있다. 대구, 성주, 강릉 방언에서는 음거성형, 곧/나가·다, 나서·다/류의 일부 어형의 첫 음절에 〔1〕이 나타난다.

어느 정도의 높이를 〔고〕로 보고, 어느 정도의 높이를 〔저〕로 보느냐에 대하여 모든 학자들의 견해가 일치하기를 강요하는 일은 바람직하지 않다. 그러나 각자의 견해에 대한 나름대로의 기준의 제시가 없는 연구는 현대적인 학문이라고는 할 수 없다. 기준 곧 잣대의 제시가 없는 고저의 기술이 얼마나 심각한 문제를 일으키는지 현대의 방언 성조에 대한 무게 있는 논저들을 내어놓은 바가 있는 김영만(1986)과 김경란(1988)의 대구 방언에 대한 높낮이 기술의 차이를 보면 알 수 있을 것이다.

(21) 음운론적 높낮이에 대한 기준의 차이
/·참·새/, /·무·지·개/, /·물·사·마·구/
ㄱ. 김영만(1986)은 "이들의 첫 두 음절이 〔고〕의 높이까지는 안되지만, 셋째 이하의 음절보다 낮지는 않다."고 말하고 있다. 다른 요소를 생략하고 이들을 높낮이로만 표시하라면 '참새〔LL〕, 무지개〔LLL〕, 물사마구〔LLLL〕'가 될 듯.
ㄴ. 김경란(1988)은 "이들의 첫 두 음절이 /노래/(HL)나 /까마구/(LHL)에서 〔H〕보다는 약간 낮지만 그래도 역시 고조이다."고 말하고 있다. '소〔H〕, 참새〔HH〕, 무지개〔HHL〕, 물사마구〔HHLL〕'로 적음.

두 분의 음성학적 인식 내용은 거의 같으나, 음운론적 판단은 다르다. 이리하여 우리가 성조 자료의 정확성 여부를 가리기 위해서는, 음성학적인 차원에서 먼저 말하고, 음운론적인 차원에서는 자기의 판단에 대한 근거(잣대)를 제시하고, 그것을 일관성 있게 적용하고 있는지 없는지를 검증해야 할 일이라고 생각된다.

성조에 대한 일관성 있는 정확한 기술을 위해서는, 임시 방편으로 높낮이를 상대적으로 움직이도록 내버려두어서는 좋은 결과를 기대하기 어려우므로, 어떤 방법으로 높낮이를 고정할 필요가 있다. 창원 방언에서 가장 낮은 음조(보기를 들어 /:마·산/〔LM〕, /:사·람/〔LM〕, /:말·한·다/〔LMM〕 따위의 첫 음절의 음조)를 서양 음악에서 다-장조의 기본음인 '도'에 고정시키고, 이것을 기준으로 하여 다른 어절들을 발음하면, 가장 높은 음조(보기를 들어 /노·래/〔HM〕, /날·파·리/〔HMM〕의 첫 음절의 음조)는 '솔'이 되고, 다-장조에서 '도'와 '솔'의 사이를 ¼도 곧 반의 반음씩 등분해 나가면 모두 15 등급이 된다는 것을 밝힌 바 있다(김차균(1980: 19-37)). 간단하게 요약하면 다음과 같다.

(22) 동남부 경남 방언(창원 · 김해 방언 포함) 성조를 서양 악보에 옮김
ㄱ. /:마·산/〔LM〕, /:사·람/〔LM〕, /:말·한·다/〔LMM〕의 첫 음절을 《도》에고 정하면,
ㄴ. /노·래/〔HM〕, /날·파·리/〔HMM〕의 첫 음절은 《솔》의 높이에 해당한다.
ㄷ. 〔L〕에서 가장 높은 〔H〕까지는 ¼도씩 나누면 〔1〕~〔15〕의 15 등급이 된다.

이러한 등급을 지은이의 음운 의식에 따라 창원 방언에 맞추면 고/H/, 중/M/, 저/L/의 등급에 대한 수치는 다음과 같다(김차균: 1980).[8)]

(23)

성조	음운론적인 등급	음성학적인 등급
L	〔1〕~〔3〕	〔1〕~〔5〕
M	〔4〕~〔11〕	〔6〕~〔10〕
H	〔12〕~〔15〕	〔11〕~〔15〕

음운 의식이니, 음운론적인 등급이니 하는 것은 토박이의 주관적인 등급과 관계가 있으며,

8) 이 기준은 마산 · 창원 · 김해 · 부산을 포함하는 동남부 경남 방언 전체에 적용된다.

음성학적인 등급 곧 객관적인 등급과는 차이가 있다고 보아야 한다.[9] 음운론적인 등급은 L은 〔1〕~〔3〕의 3 등급이고, M은 〔4〕~〔11〕의 8 등급이며, H는 〔12〕~〔15〕의 4 등급이다. 방언에 따라 약간의 조정이 있을 수도 있음은 인정하지만, (23)과 같은 이러한 등급은 지은이가 조사한 여러 방언에 적용하여 그 타당성이 증명되어 왔다.[10] 따라서 이 기준은 이 책의 주된 연구 자료인 성주 방언과 고성 방언에도 그대로 적용하여 그 타당성을 다시 한번 검토해 보기로 한다. 그림 (20)과 기준 (23)에 따라, 그리고 다른 한편으로는 음조가 가지고 있는 길이나 굴곡 등을 고려하여 이 책에서는 성조나 음조를 H(고), M(중), L(저), M̤(중장), M̤̌(중장오름), Ḧ(고장) 등으로 표시할 것이다.

4.2 방점 표상과 성조 표상

이제 중세 국어와 모든 현대 우리말의 방언에 공통된 표상인 방점 및 방점형을 각 방언에 따라 고유한 성조와 성조형으로 바꾸는 방법을 제시하고자 한다. 그것은 다음의 표들과 같다.[11]

(24) 성조 대응 관계

성조 이름		중세 국어	성주 방언	고성 방언
평성		가장 낮은 음조 /L/ □	고 /H/ □	고 /H/ □
측성	거성	가장 높은 음조 /H/ ·□	저 /M/ ·□	중 /M/ ·□
	상성	높아 가는 음조 /R/ :□	저: /M̤/ :□	저: /L/ :□

두 방언의 성조형 및 일반항의 대응 관계는 다음과 같다.

(25) 고성 방언과 성주 방언 성조형의 대응 관계

성조형 / 방언	측성형		평측형
	상성형	거성형	
고성 방언	L_1 (:$□_1$)	M_1 (·$□_1$)	H_1M^n ($□_1$·$□^n$)
성주 방언	M̤$_1$ (:$□_1$)	M_1 (·$□_1$)	H_1M^n ($□_1$·$□^n$)
창원 방언	L_1 (:$□_1$)	M_1 (·$□_1$)	H_1M^n ($□_1$·$□^n$)

9) 음운 의식이 주관적인 것이기 때문에 항상 논쟁의 소지를 품고 있는 것임은 누구나 인정해야 한다. 그러므로 성조론자는 항상 자기의 기준을 제시하고 그 기준의 적용에 일관성이 있는지에 대하여 책임을 다해야 한다.

10) 동부 경남 방언의 L에 해당하는 높이 〔1〕~〔3〕은 경남 방언의 대부분과 경주 방언 등 일부 경북 방언에도 나타나지만, 2단계 3성조 체계인 경북·대구 방언의 대부분에서는 〔4〕~〔15〕의 높이만 나타난다.

11) 표 (25)와 (26)에 창원 방언을 덧붙인 것은 읽을 분들의 참고를 위한 것이다.

성조형은 성조를 표시하는 기호 아래나 위에 첨자를 붙여 표시하였는데, X_1과 같은 표시는 X가 한 개 이상임을 뜻하고, X^n은 X가 n개임을 뜻한다. 성조형은 성조 현상을 규칙화하는 데에 편리한 표상이다. 그러나 때로는 위 첨자에 0이나 자연수를 대입하여 실제로 존재하는 성조항을 도출해 내기 위하여 일반항이라는 표상을 필요로 한다. 두 방언의 일반항의 대응 관계를 표로 보이면 다음과 같다.

(26) 고성 방언과 성주 방언 일반항의 대응 관계

성조항 / 방언	측성항		평측항
	상성항	거성항	
고성 방언	L^n (:$□^n$)	M^n (·$□^n$)	H^mM^n ($□^m$·$□^n$)
성주 방언	$\underset{\cdot\cdot}{M}^n$ (:$□^n$)	M^n (·$□^n$)	H^mM^n ($□^m$·$□^n$)
창원 방언	L^n (:$□^n$)	M^n (·$□^n$)	H^mM^n ($□^m$·$□^n$)

4.3 성조 표상과 음조 표상

성조형이나 일반항은 방언의 성조 표상이긴 하지만, 그것이 바로 표면적인 음조형은 아니다. 그것은 음운 표상 /국론/이 표면 표상 〔궁논〕과 차이가 있는 것과 같다. /국론/이 〔궁논〕으로 발음되기 위해서는 열림도 높이기 규칙과 열림도 낮추기 규칙이 차례로 적용되어 《/국론/→궁론→〔궁논〕》이 되는 것처럼 성조 표상에 음조 표상을 도출해 내는 몇 개의 규칙이 있다.

음운론적인 층위의 높낮이 표상인 성조 표상은 /HM^n/인 것을 제외하고는 2음절 이상의 말토막은 모두 다음의 규칙을 통하여 우리의 귀로 듣는 음조형이 실현된다.

(27) 고성 방언의 음조형 실현 규칙

ㄱ. 상성형 L_2→〔LM_1〕/# — #

ㄴ. 거성형 M_2→〔HHM_0〕/# — #

(단, 정보 초점이 아니면 M^2→MM)

ㄷ. 평측형 H_2M^n→〔MH_1M^n〕/# — #

ㄹ. 평측형 $\underset{\cdot}{M}H^mM^n$→〔$MH^{m+n-1}M$〕/# — #

(단, m≧1, n≧0, m+n≧2)

(27)ㄹ은 (27)ㄷ 다음에 임의적으로 적용되지만, 적용 확률은 80% 이상으로 추산된다. 다만 /물리·이·다, 처백히·이·다, 바꾸··우··다/처럼 /ㅇ/(ø)의 양쪽에 두 개의 같은 모음이 □·□의 상태로 연결될 때는 (27)ㄹ은 매우 드물게 적용된다. 따라서 /물리이·다, 처백히이·다, 바꾸우··다/와 같은 어형은 아주 드물게 나타난다.

(28) 성주 방언의 음조형 실현 규칙[12)]

ㄱ. 상성형Ⅰ M̤$_2$→〔ḦHM$_0$〕/#—#

(단, 정보 초점이 아니면 M̤^{2}→〔M̤M〕)

ㄴ. 상성형Ⅱ M̤$_2$→〔M̤̌HM$_0$〕/#—#

(단, 정보 초점이 아니면 M̤^{2}→〔M̤̌M〕)

ㄷ. 거성형 M$_2$→〔HHM$_0$〕/#—#

(단, 정보 초점이 아니면 /M^2/→〔MM〕)

ㄹ. 평측형 H$_2$M^n→〔M$_1$HM^n〕/#—#

(28)ㄱ과 (28)ㄴ 같은 성조형에 임의적으로 적용되지만, 둘의 적용 확률은 6 : 4 정도로 전자가 우세하다. 이리하여 〔ḦHM$_0$〕은 으뜸음조형, 〔M̤̌HM$_0$〕은 버금음조형으로 보고자 한다. 참고로 동남부 경남 방언인 창원 방언의 음조형 실현 규칙을 적으면 다음과 같다.

(29) 창원 방언의 음조형 실현 규칙

ㄱ. 상성형 L$_2$→〔LM$_1$〕/#—#

ㄴ. 거성형 M$_2$→〔HHM$_0$〕/#—#

(단, 정보 초점이 아니면 M^2→〔MM〕)

ㄷ. 평측형 H$_2$M^n→〔MH$_1$M^n〕/#—#

이제 5음절 어절을 가지고 방점 표상, 성조 표상, 음조 표상의 관계를 보이면 다음과 같다.

(30) 5음절 어절의 방점 표상과 최종 성조 표상과의 관계

	방점 표상	고성 방언	성주 방언
ㄱ.	□·□·□·□·□	HM^4〔HM^4〕	HM^4〔HM^4〕
	□□·□·□·□	H^{2}M^3〔MHM^3〕/〔MH^{3}M〕	H^{2}M^3〔MHM^3〕
	□□□·□·□	H^{3}M^2〔MH^{2}M^2〕/〔MH^{3}M〕	H^{3}M^2〔M^{2}HM^2〕
	□□□□·□	H^{4}M〔MH^{3}M〕	H^{4}M〔M^{3}HM〕
	□□□□□	H^5〔MH^4〕/〔MH^{3}M〕	H^5〔M^{4}H〕
ㄴ.	·□·□·□·□·□	M^5〔HHM^3〕	M^5〔HHM^3〕
ㄷ.	:□·□·□·□·□	L^5〔LM^4〕	M̤^{5}〔ḦHM^3〕

1음절 어절은 서술조의 음조로 발음될 때 고성 방언에서는 다음과 같은 규칙을 통해서 그 음조가 실현된다.

---

12) 성주 방언 상성의 기저 표시를 /R/로 표시하는 대신에 /M̤/으로 정한 것은 거성형 음조형 실현 규칙 《M$_2$→HHM$_0$/#—#》과 상성형 음조 도출 규칙Ⅰ《M̤$_2$ → ḦHM$_0$ / # — #》의 시각적인 균형과 /M̤/ : /M/의 차이가 /장/ : /단/의 차이라는 토박이들의 직관을 반영하는 데에 장점이 있다. 또 상성음조형 실현 규칙Ⅱ《M̤$_2$→M̤̌HM$_0$/#—#》에서 〔M̤̌〕은 중조의 범위 안에서 앞 낮고 뒤 높은 완만한 오름조이며, 《M̤$_2$→ḦHM$_0$/#—#》에서 〔Ḧ〕는 고조의 범위 안에서 1.6 모라 정도의 길이로 청취력이 뛰어난 사람에게만 뒤끝이 가볍게 높아지는 음조여서 〔M〕의 영역에서 〔H〕까지 높아지는 것을 나타내는 데에 적합한 성조 표시 /R/보다는 /M̤/이 더 장점이 있기 때문이다.

(31) 고성 방언의 성조 중복 규칙
ㄱ. (평성) /H/→H^2/#—#
ㄴ. (거성) /M/→M^2/#—#
ㄴ. (상성) /L/→L^2/#—#

1음절 성조가 #—#의 환경에서 둘로 중복되는 것은 최소 단어 또는 음보 구성이 단일 음절은 허용되지 않고 2음절 이상이라야 된다는 것을 나타내고 있다. 이렇게 도출된 표상은 규칙 (27)ㄱ~ㄷ의 적용을 받아 다음의 〔 〕 속의 표상으로 발음된다는 것은 당연하다.

(32) 고성 방언의 중복된 성조의 음조 표상
ㄱ. (평성) H^2→〔MH〕/#—#
ㄴ. (거성) M^2→〔MM〕/#—#
ㄴ. (상성) L^2→〔LM〕/#—#

이렇게 해서 (31)에 의해서 도출된 H^2와 M^2에 규칙 (27)ㄷ과 ㄴ이 각각 적용되어 〔MH〕와 〔MM〕이 도출되며, 〔MM〕은 다시 다소 짧아져서 〔M̤〕으로 발음되는 것인데, 번거로움을 피하기 위하여 (32)와 같이 단순하게 처리하였다. 다음은 성주 방언 1음절 어절의 음조 실현 규칙이다.

(33) 성주 방언 1음절 어절 음조 규칙
ㄱ. (평성) /H/→〔H˺〕/#—#
ㄴ. (거성) /M/→〔M̤〕/#—#
ㄷ. (상성) /M̤/→〔M̤̌〕/#—#

고성 방언과 성주 방언의 1음절 어절의 보기를 들어 그 음조를 적으면 다음과 같다.

(34) 1음절 어절의 음조13)

어절	고성 방언	성주 방언
/콩, 꽃/	/H/〔MH〕	/H/〔H˺〕
/·소, ·풀/	/M/〔MM〕(≒〔M̤〕)	/M/〔M̤〕
/:개, :돌/	/L/〔LM〕	/M̤/〔M̤̌〕

이제 2~4장의 논의의 결과를 쉽게 이해할 수 있게 하기 위하여 두 방언의 대응 자료를 제시하면 다음과 같다.

---

13) 〔H˺〕는 〔$14^{\cdot 12}$〕 곧 〔14〕 등급으로 발음되다가 뒤끝이 〔12〕 등급 정도로 내려며, 그 길이는 1.3 모라 안팎이다. 〔M̤〕는 〔10〕의 장음인 〔10:〕이며, 그 길이는 1.6 모라 정도의 길이를 가진 수평조이다. 〔M̤̌〕은 〔$8^{\cdot 11}$〕/〔$8^{\cdot 10}$〕 정도의 완만한 오름조로 1.6 모라 정도의 길이를 가진 음조이다.

(35) 고성 방언 / 성주 방언

고성 방언		성주 방언	
모(苗)	H〔MH〕	모	H〔H'〕
목	H〔MH〕	목	H〔H'〕
밭	H〔MH〕	밭	H〔H'〕
밭	H〔MH〕	빛	H〔H'〕
배(梨)	H〔MH〕	배	H〔H'〕
싹(芽)	H〔MH〕	싹	H〔H'〕
산(山)[14]	H〔MH〕	산	H〔H'〕
앞	H〔MH〕	앞	H〔H'〕
윹	H〔MH〕	윷	H〔H'〕
은(銀)	H〔MH〕	은	H〔H'〕
장(市)	H〔MH〕	장	H〔H'〕
절(傍)	H〔MH〕	절	H〔H'〕
종(鍾)	H〔MH〕	종	H〔H'〕
집	H〔MH〕	집	H〔H'〕
짝	H〔MH〕	짝	H〔H'〕
춤(鍼)	H〔MH〕	침	H〔H'〕
콩	H〔MH〕	콩	H〔H'〕
털(毛)	H〔MH〕	털	H〔H'〕
파(派)	H〔MH〕	파	H〔H'〕
판(床)	H〔MH〕	판	H〔H'〕
폴(腕)	H〔MH〕	팔	H〔H'〕
할	H〔MH〕	활	H〔H'〕
흙	H〔MH〕	흙	H〔H'〕
가·래〈농기〉	HM〔HM〕	가·래	HM〔HM〕
가·매(釜)	HM〔HM〕	가·매	HM〔HM〕
가·슴	HM〔HM〕	가·슴	HM〔HM〕
가·심〈옛〉	HM〔HM〕	가·슴	HM〔HM〕
거·무〈거미〉	HM〔HM〕	거·무	HM〔HM〕
거·울	HM〔HM〕	거·울	HM〔HM〕
기·이(白鳥)	HM〔HM〕	기·우	HM〔HM〕
게·우(白鳥)	HM〔HM〕	기·우	HM〔HM〕
거·품	HM〔HM〕	거·품	HM〔HM〕
게·울〈겨울〉	HM〔HM〕	겨·울	HM〔HM〕
게·기(漁,肉)	HM〔HM〕	귀·기	HM〔HM〕
게·이(漁,肉)	HM〔HM〕	기·기	HM〔HM〕
고·리(環)	HM〔HM〕	고·리	HM〔HM〕
구·실〈구슬〉	HM〔HM〕	구·실	HM〔HM〕
국·밥	HM〔HM〕	국·밥	HM〔HM〕
국·시	HM〔HM〕	국·수	HM〔HM〕

14) 고성 방언의 /산·이/(山)는 〔사·니〕로 발음되고, 〔사·이〕로 발음되지 않는다.

나·라	HM〔HM〕	나·라	HM〔HM〕
나·락	HM〔HM〕	나·락	HM〔HM〕
노·래	HM〔HM〕	노·래	HM〔HM〕
누·룩	HM〔HM〕	누·룩	HM〔HM〕
니·비〈누에〉	HM〔HM〕	니·비	HM〔HM〕
다·서	HM〔HM〕	다·섯	HM〔HM〕
다·섯	HM〔HM〕	다·섯	HM〔HM〕
닷·새	HM〔HM〕	닷·새	HM〔HM〕
도·매〈도마〉	HM〔HM〕	도·매	HM〔HM〕
도·오〈동이〉	HM〔HM〕	도·오	HM〔HM〕
도·오〈동이〉	HM〔HM〕	도·우	HM〔HM〕
딩·기〈등겨 고운 것〉	HM〔HM〕	딩·기	HM〔HM〕
마·리(頭)	HM〔HM〕	마·리	HM〔HM〕
머·리(頭,髮)	HM〔HM〕	머·리	HM〔HM〕
모·래	HM〔HM〕	모·래	HM〔HM〕
모·시	HM〔HM〕	모·시	HM〔HM〕
모·시	HM〔HM〕	모·이	HM〔HM〕
물·팍	HM〔HM〕	물·팍	HM〔HM〕
바·늘	HM〔HM〕	바·늘	HM〔HM〕
바·다	HM〔HM〕	바·다	HM〔HM〕
방·울	HM〔HM〕	방·울	HM〔HM〕
버·섭〈버섯〉	HM〔HM〕	버·섯	HM〔HM〕
버·짐	HM〔HM〕	버·즘	HM〔HM〕
버·짐	HM〔HM〕	버·짐	HM〔HM〕
비·슬〈벼슬〉	HM〔HM〕	비·슬	HM〔HM〕
비·지	HM〔HM〕	비·지	HM〔HM〕
뿌·리	HM〔HM〕	뿌·리	HM〔HM〕
새·비	HM〔HM〕	새·비	HM〔HM〕
새·우〈현대말〉15)	HM〔HM〕	새·우	HM〔HM〕
선·비(士)	HM〔HM〕	선·배	HM〔HM〕
아·래〈아래〉	HM〔HM〕	아·래	HM〔HM〕
아·아〈아이〉	HM〔HM〕	아·아	HM〔HM〕
아·제	HM〔HM〕	아·제	HM〔HM〕
앞·날	HM〔HM〕	앞·날	HM〔HM〕
야·달	HM〔HM〕	여·덜	HM〔HM〕
야·답	HM〔HM〕	여·덜	HM〔HM〕
여·덜	HM〔HM〕	여·덜	HM〔HM〕
오·늘	HM〔HM〕	오·늘	HM〔HM〕
오·올〈오늘〉	HM〔HM〕	오·늘	HM〔HM〕
왕·기〈등겨 거친 것〉	HM〔HM〕	딩·기	HM〔HM〕

15) 〈현대말〉은 전통적인 지역 방언이 아니고 표준말의 영향으로 최근에 와서 널리 쓰이게 된 것임을 가리킨다.

우·물(井)	HM〔HM〕	우·물〈식수용〉	HM〔HM〕
이·리〈이레〉	HM〔HM〕	이·리	HM〔HM〕
이·불	HM〔HM〕	이·불	HM〔HM〕
이·실	HM〔HM〕	이·슬	HM〔HM〕
저·어〈저기〉	HM〔HM〕	저·어	HM〔HM〕
조·구〈조기〉	HM〔HM〕	쪼·구	HM〔HM〕
조·구〈조기〉	HM〔HM〕	쪼·기	HM〔HM〕
조·오〈종이〉	HM〔HM〕	조·이	HM〔HM〕
짐·치	HM〔HM〕	짐·치	HM〔HM〕
콩·알	HM〔HM〕	콩·알	HM〔HM〕
탱·조	HM〔HM〕	탱·자	HM〔HM〕
톱·니	HM〔HM〕	톱·니	HM〔HM〕
풀·잎〔풀맆〕	HM〔HM〕	풀·잎〔풀맆〕	HM〔HM〕
피·리	HM〔HM〕	피·리	HM〔HM〕
하·늘	HM〔HM〕	하·늘	HM〔HM〕
허·리	HM〔HM〕	허·리	HM〔HM〕
가·무·치	HM^2〔HM^2〕	가·무·치	HM^2〔HM^2〕
메·느·리	HM^2〔HM^2〕	미·느·리	HM^2〔HM^2〕
보·름달〔보·름딸〕	HM^2〔HM^2〕	보·름딸	HM^2〔HM^2〕
산·딸·기	HM^2〔HM^2〕	산·딸·기	HM^2〔HM^2〕
산·토·끼	HM^2〔HM^2〕	산·토·끼	HM^2〔HM^2〕
아·지·매	HM^2〔HM^2〕	아·지·매	HM^2〔HM^2〕
야·드·레	HM^2〔HM^2〕	여·드·레	HM^2〔HM^2〕
여·드·레	HM^2〔HM^2〕	여·드·레	HM^2〔HM^2〕
재·치·기〈재채기〉	HM^2〔HM^2〕	재·치·기	HM^2〔HM^2〕
공·립·핵·교	HM^3〔HM^3〕	공·립·핵·고	HM^3〔HM^3〕
미·숫·가·리	HM^3〔HM^3〕	미·숫·가·리	HM^3〔HM^3〕
미·숫·가·리	HM^3〔HM^3〕	미·싯·가·리	HM^3〔HM^3〕
탱·조·까·시	HM^3〔HM^3〕	탱·주·까·시	HM^3〔HM^3〕
톱·니·바·꾸	HM^3〔HM^3〕	톱·니·바·꾸	HM^3〔HM^3〕
톱·니·바·꾸	HM^3〔HM^3〕	톱·니·바·키	HM^3〔HM^3〕
음·악·발·포·헤	HM^4〔HM^4〕	음·악·발·표·회	HM^4〔HM^4〕
가리〈가루〉	H^2〔MH〕	가리	H^2〔MH〕
가실(秋收)	H^2〔MH〕	가실	H^2〔MH〕
그늘	H^2〔MH〕	그늘	H^2〔MH〕
나무	H^2〔MH〕	나무	H^2〔MH〕
나물	H^2〔MH〕	나물	H^2〔MH〕
너물	H^2〔MH〕	나물	H^2〔MH〕
노리〈노루〉	H^2〔MH〕	노리	H^2〔MH〕
노리〈노루〉	H^2〔MH〕	노루	H^2〔MH〕
녹두	H^2〔MH〕	녹두	H^2〔MH〕

녹디〈녹두〉	H^2〔MH〕	녹디	H^2〔MH〕
단초〈단추〉	H^2〔MH〕	단추	H^2〔MH〕
단풍	H^2〔MH〕	단풍	H^2〔MH〕
대밭	H^2〔MH〕	대밭	H^2〔MH〕
도독	H^2〔MH〕	도적	H^2〔MH〕
마암〈마음〉	H^2〔MH〕	마음	H^2〔MH〕
마암〈마음〉	H^2〔MH〕	마암	H^2〔MH〕
마을(村)	H^2〔MH〕	마을	H^2〔MH〕
매듭〈실 맺힘〉	H^2〔MH〕	맺음	H^2〔MH〕
모디	H^2〔MH〕	매디	H^2〔MH〕
모레〈머루〉	H^2〔MH〕	머루	H^2〔MH〕
모레〈머루〉	H^2〔MH〕	머리	H^2〔MH〕
무시〈무우〉	H^2〔MH〕	무시	H^2〔MH〕
문지〈먼지〉	H^2〔MH〕	문지	H^2〔MH〕
물뺑〈물병〉	H^2〔MH〕	물뺑	H^2〔MH〕
바끝〈바깥〉	H^2〔MH〕	바끝	H^2〔MH〕
바끝〈바깥〉	H^2〔MH〕	배끝	H^2〔MH〕
바람(風)	H^2〔MH〕	바람	H^2〔MH〕
바아〈방아〉	H^2〔MH〕	방아	H^2〔MH〕
밥상	H^2〔MH〕	밥상	H^2〔MH〕
배꼳〈배꽃〉	H^2〔MH〕	배꽃	H^2〔MH〕
버들	H^2〔MH〕	버들	H^2〔MH〕
버선	H^2〔MH〕	버선	H^2〔MH〕
보리	H^2〔MH〕	버리	H^2〔MH〕
비네〈비녀〉	H^2〔MH〕	비네	H^2〔MH〕
비네〈비녀〉	H^2〔MH〕	비녀	H^2〔MH〕
새벽〈새벽〉	H^2〔MH〕	새북	H^2〔MH〕
소곰〈소금〉	H^2〔MH〕	소굼	H^2〔MH〕
소곰〈소금〉	H^2〔MH〕	소금	H^2〔MH〕
손텁〈손톱〉	H^2〔MH〕	손톱	H^2〔MH〕
솔밭	H^2〔MH〕	솔밭	H^2〔MH〕
시리〈시루〉	H^2〔MH〕	시리	H^2〔MH〕
시리〈시루〉	H^2〔MH〕	시루	H^2〔MH〕
아첨〈아침〉	H^2〔MH〕	아침	H^2〔MH〕
야시〈여우〉	H^2〔MH〕	야시	H^2〔MH〕
얼굴	H^2〔MH〕	얼굴	H^2〔MH〕
여시〈여우〉	H^2〔MH〕	야시	H^2〔MH〕
우벙〈우웡〉	H^2〔MH〕	우벙	H^2〔MH〕
우벙〈우웡〉	H^2〔MH〕	우붕	H^2〔MH〕
이삭	H^2〔MH〕	이삭	H^2〔MH〕
재미	H^2〔MH〕	재미	H^2〔MH〕

저녁	H^2〔MH〕	저녁	H^2〔MH〕
적삼	H^2〔MH〕	적삼	H^2〔MH〕
정지〈부엌〉	H^2〔MH〕	정지	H^2〔MH〕
주묵〈주먹〉	H^2〔MH〕	주묵	H^2〔MH〕
짐승	H^2〔MH〕	짐승	H^2〔MH〕
짚신	H^2〔MH〕	짚신	H^2〔MH〕
창문	H^2〔MH〕	창문	H^2〔MH〕
채비〈준비〉	H^2〔MH〕	차비	H^2〔MH〕
채비〈준비〉	H^2〔MH〕	채비	H^2〔MH〕
치매〈치마〉	H^2〔MH〕	치매	H^2〔MH〕
콩밭	H^2〔MH〕	콩밭	H^2〔MH〕
펭풍〈병풍〉	H^2〔MH〕	평풍	H^2〔MH〕
하로	H^2〔MH〕	하루	H^2〔MH〕
가운·데	H^2M〔MHM〕	가운·데	H^2M〔MHM〕
강내·이〈옥수수〉	H^2M〔MHM〕	강내·이	H^2M〔MHM〕
강저·리〈광주리〉	H^2M〔MHM〕	강저·리	H^2M〔MHM〕
강저·리〈광주리〉	H^2M〔MHM〕	광저·리	H^2M〔MHM〕
건디·이〈건더기〉	H^2M〔MHM〕	건디·기	H^2M〔MHM〕
걸레·이〈거지〉	H^2M〔MHM〕	걸배·이	H^2M〔MHM〕
걸배·이〈거지〉	H^2M〔MHM〕	걸배·이	H^2M〔MHM〕
겉모·냥	H^2M〔MHM〕	겉모·양	H^2M〔MHM〕
까락·지	H^2M〔MHM〕	가락·지	H^2M〔MHM〕
까락·지	H^2M〔MHM〕	가락·지	H^2M〔MHM〕
까마·구	H^2M〔MHM〕	까마·구	H^2M〔MHM〕
까마·구	H^2M〔MHM〕	까마·귀	H^2M〔MHM〕
깜디·이〈깜둥이〉	H^2M〔MHM〕	깜디·이	H^2M〔MHM〕
깝데·기〈착취〉	H^2M〔MHM〕	껍디·기〈껍질〉	H^2M〔MHM〕
깨고·리	H^2M〔MHM〕	깨구·리	H^2M〔MHM〕
깨고·리	H^2M〔MHM〕	개구·리	H^2M〔MHM〕
깨애·미〈개미〉	H^2M〔MHM〕	개애·미	H^2M〔MHM〕
깝데·기[16]	H^2M〔MHM〕	껍디·기〈껍질〉	H^2M〔MHM〕
께꼬·리	H^2M〔MHM〕	뀌꼬·리	H^2M〔MHM〕
께꼬·리	H^2M〔MHM〕	끼꼬·리	H^2M〔MHM〕
나무·지〈나머지〉	H^2M〔MHM〕	나무·지	H^2M〔MHM〕
다래·끼	H^2M〔MHM〕	다래·끼	H^2M〔MHM〕
대가·리	H^2M〔MHM〕	대가·리	H^2M〔MHM〕
대머·리	H^2M〔MHM〕	대머·리	H^2M〔MHM〕
대애·지〈돼지〉	H^2M〔MHM〕	대애·지	H^2M〔MHM〕
대애·지〈돼지〉	H^2M〔MHM〕	돼애·지	H^2M〔MHM〕
돌가·지	H^2M〔MHM〕	도라·지	H^2M〔MHM〕

16) 〈고성 방언〉 /깝데·기 벗기·다/는 〈착취하다〉의 뜻.

돌띠·이	H^2M〔MHM〕	돌띠·이	H^2M〔MHM〕
돌미·이〈돌멩이〉	H^2M〔MHM〕	돌삐·이	H^2M〔MHM〕
돌삐·이〈돌멩이〉	H^2M〔MHM〕	돌삐·이	H^2M〔MHM〕
땅나·구	H^2M〔MHM〕	당나·구	H^2M〔MHM〕
메띠·이〈메뚜기〉	H^2M〔MHM〕	메띠·기	H^2M〔MHM〕
메띠·이〈메뚜기〉	H^2M〔MHM〕	미띠·기	H^2M〔MHM〕
메르·치〈멸치〉	H^2M〔MHM〕	메르·치	H^2M〔MHM〕
메르·치〈멸치〉	H^2M〔MHM〕	미리·치	H^2M〔MHM〕
메르·치〈멸치〉	H^2M〔MHM〕	미르·치	H^2M〔MHM〕
메에·기〈메기〉	H^2M〔MHM〕	메에·기	H^2M〔MHM〕
메에·기〈메기〉	H^2M〔MHM〕	미이·기	H^2M〔MHM〕
메초·리	H^2M〔MHM〕	메추·리	H^2M〔MHM〕
메초·리	H^2M〔MHM〕	미초·리	H^2M〔MHM〕
메초·리	H^2M〔MHM〕	미추·리	H^2M〔MHM〕
모숭·기〈모심기〉	H^2M〔MHM〕	모싱·기	H^2M〔MHM〕
뭉티·이〈뭉텅이〉	H^2M〔MHM〕	뭉티·이	H^2M〔MHM〕
미나·리	H^2M〔MHM〕	미나·리	H^2M〔MHM〕
바가·지〈~긁다〉	H^2M〔MHM〕	바가·지	H^2M〔MHM〕
바가·치	H^2M〔MHM〕	바가·치	H^2M〔MHM〕
바구·리〈바구니〉	H^2M〔MHM〕	바구·니	H^2M〔MHM〕
바구·리〈바구니〉	H^2M〔MHM〕	바구·리	H^2M〔MHM〕
바느·질	H^2M〔MHM〕	바느·질	H^2M〔MHM〕
발빠·닥	H^2M〔MHM〕	발빠·닥	H^2M〔MHM〕
방마·이〈방망이〉	H^2M〔MHM〕	방매·이	H^2M〔MHM〕
방매·이〈방망이〉	H^2M〔MHM〕	방매·이	H^2M〔MHM〕
보따·리	H^2M〔MHM〕	보따·리	H^2M〔MHM〕
빚재·이〈빚진 사람〉	H^2M〔MHM〕	빚재·이	H^2M〔MHM〕
뻬아·리〈병아리〉	H^2M〔MHM〕	삐개·이	H^2M〔MHM〕
뿌리·이〈뿌리〉	H^2M〔MHM〕	뿌리·이	H^2M〔MHM〕
삐가·리〈병아리〉	H^2M〔MHM〕	삘가·리	H^2M〔MHM〕
삐개·이〈병아리〉	H^2M〔MHM〕	삐개·이	H^2M〔MHM〕
사그·륵〈사기〉	H^2M〔MHM〕	사그·륵	H^2M〔MHM〕
손까·락	H^2M〔MHM〕	손까·락	H^2M〔MHM〕
손빠·닥	H^2M〔MHM〕	손빠·닥	H^2M〔MHM〕
솔빠·알〈솔방울〉	H^2M〔MHM〕	솔빠·알	H^2M〔MHM〕
숟가·락	H^2M〔MHM〕	숟가·락	H^2M〔MHM〕
아제·비	H^2M〔MHM〕	아제·비	H^2M〔MHM〕
얌새·이〈염소〉	H^2M〔MHM〕	얌새·이	H^2M〔MHM〕
양대·애〈양푼이〉	H^2M〔MHM〕	양푸·이	H^2M〔MHM〕
에린아·아(乳兒)	H^3M〔MH^2M〕	얼라·아	H^2M〔MHM〕
역꾸·리	H^2M〔MHM〕	옆꾸·리	H^2M〔MHM〕

염새·이〈염소〉	H^2M〔MHM〕	얌새·이	H^2M〔MHM〕
웃도·리〈상의〉	H^2M〔MHM〕	웃도·리	H^2M〔MHM〕
점바·치〈점쟁이〉	H^2M〔MHM〕	점재·이	H^2M〔MHM〕
점재·이〈점쟁이〉	H^2M〔MHM〕	점재·이	H^2M〔MHM〕
주디·이〈주둥이〉	H^2M〔MHM〕	주도·이	H^2M〔MHM〕
주디·이〈주둥이〉	H^2M〔MHM〕	주디·이	H^2M〔MHM〕
주머·이	H^2M〔MHM〕	주머·이	H^2M〔MHM〕
쪽직·개〈족집개〉	H^2M〔MHM〕	쪽직·개	H^2M〔MHM〕
찌기·이〈찌꺼기〉	H^2M〔MHM〕	찌끼·이	H^2M〔MHM〕
초랑·이〈촐랑이〉	H^2M〔MHM〕	초래·이〈까불이〉	H^2M〔MHM〕
터리·이(毛髮)	H^2M〔MHM〕	터리·기	H^2M〔MHM〕
토까·이〈토끼〉	H^2M〔MHM〕	토깨·이	H^2M〔MHM〕
피마·자	H^2M〔MHM〕	피마·자	H^2M〔MHM〕
피마·지	H^2M〔MHM〕	피마·자	H^2M〔MHM〕
한가·지	H^2M〔MHM〕	한가·지	H^2M〔MHM〕
호매·이〈호미〉	H^2M〔MHM〕	호매·이	H^2M〔MHM〕
초하루	H^3〔MH^2〕	초하로	H^3〔M^2H〕
초하루	H^3〔MH^2〕	초하루	H^3〔M^2H〕
가수나·아〈계집애〉	H^3M〔MH^2M〕	가시나·아	H^3M〔M^2HM〕
갈가마·구	H^3M〔MH^2M〕	갈가마·구	H^3M〔M^2HM〕
께엘배·이	H^3M〔MH^2M〕	끼일배·이	H^3M〔M^2HM〕
꼬랑데·이〈꼬리〉	H^3M〔MH^2M〕	꼬랑데·이	H^3M〔M^2HM〕
꼳봉오·리	H^3M〔MH^2M〕	꽂망우·리	H^3M〔M^2HM〕
노롬재·이	H^3M〔MH^2M〕	노름재·이	H^3M〔M^2HM〕
동구래·미	H^3M〔MH^2M〕	동구래·미	H^3M〔M^2HM〕
두드리·이	H^3M〔MH^2M〕	두드리·기	H^3M〔M^2HM〕
두르매·이	H^3M〔MH^2M〕	두루매·기	H^3M〔M^2HM〕
뚜드리·이	H^3M〔MH^2M〕	두드리·기	H^3M〔M^2HM〕
메물국·수	H^3M〔MH^2M〕	미물국·시	H^3M〔M^2HM〕
미꾸라·지	H^3M〔MH^2M〕	미꾸래·이	H^3M〔M^2HM〕
미꾸라·지	H^3M〔MH^2M〕	미꾸라·지	H^3M〔M^2HM〕
뽀시레·이〈부스러기〉	H^3M〔MH^2M〕	부시리·기	H^3M〔M^2HM〕
사고방·식	H^3M〔MH^2M〕	사고방·식	H^3M〔M^2HM〕
아주까·리	H^3M〔MH^2M〕	아주까·리	H^3M〔M^2HM〕
호불애·비	H^3M〔MH^2M〕	호불애·비	H^3M〔M^2HM〕
다리비·질	H^3M〔MH^2M〕	다리·비·질	H^2M^2〔MHM^2〕
배끝주·인	H^3M〔MH^2M〕	바깥·주·인	H^2M^2〔MHM^2〕
배끝주·인	H^3M〔MH^2M〕	배끝·주·인	H^2M^2〔MHM^2〕
싸래기·눈	H^3M〔MH^2M〕	싸래·기·눈	H^2M^2〔MHM^2〕
싸래이·눈	H^3M〔MH^2M〕	싸래·기·눈	H^2M^2〔MHM^2〕

(36)

고성 방언		성주 방언	
·골(腦)	M〔M̤〕	·골	M〔M̤〕
·구(九)	M〔M̤〕	·구	M〔M̤〕
·굿	M〔M̤〕	·굿	M〔M̤〕
·글	M〔M̤〕	·글	M〔M̤〕
·소·매(袖)	M^{2}〔HH/MM〕	·소·매	M^{2}〔HH/MM〕
·손·발	M^{2}〔HH/MM〕	·손·발	M^{2}〔HH/MM〕
·몸·띠·이	〔HHM〕	·몸·띠·이	M^{3}〔HHM〕
·무·지·기	M^{3}〔HHM〕	·무·지·개	M^{3}〔HHM〕
·서·까·래	M^{3}〔HHM〕	·서·까·래	M^{3}〔HHM〕
·식·생·활	M^{3}〔HHM〕	·식·생·활	M^{3}〔HHM〕
·돌·연·변·이	M^{4}〔HHM^{2}〕	·돌·연·변·이	M^{4}〔HHM^{2}〕
·북·도·칠·성	M^{4}〔HHM^{2}〕	·북·두·칠·성	M^{4}〔HHM^{2}〕
·수·양·버·들	M^{4}〔HHM^{2}〕	·수·양·버·들	M^{4}〔HHM^{2}〕
·수·무·고·개	M^{4}〔HHM^{2}〕	·스·무·고·개	M^{4}〔HHM^{2}〕
·씨·아·바·이	M^{4}〔HHM^{2}〕	·시·아·버·이	M^{4}〔HHM^{2}〕
·씨·아·부·지	M^{4}〔HHM^{2}〕	·시·아·부·지	M^{4}〔HHM^{2}〕

(37)

고성 방언		성주 방언	
:가(邊)	L〔LM〕	:가	M̤〔M̤̌〕
:갓(邊)	L〔LM〕	:갓	M̤〔M̤̌〕
:간(肝)	L〔LM〕	:간	M̤〔M̤̌〕
:감(柿)	L〔LM〕	:감	M̤〔M̤̌〕
:개(狗)	L〔LM〕	:개	M̤〔M̤̌〕
:게(蟹)	L〔LM〕	:게	M̤〔M̤̌〕
:게(蟹)	L〔LM〕	:께	M̤〔M̤̌〕
:게(蟹)	L〔LM〕	:기	M̤〔M̤̌〕
:게(蟹)	L〔LM〕	:끼	M̤〔M̤̌〕
:곰(熊)	L〔LM〕	:곰	M̤〔M̤̌〕
:게(櫃)	L〔LM〕	:기	M̤〔M̤̌〕
:게(櫃)	L〔LM〕	:귀	M̤〔M̤̌〕
:내(川)	L〔LM〕	:내	M̤〔M̤̌〕
:널(板)	L〔LM〕	:널	M̤〔M̤̌〕
:돈(錢)	L〔LM〕	:돈	M̤〔M̤̌〕
:돌(石)	L〔LM〕	:돌	M̤〔M̤̌〕
:돔〈도미〉	L〔L〕	:돔	M̤〔M̤̌〕
:둘(二)	L〔L〕	:둘	M̤〔M̤̌〕
:게·짝(櫃)	L^{2}〔LM〕	:기·짝	M̤〔M̤̌〕
:기·짝(櫃)	L^{2}〔LM〕	:귀·짝	M̤〔M̤̌〕
:교·정(校庭)	L^{2}〔LM〕	:교·정	M̤^{2}〔ḦH/M̤M〕
:굴·뚝	L^{2}〔LM〕	:굴·뚝	M̤^{2}〔ḦH/M̤M〕

:게·엥〈구경〉	H^{2}〔MH〕	:기·경	M̤^{2}〔ḦH/M̤M〕
:게·집(女)	L^{2}〔LM〕	:기·집	M̤^{2}〔ḦH/M̤M〕
:게·집(女)	L^{2}〔LM〕	:지·집	M̤^{2}〔ḦH/M̤M〕
:너·이(四)	L^{2}〔LM〕	:너·이	M̤^{2}〔ḦH/M̤M〕
:배·차〈배추〉	L^{2}〔LM〕	:배·추	M̤^{2}〔ḦH/M̤M〕
:배·추	L^{2}〔LM〕	:배·추	M̤^{2}〔ḦH/M̤M〕
:벨·똥	L^{2}〔LM〕	:별·똥	M̤^{2}〔ḦH/M̤M〕
:벨·똥	L^{2}〔LM〕	:빌·똥	M̤^{2}〔ḦH/M̤M〕
:보·배	L^{2}〔LM〕	:보·배	M̤^{2}〔ḦH/M̤M〕
:비·단(絹)	L^{2}〔LM〕	:비·단	M̤^{2}〔ḦH/M̤M〕
:사·람	L^{2}〔LM〕	:사·람	M̤^{2}〔ḦH/M̤M〕
:거·무·리	L^{3}〔LM^{2}〕	:거·머·리	M̤^{3}〔ḦHM〕
:거·짓·말	L^{3}〔LM^{2}〕	:거·짓·말	M̤^{3}〔ḦHM〕
:고·구·마	L^{3}〔LM^{2}〕	:고·구·마	M̤^{3}〔ḦHM〕
:고·오·매	L^{3}〔LM^{2}〕	:고·구·마	M̤^{3}〔ḦHM〕
:굼·비·이〈굼벵이〉	L^{3}〔LM^{2}〕	:굼·베·이	M̤^{3}〔ḦHM〕
:궁·디·이〈궁둥이〉	L^{3}〔LM^{2}〕	:궁·디·이	M̤^{3}〔ḦHM〕
:궁·디·이〈궁둥이〉	L^{3}〔LM^{2}〕	:궁·도·이	M̤^{3}〔ḦHM〕
:고·오·매#싹	L^{3}#H〔LM^{3}#MH〕	:고·구·마·싹	M̤^{4}〔ḦHM^{2}〕
:고·전·주·의	L^{4}〔LM^{3}〕	:고·전·주·의	M̤^{4}〔ḦHM^{2}〕
:양·어·무·이	L^{4}〔LM^{3}〕	:양·어·무·이	M̤^{4}〔ḦHM^{2}〕
:양·어·무·이	L^{4}〔LM^{3}〕	:양·어·머·니	M̤^{4}〔ḦHM^{2}〕
:교·육·공·무·원	L^{5}〔LM^{4}〕	:교·육·공·무·원	M̤^{5}〔ḦHM^{3}〕

(38) 부분 대응

고성 방언		성주 방언	
지·네	HM〔HM〕	지니	H^{2}〔MH〕
독아·지(甕)	H^{2}M〔MHM〕	독	H〔H'〕
가매·솥(釜)	H^{2}M〔MHM〕	가매솥	H^{3}〔M^{2}H〕
제트·랑〈겨드랑〉	H^{2}M〔MHM〕	저지랑	H^{3}〔M^{2}H〕
꾸지·럼	H^{2}M〔MHM〕	꾸지럼	H^{3}〔M^{2}H〕
떡시·리〈떡시루〉	H^{2}M〔MHM〕	떡시루	H^{3}〔M^{2}H〕
떡시·리〈떡시루〉	H^{2}M〔MHM〕	떡시리	H^{3}〔M^{2}H〕
발때·죽〈발자욱〉	H^{2}M〔MHM〕	발째죽	H^{3}〔M^{2}H〕
방앗·간	H^{2}M〔MHM〕	방앗간	H^{3}〔M^{2}H〕
배꾸·녕	H^{2}M〔MHM〕	배꾸멍	H^{3}〔M^{2}H〕
배꾸·녕	H^{2}M〔MHM〕	배꾸영	H^{3}〔M^{2}H〕
뽕나·무	H^{2}M〔MHM〕	뽕나무	H^{3}〔M^{2}H〕
새드·리〈사닥다리〉	H^{2}M〔MHM〕	사드래	H^{3}〔M^{2}H〕
새드·레〈사닥다리〉	H^{2}M〔MHM〕	사다리	H^{3}〔M^{2}H〕
자부·럼	H^{2}M〔MHM〕	자부럼	H^{3}〔M^{2}H〕

고동〈다슬기〉	H^2M〔MHM〕	고디·이(田螺)	H^2M〔MHM〕
두르·막	H^2M〔MHM〕	두르매·기	H^3M〔M^2HM〕
꼰디·이〈번데기〉	H^2M〔MHM〕	뻔디·기	H^2M〔MHM〕
꼰디·이〈번데기〉	H^2M〔MHM〕	뻔디·기	H^2M〔MHM〕
탱·조·까·시	HM^3〔HM^3〕	탱주까·시	H^3M〔M^2HM〕
가을#·구·름	H^2#M^2〔MH#HH〕	가실·구·름	H^2M^2〔MHM^2〕
고산#·식·물	H^2#M^2〔MH#HH〕	고산·식·물	H^2M^2〔MHM^2〕
깨구·리#·밥	H^2M#M〔MHM#M̤〕	개구·리·밥17)	H^2M^2〔MHM^2〕
꽅#봉오·리	H#H^2M〔MH#MHM〕	꽃봉오·리	H^3M〔M^2HM〕
입소·리	H^2M〔MHM〕	입서버·리	H^3M〔M^2HM〕
무운·쌀〈묵은쌀〉	H^2M〔MHM〕	묵·운·쌀	HM^2〔HM^2〕
·씨·아·바·이	M^4〔HHM^2〕	·시·아·범	M^3〔HHM〕
·썽	M〔M̤〕	·성·미	M^2〔HH/MM〕
·썽·칼	M^2〔HH/MM〕	·성·질	M^2〔HH/MM〕
:양·어·무·이	L^4〔LM^3〕	:양·모	M̤^{2}〔ḦH/M̤M〕

(39) 대응하지 않는 것

고성 방언		성주 방언	
내애·미〈냄새〉	H^2M〔MHM〕	:냄·새	M̤^{3}〔ḦHM〕
사사오·입	H^3M〔MH^2M〕	:사·사·오·입	M̤^{4}〔ḦHM^2〕
·씨(種)	M〔M̤〕	씨	H〔H˙〕
·까·재〈가재〉	M^2〔HH/MM〕	:까·재	M̤^{2}〔M̤̈M/M̤̈H〕
·내·애·미〈냄새〉	M^3〔HHM〕	:내·미	M̤^{2}〔M̤̈M/M̤̈H〕
·달·파·이	M^3〔HHM〕	돌패·이	H^2M〔MHM〕
·달·파·이	M^3〔HHM〕	달패·이	H^2M〔MHM〕
·떼·에·쓰·기	M^4〔HHM^2〕	띠·어·쓰·기	HM^3〔HM^3〕
·양·푸·이〈양푼이〉	M^3〔HHM〕	양푸·이	H^2M〔MHM〕
:성·미	L^2〔LM〕	·성·질	M^2〔HH/MM〕

4.4 음조형의 하강부와 고저 인식의 방언적인 차이

성주 방언에서 3음절 이상의 길이를 가진 상성형과 거성형의 음조형은18) 둘째 음절에 2차 강세 곧 약강세가 있고, 셋째 이하의 음절은 둘째 음절보다 두드러지게 낮게 발음된다. 고성 방언에서는 3음절 이상의 길이를 가진 상성음조형은 둘째 음절에 1차 강세 곧 강한 강세가 있고, 셋째 이하의 음절은 둘째 음절보다 두드러지게 낮게 발음된다. 그리고 고성 방언의 거성음조형은 성주 방언의 거성음조형과 같은 특성 곧 둘째 음절에 2차 강세가 있고, 마

17) 〈성주 방언〉에서 /개구·리·밥/은 〈개구리 알〉을 뜻한다.
18) 3성조 체계의 방언에서는 상성형과 거성형을 합쳐서 측성형이라 부른다.

찬가지로 셋째 이하의 음절은 둘째 음절보다 두드러지게 낮게 발음된다.

두 방언뿐만 아니라 다른 방언들에서도 음조형들에서 위와 같이 두드러지게 낮게 발음되는 부분을 그 음조형의 하강부라 부르고, 하강부를 앞서는 부분을 핵심부라 부르기로 한다. 이 두 방언의 거성음조형은 3음절이 넘을 때는 동일하게 〔HHM$_1$〕로 적을 수 있다. 〔HHM$_1$〕를 두 부분으로 나누면 핵심부 〔HH〕와 하강부 〔M$_1$〕으로 나누어질 것이 표기법에 그대로 나타난다. 핵심부 〔HH〕의 둘째 음절은 약한 강세(2차 강세)가 느껴진다.

성주 방언의 상성음조형은 (28)ㄱ,ㄴ에서 보는 것처럼 3음절 이상인 경우는 〔ḦHM$_1$〕과 〔M̤HM$_1$〕의 두 임의변이형을 가지는데, 〔Ḧ〕는 고조의 영역에서 실현되는 긴 수평조이며, 〔M̤〕은 중조의 영역에서 실현되는 가벼운 상승조를 띤 긴 굴곡조이다. 이 두 음조형은 표기법에서 예측할 수 있는 바와 같이 핵심부는 첫 두 음절 곧 〔ḦH〕와 〔M̤H〕이고, 하강부는 둘다 〔M$_1$〕 부분이다.

(27)ㄱ의 고성 방언(서남부 경남 방언)의 상성음조형 실현 규칙과 창원 방언(동남부 경남 방언)의 상성음조형 실현 규칙 (29)ㄱ은 둘다 《L$_2$→〔LM$_1$〕/#—#》 으로 그 입력, 출력 및 그 환경이 동일하다. 이 규칙에 의하여 도출되는 출력인 〔LM$_1$〕은 시각적으로 핵심부만 있고, 하강부가 없는 것처럼 보인다. 그러나 고성 방언에서는 셋째 음절 이하가 하강부이고, 창원 방언에서는 넷째 음절 이하가 하강부이다. 이리하여 고성 방언의 상성음조형과 창원 방언의 상성음조형은 3음절 이상인 경우 음성학자가 아닌 보통 사람이라도 조금만 훈련을 받으면 청각적으로 확연히 구별할 수 있다.

(20)과 (23)을 이용해서 좀더 구체적으로 설명하면, 고성 방언의 상성음조형은 첫 음절이 〔L〕의 영역 곧 〔1〕~〔3〕에서 가장 낮은 등급인 〔1〕로 발음되며, 둘째 음절은 〔M〕의 영역 〔4〕~〔11〕에서 가장 높은 등급인 〔11〕로 발음되면서 강한 강세(1차 강세)를 가지며, 셋째 음절은 〔M〕의 영역의 중간 이하 대게는 〔5〕(운율구의 마지막 음절일 때는 〔4〕)로 발음된다. 그리고 넷째 이하의 음절은 셋째 음절과 같이 〔5〕로 발음되지만, 운율구의 마지막 음절일 때는 〔4〕로 발음된다. 이에 대하여 창원 방언의 상성음조형은 첫 음절은 진주 방언과 마찬가지로 〔1〕로 발음되고, 둘째 음절과 셋째 음절은 〔11〕로 같은 높이로 발음되며, 넷째 음절은 〔5〕(운율구의 마지막 음절일 때는 〔4〕)로 발음된다. 그리고 넷째 이하의 음절은 셋째 음절과 같이 〔5〕로 발음되지만, 운율구의 마지막 음절일 때는 〔4〕로 발음된다. 창원 방언의 상성음조형이 4음절 이상일 때는 셋째 음절에 2차 강세 곧 약강세가 있다. 두 방언의 상성형을 요약해서 중요한 특징만 지적하면 다음과 같다.

(40) 고성 방언의 상성음조형은 첫 음절이 가장 낮으며, 둘째 음절이 가장 높고 강한 강세(1차 강세)가 있으며, 셋째 이하의 음절들이 둘째 음절보다 두드러지게 낮게 발음된다. 이에 대하여 창원 방언의 상성음조형은 첫 음절이 가장 낮고, 둘째 음절과 셋째 음절이 거의 같은 높이로 가장 높으며, 셋째 음절에 약한 강세(2차 강세)가 있으고, 넷째 이하의 음절들은 셋째 음절보다 두드러지게 낮다.

서남부 경남 방언인 고성 방언과 동남부 경남 방언인 창원 방언의 상성음조형의 위와 같은 차이와 핵심부와 하강부의 차이를 시각적으로 나타내기 위하여 러시아 글자 м을 이용하여 우리는 다음과 같은 규칙으로 형식화할 수 있다.

(41) 고성 방언의 상성형 하강부 시각화19)
LM$_1$→〔LMм$_0$〕

(42) 창원 방언의 상성형 하강부 시각화
LM$_2$→〔LMMм$_0$〕

2음절 이상의 평측형의 하위 범주인 평성형의 음조형은 성주 방언의 경우 〔M$_1$H〕로 나타나고, 고성 방언에서는 〔MH$_1$〕로 나타난다. 두 방언에서 다 핵심부만 있고, 하강부는 없는 셈이다. 이런 경우 고성 방언에서는 3음절 이상인 평측형 곧 〔MH$_2$〕는 그대로 발음할 수도 있지만, 보다 자주 (27)ㄹ로 말미암아 〔MH$_1$M〕으로 발음된다(보기 : /잔디밭H^3/〔MHH〕 또는 더 자주 〔MHM〕). 성주 방언에서는 극히 드물기는 하지만 〔H〕로 발음되는 끝 음절을 길게 발음하여 〔HM〕에 가깝게 발음하는 수도 있다(보기 : /사드래 H^3/〔MMH〕 또는 〔MMHM〕). 고성 방언과 창원 방언에서 평측음조형은 〔HM$_1$〕, 〔MH$_1$M^n〕으로 나타나는데, 이들의 핵심부는 각각 〔H〕, 〔MH$_1$〕이며 하강부는 각각 〔M$_1$〕과 〔M^n〕이다. 그리고 〔M$_1$〕이나 〔M^n〕을 바로 앞서는 〔H〕는 강한 강세 곧 1차 강세를 가진다. 규칙 (27)ㄷ, ㄹ과 (29)ㄱ으로 말미암은 고성 방언과 창원 방언의 평측형의 음조 차이는 다음과 같은 차이를 나타내게 된다.

(43) 창원 방언과 고성 방언 평측형의 음조 차이20)

최종 성조 표상	창원 방언	고성 방언①	고성 방언②
/H^{2}M/	〔MHM〕	〔MHM〕	〔MHM〕

19) 고성 방언의 상성음조형 〔LMм$_0$〕이 2음절일 때는 하강부 〔м$_0$〕이 없으므로 〔LM〕으로 되어 둘째 음절에 강세가 나타나지 않으며, 창원 방언의 상성음조형 〔LMMм$_0$〕이 3음절일 때는 〔м$_0$〕이 없으므로 〔LMM〕으로 되어 셋째 음절에 강세가 나타나지 않는다. 고성 방언의 〔LMм$_0$〕이 3음절 이상일 때는 〔LMм$_1$〕이 되어 하강부 〔м$_1$〕이 나타나기 때문에 둘째 음절에 1차 강세가 나타난다. 그러므로 〔LMм$_1$〕의 둘째 음절에 강세를 표시하여 더 정확하게 표시하면 〔LḾм$_1$〕이 된다. 마찬가지로 창원 방언의 〔LMMм$_0$〕이 4음절 이상일 때는 〔LMMм$_1$〕이 되어 하강부 〔м$_1$〕이 나타나기 때문에 셋째 음절에 2차 강세가 나타난다. 그러므로 〔LMMм$_1$〕의 셋째 음절에 강세를 표시하여 더 정확하게 표시하면 〔LMM̀м$_1$〕이 된다. 표기상의 버거로움이나 시각적인 아름다움 등을 고려하여 Ḿ 과 M̀을 단순히 M으로 표기했으니, 이 책을 읽는 분들의 이해를 바란다.

20) 고성 방언은 음조형 실현 규칙 (27), 창원 방언은 음조형 실현 규칙 (29)의 적용 직전에는 두 방언의 대부분의 어절의 성조 표상은 원칙적으로 같다. 이 자료의 가장 왼쪽 줄에는 우리말의 성조론에 대한 논저를 많이 읽은 사람에게 참고가 되도록 최종 성조 표상을 붙인 것이다. 여기에서는 창원 방언과 고성 방언①, 고성 방언②의 〔 〕 속에 있는 음조 표상만 대조해 주기 바란다. 고성 방언①에 짝이 되는 고성 방언②의 각 표상들끼리는 각각 임의변이의 관계에 있지만, 고성 방언①의 형들은 드물게 쓰이고, 고성 방언②의 형들은 훨씬 더 자주 쓰인다.

$/H^2M^2/$	〔MHMM〕	〔MHMM〕	〔MHHM〕
$/H^2M^3/$	〔MHMMM〕	〔MHMMM〕	〔MHHHM〕
$/H^3/$	〔MHH〕	〔MHH〕	〔MHM〕
$/H^3M/$	〔MHHM〕	〔MHHM〕	〔MHHM〕
$/H^3M^2/$	〔MHHMM〕	〔MHHMM〕	〔MHHHM〕
$/H^3M^3/$	〔MHHMMM〕	〔MHHMMM〕	〔MHHHHM〕
$/H^4/$	〔MHHH〕	〔MHHH〕	〔MHHM〕
$/H^4M/$	〔MHHHM〕	〔MHHHM〕	〔MHHHM〕
$/H^4M^2/$	〔MHHHMM〕	〔MHHHMM〕	〔MHHHHM〕
$/H^4M^3/$	〔MHHHMMM〕	〔MHHHMMM〕	〔MHHHHHM〕
$/H^5/$	〔MHHHH〕	〔MHHHH〕	〔MHHHM〕
$/H^5M/$	〔MHHHHM〕	〔MHHHHM〕	〔MHHHHM〕
$/H^5M^2/$	〔MHHHHMM〕	〔MHHHHMM〕	〔MHHHHHM〕

5. 동적인 관점과 어절 자료의 측정 및 분석

5.1 음조형의 약화와 강화

3장~4장의 논설들은 추상적이고 심리적이어서, Saussure (1916)의 관점에서 보면 랑그(langue)적인 면이 짙게 깔려 있다. 지금까지의 우리의 논술이 정적이고 고정적이었다는 것은 높낮이의 잣대가 되는 (20), (22), (23)을 보면 간단히 확인된다.

지은이는 이미 월 속에서 정보 초점이 있는 어절의 성조형과 뒤따르는 초점 없는 어절의 성조형이 결합되는 것을 밝힌 바 있고,[21] 또 한편으로는 전달 초점 어절 뒤에서 초점 아닌 어절의 성조형(따라서 음조형)이 약화되는 경우도 있음을 밝혔다. 그 경우의 약화는 실현되는 음조형의 음역 곧 음조의 폭이 정상적인 음조형의 폭의 ⅔ 정도 좁아진다고 하여 다음과 같은 그림으로 설명하였다.

(44) ㄱ. 보통의 음역(음조 구역, register) ㄴ. 약화된 음역

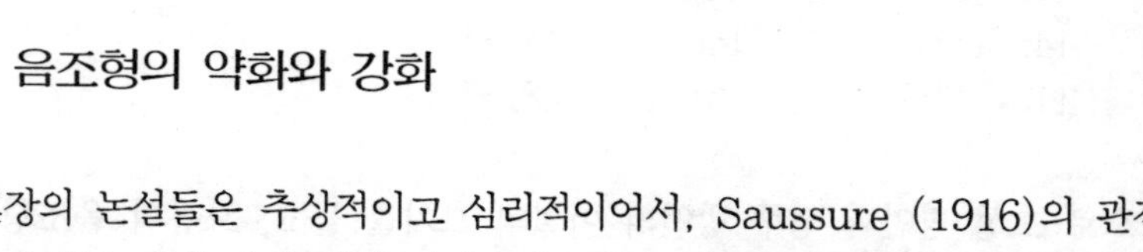

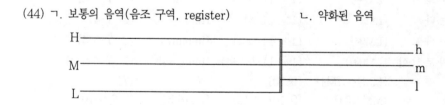

이 그림은 (20)과 같은 지은이의 머리 속에 갈무리된 음조라기 보다는 창원 방언을 포함하는 경남의 대부분 지역 사람들의 음운론적인 직관을 단순화한 것으로, 음조의 실현이 정상적으로는 L, M, H가 가리키는 선 위에서 실현되며, 약화된 음조형은 l, m, n이 가리키는 선 위에서 실현된다고 보았다. 그림에서 볼 수 있는 바와 같이 M은 m과 일치하지만, lh의 폭은 LH의 폭의 ⅔가 된다고 본 것이다. 보기를 들어 말하면 /노·래/, /:사·람/, /·구·름/은

---

21) 결합의 방법에는 (7)과 같은 중화 규칙에 따른 성조형의 결합과 평성형과 평측형의 결합이 있음을 밝혔다. 이들에 대한 보기는 여기에서 따로 들지 않고, 중화에 따른 결합은 (10)~(17), (18)ㄱ으로, 평성형과 평측형의 결합은 (18)ㄴ으로 대신한다. 이러한 결합은 어절의 성조형 사이에만 일어나는 것이 아니라, 한 월 속에서 초점 어절 뒤에 초점 없는 어절이 둘 이상 오면 그 모든 어절이 차례대로 결합되어 하나의 성조형으로 결합될 수도 있음을 보였다. 김차균(1978)을 참조.

각각 보통으로 발음되면 〔HM〕, 〔LM〕, 〔HH〕로 발음되지만, 약화되면 이들은 각각 〔hm〕, 〔lm〕, 〔hh〕로 발음된다는 것이다.

이제 그림 (20)에 따라 (44)를 재해석하여 보통의 음역과 약화된 음역의 관계를 〔1〕~〔15〕의 15 등급의 수치로 바꾸어서 〔L〕, 〔M〕, 〔H〕와 〔l〕, 〔m〕, 〔h〕의 관계를 나타내면 다음과 같다.

(45)

보통의 음역		약화된 음역	
〔L〕	〔1〕~〔3〕	〔l〕	〔2〕~〔3〕
〔M〕	〔4〕~〔11〕	〔m〕	〔4〕~〔7〕
〔H〕	〔12〕~〔15〕	〔h〕	〔8〕~〔11〕

이러한 방법으로 고성 방언과 성주 방언의 어절의 보기를 들고, 보통의 음조형과 약화된 음조형의 관계를 수치로 적어 나타내면 다음과 같다.

(46) 고성 방언

방점 표상	보통의 음조	보통의 수치	약화된 음조	약화된 수치
:말(語)	〔LM〕	〔1-9〕	〔l〕	〔2〕
:사·람	〔LM〕	〔1·²-11〕	〔lm〕	〔2-7〕
:진·주(晋州)	〔LM〕	〔1·²-11〕	〔lm〕	〔2-7〕
:진·주·에	〔LMM〕	〔1·²- 1́1-4〕	〔lmm〕	〔2- 7̀-4〕
:진·주·에·서	〔LMMM〕	〔1·²- 1́1-5-4〕	〔lmmm〕	〔2- 7̀-5-4〕
:감·는·다	〔LMM〕	〔1·²- 1́1-4〕	〔lmm〕	〔2- 7̀-4〕
:감·는·다·꼬	〔LMMM〕	〔1·²- 1́1-5-4〕	〔lmmm〕	〔2- 7̀-5-4〕
:감·끼·로·서·이	〔LMMMM〕	〔1·²- 1́1-5-5-4〕	〔lmmmm〕	〔2- 7̀-5-5-4〕
·달	〔MM〕(≒〔Ṃ〕)	〔9-10〕	〔m〕	〔7〕
·파·리	〔MM/HH〕	〔9-10/12-13〕	〔mm/hh〕	〔7-7/9-10〕
·무·지·개	〔HHM〕	〔12- 1̀3-4〕	〔hhm〕	〔9-9-4〕
·참·새·새·끼	〔HHMM〕	〔12- 1̀3-7-4〕	〔hhmm〕	〔9-9-5-4〕
·참·새·새·끼·다	〔HHMMM〕	〔12- 1̀3-7-5-4〕	〔hhmmm〕	〔9-9-6-5-4〕
노·래	〔HM〕	〔 1́5-4〕	〔hm〕	〔 1̀1-4〕
삼·짓·날	〔HMM〕	〔 1́5-5-4〕	〔hmm〕	〔 1̀1-5-4〕
박·달·나·무	〔HMMM〕	〔 1́5-5-5-4〕	〔hmmm〕	〔 1̀1-5-5-4〕
말(馬)	〔MH〕	〔6-12〕	〔mh〕	〔5-7〕
전주(全州)	〔MH〕	〔6-13〕	〔mh〕	〔5-8〕
전주·에	〔MHM〕	〔6- 1́4-4〕	〔mhm〕	〔5- 1̀0-4〕
전주에·서	〔MHHM〕	〔6-13- 1́4-4〕	〔mhhm〕	〔5-9- 1̀0-4〕
손까·락	〔MHM〕	〔6- 1́4-4〕	〔mhm〕	〔5- 1̀0-4〕

손까락·이	〔MHHM〕	〔6-13- 1́4-4〕	〔mhhm〕	〔5-9- 1̀0-4〕
손까락이·다	〔MHHHM〕	〔6-12-13- 1́4-4〕	〔mhhhm〕	〔5-9-9- 1̀0-4〕
갔는·다	〔MHM〕	〔6- 1́4-4〕	〔mhm〕	〔5- 1̀0-4〕
갔는다·꼬	〔MHHM〕	〔6-13- 1́4-4〕	〔mhhm〕	〔5-9- 1̀0-4〕
갔기로서·이	〔MHHHM〕	〔6-12-13- 1́4-4〕	〔mhhhm〕	〔5-9-9- 1̀0-4〕

(47) 성주 방언

방점 표상	보통의 음조	보통의 수치	약화된 음조	약화된 수치
:말(語)	〔M̤̆〕	〔7·^{10}〕	〔m̤〕	〔6:〕
:사·람	〔ḦH〕	〔13:-14〕	〔m̤m〕	〔7:-7〕
:사·람	〔M̤M〕	〔9:-10〕	〔ḧh〕	〔9:-9〕
:사·람	〔M̤̆M〕	〔7·^{10}-13〕	〔m̤̆h〕	〔5·^{6}-8〕
:검·재·이〈거머리〉	〔ḦHM〕	〔13:- 1̀4-4〕	〔ḧhm〕	〔9:- 9̀-4〕
:검·재·이	〔M̤̆HM〕	〔7·^{10}- 1̀3-4〕	〔m̤̆hm〕	〔5·^{6}- 9̀-4〕
:검·재·이·다	〔ḦHM^{2}〕	〔13:- 1̀4-7-4〕	〔ḧhmm〕	〔9:- 9̀-5-4〕
:검·재·이·다	〔M̤̆HM^{2}〕	〔7·^{10}- 1̀3-7-4〕	〔m̤̆hmm〕	〔5·^{6}- 9̀-5-4〕
:검·재·이·라·도	〔ḦHM^{3}〕	〔13:- 1̀4-7-5-4〕	〔ḧhmmm〕	〔9:- 9̀-6-5-4〕
:검·재·이·라·도	〔M̤̆HM^{3}〕	〔7·^{10}- 1̀3-7-4〕	〔m̤̆hmmm〕	〔5·^{6}- 9̀-6-5-4〕
·달	〔MM〕(≒〔M̤〕)	〔9-10〕	〔m〕	〔7〕
·파·리	〔MM/HH〕	〔9-10/12-13〕	〔mm/hh〕	〔7-7/9-10〕
·무·지·개	〔HHM〕	〔12- 1̀3-4〕	〔hhm〕	〔9-9-4〕
·그·림·자	〔HHM〕	〔12- 1̀3-4〕	〔hhm〕	〔9-9-4〕
·참·새·새·끼	〔HHMM〕	〔12- 1̀3-7-4〕	〔hhmm〕	〔9-9-5-4〕
·참·새·새·끼·다	〔HHMMM〕	〔12- 1̀3-7-5-4〕	〔hhmmm〕	〔9-9-6-5-4〕
말(馬)	〔H˺〕	〔12·$_{11}$〕	〔h˺〕	〔9·$_{8}$〕
노·래	〔HM〕	〔 1́5-4〕	〔hm〕	〔 1̀1-4〕
삼·짓·날	〔HMM〕	〔 1́5-5-4〕	〔hmm〕	〔 1̀1-5-4〕
박·달·나·무	〔HMMM〕	〔 1́5-5-5-4〕	〔hmmm〕	〔 1̀1-5-5-4〕
다리	〔MH〕	〔6-13〕	〔mh〕	〔5-8〕
미띠·기	〔MHM〕	〔6- 1́4-4〕	〔mhm〕	〔5- 1̀0-4〕
손까·락	〔MHM〕	〔6- 1́4-4〕	〔mhm〕	〔5- 1̀0-4〕
끝밭·에·서	〔MMHM〕	〔6-8- 1́4-4〕	〔mhmm〕	〔5- 1̀0-5-4〕
사드래·다	〔MMHM〕	〔6-8- 1́4-4〕	〔mmhm〕	〔5-7- 1̀0-4〕
사드래까·지	〔MMMHM〕	〔6-8-11- 1́4-4〕	〔mmmhm〕	〔5-6-7- 1̀0-4〕

(44)~(47)에 나타나는 수치는 무엇을 의미하는가? 이러한 자료들은 지은이의 머리 속에 있는 랑그(langue)적 색체가 짙은 관념의 소산이며, 결고 실증될 수 있는 것이 아니다. 그러나 이들은 무한히 복잡하게 나타나는 음조적인 현상을 기술하기 위한 틀 또는 잣대라고 보면 될 것이다. 이러한 틀 또는 잣대가 없이 고도의 정밀한 음향 기기로 음파의 자료를 측정하여 높낮이, 길이, 세기 등의 수치를 나열하는 것은 실용적인 목적을 위해서 필요할 수도 있으나, 인간의 정신-심리적인 영역의 학문인 음운론과는 상관이 없는 것이다.

그러나 우리는 음조형의 약화가 어떻게 (44)~(47)처럼 보통의 음조형의 ⅔로만 약화되는 것인가에 대해서는 반성이 필요하다. 발화 속에서 어떤 어절의 음조형은 전달 초점이냐 아니냐에 따라서, 또는 감정의 흐름에 따라서 그 음조의 폭이 보통보다 더 넓어질 수도, 좁아질 수도 있으며, 보통으로 발음될 수도 있다. 그리고 꼭 정신-심리적인 상태의 변화가 아니라도 신체적인 조건이나 외부의 물리적인 상태 때문에 음조의 폭은 넓어졌다 좁아졌다 하는 것이다. 그렇다면 음조형의 약화도 보통 음조형의 ⅔로만 약화되는 것이 아니라, 무한히 미세한 등급으로 약화될 수 있음을 인정해야 할 것이며, 약화뿐만 아니라 강화되는 현상도 인정해야 한다.[22]

그리고 그림 (20)에서 기준선은 〔1〕 대신에 〔4〕로 잡았는데, 경남 이외의 성조 방언에서는 /나가·다/, /나서·다/류의 풀이씨의 1부 어형들의 발음이나 극소수의 특수한 예외를 제외하면 〔1〕~〔3〕은 나타나지 않고, 〔4〕가 최하 선이기 때문이다. 음조가 〔1〕~〔15〕 사이에서 발음된다는 것은 정적인 랑그적인 사고의 소산이다. 성조론에서 음조의 폭은 절대적인 것이 아니고 상대적이며, 정적인 것이 아니고 동적이기 때문에 실제 발화 속에서 음조 폭의 실현은 〔1〕~〔15〕로만 나타나는 것이 아니라, 〔2〕~〔16〕, 〔3〕~〔17〕, 〔4〕~〔18〕…, 〔n〕~〔n+14〕로 나타나서 가장 낮은 음조와 가장 높은 음조가 15등급만 상대적으로 유지하면 되기 때문에 기준선이 〔4〕로 고정되어 있지 않고, 〔4〕보다 낮게도 높게도 변화할 수가 있으며, 하나의 월 속에서 기준선은 어절마다 달라질 수도 있다. 이리하여 김차균 외(2000)ㄱ,ㄴ에서는 기준선의 이동과 음조형의 강화와 약화 등을 다루기 위하여 동적인 운율 이론을 제시하였다. 이제 이 책에서 동적 운율 이론을 더 다듬어 보려고 한다.

5.2 동적인 운율 이론

다음은 고성 방언의 토박이 이기분 님이 /·참·새·새·끼·다/를 두 번 발음한 것을 송윤경 님이 측정한 것이다.[23]

---

22) 무한히 다양하게 나타나는 강화나 약화를 나타내기 위한 고저의 표기를 다 가질 수는 없기 때문에, 보통 또는 강화된 고저는 L, M, H를 그때로 사용하고, 보통 음조형의 ⅔ 이하로 약화되었다고 생각되는 음조는 l, m, h로 나타내기로 한다. 대체로 음조 폭이 보통 음조 폭의 ⅔ 이하가 되면, 화자들의 판단에서 서로 다른 음조형들 사이의 변별성이 흐려진다고 생각되기 때문에 이러한 표기 방법을 사용한다.

(48) 【고성】 /·참·새·새·끼·다, M^5/〔HHM^3〕

음절		참	새	새	끼	다
음조(pitch) (Hz)	1번째	190.5	195.1	161.6	122.1	96.4
	2번째	173.9	165.0	131.2	100.0	82.5

이것을 보면 (46)에 나오는 /·참·새·새·끼·다/〔HHMMM〕〔12- 1̂3-7-5-4〕 와 그 수치가 어느 정도 관련이 있을 것 같이 보일 것이다. 그러나 구체적으로 이 두 가지 수치를 어떻게 대응시켜야 할지 처음 자료를 대하는 사람에게는 막연할 것이다. 그리고 (46)에 나오는 수치는 지은이의 머리 속에 대략 이 정도의 상대적인 수치일 것이라고 생각한 것이다. 그러나 (48)은 토박이 화자가 같은 크기와 같은 방법으로 두 번 발음해 달라고 하여 녹음한 자료의 음향학적인 측정 결과인데, 그 첫째 번 발음과 둘째 번 발음은 상당히 큰 차이를 보인다. 다만 다행스러운 것은 두 발음에 나타나는 음절들 사이의 상대적인 수치는 큰 차이가 없다는 점이다. 첫 번째 발음에서 첫 음절과 둘째 음절의 음조 수치의 차이는 | 190.5-195.1| = 4.6(Hz)이고, 두 번째 발음에서 첫 음절과 둘째 음절의 차이는 173.9-165.0=8.9(Hz)이며, 첫 번째 발음에서 둘째 음절과 셋째 음절의 음조 수치의 차이는 195.1-161.6=33.5(Hz)이고, 두 번째 발음에서 둘째 음절과 셋째 음절의 수치의 차이는 165.0-131.2=33.8(Hz)이다. 이러한 차이를 다시 첫 번째 발음과 두 번째 발음의 차이에 대한 차이를 내면 8.9-4.6=4.3(Hz), 33.8-33.5=0.3(Hz)로 근소한 것이다. 이 수치에 따라 그래프를 그리면 첫 발음의 그래프의 오르내림과 둘째 번 발음의 그것은 비슷한 모양을 나타낼 것이며, 이러한 모양의 유사성은 지은이의 주관적인 수치의 연결 (46)이 어느 정도 신빙성이 있음을 나타내는 증거이기도 하다. 그러나 이러한 음향학상의 수치의 차이가 음운론적인 인식의 차이를 바로 반영하는 것이라고 믿어버리면 큰 과오를 범할 수도 있다.

왜냐하면 피아노 건반의 가운데쯤 있는 흰색의 건(key)인 중간 A(가) 곧 A4(가4)는 220.0Hz이고, 그 다음의 흰 건 B4(나4)는 247.0Hz이어서 둘 사이의 주파수의 차이는 (247.0-220.0=)27.0Hz인 데에 대하여, 이들보다 한 옥타브 아래의 A(가) 곧 A3(가3)은 110Hz이고, 그 다음의 흰 건 B3(나3)은 123.5Hz이어서 둘 사이의 주파수의 차이는 (123.5-110.0=)13.5Hz이며, 다시 이들보다 한 옥타브 아래의 A(가) 곧 A2(가2)는 55Hz이고, 그 다음의 흰 건 B2(나2)는 61.7Hz이며 따라서 둘 사이의 주파수의 차이는 (61.7-55.0=)6.7Hz이이어서, 단순한 Hz 수치의 차이는 소리의 고저 인식과는 큰 차이가 있음을 알 수 있기 때문이다.

이미 말한 표 (20)에서는 우리말의 고저의 등급을 15 등급으로 나누고, 창원 방언을 포함하는 동남부 경남 방언의 경우 가장 낮은 음조를 피아노 건반의 C(다) 곧 다-장조에서 '도'에 고정하면, 가장 낮은 음조는 G(사) 곧 '솔'이 된다고 했다. C와 G 사이를 15 등급으로 나누

23) 송윤경 님은 서울대학교 언어학과 음향실험실 조교로 근무하고 있고, 서울대학교 대학원 언어학과 석사 학위를 받은 뒤에 다시 같은 같은 전공으로 박사과정을 수료하여 다년간 음향음성학에 수련을 쌓았다.

었다는 것은 반의 반음까지 나누었다는 것을 뜻한다. 이제 고저의 폭을 (20), (22), (23)처럼 고정시키지 말고 앞뒤를 열린 체로 두고 건반의 각 건들이 나타내는 고저와 지은이가 쪼갠 등급과의 관계를 나타내면 다음 표 (49)와 같다. 이 표에서 A#, C#, D#, F#, G#는 각각 A, C, D, F, G의 오른쪽에 있는 검은 건을 가리키며, 이리하여 표에서 가장 왼쪽 ⅓쯤 위치에 있는 C2(다2)는 그 주파수가 65.4 C로 표시되어 있으며, 바로 그 아래 C#는 69.3으로 표시되어 있는데, 이것은 C가 65.4Hz이고, C#가 69.3Hz라는 것을 뜻한다. 그리고 바로 오른쪽 상자 안에는 1 C, 2 C#½#, 3 C#, 4 C#½#로 표시되어 있는데, C건(흰 건)과 C#(검은 건)의 사이를 다시 ½로 나누어서 C½#로 표시하고, 다시 C#와 D 사이를 ½로 나누어서 C#½#로 표시했으며, 이렇게 나누어진 C, C½#, C#, C#½#를 그림 (4)에 의하여 각각 1등급, 2등급, 3등급, 4등급으로 등급을 매겼음을 나타낸다. 같은 방법으로 더 높은 음일수록 등급은 더 높아져서 표의 가장 오른쪽 큰 상자 바로 위의 D#½#는 56 등급으로 표시되어 있으며, 표의 가장 왼쪽의 위에 있는 소리들은 1등급보다 더 낮으므로, 0등급, -1등급, -3등급, -4등급, -5등급으로 되어 있다. 이렇게 등급을 매겨 나가면 56등급 보다 더 높은 등급도 있을 수 있으며, -5등급 보다 낮은 등급도 있을 수 있다. 그러나 이번 성주 및 고성 방언 조사에서는 모음이 무성음화 되는 경우를 제외하고는 -5등급보다 낮은 등급은 나타나지 않았으며, 50등급보다 높은 등급도 나타나지 않았다.

그리고 표(49)의 가장 오른쪽 맨 아래쪽에 있는 큰 상자 안의 설명에서 볼 수 있는 것처럼 피아노에서 흰 건이냐 검은 건이냐에 관계없이 임의의 하나의 건이 내는 소리의 주파수가 n(Hz)이면, 그보다 하나 높은 건, 곧 바로 오른쪽 건이 내는 소리의 주파수는 n×1.05946309(Hz)이고,[24] 그보다 하나 낮은 건, 곧 바로 왼쪽의 건이 내는 소리의 주파수는 n÷1.05946309(Hz)이다. 이리하여 임의의 하나의 건이 내는 소리의 주파수가 n(Hz)이면, 그보다 둘 높은 건, 곧 바로 오른쪽으로 두 번째 건이 내는 소리의 주파수는 n×1.059463 09×1.05946309(Hz)이고, 그보다 셋 높은 건, 곧 바로 오른쪽으로 세 번째 건이 내는 소리의 주파수는 n×1.05946309×1.05946309×1.05946309(Hz)이다. 마찬가지로 임의의 하나의 건이 내는 소리의 주파수가 n(Hz)이면, 그보다 둘 낮은 건, 곧 바로 왼쪽으로 두 번째 건이 내는 소리의 주파수는 n÷1.059463 09÷1.05946309(Hz)이고, 그보다 셋 낮은 건, 곧 바로 왼쪽으로 세 번째 건이 내는 소리의 주파수는 n÷1.05946309 ÷1.05946309÷1.05946309(Hz)이다.

---

24) 1.05946309는 $\sqrt[12]{2}$의 근사값이다.

(49) 계 이름(피아노의 건), 주파수, 등급의 관계

음계	주파수 (Hz)	음계×½에 대한 등급	음계	주파수 (Hz)	음계×½에 대한 등급	음계	주파수 (Hz)	음계×½에 대한 등급
A2(가2)	55.0 A	-5 A -4 A½#	A3(가3)	110.0 A	19 A 20 A½#	A4(가4)	220.0 A	43 A 44 A½#
	58.3 A#	-3 A# -2 A#½#		116.6 A#	21 A# 22 A#½#		233.1 A#	45 A# 46 A#½#
B2(나2)	61.7 B	-1 B 0 B½#	B3(나3)	123.5 B	23 B 24 B½#	B4(나4)	247.0 B	47 B 48 B½#
C2(다2)	65.4 C	1 C 2 C½#	C3(다3)	130.8 C	25 C 26 C½#	C4(다4)	261.6 C	49 C 50 C½#
	69.3 C#	3 C# 4 C#½#		138.6 C#	27 C# 28 C#½#		277.2 C#	51 C# 52 C#½#
D2(라2)	73.4 D	5 D 6 D½#	D3(라3)	146.9 D	29 D 30 D½#	D4(라4)	293.7 D	53 D 54 D½#
	77.8 D#	7 D# 8 D#½#		155.6 D#	31 D# 32 D#½#		311.1 D#	55 D# 56 D#½#
E2(마2)	82.4 E	9 E 10 E½#	E3(마3)	164.8 E	33 E 34 E½#	피아노의 가운데 A건(Key)의 주파수는 440Hz이고, 한 옥타브 위는 440×2=880Hz, 한 옥타브 아래는 440×½=110Hz, 다시 한 옥타브 아래는 110×½=55Hz이다. 110Hz 보다 한 건 위는 110×1.05946309Hz 이고, 두 건 위는110×1.05946309×1.05946309Hz이며, 10Hz보다 한 건 아래는 110÷1.05946309 Hz이다. 〈서울대학교 김주원 교수 조사, 충남대학교 예술대학 권택천 교수 확인〉		
F2(바2)	87.3 F	11 F 12 F½#	F3(바3)	174.6 F	35 F 36 F½#			
	92.5 F#	13 F# 14 F#½#		185.0 F#	37 F# 38 F#½#			
G2(사2)	98.0 G	15 G 16 G½#	G3(사3)	196.0 G	39 G 40 G½#			
	1 0 3 . 8 G#	17 G# 18 G#½#		207.7 G#	41 G# 42 G#½#			

사람의 말의 높낮이를 이해시키는 데에 가장 쉬운 방법은 말의 높낮이를 서양 음악의 조옮김에 대조하는 방법이기 때문에, 실제의 음향 자료를 다루기에 앞서서 조옮김에 대하여 설명한다. ≪도-도-솔-솔-라-라-솔:≫은[25] 건반에서 다음의 어느 것으로 조옮김을 하여도 같은 노래로 들릴 것이다.

(50) ㄱ. ≪C-C-G-G-A-A-G:≫
ㄴ. ≪C#-C#-G#-G#-A#-A#-G#:≫
ㄷ. ≪D-D-A-A-B-B-A:≫
ㄹ. ≪D#-D#-A#-A#-C-C-A#:≫
ㅁ. ≪E-E-B-B-C#-C#-B:≫
ㅂ. ≪F-F-C-C-D-D-C:≫
ㅅ. ≪F#-F#-C#-C#-D#-D#-C#:≫
....

25) 이에 해당하는 노랫말은 ≪반-짝-반-짝-작-은-별:≫이다.

또 건반에서 건의 수를 두 배로 늘리면 ≪도-도-솔-솔-라-라-솔:≫은 다음과 같은 방법으로 조옮김을 하여 건반을 눌러도 같은 노래로 들릴 것이다. (임의의 음을 ◉이라 할 때, ◉½#은 ◉보다 반의 반도 더 높은 음 곧 ◉보다 ¼도 더 높은 음을 가리킨다. 같은 방법으로 ◉#½#은 ◉보다 ¾도 더 높은 음을 가리킨다.)

(51) ㄱ. ≪C½#-C½#-G½#-G½#-A½#-A½#-G½#:≫
ㄴ. ≪C#½#-C#½#-G#½#-G#½#-A#½#-A#½#-G#½#:≫
ㄷ. ≪D½#-D½#-A½#-A½#-B½#-B½#-A½#:≫
ㄹ. ≪D#½#-D#½#-A#½#-A#½#-C½#-C½#-A#½#:≫
ㅁ. ≪E½#-E½#-B½#-B½#-C#½#-C#½#-B½#:≫
ㅂ. ≪F½#-F½#-C½#-C½#-D½#-D½#-C½#:≫
ㅅ. ≪F#½#-F#½#-C#½#-C#½#-D#½#-D#½#-C#½#:≫
……………………………………………………

그러나 ≪도-도-솔-솔-라-라-솔:≫은 다음과 같은 방법으로 고치면 같은 노래로 들리지 않는다.

(52) ㄱ. ≪C-C-G#-G#-A-A-G:≫
ㄴ. ≪C#-C#-G-G-A#-A#-G#:≫
ㄷ. ≪D-D#-A-A#-B-B#-A:≫
ㄹ. ≪D#-D-A-A-C#-C-A#:≫
ㅁ. ≪E-E#-B-B#-C-C#-B:≫
ㅂ. ≪F#-F-C-C#-D-D-C#:≫
ㅅ. ≪F#-F#-C#-C-D-D#-C#:≫
……………………………

김차균(1978)에서 풍금(오르간)의 건반을 가지고 음조의 높낮이 청취 훈련을 한 것은 (50), (51)과 같은 효력을 위한 것이었다. 이와 같은 청취상의 효력은 화자의 음운론적인 의식에 접근하는 것으로, 이러한 방법을 쓰지 않은 음향적인 측정치만 나열하였을 때 그것이 연구 대상 방언의 음운론적인 차원의 인식과는 관계가 먼 것임을 (50)과 그 수치에 있어 큰 차이가 없는 (52)가 ≪도-도-솔-솔-라-라-솔:≫로 들리지 않는 것을 보면 쉽게 판단할 수가 있다.

(50)에 (49)를 참조하여 각각의 음 이름에 주파수를 대응시키면 다음과 같다.

(53) 음계	Hz 단위의 등급
ㄱ. ≪C-C-G-G-A-A-G:≫	65.4-65.4-98.0-98.0-110.0-110.0-98.0
ㄴ. ≪C#-C#-G#-G#-A#-A#-G#:≫	69.3-69.3-103.8-103.8-116.6-116.6-103.8

ㄷ. ≪D-D-A-A-B-B-A:≫ 73.4-73.4-110.0-110.0-123.5-123.5-110.0
ㄹ. ≪D#-D#-A#-A#-C-C-A#:≫ 77.8-77.8-116.6-116.6-130.8-130.8-116.6
ㅁ. ≪E-E-B-B-C#-C#-B:≫ 82.4-82.4-123.5-123.5-138.6-138.6-123.5
ㅂ. ≪F-F-C-C-D-D-C:≫ 87.3-87.3-130.8-130.8-146.9-146.9-130.8
ㅅ. ≪F#-F#-C#-C#-D#-D#-C#:≫ 92.5-92.5-138.6-138.6-155.6-155.6-138.6
....

(53)에서 Hz 단위의 수치를 표 (49)의 ≪-5, -4, …, 1, 2, …56≫의 등급 수치로 바꿔 넣으면 다음과 같다.

(54) 음계 피아노 건반에 따른 등급
ㄱ. ≪C-C-G-G-A-A-G:≫ 1-1-15-15-19-19-15
ㄴ. ≪C#-C#-G#-G#-A#-A#-G#:≫ 3-3-17-17-21-21-17
ㄷ. ≪D-D-A-A-B-B-A:≫ 5-5-19-19-23-23-19
ㄹ. ≪D#-D#-A#-A#-C-C-A#:≫ 7-7-21-21-25-25-21
ㅁ. ≪E-E-B-B-C#-C#-B:≫ 9-9-23-23-27-27-23
ㅂ. ≪F-F-C-C-D-D-C:≫ 11-11-25-25-29-29-25
ㅅ. ≪F#-F#-C#-C#-D#-D#-C#:≫ 13-13-27-27-31-31-27
....

이제 (53)의 Hz 단위를 (49)의 등급 단위로 바꾸는 것과 같은 방법으로, (48)의 Hz 단위의 수치 바로 아래에 (49)에 따른 등급 수치를 나란히 적어 대조하면 다음과 같다.

(55) 【고성】 /·참·새·새·끼·다, M^5/〔HHM^3〕

음절		참	새	새	끼	다
음조(Hz)	1번째	190.5	195.1	161.6	122.1	96.4
등급		38	38	32	23	14
음조(Hz)	2번째	173.9	165.0	131.2	100.0	82.5
등급		34	32	25	15	8

같은 노래를 조옮김법에 따라 (50)ㄱ으로 부를 수도 있고, (50)ㄴ으로 부를 수도 있으며, (50)ㄷ,ㄹ,ㅁ…, 등으로도 부를 수 있듯이, (55)의 표 안의 첫 번째 발음의 등급 《38-38-32-23-14》는 다음과 같은 조절이 가능하다.

(56) 고성 방언 /·참·새·새·끼·다/의 등급 및 조정 등급

등급	38	38	32	23	14
조정 등급①	38	38	32	23	14
조정 등급②	37	37	31	22	13

조정 등급③	36	36	30	21	12
. . . .					
조정 등급ⓜ	15	15	9	0	-9
조정 등급ⓝ	14	14	8	-1	-10

이러한 조절은 (55)의 두 번째 발음에도 적용할 수가 있고, 지은이가 녹음하여 송윤경 님이 측정한 모든 어절과 문장 자료에도 응용할 수가 있다.

이제 이러한 방법으로 (55)의 표 안의 첫 번째 발음의 등급 《38-38-32-23-14》는 (54)①~ⓝ 또는 그보다 더 낮은 음조형으로 조절할 수도 있다. 그러나 이 글에서는 음조형의 핵심부가[26] 그림 (20)에 따른 숫자 1~15 안의 숫자가 되도록 조절하여 의식과 실제의 음향적인 수치의 관계를 고찰하려고 한다. 이런 방법으로 표 (55)의 등급을 나타내는 수치 가운데서 핵심부를 1~15등급 이내로 조정한 수치로 바꿔 넣으면 (55)는 (57)로 바뀐다.[27]

(57) 【고성】 /·참·새·새·끼·다, M^4/〔HHM^2〕

음절		참	새	새	끼	다
음조(Hz)	1번째	190.5	195.1	161.6	122.1	96.4
등급		38	3̀8	32	23	14
조정 등급		13	1̀3	⇩7	-2	-11
음조(Hz)	2번째	173.9	165.0	131.2	100.0	82.5
등급		34	3̀2	25	15	8
등급 조정		14	1̀2	⇩5	-5	-12

(46)의 랑그적인 차원의 /·참·새·새·끼·다/〔HHMMM, 12- 1̀3-7-5-4〕의 등급 수치와 측정 및 등급 조정에 따른 (57)의 수치 〔13- 1̀3-7-(-2)-(-11)〕/〔14- 1̀2-5-(-5)-(-12)〕를 대조하면 주요 부분은 거의 일치하는 편이지만, 하강부에 두드러진 차이가 있음을 확인할 수가 있다. 이것은 실제의 발음에서 하강부의 음조가 불안정성을 드러낸다는 증거이다.

---

26) 음조형은 핵심부와 하강부로 나눌 수 있다. 고성 방언과 성주 방언의 경우 상성형과 거성형은 셋째 음절 이하가 하강 부분이며, 평측형은 평성부분이 핵심부이고, 측성부분이 하강부이다. 하강부는 핵심부보다 음조의 실현이 불안정하여 음운론적인 의식으로는 대체로 그림 (20)에서 〔8〕~〔4〕의 높이이지만, 실제로는 그림 (20)의 가장 아래 선인 〔1〕 이하의 높이로 발음되는 경우가 많다. 표 (56) 이하의 여러 표에서 하강부가 시작되는 음절에는 조정 등급을 나타내는 수치 앞에 ⇩ 표시를 했다. 핵심부와 하강부에 대해서는 4.4절을 참조.

27) 아래에서 1̀3, 1̀2들은 각각 높낮이 등급 13과 12들에 약강세(2차 강세)가 얹힌 것을 가리키고, 1́4, 1́5, 2́2들은 각각 14, 15, 22들에 강한 강세 (1차 강세)가 얹힌 것을 가리키며, ⇩ 은 하강부가 시작되는 음절임을 가리킨다.

(58) 【고성】 /·참·새·새·끼, M^4/〔HHM^2〕

음절		참	새	새	끼
음조(Hz)	1번째	186.1	179.8	144.1	100.6
등급		37	3̀5	28	15
조정 등급		14	Ì2	⇩5	-8
음조(Hz)	2번째	175.8	163.3	129	83.3
등급		35	3̀2	24	9
조정 등급		15	Ì2	⇩4	-11

고성 방언의 /·참새·새·끼/〔HHMMM〕의 랑그적인 차원의 음조는 〔12- Ì3-7-4〕인데, 이것을 (58)과 대조하면 랑그적인 음조형에서는 첫 음절이 둘째 음절보다 1등급 낮은데, 실제의 발음에서는 둘째 음절이 첫 음절보다 2등급 이상 높게 나타났는데, 이러한 큰 차이는 고성 방언 제보자 이기분 님의 발화 당시의 순간적인 또는 개인적인 특성이라고 생각된다.28) 그러나 이러한 차이가 〔HHMMM〕을 〔*HMMMM〕으로 바꿔야 할 만큼 중대한 차이를 나타내는 것은 아니다. 표 (57)에 나타나는 빠롤적인 /·참·새·새·끼/〔14- Ì2-5-(-8)〕(또는 〔15- Ì2-4-(-11)〕)과 (46)에 나타나는 랑그적인 /·참·새·새·끼/〔12- Ì3-7-4〕를 대조해 보면 역시 중요한 것은 빠롤적인 실현에 나타나는 하강부의 불안정성에 있다.

성주 방언의 /·참새·새·끼·다/〔HHMMM〕의 랑그적인 차원의 등급 수치는 (47)에 따르면 〔12- Ì3-7-5-4〕인데, 음향 자료의 측정을 통한 등급과 조정 등급을 하나의 표로 나타내면 (59)와 같다. (59)를 고성 방언의 표 (57)과 대조하면 성주 방언의 하강부는 고성 방언의 하강부보다 훨씬 안정되어 있음을 확인할 수 있다. 이것은 방언 차이라기보다는 고성 방언 화자 이기분 님은 적극적이고 활달한 데에 대하여, 성주 방언 화자 구순이 님은 내성적이며 조용한 데에서 오는 성격적인 차이의 반영이라고 생각된다.

---

28) 이기분 님의 /·참새·새끼/〔14- Ì2-5-(-8)〕(또는 〔15- Ì2-4-(-11)〕)의 발음에서 첫 음절이 둘째 음절보다 높다는 것을 지은이는 송윤경 님의 측정 이전에 감지하고 있었다. 이기분 님의 발음에서 그래도 강세는 둘째 음절에 있었으며, 음향스펙트로그람 위에서도 둘째 음절의 부분이 강하게 나타났다. 첫째와 둘째의 높낮이가 2등급 이상의 차이로 바뀐 것이 이기분 님의 개인적인 특성이라는 것은 고성 방언의 다른 토박이들의 말투에서 둘째 음절의 높이가 첫째 음절의 그것보다 낮지 않게 나타난다는 것을 뜻한다. (58)의 두 번의 발음 /·참새·새끼/〔14- Ì2-5-(-8)〕(또는 〔15- Ì2-4-(-11)〕)에서 첫 두 음절의 높이의 차이와 그 뒤집힘이 발화 당시의 순간적인 특성일 수도 있음을 배제하지 못하는 것은 (57)의 /·참·새·새·끼·다/〔HHMMM, 〔13- Ì3-8-(-1)-(-10)〕/〔14- Ì2-5-(-5)-(-12)〕의 첫 번째 발음 〔13- Ì3-8-(-1)-(-10)〕의 첫 음절과 둘째 음절이 랑그적인 수치 〔12- Ì3 -7-5-4〕의 그것에 접근해 있는 것과 대조해 보면 수긍이 갈 것이다.

(59) 【성주】 /·참새·새·끼·다, M^5/〔HHM^3〕

음절	참	새	새	끼	다
음조(Hz)	213.3	205.1	186.1	177.8	158.4
등급	41	4̀0	37	35	31
조정 등급	14	1̀3	⇩10	8	4

성주 방언의 /·참새·새·끼/〔HHMMM〕의 랑그적인 차원의 음조는 〔12- 1̀3-7-4〕 정도인데 (60)의 측정치는 〔12- 1̀3-9-5〕로 거의 일치하고 하강부의 등급도 역시 고성 방언의 그것에 비하면 안정성이 보인다.

(60) 【성주】 /·참새·새·끼, M^4/〔HHM^2〕

음절	참	새	새	끼
음조(Hz)	200.0	205.1	181.8	160.0
등급	39	4̀0	36	32
조정 등급	12	1̀3	⇩9	5

(57)~(60) 이외에 다른 여러 어절 및 월의 측정치 및 조정 등급을 보면 성주 방언에도 하강부에 음조가 랑그적인 최하치인 〔4〕보다 내려가는 경향이 보였다. 그리고 김차균 외(2000)ㄱ에서는 지은이의 발음을 측정한 바 있는데, 거기에서는 하강부 전체가 불안정한 것이 아니라 하강부의 끝 음절이 기준선 〔4〕보다 훨씬 낮아지고 불안정성을 띠는 경향이 뚜렷했는데, 이것도 방언 차이라기보다는 지은이의 개인적인 특성이 나타난 것이라고 판단된다.

이제 위에 관찰된 바를 기준으로 빠롤(parole)적인 현상을 위하여 동적인 운율 이론을 세우면 다음과 같다.

(61) 동적 운율 이론 I

ㄱ. 음운론적인 구의 음조의 기준선은 정적인 관점의 기준선 〔4〕보다 더 높일 수도 낮출 수도 있다. 곧 같은 어절을 더 높게 발음할 수도 낮게 발음 할 수도 있다.

ㄴ. 음조의 폭은 정적인 음조의 폭보다 여러 등급으로 더 좁힐 수가 있고, 더 넓힐 수도 있다.

ㄷ. 대체로 정보 가치가 낮을수록 음조의 폭도 거의 거기에 비례하여 그림 (20)에 규정된 15등급보다 좁아진다.

ㄹ. 감정이 고조되거나 강조되면 음조의 폭은 그림 (20)에 규정된 15등급보다 더 넓어진다.

(57)~(60) 및 여기에 제시되지 않은 음향 자료 전체를 통하여 음조의 하강부에 대해서는 다음과 같은 경향이 있음을 알 수 있다. 구체적인 음향 자료 분석은 6.4절에서 다루기로 하고, 여기에서는 녹음 측정을 통한 전체적인 경향을 지적한다.

(62) 동적 운율 이론 II

고성 방언과 성주 방언의 단순 서술조 억양으로 발음된 음조형 〔LMM₁〕, 〔HHM₁〕, 〔HM₁〕, 〔MH^nM_1〕, 〔M^nHM_1〕, 〔M̤HM₁〕, 〔ḦHM₁〕의 하강부 〔M₁〕 또는 〔M₁〕은 랑그적인 음조보다 조금 더 높은 위치에서부터 두드러지게 낮아져서 〔L〕의 영역 이하로도 임의로 떨어질 수도 있다.

말할이에 따라 그 특징을 더 구체적으로 들면, 성주 방언의 구순이 님의 경우는 하강부가 랑그적인 수치보다 조금 높게 발음되는 경우가 많고, 고성 방언의 이기분 님의 경우는 대부분 하강부가 매우 불안정하여 랑그적인 수치보다 두드러지게 떨어져서 〔L〕의 영역에서 나타나거나 그 보다 더 밑으로 낮게 발음되는 경우도 자주 나타난다.29) 그리고 이 밖의 다른 음조형 〔LM〕, 〔LM^2〕(=LMM), 〔HH〕, 〔MH₁〕들도 끝 음절이 정신·심리적인 표상보다 다소 낮아지는 경향 이 없는 것은 아니다.

김차균 외(2000)ㄱ,ㄴ에서는 그림 (20)을 바탕으로 한 랑그적인 운율 이론의 틀을 유지하면서 (61), (62)와 비슷한 빠롤적인 잣대를 수용하는 운율 이론을 동적 운율 이론이라 불렀다. 이 연구에서는 (61), (62)는 고성 방언과 성주 방언의 분석을 통하여 김차균 외(2000)ㄱ,ㄴ의 그것보다 더 다듬어졌다.

(61)과 (62)가 어떤 기능을 하는가를 보기 위하여 고성 방언의 예문을 하나 들겠다.

(63) 【고성】 (0378) 백냐시·도 백냐시·도 ·저·런 백냐시·는 :없·이·끼·다.30)

음절	백	냐	시	도	백	냐	시	도
음조(Hz)	132.2	193.0	235.3	170.2	142.9	175.8	190.5	137.9
등급	25	38	45	34	28	35	38	26
조정 등급	6	19	26	⇩15	5	12	15	⇩3

음절	저	런	백	냐	시	는	없	이	끼	다
pitch(Hz)	190.5	188.2	140.4	145.5	150.9	130.1	126.0	153.9	158.4	113.5
등급	38	37	27	28	29	24	23	30	31	20
조정 등급	14	13	4	5	6	⇩1	1	8	9	⇩-2

이 월은 그 내용으로 보아 감정이 고조되는 월이기 때문에 첫 어절로 나타나는 /백냐시·도, H^3M/〔MHHM〕는 (46)에서 볼 수 있는 같은 성조형 /갔는다·꼬, H^3M/〔MHHM,

29) 참고로 김차균 외(2000)ㄱ에서 나타난 김차균의 창원 방언 녹음 자료 분석에서는 하강부 전체가 랑그적인 수치와 거의 비슷하게 나타나지만, 하강부의 마지막 음절의 음조는 매우 불안정하여 정신·심리적인 표상과 같은 〔4〕 등급 대신에 〔3〕 등급 이하의 〔L〕의 영역에서 발음되거나, 〔L〕의 영역보다 더 낮게 나타날 경우도 많았다. 그리고 이 밖의 다른 음조형 〔LM〕, 〔LM^2〕(=LMM), 〔HH〕, 〔MH₁〕들도 끝 음절이 정신·심리적인 표상보다 다소 낮아지는 경향이 없는 것은 아니다.

30) 첫 /백냐시·도/의 둘째 음절 /냐/는 1모라 정도의 길이이면서 음조가 〔186.1→200〕Hz이고, 등급이 〔37〕→〔39〕이며, 따라서 조정 등급이 〔16→18〕이었지만, 그 평균치를 취하여 표에서는 193Hz, 〔38〕, 〔17〕로 적었다.

6-13- 1́4-4]보다 훨씬 음조 폭이 넓은 〔6-19- 2́6-15〕로 나타나고 있어서 (61)ㄴ에 따라 폭이 거의 두배로 넓어졌음을 볼 수 있다. 두 번째 어절로 나타나는 /백냐시·도, H^3M/〔MHHM〕는 첫 번째 어절로 말미암아 이미 구정보가 되었지만, 고조된 감정을 갑자기 완화하지 못하여 랑그적인 음조형인 〔6-13- 1́4-4〕보다도 약간 더 폭이 넓게 〔5-12- 1́5-3〕으로 나타났고, 하강부에 속하는 어절의 끝 음절이 (59)ㄱ에 따라 기준선인 〔4〕보다 조금 낮아졌다. 그리고 네 번째 어절로 나타나는 /백냐시·도, h^3m/〔mhhm〕은 정보값이 크게 떨어졌을 뿐만 아니라 강력한 지시의 뜻을 가진 /·저·런, M^2/〔HH, 14-13〕 뒤에 나타나기 때문에 더욱 음조의 폭이 약해져서 〔4-5-6-1〕로 되었으며, 셋째 음절에 나타나야 할 강세가 소멸되었다. 그러나 음조형이 약화되었지만, 그 굴곡의 모양이 그 대로 남아 있음을 주목할 필요가 있다. 그리고 마지막 어절 /:없·이·끼·다], L^4/〔LMMᴍ〕는 음상성형(/음상형)이라는 특수 음조형인데, 고성 방언의 음상형은 가끔 상성형의 임의변이형으로 나타나나며, 그 음조적인 특징은 창원 방언의 상성형 /:없·을끼·다/L^4/〔LMMᴍ, $1^{\cdot 2}$-11- 1̀1-4〕와 같다. 그런데 이 어절은 월 속에서 정보값이 그렇게 높은 편이 아니기 때문에 약간 음조의 폭이 좁아져서 〔1-8- 9̀-(-2)〕로 나타났으며, 하강부의 불안정성이 두드러지게 나타났음을 주목할 수 있다.

(64) 【성주】 (0378) 백냐시·도 백냐시·도 ·저·런 백냐시·는 :없·을끼·다.

음절	백	냐	시	도	백	냐	시	도
음조(Hz)	172.1	200.0	275.9	213.3→195.1	202.5	190.5	200.0	175.8
등급	34	39	5́0	41→38	40	38	3̀9	35
조정 등급	6	11	2́2	⇩13→10	14	12	1̀3	⇩9

음절	저	런	백	냐	시	는	없	을	끼	다
음조(Hz)	212.2	219.2	175.8	183.9	213.3	188.2	168.4	183.9	155.3	133.3
등급	41	42	35	36	4̀1	37	33	3̀6	30	25
조정 등급	13	14	6	7	1̀2	⇩8	10:	1̀3	⇩7	2

고성 방언과 마찬가지로 월 (64)는 그 내용으로 보아 감정이 고조되는 월이기 때문에 첫 어절로 나타나는 /백냐시·도, H^3M/〔MMHM〕는 랑그적인 음조형이 (46)의 /사드래·다, H^3M/〔MMHM, 6-8- 1́4-4〕보다 훨씬 음조 폭이 넓은 〔6-11- 2́2-(13→10)〕으로 나타나고 있어서 (60)ㄴ에 따라 폭이 넓어졌음을 볼 수 있다. 두 번 째 어절로 나타나는 /백냐시·도, H^3M/〔MMHM〕는 첫 번째 어절로 말미암아 이미 구정보가 되었기 때문에, 랑그적인 음조형인 〔6-8- 1́4-4〕보다도 약간 더 좁고 셋째 음절의 강세도 약간 약화되어 〔14-12- 1̀3-9〕로 되었지만, 첫 음절과 넷째 음절이 예외적으로 높아져서 전체 어절의 폭이 많이 좁아졌다. 폭이 좁아졌다는 것은 상대적인 약화인 동시에 구순이 님이 가지고 있는 조용하고 침착한 말씨의 특징을 나타내기도 한다. 이러한 말씨는 우리나라 60대 여성의 전형적인 말씨이기도 하다.

월 (64)의 넷째 어절 /백냐시·는/은 강한 지시적인 특성을 가진 셋째 어절 /·저·런 /〔13-14〕

의 뒤에서 다소 음조형이 약화되어 전체의 폭이 좁아지고 강세도 약화되어 〔6-7- Ì2-8〕로 나타나고 있다. (63)의 /·저·런 백냐시·는/〔14-13#4-5-6-1〕과 (64)의 /·저·런 백냐시·는/〔13-14 #6-7- Ì2-8〕를 대조해 보면, /백냐시·는/의 부분이 앞의 것은 심하게 약화되었고, 뒤의 것은 약간 약화되었는데, 이것은 이기분 님의 적극적이고 과단성 있는 성격과 구순이 님의 여성적이고 조용한 성격의 차이를 나타내는 것이라고 생각되다.

그리고 (64)의 마지막 어절 /:없·을·끼·다, M̤^{4}/는 (47)의 랑그적인 음조에 따르면 〔ḦHM^{2}, 13:- Ì4-7-4〕나 〔M̤̈HM^{2}, 7·^{10}- Ì3-7-4〕로는 발음될 것이 예상되는데, 실제 발화 자료에서 〔10:- Ì3-7-2〕로 나타난 것은 첫 음절이 굴곡조 대신에 수평조로 나타나는 것을 제외하면 랑그적인 음조 〔M̤̈HM^{2}, 7·^{10}- Ì3-7-4〕와 거의 일치한다.

6. 성조형의 인식

6.1 동남부 경남 방언의 음조형 인식

5장의 (46)과 (47)에 비교되는 방법으로 높낮이를 〔1〕~〔15〕의 15 등급으로 매긴 창원 방언의 랑그적인 음조형을 제시하면 다음과 같다.

(65) 창원 방언

어절	음조	음운론적인 등급
:말$\$_1$(語)	〔L〕	〔$1^{\cdot 2}$〕 31)
:사·람	〔LM〕	〔$1^{\cdot 2}$-11〕
:진·주	〔LM〕	〔$1^{\cdot 2}$-11〕
:진·주·까·지	〔LMMᴍ〕	〔$1^{\cdot 2}$-11- 1̀1-4〕32)
:말한다	〔LMM〕	〔$1^{\cdot 2}$-11-11〕
:말·하·더·라	〔LMMᴍ〕	〔$1^{\cdot 2}$-11- 1̀1-4〕
:말하·더·라·도	〔LMMᴍᴍ〕	〔$1^{\cdot 2}$-11- 1̀1-5-4〕
·달	〔M̤〕	〔9-10〕
·파·리	〔MM/HH〕	〔9-10/12-13〕
·무·지·개	〔HHM〕	〔13- 1̀4-4〕
·참·새·새·끼	〔HHMM〕	〔13- 1̀4-7-4〕
·참·새·새·끼·다	〔HHMMM〕	〔13- 1̀4-7-5-4〕
노·래	〔HM〕	〔 1́5-4〕
삼·짓·날	〔HMM〕	〔 1́5-5-4〕
박·달·나·무	〔HMMM〕	〔 1́5-5-5-4〕

31) \$1는 1음절 이상의 말이 뒤따를 때의 길이이다. 음절이 〔$1^{\cdot 2}$〕는 1 모라 정도의 길이로 〔1〕의 높이에서 수평조로 발음되다가 끝날 때 0.3 모라 정도의 길이로 〔2〕의 높이까지 올라감을 뜻한다. /L/은 #—#의 위치에서는 /L/→L^2/#—#라는 규칙과 L_2→LM_1/#—#이라는 규칙에 의하여 〔LM〕으로 발음된다.

32) 〔LMMᴍ〕에서처럼 〔중〕조를 〔M〕과 〔ᴍ〕으로 쪼갠 것은 이 둘 사이의 등급에 따른 인식이 성조를 분석하는 학자뿐만 아니라 토박이들에게도 두드러지기 때문이다. 또 자료 전체에서 높낮이의 등급을 나타내는 숫자 위에 찍은 ˋ은 약한 강세, ˊ은 강한 강세를 가리킨다.

전주·에·서	〔MHMM〕	〔6- 1́3-5-4〕
말(馬)	〔MH〕	〔6-12〕
전주	〔MH〕	〔6-13〕
전주까·지	〔MHHM〕	〔6-13- 1́4-4〕
그림·자	〔MHM〕	〔6- 1́3-4〕
꽃밭·에·서	〔MHMM〕	〔6- 1́3-5-4〕
새다리	〔MHH〕	〔6-13-14〕
새다리·다	〔MHHM〕	〔6-13- 1́4-4〕
새다리·에·서	〔MHHMM〕	〔6-13- 1́4-5-4〕
새다리까·지	〔MHHHM〕	〔6-13-13- 1́4-4〕

그림 (20)에서처럼 가장 낮은 음조 〔1〕을 다-장조의 도-자리에 고정해 두면 가장 높은 음조는 〔15〕에 고정된다. 이렇게 해서 모든 음조형들을 발음하면 창원 방언의 음조형들을 듣고 그것을 다른 음조형들과 구별하는 것은 그렇게 어려운 일이 아닐 것이다. 그러나 자연적인 발화 상태에서는 가장 낮은 음조가 다-장조의 도-자리에 고정되어 있지 않고 자유로이 움직인다. 이렇게 하나의 운율구 안에서 가장 낮은 음조가 자유롭게 움직이면 거기에 따라 다른 음절이 가진 음조들도 상대적인 거리를 유지하면서 움직이게 된다. 이것은 (56)의 조옮김법을 활용한 등급 조정을 생각해 보면 쉽게 이해될 것이다. 이와 같이 높낮이가 자유로이 움직이는 상태에서는 /:진·주, L^2/〔LM〕의 음조 〔1·^{2}-11〕과 /전주, H^2/〔MH〕의 음조 〔4-13〕은 참으로 근소한 차이이기 때문에 다른 방언의 토박이들이 듣고 구별하는 것은 참으로 어려운 일이다.[33] 자유로운 발화에서 근소한 차이라도 그것이 변별적인 차이라서 토박이들이 분명하게 구별하여 인식하는 차이는 성조론을 연구하는 학자가 자신의 귀로 구별되지 않는다고 하여 소홀히 여겨서는 안 된다.[34]

---

33) /:진·주, L^2/〔LM〕의 음조 〔1·^{2}-11〕에서 〔1·^{2}〕는 보통 음절의 1.3배 안팎으로 길며, 수평조로 발음되다가 뒤끝이 약간 올라가는 특징이 있다. 이 때 그 음절의 길이를 인식하는 데에도 음성학적인 숙련을 쌓아야 하며, 뒤끝이 올라가는 정도도 가벼워서 역시 숙달된 음성학자가 아니면 인식하기 어려울 정도이다. 〔1·^{2}-11〕은 자유로운 발화에서는 〔2·^{3}-12〕, 〔3·^{4}-13〕, 〔4·^{5}-14〕, 〔5·^{6}-15〕, …등으로 발화될 수도 있고, 〔1·^{2}-11〕보다 더 낮게 발음될 수도 있다. 또 /전주, H^2/〔MH〕의 음조 〔4-13〕도 〔5-14〕, 〔6-15〕, 〔7-16〕, …로 발음되기도 하고, 때로는 더 낮게 〔3-12〕, 〔2-11〕, 〔1-10〕,…등으로 발음되기도 한다. 이 이외의 다른 모든 음조형(음조의 연결로 이루어지는 일정한 형태)들도 운율구(많은 경우 어절) 안에서 음절들 사이의 상대적인 높낮이의 거리를 어느 정도 유지하면서 전체로 보면 음조가 높아지기도 하고, 낮아지기도 한다. 그리고 발화 속에서는 감정이 고조되거나 대조 또는 강조되는 음운론적인 구는 머리 속에 관념적으로 형성된 것보다 음조의 폭이 더 넓어지는 것이 보통이며, 이미 언급되었거나 또는 다른 화용론적인 원인으로 정보적인 가치가 낮아질 때는 음조 폭이 좁아지기도 한다. 음조의 폭이 넓어지는 것과 좁아지는 경우를 보기를 들어 설명하면, 관념적으로 〔4-13〕인 것이 〔3-12〕, 〔4-13〕, 〔5-14〕, 〔6-15〕, 〔7-16〕,…등으로 발음되면 음조의 폭은 불변이며, 〔3-13〕, 〔4-14〕, 〔4-15〕, 〔5-15〕, 〔5-16〕, 〔6-16〕, 〔6-17〕, 〔7-17〕, 〔7-18〕, 〔7-19〕,…등으로 발음되면 음조의 폭이 넓어진 것이며, 〔3-11〕, 〔4-12〕, 〔4-10〕, 〔5-13〕, 〔5-12〕, 〔6-14〕, 〔6-13〕, 〔7-15〕, 〔7-14〕, 〔7-13〕,…등으로 발음되면 음조의 폭이 좁아진 것이다.

경남 방언 토박이가 아닌 성조 연구자가 흔히 동남부 경남 방언 /:마·산/〔1·^{2}-11〕, /:진·주/〔1·^{2}-11〕과 /부산/〔6-13〕, /전주/〔6-13〕의 음조를 구별 못하고, /:진·주·까·지/〔1·^{2}-11- 1̀1-4〕, /:마·산·까·지/〔1·^{2}-11- 1̀1-4〕와 /전주까·지/〔6-13- 1́4-4〕, /부산까·지/〔6-13- 1́4-4〕의 음조를 구별 못하는 원인에 대하여 생각해 보자. 특별히 훈련된 청취력을 가진 사람이 아니면 1.3 모라의 길이는 그에게는 1 모라로 들릴 것이고, 〔1〕과 〔2〕는 구별되지 않는다. 이리하여 〔1·^{2}-11〕은 단순히 〔1-11〕로 들릴 것이고, 〔1·^{2}-11- 1̀1-4〕는 단순히 〔1-11- 1̀1-4〕로 들릴 것이다. 이리하여 「/:진·주/: /전주/ = 〔1-11〕: 〔6-13〕, /:진·주·까·지/: /전주까지/ = 〔1-11- 1̀1-4〕: 〔6-13- 1́4-4〕」로 들리게 된다. 그리고 /:진·주·까·지/와 /전주까·지/는 둘 다 첫 음절은 낮고 둘째 음절은 첫째 음절보다 높으며, 셋째 음절은 약간 다른 종류이기는 하지만 강세가 있어서 전체적인 청각 인상은 비슷하게 되고, /:진·주·까·지/와 /전주까·지/는 가운데 두 음절이 높고, 양쪽 끝 음절은 그보다 낮아서 전체 청각 인상은 비슷하게 된다. 이리하여 경북・대구 방언이나 서남부 경남 토박이들은 동남부 경남 방언의 이러한 성조적인 차이를 놓치게 되고, 동남부 경남 방언 토박이로서 성조를 기술하는 사람들까지도 동남부 경남 방언을 2단 수평 체계로 보는 사람은 스스로 이 발음을 구별하고 있으면서도 이것을 제대로 적지 못하고 있다.35)

우리말의 성조 방언에 나타나는 성조 체계는 단순한 경우는 2성조 체계, 복잡해도 3성조 체계이지만, 성조 학자까지도 성조 체계의 기술을 어렵게 여기는 것은 언어를 음악에 비유하면 쉽게 그 까닭을 이해할 수 있을 것이다. 작곡을 많이 해 본 사람이거나 음악의 전문가는 남이 부르는 노래를 듣고 그것이 특별히 어려운 노래가 아니면 그것을 악보에 옮겨 적을 수 있으나, 보통 사람은 어린이들이 부르는 간단한 동요 정도도 정확하게 악보에 옮기지 못하는 것에 비유할 수 있다. 성조 학자라 하더라도 음향적인 수치만 다루고 귀의 훈련에 게으른 사람은 여러 해 동안 성조 연구를 해도 성조형의 실현인 음조형을 바르게 적지 못하는 것이다.

성조를 연구하는 사람은 적어도 해당 방언의 토박이들이 쉽게 구별하고 있는 〔LM〕과 〔MH〕는 구별할 수 있어야 할 것이다. 성조 연구를 하는 사람들이 아무런 자료의 검증도 없이 〔LM〕과 〔MH〕를 둘다 /LH/로 적어 놓은 것은 성조 연구를 할 후학들에게 혼란을 가져올 것이다.

동남부 경남 방언의 /:진·주·까·지/〔1·^{2}-11- 1̀1-4〕와 /전주까·지/〔6-13- 1́4-4〕의 차이를 다시 한번 압축해서 말해 두겠다. 전자는 첫 음절이 1.3 모라의 길이로 뒤끝이 약간 올라가고, 넷째 음절보다 낮으며, 둘째 음절과 셋째음절의 높이가 같고, 셋째 음절은 약한 강세

---

34) 물론 성조론을 연구하는 학자의 귀에 분명히 구별되는 현상이라도 그것이 비변별적이어서 토박이가 구별하지 못하는 것을 음운론적인 차원의 차이로 기술하는 것도 용인될 수는 없다.

35) /:사·람, L^{2}/〔LM〕과 /보리, H^{2}/〔MH〕로 구별하여 적는 것을 김정대(2001)에서는 /사$_{1}$람/과 /보$_{1}$리/로 성조를 꼭 같이 적어서 구별하지 못하고 있다. 그러나 김정대 님이 논문 발표를 할 때 님의 발음을 지은이가 직접 들었을 때는 분명히 구별하고 있었다. 또 그의 표기 /보$_{1}$리/〔보$_{1}$리〕와 /보$_{1}$리쌀/〔보리^{3}쌀〕에서 구별 아니 해야 할 것을 〔보$_{1}$리〕과 〔보리^{3}쌀〕로 구별해 놓은 것은 토박이의 인식과 일치하지 않는 표기이다.

가 있는 데에 대하여, 후자는 첫 음절이 넷째 음절보다 높으며, 첫 음절을 〔6〕으로 고정한다고 하더라도, 둘째 음절은 셋째 음절보다 높지 않아서 〔13〕으로 고정된 것이 아니라 〔7〕, 〔8〕, 〔9〕, 〔10〕, 〔11〕, 〔12〕, 〔13〕, 〔14〕 등으로 발음되기도 하며, 셋째 음절은 강한 강세가 있는 점이 다르다. 음운론적으로는 /:진·주·까·지, L^4/가 〔LM^3〕(정확하게는 〔LMMM〕)으로 발음되는 책임은 첫 음절이 상성 /L/이라는 데에 있으며, /전주까·지, H^3M/가 〔MH^2M〕으로 발음되게 하는 책임은 넷째 음절이 측성 /M/이라는 데에 있다.

6.2 서남부 경남 방언의 음조형 인식

경남 방언 토박이가 아닌 성조 연구자가 서남부 방언의 /:진·주/〔$1{\cdot}^2$-11〕와 /전주/〔6-13〕, 또는 /:마·산/〔$1{\cdot}^2$-11〕과 /부산/〔6-13〕의 음조적인 차이를 구별하지 못하고, 또한 /:진·주·에/〔$1{\cdot}^2$- 1́1-4〕와 /전주에/〔6- 1́4-4〕, 또는 /:마산에/〔$1{\cdot}^2$- 1́1-4〕와 /부산에 /〔6- 1́4-4〕의 음조를 구별 못하는 일이 많다.36) 서남부 경남 방언의 〔$1{\cdot}^2$〕는 1.3모라 안팎의 길이이며, 처음 1모라 까지는 〔1〕의 높이로 발음되다가 뒤끝의 0.3 모라 정도가 〔2〕의 높이까지 가볍게 높아지는 음조이다.37) 이러한 길이와 가벼운 상승조는 특별히 훈련된 청취력을 가진

---

36) 최명옥(2000)에서는 경남 방언 /말보다/(言), /말부터/(言)도 〔LHL〕로 적고, 또한 /말보다/(馬), /말부터/(馬)도 〔LHL〕로 적고 있는데, 이는 그 지역의 토박이들이 /말보다/(馬), /말부터/(馬)를 /H^2M/〔MHM〕로, /말보다/(言), /말부터/(言)를 /L^3/〔LMM〕으로 구별하고 있는 차이를 반영하지 못하고 있는 것이다. 또 그의 표기는 표면적인 음조 표기에 그치고 있어서, 음운론적인 본질을 놓치고 있다. 그의 표면적인 음조 표상이 진리라고 하더라도 /말보다/(言), /말부터/(言)의 음조 표상인 〔LHL〕의 첫 음절 〔L-〕을 제외한 둘째와 셋째의 음조 〔-HL〕은 첫 음절에 의해서 정해지는 것임은 /말이다/(言), /말에서/(言)도 〔LHL〕이 됨을 보면 알 수 있다. 그러나 /말보다/(馬), /말부터/(馬)는 〔LHL〕이지만, /말이다/(馬), /말에서/(馬)는 〔HLL〕로 발음된다. 둘째와 셋째 음절의 발음을 첫 음절이 정해 주는 것이 아니라 둘째, 셋째 음절 자체의 기저 성조에 의해서 정해지는 것이다. 최명옥(2000)의 서술 방식을 비유적으로 분절음에서 찾는다면, 마치 중세 국어의 〔곳만〕(花)과 현대 국어의 〔꼼만〕(花)을 보고, 전자의 〔곳〕과 후자의 〔꼼〕을 비교하여 〔곳〕〉〔꼼〕과 같은 역사적인 변화 과정이 있었다고 하는 것과 다를 바가 없다. 우리는 중세 국어 /곶/에서 여러 갖지 변화를 거쳐서 현대 국어의 /꽃/이 이루어졌다고 해야 할 것이다. 현대 국어 /꽃만/→〔꼼만〕(花)의 과정은 현대 국어 자체에서 풀어야 할 문제이지 중세 국어와는 아무 상관도 없는 것이다. 여기에서 이런 말을 하는 것은 그의 성조관이 좀더 음운론적인 것으로 발전하기를 주문하는 것이다.

최명옥(2000)이 논전을 피해 나갈 수 있는 길은 성조라는 번거롭고 추상적인 층위를 인정하지 않고, {말}(馬)이라는 낱말은 《말이〔HL〕, 말에〔HL〕, 말이다〔HLL〕, 말에서〔HLL〕, 말하고〔LHL〕, 말까지〔LHL〕》로 나타나고, {말}(言)이라는 낱말은 《말이〔LH〕, 말에〔LH〕, 말이다〔LHL〕, 말에서〔LHL〕, 말하고〔LHL〕, 말까지〔LHL〕》로 나타며, {말}(斗)이라는 낱말은 《말이〔HH〕, 말에〔HH〕, 말이다〔HHL〕, 말에서〔HHL〕, 말하고〔HHL〕, 말까지〔HHL〕》로 나타는 낱말이라는 분류언어학의 울 속에 안주하는 일일 것이다. 그러나 이러한 경우도 그 방언 토박이가 구별할 수 있는 것을 음운론을 하는 학자가 구별 못하는 것이라면 용인될 수 없는 일이다.

37) 극히 드물기는 하지만 서남부 경남 방언과 동남부 경남 방언의 상성형의 첫 음절이 〔$1{\cdot}^2$〕 대신에 〔$1{\cdot}^3$〕, 〔$1{\cdot}^4$〕, 〔$1{\cdot}^5$〕, 〔$1{\cdot}^6$〕으로 나타나는 수도 있다. 굴곡이 심할수록 그 길이가 1.3 모라 대신 1.6 모리에 가까워진다.

사람이 아니면 구별하지 못한다. 이리하여 /:진·주/〔1·^{2}-11〕는 단순히 〔1-11〕로 들릴 것이고, /:진·주·에/〔1·^{2}- 1́1-4〕는 단순히 〔1- 1́1-4〕로 들릴 것이다. 그리고 사람들이 음조형을 인식하는 데에는 음악의 조옮김 법에 비교할 수 있는 등급 조정이 작용하기 때문에, 「/:진·주/: /전주/ = 〔1-11〕: 〔6-13〕, /:진·주·에/: /전주·에/ =〔1- 1́1-4〕: 〔6- 1́4-4〕」는 「/:진·주/: /전주/ = 〔1-11〕: 〔1-8〕, /:진·주·에/: /전주·에/ =〔1- 1́1-4〕: 〔1- 8́-4〕」 또는 「/:진·주/: /전주/ = 〔6-15〕: 〔6-13〕, 또는 /:진·주·에/: /전주·에/ =〔6- 1́6-4〕: 〔6- 1́4-4〕」로 조정되어 들리게 된다.38) 그리고 /:진·주·에/와 /전주·에/는 둘 다 첫 음절은 낮고 둘째 음절은 가장 높으며, 두드러진 강세를 가지고 있고, 셋째 음절은 다시 낮아져서 전체적인 청각 인상은 비슷하게 된다. 이리하여 경북·대구 방언의 토박이들은 이러한 성조적인 차이를 놓치게 된다. 또 경남 사람도 음향기기에 따른 측정과 그 분석에만 기대어서 성조론에서 청각적인 훈련을 소홀히 하고 시각적인 자료만을 다루는 사람들과 처음부터 3성조 체계를 인정하지 않고 성조는 둘뿐이어야 한다고 단정하는 사람들은 흔히 이러한 차이를 놓치고 있다.

서남부 경남 방언의 /:진·주에/〔1·^{2}- 1́1-4〕와 /전주·에/〔6- 1́4-4〕의 차이를 다시 한번 압축해서 말해 두겠다. 전자는 첫 음절이 1.3 모라의 길이로 뒤끝이 약간 올라가고, 셋째 음절보다 낮은 데에 대하여, 후자는 첫 음절이 1 모라의 수평조이며, 동시에 셋째 음절보다 높다는 점이 다르다.

서남부 경남 방언 토박이들 가운데서 진주 방언의 60세 이하의 토박이들 가운데는 나이 적을수록 3음절 상성형(/:□·□·□/)과 평측형 가운데서 첫 2음절이 평성인 것(/□□·□, H^2M/), 3음절 전체가 평성인 것(/□□□, H^3/을 구별하지 못하는 사람이 많다. 먼저 /□□·□, H^2M/과 /□□□, H^3/의 구별이 불가능하게 된 까닭을 말하겠다. 진주 방언에는 평측형에 적용되는 음조형 실현 규칙① 《$H_2M^n \rightarrow MH_1M^n$/#—#》 을 적용한 뒤에 다시 적용의 확률이 극히 높아서 거의 필수적인 규칙이라 할 수 있는 규칙② 《$MH^mM^n \rightarrow MH_1M$/#—#, 단 $m \geqq 1$, $n \geqq 0$, $m+n \geqq 2$》 가 적용되기 때문이다. 이리하여 /보리밭, H^3/은 규칙①로 말미암아 중간 표상 MHH가 되고, MHH는 다시 규칙②의 적용으로 표면형 〔MHM〕이 된다. 한편 /보리·밥, H^2M/은 규칙①의 적용으로 표면형 〔MHM〕이 도출된다. 이리하여 /보리밭/(/□□□, H^3/과 /보리·밥/(/□□·□, H^2M/)은 동일한 음조 표상 〔MHM〕으로 발음된다.

---

38) 서남부 경남 방언의 /:진·주·에/〔1·^{2}- 1́0-4〕와 /전주에/〔6- 1́4-4〕의 차이는 동남부 경남 방언의 토박이도 구별하지 못한다. 그 원인은 서남부 방언의 /:진·주·에/〔1·^{2}- 1́0-4〕, /:진·주·에·서/〔1·^{2}- 1́0-5-4〕에 대응하는 어절은 동남부 방언에서는 각각 /:진·주에/〔1·^{2}-11-11〕, /:진·주에·서/〔1·^{2}-11- 1̀1-4〕로 발음되어서 두 방언에 나타나는 강세의 위치와 종류가 다르며, 이리하여 서남부 경남 방언의 음조형의 인식에 익숙하지 못한 동남부 경남 사람에게는 서남부 경남 방언의 /:진·주·에/〔1·^{2}- 1́0-4〕와 /전주·에/〔6- 1́4-4〕는 둘째 음절의 1차 강세와 강세 있는 음절의 앞뒤 음절의 낮음에 끌려서 이 두 음조형을 같은 것으로 착각하기 때문이라고 생각된다.

다음에는 60세 이하의 많은 진주 토박이가 /:□·□·□, L^3/(보기 : /:진·주·에/)와 /□□·□, H^{2}M/(보기 : /전주·에/)를 구별하지 못하는 까닭을 말하겠다. 그들의 말에는 상성형 음조 규칙③ 《L_2→LM_2/#—#》에 이어서 규칙④ 《LM_2→〔MHM_1〕/#—#》이 적용된다. 이리하여 /:진·주에, L^3/은 규칙③의 적용으로 중간 표상 LM^{2}가 도출되고, 다시 LM^{2}는 규칙④의 적용에 따라 〔MHM〕으로 도출된다. 한편 /전주·에, H^{2}M/은 규칙①의 적용으로 바로 표면형 〔MHM〕이 도출된다. 이리하여 /:진·주·에, L^3/(/:□·□·□/)와 /전주·에, H^{2}M/(/□□·□/)는 둘다 〔MHM〕으로 음조형이 같아진다. 그러나 /:진·주, L^2/(/:□·□/)와 /전주, H^2/는 3음절 이외의 모든 준굴곡형은 구별된다.

(66) /:진·주/와 /전주/의 굴곡형들39)

/:진·주, L^2/〔LM〕	/전주, H^2/〔MH〕
/:진·주·에, L^3/〔MHM〕(←LM^2)	/전주·에, H^{2}M/〔MHM〕
/:진·주·에·서, L^4/〔MHM^2〕(←LM^3)	/전주·에·서, H^{2}M^2/〔MH^{2}M〕(←MHM^2)
/:진·주·에·서·는, L^5/〔MHM^3〕(←LM^4)	/전주·에·서·는, H^{2}M^3/〔MH^{3}M〕(←MHM^3)
/:진·주·까·지, L^4/〔MHM^2〕(←LM^3)	/전주까·지, H^{3}M/〔MH^{3}M〕
/:진·주·까·지·도, L^5/〔MHM^3〕(←LM^4)	/전주까·지·도, H^{3}M^2/〔MH^{4}M〕(←MH^{3}M^2)

진주 방언의 토박이들 가운데는 /:진·주·에, L^3/(:□·□·□)과 /전주·에, H^{2}M/(□□·□)의 발음을 고성 방언에서와 마찬가지로 〔LMᴍ〕과 〔MHM〕으로 구별하는 사람들이 있고, 3음절 이상의 모든 상성형을 〔$LMᴍ_1$〕로 발음하여 평측형 〔MHM_1〕과 혼동하지 않는다는 것은 이미 오오에(大江孝男 : 1977)에 의하여 밝혀졌고, 하야따(早田輝洋 : 1978), 후꾸이(福井玲 : 2000) 등에서도 이를 인정하고 있다.40)

6.3 성주 방언의 음조형 인식

성주 방언에서 3음절 이상으로 이루어진 상성형 /:$□_3$, M̤$_3$/은 〔ḦHM_1〕과 〔M̤HM_1〕의 두

---

39) 여기에 적은 /:진·주, :진·주·에, :진·주·에·서, :진·주·에·서·는, :진·주·까·지, :진·주·까·지·도/는 음조형 실현 직전의 표상, 곧 최종 성조 표상이지, 기저 표상은 아니다. 이들의 기저 표상은 각각 /:진+주, :진+주+·에, :진+주+·에+·서, :진+주+·에+·서+·는, :진+주+·까지, :진+주+까·지+·도/이다. 이 연구에서는 꼭 설명할 필요가 있을 경우가 아니면, 음운론적 층위 곧, 성조 층위의 표상은 최종 성조 표상으로 적는다.

40) 이 세분의 일본 학자들의 논문에서, 이 두 성조형(또는 음조형)의 이름과 표기법은 각각 다르지만, 그 음조적인 내용은 각각 지은이의 상성음조형 〔$LMᴍ_1$〕 및 평측음조형 〔MHM_1/MH_1M〕과 거의 같다. (66)을 보면 비록 60세 이하의 많은 진주 방언 토박이들이 /:□·□·□, L^3/(3음절 상성형)과 /□□·□, H^{2}M/(3음절 평측형)이 음조적으로는 〔MHM〕으로 같은 발음을 하고 있으나, 음운론적인 표상으로는 구분되어야 한다는 것을 알 수 있는데, 이러한 주장은 김차균(1973ㄱ)에 이미 제시되었다. (66)과 같은 현상은 진주 방언뿐만 아니라 서부 경남 방언 전체에 걸쳐서 확산되어 가는 추세에 있기 때문에 고성, 사천, 통영, 가제 방언에서도 낮은 연령층의 토박이들의 말투로 갈수록 더 자주 나타난다.

가지로 임의변이 한다. 그리고 이 방언에서 3음절 이상의 거성형 /$\square_3$, M_3/은 〔HHM_1〕로 발음되고, 평측형들 가운데서 첫 두 음절이 평성이고 셋째 이하가 측성인 것 곧 /$\square^2$·$\square_1$, H^2M_1/은 〔MHM_1〕으로 발음된다. 이리하여 다른 방언의 토박이나 성조 연구자가 방언에서 3음절 이상의 상성형을 만날 때, 한편으로는 3음절 이상의 거성형과 구별하기가 어려워지는가 하면, 다른 한편으로는 평측형의 일부인 /$\square^2$·$\square_1$, H^2M_1/〔MHM_1〕과도 구별하기가 어려워진다. 보기를 들어 /:진·주·에, M̤^{3}/는 〔ḦHM, 13:- 1̀4-4〕 또는 〔M̤HM, $7^{\cdot 10}$- 1̀3-4〕의41) 두 가지로 발음되며, 둘 다 첫 음절이 1.6 모라 전후로 길게 발음된다. 음절의 길이를 듣는 데에 충분한 훈련이 안된 다른 방언의 토박이나 성조 연구가가 /:진·주에, M̤^{3}/가 〔ḦHM, 13:- 1̀4-4〕로 발음되는 것을 들으면 거성형 〔HHM, 13- 1̀4-4〕와 구별하기가 어려워질 것이 예상된다. 특히 상성형이 1.3 모라 정도로 짧게 발음될 때는 이것을 거성형과 구별하는 일이 전문가에게도 어려운 경우가 생긴다. 방언 조사 과정에서 이런 일이 일어날 때에는 지은이는 공동 조사자인 대구 방언 토박이 이문규 교수와 상의해서 어느 쪽인가를 결정해야 하는 경우가 가끔 있었다.

또 상성형 보기를 들어 /:진·주·에, M̤^{3}/가 〔M̤HM, $7^{\cdot 10}$- 1̀3-4〕로 발음될 경우를 생각해 보자. 첫 음절 〔M̤〕이 〔$7^{\cdot 10}$〕로 충분하게 상승조로 발음되지 않고 때로는 거의 수평조에 가까워지면서 그 길이도 1.6 모라에 미치지 못하고 1.3 모라 정도로 짧게 발음되는 경우도 있는데, 이런 경우에는 자연히 평측형 〔MHM, 6- 1́4-4〕와 구별하는 것이 쉽지 않게 된다. 그리고 방언 조사 과정에서 평측형 보기를 들어 /전주·에/〔MHM〕의 첫 음절이 우연히 조금 길게 발음되면 상성형 〔M̤HM〕과 구별이 어렵게 된다. 또 어떤 때는 거성형 보기를 들어 /·서·울·에 /〔HHM〕의 첫 음절이 조금 길어지면 상성형 〔ḦHM〕과 구별이 잘 안 된다.

위에서 말한 바를 더 일반화해서 말하면 성주 방언의 상성형 /M̤$_2$/은 〔ḦHM_0〕이나 〔M̤HM_0〕으로 발음되기 때문에 한편으로는 거성형 /M_2/〔HHM_0〕과 구별이 어려운 경우가 생기고, 다른 한편으로는 평측형 /H^2M_0/〔MHM_0〕과 구별이 어려워지는 경우가 있다.

대구 방언의 30대 이하의 토박이들의 말의 성조 체계 중에는 상성형 /M̤/〔M̤〕, M̤^{2}〔ḦH/M̤M〕, /M̤$_2$/〔ḦHM_0〕과 거성형 /M/〔M̤〕, /M^2/〔HH/MM〕, /M_2/〔HHM_0〕의 변별적 기능이 없어져서 측성형 /M/〔M̤〕, /M^2/〔HH/MM〕, /M_2/〔HHM_0〕으로 통합되어 버린 경우가 나타나는데(김차균 : 1994ㅅ, 1999ㄷ), 이것은 성주 방언과 성조 및 음조 체계가 같은 대구 방언에서 음성학적으로 성조형과 그 변이음조형들이 쉽게 통합될 조건을 갖추고 있다는 데에 그 원인이 있다.42)

---

41) 성주 방언의 상성형(/M̤$_1$/)은 3음절 이상일 때 〔ḦHM_1〕과 〔M̤HM_1〕로 임의 변동하지만, 6 : 4 정도로 〔ḦHM_1〕의 빈도가 우세하다. 이것은 녹음 자료 측정에서도 나타난다. 〔ḦHM_1〕의 첫 음절 음조 〔Ḧ〕는 거의 굴곡이 느껴지지 않으며, 〔M̤HM_1〕의 첫 음절 〔M̤〕은 〔M〕(중)의 영역 안에서 완만한 굴곡을 이루는데, 1.5 모라 미만으로 짧아질 때는 굴곡이 느껴지지 않을 수도 있다.

42) 이 경우 상성형 〔ḦHM_0〕이 거성형 〔HHM_0〕에 합류되어 버린 것으로 처리할 수도 있으나, 성조가 둘뿐인 방언에서 무표 성조를 평성, 유표 성조를 측성이라 부르는 지은이의 원칙에 따라 〔HHM_0〕을 측성형이라 부르게 된 것이다.

6.4 음조형 인식의 음향적인 증거

6.1~6.3의 내용은 현장 방언 자료 수집을 통해 형성된 지은이 자신의 랑그적인 인식에 바탕을 둔 논설이다. 이것이 음향 자료에도 그대로 나타나느냐 하는 것은 중요한 문제이다. 우리말 방언의 성조를 음향학적인 자료의 측정에 의하여 다룬 연구가 없는 것은 아니지만, 그것을 음운론적인 인식과 관련시키는 데에 성공한 경우는 아직 보이지 않는다. 그것은 그러한 방법론이 개발되어 있지 않았기 때문이다.

김차균 외(2000)ㄱ에서는 창원 방언의 운율구들에 대한 지은이의 육성을 녹음하고, 그 녹음 자료들의 음조형들을 Hz 단위의 측정치의 연결로 바꾸고, 또 그 측정치를 (20), (23), (49) 등을 동원해서 인식상의 등급 값으로 바꾸었으며, 그 바뀐 등급 값을 마지막으로 조옮김 법을 이용해서 조정한 등급 값, 곧 조정 등급 값으로 바꿔 적은 다음, 그 조정 등급 값을 고저 인식에 대한 지은이의 랑그적인 등급 값과 대조함으로써, 비로소 음향적인 측정에 따른 음조의 연결 단위와 랑그적인 등급 값 사이의 관계가 풀리기 시작했다.

창원 방언에 대해서는 김차균 외(2000)ㄱ에서 비교적 쉬운 분야인 거성형과 평측형의 대부분은 음파의 측정치와 지은이의 랑그적인 음조 인식과 일치함이 명확하였다. 다만 창원 방언의 상성형(:□, :□·□, :□·□·□, :□·□·□·□, :□·□·□·□·□, …)과 평측형(□, □□, □□□, □□□·□, □□□·□·□, …)의 음향적인 측정값과 인식 사이의 관계가 6.1절의 예상과 일치할까 의문이었는데, 아주 만족스럽지는 않지만, 4음절 이상의 상성형의 하강부의 마지막 음절의 불안정성을 규칙으로 처리함으로써 원만하게 처리된 셈이다.

이제 고성 방언과 성주 방언의 측정 자료 가운데서, 고성 방언에 대해서는 2음절 상성형 (:$□^2$) /L^2/〔LM〕과 평성형 ($□^2$) /H^2/〔MH〕, 그리고 3음절 이상의 상성형(:$□_3$) /L_3/〔LMM_1〕과 첫 2음절이 평성인 평측형($□^2$·$□_1$) 곧 /H^2M_1/〔MHM_1〕가 음향 자료에서도 구별되고 있는지, 그리고 또한 3음절 이상의 음상(성)형(:$▣_3$) 곧 /$\underline{L}_3$/ 〔LMMM_0〕과 평측형 가운데 첫 3음절만 평성인 평측형($□^3$·$□_0$) 곧 /H^3M_1/〔MH^2M_0〕도 음향 자료에서 구별되고 있는지 조사해 보고, 성주 방언에 대해서는 3음절 이상의 상성형/M̤$_3$/ 〔ḦHM_1, M̤̈HM_1〕의 첫 음절의 표기를 〔R〕로 적지 않고, 〔Ḧ〕 또는 〔M̤̈〕으로 적는 것이 바람직한가에 대하여 논하고자 한다.

먼저 고성 방언의 2음절 평성형과 2음절 상성형의 발음을 보자.

(67) 【고성】 /바람, H^2/〔MH〕

음절	바	람
음조(Hz)	149.5	177.8
등급	29	35
조정 등급	6	12
길이(sec)	0.172	0.311

(68) 【고성】 /:사람, L^2/〔LM〕

음절	사	람
음조(Hz)	129.0	158.4
등급	24	31
조정 등급	1	8
길이(sec)	0.288	0.316

2음절어는 (67)과 (68)을 보면, 전체 어절의 고저에서 차이가 있어서 평성형과 상성형이 구별이 되지만, 이 한가지 사실만 가지고는 인식상의 차이의 반영이라고는 믿어서는 안 된다. 왜냐하면 등급 조정법을 따르면 (67)을 〔1-6〕으로, (68)을 〔6-15〕로 조절할 수도 있고, 실제 대화 속에서는 하나의 월 속에서도 이러한 뒤집힘은 얼마든지 있기 때문이다. 다시 둘째 음절의 길이를 보면 두 어절은 각각 0.311초, 0.316초로 이 정도로는 의미 있는 차이를 나타낸다고는 할 수 없다. 그런데 첫 음절의 길이는 (67)에서는 0.172초, (68)에서는 0.228초로, 비록 첫 음절 초성 이 각각 /ㅂ/과 /ㅅ/으로 전자는 파열음, 후자는 마찰음임을 고려한다 하더라도, 이 정도이면 상성이 평성보다 길게 발음된다는 증거로 충분하다고 본다.

(69) 【고성】 /:말·하·더·라, L^4/〔LMMM〕

음절	말	하	더	라
음조(Hz)	134.5(→⅔지점132.2→141.6)	172.0	149.5	117.7
등급	25(→⅔지점25→27)	3́4	29	21
조정 등급	1(→⅔지점1→3)	1́0	⇩5	-3
길이(sec)	0.255	0.216		

(70) 【고성】 /그림·자, H^2M/〔MHM〕

음절	그	림	자
음조(Hz)	160.0(→⅔지점163.3→166.7)	197.5	117.7
등급	32(→⅔지점32→33)	3́9	27
조정 등급	6(→⅔지점6→7)	1́3	⇩1
길이(sec)	0.129	0.280	

(69)와 (70)을 대조하면, 어절 전체의 높낮이는 중요한 단서는 되지 못한다 하더라도, 상성형인 (69)가 더 낮게 발음되었고, 평측형인 (70)이 더 높게 발음되었다. 그리고 첫 음절의 길이로 보더라도 전자가 후자보다 더 길게 발음된다는 것은 우리의 예측에 부합된다. 그리고 첫 음절의 고저의 변화는 상성형인 (69)에서는 〔1-1-3〕으로 낮은 곳과 높은 곳이 〔2〕의 차이로 나타나며, 평측형인 (70)에서는 〔6-6-7〕로 낮은 곳과 높은 곳이 〔1〕의 차이로 나타나서 상성형은 뒤끝이 가볍게 올라간다는 것을 뒷받침하고 있다.

(71) 【고성】 /:[사]·람·부·터, [L]²/〔LMMᴍ〕

음절	사	람	부	터
음조(Hz)	130.1(→⅔지점124.0→149.5)	172.0	177.8	123.1
등급	24(→⅔지점23→29)	34	3̀5	23
조정 등급	1(→⅔지점0→6)	11	1̀2	⇩0
길이(sec)	0.192	0.257		

(72) 【고성】 /기뚜라·미, H^3M/〔MHHM〕

음절	기	뚜	라	미
음조(Hz)	172.0(→⅔지점168.4→165.0)	210.5	210.5	117.7
등급	34(→⅔지점33→33)	41	4́1	21
조정 등급	7(→⅔지점6→6)	14	1́4	⇩-7
길이(sec)	0.094	0.178		

(73) 【고성】 /미꼬라·지, H^3M/〔MHHM〕

음절	미	꼬	라	지
음조(Hz)	173.9(→⅔지점173.9→168.4)	200.0	210.5	111.1
등급	34(→⅔지점34→33)	39	4́1	19
조정 등급	8-8-7	13	1́5	⇩-7
길이(sec)	0.148	0.223		

다시 음상성형인 (71)과 평측형인 (72), (73)을 대조해 보자. (71)의 랑그적인 음조의 연결은 〔1-11- 1̀1-4〕인데 표면에서는 〔1-11- 1̀2-⇩0〕으로 되어 셋째 음절이 약간 더 높아 〔H〕의 영역으로 들어갔지만 여전히 약강세를 유지하고 있어서, 이 정도는 중요한 위반이 아니다. 그리고 넷째 음절 곧 하강부가 저렇게 많이 내려간 것은 (62)에 따라 예측될 수 있는 경우이다. 하강부의 불안정성은 (72), (73)에서도 볼 수 있다. 따라서 우리는 음상성형 〔LMMᴍ〕과 평측형 〔MHHM〕의 핵심부에 〔LMM-〕과 〔MHH-〕가 대조되면 우리의 증명은 만족된 것이라 할 수 있다. /:[사]·람·부·터, [L]⁴/〔LMMᴍ〕과 /기뚜라·미, H^3M/〔MHHM〕 및 /미꼬라지, H^3M/〔MHHM〕는 음소의 배열로는 최소대립어는 아니지만, 운율적인 자질인 성조형의 음성학적인 실현인 음조형의 대조에는 큰 지장이 없을 것으로 판단된다. 먼저 어절의 핵심부의 전체적인 높낮이에서 상성형인 (71)은 평측형인 (72), (73)보다 낮게 발음되었으며, 첫 음절의 길이도 (71)은 (72), (73)보다 길게 나타나고 있다. 그리고 세 지점의 길이가 (71)에서는 〔1-0-6〕으로 둘째 부분에 미세한 변칙이 나타나지만 결론을 뒤집을 만한 변칙은 못된다. 〔1-0-6〕은 시작이 〔1〕이고, 끝이 〔6〕으로 음조의 상승이 뚜렷이 느껴질 정도이며,[43] 이러한 상승조는 상성의 특징을 반영하는 것이라 할

43) 경남 방언 상성형 첫 음절의 굴곡 등급 수치는 랑그적인 측면에서는 $[1^2]$, 곧 〔1〕로 발음되다가 뒷끝이 가볍게 〔2〕로 높아지는 것으로 되어 있지만, 실제 대화에서는 높아지는 정도가 〔3〕~〔6〕으로 나타나는 경우도 드

수 있다. 이에 대하여 (72), (73)의 첫 음절은 〔7-6-6〕, 〔8-8-7〕로 나타나서 거의 평탄하게 느껴지며, 이것은 평성의 특징을 그대로 나타낸다.

마지막 음절은 (62)에 따른 불안정성 때문에 그 음조의 차이가 음조형의 차이에 연관이 없는 것으로 결론 내릴 수도 있으나, 지은이가 가지고 있는 전체적인 자료를 보면 같은 음절 수를 가진 어절인 경우 상성형/음상성형의 하강부가 평측형의 하강부보다 평균 1.5 등급 정도 높게 실현되었다. (71)의 하강부의 등급인 〔0〕이 (72)와 (73)의 하강부의 등급인 〔-7〕보다 높게 나타나는 것도 상성형의 첫 음절에 대한 하강부의 상대적인 높이가 평측형의 첫 음절에 대한 하강부의 상대적인 높이보다 일반적으로 높게 나타나는 특성을 반영하고 있다.

다음에는 성주 방언의 상성형 어절의 자료들을 검토해 보자.

(74) 【성주】 /:사·람, M̤^{2}/〔M̤M〕

음절	사	람
음조(Hz)	183.9(→⅔지점183.9→183.9)	195.1
등급	36(→⅔지점36→36)	38
조정 등급	8(→⅔지점8→8)	10
길이(sec)	0.381	0.293

(75) 【성주】 /:검·재·이, M̤^{3}/〔M̤̆HM〕 〈거머리〉

음절	검	재	이
음조(Hz)	200(→⅔지점200→210.5)	205.1	163.3
등급	39(→⅔지점39→41)	4̀0	32
조정 등급	11(→⅔지점11→13)	1̀2	⇩4
길이(sec)	0.327	0.212	

(76) 【성주】 /:검·재·이·다, M̤^{4}/〔M̤̆HMM〕

음절	검	재	이	다
음조(Hz)	195.1(→⅔지점200→200)	205.1	186.1	160.0
등급	38(→⅔지점39→39)	4̀0	37	32
조정 등급	10(→⅔지점11→11)	1̀2	⇩9	4
길이(sec)	0.272	0.181		

성주 방언의 상성형은 고성 방언의 상성형과는 달리 첫 음절이 그 길이도 평균치를 보면 고성 방언의 그것보다 길고, 〔M〕이나 〔H〕의 영역에서 발음된다는 점도 〔L〕의 영역에서 발음되는 고성 방언과는 확실히 다르다. (74)의 첫 음절은 〔8-8-8〕로 완전한 수평조이기 때문에 〔M̤〕으로 표시할 수밖에 없다. (75)의 첫 음절은 〔11-11-13〕으로 그 굴곡이 약간 있

물지 않음을 방언 조사와 실험을 통해서 확인했다.

지만 〔R〕로 적기에는 부적할 정도로 평탄조이며, (76)의 첫 음절도 〔10-11-11〕로 대구·경북 사람들이 느끼는 그러한 정도의 굴곡조가 아니다. (75), (76)이 M(중)의 음역 안에서 약간 상승하는 것이지 이것이 두 개의 영역에 걸칠 정도의 음조 〔R〕은 아니다. 이러한 중조의 영역에서 발음되는 완만하고 가벼운 굴곡조를 지은이는 〔M̰〕로 적어 왔다. 이러한 정도의 굴곡조는 경남의 남부 지역 방언 토박이들에게는 수평조로 들린다는 점도 성조 학자들은 고려해야 할 일이다. 참고로 다음 월의 자료를 보고, 경북 방언의 상성이 약화될 때 어떠한 현상이 나타나는지를 보자.

(77) 【성주】 (0278) :말·을 안들으·면 뚜디·리 (:패·라→)·패·라.

음절	말	을	안	들	으	면
음조(Hz)	177.8(→⅔지점181.8→195.1)	200.0	186.1	205.1	210.5	195.1
등급	35(→⅔지점36→38)	39	37	40	4́1	38
조정 등급	8(→⅔지점9→11)	12	10	13	1́4	⇩11

음절	뚜	디	리	패	라
음조(Hz)	무성화됨	235.3	205.1	195.1	205.1→175.8
등급	0	4́5	40	38	40→35
조정 등급	( )	1́5	⇩10	8	10→5

(78) 【성주】 (0334) :사·람·이 (:몬·때·서→)·몬·때·서 (:말·을→)말을 함·부·로 ·한·다.

음절	사	라	미	몬	때	서
음조(Hz)	200(→⅔지점200→210.5)	216.2	210.5	195.1	205.1	188.2
등급	39(→⅔지점39→41)	4̀2	41	38	40	37
조정 등급	9(→⅔지점9→11)	1̀2	⇩11	12	1̀4	⇩11
길이(sec)	0.269	0.130		0.170	0.176	

음절	마	를	함	부	로	한	다
음조(Hz)	195.1	210.5	258.1	205.1	179.8	160.0	134.5
등급	38	41	4́8	40	35	32	25
조정 등급	8	11	1́5	⇩7	2	-1	-8
길이(sec)	0.171	0.183	0.188	0.088			

위의 월에서 앞서는 /뚜디·리/가 강하게 발음됨으로써 뒤따르는 /:패·라/는 상대적으로 약화되고 첫 음절이 짧아져서 약화된 거성형 /·패·라, (M^2→)m^2/〔hh〕로 나타났다. 그리고 상성형 /:몬·때·서/는 앞서는 강한 발음 /:사·람·이/에 눌려서 약화되고 첫 음절이 짧아져서 거성형 /·몬·때·서/〔HHM〕으로 나타났고, 또 /:말·을/은 〔M̰H〕이나 〔ḦH〕로 나타나지 않고 뒤따르는 강하게 발음되는 /함·부·로·한다/에 눌려서 약화된 평성형 /h^2/〔mh〕로 발음되었지만, 이들은 모두 그 기저 성조 표상은 상성형이다. 상성형의 두 변이음조형 〔ḦHM$_0$〕과 〔M̰

HM_0〕이 월 속에서 약화되는 경우 각각 거성형 〔HHM_0〕(또는 〔hhm_0〕)과 평측형 〔MHM_0〕(또는 〔mhm_0〕)으로 나타나는 것이 구순이 님의 개인적인 특성인지 성주 방언 전체의 방언적인 특성인지 더 많은 음향음성학 및 음운론적인 연구가 필요하다.

7. 표현적인 장음절화

낱말들 가운데는 그 낱말의 어느 특정 음절을 임의로 길게 발음하여 말할이의 정서적인 강약의 정도를 반영하는 수가 있다. 어찌씨나 풀이씨 특히 의성어나 의태어에 이러한 현상이 많이 나타난다. 아래의 보기들에서 (:)을 앞서는 음절은 1모라 이상, 곧 1모라, 1.1모라, 1.2모라, 1.3모라, …, 2모라, 2.1모라, …, 3모라 등으로 얼마든지 길게 발음할 수 있다. 느낌을 과장하기 위한 목적이 아니고 솔직한 정서적인 상태를 표현할 때는 (:)을 앞서는 음절은 대체로 느낌의 강도에 비례하여 길게 발음된다. 김차균 외(2000)ㄱ,ㄴ에서는 이러한 길이를 표현적인 장음절화라 불렀다. 몇 개의 예문을 들면 다음과 같다.

(79) 【고성】 :도·라·쿠·는·데 안조오떠·이 가·고 나·앙·께 께꾸룸(:)하·다.
【성주】 :돌·라·카·는·거 안조오띠·이 가·고 나·이 끼꾸룸(:)하·네

(80) 【고성】 낯·이 넙떡(:)항께 넙띠·이 ·겉·네.
【성주】 낯·이 넙떡(:)하·이 넙띠·기 ·겉·네.

(81) 【고성】 눈뚜·덕·이 뿌숙(:)하·네.
【성주】 눈뚜·둑·이 뿌숙(:)하·네.

(82) 【고성】 ·눈티·이·가 :시(:)·푸·렇·네.
【성주】 눈티·이·가 시(:)푸렇·네.

(83) 【고성】 :허(:)·연 두루매·이·로 입·고 꿈에 베이·이·데.
【성주】 허(:)연 두루마기·를 입·고 꿈에 비·이·데.

(84) 【고성】 그집 :부잔갑·다. 나락두지·가 억(:)·시·기 ·크·다.
【성주】 그집 :부잔갑·다. 나락두지·가 억(:)·시·기 ·크·다.

(85) 【고성】 가리지·기·로 날랄(:)하·이 누·우·라.[44]

---

44) 예문 (85), (86)에서 (:)은 느낌의 정도를 나타낸다고 보기는 어려우나 여기에 넣어 두었다. 앞으로 의미론, 화용론, 문체론, 텍스트 언어학 쪽에서 더 세밀한 분석이 필요하다.

【성주】 가리지·기·로 ·나·란(:)·히 누·우·라

(86) 【고성】 접·시 매·이·로 똥구람(:)하·다.
【성주】 접·시 맨드·로 똥구리(:)하·다.

(87) 【고성】 :쪼·깬(:) 남·은·거 떠리·미 :해·가·소.
【성주】 째매(:) 남·은·거 떠리·미 :해·가·소.

(88) 【고성】 똥띠·이·가 :장띠·이·보·고 :누(:)·렇·다·꼬 나·무·래·앤·다.
【성주】 똥띠·이·가 :장띠·이·보·고 :누(:)·렇·다·꼬 나무래·앤·다.

위의 예문들에서 볼 수 있는 바와 같이 낱말 속에서 (:)가 놓이는 위치는 두 방언이 일치한다. 아래의 예문을 보면 비슷한 의미를 가진 낱말이라도 (:)가 붙을 수 있는 낱말이 있고, 없는 낱말이 따로 있는 듯하다. 밑줄 친 낱말을 대조하기 바란다.

(89) 【고성】 방마·이·로 가·아·꼬 :탕(:)·탕 뚜디·라·서 칼컮·기 ·빨·아 온·나.
【고성】 방마·이·로 가·아·꼬 :탕(:)·탕 뚜디·라·서 깨(:)끗·이 ·빨·아 온·나.

(90) 【고성】 삐삐 그거 보드랍을때·에 ·뽑·아 무·우·모 달달(:)하·다.
【고성】 삐삐 그거 보들보들(:)할때 ·뽑·아 무·우·모 달달(:)하·다.

(:)은 하나의 월 안에서 두 번 이상 나타날 수도 있다.

(91) 【고성】 꼬치 고고 쪼깨(:)능기·이 억(:)·시·기 맵·다.
【성주】 고치 고거 :쪼·깨(:)낭기·이 억(:)·시·기 맵·다.

(92) 【고성】 국·물·이 ·토(:)·옹 안울어나·고 맬(:)금하·다.
【성주】 국·물·이 ·토(:)·옹 안울어나·고 맬(:)갛·다.

(93) 【고성】 바람·이 설렁(:)하·이 안불·고 덥덥(:)하·이 ·모·구·가 :까(:)·악 ·찼·다.
【성주】 바람·이 살랑살랑 안불·고 텁텁(:)하·이 ·모·구·가 :까(:)·악 ·찼·다.

(94) 【고성】 씨락국·은 :보(:)·하·이 지·름·에 다라·아·서 끼·리 나아·모 삼삼(:)하·이 맛있·다.
【성주】 씨래·기·꾹·은 :보(:)·하·이 지·름·에 다라·아·서 끼·리 노·만 삼삼(:)하·이 맛있·다.

(:)이 붙는 위치의 차이가 일이 행하여지는 율동의 차이를 반영하는 수도 있다.

(95) 【고성】 ·물·로 :찰(:)·찰 허·처 가·아 ·씰·어·라. 미금·이 :풀(:)·풀 ·난·다.

【성주】 ·물·을 :살(:)·살 흔·처 가·아 ·씰·이·라. 미금·이 :펄(:)·펄 ·난·다.

(96) 【고성】 ·물·로 :찰·찰(:) 허·처 가·아 ·씰·어·라. 미금·이 :풀(:)·풀 ·난·다.
【성주】 ·물·을 :살·살(:) 흔·처 가·아 ·씰·이·라. 미금·이 :펄(:)·펄 ·난·다.

(97) 【고성】 바람·이 설렁(:)설렁하·이 오·올·은 :우·째·이·래 써언·노?
【성주】 바람·이 설렁(:)설렁하·이 오·늘·은 :어·째·이·래 시연(:)하·노?

(98) 【고성】 바람·이 설렁설렁(:)하·이 오·올·은 :우·째·이·래 써언·노?
【성주】 바람·이 설렁설렁(:)하·이 오·늘·은 :어·째·이·래 시연(:)하·노?

(95)는 물을 뿌릴 때에 물이 뿌려지는 모양이 「강→약」으로 변화가 진행됨을 나타내면서도 이 운율구가 가리키는 의미에서 오는 느낌이 강화됨을 나타내지만, (96)은 「약→강」으로 진행됨을 후반부인 「강」의 부분의 시간이 길면서 다시 약화되고 있다는 느낌을 준다. 또 (97)은 바람의 강도를 나타내는 동시에 바람이 강했다가 약해지고 다시 바람이 없는 순간이 오고, 이렇게 바람이 「강→약→무」로 완만한 변화가 반복됨을 나타내면서도, 전반부인 「강-약」 부분의 시간이 길고, 「약→무」의 부분의 시간이 짧은 느낌을 주는 데에 대하여, (98)은 바람의 강도가 「약→강→무」로 변화가 반복됨을 나타내되 전반부인 「약→강」 부분의 시간이 짧고, 「강→무」의 부분이 길다는 느낌을 나타낸다.

때로는 한쪽 방언에는 (:)이 나타나는데, 다른 쪽 방언에는 아니 나타나는 경우가 있다.

(99) 【고성】 오·올 ·물·긴·을 잘몬사·서 :또·옥 앵·토·애 죽겄·다.
【성주】 오·올 ·물·건·을 자알 :몬·사·서 앵토(:)·애 죽겠·다.

(100) 【고성】 :해(:)·나 우리아·아 :몬·빠·았·십·니·꺼?
【성주】 :해·나 우리아·아 :몬·봤·소?

(101) 【고성】 :요·마(:)·치(/:요·마(:)·치) 퍼오이·라.
【성주】 요만·치·마 퍼온너·라.

(:)은 이 밖에도 몇가지 다른 용법으로 쓰이고 있으나, 앞으로 감각적인 차이를 음운론 이외의 다른 분야에서 밝혀 주기를 바라면서 여기에는 줄인다. 마지막으로 이 두 방언에서 (:)의 나타남이 〔L〕, 〔M〕, 〔M̤〕, 〔H〕, 〔Ḧ〕, … 등의 음조에 영향을 미치지 않는다는 점을 지적해 둔다.

(102) 【고성】 ·또(:)·옥〔H(:)H〕 강새·이·겉·네.
【성주】 ·꼬(:)·옥〔H(:)H〕 강새·이·겉·네.

(103) 【고성】 삐뚜룸(:)하·다〔MHH(:)HM〕. :쪼(:)·옥〔L(:)M〕 바로끄·어·라.
【성주】 삐뚜룸(:)하·다〔MMH(:)HM〕. :쪼(:)·옥〔Ḧ(:)H/M̤(:)M〕 바로 끄·어·라.

이 예문들에서 〔L(:)〕, 〔H(:)〕, 〔Ḧ(:)〕들은 감정의 강도에 비례해서 음조가 길어질 뿐이지, 그것을 앞서거나 뒤따르는 음조에 영향을 주지 않는다.[45)]

45) (:)이 얹히는 음절이 가끔 무성음화 되는 경우가 있으나, 그 원인이 (:)에 있다고는 볼 수 없다.

8. 문법 형태소의 성조 표상

고성 방언의 음조형 실현 규칙 (27)과 성주 방언의 음조형 실현 규칙 (28)을 역으로 이용하면, 어떤 어절의 표면적인 음조형을 보고 그것의 성조형을 추정해 내는 것이 어느 정도까지 가능하다. 성조론에서 어떤 형태소나 낱말의 기저 표상을 정확하게 아는 것이 때로는 번거롭기도 하고, 때로는 불가능하기도 하지만, 음조형 실현 규칙 (27)이나 (28)의 적용 직전의 표상인 최종 성조형을46) 아는 것은 단순한 역추적만으로 가능한 경우가 있다. 토씨의 분석에 들어가기에 앞서서 축약에 따른 예외(보기 : /나를/→〔날〕)를 제외하고는 토씨는 발화체의 둘째 음절 이하에서만 나타나기 때문에 그 첫 음절이 거성이나 상성일 수는 없고, 반드시 평성이나 측성임을 알아야 한다. 왜냐하면 둘째 음절 이하에서는 중화 규칙 (7)의 적용에 따라 상성(:□)과 거성(·□)은 측성(·□)으로 중화되기 때문이다. 이러한 현상은 둘째 음절 이하에 오는 모든 문법 형태소에 대해서도 해당된다. 그리고 이것은 성주 방언과 고성 방언뿐만 아니라 우리말의 모든 성조 방언에도 적용된다. 이리하여 다음과 같은 설을 세우는 것이 가능하다.

(104) 우리말의 모든 성조 방언에서 둘째 음절 이하에만 나타나는 모든 문법 형태소의 성조 표상은 평성형($□_1$), 평측형($□_1□^n$), 또는 측성형($·□_1$) 가운데 하나이다.

먼저 성주 방언에서 토씨의 성조 표상의 분석을 생각해 보자. 뒤에 토씨를 포함하고 있는 임의의 표면 음조형이 상성형(〔M̤M〕, 〔M̤̆HM$_0$〕, 〔ḦHM$_0$〕)이나 거성형(〔MM〕, 〔HHM$_0$〕인 경우는 역추적으로 토씨의 성조 표상을 분석해 내는 것은 불가능하다. 왜냐하면 이들 음조형의 첫 음절의 기저 성조 표상은 상성이나 거성일 가능성이 많으며, 상성이나 거성을 뒤따르는 토씨의 기저 성조는 그것이 무엇이냐에 관계없이 중화 규칙 (7)의 적용에 따라 중화되어 구별 없이 모두 측성 ·□의 위치 변이음조로 나타날 것이기 때문이다. 또 뒤에 토씨를 포함하고 있는 임의의 표면 음조형이 평측형의 하위류인 (〔HM$_2$〕 또는 〔M^nHM$_2$〕)이고 동

---

46) /삼천:만년, HHLH/→/삼천·만년, H^2MH/→/삼천·만·년, H^2M^2/→〔MHM^2〕과 같은 과정을 인정하면, 최초의 표상 /HHLH/은 기저 성조 표상, /H^2MH/은 중간 표상, 〔 〕 속에 있는 음조 표상의 직전에 있는 성조론적 표상의 마지막 표상은 최종 성조 표상, 그리고 〔MHM^2〕은 표면 표상 또는 음조 표상이다. 그리고 이 과정에서 /삼천:만년/은 기저 방점 표상, /삼천·만년/은 중간 방점 표상, /삼천·만·년/은 최종 방점 표상이다.

시에 토씨를 제외한 부분이 〔HM_1〕 또는 〔M^nHM_1〕이면 〔HM_1〕 또는 〔M^nHM_1〕의 마지막 음절은 측성 ·□의 위치 변이음조형이므로, 토씨의 기저 성조는 그것이 무엇이냐에 관계없이 중화 규칙 (7)의 적용에 따라 중화되어 구별 없이 모두 측성 ·□의 위치 변이음조의 연결로 나타날 것이기 때문에 그 기저 성조는 분석해 낼 수 없다.

토씨 성조 표상의 분석은 오직 임의의 표면 음조형이 평측형의 하위류인 (〔HM_0〕 또는 〔M^nHM_0〕)이고 동시에 토씨를 제외한 부분이 〔H〕 또는 〔M^nH〕일 때만 가능하다. 왜냐하면 〔H〕 또는 〔M^nH〕는 방점 표상 $□_1$ 곧 평성형의 반영이며, 평성형을 직접 뒤따르는 토씨의 첫 음절은 평성과 측성의 대립이 가능하기 때문이다.

이제 토씨 성조 분석의 구체적인 보기를 든다.

(105) 성주 방언 토씨의 성조 분석

분석자료	음조형→	어절 성조(방점)→	성조 분석→	토씨의 성조(방점)
밭은	〔HM〕	/HM/(밭·은)	/H+M/	/M/(·은)
버리는	〔MHM〕	/H^2M/(버리·는)	/H^2+M/	/M/(·는)
새드래는	〔M^2HM〕	/H^3M/(새드래·는)	/H^3+M/	/M/(·는)
밭에서	〔HM^2〕	/HM^2/(밭·에·서)	/$H+M^2$/	/M^2/(·에·서)
버리에서	〔MHM^2〕	/H^2M^2/(버리·에·서)	/H^2+M^2/	/M^2/(·에·서)
새드래에서	〔M^2HM^2〕	/H^3M^2/(새드래·에·서)	/H^3+M^2/	/M^2/(·에·서)
밭부터	〔MHM〕	/H^2M/(밭부·터)	/H+HM/	/HM/(부·터)
버리부터	〔M^2HM〕	/H^3M/(버리부·터)	/H^2+HM/	/HM/(부·터)
새드래부터	〔M^3HM〕	/H^4M/(새드래부·터)	/H^3+HM/	/HM/(부·터)

먼저 〔　〕 안에 표시된 음조형에서 음조형 실현 규칙 (28)을 이용하여 역추적의 과정을 거쳐서 어절 전체의 성조형을 분석하고, 다시 줄기와 씨끝의 성조를 분석한 다음 마지막에 씨끝의 성조 표상을 확인할 수 있다. (26)의 방점항의 대응표를 보고서 어절 전체의 방점형을 알게 되며, 방점형이나 성조형에서 /밭/, /버리/, /새드래/의 부분을 추적하면 이들의 방점 및 성조는 /□, H/, /$□^2$, H^2/, /$□^3$, H^3/이 된다. 또 토씨 /은/, /는/의 부분을 추적하면 이들의 성조는 측성 /·□, M/임을 알 수 있다. 그리고 같은 방법으로 /에서/의 부분을 추적하면 그 성조는 측성형 /·$□^2$,M^2/임을 알 수 있고, 또 /부터/의 부분을 추적하면 그 성조는 평측형 /□·□, HM/임을 알 수 있다.

풀이씨의 줄기 뒤에 나타나는 접사나 씨끝들의 성조 분석도 토씨 성조 분석과 다르지 않으므로, 우리는 둘째 음절 이하에 오는 모든 구속 형태소의 성조 분석을 다음과 같이 일반화할 수 있다.

(106) 성주 방언의 둘째 음절 이하에 나타나는 구속형태소의 성조 표상은 (28)을 이용하여 역추적하여 얻되, 평성형($□_1$) 뒤에 나타날 때의 표상을 성조표상으로 한다.

고성 방언의 구속형태소의 성조 표상은 반드시 1음절 명사 뒤에 올 때의 것을 그 기저 성조로 한다. 토씨 성조 표상의 분석 과정을 보이면 다음과 같다.

(107) 고성 방언 토씨의 성조 분석

분석자료	음조형→	어절 성조(방점)→	성조 분석→	토씨의 성조(방점)
밭은 〔HM〕	/HM/(밭·은)	/H+M/	/M/(·은)	
밭에서	〔HM^2〕	/HM^2/(밭·에·서)	/H+M^2/	/M^2/(·에·서)
밭부터	〔MHM〕	/H^{2}M/(밭부·터)	/H+HM/	/HM/(부·터)

고성 방언에 규칙 (27)ㄹ의 임의적인 적용으로 말미암 다음과 같은 두 가지 음조형이 나타날 수 있기 때문에, 3음절 이상의 명사는 /새드레, H^3/→〔MHH〕/〔MHM〕처럼 두 가지 음조형이 나타나고, 이 방언 성조 조사 연구에 깊은 조예가 있는 사람이 아니면, 역추적에 따른 명사의 기저 성조 분석은 실패할 확률이 높아진다. 왜냐하면 #새드레#는 〔MHH〕보다는 〔MHM〕로 발음되는 비율이 압도적으로 높아서 그 기저 성조를 〔MHM〕에 의하여 역추적하면 /새드·레 H^{2}M/로 하게 될 것이기 때문이다. 다시 /새드레, H^3/ 또는 /새드·레, H^{2}M/ 뒤에 토씨가 붙으면 다음과 같은 두 가지 형의 음조형이 도출 될 것이다. 같은 이유로 /□□, H^2/(보기 : /보리/) 뒤에서도 역추적에 따른 토씨의 성조 분석은 불가능하다.

(108) 고성 방언 토씨의 성조 분석

분석자료	음조형①	음조형②
/보리에서/	〔MHM^2〕	〔MH^{2}M〕
/새드레에서/	〔MH^{2}M^2〕	〔MH^{3}M〕

이 경우에도 음조형①보다는 (27)ㄹ이 적용된 음조형②가 나타날 확률이 압도적으로 높아서 음조형①에 따른 바른 표상 /·에·서/보다는 음조형②에 따른 틀린 표상 /에·서/에 도달할 확률이 높기 때문이다.

이제 우리는 고성 방언에서 둘째 음절 이하에 오는 모든 구속 형태소의 성조 분석을 다음과 같이 일반화할 수 있다.

(109) 고성 방언의 둘째 음절 이하에 나타나는 구속형태소의 성조 표상은 (27)을 이용하여 역추적하여 얻되, 1음절 평성(□) 뒤에 나타날 때의 표상을 성조 표상으로 한다.

(105), (107)과 같은 방법으로 분석된 토씨의 기저 성조의 대응 관계를 보이면 다음과 같다.

(110)

고성 방언		성주 방언	
·이	M	·이	M
·가	M	·가	M
·은	M	·은	M
·는	M	·는	M
·을	M	·을	M
·를	M	·를	M
·로	M	·를	M
·르〈㉮〉47)	M	·를	M
하고	H	하·고	HM
·마	M	·만	M
·로	M	·로	M
·서	M	·서	M
·에	M	·에	M
·의[·에]	M	·의[·에]	M
·에·서	M^2	·에·서	M^2
·으·로	M^2	·으·로	M^2
·이·나	M^2	·이·나	M^2
거·치〈같이〉	HM	거·치	HM
까·지	HM	까·지	HM
꺼·냥〈㉮〉	HM	꺼·정	HM
꺼·장	HM	꺼·정	HM
마·당	HM	마·다	HM
마·큼	HM	마·쿰	HM
밖·에	HM	밖·에	HM
부·터	HM	부·터	HM
빼·이	HM	빼·끼	HM
뿌·이	HM	빼·끼	HM
쭈·움	HM	쯔·음	HM
처·럼	HM	처·럼	HM
처·럼	HM	처·럼	HM
하·고	HM	하·고	HM
한·테	HM	한·테	HM
보·다	H^2M	보다·아	H^2M
보·당	H^2M	보다·가	H^2M
매·애·로	HM^2	맨·드·로	HM^2
매·이·로	HM^2	맹·구·로	HM^2
매·이·로	HM^2	매·앵·구·로	HM^3

47) 각 방언의 두 제보자의 발음이 같을 경우에는 아무런 표시를 아니하고, 다를 경우에는 ㉮, ㉯, ㉰, ㉱로 표시를 하되, ㉮는 구순이 님, ㉯은 송준일 님, ㉰은 문승찬 님, ㉱는 이기분 님의 발음을 각각 가리킨다.

평성형 뒤에서 평측형 토씨의 성조가 그대로 유지되는 데에 대하여 평측형, 거성형, 상성형 뒤에서는 측성형으로 중화되는 예를 보자.

(111) 고성 방언

ㄱ. 보리+마·당	→	보리마·당	H^3M〔MH^2M〕
보리+마·큼	→	보리마·큼	H^3M〔MH^2M〕
보리+하·고	→	보리하·고	H^3M〔MH^2M〕
ㄴ. 애·비+마·당	→	애·비·마·당	HM^3〔HM^3〕
애·비+마·큼	→	애·비·마·큼	HM^3〔HM^3〕
애·비+하·고	→	애·비·하·고	HM^3〔HM^3〕
ㄷ. ·에·미48)+마·당	→	·에·미·마·당	M^4〔HHM^2〕
·에·미+마·큼	→	·에·미·마·큼	M^4〔HHM^2〕
·에·미+하·고	→	·에·미·하·고	M^4〔HHM^2〕
ㄹ. :대·추+마·당	→	:대·추·마·당	L^4〔LM^3〕
:대·추+마·큼	→	:대·추·마·큼	L^4〔LM^3〕
:대·추+하·고	→	:대·추·하·고	L^4〔LM^3〕

(112) 성주 방언

ㄱ. 버리+마·다	→	버리마·다	H^3M〔M^2HM〕
버리+마·쿰	→	버리마·쿰	H^3M〔M^2HM〕
버리+하·고	→	버리하·고	H^3M〔M^2HM〕
ㄴ. 애·비+마·다	→	애·비·마·다	HM^3〔HM^3〕
애·비+마·쿰	→	애·비·마·쿰	HM^3〔HM^3〕
애·비+하·고	→	애·비·하·고	HM^3〔HM^3〕
ㄷ. ·이·미+마·다	→	·이·미·마·다	M^4〔HHM^2〕
·이·미+마·쿰	→	·이·미·마·쿰	M^4〔HHM^2〕
·이·미+하·고	→	·이·미·하·고	M^4〔HHM^2〕
ㄹ. :대·추+마·다	→	:대·추·마·다	M̤^{4}〔ḦHM^2〕
:대·추+마·쿰	→	:대·추·마·쿰	M̤^{4}〔ḦHM^2〕
:대·추+하·고	→	:대·추·하·고	M̤^{4}〔ḦHM^2〕

다음에는 역추적법을 통하여 평성형 풀이씨 줄기 뒤에서 씨끝의 기저 성조를 분석하는 보기를 든다.

---

48) 〈고성 방언〉 신랑이 어른 앞에서 /아·내/를 /·에·미/라 한다. 또 /·에·미/는 동물의 /새·끼/에 대립되는 말로 쓰기도 한다. 〈큰솥〉의 뜻을 가진 낱말은 /가매·솥/ 또는 /가·매/라 하고, /가·매/는 머리의 꼭데기에 있는 부분을 뜻하기도 한다. /가매솥·이·다/는 드물게, /가매솥이·다/는 자주 나타난다. /니·이·미/는 〈너의 어미〉를 뜻하되 욕할 때 쓰는 말이다.

(113) 성주 방언

분석 대상	음조형→	어절 성조(방점)→	성조 분석→	씨끝 성조(방점)
ㄱ. 죽더라	〔MHM〕	/H^2M/(죽더·라)	/H+HM/	/HM/(더·라)
맨드더라	〔MHHM〕	/H^3M/(맨드더·라)	/H^2+HM/	/HM/(더·라)
ㄴ. 죽우라	〔HM^2〕	/HM^2/(죽·어·라)	/H+M^2/	/M^2/(·어·라)
맨들어라	〔MHM^2〕	/H^2M^2/(맨들·어·라)	/H^2+M^2/	/M^2/(·어·라)

이 자료들을 보면 〔 〕 안에 표시된 음조형에서 음조형 실현 규칙 (28)을 이용하여 역추적의 과정을 거쳐서 어절 전체의 성조형을 분석하고, 다시 줄기와 씨끝의 성조를 분석한 다음 마지막에 씨끝의 성조 표상을 확인할 수 있다. (24)~(26)의 방점(형) 대응표를 보고서 어절 전체의 방점형을 알게 되며, 방점형이나 성조형에서 형태소 /더/의 부분을 추적하면 /더/의 성조는 평성 /□, H/임을 알 수 있다. 그리고 /더/ 뒤에 나타나는 /·라/도 그 앞에 오는 형태소들의 연결이 평성의 연속 /죽더-/와 /맨들더-/이므로 역시 역추적을 통해서 그 성조가 측성 /·□, M/임이 확인된다. 마찬가지로 (113)ㄱ,ㄴ에서 /어라/도 앞서는 줄기의 성조가 각각 평성(형) /죽-/과 /맨들-/이므로, 역추적을 통해서 그 성조는 /·어·라/(·□·□)로 판명된다.

그러나 (105), (108)에서 본 바와 같은 이유로 고성 방언에서는 1음절 평성 어간 풀이씨 뒤에 나타나는 씨끝의 성조를 기저 성조로 한다. 2음절 이상의 줄기 뒤에서는 규칙 (27)ㄹ의 적용 때문에 잘못된 씨끝의 성조를 얻게 된다.

(114) 고성 방언

분석대상	음조형→	어절 성조(방점)→	성조 분석→	씨끝 성조(방점)
ㄱ. 죽더라	〔MHM〕	/H^2M/(죽더·라)	/H+HM/	/HM/(더·라)
죽우라	〔HM^2〕	/HM^2/(죽·어·라)	/H+M^2/	/M^2/(·어·라)
ㄴ. 맨드더라	〔MHHM〕	/H^3M/(맨드더·라)	/H^2+HM/	/HM/(더·라)
맨들아라	〔MHM^2〕	/H^3M/(맨들아·라)	/H^2+HM/	/*HM/(*아·라)

(114)ㄱ은 두 씨끝의 성조 /HM/(더·라)와 /M^2/(·어·라)가 다 바른 것이지만, (114)ㄴ에 나타나는 /*HM/(*아·라)는 잘못된 것이다.

그러나 다음 자료를 보자.

(115) 고성 방언

ㄱ. :얻·더·라	L^3	:더·럽·더·라	L^4〔LM^3〕
ㄴ. ·찾·더·라	M^3	·반·갑·더·라	M^4

(116) 성주 방언

ㄱ. :얻·더·라	$\underset{\cdot\cdot}{M}^3$	:더·럽·더·라	$\underset{\cdot\cdot}{M}^4$〔$\ddot{H}HM^2$〕
ㄴ. ·찾·더·라	M^3	·반·갑·더·라	M^4〔HHM^2〕

거성형이나 상성형 뒤에서는 /-더·라/의 성조 평측형이 측성형 /-·더·라/로 중화되고 있음을 (115)와 (116)에서 볼 수 있다. (113), (114)ㄱ과 같은 방법으로 분석된 두 방언의 성조를 대조하면 다음과 같다.

(117) 씨끝의 성조

고성 방언	성주 방언	표준말
ㄴ	ㄴ	〈은〉
ㄹ	ㄹ	〈을〉
ㅁ〈문어체〉	ㅁ〈문어체〉	〈음〉
ㄴ가·베	ㄴ가·베	〈은가보다〉
ㄴ너·라	ㄴ너·라	〈너라〉
ㄹ·수·록	ㄹ·수·록	〈을수록〉
ㄹ수·록	ㄹ·수·록	〈을수록〉
ㅂ니·까	ㅂ니·까	〈읍니까〉
ㅂ니·꺼	ㅂ니·까	〈읍니까〉
ㅂ니·다	ㅂ니·다	〈읍니다〉
ㅂ니·더	ㅂ니·다	〈읍니다〉
ㅂ디·까	ㅂ디·이·까	〈읍디까〉
ㅂ디·꺼	ㅂ디·이·까	〈읍디까〉
ㅂ디·다	ㅂ디·이·다	〈읍니다〉
ㅂ디·더	ㅂ디·이·다	〈읍니다〉
ㅂ시·다	ㅂ시·이·다	〈읍시다〉
ㅂ시·다	ㅂ시·다	〈읍시다〉
ㅂ시·더	ㅂ시·이·다	〈읍시다〉
ㅂ시·더	ㅂ시·다	〈읍시다〉
ㅆ	ㅆ	〈었〉
거·등	거·든	〈거든(서술)〉
거·등	거·등	〈거든(이음)〉
거·라	거·라	〈거라〉
거·로	구·로	〈도록,게〉
거들·랑	거·들·랑	〈거들랑〉
거들·랑	거·들·랑	〈거들랑〉
겄	겠	〈겠〉
겄	겠	〈겠〉
고(~시푸·다)	고(~싶·다)	〈고(~싶다)〉
고(~싶·다)	고(~싶·다)	〈고(~싶다)〉
고(~접·다)	고(~접·다)	〈고(~싶다)〉
구(~시푸·다)	고(~싶·다)	〈고(~싶다)〉
구(~싶·다)	고(~싶·다)	〈고(~싶다)〉
구(~접·다)	고(~접·다)	〈고(~싶다)〉
구·나	구·나	〈구나〉

기·나	기·나	〈거나〉
기·로#서·니	기·로#서·니	〈기로서니〉
기·로#서·이	기·로#서·이	〈기로서니〉
기·로·서·니	기·로·서·니	〈기로서니〉
기·로·서·이	기·로·서·이	〈기로서니〉
길·래	길·래	〈길래〉
길·래	길·래	〈길래〉
께·에	께·에	〈마,겠다〉
끄·마	꾸·마	〈마,겠다〉
너·라	너·라	〈너라〉
는	는	〈는〉
는·가	는·가	〈는가〉
는·고	는·고	〈는가〉
는·다	는·다	〈는다〉
는·다#마·는	는·다#마·는	〈건마는〉
는·다#마·는	는·다#마·는	〈건마는〉
는·데	는·데	〈는데〉
는가·베	는가·베	〈는가보다〉
는갑·다	는갑·다	〈는가보다〉
는구·나	는구·나	〈는구나〉
니·라	니·이·라	〈는 것이다〉
더·나	더·나	〈더냐〉
더·노	더·노	〈더냐〉
더·라	더·라	〈더라〉
더라·꼬	더·라·꼬	〈더라고〉
더라·도	더·라·도	〈더라도〉
던·가	던·가	〈던가〉
던·고	던·고	〈던가〉
던갑·다	던갑·다	〈던가보다〉
데·예	데·에	〈데요〉
도·록	두·로	〈도록〉
도·록	두·록	〈도록〉
도·록	드·록	〈도록〉
도·록	도·록	〈도록,게〉
도·록	두·록	〈도록,게〉
도·록	두·룩	〈도록,게〉
도·록	드·록	〈도록,게〉
든·가	든·가	〈든가〉
든·지	든·지	〈든가〉
든·지	든·지	〈든지〉
라·꼬	·라·꼬	〈으라고(물음)〉

라·도	·라·도	〈라도〉
라·모	·라·마	〈으라면〉
라·모	·라·만〈드물게〉	〈으라면〉
ㅂ니·까	ㅂ니·까	〈읍니까〉
ㅂ니·꺼	ㅂ니·까	〈읍니까〉
습니·까	습니·까	〈습니까〉
습니·꺼	습니·까	〈습니까〉
습니·다	습니·다	〈습니다〉
습니·더	습니·다	〈습니다〉
습디·까	습디·이·까	〈습디까〉
습디·까	습디·까	〈습디까〉
습디·꺼	습디·이·까	〈습디까〉
습디·꺼	습디·까	〈습디까〉
습디·다	습디·다	〈습디다〉
습디·더	습디·다	〈습디다〉
습디·다	습디·이·다	〈습디다〉
습디·더	습디·이·다	〈습디다〉
시·니	시·니	〈으시니〉
시·이·께	시·이·께	〈으시니까〉
시·이·께·나	시·이·께·네	〈으시니까〉
시·잉·께	시·이·께	〈으시니까〉
시·잉·께·나	시·이·께	〈으시니까〉
시·이	시·이	〈으시니〉
시·이·께	싱·께	〈으시니까〉
시·이·께·나	싱·께·네	〈으시니까〉
신·다	신·다	〈으신다〉
싱·께	싱·게	〈으시니까〉
싱·께·나	시·이·께·네	〈으시니까〉
싱께·나	시·이·께·네	〈으시니까〉
싱께·에	시·이·께·네	〈으시니까〉
으·까	·으·까	〈을까〉
으·꼬	·으·꼬	〈을까〉
으·나	·으·나	〈으나〉
으·나#따·나	·으·나#따·나	〈으나마〉
으·나#따·나	·으·나#따·나	〈으나마〉
으·라	·으·라	〈으라(시킴),인용〉
으·로	·으·로	〈으러〉
으·모	·으·마	〈으면〉
으·모	·으·만	〈으면〉
으·세	·으·세	〈으세〉
으·소	·으·소	〈으소(시킴)〉

으·이·께	·으·이·께	〈으니까〉
으·이·께·나	·으·이·께·네	〈으니까〉
으·이·께·에	·으·이·께	〈으니까〉
으·이·께·에	·응·게	〈으니까〉
으·잉·께	·으·이·께	〈으니까〉
으·잉·께·에	·으·이·께	〈으니까〉
으·이	·으·이	〈으니(이음)〉
으·이·께·나	·으·이·께·네	〈으니까〉
으·이·께·나	·으·이·께·네	〈으니까〉
으·이·께·에	·으·이·께	〈으니까〉
으·이·께·에	·으·이·께	〈으니까〉
으·이·께·에	·으·이·께	〈으니까〉
으·이·께·에	·잉·게	〈으니까〉
으·이·께·에	·잉·게	〈으니까〉
으께·에	·으·께·에	〈으마〉
으께·에	·으·께·에	〈으마〉
으끄·마	·으·꾸·마	〈으마〉
으나·마	·으·나·마	〈으나마〉
으라·꼬	·으·라·꼬	〈으라고(물음)〉
으시·지	·으·시·지	〈으시지(시킴)〉
으시·지·예	·으·시·지[예] 49)	〈으시지요(시킴)〉
으시이·소	·으·시·이·소	〈으십시오〉
으십니·까	·으·십·니·까	〈으십니까〉
으이·소	·으·이·소	〈으시오〉
으입시·다	·으·입·시·다	〈으십시다〉
으입시·더	·으·입·시·다	〈으십시다〉
으잉께·에	·으·이·께	〈으니까〉
으이께·나	·으·이·께·네	〈으니까〉
으이께·에	·으·이·께	〈으니까〉
으이께·에	·으·이·께	〈으니까〉
으이께·에	·으·이·께	〈으니까〉
은	·은	〈은〉
은	·은	〈은〉
은·가	·은·가	〈은가〉
은·고	·은·고	〈은가〉
은·들	·은·들	〈은들〉
을	·을	〈을〉
을·까	·을·까	〈을까〉
을·수·록	·을·수·록	〈을수록〉

49) 〈성주 방언〉 〔·으·시·지[예]〕에서 〔지[예]〕는 〔지〕 뒤에 〔예〕가 발음되되 〔예〕가 하나의 음절을 이루지 못할 정도로 짧고 약하게 발음된다. 그러나 〔지[예]〕를 〔제〕로 볼 수는 없다.

을·수·룩	·을·수·록	〈을수록〉
을꺼·로	·을·꺼·로	〈을걸〉
을꺼·를	·을·꺼·를	〈을걸〉
을꺼·얼	·을·꺼·얼	〈을걸〉
을끼·잉·께·에	·을·끼·잉·게	〈을테니까〉
을끼이께·에	·을·끼·이·께	〈을테니까〉
을라·꼬	·을·라·꼬	〈으려고〉
을망·정	·을·망·정	〈을망정〉
을수·록	·을·수·록	〈을수록〉
을수·룩	·을·수·록	〈을수록〉
음〈문어체〉	·음〈문어체〉	〈음〉
읍·시·다	·읍·시·다	〈읍시다〉
읍·시·더·이	·읍·시·다	〈읍시다〉
응·께	·잉·게	〈으니까〉
응께·에	·으·이·께	〈으니까〉
입·시·더·이	·입·시·다	〈으십시다〉
ㄴ·나	너·라	〈너라〉
ㄴ·다	ㄴ·다	〈은다〉
ㄴ·데	ㄴ·데	〈은데〉
·가	·가	〈이냐〉
·게	·게	〈게(이음)〉
·고	·고	〈이냐〉
·고	·고	〈고(이음)〉
·기	·기	〈게(이음)〉
·기·로#서·니	·기·로#서·니	〈기로서니〉
·기·로#서·이	·기·로#서·이	〈기로서니〉
·기·로·서·니	·기·로·서·니	〈기로서니〉
·기·로·서·이	·기·로·서·이	〈기로서니〉
·까	·까	〈까〉
·꼬	·꼬	〈까〉
·나	·나	〈니(물음)〉
·나#따·나	·나#따·나	〈아서라도〉
·나·따·나	·나#따·나	〈아서라도〉
·네	·네	〈네(서술)〉
·네·에	·네	〈네(서술)〉
·노	·노	〈니(물음)〉
·노	·노	〈니(물음)〉
·니	·니	〈으니(이음)〉
·다	·다	〈다〉
·데	·데	〈데(〈더이)〉
·데·에	데·에	〈데(〈더이)〉

·도·록	·두·로	〈도록〉
·도·록	·드·록	〈도록〉
·도·록	·도·록	〈도록, 게〉
·도·록	·두·록	〈도록, 게〉
·도·록	·두·룩	〈도록, 게〉
·도·록	·드·록	〈도록, 게〉
·라	·라	〈으라(시킴), 인용〉
·소	·소	〈소(서술)〉
·아	·아	〈아(서술)〉
·아	·아	〈아(어찌)〉
·아·도	·아·도	〈아도〉
·아·라	·아·라	〈아라〉
·아·서	·아·서	〈아서〉
·아·야	·아·야	〈아야〉
·았	·았	〈았〉
·았·는	·았·는	〈은〉
·았·는·갑·다	·았·는·갑·다	〈았는가보다〉
·았·던·갑·다	·았·던·갑·다	〈았던가보다〉
·어	·어	〈어(서술)〉
·어	·어	〈어(어찌)〉
·어·도	·어·도	〈어도〉
·어·라	·어·라	〈어라〉
·어·서	·어·서	〈어서〉
·어·야	·어·야	〈어야〉
·었	·었	〈었〉
·었·는	·었·는	〈은〉
·었·는·갑·다	·었·는·갑·다	〈었는가보다〉
·었·던·갑·다	·었·던·갑·다	〈었던가보다〉
·요	·요	〈요(서술)〉
·으·까	·으·까	〈을까〉
·으·께·에	·으·께·에	〈으마〉
·으·께·에	·으·께·에	〈으마〉
·으·끄·마	·으·꾸·마	〈으마〉
·으·나	·아·나	〈으나〉
·으·나#따·나	·으·나#따·나	〈으나마〉
·으·나·따·나	·으·나#따·나	〈으나마〉
·으·나·마	·으·나·마	〈으나마〉
·으·라	·으·라	〈으라(시킴), 인용〉
·으·라·꼬	·으·라·꼬	〈으라고(물음)〉
·으·로	·아·로[50]	〈으러〉

50) 모든 /으X/는 바로 앞서는 음절이 /아C_0X/이면 /아C_0X/도 가능

·으·모	·으·마	〈으면〉
·으·모	·으·만	〈으면〉
·으·세	·으·세	〈으세〉
·으·소	·으·소	〈으소(시킴)〉
·으·시·이·소	·으·시·이·소	〈으십시오〉
·으·시·지	·으·시·지	〈으시지(시킴)〉
·으·시·지·예	·으·시·지[예]	〈으시지요(시킴)〉
·으·십·니·까	·으·십·니·까	〈으십니까〉
·으·십·니·꺼	·으·십·니·까	〈으십니까〉
·으·이·께·에	·으·이·께	〈으니까〉
·으·이·소	·으·이·소	〈으시오〉
·으·입·시·다	·으·입·시·다	〈으십시다〉
·으·입·시·더	·으·입·시·다	〈으십시다〉
·으·잉·께	·으·이·께	〈으니까〉
·으·잉·께·에	·으·이·께	〈으니까〉
·으·이	·으·이	〈으니(이음)〉
·으·이·께	·으·이·께	〈으니까〉
·으·이·께·나	·으·이·께·네	〈으니까〉
·으·이·께·에	·으·이·께·에	〈으니까〉
·으·이·께·에	·으·이·께	〈으니까〉
·은	·은	〈은〉
·은	·은	〈은〉
·은·가	·은·가	〈은가〉
·은·고	·은·고	〈은가〉
·은·들	·은·들	〈은들〉
·을	·을	〈을〉
·을·까	·을·까	〈을까〉
·을·꺼·로	·을·꺼·로	〈을걸〉
·을·꺼·를	·을·꺼·를	〈을걸〉
·을·꺼·얼	·을·꺼·얼	〈을걸〉
·을·꼬	·을·꼬	〈을까〉
·을·끼·잉·께	·을·낑·게	〈을테니까〉
·을·끼·이·께	·을·낑·게	〈을테니까〉
·을·낑·께	·을·낑·게	〈을테니까〉
·을·낑·께·에	·을·낑·게	〈을테니까〉
·을·라·꼬	·을·라·꼬	〈으려고〉
·을·망·정	·을·망·정	〈을망정〉
·을·수·록	·을·수·록	〈을수록〉
·을·수·룩	·을·수·록	〈을수록〉
·음〈문어체〉	·음〈문어체〉	〈음〉
·읍·시·다	·읍·시·이·다	〈읍시다〉

·읍·시·다	·읍·시·다	〈읍시다〉
·읍·시·더	·읍·시·이·다	〈읍시다〉
·읍·시·더	·읍·시·다	〈읍시다〉
·읍·시·더·이	·입·시·다	〈읍시다〉
·응·께	·응·게	〈으니까〉
·이·라	·너·라	〈아라〉
·입·시·더·이	·입·시·다	〈으십시다〉
·잉·께〈(문)〉	·이·께	〈으니까〉
·이	·이	〈으니(이음)〉
·이·께〈(문)〉	·이·께	〈으니까〉
·이·께·나	·이·께·네	〈으니까〉
·이·께·에	·이·께	〈으니까〉
·이·라	·너·라	〈아라〉
·자	·자	〈자(이끎)〉
·자·이	·재·이	〈자(이끎)〉
·제	·지	〈지(물음)〉
·지	·지	〈지(서술)〉
·지	·지	〈지(시킴)〉
·지	·지	〈지(이음)〉
·지·예	·지^{예}[51]	〈지요(시킴)〉

51) /·지^{예}/에서 음절 핵은 〔i〕이지만, /·졔/에서 음절핵은 〔e〕라는 점에서 이 둘은 차이가 있다. 그리고 /·지·예/는 2음절이다.

9. 첫 성분 평성화

두 개의 직접 성분이 결합할 때 평성형이던 것이 상성형이나 거성형으로 변하는 것은 소수의 풀이씨의 경우를 제외하고는 극히 드물고 산발적이어서 그 변화를 예측하기가 어렵다. 풀이씨 줄기의 거성화나 상성화는 풀이씨를 다룰 때에 논하기로 하고, 그 밖의 거성화나 상성화의 경우는 생략한다.

첫 성분이 상성형이나 거성형이던 것이 평성형으로 변하는 이러한 보기는 매우 많다. 그 가운데는 매우 체계적이어서 규칙에 의해서 예측할 수 있는 경우도 있고, 수는 많지만 예측할 수 없는 산발적인 경우도 있다.

규칙으로 예측할 수 있는 대표적인 경우는 1음절 거성 이름씨가 {·에X}형의 토씨 앞에서 평성으로 변하는 것, 사동이나 피동 뒷가지 앞에서 상성형이나 거성형의 풀이씨 줄기가 평성으로 변하는 것, 그리고 대부분의 1음절 상성 풀이씨 줄기가 홀소리로 시작되는 씨끝 앞에서 평성으로 변하는 것 등을 들 수 있다.

먼저 {·□+·에X}→{□·에X}의 보기를 든다.

(118) 기저 표상	고성 방언		성주 방언	
/·눈+·에/	눈·에	HM〔HM〕	눈·에	HM〔HM〕
/·몸+·에/	몸·에	HM〔HM〕	몸·에	HM〔HM〕
/·발+·에/	발·에	HM〔HM〕	발·에	HM〔HM〕
/·밤+·에/	밤·에	HM〔HM〕	밤·에	HM〔HM〕
/·손+·에/	손·에	HM〔HM〕	손·에	HM〔HM〕
/·눈+·에·서/	눈·에·서	HM^2〔HM^2〕	눈·에·서	HM^2〔HM^2〕
/·몸+·에·서/	몸·에·서	HM^2〔HM^2〕	몸·에·서	HM^2〔HM^2〕
/·발+·에·서/	발·에·서	HM^2〔HM^2〕	발·에·서	HM^2〔HM^2〕
/·손+·에·서/	손·에·서	HM^2〔HM^2〕	손·에·서	HM^2〔HM^2〕

다음에는 사동이나 피동 뒷가지 앞에서 상성형이나 거성형의 풀이씨 줄기가 평성형으로 변하는 보기이다. 예외는 극소수이다.

(119) 기저 표상	고성 방언		성주 방언	
{·트+피동}	티이·이·다	H^2M^2〔MHM^2〕	티이·이·다	H^2M^2〔MHM^2〕

{·트+피동}	티이·이·다	H^{2}M^2〔MHM^2〕	티·이·다	HM^2〔HM^2〕
{·쓸+피동}	씰리·이·다	H^{2}M^2〔MHM^2〕	씰리·이·다	H^{2}M^2〔MHM^2〕
{·빨+피동}	빨리·이·다	H^{2}M^2〔MHM^2〕	빨리·이·다	H^{2}M^2〔MHM^2〕
{·뽑+피동}	뽑히·이·다	H^{2}M^2〔MHM^2〕	뽑히·이·다	H^{2}M^2〔MHM^2〕
{·팔+피동}	팔리·이·다	H^{2}M^2〔MHM^2〕	팔리·이·다	H^{2}M^2〔MHM^2〕
{·꼬+피동}	꼬이·이·다	H^{2}M^2〔MHM^2〕	꼬이·이·다	H^{2}M^2〔MHM^2〕
{·쓸+사동}	씰·리·다	HM^2〔HM^2〕	씰·리·다	HM^2〔HM^2〕
{·빨+사동}	빨·리·다	HM^2〔HM^2〕	빨·리·다	HM^2〔HM^2〕
{·풀+피동}	풀리·이·다	H^{2}M^2〔MHM^2〕	풀리·이·다	H^{2}M^2〔MHM^2〕
{·숨+사동}	숨·기·다	HM^2〔HM^2〕	숨·기·다	HM^2〔HM^2〕
{·숨+사동}	숭쿻다	H^{2}M〔MHM〕	숭쿻다	H^{2}M〔MHM〕
{:걷+피동}	걸리·이·다	H^{2}M^2〔MHM^2〕	걸리·이·다	H^{2}M^2〔MHM^2〕
{:걸+피동}	걸리·이·다	H^{2}M^2〔MHM^2〕	걸리·이·다	H^{2}M^2〔MHM^2〕
{:돌+피동}	돌리·이·다	H^{2}M^2〔MHM^2〕	돌리·이·다	H^{2}M^2〔MHM^2〕
{:감+피동}	감기·이·다	H^{2}M^2〔MHM^2〕	감기·이·다	H^{2}M^2〔MHM^2〕
{:밀+피동}	밀리·이·다	H^{2}M^2〔MHM^2〕	밀리·이·다	H^{2}M^2〔MHM^2〕
{:걷+사동}	걸·리·다	HM^2〔HM^2〕	걸·리·다	HM^2〔HM^2〕
{:울+사동}	울·리·다	HM^2〔HM^2〕	울·리·다	HM^2〔HM^2〕
{:웃+사동}	잇·기·다	HM^2〔HM^2〕	윗·기·다	HM^2〔HM^2〕
{:남+사동}	냉궇다	H^{2}M〔MHM〕	냉궇다	H^{2}M〔MHM〕
{:일+사동}	일궇다	H^{2}M〔MHM〕	일궇다	H^{2}M〔MHM〕
{:얼+사동}	얼우·우·다	H^{2}M^2〔MHM^2〕	얼우·우·다	H^{2}M^2〔MHM^2〕
{:얼+사동}	얼구·우·다	H^{2}M^2〔MHM^2〕	얼우·우·다	H^{2}M^2〔MHM^2〕

다수의 1음절 상성 풀이씨 줄기가 홀소리로 시작되는 씨끝 앞에서 평성으로 변한다. 다만 {·으X}형 씨끝은 홀소리나 /ㄹ/로 끝나는 줄기 뒤에서는 삭제되기 때문에 상성 줄기를 평성화하지 못한다.

(120) 기저 표상	고성 방언		성주 방언	
ㄱ. /:삼+는·다/	:삼·는·다	L^3〔LMM〕	:삼·는·다	M̤^{3}〔ḦHM〕
/:삼+·으·모/	삼·으·모	HM^2〔HM^2〕	삼·으·마	HM^2〔HM^2〕
/:삼+·아·서/	삼·아·서	HM^2〔HM^2〕	삼·아·서	HM^2〔HM^2〕
/:삼+·았·다/	삼·았·다	HM^2〔HM^2〕	삼·았·다	HM^2〔HM^2〕
ㄴ. /:싫+·다/(載)	:싫·다	L^2〔LM〕	:싫·다	M̤^{2}〔ḦH/M̤M〕
/:싫+·으·모/	싫·으·모	HM^2〔HM^2〕	싫·으·마	HM^2〔HM^2〕
/:싫+·어·서/	싫·어·서	HM^2〔HM^2〕	싫·어·서	HM^2〔HM^2〕
/:싫+·었·다/	싫·었·다	HM^2〔HM^2〕	싫·었·다	HM^2〔HM^2〕
ㄷ. /:세+·다/(强)	:세·다	L^2〔LM〕	:시·다	M̤^{2}〔ḦH/M̤M〕
/:세+·으·모/	:세·다	L^2〔LM〕	:시·마	M̤^{2}〔ḦH/M̤M〕
/:세+·어·서/	세·에·서	HM^2〔HM^2〕	시·이·서	HM^2〔HM^2〕

	/:세+·었·다/	세·엤·다	HM^2(HM^2)	시·있·다	HM^2(HM^2)
ㄹ.	/:울+·다/	:울·다	L^2(LM)	:울·다	Ṃ^2(ḦH/ṂM)
	/:울+·으·모/	:울·모	L^2(LM)	:울·마	Ṃ^2(ḦH/ṂM)
	/:울+·어·서/	울·어·서	HM^2(HM^2)	울·어·서	HM^2(HM^2)
	/:울+·었·다/	울·었·다	HM^2(HM^2)	울·었·다	HM^2(HM^2)

위와 같은 체계적인 평성형화 이외에 산발적으로 나타나서 예측할 수 없는 평성화도 있다. 이들은 주로 파생어나 합성어에 나타난다. 두 개의 직접성분이 결합하여 하나의 음운론적 단어나 단어의 일부가 될 때, 대다수의 경우 중화 규칙 (5)가 적용되지만, 20% 정도는 중화 규칙 적용의 예외인데, 예외들 가운데 80% 정도는 첫 성분 평성화가 적용된다. 따라서 첫 성분 평성화는 (118)~(120)과 같은 체계적인 평성화를 제외한 나머지 파생어와 합성어의 (20×80=)16% 정도이다.

이제 약간의 보기를 든다. 아래에서 ·□→□ 표시는 첫 음절이 거성에서 평성으로, :□→□은 첫 음절이 상성에서 평성으로, :□·□→□□은 첫 두 음절이 상성형이던 것이 평성형으로, □·□→□□은 첫 두 음절이 평측형이던 것이 평성형으로, □□□·□→□□□□은 네 음절이면서 평측형(□^{3}·□)이던 것이 평성형(□^{4})으로 각각 바뀐 것을 나타낸다. 그리고 (121)은 앞서는 첫째 성분이 상성형이나 거성형이나 평측형이던 것이 둘째 성분의 첫 음절의 평성에 동화되어 평성형화된 것으로 보이는 보기들이고, (122)는 뒤따르는 성분의 첫 음절이 상성이나 거성 또는 측성이어서 동화가 아닌 것으로 보이는 것이다. (121)과 같은 보기들과 (122)와 같은 보기들의 비율이 4 : 1 정도로 전자가 우세하다.[52] 그러나 (118)~(120) 등의 체계적인 평성화까지 고려하면 첫 성분 평성화가 평성 동화보다는 더 타당하다고 생각된다.

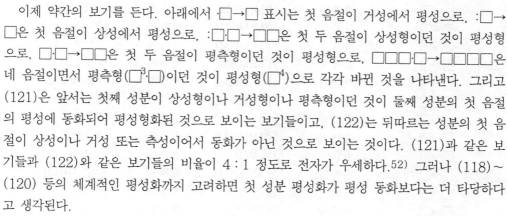

(121) 기저 표상	고성 방언		성주 방언	
·□→□	감꼳	H^2(MH)	감꽂	H^2(MH)
·□→□	걸배·이	H^{2}M(MHM)	걸배·이	H^{2}M(MHM)
·□→□	고방〈광〉	H^2(MH)	고방〈두지〉	H^2(MH)
·□→□	까죽(革)	H^2(MH)	가죽	H^2(MH)
·□→□	녹디(綠豆)	H^2(MH)	녹디	H^2(MH)
·□→□	눈까·알	H^{2}M(MHM)	눈까·알	H^{2}M(MHM)
·□→□	눈까·알	H^{2}M(MHM)	눈까·알	H^{2}M(MHM)
·□→□	눈빠·알	H^{2}M(MHM)	눈빠·알	H^{2}M(MHM)
·□→□	눈빠·알	H^{2}M(MHM)	눈빵·울	H^{2}M(MHM)
·□→□	눈빵·알	H^{2}M(MHM)	눈망·울	H^{2}M(MHM)
·□→□	대나무	H^3(MH^2)	대나무	H^3(M^{2}H)

52) 육진 방언에서도 뒤따르는 평성(육진 방언에서는 /저/조)에 동화되어 첫 성분이 동화되는 보기가 우세하기 때문에, 전학석(1989)에서는 (118)~(121)과 같은 것을 고려하지 않은 채로 (표현은 지은이와 다르지만) 평성 동화로 보았다.

·□→□	대밭(竹田)	H^2〔MH〕	대밭	H^2〔MH〕
·□→□	돌따·리	H^2M〔MHM〕	돌따·리	H^2M〔MHM〕
·□→□	돌띠·이	H^2M〔MHM〕	돌띠·이	H^2M〔MHM〕
·□→□	돌삐·이(石)	H^2M〔MHM〕	돌삐·이	H^2M〔MHM〕
·□→□	땅뗑거·리	H^3M〔MH^2M〕	땅뗑거·리	H^3M〔M^2HM〕
·□→□	땅띠·이	H^2M〔MHM〕	땅띠·이	H^2M〔MHM〕
·□→□	땅빠·닥	H^2M〔MHM〕	땅빠·닥	H^2M〔MHM〕
·□→□	떡국	H^2〔MH〕	떡국	H^2〔MH〕
·□→□	떡시·리	H^2M〔MHM〕	떡실·리	H^2M〔MHM〕
·□→□	물버·꿈	H^2M〔MHM〕	물거·품	H^2M〔MHM〕
·□→□	물뻥	H^2〔MH〕	물뻥	H^2〔MH〕
·□→□	물이·끼	H^2M〔MHM〕	물이·끼	H^2M〔MHM〕
·□→□	밀까·리	H^2M〔MHM〕	밀까리	H^3〔M^2H〕
·□→□	밀까·리	H^2M〔MHM〕	밀깔·리	H^2M〔MHM〕
·□→□	밀까·리	H^2M〔MHM〕	밀까·루	H^2M〔MHM〕
·□→□	바가·지	H^2M〔MHM〕	바가·지	H^2M〔MHM〕
·□→□	바가·치	H^2M〔MHM〕	바가·치	H^2M〔MHM〕
·□→□	바가·치	H^2M〔MHM〕	박재·기	H^2M〔MHM〕
·□→□	발까·락	H^2M〔MHM〕	발까·락	H^2M〔MHM〕
·□→□	발때·죽(跡)	H^2M〔MHM〕	발째죽	H^3〔M^2H〕
·□→□	발때·죽(跡)	H^2M〔MHM〕	발째죽	H^3〔M^2H〕
·□→□	발뜽	H^2〔MH〕	발뜽	H^2〔MH〕
·□→□	발빠·닥	H^2M〔MHM〕	발빠·닥	H^2M〔MHM〕
·□→□	밥상	H^2〔MH〕	밥상	H^2〔MH〕
·□→□	배꾸·녕	H^2M〔MHM〕	배꾸멍	H^3〔M^2H〕
·□→□	배꾸·녕	H^2M〔MHM〕	배꾸영	H^3〔M^2H〕
·□→□	삼빹(麻田)	H^2〔MH〕	삼밭	H^2〔MH〕
·□→□	소구·시	H^2M〔MHM〕	소구·시	H^2M〔MHM〕
·□→□	소구·시	H^2M〔MHM〕	쇠구·시	H^2M〔MHM〕
·□→□	소아·치	H^2M〔MHM〕	소아·지	H^2M〔MHM〕
·□→□	손까·락	H^2M〔MHM〕	손까·락	H^2M〔MHM〕
·□→□	손빠·닥	H^2M〔MHM〕	손빠·닥	H^2M〔MHM〕
·□→□	솔밭	H^2〔MH〕	솔밭	H^2〔MH〕
·□→□	솔빠·알	H^2M〔MHM〕	솔빠·알	H^2M〔MHM〕
·□→□	솔빵·울	H^2M〔MHM〕	솔빵·울	H^2M〔MHM〕
·□→□	숟가·락	H^2M〔MHM〕	숟가·락	H^2M〔MHM〕
·□→□	신쪼마·이	H^3M〔MH^2M〕	신쭈무·이	H^3M〔M^2HM〕
·□→□	신쪼마·이	H^3M〔MH^2M〕	신쪼마·이	H^3M〔M^2HM〕
·□→□	쎄동가·리	H^3M〔MH^2M〕	써뚱가·리	H^3M〔M^2HM〕
·□→□	알매·이	H^2M〔MHM〕	알매·이	H^2M〔MHM〕
·□→□	얌새·이(羔)	H^2M〔MHM〕	얌새·이	H^2M〔MHM〕

·□→□	이파·리	H^2M〔MHM〕	이퍼·리	H^2M〔MHM〕
·□→□	잎사·구	H^2M〔MHM〕	잎사·구	H^2M〔MHM〕
·□→□	잎사·구	H^2M〔MHM〕	잎사·귀	H^2M〔MHM〕
·□→□	죽신	H^2〔MH〕	죽신	H^2〔MH〕
·□→□	죽신	H^2〔MH〕	죽순	H^2〔MH〕
·□→□	책까·풀	H^2M〔MHM〕	책까·풀	H^2M〔MHM〕
·□→□	토란(芋)	H^2〔MH〕	토란〈㊉〉	H^2〔MH〕
·□→□	파헤·치·다	H^2M^2〔MHM^2〕	흔·치·다	HM^2〔HM^2〕
·□→□	할마·이	H^2M〔MHM〕	할마·씨	H^2M〔MHM〕
·□→□	할마·이	H^2M〔MHM〕	할마·이	H^2M〔MHM〕
·□→□	할망·구	H^2M〔MHM〕	할망·구	H^2M〔MHM〕
·□→□	호매·이(鋤)	H^2M〔MHM〕	호매·이	H^2M〔MHM〕
:□→□	가아·지	H^2M〔MHM〕	가아·지	H^2M〔MHM〕
:□→□	구레·이	H^2M〔MHM〕	구러·이	H^2M〔MHM〕
:□→□	구리·이	H^2M〔MHM〕	구리·이	H^2M〔MHM〕
:□→□	까마·구	H^2M〔MHM〕	까마·귀	H^2M〔MHM〕
:□→□	까마·구	H^2M〔MHM〕	까마·구	H^2M〔MHM〕
:□→□	디깐	H^2〔MH〕	디깐	H^2〔MH〕
:□·□→□□	노름재·이	H^3M〔M^2HM〕	노름재·이	H^3M〔M^2HM〕
:□·□→□□	헝겊대·기	H^3M〔MH^2M〕	헝겊재·이	H^3M〔M^2HM〕
:□·□→□□	헝겊대·기	H^3M〔MH^2M〕	헝겊재·이	H^3M〔M^2HM〕
□·□→□□	가매·솥(釜)	H^2M〔MHM〕	가매솥	H^3〔M^2H〕
□·□→□□	그런갑·다	H^3M〔MH^2M〕	그런갑·다	H^3M〔M^2HM〕
□·□→□□	떨어지·다	H^3M〔MH^2M〕	떨어지·다	H^3M〔M^2HM〕
□·□→□□	양철지·붕	H^3M〔MH^2M〕	양철지붕	H^4〔M^3H〕
□·□→□□	양철집	H^3〔MH^2〕	양철집	H^3〔M^2H〕
□·□→□□	오늘내·앨	H^3M〔MH^2M〕	오늘내·앨	H^3M〔M^2HM〕
□·□→□□	제릅당·구〈삼대〉	H^3M〔MH^2M〕	지릅따·구	H^3M〔M^2HM〕
□·□→□□	지개작대·기	H^4M〔MH^3M〕	지개작대·기	H^4M〔M^3HM〕
□□□·□→□□□□	아주까리잎사·구		아주까리이퍼·리	H^6M〔M^5HM〕
□□□·□→□□□□	아주까리잎사·구		아주까리잎사·구	H^6M〔M^5HM〕

(122)

기저 표상	고성 방언		성주 방언	
·□→□	갱벤(江邊)	H^2〔MH〕	갱변	H^2〔MH〕
·□→□	고치(苦草)	H^2〔MH〕	고치	H^2〔MH〕
·□→□	고치(苦草)	H^2〔MH〕	꼬치	H^2〔MH〕
·□→□	깽벤(江邊)	H^2〔MH〕	갱변	H^2〔MH〕
·□→□	넘·우·집·살·이	HM^4〔HM^4〕	남·우·집·살·이	HM^4〔HM^4〕
·□→□	손텁	H^2〔MH〕	손톱	H^2〔MH〕
·□→□	씨·갓	HM〔HM〕	씨·앗	HM〔HM〕
·□→□	아·내	HM〔HM〕	아·내	HM〔HM〕

·□→□	제·분(箸)	HM〔HM〕	저·분	HM〔HM〕
·□→□	톱·니·바·꾸	HM^3〔HM^3〕	톱·니·바·꾸	HM^3〔HM^3〕
·□→□	풀·뤂	HM〔HM〕	풀·뤂	HM〔HM〕
·□·□→□□	짚신	H^2〔MH〕	짚신	H^2〔MH〕
·□·□→□□	폴죽	H^2〔MH〕	팔죽	H^2〔MH〕
:□→□	열매(實)	H^2〔MH〕	열매	H^2〔MH〕
:□→□	외막	H^2〔MH〕	위막	H^2〔MH〕
:□→□	주·룸	HM〔HM〕	주·룸	HM〔HM〕
:□→□	허·물	HM〔HM〕	허·물	HM〔HM〕
□·□→□□	다리·비	H^{2}M〔MHM〕	다리·미	H^{2}M〔MHM〕
□·□→□□	다리·비	H^{2}M〔MHM〕	다리·비	H^{2}M〔MHM〕
□·□→□□	바느·질	H^{2}M〔MHM〕	바느질	H^3〔M^{2}H〕
□·□→□□	바느·질	H^{2}M〔MHM〕	바느·질	H^{2}M〔MHM〕
□·□→□□	이슬·비	H^{2}M〔MHM〕	이슬·비	H^{2}M〔MHM〕
□·□→□□	찌끼·미〈큰구렁이〉	〔MHM〕	찌끼·미	H^{2}M〔MHM〕
□·□→□□	찌짐	H^2〔MH〕	찌짐	H^2〔MH〕

10. 풀이씨의 성조 변동

10.1 풀이씨의 성조에 따른 분류

고성 방언과 성주 방언을 포함하는 영남·영동 방언의 풀이씨는 줄기의 성조 변동 여부에 따라서 몇 가지 종류로 분류할 수 있다. /나가·다/류, /나서·다/류, 그리고 /모르·다/의 줄기를 제외하고는 2음절 이상의 줄기는 성조 변동이 없으므로 이들은 모두 성조가 고정되어 있는 줄기이다. 2음절 이상의 줄기는 그 성조에 따라 평성형 줄기, 평측형 줄기, 거성형 줄기, 상성형 줄기 등으로 나눌 수 있고, 평성형 줄기 뒤에서는 씨끝의 성조는 변동이 없고, 평측형, 거성형, 상성형 줄기 뒤에서는 중화 규칙 (7)에 따라 모든 음절이 측성(·□)으로 중화된다. 이리하여 2음절 이상의 줄기를 가진 풀이씨의 굴곡형이 가진 성조형은 일일이 열거하지 않아도 줄기와 씨끝의 기저 성조형에 의하여 예측된다. 이리하여 이 장에서 우리의 관심의 대상은 자연히 1음절 줄기를 가진 풀이씨이다.

10.2 1음절 평성 풀이씨

1음절 풀이씨 줄기에는 방점의 변동이 없는 고정 평성 줄기, 고정 거성 줄기, 고정 상성 줄기가 있고, 방점의 변동이 있는 변동 평성 줄기, 변동 거성 줄기, 변동 상성 줄기가 있다. 평성 줄기는 대다수가 고정이며, 홀소리로 끝나는 줄기는 몇 개 안 되지만 /ㅏ, ㅓ, ㅗ, ㅜ/로 끝나는 풀이씨 줄기의 대다수가 성조 변동을 한다. 또 변동 거성 줄기는 매우 드물고, 절대 다수가 고정이다. 이에 대하여 상성 줄기는 대다수가 성조 변동을 하며, 변동 없이 성조가 고정되어 있는 것은 소수이다.[53)]

---

53) 성조 변동에 따른 풀이씨의 분류는 허웅(1972 : 284-294)에 김해 방언의 자료를 통하여 이미 상당히 자세하게 기술되어 있다. 다음절어에 대해서는 그 성조가 고정적인 것으로 분류되었으며, 1음절 풀이씨는 그 성조 변동의 모습에 따라 〔Ⅰ-A형〕, 〔Ⅰ-B〕형, 〔Ⅰ-C〕형, 〔Ⅰ-D〕형, 〔Ⅰ-E〕형의 5 가지로 분류 되었다. /가다, 보다, 주다, 자다, 두다,…/는 Ⅰ-B형에 들어간다. 다만 "/케다, 서다, 지다, 페다/와 같은 말도 〔Ⅰ-A〕형에 넣어 둔다."고 한 것(허웅 : 1972- 285)를 보면 김해 방언에서 이들의 모든 굴곡형이 다 〔Ⅰ-A〕형의 그것과 일치하지는 않고, 약간의 굴곡형이 〔Ⅰ-A〕형의 그것과는 차이가 있음을 시사하고 있다. 창원 방언에서는 /케다/와 /페다/의 어형들은 〔Ⅰ-A〕형의 그것들과 완전히 일치하지만, /서다/와 /지다/는 변동 평성

고정 평성 줄기의 성조는 H로 표시하고, 다음에 말할 약간의 씨끝들 앞에서 그 성조가 M으로 변하므로, 그 줄기의 성조는 H이지만 분류상의 편이를 위하여 H_M으로 표시한다.54) 다만 H_M은 그 변동의 특징에 따라서 2 가지가 있으므로, 각각 H_{M-1}과 H_{M-2}로 표기한다. 이리하여 이 세 가지 1음절 평성 풀이씨를 다음과 같이 표시하기로 한다.

(123)

1음절 평성	줄기의 표시법
잡·다	H·M(=HM)〔HM〕
가·다	H_{M-1}·M(=HM)〔HM〕
서·다	H_{M-2}·M(=HM)〔HM〕

여기에서 H·M의 H와 M 사이의 점(·)은 줄기와 씨끝의 경계를 표시한 것이다. 그리고 H·M(=HM)은 H·M이 사실상 HM과 같음을 나타낸다. 그리고 〔HM〕은 음조형을 나타낸다. 또 H_{M-1}·M(=HM)에서 $_{M-1}$은 단순히 분류의 표시일 따름이므로, H_{M-1}·M은 HM과 같으며, 그것의 음조 표상은 〔HM〕이다. H_{M-2}·M(=HM)〔HM〕도 같은 방법에 따른 표시이다.

이제 이 세 가지 줄기의 방점 변동의 차이를 보자.

(124)

	고성 방언		성주 방언	
ㄱ.	잡·다	H·M(=HM)〔HM〕	잡·다	H·M(=HM)〔HM〕
	잡·고	HM〔HM〕	잡·고	HM〔HM〕
	잡더·라	H^2M〔MHM〕	잡더·라	H^2M〔MHM〕
	잡·았·다	HM^2〔HM^2〕	잡·았·다	HM^2〔HM^2〕
	잡·을·라·쿤·다	HM^4〔HM^4〕	잡·알·라·칸·다	HM^4〔HM^4〕
	잡을·라·쿤·다	H^2M^3〔MHM^2〕	잡·알·라·칸·다	HM^4〔HM^4〕
	잡을라쿤·다	H^4M〔MHM^3〕	잡·알·라·칸·다	HM^4〔HM^4〕
ㄴ.	가·다	H_{M-1}·M(=HM)〔HM〕	가·다	H_{M-1}·M(=HM)〔HM〕
	가·고	HM〔HM〕	가·고	HM〔HM〕

줄기 /H_{M-2}/에 들어간다.

허웅(1972 : 326-333)에서는 중세 국어의 1음절 상성 풀이씨 줄기는 성조 변동이 없느냐 있느냐에 따라 〔상성 A형〕과 〔상성 B형〕으로 나누었고, 1음절 평성 풀이씨 줄기는 성조 변동이 없느냐 있느냐에 따라 〔평성 A형〕과 〔평성 B형〕으로 나누었다. 고, 이들은 각각 김해 방언의 〔Ⅰ-A〕형과 〔Ⅰ-B〕형에 대응하는 것으로 지적하고 있다. 〔평성 A형〕, 〔평성 B형〕, 〔상성 A형〕, 〔상성 B형〕은 각각 김해 방언의 〔Ⅰ-A〕형, 〔Ⅰ-B〕형, 〔Ⅰ-D〕형, 〔Ⅰ-E〕형에 대응하는 것으로 지적하고 있다. 그리고 1음절 거성 풀이씨는 중세 국어에도 김해 방언에도 성조 변동이 없는 것으로 보았고 각각 〔거성형〕과 〔Ⅰ-C〕형으로 대응시키고 있다.

54) 기저 성조가 /H/이고, 이것이 어떤 종류의 씨끝 앞에서 체계적으로 /M/으로 변하는 풀이씨가 여러 개 있어서 하나의 유(class)를 이룰 때, 이 풀이씨의 유를 H_M으로 표시하면 기억하는 데에도 도움이 된다. 같은 이유로 기저 성조가 /L/이고, 이것이 어떤 종류의 씨끝 앞에서 체계적으로 /H/로 변하는 풀이씨가 여러 개 있어서 하나의 유(class)를 이룰 때, 이 풀이씨의 유를 L_H로 표시한다. 같은 이유로 극소수에 지나지 않지만 풀이씨 자료의 정리에는 L_M, $M_{\underset{.}{M}}$, $\underset{.}{M}_M$, M_H, H_L, $H_{\underset{.}{M}}$, … 등으로 표시되는 풀이씨도 나타날 것이다. 또 /$H^2{}_L$/, /$H^2{}_{\boxed{L}}$/도 나타날 것인데, 이들 풀이씨의 기저 성조는 2음절 평성 곧 /H^2/이며, 이들이 어떤 씨끝과 결합되어 이루어지는 어형은 각각 상성형, 음상형(방언에 따라서는 음거형)이 된다.

	·가·더·라	M^3〔HHM〕	·가·더·라	M^3〔HHM〕
	·갔·다	M^2〔HH/MM〕	·갔·다	M^2〔HH/MM〕
	:갈·라·쿤·다	L^4〔LM^3〕	:갈·라·칸·다	$\underset{\cdot\cdot}{M}^4$〔$\ddot{H}HM^2$〕
ㄷ.	서·다	$H_{M\text{-}2}$·M(=HM)〔HM〕	서·다	$H_{M\text{-}2}$·M(=HM)〔HM〕
	서·고	HM〔HM〕	서·고	HM〔HM〕
	서더·라	H^2M〔MHM〕	서더·라	H^2M〔MHM〕
	·섰·다	M^2〔HH/MM〕	·섰·다	M^2〔HH/MM〕
	설라쿤·다	H^3M〔M^2HM〕	설라칸·다	H^3M〔M^2HM〕
	설라쿤·다	H^3M〔M^2HM〕	설·라·칸·다	HM^3〔HM^3〕
	설라쿤·다	H^3M〔M^2HM〕	·설·라·칸·다	M^4〔HHM^2〕

(124)ㄱ의 /잡-/은 고정 평성 줄기이기 때문에 방점에 변동이 없이 모두 평성으로만 나타난다. 이에 대하여 변동 평성 줄기인 /가-/와 /서-/는 (124)ㄴ,ㄷ에서 보는 바와 같이 줄기의 방점에 변동이 있다. 줄기의 성조 변동은 줄기가 모음으로 끝난다는 데에서 찾을 수도 있으나, 그보다는 씨끝에 원인이 있을 것으로 생각된다. 그러나 1음절 변동 평성 풀이씨의 굴곡형에 대해서는 장을 달리 하여 다룰 것이기 때문에 여기에서는 고정 평성 줄기에 대해서만 굴곡형의 자료를 제시한다.

자음으로 끝나는 대부분의 평성 줄기와 모음으로 끝나는 소수의 평성 줄기는 굴곡형들에서 그 성조가 변동하지 않고 평성으로 고정되어 나타난다.

(125) 고성 방언	표준말	고성 방언	성주 방언
씨끝	풀이	잡·다/H·M/	잡·다/H·M/
·데	〈데(〈더이)〉	잡·데	잡·데
·데	〈데(〈더이)〉	잡·데	잡데·에
·네	〈네(서술)〉	잡·네	잡·네
·노	〈니(물음)〉	잡·노	잡·노
·나	〈니(물음)〉	잡·나	잡·나
·소	〈소(서술)〉	잡·소	잡·소
·자	〈자(이끎)〉	잡·자	잡·자
·자·이	〈자(이끎)〉	잡·자·이	잡·자
·지	〈지(시킴)〉	잡·지	잡·지
·지	〈지(서술)〉	잡·지	잡·지
·지	〈지(이음)〉	잡·지	잡·지
·지·예	〈지요(시킴)〉	잡·지·예	잡·지·요
·제	〈지(물음)〉	잡·제	잡·지
·아	〈아(서술)〉	잡·아	잡·아
·아	〈아(어찌)〉	잡·아	잡·아
·아·라	〈아라〉	잡·아·라	잡·아·라
·아·서	〈아서〉	잡·아·서	잡·아·서
·아·야	〈아야〉	잡·아·야	잡·아·야

·아·도	〈아도〉	잡·아·도	잡·아·도
·았·다	〈았다〉	잡·았·다	잡·았·다
·았·는	〈은〉	잡·았·는	잡·았·는
·았·는·갑·다	〈았는가보다〉	잡·았·는·갑·다	잡·았·는#갑·다
·았·던·갑·다	〈았던가보다〉	잡·았·던·갑·다	잡·았·던#갑·다
습니·더	〈습니다〉	잡습니·더	잡습니·다
습니·다	〈습니다〉	잡습니·다	잡습니·다
습니·다	〈습니다〉	잡습니·다	잡습니·이·다
습디·더	〈습디다〉	잡습디·더	잡습디·다
습디·다	〈습디다〉	잡습디·다	잡습디·다
습디·더	〈습디다〉	잡습디·더	잡습디·이·다
습니·꺼	〈습니까〉	잡습니·꺼	잡습니·까
습니·까	〈습니까〉	잡습니·까	잡습니·까
습니·까	〈습니까〉	잡습니·까	잡습니·이·까
습디·꺼	〈습디까〉	잡습디·꺼	잡습디·까
습디·까	〈습디까〉	잡습디·까	잡습디·이·까
는	〈는〉	잡는	잡는
는·데	〈는데〉	잡는·데	잡는·데
는·다	〈는다〉	잡는·다	잡는·다
는·가	〈는가〉	잡는·가	잡는·가
는·고	〈는가〉	잡는·고	잡는·고
는갑·다	〈는가보다〉	잡는갑·다	잡는갑·다
는가·베	〈는가보다〉	잡는가·베	잡는가·베
니·라	〈는 것이다〉	잡니·라	잡니·이·라
더·라	〈더라〉	잡더·라	잡더·라
더·노	〈더냐〉	잡더·노	잡더·노
더·나	〈더냐〉	잡더·나	잡더·나
던·데·예	〈던데요〉	잡던·데·예	잡던·데·요
던·가	〈던가〉	잡던·가	잡던·가
던갑·다	〈던가보다〉	잡던갑·다	잡던갑·다
던·고	〈던가〉	잡던·고	잡던·고
든·가	〈든가〉	잡든·가	잡든·가
거·나	〈거나〉	잡거·나	잡거·나
거·등	〈거든(이음)〉	잡거·등	잡거·등
거·등	〈거든(서술)〉	잡거·등	잡거·등
길·래	〈길래〉	잡길·래	잡길·래
건·대	〈건대〉	잡건·대	잡건·대
거마·는	〈거만〉	잡거마·는	잡건마·는
겄·다	〈겠다〉	잡겄·다	잡겠·다
는구·나	〈는구나〉	잡는구·나	잡는구·나
·으·까	〈을까〉	잡·으·까	잡·으·까

·으·께·에	〈으마〉	잡·으·께·에	잡·아·께·에
·으·께·에	〈으마〉	잡·으·께·에	잡·으·께·에
·으·꼬	〈을까〉	잡·으·꼬	잡·으·꼬
·으·끄·마	〈으마〉	잡·으·끄·마	잡·아·꾸·마
·으·나	〈으나〉	잡·으·나	잡·으·나
·으·나#따·나	〈으나마〉	잡·으·나#따·나	잡·으·나#따·나
·으·나#따·나	〈으나마〉	잡으·나#따·나	잡·으·나#따·나
·으·라	〈으라(시킴)〉	잡·으·라	잡·으·라
·으·라·꼬	〈으라고(물음)〉	잡·으·라·꼬	잡·아·라·꼬
·으·라·꼬	〈으라고(물음)〉	잡·으·라·꼬	잡·으·라·꼬
·으·로	〈으러〉	잡·으·로	잡·으·로
·으·모	〈으면〉	잡·으·모	잡·으·마
·으·세	〈으세〉	잡·으·세	잡·으·세
·으·소	〈으소(시킴)〉	잡·으·소	잡·으·소
·으·시·이·소	〈으십시오〉	잡·으·시·이·소	잡·으·시·소
·으·시·이·소	〈으십시오〉	잡·으·시·이·소	잡·으·시·이·소
·으·시·지·예	〈으시지요(시킴)〉	잡·으·시·지·예	잡·으·시·지·요
·으·신·다	〈으신다〉	잡·으·신·다	잡·으·신·다
·으·십·니·꺼	〈으십니까〉	잡·으·십·니·꺼	잡·으·십·니·까
·으·싱·께	〈으시니〉	잡·으·시·이·께〈㉮〉	잡·으·싱·게
·으·싱·께	〈으시니〉	잡·으·싱·께	잡·으·시·잉·게
·으·싱·께	〈으시니〉	잡·으·싱·께	잡·으·시·이·께
·으·응·께·나	〈으니까〉	잡·응·께·나	잡·아·이·께
·으·이·소	〈으시오〉	잡·으·이·소	잡·으·이·소
·으·이·께	〈으니까〉	잡·으·이·께〈㉮〉	잡·으·이·께
·은	〈은〉	잡·은	잡·은
·은·들	〈은들〉	잡·은·들	잡·은·들
·을	〈을〉	잡·을	잡·알
·을	〈을〉	잡·을	잡·을
·을·꺼·로	〈을걸〉	잡·을·꺼·로	잡·을·꺼·얼
·을·꺼·로	〈을걸〉	잡·을·꺼·르	잡·을·꺼·얼
·을·꺼·로	〈을걸〉	잡·을·꺼·를	잡·을·꺼·얼
·을·꺼·얼	〈을걸〉	잡·을·꺼·얼	잡·을·꺼·얼
·을·끼·이·께(·에)	〈을테니까〉	잡·을·끼·이·께(·에)	잡·을·끼·이·께
·을·끼·이·께(·에)	〈을테니까〉	잡·을·끼·이·께(·에)	잡·을·끼·이·께
·을·라·꼬	〈으려고〉	잡·을·라·꼬	잡·을·라·꼬
·을·망·정	〈을망정〉	잡·을·망·정	잡·을·망·정
·을·수·록	〈을수록〉	잡·을·수·록	잡·을·수·록
·음	〈음〉	잡·음	잡·음
·읍·시·다	〈읍시다〉	잡·읍·시·다	잡·읍·시·다
·읍·시·더	〈읍시다〉	잡·읍·시·더	잡·읍·시·다

·응·께	〈으니까〉	잡·응·께	잡·으·니·까
·응·께	〈으니(이음)〉	잡·응·께	잡·으·이·께
·응·께	〈으니(이음)〉	잡·응·께	잡·응·게
으·까	〈을까〉	잡으·까	잡·으·까
으·꼬	〈을까〉	잡으·꼬	잡·으·꼬
으·나	〈으나〉	잡으·나	잡·으·나
으·나#따·나	〈으나마〉	잡으·나#따·나	잡·으·나#따·나
으·나#따·나	〈으나마〉	잡으·나#따·나	잡·으·나#따·나
으·라	〈으라(시킴)〉	잡으·라	잡·으·라
으·라·꼬	〈으라고(물음)〉	잡으·라·꼬〈가끔〉	잡·으·라·꼬
으·로	〈으러〉	잡으·로	잡·으·로
으·모	〈으면〉	잡으·모	잡·으·마
으·세	〈으세〉	잡으·세	잡·으·세
으·소	〈으소(시킴)〉	잡으·소	잡·으·소
으께·에	〈으마〉	잡으께·에	잡·으·께·에
으께·에	〈으마〉	잡으께·에	잡·아·께·에
으끄·마	〈으마〉	잡으끄·마	잡·아·꾸·마
으끄·마	〈으마〉	잡으끄·마	잡·으·꾸·마
으니·까	〈으니까〉	잡으니·까	잡·으·니·까
으라·꼬	〈으라고(물음)〉	잡으라·꼬[55]	잡·으·라·꼬
으라·꼬	〈으라고(물음)〉	잡으라·꼬	잡·아·라·꼬
으시·지·예	〈으시지요(시킴)〉	잡으시·지·예	잡·으·시·지·요
으시이·소	〈으십시오〉	잡으시이·소	잡·으·시·소
으시이·소	〈으십시오〉	잡으시이·소	잡·으·시·이·소
으신·다	〈으신다〉	잡으신·다	잡·으·신·다
으십니·꺼	〈으십니까〉	잡으십니·꺼	잡·으·십·니·까
으싱·께	〈으시니〉	잡으싱·께	잡·으·시·잉·게
으싱·께	〈으시니〉	잡으싱·께	잡·으·싱·게
으싱·께	〈으시니〉	잡으싱께·에	잡·으·시·이·께
으이·소	〈으시오〉	잡으이·소	잡·으·이·소
으이·까	〈으니까〉	잡응께·에	잡·으·이·께
으이·께·에	〈으니까〉	잡으이께·에〈문〉	잡·아·이·께
으이께·에	〈으니(이음)〉	잡으이께·에〈문〉	잡·응·게
은	〈은〉	잡은	잡·은
은·들	〈은들〉	잡은·들	잡·은·들
을	〈을〉	잡을	잡·알
을	〈을〉	잡을	잡·을
을꺼·로	〈을걸〉	잡을꺼·로	잡·을·꺼·얼
을꺼·로	〈을걸〉	잡을꺼·르	잡·을·꺼·얼
을꺼·얼	〈을걸〉	잡을꺼·얼	잡·을·꺼·얼

55) 〈고성 방언〉 {-으X}는 {-·으X}보다 사용 빈도가 우세하다.

을낑·께·에	〈을테니까〉	잡을낑께·에	잡·을·끼·이·께
을라·꼬	〈으려고〉	잡을라·꼬	잡·을·라·꼬
을망·정	〈을망정〉	잡을망·정	잡·을·망·정
을수·록	〈을수록〉	잡을수·록	잡·을·수·록
음	〈음〉	잡음	잡·음
읍시·다	〈읍시다〉	잡읍시·다	잡·읍·시·다
읍시·더	〈읍시다〉	잡읍시·더	잡·읍·시·다
응·께	〈으니(이음)〉	잡으·잉·께	잡·으·이·께
응·께	〈으니(이음)〉	잡으·이·께(㊀)	잡·으·이·께
응·께	〈으니(이음)〉	잡으응·께(㊀)	잡·으·이·께
응·께	〈으니(이음)〉	잡응·께	잡·으·이·께
도·록	〈도록〉	잡도·록	잡드·록
·도·록	〈도록〉	잡·도·록	잡두·록
·기·로·서·이	〈기로서니〉	잡·기·로·서·이	잡·기·로·서·이
고	〈고(이음)〉	잡고〈~접·다〉	잡고
구	〈고(이음)〉	잡구〈~접·다〉	잡고
·고	〈고(이음)〉	잡·고	잡·고
거·들·랑	〈거들랑〉	잡거들·랑	잡거·들·랑
더·라·도	〈더라도〉	잡더라·도	잡더·라·도
더·라·꼬	〈더라고〉	잡더라·꼬	잡더·라·꼬

(126)

고성 방언	표준말	고성 방언	성주 방언
씨끝	풀이	곧·다/H·M/	곧·다/H·M/
·다	〈다〉	곧·다	곧·다
·데	〈데(〈더이)〉	곧·데	곧·데
·네	〈네(서술)〉	곧·네	곧·네
·노	〈니(물음)〉	곧·노	곧·노
·나	〈니(물음)〉	곧·나	곧·나
·소	〈소(서술)〉	곧·소	곧·소
·지	〈지(서술)〉	곧·지	곧·지
·지	〈지(이음)〉	곧·지	곧·지
·제	〈지(물음)〉	곧·제	곧·제
·아	〈아(서술)〉	곧·아	곧·아
·아	〈아(어찌)〉	곧·아	곧·아
·아·서	〈아서〉	곧·아·서	곧·아·서
·아·야	〈아야〉	곧·아·야	곧·아·야
·아·도	〈아도〉	곧·아·도	곧·아·도
·았·다	〈았다〉	곧·았·다	곧·았·다
·았·는	〈은〉	곧·았·는	곧·았·는
·았·는·갑·다	〈았는가보다〉	곧·았·는·갑·다	곧·았·는·갑·다
·았·던·갑·다	〈았던가보다〉	곧·았·던·갑·다	곧·았·던·갑·다

습니·더	〈습니다〉	곧습니·더	곧습니·다
습니·다	〈습니다〉	곧습니·다	곧습니·다
습니·더	〈습니다〉	곧습니·더	곧습니·이·다
습니·다	〈습니다〉	곧습니·다	곧습니·이·다
습디·더	〈습디다〉	곧습디·더	곧습디·다
습디·다	〈습디다〉	곧습디·다	곧습디·다
습디·더	〈습디다〉	곧습디·더	곧습디·이·다
습디·다	〈습디다〉	곧습디·다	곧습디·이·다
습니·꺼	〈습니까〉	곧습니·꺼	곧습니·까
습니·까	〈습니까〉	곧습니·까	곧습니·까
습디·꺼	〈습디까〉	곧습디·꺼	곧습디·이·까
습디·까	〈습디까〉	곧습디·까	곧습디·이·까
니·라	〈는 것이다〉	곧니·이·라	곧니·이·라
더·라	〈더라〉	곧더·라	곧더·라
더·노	〈더냐〉	곧더·노	곧더·노
더·나	〈더냐〉	곧더·나	곧더·나
던·가	〈던가〉	곧던·가	곧던·가
던갑·다	〈던가보다〉	곧던갑·다	곧던갑·다
던·고	〈던가〉	곧던·고	곧던·고
든·가	〈든가〉	곧든·가	곧든·가
거·나	〈거나〉	곧거·나	곧거·나
거·등	〈거든(이음)〉	곧거·등	곧거·등
거·등	〈거든(서술)〉	곧거·등	곧거·등
길·래	〈길래〉	곧길·래	곧길·래
건·대	〈건대〉	곧건·대	곧건·대
거마·는	〈건마는〉	곧거마·는	곧건·마·는
겼·다	〈겠다〉	곧겼·다	곧겠·다
구·나	〈구나〉	곧구·나	곧구·나
습니·꺼	〈은거요(물음)〉	곧습니·꺼	곧습니·까
으십니·꺼	〈으십니까〉	곧으십니·꺼	곧·으·십·니·까
을수·록	〈을수록〉	곧을수·록	곧·을·수·록
을망·정	〈을망정〉	곧을망·정	곧·을·망·정
을·껄	〈을걸〉	곧을꺼·얼	곧·을·꺼·얼
을꺼·로	〈을걸〉	곧을꺼·로	곧·을·꺼·얼
을꺼·르	〈을걸〉	곧을꺼·르	곧·을·꺼·얼
을	〈을〉	곧을	곧·을
은	〈은〉	곧은	곧·은
으·까	〈을까〉	곧으·까	곧·으·까
으·꼬	〈을까〉	곧으·꼬	곧·으·꼬
으·모	〈으면〉	곧으·모	곧·으·마
으·나	〈으나〉	곧으·나	곧·으·나

으·나#따·나	〈으나마〉	곧으·나#따·나	곧·으·나#따·나
은·들	〈은들〉	곧은·들	곧·은·들
은·가	〈은가〉	곧은·가	곧·은·가
은·고	〈은가〉	곧은·고	곧·은·고
·을·수·록	〈을수록〉	곧·을·수·록	곧·을·수·록
·을·망·정	〈을망정〉	곧·을·망·정	곧·을·망·정
·을·껄	〈을걸〉	곧·을·꺼·얼	곧·을·꺼·얼
·을·꺼·로	〈을걸〉	곧·을·꺼·로	곧·을·꺼·얼
·을·꺼·르	〈을걸〉	곧·을·꺼·르	곧·을·꺼·얼
·을	〈을〉	곧·을	곧·을
·은	〈은〉	곧·은	곧·은
·으·까	〈을까〉	곧·으·까	곧·으·까
·으·꼬	〈을까〉	곧·으·꼬	곧·으·꼬
·으·모	〈으면〉	곧·으·모	곧·으·마
·으·나	〈으나〉	곧·으·나	곧·으·나
·으·십·니·꺼	〈으십니까〉	곧·으·십·니·꺼	곧·으·십·니·까
·으·싱·께	〈으시니〉	곧으싱께·에	곧·으·시·이·께
·으·싱·께	〈으시니〉	곧으싱께·나	곧·으·시·이·께
·으·싱·께	〈으시니〉	곧·으·싱·께	곧·으·시·잉·게
·으·싱·께	〈으시니〉	곧·으·시·이·께〈㉠〉	곧·으·시·잉·게
·으·싱·께	〈으시니〉	곧·으·싱·께	곧·으·싱·게
응께·에	〈으니까〉	곧으이께·에〈㉠〉	곧·응·게
응께·에	〈으니까〉	곧응께·에	곧·응·게
응께·나	〈으니까〉	곧으·이·께·나〈㉠〉	곧·으·이·께
을낑·께	〈을테니까〉	곧을낑·께	곧·을·끼·이·께
응·께	〈으니(이음)〉	곧응·께	곧·으·이·께
·응·께	〈으니까〉	곧·응·께	곧·응·게
·응·께·나	〈으니까〉	곧·응·께·나	곧·으·이·께
·을·낑·께	〈을테니까〉	곧·을·낑·께	곧·을·끼·이·께
·으·나#따·나	〈으나마〉	곧·으·나#따·나	곧·으·나#따·나
·은·들	〈은들〉	곧·은·들	곧·은·들
·은·가	〈은가〉	곧·은·가	곧·은·가
·은·고	〈은가〉	곧·은·고	곧·은·고
·응·께	〈으니(이음)〉	곧·응·께	곧·으·이·께
·기·로·서·니	〈기로서니〉	곧·기·로·서·니	곧·기·로·서·니
·기·로·서·이	〈기로서니〉	곧·기·로·서·이	곧·기·로·서·이
·고	〈고(이음)〉	곧·고	곧·고
거·들·랑	〈거들랑〉	곧거들·랑	곧거·들·랑
더·라·도	〈더라도〉	곧더라·도	곧더·라·도
더·라·꼬	〈더라고〉	곧더라·꼬	곧더·라·꼬

모음으로 끝나는 1음절 고정 평성 줄기는 매우 드물다.

(127)

고성 방언	표준말	고성 방언	성주 방언
씨끝	풀이	페·다/H·M/	피·다/H·M/(展)
·게	〈게(이음)〉	페·게	피·기
·고	〈고(이음)〉	페·고	피·고
·기·로·서·이	〈기로서니〉	페·기·로·서·니	피·기·로·서·이
·기·로·서·이	〈기로서니〉	페·기·로·서·이	피·기·로·서·이
·까	〈을까〉	페·까	피·까
·꼬	〈을까〉	페·꼬	피·꼬
·나	〈니(물음)〉	페·나	피·나
·나	〈으나〉	페·나	피·나
·나#따·나	〈으나마〉	페·나#따·나	피·나#따·나
·나·따·나	〈으나마〉	페·나·따·나	피·나#따·나
·네	〈네(서술)〉	페·네	피·네
·노	〈니(물음)〉	페·노	피·노
·다	〈다〉	페·다	피·다
·데	〈데(〈더이)〉	페·데	피·데
·데·예	〈데요〉	페·데·예	피·데·요
·도·록	〈도록〉	페·도·록	피·드·록
·두·룩	〈도록〉	페·두·룩	피·드·록
·라	〈으라(시킴)〉	페·라	피·라
·라	〈으라(시킴)〉	페·라	피·라
·라·꼬	〈으라고(물음)〉	페·라·꼬	피·라·꼬
·라·꼬	〈으라고(물음)〉	페·에·라·꼬	피·라·꼬
·라·꼬	〈으라고(물음)〉	페라·꼬	피·라·꼬
·라·꼬	〈으라고(물음)〉	페·라·꼬	피·라·꼬
·로	〈으러〉	페·로	피·로
·모	〈으면〉	페·모	피·마
·세	〈으세〉	페·세	피·세
·소	〈소(시킴)〉	페·소	피·소
·소	〈으소(시킴)〉	페·소	피·소
·어	〈어(서술)〉	페·에	피·어
·어	〈어(어찌)〉	페·에	피·어
·어·도	〈어도〉	페·에·도	피·어·도
·어·라	〈어라〉	페·에·라	피·어·라〈표준말 영향〉
·어·라	〈어라〉	페·에·라	피·이·라
·어·서	〈어서〉	페·에·서	피·어·서
·어·서	〈어서〉	페·에·서	피·이·서
·어·야	〈어야〉	페·에·야	피·어·야
·어·야	〈어야〉	페·에·야	피·이·야

·었·는	〈은〉	페·엤·는	피·있·는
·었·는·갑·다	〈었는가보다〉	페·엤·는·갑·다	피·있·는·갑·다
·었·는·갑·다	〈었는가보다〉	페·엤·는·갑·다	피·었·는·갑·다
·었·다	〈었다〉	페·엤·다	펴·었·다
·었·던·갑·다	〈었던가보다〉	페·엤·던·갑·다	피·었·던·갑·다
·었·던·갑·다	〈었던가보다〉	페·엤·던·갑·다	피·있·던·갑·다
·요	〈요(서술)〉	페·요	피·요
·이·소	〈으시오〉	페·이·소	피·이·소
·이·께〈(문)〉	〈으니까〉	페·이·께	피·잉·게
·자	〈자(이끎)〉	페·자	피·자
·자·이	〈자(이끎)〉	페·자·이	피·자
·제	〈지(물음)〉	페·제	피·지
·지	〈지(서술)〉	페·지	피·지
·지	〈지(시킴)〉	페·지	피·지
·지	〈지(이음)〉	페·지	피·지
·지·예	〈지요(시킴)〉	페·지·예	피·지·요
ㄴ	〈은〉	펜	핀
ㄴ·들	〈은들〉	펜·들	핀·들
ㄹ	〈을〉	펠	필
ㄹ·까	〈을까〉	펠·까	필·까
ㄹ·꼬	〈을까〉	펠·꼬	필·꼬
ㄹ·라·꼬	〈으려고〉	펠·라·꼬	필·라·꼬
ㄹ·수·록	〈을수록〉	펠·수·록	필·수·록
ㄹ꺼·로	〈을걸〉	펠꺼·로	필꺼·얼
ㄹ꺼·르	〈을걸〉	펠꺼·르	필꺼·얼
ㄹ꺼·얼	〈을걸〉	펠꺼·얼	필꺼·얼
ㄹ낑·께	〈을테니까〉	펠낑·께	필끼·이·께
ㄹ낑께·에	〈을테니까〉	펠낑께·에	필낑·게
ㄹ망·정	〈을망정〉	펠망·정	필망·정
ㄹ수·록	〈을수록〉	펠수·록	필수·록
ㅂ니·까	〈읍니까〉	펩니·까	핍니·이·까
ㅂ니·까	〈읍니까〉	펩니·까	핍니·까
ㅂ니·꺼	〈읍니까〉	펩니·꺼	핍니·이·까
ㅂ니·꺼	〈읍니까〉	펩니·꺼	핍니·까
ㅂ니·다	〈읍니다〉	펩니.다	핍니·이·다
ㅂ니·다	〈읍니다〉	펩니·다	핍니·다
ㅂ니·더	〈읍니다〉	펩니·더	핍니·이·다
ㅂ니·더	〈읍니다〉	펩니·더	핍니·다
ㅂ디·까	〈읍디까〉	펩디·까	핍디·이·까
ㅂ디·까	〈읍디까〉	펩디·까	핍디·까
ㅂ디·꺼	〈읍디까〉	펩디·꺼	핍디·이·까

ㅂ디·꺼	〈읍디까〉	펩디·꺼	핍디·까
ㅂ디·다	〈읍디다〉	펩디·다	핍디·이·다
ㅂ디·다	〈읍디다〉	펩디·다	핍디·다
ㅂ디·더	〈읍디다〉	펩디·더	핍디·이·다
ㅂ디·더	〈읍디다〉	펩디·더	핍디·다
ㅂ시·다	〈읍시다〉	펩시·다	핍시·이·다
ㅂ시·다	〈읍시다〉	펩시·다	핍시·다
ㅂ시·더	〈읍시다〉	펩시·더	핍시·이·다
ㅂ시·더	〈읍시다〉	펩시·더	핍시·다
ㅇ·께	〈으니까〉	펭·께	피·이·께
ㅇ·께	〈으니까〉	펭·께	피·니·까
ㅇ·께	〈으니(이음)〉	펭·께	피·잉·게
ㅇ·께	〈으니까〉	펭·이·께	피·이·께
ㅇ·께·나	〈으니까〉	펭·께·나	피·이·께
ㅇ·께·나	〈으니까〉	펭·께·나	피·니·까
ㅇ께·에	〈으니까〉	펭께·에	피·이·께
거·나	〈거나〉	페거·나	피거·나
거·들·랑	〈거들랑〉	페거들·랑	피거·들·랑
거·등	〈거든(서술)〉	페거·등	피거·등
거·등	〈거든(이음)〉	페거·등	피거·등
거마·는	〈건만〉	페거마·는	피건마·는
건·대	〈건대〉	페건·대	피건·대
겄·다	〈겠다〉	페겄다	피겠·다
고	〈고(이음)〉	페고	피고
구·나	〈구나〉	페구·나	피는구·나
길·래	〈길래〉	페길·래	피길·래
끄·마	〈마,겠다〉	페끄·마	피꾸·마
는	〈는〉	페는	피는
는·가	〈는가〉	페는·가	피는·가
는·고	〈는가〉	페는·고	피는·고
는·데	〈는데〉	페는·데	피는·데
는가·베	〈는가보다〉	페는가·베	피는가·베
는갑·다	〈는가보다〉	페는갑·다	피는갑·다
는구·나	〈는구나〉	페는구·나	피는구·나
니·라	〈는 것이다〉	페니·라	피니·이·라
더·나	〈더냐〉	페더·나	피더·나
더·노	〈더냐〉	페더·노	피더·노
더·라	〈더라〉	페더·라	피더·라
더·라·꼬	〈더라고〉	페더라·꼬	피더·라·꼬
더·라·도	〈더라도〉	페더라·도	피더·라·도
던·가	〈던가〉	페던·가	피던·가

던·고	〈던가〉	페던·고	피던·고
던갑·다	〈던가보다〉	페던갑·다	피던갑·다
데·에	〈데(〈더이)〉	페데·에	피데·에
도·록	〈도록〉	페도·록	피드·록
두·룩	〈도록〉	페두·룩	피드·록
든·가	〈든가〉	페든·가	피든·가
라·모	〈으라면〉	페·라·모	피·라·마
습니·꺼	〈습니까〉	펩니·꺼	펩니·까
시·니	〈으시니〉	페시·니	피시·니
시·이·소	〈으십시오〉	페시이·소	피시·이·소
시·지·예(시킴)	〈으시지요〉	페시·지·예	피시·지·요
신·다	〈으신다〉	페·에·신·다	피신·다
신·다	〈으신다〉	페신·다	피신·다
신·다	〈으신다〉	페신·다	피신·다
십니·꺼	〈으십니까〉	페십니·꺼	피십니·까
싱·께	〈으시니〉	페싱·께	피시·이·께
싱·께	〈으시니〉	페싱·께	피싱·게
싱·께	〈으시니〉	페싱·께	피싱·게

1음절 변동 평성형 풀이씨의 굴곡형들에 대해서는 14장을 참조하기 바라고, 고정 평성형 풀이씨의 굴곡형에 대하여 하나만 주의해야 할 것이 있어서 여기에서 지적해 둔다. (125)와 (126)에서 보는 바와 같이 고성 방언의 /·으X/형 씨끝은 자음으로 끝나는 줄기 뒤에서 /으X/로 임의변이 하지만, 성주 방언에서는 항상 /·으X/로만 나타난다. 이 점에 있어서 창원 방언은 고성 방언과 같고, 대구 방언은 성주 방언과 같다. 그러나 고성, 창원, 성주, 대구 방언뿐만 아니라 영남・영동 방언권의 모든 방언들에서도 /있·다/의 줄기 /있-/ 뒤에서는 /·으X/는 /으X/로만 나타난다. 이리하여 이리하여 영남・영동 방언권의 모든 방언들에서 {있+·으X}→/있으X/로 된다. 이것은 아마 역사적으로는 /이시·면, 이시·니, 이시·라고, …/들이 뒤에 유추에 의해서 /있으·면, 있으·니, 있으·라고, …/들로 바뀐 데에 원인이 있는 듯하다.[56)]

56) /잡다,H·M/의 어형 변화표 (125), /곧다,H·M/의 어형 변화표 (126)과 다음의 /있다,H·M/와 대조해 보기 바란다.

고성 방언	표준말	고성 방언	성주 방언
씨끝	풀이	있·다/H·M/	있·다/H·M/
·으·까	〈을까〉	있으·까	있으·까
·으·모	〈으면〉	있으·모	있으·마
·으·세	〈으세〉	있으·세	있으·세
·으·소	〈으소(시킴)〉	있으·소	있으·소
·으·십·니·꺼	〈으십니까〉	있으십니·꺼	있으십니·까
·으·이·소	〈으시오〉	있으이·소	있으·이·소
·으·이·소	〈으시오〉	있으이·소	있으이·소

10.3 1음절 변동 상성 풀이씨

1음절 상성 풀이씨 줄기로 성조가 고정되어 있는 것은 드물다. 변동 상성 풀이씨의 줄기는 그 기저 성조가 상성이지만 홀소리로 시작되는 씨끝 앞에서 평성으로 변한다. 다만 홀소리로 끝나는 줄기 뒤에서 /·으X/형 씨 끝의 첫소리 /·으/는 삭제되기 때문에 줄기의 성조를 평성으로 바꾸지 못한다. 또 /ㄹ/로 끝나는 줄기 뒤에서는 씨끝의 첫소리 /·으/의 삭제가 임이적이므로 삭제되지 않을 때는 줄기의 성조를 평성으로 변동시킨다.

줄기의 성조 표시는 고성 방언 상성 /L/이 모음 앞에서 평성 /H/로 변하기 때문에 /L_H/로 표시하고, 성주 방언 상성 /M̤/이 모음 앞에서 평성 /H/로 변하기 때문에 /M̤$_H$/로 표시한다. 씨끝의 성조는 줄기가 평성으로 나타날 때는 변동이 없고, 줄기가 상성으로 나타날 때는 중화 규칙 (7)의 적용에 따라 성조가 측성(·□)으로 중화된다. 성조의 도출 과정은 생략하고 바로 보기를 든다.

(128)

고성 방언 씨끝	표준말 풀이	고성 방언 :삼·다/L_HM/	성주 방언 :삼·다/M̤$_H$M/
·다	〈다〉	:삼·다〔:삼·따〕	:삼·다〔·삼·따〕[57]
·데	〈데(〈더이)〉	:삼·데〔:삼·떼〕	:삼·데〔·삼·떼〕
·네	〈네(서술)〉	:삼·네	:삼·네
·은·들	〈은들〉	있은·들	있은·들
·을	〈을〉	있을	있을
·읍·시·다	〈읍시다〉	있읍시·다	있읍시·다
·읍·시·더	〈읍시다〉	있읍시·더	있읍시·다
으·까	〈을까〉	있으·까	있으·까
으·꼬	〈을까〉	있으·꼬	있으·꼬
으·모	〈으면〉	있으·모	있으·마
으·세	〈으세〉	있으·세	있으·세
으·소	〈으소(시킴)〉	있으·소	있으·소
으십니·꺼	〈으십니까〉	있으십니·꺼	있으십니·까
은·들	〈은들〉	있은·들	있은·들
을	〈을〉	있을	있을
읍시·다	〈읍시다〉	있읍시·다	있읍시·다
읍시·더	〈읍시다〉	있읍시·더	있읍시·다
은	〈은〉	있은	있은
·은	〈은〉	있·은	있·은

마지막의 보기 /있·은/이 평측형으로 나타나는 것은 예외인 듯하나 /있·었·는/에서 도출되었을 가는성도 배제할 수 없다.

57) 고성 방언과 성주 방언에서 풀이씨 줄기의 끝소리 /ㅁ, ㄴ/ 직접 뒤에서 씨끝의 /ㄷ, ㅅ, ㅈ, ㅂ, ㄱ/은 각각 〔ㄸ, ㅆ, ㅉ, ㅃ, ㄲ〕으로 소리난다.

·노	〈니(물음)〉	:삼·노	:삼·노
·나	〈니(물음)〉	:삼·나	:삼·나
·소	〈소(서술)〉	:삼·소〔:삼·소〕	:삼·소〔·삼·쏘〕
·자	〈자(이끎)〉	:삼·자〔:삼·짜〕	:삼·자〔·삼·짜〕
·자·이	〈자(이끎)	:삼·자·이	:삼·자
·지	〈지(시킴)〉	:삼·지〔:삼·찌〕	:삼·지〔:삼·찌〕
·지	〈지(서술)〉	:삼·지	:삼·지
·지	〈지(이음)〉	:삼·지	:삼·지
·지·예	〈지요(시킴)〉	:삼·지·예	:삼·지·요
·제	〈지(물음)〉	:삼·제	:삼·지
·게	〈게(이음)〉	:삼·게〔:삼·께〕	:삼·기〔·삼·끼〕
·게	〈게(이음)〉	:삼·기〔:삼·끼〕	:삼·기〔·삼·끼〕
·아	〈아(서술)〉	삼·아	삼·아
·아	〈아(어찌)〉	삼·아	삼·아
·아·라	〈아라〉	삼·아·라	삼·아·라
·아·서	〈아서〉	삼·아·서	삼·아·서
·아·야	〈아야〉	삼·아·야	삼·아·야
·아·도	〈아도〉	삼·아·도	삼·아·도
·았·다	〈았다〉	삼·았·다	삼·았·다
·았·는	〈은〉	삼·았·는	삼·았·는
·았·는·갑·다	〈았는가보다〉	삼·았·는·갑·다	삼·았·는·갑·다
·았·던·갑·다	〈았던가보다〉	삼·았·던·갑·다	삼·았·던·갑·다
습니·더	〈습니다〉	:삼·습·니·더	:삼·습·니·다
습니·다	〈습니다〉	:삼·습·니·다	:삼·습·니·다
습니·꺼	〈습니까〉	:삼·습·니·꺼	:삼·습·니·까
습니·까	〈습니까〉	:삼·습·니·까	:삼·습·니·까
습디·더	〈습디다〉	:삼·습·디·더	:삼·습·디·다
습디·다	〈습디다〉	:삼·습·디·다	:삼·습·디·다
습디·다	〈습디다〉	:삼·습·디·다	:삼·습·디·이·다
습디·꺼	〈습디꺼〉	:삼·습·디·꺼	:삼·습·디·까
습디·까	〈습디까〉	:삼·습·디·까	:삼·습·디·까
습디·까	〈습디까〉	:삼·습·디·까	:삼·습·디·이·까
는	〈는〉	:삼·는	:삼·는
는·데	〈는데〉	:삼·는·데	:삼·는·데
는·다	〈는다〉	:삼·는·다	:삼·는·다
는·가	〈는가〉	:삼·는·가	:삼·는·가
는·고	〈는가〉	:삼·는·고	:삼·는·고
는갑·다	〈는가보다〉	:삼·는·갑·다	:삼·는·갑·다
는가·베	〈는가보다〉	:삼·는·가·베	:삼·는·가·베
니·라	〈는 것이다〉	:삼·니·라	:삼·니·이·라
더·라	〈더라〉	:삼·더·라	:삼·더·라

더·노	〈더냐〉	:삼·더·노	:삼·더·노
더·나	〈더냐〉	:삼·더·나	:삼·더·나
던·가	〈던가〉	:삼·던·가	:삼·던·가
던갑·다	〈던가보다〉	:삼·던·갑·다	:삼·던·갑·다
던·고	〈던가〉	:삼·던·고	:삼·던·고
든·가	〈든가〉	:삼·든·가	:삼·든·가
거·나	〈거나〉	:삼·거·나	:삼·거·나
거·등	〈거든(이음)〉	:삼·거·등	:삼·거·등
거·등	〈거든(서술)〉	:삼·거·등	:삼·거·등
길·래	〈길래〉	:삼·길·래	:삼·길·래
건·대	〈건대〉	:삼·건·대	:삼·건·대
거마·는	〈건만〉	:삼·거·마·는	:삼·건·마·는
겄·다	〈겠다〉	:삼·겄·다	:삼·겠·다
는구·나	〈는구나〉	:삼·는·구·나	:삼·는·구·나
·으·나·마	〈으나마〉	삼·으·나·마	삼·으·나·마
으나·마	〈으나마〉	삼으나·마	삼·아·나·마
·으·라·꼬	〈으라고(물음)〉	삼·으·라·꼬	삼·으·라·꼬
으라·꼬	〈으라고(물음)〉	삼으라·꼬	삼·아·라·꼬
·으·끄·마	〈으마〉	삼·으·끄·마	삼·으·꾸·마
으끄·마	〈으마〉	삼으끄·마	삼·으·꾸·마
·으·께·에	〈으마〉	삼·으·께·에	삼·으·께
으께·에	〈으마〉	삼으께·에	삼·알·께
·으·께·에	〈으마〉	삼·으·께·에	삼·으·께
으께·에	〈으마〉	삼으께·에	삼·알·께
·으·십·니·꺼	〈으십니까〉	삼·으·십·니·꺼	삼·으·십·니·까
으십니·꺼	〈으십니까〉	삼으십니·꺼	삼·으·십·니·까
·으·이·소	〈으시오〉	삼·으·이·소	삼·으·이·소
으이·소	〈으시오〉	삼으이·소	삼·으·이·소
·으·시·이·소	〈으십시오〉	삼·으·시·이·소	삼·으·시·이·소
으시이·소	〈으십시오〉	삼으시이·소	삼·으·시·이·소
·으·시·지	〈으시지(시킴)〉	삼·으·시·지	삼·으·시·지
으시·지	〈으시지(시킴)〉	삼으시·지	삼·으·시·지
·으·시·지·예	〈으시지요(시킴)	삼·으·시·지·예	삼·으·시·지예
·응·께	〈으니(이음)〉	삼·응·께	삼·으·이·께
응·께·에	〈으니(이음)〉	삼응께·에	삼·으·이·께
응·께·에	〈으니(이음)〉	삼응께·에	삼·으·니
·을·라·꼬	〈으려고〉	삼·을·라·꼬	삼·을·라·꼬
을라·꼬	〈으려고〉	삼을라·꼬	삼·을·라·꼬
·을·수·록	〈을수록〉	삼·을·수·록	삼·을·수·록
을수·록	〈을수록〉	삼을수·록	삼·을·수·록
·을·망·정	〈을망정〉	삼·을·망·정	삼·을·망·정

을망·정	〈을망정〉	삼을망·정	삼·을·망·정
·을·꺼·얼	〈을걸〉	삼·을·꺼·얼	삼·을·꺼·얼
을꺼·얼	〈을걸〉	삼을꺼·얼	삼·을·꺼·얼
·을·꺼·로	〈을걸〉	삼·을·꺼·로	삼·을·꺼·얼
을꺼·로	〈을걸〉	삼을꺼·로	삼·을·꺼·얼
을꺼·르	〈을걸〉	삼을꺼·르	삼·을·꺼·얼
·을·낑·께	〈을테니까〉	삼·을·낑·께	삼·을·끼·이·께
을낑·께	〈을테니까〉	삼을낑·께	삼·을·끼·이·께
·을·낑·께·나	〈을테니까〉	삼·을·낑·께·나	삼·을·끼·이·께
을낑께·나	〈을테니까〉	삼을낑께·나	삼·을·끼·이·께
·읍·시·더	〈읍시다〉	삼·읍·시·더	삼·읍·시·다
읍시·더	〈읍시다〉	삼읍시·더	삼·읍·시·다
·읍·시·다	〈읍시다〉	삼·읍·시·다	삼·읍·시·다
읍시·다	〈읍시다〉	삼읍시·다	삼·읍·시·다
·으·입·시·더	〈으십시다〉	삼·으·입·시·더	삼·으·입·시·다
으입시·더	〈으십시다〉	삼으입시·더	삼·으·입·시·다
·으·입·시·다	〈으십시다〉	삼·으·입·시·다	삼·으·입·시·다
으입시·다	〈으십시다〉	삼으입시·다	삼·으·입·시·다
·을	〈을〉	삼·을	삼·을
을	〈을〉	삼을	삼·알
·은	〈은〉	삼·은	삼·은
은	〈은〉	삼은	삼·안
·음	〈음〉	삼·음	삼·음
·으·까	〈을까〉	삼·으·까	삼·으·까
으·까	〈을까〉	삼으·까	삼·으·까
·으·꼬	〈을까〉	삼·으·꼬	삼·으·꼬
으·꼬	〈을까〉	삼으·꼬	삼·으·꼬
·으·라	〈으라(시킴)〉	삼·으·라	삼·으·라
으·라	〈으라(시킴)〉	삼으·라	삼·으·라
·으·소	〈으소(시킴)〉	삼·으·소	삼·으·소
으·소	〈으소(시킴)〉	삼으·소	삼·으·소
·으·모	〈으면〉	삼·으·모	삼·으·만
으·모	〈으면〉	삼으·모	삼·으·마
·으·로	〈으러〉	삼·으·로	삼·으·로
으·로	〈으러〉	삼으·로	삼·으·로
·으·나	〈으나〉	삼·으·나	삼·으·나
으·나	〈으나〉	삼으·나	삼·으·나
·으·나·따·나	〈으나마〉	삼·으·나·따·나	삼·으·나#따·나
으·나·따·나	〈으나마〉	삼으나따·나	삼·으·나#따·나
·으·세	〈으세〉	삼·으·세	삼·으·세
으·세	〈으세〉	삼으·세	삼·으·세

·은·들	〈은들〉	삼·은·들	삼·은·들
은·들	〈은들〉	삼은·들	삼·은·들
·응·께	〈으니(이음)〉	삼·응·께	삼·으·이·께
응께·에	〈으니(이음)〉	삼응께·에	삼·으·이·께
·응·께	〈으니(이음)〉	삼·응·께	삼·응·게
응께·에	〈으니(이음)〉	삼응께·에	삼·앙·게
도·록	〈도록〉	:삼·도·록	:삼·드·록
기·로·서·니	〈기로서니〉	:삼·기·로·서·니	:삼·기·로·서·이
기·로·서·이	〈기로서니〉	:삼·기·로·서·이	:삼·기·로·서·이
·고	〈고(이음)〉	:삼·고	:삼·고
거·들·랑	〈거들랑〉	:삼·거·들·랑	:삼·거·들·랑
더·라·도	〈더라도〉	:삼·더·라·도	:삼·더·라·도
더·라·꼬	〈더라고〉	:삼·더·라·꼬	:삼·더·라·꼬

(129)

고성 방언	표준말	고성 방언	성주 방언
씨끝	풀이	:밀·다/M̤H·M/	:밀·다/M̤HM/
ㄴ	〈은〉	:민	:민
ㄹ	〈을〉	:밀	:밀
ㄴ·다	〈은다〉	:민·다	:민·다
·요	〈요(서술)〉	:미·요	:미·요
·데	〈데(〈더이)〉	:밀·데(·에)	:밀·데
·네	〈네(서술)〉	:미·네(·에)	:미·네
·노	〈니(물음)〉	:미·노	:미·노
·나	〈니(물음)〉	:미·나	:미·나
·자	〈자(이끎)〉	:밀·자	:밀·자
·자·이	〈자(이끎)〉	:밀·자·이	:밀·자
·지	〈지(시킴)〉	:밀·지	:밀·지
·지	〈지(서술)〉	:밀·지	:밀·지
·지	〈지(이음)〉	:밀·지	:밀·지
·지·예	〈지요(시킴)〉	:밀·지·예	:밀·지·요
·제	〈지(물음)〉	:밀·제	:밀·지
·제	〈지(물음)〉	:미·제	:미·지
·기	〈게(이음)〉	:밀·기	:밀·기
·게	〈게(이음)〉	:밀·게	:밀·기
·어	〈어(서술)〉	밀·어	밀·어
·어	〈어(어찌)〉	밀·어	밀·어
·어·라	〈어라〉	밀·어·라	밀·어·라
·어·서	〈어서〉	밀·어·서	밀·어·서
·어·야	〈어야〉	밀·어·야	밀·어·야
·어·도	〈어도〉	밀·어·도	밀·어·도
·었·다	〈었다〉	밀·었·다	밀·었·다

·었·는	〈은〉	밀·었·는	밀·었·는
·었·던·갑·다	〈었던가보다〉	밀·었·던·갑·다	밀·었·던·갑·다
ㅂ니·더	〈읍니다〉	:밉·니·더	:밉·니·다
ㅂ니·다	〈읍니다〉	:밉·니·다	:밉·니·다
ㅂ니·꺼	〈읍니까〉	:밉·니·꺼	:밉·니·까
ㅂ니·까	〈읍니까〉	:밉·니·까	:밉·니·까
ㅂ디·더	〈읍디다〉	:밉·디·더	:밉·디·다
ㅂ디·다	〈읍디다〉	:밉·디·다	:밉·디·다
ㅂ디·꺼	〈읍디까〉	:밉·디·꺼	:밉·디·까
ㅂ디·까	〈읍디까〉	:밉·디·까	:밉·디·까
는	〈는〉	:미·는	:미·는
는·데	〈는데〉	:미·는·데	:미·는·데
는·가	〈는가〉	:미·는·가	:미·는·가
는·고	〈는가〉	:미·는·고	:미·는·고
는갑·다	〈는가보다〉	:미·는·갑·다	:미·는·갑·다
는가·베	〈는가보다〉	:미·는·가·베	:미·는·가·베
니·라	〈는 것이다〉	:미·니·라	:미·니·이·라
더·라	〈더라〉	:밀·더·라	:밀·더·라
더·라	〈더라〉	:미·더·라	:밀·더·라
더·나	〈더냐〉	:밀·더·나	:밀·더·나
더·나	〈더냐〉	:미·더·나	:밀·더·나
던·가	〈던가〉	:밀·던·가	:밀·던·가
던·가	〈던가〉	:미·던·가	:밀·던·가
던갑·다	〈던가보다〉	:밀·던·갑·다	:밀·던·갑·다
던갑·다	〈던가보다〉	:미·던·갑·다	:밀·던·갑·다
던·고	〈던가〉	:밀·던·고	:밀·던·고
던·고	〈던가〉	:미·던·고	:밀·던·고
든·가	〈든가〉	:밀·든·가	:밀·든·가
든·가	〈든가〉	:미·든·가	:밀·든·가
싱·께	〈으시니〉	:미·싱·께	:미·시·이·께
싱·께	〈으시니〉	:미·싱·께	:미·싱·게
신·다	〈으신다〉	:미·신·다	:미·신·다
거·나	〈거나〉	:밀·거·나	:밀·거·나
거·등	〈거든(서술)〉	:밀·거·등	:밀·거·등
길·래	〈길래〉	:밀·길·래	:밀·길·래
건·대	〈건대〉	:밀·건·대	:밀·건·대
거마·는	〈건만〉	:밀·거·마·는	:밀·건·마·는
겠·다	〈겠다〉	:밀·겠·다	:밀·겠·다
는구·나	〈는구나〉	:미·는·구·나	:미·는·구·나
ㄹ구·나	〈구나〉	:밀·구·나	:미·는·구·나
나·마	〈으나마〉	:미·나·마	:미·나·마

라·꼬	〈으라고(물음)〉	:미·라·꼬	:미·라·꼬
라·꼬	〈으라고(물음)〉	:미·라·꼬	:밀·라·꼬
끄·마	〈으마〉	:미·끄·마	:미·꾸·마
께·에	〈으마〉	:미·께·에	:미·께·에
께·에	〈으마〉	:미·께·에	:미·께·에
십니·꺼	〈으십니까〉	:미·십·니·꺼	:미·십·니·까
십니·꺼	〈으십니까〉	:미·십·니·까	:미·십·니·까
이·소	〈으시오〉	:미·이·소	:미·이·소
시·지	〈으시지(시킴)〉	:미·시·지	:미·시·지
시·지·예	〈으시지요, 시킴〉	:미·시·지·예	:미·시·지·요
ㅇ·께	〈으니(이음)〉	:밍·께	:미·잉·게
ㅇ·께	〈으니까〉	:밍·께	:미·이·께
ㅇ·께	〈으니까〉	:밍·께	:미·니·까
ㄹ·라·꼬	〈으려고〉	:밀·라·꼬	:밀·라·꼬
ㄹ·수·록	〈을수록〉	:밀·수·록	:밀·수·록
ㄹ망·정	〈을망정〉	:밀·망·정	:밀·망·정
ㄹ꺼·얼	〈을걸〉	:밀·꺼·얼	:밀·꺼·얼
ㄹ꺼·로	〈을걸〉	:밀·꺼·로	:밀·꺼·얼
ㄹ꺼·르	〈을걸〉	:밀·꺼·르	:밀·꺼·얼
ㄹ낑·께	〈을테니까〉	:밀·낑·께	:밀·끼·이·께
ㅂ시·더	〈읍시다〉	:밉·시·더	:밉·시·다
ㅂ시·다	〈읍시다〉	:밉·시·다	:밉·시·다
입시·더	〈으십시다〉	:미·입·시·더	:미·입·시·다
입시·다	〈으십시다〉	:미·입·시·다	:미·입·시·다
입시·데·이	〈으십시다〉	:미·입·시·더·이	:미·입·시·다
ㄹ·까	〈을까〉	:미·까	:미·까
ㄹ·꼬	〈을까〉	:미·꼬	:미·꼬
ㄹ·까	〈을까〉	:밀·까	:밀·까
ㄹ·꼬	〈을까〉	:밀·꼬	:밀·꼬
·라	〈으라(시킴)〉	:미·라	:미·라
·소	〈으소(시킴)〉	:미·소	:미·소
·모	〈으면〉	:밀·모	:밀·마
·로	〈으러〉	:밀·로	:밀·로
·나	〈으나〉	:미·나	:미·나
·세	〈으세〉	:미·세	:미·세
ㄴ·들	〈은들〉	:민·들	:민·들
·이	〈으니(이음)〉	:미·이	:미·이·께
·라·모	〈으라면〉	:미·라·모	:미·라·마
·라·꼬	〈으라고(물음)〉	:미·라·꼬	:미·라·꼬
도·록	〈도록〉	:밀·도·록	:밀·드·록
두·룩	〈도록〉	:밀·두·룩	:밀·두·록

·기·로·서·니	〈기로서니〉	:밀·기·로·서·니	:밀·기·로·서·이
·기·로·서·이	〈기로서니〉	:밀·기·로·서·이	:밀·기·로·서·이
·고	〈고(이음)〉	:밀·고	:밀·고
거·들·랑	〈거들랑〉	:밀·거·들·랑	:밀·거·들·랑
더·라·도	〈더라도〉	:밀·더·라·도	:밀·더·라·도
더·라·꼬	〈더라고〉	:밀·더·라·꼬	:밀·더·라·꼬
·으·라·꼬	〈으라고(물음)〉	밀·으·라·꼬	:밀·라·꼬
·으·시·이·소	〈으십시오〉	밀·으·시·이·소	밀·으·시·이·소
·으·십·니·꺼	〈으십니까〉	밀·으·십·니·꺼	밀·었·습·니·까
·으·십·니·까	〈으십니까〉	밀·으·십·니·까	밀·었·습·니·까
·으·시·지	〈으시지(시킴)〉	밀·으·시·지	:미·시·지
·으·시·지·예	〈으시지요, 시킴〉	밀·으·시·지·예	:미·시·지·요
·읍·시·더	〈읍시다〉	밀·읍·시·더	밀·읍·시·다
·읍·시·다	〈읍시다〉	밀·읍·시·다	밀·읍·시·다
·읍·시·더·이	〈읍시다〉	밀·읍·시·더·이	밀·읍·시·다
·으·라	〈으라(시킴)〉	밀·으·라	밀·어·라
으라·꼬	〈으라고(물음)〉	밀으라·꼬	:밀·라·꼬
으시이·소	〈으십시오〉	밀으시이·소	밀·으·시·이·소
으십니·꺼	〈으십니까〉	밀으십니·꺼	밀·었·습·니·까
으십니·까	〈으십니까〉	밀으십니·까	밀·었·습·니·까
으시·지	〈으시·지(시킴)〉	밀으시·지	:미·시·지
으시지·예	〈으시지요, 시킴〉	밀으시·지·예	:미·시·지·요
읍시·더	〈읍시다〉	밀읍시·더	밀·읍·시·다
읍시·다	〈읍시다〉	밀읍시·다	밀·읍·시·다
으·라	〈으라(시킴)〉	밀으·라	밀·어·라
으라·꼬	〈으라고(물음)〉	밀으라·꼬	:밀·라·꼬
으시이·소	〈으십시오〉	밀으시이·소	밀·으·시·이·소
으십니·꺼	〈으십니까〉	밀으십니·꺼	밀·었·습·니·까
으십니·까	〈으십니까〉	밀으십니·까	밀·었·습·니·까

(130)

고성 방언	표준말	고성 방언	성주 방언
씨끝	풀이	:세·다/$L_{H}M$/	:시·다(强)/$\underset{..}{M}_{H}M$/
ㄴ	〈은〉	:센	:신
ㄹ	〈을〉	:실	:실
ㅁ	〈음〉	:셈	:심
ㄴ·데	〈은데〉	:센·데	:신·데
·요	〈요(서술)〉	:세·요	:시·요
·데	〈데(〈더이)〉	:세·데	:시·데
·네	〈네(서술)〉	:세·네	:시·네
·다	〈다〉	:세·다	:시·다
·노	〈니(물음)〉	:세·노	:시·노

·나	〈니(물음)〉	:세·나	:시·나
·지	〈지(서술)〉	:세·지	:시·지
·지	〈지(이음)〉	:세·지	:시·지
·제	〈지(물음)〉	:세·제	:시·지
·게	〈게(이음)〉	:세·게	:시·기
·까	〈을까〉	:세·까	:시·까
·꼬	〈을까〉	:세·꼬	:시·꼬
ㅇ·께	〈으니(이음)〉	:셍·께	:시·잉·게
ㅇ·께	〈으니까〉	:셍·께	:시·니·까
ㅇ·께	〈으니까〉	:셍·께	:시·이·께
ㅇ·께·나	〈으니까〉	:셍·께·나	:시·이·께
·어	〈어(서술)〉	세·에	시·어
·어	〈어(어찌)〉	세·에	시·어
·어·서	〈어서〉	세·에·서	시·이·서
·어·야	〈어야〉	세·에·야	시·이·야
·어·도	〈어도〉	세·에·도	시·이·도
·어·야	〈어야〉	세·에·야	시·어·야
·어·도	〈어도〉	세·에·도	시·어·도
·었·는	〈은〉	세·엤·는	:시·있·는[58)]
·었·는·갑·다	〈었는가보다〉	세·엤·는·갑·다	시·있·는·갑·다
·었·던·갑·다	〈었던가보다〉	세·엤·던·갑·다	시·있·던·갑·다
·었·는	〈은〉	세·엤·는	:시·었·는
·었·는·갑·다	〈었는가보다〉	세·엤·는·갑·다	시·었·는·갑·다
·었·던·갑·다	〈었던가보다〉	세·엤·던·갑·다	시·었·던·갑·다
ㅂ니·더	〈읍니다〉	:셉·니·더	:십·니·다
ㅂ니·다	〈읍니다〉	:셉·니·다	:십·니·다
ㅂ디·더	〈읍디다〉	:셉·디·더	:십·디·이·다
ㅂ디·다	〈읍디다〉	:셉·디·다	:십·디·이·다
ㅂ니·꺼	〈읍니까〉	:셉·니·꺼	:십·니·꺼
ㅂ니·까	〈읍니까〉	:셉·니·까	:십·니·까
ㅂ디·꺼	〈읍디까〉	:셉·디·꺼	:십·디·이·까
ㅂ디·까	〈읍디까〉	:셉·디·까	:십·디·이·까
니·라	〈는 것이다〉	:세·니·라	:시·니·라
니·라	〈는 것이다〉	:세·니·라	:시·니·이·라
더·라	〈더라〉	:세·더·라	:시·더·라

58) 성주 방언에서 이 자리에 /:시·있·는/이 나타난 것은 예외적인 것이다. 이 자리에 평측형 /시·있·는/ 대신에 상성형이 나타난 것도 예외적이지만, 운율구의 첫 두 음절이 /$\#CV_i\emptyset V_iX$/의 모양을 가진 거성형이나 상성형은 필수적으로 한 음절로 줄어져서 /$\#CV_iX$/으로 되고 그 성조는 상성으로 나타나기 때문에, 이 자리에 나타날 어형은 /:싰·는/이 될 것이다. /:싰·는/〔$\ddot{H}H$/$\underset{..}{M}M$〕 대신에 /:시·있·는/〔$\ddot{H}HM$〕이 나타난 것은 참으로 예외 중의 예외이다. 이것은 같은 어형 변화표 (130)의 /:시·있·는/의 몇 줄 아래에 나타나는 /:시·었·는/과 대조하면 어느 정도 그 존재의 이유가 설명될 듯도 하다.

더·노	〈더냐〉	:세·더·노	:시·더·노
더·나	〈더냐〉	:세·더·나	:시·더·나
던·가	〈던가〉	:세·던·가	:시·던·가
던갑·다	〈던가보다〉	:세·던·갑·다	:시·던·갑·다
던·고	〈던가〉	:세·던·고	:시·던·고
든·가	〈든가〉	:세·든·가	:시·든·가
셍·께	〈으시니〉	:세·싱·께	:시·시·잉·게
거·나	〈거나〉	:세·거·나	:시·거·나
거·등	〈거든(이음)〉	:세·거·등	:시·거·등
거·등	〈거든(서술)〉	:세·거·등	:시·거·등
길·래	〈길래〉	:세·길·래	:시·길·래
건·대	〈건대〉	:세·건·대	:시·건·대
거마·는	〈건만〉	:세·거·마·는	:시·건·마·는
겄·다	〈겠다〉	:세·겄·다	:시·겠·다
구·나	〈구나〉	:세·구·나	:시·구·나
ㄹ·라·꼬	〈으려고〉	:셀·라·꼬	:실·라·꼬
ㄹ·수·록	〈을수록〉	:셀·수·록	:실·수·록
ㄹ망·정	〈을망정〉	:셀·망·정	:실·망·정
ㄹ낑·께	〈을테니까〉	:셀·낑·께	:실·끼·이·께
·까	〈을까〉	:세·까	:시·까
·꼬	〈을까〉	:세·꼬	:시·꼬
ㄹ·까	〈을까〉	:셀·까	:실·까
ㄹ·꼬	〈을까〉	:셀·꼬	:시·꼬
·모	〈으면〉	:세·모	:시·마
·나	〈으나〉	:세·나	:시·나
ㄴ·들	〈은들〉	:센·들	:신·들
ㄴ·가	〈은가〉	:센·가	:신·가
ㄴ·고	〈은가〉	:센·고	:신·고
ㅂ니·꺼	〈읍니까〉	:셉·니·꺼	:십·니·까
도·록	〈도록〉	:세·도·록	:시·드·록
기·로·서·니	〈기로서니〉	:세·기·로·서·니	:시·기·로·서·이
기·로·서·이	〈기로서니〉	:세·기·로·서·이	:시·기·로·서·이
고	〈고(이음)〉	:세·고	:시·고
거·들·랑	〈거들랑〉	:세·거·들·랑	:시·거·들·랑
더라·도	〈더라도〉	:세·더·라·도	:시·더·라·도
더라·꼬	〈더라고〉	:세·더·라·꼬	:시·더·라·꼬

10.4 1음절 고정 상성 풀이씨

소수의 1음절 상성 줄기는 그 성조가 변동이 없다. 씨끝의 성조는 중화 규칙 (7)의 적용으로 모두 측성(·□)으로 중화된다.

(131) 고성 방언	표준말	고성 방언	성주 방언
씨끝	풀이	:얻·다/L·M/	:얻·다/M̤·M/
·다	〈다〉	:얻·다	:얻·다
·데	〈데(〈더이)〉	:얻·데	:얻·데
·네	〈네(서술)〉	:얻·네	:얻·네
·노	〈니(물음)〉	:얻·노	:얻·노
·나	〈니(물음)〉	:얻·나	:얻·나
·소	〈소(서술)〉	:얻·소	:얻·소
·자	〈자(이끎)〉	:얻·자	:얻·자
·자·이	〈자(이끎)〉	:얻·자·이	:얻·자
·지	〈지(시킴)〉	:얻·지	:얻·지
·지	〈지(서술)〉	:얻·지	:얻·지
·지	〈지(이음)〉	:얻·지	:얻·지
·지·예	〈지요(시킴)〉	:얻·지·예	:얻·지·요
·제	〈지(물음)〉	:얻·제	:얻·지
·게	〈게(이음)〉	:얻·게	:얻·기
·어	〈어(서술)〉	:얻·어	:얻·어
·어	〈어(어찌)〉	:얻·어	:얻·어
·어·라	〈어라〉	:얻·어·라	:얻·어·라
·어·서	〈어서〉	:얻·어·서	:얻·어·서
·어·야	〈어야〉	:얻·어·야	:얻·어·야
·어·도	〈어도〉	:얻·어·도	:얻·어·도
·었·다	〈었다〉	:얻·었·다	:얻·었·다
·었·는(〈·었+는)	〈은〉	:얻·었·는	:얻·었·는
·었·는·갑·다	〈었는가보다〉	:얻·었·는·갑·다	:얻·었·는·갑·다
·었·던·갑·다	〈었던가보다〉	:얻·었·던·갑·다	:얻·었·던·갑·다
습니·더	〈습니다〉	:얻·습·니·더	:얻·습·니·다
습니·다	〈습니다〉	:얻·습·니·다	:얻·습·니·다
습디·더	〈습디다〉	:얻·습·디·더	:얻·습·디·다
습디·다	〈습디다〉	:얻·습·디·다	:얻·습·디·이·다
습니·꺼	〈습니까〉	:얻·습·니·꺼	:얻·습·니·까
습니·꺼	〈습니까〉	:얻·습·니·꺼	:얻·습·니·이·까
습디·꺼	〈습디까〉	:얻·습·디·꺼	:얻·습·디·까
습디·까	〈습디까〉	:얻·습·디·까	:얻·습·디·이·까
는	〈는〉	:얻·는	:얻·는

는·데	〈는데〉	:얻·는·데	:얻·는·데
는·다	〈는다〉	:얻·는·다	:얻·는·다
는·가	〈는가〉	:얻·는·가	:얻·는·가
는·고	〈는가〉	:얻·는·고	:얻·는·고
는갑·다	〈는가보다〉	:얻·는·갑.다	:얻·는·갑·다
는가·베	〈는가보다〉	:얻·는·가·베	:얻·는·가·베
니·라	〈는 것이다〉	:얻·니·라	:얻·니·이·라
더·라	〈더〉	:얻·더·라	:얻·더·라
더·노	〈더냐〉	:얻·더·노	:얻·더·노
더·나	〈더냐〉	:얻·더·나	:얻·더·나
던·가	〈던가〉	:얻·던·가	:얻·던·가
던갑·다	〈던가보다〉	:얻·던·갑·다	:얻·던·갑·다
던·고	〈던가〉	:얻·던·고	:얻·던·고
든·가	〈든가〉	:얻·든·가	:얻·든·가
으·싱·께	〈으시니〉	:얻·으·싱·께	:얻·으·시·이·께
으·신·다	〈으신다〉	:얻·으·신·다	:얻·으·신·다
거·나	〈거나〉	:얻·거·나	:얻·거·나
거·등	〈거든(이음)〉	:얻·거·등	:얻·거·등
거·등	〈거든(서술)〉	:얻·거·등	:얻·거·등
길·래	〈길래〉	:얻·길·래	:얻·길·래
건·대	〈건대〉	:얻·건·대	:얻·건·대
거·마·는	〈건만〉	:얻·거·마·는	:얻·건·마·는
겠·다	〈겠다〉	:얻·겄·다	:얻·겠·다
는구·나	〈는구나〉	:얻·는·구·나	:얻·는·구·나
구·나	〈구나〉	:얻·구·나	:얻·는·구·나
ㄲ·마	〈으마, 겠다〉	:얻·으·ㄲ·마	:얻·으·꾸·마
·으·나·마	〈으나마〉	:얻·으·나·마	:얻·으·나·마
·으·라·꼬	〈으라고(물음)〉	:얻·으·라·꼬	:얻·으·라·꼬
·으·ㄲ·마	〈으마〉	:얻·으·ㄲ·마	:얻·으·꾸·마
·으·께·에	〈으마〉	:얻·으·께·에	:얻·으·께·에
·으·십·니·꺼	〈으십니까〉	:얻·으·십·니·꺼	:얻·으·십·니·까
·으·십·니·까	〈으십니까〉	:얻·으·십·니·까	:얻·으·십·니·까
·으·이·소	〈으시오〉	:얻·으·이·소	:얻·으·이·소
·으·시·이·소	〈으십시오〉	:얻·으·시·이·소	:얻·으·시·이·소
·으·시·이·소	〈으십시오〉	:얻·으·시·이·소	:얻·으·시·소
·으·시·지	〈으시지(시킴)〉	:얻·으·시·지	:얻·으·시·지
·으·시·지·예(시킴)	〈으시지요〉	:얻·으·시·지·예	:얻·으·시·지·요
·으·이·께	〈으니까〉	:얻·으·이·께〈㊫〉	:얻·으·이·께
·응·께·나	〈으니까〉	:얻·응·께·나	:얻·응·게
·을·라·꼬	〈으려고〉	:얻·을·라·꼬	:얻·을·라·꼬
·을·수·록	〈을수록〉	:얻·을·수·록	:얻·을·수·록

·을·망·정	〈을망정〉	:얻·을·망·정	:얻·을·망·정
·을·꺼·얼	〈을걸〉	:얻·을·꺼·얼	:얻·을·꺼·얼
·을·꺼·로	〈을걸〉	:얻·을·꺼·로	:얻·을·꺼·얼
·을·꺼·르	〈을걸〉	:얻·을·꺼·르	:얻·을·꺼·얼
·을·낑·께(·에)	〈을테니까〉	:얻·을·낑·께(·에)	:얻·을·끼·이·께
·읍·시·더	〈읍시다〉	:얻·읍·시·더	:얻·읍·시·다
·읍·시·다	〈읍시다〉	:얻·읍·시·다	:얻·읍·시·다
·읍·시·더·이	〈읍시다〉	:얻·읍·시·더·이	:얻·읍·시·다
·으·입·시·더	〈으십시다〉	:얻·으·입·시·더	:얻·으·입·시·다
·으·입·시·다	〈으십시다〉	:얻·으·입·시·다	:얻·으·입·시·다
·으·입·시·더·이	〈으십시다〉	:얻·으·입·시·더·이	:얻·으·입·시·다
·을	〈을〉	:얻·을	:얻·을
·은	〈은〉	:얻·은	:얻·은
·음〈문어체〉	〈음〉	:얻·음〈문어체〉	:얻·음〈문어체〉
·으·까	〈을까〉	:얻·으·까	:얻·으·까
·으·꼬	〈을까〉	:얻·으·꼬	:얻·으·꼬
·으·라	〈으라(시킴)〉	:얻·으·라	:얻·으·라
·으·소	〈으소(시킴)〉	:얻·으·소	:얻·으·소
·으·모	〈으면〉	:얻·으·모	:얻·으·마
·으·로	〈으러〉	:얻·으·로	:얻·으·로
·으·나	〈으나〉	:얻·으·나	:얻·으·나
·으·나·따·나	〈으나〉	:얻·으·나·따·나	:얻·으·나#따·나
·으·세	〈으세〉	:얻·으·세	:얻·으·세
·은·들	〈은들〉	:얻·은·들	:얻·은·들
·응·께	〈으니(이음)〉	:얻·응·께	:얻·으·니
·응·께	〈으니(이음)〉	:얻·응·께	:얻·으·이·께
·어·라·모	〈어라면〉	:얻·어·라·모	:얻·어·라·마
·어·라·꼬	〈어라고(물음)〉	:얻·어·라·꼬	:얻·어·라·꼬
도·록	〈도록〉	:얻·도·록	:얻·드·록
기·로·서·이	〈기로서니〉	:얻·기·로·서·이	:얻·기·로·서·이
고	〈고(이음)〉	:얻·고	:얻·고
거들·랑	〈거들랑〉	:얻·거·들·랑	:얻·거·들·랑
더라·도	〈더라도〉	:얻·더·라·도	:얻·더·라·도
더라·꼬	〈더라고〉	:얻·더·라·꼬	:얻·더·라·꼬

10.5 1음절 거성 풀이씨

기저 성조가 거성인 풀이씨 줄기는 원칙적으로 예외 없이 성조의 변동이 없으나, 성주 방언에서는 홀소리로 끝나는 줄기가 {·아X/·어X}로 시작되는 줄기를 만날 때 축약으로 말미암아 상성이 도출되는 경우가 있다(보기: {·꼬+·아서}→/:꼬·서/(繩)). 씨끝의 성조는 규칙 (7)의 적용에 따라 성조가 측성(·□)으로 중화된다. 성주 방언의 변동 거성 줄기는 기저 성조 /M/이 {·아X/·어X}와 축약될 때 상성 /M̤/으로 변하기 때문에 $/M_M/$로 표시한다.

(132) 고성 방언 씨끝	표준말 풀이	고성 방언 ·뜯·다/M·M/	성주 방언 ·뜯·다/M·M/
·다	〈다〉	·뜯·다	·뜯·다
·데	〈데(〈더이)〉	·뜯·데	·뜯·데
·네	〈네(서술)〉	·뜯·네	·뜯·네
·노	〈니(물음)〉	·뜯·노	·뜯·노
·나	〈니(물음)〉	·뜯·나	·뜯·나
·소	〈소(서술)〉	·뜯·소	·뜯·소
·자	〈자(이끎)〉	·뜯·자	·뜯·자
·자이	〈자(이끎)〉	·뜯·자·이	·뜯·자
·지	〈지(시킴)〉	·뜯·지	·뜯·지
·지	〈지(서술)〉	·뜯·지	·뜯·지
·지.	〈지(이음)〉	·뜯·지	·뜯·지
·지.예	〈지요(시킴)〉	·뜯·지·예	·뜯·지·요
·제	〈지(물음)〉	·뜯·제	·뜯·지
·게	〈게(이음)〉	·뜯·기	·뜯·기
·게	〈게(이음)〉	·뜯·게	·뜯·기
·어	〈어(서술)〉	·뜯·어	·뜯·어
·어	〈어(어찌)〉	·뜯·어	·뜯·어
·어·라	〈어라〉	·뜯·어·라	·뜯·어·라
·어·서	〈어서〉	·뜯·어·서	·뜯·어·서
·어·야	〈어야〉	·뜯·어·야	·뜯·어·야
·어·도	〈어도〉	·뜯·어·도	·뜯·어·도
·었·다	〈었다〉	·뜯·었·다	·뜯·었·다
·었·는	〈은〉	·뜯·었·는	·뜯·었·는
·었·는갑·다	〈었는가보다〉	·뜯·었·는·갑·다	·뜯·었·는·갑·다
·었·던.갑·다	〈었던가보다〉	·뜯·었·던·갑·다	·뜯·었·던·갑·다
습니·더	〈습니다〉	·뜯·습·니·더	·뜯·습·니·다
습니·다	〈습니다〉	·뜯·습·니·다	·뜯·습·니·다
습디·더	〈습디다〉	·뜯·습·디·더	·뜯·습·디·이·다
습디·다	〈습디다〉	·뜯·습·디·다	·뜯·습·디·이·다
습니·꺼	〈습니까〉	·뜯·습·니·꺼	·뜯·습·니·까
습니·까	〈습니까〉	·뜯·습·니·까	·뜯·습·니·까
습니·까	〈습니까〉	·뜯·습·니·까	·뜯·습·니·이·까
습디·꺼	〈습디까〉	·뜯·습·디·꺼	·뜯·습·디·까
습디·까	〈습디까〉	·뜯·습·디·까	·뜯·습·디·이·까
는	〈는〉	·뜯·는	·뜯·는

는데	〈는데〉	·뜰·는·데	·뜰·는·데
는다	〈는다〉	·뜰·는·다	·뜰·는·다
는가	〈는가〉	·뜰·는·가	·뜰·는·가
는고	〈는가〉	·뜰·는·고	·뜰·는·고
는갑·다	〈는가보다〉	·뜰·는·갑.다	·뜰·는·갑·다
는가베	〈는가보다〉	·뜰·는·가·베	·뜰·는·가·베
습니·꺼	〈는거요(물음)〉	·뜰·습·니·꺼	·뜰·습·니·까
니·라	〈는 것이다〉	·뜰·니·라	·뜰·니·이·라
더·라	〈더라〉	·뜰·더·라	·뜰·더·라
더·노	〈더냐〉	·뜰·더·노	·뜰·더·노
더·나	〈더냐〉	·뜰·더·나	·뜰·더·나
던·가	〈던가〉	·뜰·던·가	·뜰·던·가
던갑·다	〈던가보다〉	·뜰·던·갑·다	·뜰·던·갑·다
던·고	〈던가〉	·뜰·던·고	·뜰·던·고
든가	〈든가〉	·뜰·든·가	·뜰·든·가
거·나	〈거나〉	·뜰·거·나	·뜰·거·나
거·등	〈거든(이음)〉	·뜰·거·등	·뜰·거·등
거·등	〈거든(서술)〉	·뜰·거·등	·뜰·거·등
길·래(이음)	〈길래〉	·뜰·길·래	·뜰·길·래
건·대	〈건대〉	·뜰·건·대	·뜰·건·대
거마는	〈건만〉	·뜰·거·마·는	·뜰·건·마·는
겠·다	〈겠다〉	·뜰·겄·다	·뜰·겠·다
는구나	〈는구나〉	·뜰·는·구·나	·뜰·는·구·나
끄·마	〈마, 겠다〉	·뜰·으·끄·마	·뜰·으·꾸·마
·으·라꼬	〈으라고(물음)〉	·뜰·으·라·꼬	·뜰·으·라·꼬
·응께	〈으마〉	·뜰·으·께	·뜰·으·께·에
·으·싱·께	〈으시니〉	·뜰·으·싱·께	·뜰·으·시·이·께
·으·신·다	〈으신다〉	·뜰·으·신·다	·뜰·으·신·다
·으·십·니·꺼	〈으십니까〉	·뜰·으·십·니·꺼	·뜰·으·십·니·까
·으·십·니·까	〈으십니까〉	·뜰·으·십·니·까	·뜰·으·십·니·까
·으·이·소	〈으시오〉	·뜰·으·이·소	·뜰·으·이·소
·으·시·이·소	〈으십시오〉	·뜰·으·시·이·소	·뜰·으·시·이·소
·으·시·지	〈으시지(시킴)〉	·뜰·으·시·지	·뜰·으·시·지
·으·시·지·예(시킴)	〈으시지요〉	·뜰·으·시·지·예	·뜰·으·시·지·요
응께	〈으니까〉	·뜰·응·께	·뜰·으·니·까
·응께	〈으니까〉	·뜰·응·께	·뜰·으·이·께
·응께	〈으니까〉	·뜰·응·께	·뜰·응·게
·응께·나	〈으니까〉	·뜰·응·께·나	·뜰·으·이·께
·을라꼬	〈으려고〉	·뜰·을·라·꼬	·뜰·을·라·꼬
·을수록	〈을수록〉	·뜰·을·수·록	·뜰·을·수·록
·을망·정	〈을망정〉	·뜰·을·망·정	·뜰·을·망·정

·을꺼·얼	〈을걸〉	·뜯·을·꺼·얼	·뜯·을·꺼·얼
·을끼·이·께·에	〈을테니까〉	·뜯·을·끼·이·께·에	·뜯·을·끼·이·께
·읍시·더	〈읍시다〉	·뜯·읍·시·더	·뜯·읍·시·다
·읍시·다	〈읍시다〉	·뜯·읍·시·다	·뜯·읍·시·다
·읍시·데·이	〈읍시다〉	·뜯·읍·시·데·이	·뜯·읍·시·다
·으·입·시·더	〈으십시다〉	·뜯·으·입·시·더	·뜯·으·입·시·다
·으·입·시·다	〈으십시다〉	·뜯·으·입·시·다	·뜯·으·입·시·다
·으·입·시·더·이	〈으십시다〉	·뜯·으·입·시·더·이	·뜯·으·입·시·다
·을	〈을〉	·뜯·을	·뜯·을
·은	〈은〉	·뜯·은	·뜯·은
·음〈문어체〉	〈음〉	·뜯·음〈문어체〉	·뜯·음〈문어체〉
·으·까	〈을까〉	·뜯·으.까	·뜯·으·까
·으·꼬	〈을까〉	·뜯·으·꼬	·뜯·으·꼬
·으·라	〈으라(시킴)〉	·뜯·으·라	·뜯·으·라
·으·소	〈으소(시킴)〉	·뜯·으·소	·뜯·으·소
·으·모	〈으면〉	·뜯·으·모	·뜯·으·마
·으·로	〈으러〉	·뜯·으·로	·뜯·으·로
·으·나	〈으나〉	·뜯·으·나	·뜯·으·나
·으·나따나	〈으나마〉	·뜯·으·나·따·나	·뜯·으·나#따·나
·으·세	〈으세〉	·뜯·으·세	·뜯·으·세
·은들	〈은들〉	·뜯·은·들	·뜯·은·들
·응께	〈으니(이음)〉	·뜯·응·께	·뜯·으·이·께
·응께	〈으니(이음)〉	·뜯·응·께	·뜯·응·게
·어·라모	〈어라면〉	·뜯·어·라·모	·뜯·어·라·마
·어·라꼬	〈어라고(물음)〉	·뜯·어·라·꼬	·뜯·어·라·꼬
도·록	〈도록〉	·뜯·도·록	·뜯·도·록
기·로·서·이	〈기로서니〉	·뜯·기·로·서·이	·뜯·기·로·서·이
고	〈고(이음)〉	·뜯·고	·뜯·고
거들·랑	〈거들랑〉	·뜯·거·들·랑	·뜯·거·들·랑
더라도	〈더라도〉	·뜯·더·라·도	·뜯·더·라·도
더라꼬	〈더라고〉	·뜯·더·라·꼬	·뜯·더·라·꼬

(133)

고성 방언	표준말	고성 방언	성주 방언
씨끝	풀이	·까·다/M·M/	·꼬·다/M_M·M/(繩)
ㄴ	〈은〉	·깐	·꼰
ㄹ	〈을〉	·깔	·꼴
ㅁ〈문어체〉	〈음〉	·깜〈문어체〉	·꼼〈문어체〉
·요	〈요(서술)〉	·까·요	·꼬·요
·라	〈으라(시킴)〉	·까·라	·꼬·라
·다	〈다〉	·까·다	·꼬·다
·데	〈데(〈더이)〉	·까·데	·꼬·데

·네	〈네(서술)〉	·까·네	·꼬·네
·노	〈니(물음)〉	·까·노	·꼬·노
·나	〈니(물음)〉	·까·나	·꼬·나
·소	〈소(시킴)〉	·까·소	·꼬·소
·자	〈자(이끎)〉	·까·자	·꼬·자
·자.이	〈자(이끎)〉	·까·자·이	·꼬·자
·지	〈지(시킴)〉	·까·지	·꼬·지
·지	〈지(서술)〉	·까·지	·꼬·지
·지	〈지(이음)〉	·까·지	·꼬·지
·지·예	〈지요(시킴)〉	·까·지·예	·꼬·지·요
·제	〈지(물음)〉	·까·제	·꼬·지
·게	〈게(이음)〉	·까·게	·꼬·기
·니	〈으니(이음)〉	·깡·께	·꼬·니
·이	〈으니(이음)〉	·깡·께	·꽁·게
·이	〈으니(이음)〉	·깡·께	:꽁·게
ㅇ·께	〈으니까〉	·깡·께	·꼬·니·까
ㅇ·께	〈으니까〉	·깡·께	·꼬·이·께
·이·께	〈으니까〉	·까·이·께〈㊮〉	·꼬·이·께
ㅇ·께·나	〈으니까〉	·깡·께·나	·꼬·이·께
·아	〈아(서술)〉	·까	:꽈
·아	〈아(어찌)〉	·까	:꽈
·아·라	〈아라〉	·까·라	:꽈·라
·아·서	〈아서〉	·까·서	:꽈·서
·아·야	〈아야〉	·까·야	:꽈·야
·아·도	〈아도〉	·까·도	:꽈·도
·았·다	〈았다〉	·깠·다	:꽜·다
·았·는	〈은〉	·깠·는	:꽜·는
·았·는·갑·다	〈았는가보다〉	·깠·는·갑·다	:꽜·는·갑·다
·았·던·갑·다	〈았던가보다〉	·깠·던·갑·다	:꽜·던·갑·다
ㅂ니·더	〈읍니다〉	·깝·니·더	·꼽·니·다
ㅂ니·다	〈읍니다〉	·깝·니·다	·꼽·니·다
ㅂ디·더	〈읍니다〉	·깝·디·더	·꼽·디·다
ㅂ디·다	〈읍니다〉	·깝·디·다	·꼽·디·다
ㅂ디·더	〈읍니다〉	·깝·디·더	·꼽·디·이·다
ㅂ디·다	〈읍니다〉	·깝·디·다	·꼽·디·이·다
ㅂ니·꺼	〈읍니까〉	·깝·니·꺼	·꼽·니·까
ㅂ니·까	〈읍니까〉	·깝·니·까	·꼽·니·까
ㅂ디·꺼	〈읍디까〉	·깝·디·꺼	·꼽·디·까
ㅂ디·까	〈읍디까〉	·깝·디·까	·꼽·디·까
ㅂ디·꺼	〈읍디까〉	·깝·디·꺼	·꼽·디·이·까
ㅂ디·까	〈읍디까〉	·깝·디·까	·꼽·디·이·까

는	〈는〉	·까·는	·꼬·는
는·데	〈는데〉	·까·는·데	·꼬·는·데
는·가	〈는가〉	·까·는·가	·꼬·는·가
는·고	〈는가〉	·까·는·고	·꼬·는·고
는·갑·다	〈는가보다〉	·까·는·갑·다	·꼬·는·갑·다
는가·베	〈는가보다〉	·까·는·가·베	·꼬·는·가·베
는·교	〈는거요(물음)〉	·깝·니·꺼	·꼽·니·까
니·라	〈는 것이다〉	·까·니·라	·꼬·니·이·라
더·라	〈더라〉	·까·더·라	·꼬·더·라
더·노	〈더냐〉	·까·더·노	·꼬·더·노
더·나	〈더냐〉	·까·더·나	·꼬·더·나
던·가	〈던가〉	·까·던·가	·꼬·던·가
던갑·다	〈던가보다〉	·까·던·갑·다	·꼬·던·갑·다
던·고	〈던가〉	·까·던·고	·꼬·던·고
든·가	〈든가〉	·까·든·가	·꼬·든·가
싱·께	〈으시니〉	·까·싱·께	·꼬·시·이·께
신·다	〈으신다〉	·까·신·다	·꼬·신·다
거·나	〈거나〉	·까·거·나	·꼬·거·나
거·등	〈거든(이음)〉	·까·거·등	·꼬·거·등
거·등	〈거든(서술)〉	·까·거·등	·꼬·거·등
길·래	〈길래〉	·까·길·래	·꼬·길·래
건·대	〈건대〉	·까·건·대	·꼬·건·대
거마·는	〈건마는〉	·까·거·마·는	·꼬·건·마·는
겄·다	〈겠다〉	·까·겄·다	·꼬·겠·다
는구·나	〈는구나〉	·까·는·구·나	·꼬·는·구·나
구·나	〈구나〉	·까·구·나	·꼬·는·구·나
끄·마	〈으마, 겠다〉	·까·끄·마	·꼬·꾸·마
라·모	〈으라면〉	·까·라·모	·꼬·라·마
라·꼬	〈으라고(물음)〉	·까·라·꼬	·꼬·라·꼬
도·록	〈도록〉	·까·도·록	·꼬·드·록
두·룩	〈도록〉	·까·두·룩	·꼬·두·록
·기·로·서·니	〈기로서니〉	·까·기·로·서·니	·꼬·기·로·서·이
·기·로·서·이	〈기로서니〉	·까·기·로·서·이	·꼬·기·로·서·이
고	〈고(이음)〉	·까·고	·꼬·고
거들·랑	〈거들랑〉	·까·거·들·랑	·꼬·거·들·랑
더라·도	〈더라도〉	·까·더·라·도	·꼬·더·라·도
더라·꼬	〈더라고〉	·까·더·라·꼬	·꼬·더·라·꼬
싱·께	〈으시니〉	·까·싱·께	·꼬·싱·게
·시·이·께	〈으시니〉	·까·시·이·께〈문〉	·꼬·시·이·께
신·다	〈으신다〉	·까·신·다	·꼬·신·다
나·마	〈으나마〉	·까·나·마	·꼬·나·마

라·꼬	〈으라고(물음)〉	·까·라·꼬	·꼬·라·꼬
께·에	〈으마〉	·까·께·에	·꼬·께·에
께·에	〈으마〉	·까·께·에	·꼬·께·에
이·소	〈으시오〉	·까·이·소	·꼬·이·소
시이·소	〈으십시오〉	·까·시·이·소	·꼬·시·이·소
시·지·예(시킴)	〈으시지요〉	·까·시·지·예	·꼬·시·지·요
ㄹ라·꼬	〈으려고〉	·깔·라·까	·꼴·라·꼬
ㄹ수·록	〈을수록〉	·깔·수·록	·꼴·수·록
ㄹ망·정	〈을망정〉	·깔·망·정	·꼴·망·정
ㄹ낑·께·에	〈을테니까〉	·깔·낑·께·에	·꼴·끼·이·께
ㄹ낑·께·에	〈을테니까〉	·까·낑·께·나	·꼴·끼·이·께
ㅂ시·더	〈읍시다〉	·깝·시·더	·꼽·시·다
ㅂ시·다	〈읍시다〉	·깝·시·다	·꼽·시·다
ㅂ시·더	〈읍시다〉	·깝·시·더	·꼽·시·이·다
ㅂ시·다	〈읍시다〉	·깝·시·다	·꼽·시·이·다
ㅂ시·더·이	〈읍시다〉	·깝·시·더·이	·꼽·시·다
십·니·꺼	〈으십니까〉	·까·십·니·꺼	·꼬·십·니·까
·까	〈을까〉	·까·까	·꼬·까
·꼬	〈을까〉	·까·꼬	·꼬·꼬
ㄹ·까	〈을까〉	·깔·까	·꼴·까
ㄹ·꼬	〈을까〉	·깔·꼬	·꼴·꼬
·라	〈으라(시킴)〉	·까·라	·꼬·라
·소	〈으소(시킴)〉	·까·소	·꼬·소
·모	〈으면〉	·까·모	·꼬·마
·로	〈으러〉	·까·로	·꼬·로
·나	〈으나〉	·까·나	·꼬·나
·세	〈으세〉	·까·세	·꼬·세
ㄴ·들	〈은들〉	·깐·들	·꼰·들

10.6 다음절 풀이씨 굴곡형의 성조

3음절 이상의 풀이씨의 줄기는 /돌·아#가·다, 돌·아#·간·다; 답답#하·다, 답답#·해·애·서/처럼 그 가운데 쉼(#)이 들어가지 않은 한 성조의 변동은 없고,[59] 뒤따르는 씨끝의 성조는 평

59) /돌·아#가·다, 돌·아#·간·다; 답답#하·다, 답답#·해·애·서/에서처럼 쉼(#)이 들어 있으면 쉼 앞의 부분은 성조가 고정되어 있고, 쉼 뒤의 부분만 따로 떼어서 그 성조 변동 여부를 가리면 된다. 성조 변동과는 관계없는 일이지만 /답답#하·다/, /답답#·해·애·서/와 같이 /$□_2$#□·$□^n$, H_2#HM^n/, /$□_2$#·$□_2$, H_2#M_2/의 모양으로 이루어진 어형의 음조형에 대하여 한 마디 덧붙여 두겠다. 고성 방언에서는 음조형 실현 규칙 (27)의 적용에 따라 /H_2#HM^n/은 〔MH_1#HM^n〕이 되고, /H_2#M^{2+n}/은 〔MH_1#HHM^n〕이 되는데, 이러한 상태에서는 쉼(#)

성형 줄기 바로 뒤에서는 변동이 없으며, 평측형이나 상성형이나 거성형 줄기 뒤에서는 중화 규칙 (7)을 따르므로, 여기에서 성조의 변동에 따른 어형들을 열거할 필요가 없다. 2음절 줄기는 소수의 예외를 제외하고는 성조의 변화가 없다. 이 경우에도 씨끝의 성조는 평성형 줄기 바로 뒤에서는 변동이 없고, 평측형이나 상성형이나 거성형 줄기 뒤에서는 중화 규칙 (7)을 따르므로 여기에서 성조의 변동에 따른 어형들을 열거할 필요가 없다. 하나의 보기만 그 굴곡형을 자세히 열거한다.

(134)

고성 방언	표준말	고성 방언	성주 방언
씨끝	풀이	때·애·다/HM·M/	때·애·다/HM·M/(燒)
ㄴ	〈은〉	때·앤	때·앤
ㄹ	〈을〉	때·앨	때·앨
ㄴ·다	〈은다〉	때·앤·다	때·앤·다
·요	〈요(서술)〉	때·애·요	때·애·요
·데	〈데(〈더이)〉	때·애·데	때·애·데
·네	〈네(서술)〉	때·애·네	때·애·네
·노	〈니(물음)〉	때·애·노	때·애·노
·나	〈니(물음)〉	때·애·나	때·애·나
·자	〈자(이끎)〉	때·애·자	때·애·자
·자·이	〈어라(이끎)〉	때·애·자··이	때·애·자
·지	〈지(시킴)〉	때·애·지	때·애·지
·지	〈지(서술)〉	때·애·지	때·애·지
·지	〈지(이음)〉	때·애·지	때·애·지
·지·예	〈지요(시킴)〉	때·애·지·예	때·애·지·요

은 삭제되어 〔MH_1# HM^n〕→〔MH_2M^n〕, 〔MH_1#HHM^n〕→〔MH_3M^n〕의 과정이 일어난다. 이리하여 /H_2#HM^n/에서 표면형 〔MH_2M^n〕이 도출되고, /H_2#M^{2+n}/에서 〔MH_3M^n〕이 도출된다. 한편 규칙 (27)의 평측형의 음조형 실현 규칙의 적용으로 〔MH_2M^n〕은 /H_3M^n/에서도, 그리고 〔MH_3M^n〕은 /H_4M^n/에서도 각각 도출될 수 있다. 이리하여 표면형 〔MH_2M^n〕이 /H_2#HM^n/에서 왔는지, /H_3M^n/에서 왔는지, 그리고 표면형 〔MH_3M^n〕이 /H_2#M^{2+n}/에서 왔는지, 또는 /H_4M^n/에서 왔는지 전문적인 성조 연구자가 아니면 알 수 없는 경우가 생긴다.

이러한 현상은 성주 방언에서도 마찬가지로 생겨난다. 성주 방언에서는 음조형 실현 규칙 (28)의 적용에 따라 /H_2#HM^n/은 〔M_1H#HM^n〕이 되는데, 이러한 상태에서는 쉼(#)은 삭제되어 〔M_1H#HM^n〕 →〔M_2HM^n〕의 과정이 일어난다. 이리하여 /H_2#HM^n/에서 표면형 〔M_2HM^n〕이 도출된다. 한편 규칙 (28)의 평측형의 음조형 실현 규칙의 적용으로 〔M_2HM^n〕은 /H_3M^n/에서도 도출될 수 있다. 이리하여 표면형 〔M_2HM^n〕이 /H_2#HM^n/에서 왔는지, /H_3M^n/에서 왔는지 전문적인 성조 연구자가 아니면 알 수 없는 경우가 생긴다.

구체적인 보기로, /답답#하·다/는 고성 방언에서는 〔MH^2M〕로, 성주 방언에서는 〔M^2HM〕로 각각 발음된다. 그리고 /답답#·해·애·서/는 고성 방언에서 〔MH^3M〕로 발음된다. 이런 경우 기저형을 /답답하 ·다/, /답답해애·서/로 잘못 잡지 않도록 조심해야 한다. 고성 방언의 /답답#·해·애·서/에 대응하는 어형은 성주 방언에서는 /답답#:해·서/〔MH#$\ddot{H}$H〕로 나타나며, 때로는 둘째 음절이 조금 낮아져서 〔MM#$\ddot{H}$H〕로 들리기도 한다.

·제	〈지(물음)〉	때·애·제	때·애·지
·게	〈게(이음)〉	때·애·게	때·애·기
·까	〈을까〉	때·애·까	때·애·까
·꼬	〈을까〉	때·애·꼬	때·애·꼬
·니	〈으니(이음)〉	때·애·니	때·애·니
·이	〈으니(이음)〉	때·앵·께	때·앵·게
·이·까	〈으니까〉	때·앵·께	때·앵·께
·이·께	〈으니까〉	때·앵·께	때·애·이·께
·이·께·에	〈으니까〉	때·앵·께	때·애·이·께
ㅇ·께·나	〈으니까〉	때·앵·께·나	때·애·이·께
·어	〈어(서술)〉	때·애	때·애
·어	〈어(어찌)〉	때·애	때·애
·어·라	〈어라〉	때·애·라	때·애·라
·어·서	〈어서〉	때·애·서	때·애·서
·어·야	〈어야〉	때·애·야	때·애·야
·어·도	〈어도〉	때·애·도	때·애·도
·었·는(〈·었+는)	〈은〉	때·앴·는	때·앴·는
·었·는·갑·다	〈었는가보다〉	때·앴·는·갑·다	때·앴·는·갑·다
·었·던·갑·다	〈었던가보다〉	때·앴·던·갑·다	때·앴·던·갑·다
ㅂ니·더	〈읍니다〉	때·앱·니·더	때·앱·니·다
ㅂ니·다	〈읍니다〉	때·앱·니·다	때·앱·니·다
ㅂ디·더	〈읍니다〉	때·앱·디·더	때·앱·디·이·다
ㅂ디·다	〈읍니다〉	때·앱·디·다	때·앱·디·이·다
ㅂ니·꺼	〈읍니까〉	때·앱·니·꺼	때·앱·니·까
ㅂ니·까	〈읍니까〉	때·앱·니·까	때·앱·니·까
ㅂ디·꺼	〈읍디까〉	때·앱·디·꺼	때·앱·디·이·까
ㅂ디·까	〈읍디까〉	때·앱·디·까	때·앱·디·이·까
는	〈는〉	때·애·는	때·애·는
는·데	〈는데〉	때·애·는·데	때·애·는·데
는·다	〈는다〉	때·앤·다	때·앤·다
는·가	〈는가〉	때·애·는·가	때·애·는·가
는·고	〈는가〉	때·애·는·고	때·애·는·고
는갑·다	〈는가보다〉	때·애·는·갑·다	때·애·는·갑·다
는가·베	〈는가보다〉	때·애·는·가·베	때·애·는·가·베
ㅂ니·꺼	〈읍니까〉	때·앱·니·꺼	때·앱·니·까
니·라	〈는 것이다〉	때·애·니·라	때·애·니·라
더·라	〈더라〉	때·애·더·라	때·애·더·라
더·노	〈더냐〉	때·애·더·노	때·애·더·노
더·나	〈더냐〉	때·애·더·나	때·애·더·나
던·가	〈던가〉	때·애·던·가	때·애·던·가
던갑·다	〈던가보다〉	때·애·던·갑·다	때·애·던·갑·다

던·고	〈던가〉	때·애·던·고	때·애·던·고
든·가	〈든가〉	때·애·든·가	때·애·든·가
싱·께	〈으시니〉	때·애·싱·께	때·애·싱·게
신·다	〈으신다〉	때·애·신·다	때·애·신·다
거·나	〈거나〉	때·애·거·나	때·애·거·나
거·등	〈거든(이음)〉	때·애·거·등	때·애·거·등
거·등	〈거든(서술)〉	때·애·거·등	때·애·거·등
길·래	〈길래〉	때·애·길·래	때·애·길·래
건·대	〈건대〉	때·애·건·대	때·애·건·대
거마·는	〈거마는〉	때·애·거·마·는	때·애·건·마·는
겠·다	〈겠다〉	때·애·겄·다	때·애·겠·다
는구·나	〈는구나〉	때·애·는·구·나	때·애·는·구·나
께·에	〈으마, 겠다〉	때·애·께·에	때·애·께·에
ㄲ·마	〈으마, 겠다〉	때·애·ㄲ·마	때·애·꾸·마
ㅂ시·더	〈읍시다〉	때·앱·시·더	때·앱·시·다
·라·꼬	〈으라고(물음)〉	때·애·라·꼬	때·애·라·꼬
십니·꺼	〈으십니까〉	때·애·십·니·꺼	때·애·십·니·까
십니·꺼	〈으십니까〉	때·애·십·니·까	때·애·십·니·까
이·소	〈으시오〉	때·이·소	때·애·이·소
시이·소	〈으십시오〉	때·애·시·이·소	때·애·시·이·소
시이·소	〈으십시오〉	때·이·시·이·소	때·애·시·이·소
시·지	〈으시지(시킴)〉	때·애·시·지	때·애·시·지
시·지·예	〈으시지요(시킴)	때·애·시·지·예	때·애·시·지·요
ㄹ·라·꼬	〈으려고〉	때·앨·라·꼬	때·앨·라·꼬
ㄹ·수·록	〈을수록〉	때·앨·수·록	때·앨·수·록
ㄹ망·정	〈을망정〉	때·앨·망·정	때·앨·망·정
ㄹ낑·께	〈을테니까〉	때·앨·낑·께	때·앨·끼·이·께
ㄹ낑·께	〈을테니까〉	때·앨·낑·께	때·앨·끼·잉·게
ㅂ시·더	〈읍시다〉	때·앱·시·더	때·앱·시·다
입시·더	〈으십시다〉	때·입·시·더	때·입·시·다
입시·다	〈으십시다〉	때·앱·시·다	때·입·시·다
입시·더·이	〈으십시다〉	때·입·시·더·이	때·입·시·다
입시·더·이	〈으십시다〉	때·앱·시·더·이	때·입·시·다
·까	〈을까〉	때·앨·까	때·앨·까
·꼬	〈을까〉	때·앨·꼬	때·앨·꼬
·라	〈으라(시킴)〉	때·애·라	때·애·라
·소	〈으소(시킴)〉	때·애·소	때·애·소
·모	〈으면〉	때·애·모	때·애·마
·로	〈으러〉	때·애·로	때·애·로
·나	〈으나〉	때·애·나	때·애·나
·세	〈으세〉	때·애·세	때·애·세

ㄴ·들	〈은들〉	때·앤·들	때·앤·들
라·모	〈으라면〉	때·애·라·모	때·애·라·마
라·꼬	〈으라고(물음)〉	때·애·라·꼬	때·애·라·꼬
도·록	〈도록〉	때·애·도·록	때·애·두·록
도·록	〈도록〉	때·애·도·록	때·애·드·록
·기·로·서·이	〈기로서니〉	때·애·기·로·서·이	때·애·기·로·서·이
고	〈고(이음)〉	때·애·고	때·애·고
거·들·랑	〈거들랑〉	때·애·거·들·랑	때·애·거·들·랑
더라·도	〈더라도〉	때·애·더·라·도	때·애·더·라·도
더라·꼬	〈더라고〉	때·애·더·라·꼬	때·애·더·라·꼬

11. 풀이씨 대응 자료

10장에서 분류된 방법에 따라 풀이씨를 분류해서 열거하되 어형 변화표는 줄인다.

(135) 평성형 · 평측형 풀이씨

고성 방언		성주 방언	
낳·다(出産)	H·M(=HM)〔HM〕	낳·다	H·M(=HM)〔HM〕
옇·다(入)	H·M(=HM)〔HM〕	넣·다	H·M(=HM)〔HM〕
옇·다(入)	H·M(=HM)〔HM〕	옇·다	H·M(=HM)〔HM〕
잇·다(繼)	H·M(=HM)〔HM〕	이ㅎ·다	H·M(=HM)〔HM〕
붕·다(注)	H·M(=HM)〔HM〕	붕·다	H·M(=HM)〔HM〕
놓·다(置)	H·M(=HM)〔HM〕	놓·다	H·M(=HM)〔HM〕
놓·다(出産)	H·M(=HM)〔HM〕	놓·다	H·M(=HM)〔HM〕
들·다	H·M(=HM)〔HM〕	들·다	H·M(=HM)〔HM〕
날·다(飛)	H·M(=HM)〔HM〕	날·다	H·M(=HM)〔HM〕
달·다(甘)	H·M(=HM)〔HM〕	달·다	H·M(=HM)〔HM〕
말·다(捲)	H·M(=HM)〔HM〕	말·다	H·M(=HM)〔HM〕
질·다(泥)	H·M(=HM)〔HM〕	질·다	H·M(=HM)〔HM〕
질·다(·밥·이~)	H·M(=HM)〔HM〕	질·다	H·M(=HM)〔HM〕
물·다(咬)	H·M(=HM)〔HM〕	물·다	H·M(=HM)〔HM〕
듣·다	H·M(=HM)〔HM〕	듣·다	H·M(=HM)〔HM〕
닫·다	H·M(=HM)〔HM〕	닫·다	H·M(=HM)〔HM〕
받·다	H·M(=HM)〔HM〕	받·다	H·M(=HM)〔HM〕
믿·다	H·M(=HM)〔HM〕	믿·다	H·M(=HM)〔HM〕
굳·다	H·M(=HM)〔HM〕	굳·다	H·M(=HM)〔HM〕
묻·다(埋)	H·M(=HM)〔HM〕	묻·다	H·M(=HM)〔HM〕
돋·다	H·M(=HM)〔HM〕	돋·다	H·M(=HM)〔HM〕
쏟·다	H·M(=HM)〔HM〕	쏟·다	H·M(=HM)〔HM〕
곧·다(直)	H·M(=HM)〔HM〕	곧·다	H·M(=HM)〔HM〕
붙·다	H·M(=HM)〔HM〕	붙·다	H·M(=HM)〔HM〕
벗·다(脫)	H·M(=HM)〔HM〕	벗·다	H·M(=HM)〔HM〕
늦·다	H·M(=HM)〔HM〕	늦·다	H·M(=HM)〔HM〕
낮·다	H·M(=HM)〔HM〕	낮·다	H·M(=HM)〔HM〕

맞·다	H·M(=HM)〔HM〕	맞·다	H·M(=HM)〔HM〕
잊·다	H·M(=HM)〔HM〕	잊·다	H·M(=HM)〔HM〕
쫓·다(逐)	H·M(=HM)〔HM〕	쫓·다	H·M(=HM)〔HM〕
업·다	H·M(=HM)〔HM〕	업·다	H·M(=HM)〔HM〕
접·다	H·M(=HM)〔HM〕	접·다	H·M(=HM)〔HM〕
잡·다	H·M(=HM)〔HM〕	잡·다	H·M(=HM)〔HM〕
입·다	H·M(=HM)〔HM〕	입·다	H·M(=HM)〔HM〕
적·다(記)	H·M(=HM)〔HM〕	적·다	H·M(=HM)〔HM〕
익·다	H·M(=HM)〔HM〕	익·다	H·M(=HM)〔HM〕
죽·다	H·M(=HM)〔HM〕	죽·다	H·M(=HM)〔HM〕
누ㆆ·다(臥)	H·M(=HM)〔HM〕	누ᇦ·다	H·M(=HM)〔HM〕
누ㆆ·다(臥)	H·M(=HM)〔HM〕	눕·다	H·M(=HM)〔HM〕
굽·다(曲)	H·M(=HM)〔HM〕	굽·다	H·M(=HM)〔HM〕
도ᇦ·다	H·M(=HM)〔HM〕	도ᇦ·다	H·M(=HM)〔HM〕
도ᇦ·다	H·M(=HM)〔HM〕	돕·다	H·M(=HM)〔HM〕
좁·다(狹)	H·M(=HM)〔HM〕	쫍·다	H·M(=HM)〔HM〕
쫍·다(狹)	H·M(=HM)〔HM〕	쫍·다	H·M(=HM)〔HM〕
엎·다	H·M(=HM)〔HM〕	엎·다	H·M(=HM)〔HM〕
덮·다	H·M(=HM)〔HM〕	덮·다	H·M(=HM)〔HM〕
갚·다	H·M(=HM)〔HM〕	갚·다	H·M(=HM)〔HM〕
높·다	H·M(=HM)〔HM〕	높·다	H·M(=HM)〔HM〕
썩·다(腐)	H·M(=HM)〔HM〕	썩·다	H·M(=HM)〔HM〕
먹·다	H·M(=HM)〔HM〕	묵·다	H·M(=HM)〔HM〕
묵·다	H·M(=HM)〔HM〕	묵·다	H·M(=HM)〔HM〕
막·다	H·M(=HM)〔HM〕	막·다	H·M(=HM)〔HM〕
박·다	H·M(=HM)〔HM〕	박·다	H·M(=HM)〔HM〕
식·다	H·M(=HM)〔HM〕	식·다	H·M(=HM)〔HM〕
식·다	H·M(=HM)〔HM〕	씩·다〈구〉	H·M(=HM)〔HM〕
묵·다	H·M(=HM)〔HM〕	묵·다	H·M(=HM)〔HM〕
녹·다	H·M(=HM)〔HM〕	녹·다	H·M(=HM)〔HM〕
쏙·다	H·M(=HM)〔HM〕	쏙·다	H·M(=HM)〔HM〕
솟·다	H·M(=HM)〔HM〕	솟·다	H·M(=HM)〔HM〕
있·다	H·M(=HM)〔HM〕	있·다	H·M(=HM)〔HM〕
섞·다(混)	H·M(=HM)〔HM〕	썪·다	H·M(=HM)〔HM〕
꺾·다	H·M(=HM)〔HM〕	꺾·다	H·M(=HM)〔HM〕
끈ㄱㆆ·다	H·M(=HM)〔HM〕	꺾·다	H·M(=HM)〔HM〕
낚·다	H·M(=HM)〔HM〕	낚·다	H·M(=HM)〔HM〕
깎·다	H·M(=HM)〔HM〕	깎·다	H·M(=HM)〔HM〕
썪·다	H·M(=HM)〔HM〕	썪·다	H·M(=HM)〔HM〕
썪·다	H·M(=HM)〔HM〕	씻·다	H·M(=HM)〔HM〕
앓·다	H·M(=HM)〔HM〕	앓·다	H·M(=HM)〔HM〕

닳·다	H·M(=HM)〔HM〕	땷·다	H·M(=HM)〔HM〕
잃·다(失)	H·M(=HM)〔HM〕	잃·다	H·M(=HM)〔HM〕
끓·다	(失)H·M(=HM)〔HM〕	잃·다	H·M(=HM)〔HM〕
훑·다	H·M(=HM)〔HM〕	핥·다	H·M(=HM)〔HM〕
훑·다	H·M(=HM)〔HM〕	훑·다	H·M(=HM)〔HM〕
넓·다〔넙·따〕	H·M(=HM)〔HM〕	넓·다	H·M(=HM)〔HM〕
늙·다	H·M(=HM)〔HM〕	늙·다	H·M(=HM)〔HM〕
앓·다〈앓다〉	H·M(=HM)〔HM〕	앓·다	H·M(=HM)〔HM〕
닳·다	H·M(=HM)〔HM〕	땷·다	H·M(=HM)〔HM〕
잃·다〈두드러기, 셋바늘〉	H·M(=HM)〔HM〕	솟·다〈셋방·울·이〉	H·M(=HM)〔HM〕
맑·다〔막·다〕	H·M(=HM)〔HM〕	맑·다〔말·따〕	H·M(=HM)〔HM〕
밝·다〔박·다〕	H·M(=HM)〔HM〕	밝·다〔발·따〕	H·M(=HM)〔HM〕
읽·다	H·M(=HM)〔HM〕	읽·다	H·M(=HM)〔HM〕
끈ㄱㅎ·다	H·M(=HM)〔HM〕	끊·다	H·M(=HM)〔HM〕
얹·다	H·M(=HM)〔HM〕	얹·다	H·M(=HM)〔HM〕
앉·다	H·M(=HM)〔HM〕	앉·다	H·M(=HM)〔HM〕
끈ㄱㅎ·다〔껑·타〕	H·M(=HM)〔HM〕	끊·다	H·M(=HM)〔HM〕
띠·다(躍,走)	H·M(=HM)〔HM〕	띠·다	H·M(=HM)〔HM〕
띠·다(躍,走)	H·M(=HM)〔HM〕	띵·다	H·M(=HM)〔HM〕
페·다(展)	H·M(=HM)〔HM〕	피·다	H·M(=HM)〔HM〕
데·다(爲)	H·M(=HM)〔HM〕	되·다	H·M(=HM)〔HM〕
네·다〈문〉(연기가~)	H·M(=HM)〔HM〕	내·다	H·M(=HM)〔HM〕
깨·다(破)	H·M(=HM)〔HM〕	깨·다	H·M(=HM)〔HM〕
매·다(結)	H·M(=HM)〔HM〕	매·다	H·M(=HM)〔HM〕
케·다〈켜다〉	H·M(=HM)〔HM〕	키·다[60]	H_{M}·M(=HM)〔HM〕
하·다	H_{M-1}·M(=HM)〔HM〕	하·다	H_{M-1}·M(=HM)〔HM〕
쿠·다(云)	H_{M-1}·M(=HM)〔HM〕	카·다	H_{M-1}·M(=HM)〔HM〕
주·다	H_{M-1}·M(=HM)〔HM〕	주·다	H_{M-1}·M(=HM)〔HM〕
자·다	H_{M-1}·M(=HM)〔HM〕	자·다	H_{M-1}·M(=HM)〔HM〕
오·다	H_{M-1}·M(=HM)〔HM〕	오·다	H_{M-1}·M(=HM)〔HM〕
보·다	H_{M-1}·M(=HM)〔HM〕	보·다	H_{M-1}·M(=HM)〔HM〕
두·다(置)	H_{M-1}·M(=HM)〔HM〕	두·다	H_{M-1}·M(=HM)〔HM〕
누·다	H_{M-1}·M(=HM)〔HM〕	누·다	H_{M-1}·M(=HM)〔HM〕
나·다	H_{M-1}·M(=HM)〔HM〕	나·다	H_{M-1}·M(=HM)〔HM〕
가·다	H_{M-1}·M(=HM)〔HM〕	가·다	H_{M-1}·M(=HM)〔HM〕
서·다(立)	H_{M-2}·M(=HM)〔HM〕	서·다	H_{M-2}·M(=HM)〔HM〕
사·다	H_{M-2}·M(=HM)〔HM〕	사·다	H_{M-2}·M(=HM)〔HM〕
지·다(負)	H_{M-2}·M(=HM)〔HM〕	지·다	H_{M-2}·M(=HM)〔HM〕
지·다(日沒)	H_{M-2}·M(=HM)〔HM〕	지·다	H_{M-2}·M(=HM)〔HM〕

60) 성주 방언에서 /키·다/의 줄기 /키-/는 /·어X/형 씨끝 앞에서만 거성으로 바뀌기 때문에 /가·다, H_{M-1}/류, /서·다, H_{M-2}/류의 변동 평성 풀이씨와는 달라서 줄기를 /H_M/으로만 표시해 두었다.

시·다(酸)	H·M(=HM)〔HM〕	시·다	H·M(=HM)〔HM〕
띠·다	H·M(=HM)〔HM〕	뛿·다	H·M(=HM)〔HM〕
매·다(結)	H·M(=HM)〔HM〕	매·다	H·M(=HM)〔HM〕
매·다(結)	H·M(=HM)〔HM〕	맷·다	H·M(=HM)〔HM〕
훛·다〈쫓다〉	H·M(=HM)〔HM〕	훛·다	H·M(=HM)〔HM〕
쫓·다〈쫓다〉	H·M(=HM)〔HM〕	쫓·다	H·M(=HM)〔HM〕
쪽·다〈쫓다〉	H·M(=HM)〔HM〕	쫓·다	H·M(=HM)〔HM〕
푸·르·다	HM·M(=HM^2)〔HM^2〕	푸·르·다	HM·M(=HM^2)〔HM^2〕
끼·리·다〈끓이다〉	HM·M(=HM^2)〔HM^2〕	끼·리·다	HM·M(=HM^2)〔HM^2〕
끼·리·다〈끓이다〉	HM·M(=HM^2)〔HM^2〕	끓·이·다	HM·M(=HM^2)〔HM^2〕
끼·리·다〈끓이다〉	HM·M(=HM^2)〔HM^2〕	끼·리·다	HM·M(=HM^2)〔HM^2〕
맞·히·다〈사〉	HM·M(=HM^2)〔HM^2〕	맞·히·다	HM·M(=HM^2)〔HM^2〕
마·치·다〈타〉	HM·M(=HM^2)〔HM^2〕	마·치·다	HM·M(=HM^2)〔HM^2〕
깪·이·다〈깎이다〉〈사〉	HM·M(=HM^2)〔HM^2〕	깎·이·다	HM·M(=HM^2)〔HM^2〕
높·이·다	HM·M(=HM^2)〔HM^2〕	높·이·다	HM·M(=HM^2)〔HM^2〕
믹·이·다〈사〉	HM·M(=HM^2)〔HM^2〕	믹·이·다	HM·M(=HM^2)〔HM^2〕
붙·이·다〈사〉	HM·M(=HM^2)〔HM^2〕	붙·이·다	HM·M(=HM^2)〔HM^2〕
쏙·이·다(欺)	HM·M(=HM^2)〔HM^2〕	속·이·다	HM·M(=HM^2)〔HM^2〕
쌔·앳·다〈많다〉	HM·M(=HM^2)〔HM^2〕	쌔·앳·다	HM·M(=HM^2)〔HM^2〕
숙·이·다	HM·M(=HM^2)〔HM^2〕	숙·이·다	HM·M(=HM^2)〔HM^2〕
죽·이·다(殺)	HM·M(=HM^2)〔HM^2〕	죽·이·다	HM·M(=HM^2)〔HM^2〕
직·이·다(殺)	HM·M(=HM^2)〔HM^2〕	직·이·다	HM·M(=HM^2)〔HM^2〕
씨·이·다(書)〈사〉	HM·M(=HM^2)〔HM^2〕	쓰·이·다〈사〉	HM·M(=HM^2)〔HM^2〕
입·히·다〈사〉	HM·M(=HM^2)〔HM^2〕	입·히·다〈사〉	HM·M(=HM^2)〔HM^2〕
가·리·다(選)	HM·M(=HM^2)〔HM^2〕	가·리·다	HM·M(=HM^2)〔HM^2〕
개·리·다(選)	HM·M(=HM^2)〔HM^2〕	개·리·다	HM·M(=HM^2)〔HM^2〕
개·리·다(커튼, 음식)	HM·M(=HM^2)〔HM^2〕	개·리·다	HM·M(=HM^2)〔HM^2〕
걸·리·다(걸음을~)	HM·M(=HM^2)〔HM^2〕	걸·리·다	HM·M(=HM^2)〔HM^2〕
말·리·다〈마르·게〉	HM·M(=HM^2)〔HM^2〕	말·리·다	HM·M(=HM^2)〔HM^2〕
빨·리·다〈사〉	HM·M(=HM^2)〔HM^2〕	빨·리·다〈피〉	HM·M(=HM^2)〔HM^2〕
빨·리·다〈사〉	HM·M(=HM^2)〔HM^2〕	빨·리·다〈사〉	HM·M(=HM^2)〔HM^2〕
씰·리·다(掃)〈사〉	HM·M(=HM^2)〔HM^2〕	씰·리·다〈사〉	HM·M(=HM^2)〔HM^2〕
씰·리·다(掃)〈사〉	HM·M(=HM^2)〔HM^2〕	쓸·리·다〈사〉	HM·M(=HM^2)〔HM^2〕
알·리·다〈사〉	HM·M(=HM^2)〔HM^2〕	알·리·다	HM·M(=HM^2)〔HM^2〕
에·리·다(幼)	HM·M(=HM^2)〔HM^2〕	어·리·다	HM·M(=HM^2)〔HM^2〕
에·리·다(幼)	HM·M(=HM^2)〔HM^2〕	에·리·다	HM·M(=HM^2)〔HM^2〕
에·리·다(幼)	HM·M(=HM^2)〔HM^2〕	이·리·다	HM·M(=HM^2)〔HM^2〕
뻗·치·다〈자,타〉	HM·M(=HM^2)〔HM^2〕	뻗·치·다	HM·M(=HM^2)〔HM^2〕
훔·치·다(도둑질)	HM·M(=HM^2)〔HM^2〕	훔·치·다(盜)	HM·M(=HM^2)〔HM^2〕
갱·기·다〈눈을~〉〈사〉	HM·M(=HM^2)〔HM^2〕	깜·기·다	HM·M(=HM^2)〔HM^2〕
비·기·다	HM·M(=HM^2)〔HM^2〕	비·기·다	HM·M(=HM^2)〔HM^2〕

벳·기·다	HM·M(=HM²)〔HM²〕	벳·기·다	HM·M(=HM²)〔HM²〕
안·기·다〈안기다〉〈사〉	HM·M(=HM²)〔HM²〕	앵·끼·다	HM·M(=HM²)〔HM²〕
앤·기·다〈안기다〉〈사〉	HM·M(=HM²)〔HM²〕	앵·끼·다	HM·M(=HM²)〔HM²〕
팅·기·다	HM·M(=HM²)〔HM²〕	튕·기·다	HM·M(=HM²)〔HM²〕
팅·기·다	HM·M(=HM²)〔HM²〕	팅·기·다	HM·M(=HM²)〔HM²〕
니·비·다〈누비다〉	HM·M(=HM²)〔HM²〕	니·비·다	HM·M(=HM²)〔HM²〕
니·이·다〈옷을~〉	HM·M(=HM²)〔HM²〕	니·비·다	HM·M(=HM²)〔HM²〕
니·이·다〈옷을~〉	HM·M(=HM²)〔HM²〕	누·비·다	HM·M(=HM²)〔HM²〕
니·이·다〈오줌~〉	HM·M(=HM²)〔HM²〕	니·이·다	HM·M(=HM²)〔HM²〕
텡·궁·다〈퉁기다〉	HM·M(=HM²)〔HM²〕	탱·구·다	HM·M(=HM²)〔HM²〕
비·끼·다〈·글~〉	HM·M(=HM²)〔HM²〕	삐·끼·다	HM·M(=HM²)〔HM²〕
비·끼·다〈·글~〉	HM·M(=HM²)〔HM²〕	비·끼·다	HM·M(=HM²)〔HM²〕
비·비·다〈밥을~〉	HM·M(=HM²)〔HM²〕	비·비·다	HM·M(=HM²)〔HM²〕
비·비·다〈부비다〉	HM·M(=HM²)〔HM²〕	비·비·다	HM·M(=HM²)〔HM²〕
생·키·다〈넘기다〉	HM·M(=HM²)〔HM²〕	생·키·다	HM·M(=HM²)〔HM²〕
숭·기·다〈숨기다〉	HM·M(=HM²)〔HM²〕	숭·기·다	HM·M(=HM²)〔HM²〕
쌔·앳·다〈많다〉	HM·M(=HM²)〔HM²〕	쌔·앳·다	HM·M(=HM²)〔HM²〕
아·리·다	HM·M(=HM²)〔HM²〕	아·리·다	HM·M(=HM²)〔HM²〕
안·기·다〈안기다〉〈사〉	HM·M(=HM²)〔HM²〕	앵·끼·다	HM·M(=HM²)〔HM²〕
적·시·다	HM·M(=HM²)〔HM²〕	적·시·다	HM·M(=HM²)〔HM²〕
채·애·다〈빌리다〉	HM·M(=HM²)〔HM²〕	채·애·다	HM·M(=HM²)〔HM²〕
팅·기·다	HM·M(=HM²)〔HM²〕	튕·기·다	HM·M(=HM²)〔HM²〕
팅·기·다	HM·M(=HM²)〔HM²〕	텡·구·다	HM·M(=HM²)〔HM²〕
흘·기·다〈눈을〉	HM·M(=HM²)〔HM²〕	힐·기·다	HM·M(=HM²)〔HM²〕
흘·기·다〈눈을〉	HM·M(=HM²)〔HM²〕	힐·키·다	HM·M(=HM²)〔HM²〕
엡·히·다〈사〉	HM·M(=HM²)〔HM²〕	업·히·다	HM·M(=HM²)〔HM²〕
잽·히·다〈사〉	HM·M(=HM²)〔HM²〕	잽·히·다	HM·M(=HM²)〔HM²〕
뎁·히·다〈사〉	HM·M(=HM²)〔HM²〕	뎁·히·다	HM·M(=HM²)〔HM²〕
뎁·히·다〈사〉	HM·M(=HM²)〔HM²〕	덥·히·다	HM·M(=HM²)〔HM²〕
덥·히·다〈사〉	HM·M(=HM²)〔HM²〕	딥·히·다	HM·M(=HM²)〔HM²〕
닙·히·다〈사〉	HM·M(=HM²)〔HM²〕	눕·히·다	HM·M(=HM²)〔HM²〕
닙·히·다〈사〉	HM·M(=HM²)〔HM²〕	뉩·히·다	HM·M(=HM²)〔HM²〕
닙·히·다〈사〉	HM·M(=HM²)〔HM²〕	닙·히·다	HM·M(=HM²)〔HM²〕
날·리·다〈사〉	HM·M(=HM²)〔HM²〕	날·리·다	HM·M(=HM²)〔HM²〕
내·리·다〈나리다〉	HM·M(=HM²)〔HM²〕	내·리·다	HM·M(=HM²)〔HM²〕
다·리·다〈대리다〉	HM·M(=HM²)〔HM²〕	다·리·다	HM·M(=HM²)〔HM²〕
대·리·다〈대리다〉	HM·M(=HM²)〔HM²〕	대·리·다	HM·M(=HM²)〔HM²〕
돌·리·다〈사〉	HM·M(=HM²)〔HM²〕	돌·리·다	HM·M(=HM²)〔HM²〕
때·리·다	HM·M(=HM²)〔HM²〕	때·리·다	HM·M(=HM²)〔HM²〕
푸·리·다	HM·M(=HM²)〔HM²〕	푸·리·다	HM·M(=HM²)〔HM²〕
느·리·다〈徐〉	HM·M(=HM²)〔HM²〕	느·리·다	HM·M(=HM²)〔HM²〕

물·리·다〈사〉	HM·M(=HM^{2})〔HM^{2}〕	물·리·다〈사〉	HM·M(=HM^{2})〔HM^{2}〕
버·리·다(捨)	HM·M(=HM^{2})〔HM^{2}〕	버·리·다	HM·M(=HM^{2})〔HM^{2}〕
삐·리·다(捨)〈…해～〉	HM·M(=HM^{2})〔HM^{2}〕	버·리·다	HM·M(=HM^{2})〔HM^{2}〕
삐·리·다(조동사)	HM·M(=HM^{2})〔HM^{2}〕	뿌·리·다	HM·M(=HM^{2})〔HM^{2}〕
베·리·다(汚)	HM·M(=HM^{2})〔HM^{2}〕	비·리·다	HM·M(=HM^{2})〔HM^{2}〕
뻔·치·다〈사〉	HM·M(=HM^{2})〔HM^{2}〕	뻔·치·다	HM·M(=HM^{2})〔HM^{2}〕
살·리·다〈사〉	HM·M(=HM^{2})〔HM^{2}〕	살·리·다	HM·M(=HM^{2})〔HM^{2}〕
씨·리·다〈쓰리다 〉	HM·M(=HM^{2})〔HM^{2}〕	씨·리·다	HM·M(=HM^{2})〔HM^{2}〕
시·리·다(冷)	HM·M(=HM^{2})〔HM^{2}〕	시·리·다	HM·M(=HM^{2})〔HM^{2}〕
시·리·다(冷)	HM·M(=HM^{2})〔HM^{2}〕	시·렵·다	HM·M(=HM^{2})〔HM^{2}〕
알·리·다〈사〉	HM·M(=HM^{2})〔HM^{2}〕	알·리·다	HM·M(=HM^{2})〔HM^{2}〕
에·리·다	HM·M(=HM^{2})〔HM^{2}〕	어·리·다	HM·M(=HM^{2})〔HM^{2}〕
에·리·다	HM·M(=HM^{2})〔HM^{2}〕	에·리·다	HM·M(=HM^{2})〔HM^{2}〕
제·리·다〈발이〉	HM·M(=HM^{2})〔HM^{2}〕	저·리·다	HM·M(=HM^{2})〔HM^{2}〕
제·리·다〈발이〉	HM·M(=HM^{2})〔HM^{2}〕	지·리·다	HM·M(=HM^{2})〔HM^{2}〕
제·리·다〈배추〉	HM·M(=HM^{2})〔HM^{2}〕	제·리·다	HM·M(=HM^{2})〔HM^{2}〕
제·리·다〈배추〉	HM·M(=HM^{2})〔HM^{2}〕	지·리·다	HM·M(=HM^{2})〔HM^{2}〕
채·리·다〈차리다〉	HM·M(=HM^{2})〔HM^{2}〕	채·리·다	HM·M(=HM^{2})〔HM^{2}〕
흐·리·다(濁)	HM·M(=HM^{2})〔HM^{2}〕	흐·리·다	HM·M(=HM^{2})〔HM^{2}〕
전·디·다	HM·M(=HM^{2})〔HM^{2}〕	견·디·다	HM·M(=HM^{2})〔HM^{2}〕
전·디·다	HM·M(=HM^{2})〔HM^{2}〕	견·지·다	HM·M(=HM^{2})〔HM^{2}〕
전·디·다	HM·M(=HM^{2})〔HM^{2}〕	전·디·다	HM·M(=HM^{2})〔HM^{2}〕
가·지·다	HM·M(=HM^{2})〔HM^{2}〕	가·지·다	HM·M(=HM^{2})〔HM^{2}〕
가·지·다	HM·M(=HM^{2})〔HM^{2}〕	가·주·다	HM·M(=HM^{2})〔HM^{2}〕
건·지·다	HM·M(=HM^{2})〔HM^{2}〕	건·지·다	HM·M(=HM^{2})〔HM^{2}〕
떤·지·다	HM·M(=HM^{2})〔HM^{2}〕	떤·지·다	HM·M(=HM^{2})〔HM^{2}〕
그·치·다	HM·M(=HM^{2})〔HM^{2}〕	그·치·다	HM·M(=HM^{2})〔HM^{2}〕
근·치·다	HM·M(=HM^{2})〔HM^{2}〕	그·치·다	HM·M(=HM^{2})〔HM^{2}〕
몬·치·다	HM·M(=HM^{2})〔HM^{2}〕	만·지·다	HM·M(=HM^{2})〔HM^{2}〕
몬·치·다	HM·M(=HM^{2})〔HM^{2}〕	만·치·다	HM·M(=HM^{2})〔HM^{2}〕
마·시·다	HM·M(=HM^{2})〔HM^{2}〕	마·시·다	HM·M(=HM^{2})〔HM^{2}〕
쑤·시·다	HM·M(=HM^{2})〔HM^{2}〕	쑤·시·다	HM·M(=HM^{2})〔HM^{2}〕
근·치·다	HM·M(=HM^{2})〔HM^{2}〕	그·치·다	HM·M(=HM^{2})〔HM^{2}〕
곤·치·다(改)	HM·M(=HM^{2})〔HM^{2}〕	곤·치·다	HM·M(=HM^{2})〔HM^{2}〕
닫·치·다〈입을～〉	HM·M(=HM^{2})〔HM^{2}〕	닥·치·다	HM·M(=HM^{2})〔HM^{2}〕
닥·치·다〈입을～〉	HM·M(=HM^{2})〔HM^{2}〕	닥·치·다	HM·M(=HM^{2})〔HM^{2}〕
마·치·다	HM·M(=HM^{2})〔HM^{2}〕	마·치·다	HM·M(=HM^{2})〔HM^{2}〕
망·치·다	HM·M(=HM^{2})〔HM^{2}〕	망·치·다	HM·M(=HM^{2})〔HM^{2}〕
미·치·다(狂)	HM·M(=HM^{2})〔HM^{2}〕	미·치·다	HM·M(=HM^{2})〔HM^{2}〕
바·치·다(贈)	HM·M(=HM^{2})〔HM^{2}〕	바·치·다	HM·M(=HM^{2})〔HM^{2}〕
받·치·다	HM·M(=HM^{2})〔HM^{2}〕	받·치·다	HM·M(=HM^{2})〔HM^{2}〕

흐·치·다〈흩다〉	HM·M(=HM^2)〔HM^2〕	흔·치·다	HM·M(=HM^2)〔HM^2〕
히·비·다〈후비다〉	HM·M(=HM^2)〔HM^2〕	휘·비·다	HM·M(=HM^2)〔HM^2〕
히·비·다〈후비다〉	HM·M(=HM^2)〔HM^2〕	히·비·다	HM·M(=HM^2)〔HM^2〕
겡·기·다〈굶기다〉	HM·M(=HM^2)〔HM^2〕	궝·기·다	HM·M(=HM^2)〔HM^2〕
궁·기·다〈굶기다〉〈사〉	HM·M(=HM^2)〔HM^2〕	궁·기·다	HM·M(=HM^2)〔HM^2〕
궁·기·다〈굶기다〉〈사〉	HM·M(=HM^2)〔HM^2〕	궝·기·다	HM·M(=HM^2)〔HM^2〕
낭·기·다〈남기다〉	HM·M(=HM^2)〔HM^2〕	낭·기·다	HM·M(=HM^2)〔HM^2〕
냉·기·다〈남기다〉	HM·M(=HM^2)〔HM^2〕	낭·기·다	HM·M(=HM^2)〔HM^2〕
걸·리·다(걸음을~)	HM·M(=HM^2)〔HM^2〕	걸·리·다〈사〉	HM·M(=HM^2)〔HM^2〕
굳·히·다	HM·M(=HM^2)〔HM^2〕	굳·히·다	HM·M(=HM^2)〔HM^2〕
다·지·다	HM·M(=HM^2)〔HM^2〕	다·지·다	HM·M(=HM^2)〔HM^2〕
꼽·치·다	HM·M(=HM^2)〔HM^2〕	꼽·치·다	HM·M(=HM^2)〔HM^2〕
꼽·치·다	HM·M(=HM^2)〔HM^2〕	삐·치·다	HM·M(=HM^2)〔HM^2〕
꼽·치·다	HM·M(=HM^2)〔HM^2〕	꼽·치·다	HM·M(=HM^2)〔HM^2〕
넝·기·다〈넘기다〉	HM·M(=HM^2)〔HM^2〕	넝·기·다	HM·M(=HM^2)〔HM^2〕
넝·기·다〈넘기다〉	HM·M(=HM^2)〔HM^2〕	닝·기·다	HM·M(=HM^2)〔HM^2〕
넹·기·다〈넘기다〉	HM·M(=HM^2)〔HM^2〕	넝·기·다	HM·M(=HM^2)〔HM^2〕
넹·기·다〈넘기다〉	HM·M(=HM^2)〔HM^2〕	닝·기·다	HM·M(=HM^2)〔HM^2〕
땡·기·다〈당기다〉	HM·M(=HM^2)〔HM^2〕	댕·기·다	HM·M(=HM^2)〔HM^2〕
맽·기·다〈맡기다〉	HM·M(=HM^2)〔HM^2〕	맽·기·다	HM·M(=HM^2)〔HM^2〕
말·기·다〈싸움〉	HM·M(=HM^2)〔HM^2〕	말·기·다	HM·M(=HM^2)〔HM^2〕
베·끼·다〈글~〉	HM·M(=HM^2)〔HM^2〕	베·끼·다	HM·M(=HM^2)〔HM^2〕
베·끼·다〈사진〉	HM·M(=HM^2)〔HM^2〕	베·끼·다	HM·M(=HM^2)〔HM^2〕
베·키·다〈사진〉	HM·M(=HM^2)〔HM^2〕	베·끼·다	HM·M(=HM^2)〔HM^2〕
벗·기·다〈벗기다〉	HM·M(=HM^2)〔HM^2〕	벗·기·다	HM·M(=HM^2)〔HM^2〕
벳·기·다〈벗기다〉	HM·M(=HM^2)〔HM^2〕	빗·기·다	HM·M(=HM^2)〔HM^2〕
새·기·다(刻)	HM·M(=HM^2)〔HM^2〕	새·기·다	HM·M(=HM^2)〔HM^2〕
숭·기·다〈숨기다〉	HM·M(=HM^2)〔HM^2〕	숨·기·다	HM·M(=HM^2)〔HM^2〕
성·기·다〈섬기다〉	HM·M(=HM^2)〔HM^2〕	섬·기·다	HM·M(=HM^2)〔HM^2〕
셍·기·다〈섬기다〉	HM·M(=HM^2)〔HM^2〕	싱·기·다	HM·M(=HM^2)〔HM^2〕
쎄·기·다(欺)	HM·M(=HM^2)〔HM^2〕	씨·기·다	HM·M(=HM^2)〔HM^2〕
쎄·기·다(欺)	HM·M(=HM^2)〔HM^2〕	쏙·이·다	HM·M(=HM^2)〔HM^2〕
신·기·다〈신을~〉	HM·M(=HM^2)〔HM^2〕	신·기·다	HM·M(=HM^2)〔HM^2〕
신·기·다〈신을~〉	HM·M(=HM^2)〔HM^2〕	신·키·다	HM·M(=HM^2)〔HM^2〕
엥·기·다〈옮기다〉	HM·M(=HM^2)〔HM^2〕	옹·기·다	HM·M(=HM^2)〔HM^2〕
옹·기·다〈옮기다, 현대말〉	HM·M(=HM^2)〔HM^2〕	윙·기·다	HM·M(=HM^2)〔HM^2〕
갱·기·다〈곪다〉	HM·M(=HM^2)〔HM^2〕	공·기·다	HM·M(=HM^2)〔HM^2〕
갱·기·다〈곪다〉	HM·M(=HM^2)〔HM^2〕	궝·기·다	HM·M(=HM^2)〔HM^2〕
웃·기·다	HM·M(=HM^2)〔HM^2〕	웃·기·다	HM·M(=HM^2)〔HM^2〕
잇·기·다	HM·M(=HM^2)〔HM^2〕	윗·기·다	HM·M(=HM^2)〔HM^2〕
이·기·다	HM·M(=HM^2)〔HM^2〕	이·기·다	HM·M(=HM^2)〔HM^2〕

찔·기·다	HM·M(=HM^2)〔HM^2〕	찔·기·다	HM·M(=HM^2)〔HM^2〕
애·끼·다	HM·M(=HM^2)〔HM^2〕	애·끼·다	HM·M(=HM^2)〔HM^2〕
말·기·다(挽留)	HM·M(=HM^2)〔HM^2〕	말·기·다	HM·M(=HM^2)〔HM^2〕
말·리·다(挽留)〈표준말〉	HM·M(=HM^2)〔HM^2〕	말·기·다	HM·M(=HM^2)〔HM^2〕
대·애·다〈대다〉	HM·M(=HM^2)〔HM^2〕	대·애·다	HM·M(=HM^2)〔HM^2〕
언·지·다〈얹다〉	HM·M(=HM^2)〔HM^2〕	언·저·다	HM·M(=HM^2)〔HM^2〕
언·지·다〈얹다〉	HM·M(=HM^2)〔HM^2〕	언·지·다	HM·M(=HM^2)〔HM^2〕
재·애·다(測)	HM·M(=HM^2)〔HM^2〕	재·애·다	HM·M(=HM^2)〔HM^2〕
고·우다(고기를~)	HM·M(=HM^2)〔HM^2〕	고·우·다	HM·M(=HM^2)〔HM^2〕
고·오·다(고기를~)	HM·M(=HM^2)〔HM^2〕	꼬·우·다	HM·M(=HM^2)〔HM^2〕
고·오·다(撑)	HM·M(=HM^2)〔HM^2〕	고·우·다	HM·M(=HM^2)〔HM^2〕
깨·우다〈사〉	HM·M(=HM^2)〔HM^2〕	깨·우·다	HM·M(=HM^2)〔HM^2〕
끼·우다〈사〉	HM·M(=HM^2)〔HM^2〕	끼·우·다	HM·M(=HM^2)〔HM^2〕
도·우다〈돕다〉	HM·M(=HM^2)〔HM^2〕	도·우·다	HM·M(=HM^2)〔HM^2〕
띠·우다〈메주,비행기〉	HM·M(=HM^2)〔HM^2〕	띠·우·다	HM·M(=HM^2)〔HM^2〕
끼·우다〈꿰다〉	HM·M(=HM^2)〔HM^2〕	끼·우·다	HM·M(=HM^2)〔HM^2〕
메·우다	HM·M(=HM^2)〔HM^2〕	미·우·다	HM·M(=HM^2)〔HM^2〕
배·우다(學)	HM·M(=HM^2)〔HM^2〕	배·우·다	HM·M(=HM^2)〔HM^2〕
비·우다(空)	HM·M(=HM^2)〔HM^2〕	비·우·다	HM·M(=HM^2)〔HM^2〕
싸·우다(鬪)	HM·M(=HM^2)〔HM^2〕	싸·우·다	HM·M(=HM^2)〔HM^2〕
세·우다〈使立〉	HM·M(=HM^2)〔HM^2〕	시·우·다	HM·M(=HM^2)〔HM^2〕
시·우다〈使立〉	HM·M(=HM^2)〔HM^2〕	세·우·다	HM·M(=HM^2)〔HM^2〕
재·우다〈사〉	HM·M(=HM^2)〔HM^2〕	재·우·다	HM·M(=HM^2)〔HM^2〕
깨·우다〈사〉	HM·M(=HM^2)〔HM^2〕	깨·우·다〈사〉	HM·M(=HM^2)〔HM^2〕
찌·우다〈사동〉	HM·M(=HM^2)〔HM^2〕	찌·우·다〈사동〉	HM·M(=HM^2)〔HM^2〕
키·우다〈사〉	HM·M(=HM^2)〔HM^2〕	키·우·다	HM·M(=HM^2)〔HM^2〕
태·우다(乘)〈사〉	HM·M(=HM^2)〔HM^2〕	태·우·다	HM·M(=HM^2)〔HM^2〕
태·우다(燒)〈사〉	HM·M(=HM^2)〔HM^2〕	태·우·다	HM·M(=HM^2)〔HM^2〕
티·우·다〈사〉	HM·M(=HM^2)〔HM^2〕	티·우다〈사〉	HM·M(=HM^2)〔HM^2〕
티·우·다〈사〉	HM·M(=HM^2)〔HM^2〕	티·이·다〈사〉	HM·M(=HM^2)〔HM^2〕
꼬·시·다	HM·M(=HM^2)〔HM^2〕	꼬·시·다	HM·M(=HM^2)〔HM^2〕
꼬·우다〈꾀다〉	HM·M(=HM^2)〔HM^2〕	꾸·우·다	HM·M(=HM^2)〔HM^2〕
여·물다	HM·M(=HM^2)〔HM^2〕	여·물·다	HM·M(=HM^2)〔HM^2〕
거·칠·다(荒)	HM·M(=HM^2)〔HM^2〕	거·칠·다	HM·M(=HM^2)〔HM^2〕
헤·비·다	HM·M(=HM^2)〔HM^2〕	빼·들·다[61]	HM·M(=HM^2)〔HM^2〕
얼·물다〈·빗·이~〉	HM·M(=HM^2)〔HM^2〕	엉·그·다〈·빗·이〉	HM·M(=HM^2)〔HM^2〕
에·렵·다(難)	HM·M(=HM^2)〔HM^2〕	어·렵·다	HM·M(=HM^2)〔HM^2〕
에·렵·다(難)	HM·M(=HM^2)〔HM^2〕	어·렵·다	HM·M(=HM^2)〔HM^2〕
추·접·다	HM·M(=HM^2)〔HM^2〕	추·접·다	HM·M(=HM^2)〔HM^2〕

61) 닭이 흙 따위를 후벼 파헤치다.

추·접·다	HM·M(=HM^2)〔HM^2〕	추·젚·다	HM·M(=HM^2)〔HM^2〕
핑·기·다	HM·M(=HM^2)〔HM^2〕	풍·기·다〈타,자〉	HM·M(=HM^2)〔HM^2〕
훔·치·다(도둑질)	HM·M(=HM^2)〔HM^2〕	훔·치·다	HM·M(=HM^2)〔HM^2〕
씨·우·다(書)	HM·M(=HM^2)〔HM^2〕	쓰·이·다〈사〉	HM·M(=HM^2)〔HM^2〕
물·리·치·다〈적을~〉	HM^2·M(=HM^3)〔HM^3〕	물리·치·다	HM^2·M(=HM^3)〔HM^3〕
가르·다〈이〉	H^2·M(=H^2M)〔MHM〕	가르·다	H^2·M(=H^2M)〔MHM〕
가리·다〈이〉	H^2·M(=H^2M)〔MHM〕	가리·다	H^2·M(=H^2M)〔MHM〕
나르·다(飛)	H^2·M(=H^2M)〔MHM〕	나르·다	H^2·M(=H^2M)〔MHM〕
나리·다(飛)	H^2·M(=H^2M)〔MHM〕	나르·다	H^2·M(=H^2M)〔MHM〕
나르·다(運)	H^2·M(=H^2M)〔MHM〕	나르·다	H^2·M(=H^2M)〔MHM〕
나리·다(運)	H^2·M(=H^2M)〔MHM〕	나리·다	H^2·M(=H^2M)〔MHM〕
너르·다〈넓다〉	H^2·M(=H^2M)〔MHM〕	너르·다	H^2·M(=H^2M)〔MHM〕
너리·다〈넓다〉	H^2·M(=H^2M)〔MHM〕	너리·다	H^2·M(=H^2M)〔MHM〕
다르·다	H^2·M(=H^2M)〔MHM〕	다르·다	H^2·M(=H^2M)〔MHM〕
다리·다(異)	H^2·M(=H^2M)〔MHM〕	다리·다	H^2·M(=H^2M)〔MHM〕
바르·다(塗)	H^2·M(=H^2M)〔MHM〕	바르·다	H^2·M(=H^2M)〔MHM〕
바리·다(塗)	H^2·M(=H^2M)〔MHM〕	바리·다	H^2·M(=H^2M)〔MHM〕
보르·다(塗)	H^2·M(=H^2M)〔MHM〕	바르·다	H^2·M(=H^2M)〔MHM〕
보리·다(塗)	H^2·M(=H^2M)〔MHM〕	바리·다	H^2·M(=H^2M)〔MHM〕
부르·다(唱)	H^2·M(=H^2M)〔MHM〕	부르·다	H^2·M(=H^2M)〔MHM〕
부리·다(唱)	H^2·M(=H^2M)〔MHM〕	부르·다	H^2·M(=H^2M)〔MHM〕
부르·다(飽)	H^2·M(=H^2M)〔MHM〕	부르·다	H^2·M(=H^2M)〔MHM〕
부리·다(飽)	H^2·M(=H^2M)〔MHM〕	부리·다	H^2·M(=H^2M)〔MHM〕
빠르·다	H^2·M(=H^2M)〔MHM〕	빠르·다	H^2·M(=H^2M)〔MHM〕
빠리·다	H^2·M(=H^2M)〔MHM〕	빠르·다	H^2·M(=H^2M)〔MHM〕
오르·다	H^2·M(=H^2M)〔MHM〕	오르·다	H^2·M(=H^2M)〔MHM〕
오리·다	H^2·M(=H^2M)〔MHM〕	오리·다	H^2·M(=H^2M)〔MHM〕
흐르·다	H^2·M(=H^2M)〔MHM〕	흐르·다	H^2·M(=H^2M)〔MHM〕
흐리·다	H^2·M(=H^2M)〔MHM〕	흐리·다	H^2·M(=H^2M)〔MHM〕
무르·다(·밥·이~)	H^2·M(=H^2M)〔MHM〕	무르·다	H^2·M(=H^2M)〔MHM〕
무리·다(·밥·이~)	H^2·M(=H^2M)〔MHM〕	무르·다	H^2·M(=H^2M)〔MHM〕
모르·다	H^2_L·M(=H^2M)〔MHM〕	모르·다	H^2_M·M(=H^2M)〔MHM〕
모리·다	H^2_L·M(=H^2M)〔MHM〕	모르·다	H^2_M·M(=H^2M)〔MHM〕
슬푸·다	H^2·M(=H^2M)〔MHM〕	실푸·다	H^2·M(=H^2M)〔MHM〕
실푸·다	H^2·M(=H^2M)〔MHM〕	실푸·다	H^2·M(=H^2M)〔MHM〕
노푸·다	H^2·M(=H^2M)〔MHM〕	노푸·다	H^2·M(=H^2M)〔MHM〕
나뿌·다	H^2·M(=H^2M)〔MHM〕	나뿌·다	H^2·M(=H^2M)〔MHM〕
기뿌·다	H^2·M(=H^2M)〔MHM〕	기뿌·다	H^2·M(=H^2M)〔MHM〕
숭구·다(植)	H^2·M(=H^2M)〔MHM〕	싱구·다	H^2·M(=H^2M)〔MHM〕

식훟·다〈사〉	H^2·M(=H^2M)〔MHM〕	식·히·다	HM·M(=HM^2)〔HM^2〕
말룧·다(乾)[62]	H^2·M(=H^2M)〔MHM〕	말룧·다	H^2·M(=H^2M)〔MHM〕
몰룧·다(乾)	H^2·M(=H^2M)〔MHM〕	말룧·다	H^2·M(=H^2M)〔MHM〕
하얗·다	H^2·M(=H^2M)〔MHM〕	하얗·다	H^2·M(=H^2M)〔MHM〕
맨들·다(作)	H^2·M(=H^2M)〔MHM〕	만들·다	H^2·M(=H^2M)〔MHM〕
맹글·다(作)	H^2·M(=H^2M)〔MHM〕	맹글·다	H^2·M(=H^2M)〔MHM〕
째매·다	H^2M(=H^2M)〔MHM〕	째매·다	H^2M(=H^2M)〔MHM〕
바꾸·다	H^2·M(=H^2M)〔MHM〕	바꾸·다	H^2·M(=H^2M)〔MHM〕
바꿓·다	H^2·M(=H^2M)〔MHM〕	바꾸·다	H^2·M(=H^2M)〔MHM〕
가둫·다(監禁)	H^2·M(=H^2M)〔MHM〕	가둫·다	H^2·M(=H^2M)〔MHM〕
거둫·다(收)	H^2·M(=H^2M)〔MHM〕	거둫·다	H^2·M(=H^2M)〔MHM〕
공궇·다(撑)	H^2·M(=H^2M)〔MHM〕	공궇·다	H^2·M(=H^2M)〔MHM〕
낭궇·다〈남기다〉	H^2·M(=H^2M)〔MHM〕	낭궇·다	H^2·M(=H^2M)〔MHM〕
냉궇·다〈남기다〉	H^2·M(=H^2M)〔MHM〕	낭궇·다	H^2·M(=H^2M)〔MHM〕
낮춯·다〈낮추다〉	H^2·M(=H^2M)〔MHM〕	낮춯·다	H^2·M(=H^2M)〔MHM〕
녹훟·다	H^2·M(=H^2M)〔MHM〕	녹훟·다	H^2·M(=H^2M)〔MHM〕
누렇·다(黃)	H^2·M(=H^2M)〔MHM〕	누렇·다	H^2·M(=H^2M)〔MHM〕
내룧·다〈나리다〉	H^2·M(=H^2M)〔MHM〕	내룧·다	H^2·M(=H^2M)〔MHM〕
느춯·다	H^2·M(=H^2M)〔MHM〕	느춯·다	H^2·M(=H^2M)〔MHM〕
달궇·다〈달구다〉	H^2·M(=H^2M)〔MHM〕	달궇·다	H^2·M(=H^2M)〔MHM〕
뎁훟·다〈데우다〉	H^2·M(=H^2M)〔MHM〕	덥훟·다	H^2·M(=H^2M)〔MHM〕
덥훟·다〈데우다〉	H^2·M(=H^2M)〔MHM〕	덥훟·다	H^2·M(=H^2M)〔MHM〕
돋궇·다〈돋구다〉	H^2·M(=H^2M)〔MHM〕	돋궇·다	H^2·M(=H^2M)〔MHM〕
돋쿻·다〈돋구다〉	H^2·M(=H^2M)〔MHM〕	돋궇·다	H^2·M(=H^2M)〔MHM〕
딜룧·다(入)	H^2·M(=H^2M)〔MHM〕	딜룧·다	H^2·M(=H^2M)〔MHM〕
따룧·다〈따루다〉	H^2·M(=H^2M)〔MHM〕	따룧·다	H^2·M(=H^2M)〔MHM〕
말룧·다(乾)	H^2·M(=H^2M)〔MHM〕	말룧·다	H^2·M(=H^2M)〔MHM〕
말룧·다(乾)	H^2·M(=H^2M)〔MHM〕	말룧·다	H^2·M(=H^2M)〔MHM〕
맞춯·다〈마추다〉	H^2·M(=H^2M)〔MHM〕	맞춯·다	H^2·M(=H^2M)〔MHM〕
바꿓·다(易)	H^2·M(=H^2M)〔MHM〕	바꿓·다	H^2·M(=H^2M)〔MHM〕
빠숳·다〈빻다〉	H^2·M(=H^2M)〔MHM〕	빠숳·다	H^2·M(=H^2M)〔MHM〕
삭훟·다〈삭히다〉	H^2·M(=H^2M)〔MHM〕	삭훟·다	H^2·M(=H^2M)〔MHM〕
업훟·다〈업히다〉	H^2·M(=H^2M)〔MHM〕	업훟·다	H^2·M(=H^2M)〔MHM〕
숭쿻·다〈숨기다〉	H^2·M(=H^2M)〔MHM〕	숭궇·다	H^2·M(=H^2M)〔MHM〕
싱쿻·다〈숨기다〉	H^2·M(=H^2M)〔MHM〕	숭쿻·다	H^2·M(=H^2M)〔MHM〕
식쿻·다〈사〉	H^2·M(=H^2M)〔MHM〕	식쿻·다	H^2·M(=H^2M)〔MHM〕
어룧·다〈얼우다〉	H^2·M(=H^2M)〔MHM〕	어룧·다	H^2·M(=H^2M)〔MHM〕
이숳·다	H^2·M(=H^2M)〔MHM〕	이숳·다	H^2·M(=H^2M)〔MHM〕
일궇·다	H^2·M(=H^2M)〔MHM〕	일궇·다	H^2·M(=H^2M)〔MHM〕
깨뿧·다	H^2·M(=H^2M)〔MHM〕	깨뿧·다	H^2·M(=H^2M)〔MHM〕

62) 〈고성 방언〉 몰야·아라〔mol-yaara〕, 〈성주 방언〉 말야·아라〔mal-yaara〕

뽀숳·다	H^2·M(=H^{2}M)〔MHM〕	뽀숳·다	H^2·M(=H^{2}M)〔MHM〕
잡숳·다	H^2·M(=H^{2}M)〔MHM〕	잡숳·다	H^2·M(=H^{2}M)〔MHM〕
뽀숳·다	H^2·M(=H^{2}M)〔MHM〕	빠숳·다	H^2·M(=H^{2}M)〔MHM〕
전줗·다(比)	H^2·M(=H^{2}M)〔MHM〕	전줗·다	H^2·M(=H^{2}M)〔MHM〕
팅궇·다〈퉁기다〉	H^2·M(=H^{2}M)〔MHM〕	팅궇·다	H^2·M(=H^{2}M)〔MHM〕
가두ㆆ·다(監禁)	H^2·M(=H^{2}M)〔MHM〕	가둫·다	H^2·M(=H^{2}M)〔MHM〕
거두ㆆ·다(收)	H^2·M(=H^{2}M)〔MHM〕	거둫·다	H^2·M(=H^{2}M)〔MHM〕
공구ㆆ·다(撐)	H^2·M(=H^{2}M)〔MHM〕	공궇·다	H^2·M(=H^{2}M)〔MHM〕
낭궇ㆆ·다〈남기다〉	H^2·M(=H^{2}M)〔MHM〕	낭궇·다	H^2·M(=H^{2}M)〔MHM〕
낮추ㆆ·다〈낮추다〉	H^2·M(=H^{2}M)〔MHM〕	낮춯·다	H^2·M(=H^{2}M)〔MHM〕
녹후ㆆ·다	H^2·M(=H^{2}M)〔MHM〕	녹훟·다	H^2·M(=H^{2}M)〔MHM〕
느추ㆆ·다	H^2·M(=H^{2}M)〔MHM〕	느춯·다	H^2·M(=H^{2}M)〔MHM〕
달구ㆆ·다〈달구다〉	H^2·M(=H^{2}M)〔MHM〕	달궇·다	H^2·M(=H^{2}M)〔MHM〕
뎁후ㆆ·다〈데우다〉	H^2·M(=H^{2}M)〔MHM〕	뎝훟·다	H^2·M(=H^{2}M)〔MHM〕
돋구ㆆ·다〈돋구다〉	H^2·M(=H^{2}M)〔MHM〕	돋궇·다	H^2·M(=H^{2}M)〔MHM〕
돋쿠ㆆ·다〈돋구다〉	H^2·M(=H^{2}M)〔MHM〕	돋궇·다	H^2·M(=H^{2}M)〔MHM〕
딜로ㆆ·다(入)	H^2·M(=H^{2}M)〔MHM〕	딜룧·다	H^2·M(=H^{2}M)〔MHM〕
따루ㆆ·다〈따루다〉	H^2·M(=H^{2}M)〔MHM〕	따룧·다	H^2·M(=H^{2}M)〔MHM〕
말루ㆆ·다(乾)	H^2·M(=H^{2}M)〔MHM〕	말룧·다	H^2·M(=H^{2}M)〔MHM〕
말류ㆆ·다(乾)	H^2·M(=H^{2}M)〔MHM〕	말룧·다	H^2·M(=H^{2}M)〔MHM〕
맞추ㆆ·다〈마추다〉	H^2·M(=H^{2}M)〔MHM〕	맞춯·다	H^2·M(=H^{2}M)〔MHM〕
바꾸ㆆ·다(易)	H^2·M(=H^{2}M)〔MHM〕	바꿓·다	H^2·M(=H^{2}M)〔MHM〕
빠수ㆆ·다〈빻다〉	H^2·M(=H^{2}M)〔MHM〕	빠숳·다	H^2·M(=H^{2}M)〔MHM〕
삭후ㆆ·다〈삭히다〉	H^2·M(=H^{2}M)〔MHM〕	삭훟·다	H^2·M(=H^{2}M)〔MHM〕
업후ㆆ·다〈업히다〉	H^2·M(=H^{2}M)〔MHM〕	업훟·다	H^2·M(=H^{2}M)〔MHM〕
숭쿠ㆆ·다〈숨기다〉	H^2·M(=H^{2}M)〔MHM〕	숭궇·다	H^2·M(=H^{2}M)〔MHM〕
싱쿠ㆆ·다〈숨기다〉	H^2·M(=H^{2}M)〔MHM〕	숭쿻·다	H^2·M(=H^{2}M)〔MHM〕
식쿠ㆆ·다〈사〉	H^2·M(=H^{2}M)〔MHM〕	식쿻·다	H^2·M(=H^{2}M)〔MHM〕
어루ㆆ·다〈얼우다〉	H^2·M(=H^{2}M)〔MHM〕	어룧·다	H^2·M(=H^{2}M)〔MHM〕
이수ㆆ·다	H^2·M(=H^{2}M)〔MHM〕	이숳·다	H^2·M(=H^{2}M)〔MHM〕
일구ㆆ·다	H^2·M(=H^{2}M)〔MHM〕	일궇·다	H^2·M(=H^{2}M)〔MHM〕
개적·다(近)	H^2·M(=H^{2}M)〔MHM〕	개작·다	H^2·M(=H^{2}M)〔MHM〕
개적·다(近)	H^2·M(=H^{2}M)〔MHM〕	가적·다	H^2·M(=H^{2}M)〔MHM〕
가찹·다(近)	H^2·M(=H^{2}M)〔MHM〕	가찹·다	H^2·M(=H^{2}M)〔MHM〕
가찹·다(近)	H^2·M(=H^{2}M)〔MHM〕	가차ᇦ·다	H^2·M(=H^{2}M)〔MHM〕
가깝·다(近)	H^2·M(=H^{2}M)〔MHM〕	가깝·다	H^2·M(=H^{2}M)〔MHM〕
가깝·다(近)	H^2·M(=H^{2}M)〔MHM〕	가까ᇦ·다	H^2·M(=H^{2}M)〔MHM〕
뚜꿉·다	H^2·M(=H^{2}M)〔MHM〕	뚜꿉·다	H^2·M(=H^{2}M)〔MHM〕
뚜껍·다	H^2·M(=H^{2}M)〔MHM〕	뚜껍·다	H^2·M(=H^{2}M)〔MHM〕
보듬·다	H^2·M(=H^{2}M)〔MHM〕	보듬·다	H^2·M(=H^{2}M)〔MHM〕
아이·다	H^2·M(=H^{2}M)〔MHM〕	아이·다	H^2·M(=H^{2}M)〔MHM〕

나가·다	$H^2_{\boxed{L}-1}\cdot M(=H^2M)$〔MHM〕	나가·다	$H^2_{\boxed{L}-1}\cdot M(=H^2M)$〔MHM〕
나오·다	$H^2_{\boxed{L}-1}\cdot M(=H^2M)$〔MHM〕	나오·다	$H^2_{\boxed{L}-1}\cdot M(=H^2M)$〔MHM〕
나서·다	$H^2_{\boxed{L}-2}\cdot M(=H^2M)$〔MHM〕	나서·다	$H^2_{\boxed{L}-2}\cdot M(=H^2M)$〔MHM〕
숭보·다	$H^2\cdot M(=H^2M)$〔MHM〕	숭보·다	$H^2\cdot M(=H^2M)$〔MHM〕
개이·이·다(曇)	$H^2M\cdot M(=H^2M^2)$〔MHM^2〕	개이·이·다〈피〉	$H^2M\cdot M(=H^2M^2)$〔MHM^2〕
개이·이·다(曇)	$H^2M\cdot M(=H^2M^2)$〔MHM^2〕	깨이·이·다〈피〉	$H^2M\cdot M(=H^2M^2)$〔MHM^2〕
깨이·이·다〈피〉	$H^2M\cdot M(=H^2M^2)$〔MHM^2〕	깨이·이·다〈피〉	$H^2M\cdot M(=H^2M^2)$〔MHM^2〕
꼬이·이·다〈피〉	$H^2M\cdot M(=H^2M^2)$〔MHM^2〕	꼬이·이·다〈피〉	$H^2M\cdot M(=H^2M^2)$〔MHM^2〕
끼이·이·다〈피〉	$H^2M\cdot M(=H^2M^2)$〔MHM^2〕	찡기·이·다〈피〉	$H^2M\cdot M(=H^2M^2)$〔MHM^2〕
끼이·이·다〈피〉	$H^2M\cdot M(=H^2M^2)$〔MHM^2〕	칭기·이·다〈피〉	$H^2M\cdot M(=H^2M^2)$〔MHM^2〕
메이·이·다〈피〉	$H^2M\cdot M(=H^2M^2)$〔MHM^2〕	메이·이·다〈피〉	$H^2M\cdot M(=H^2M^2)$〔MHM^2〕
베이·이·다〈사〉	$H^2M\cdot M(=H^2M^2)$〔MHM^2〕	비이·이·다〈사〉	$H^2M\cdot M(=H^2M^2)$〔MHM^2〕
베이·이·다〈피〉	$H^2M\cdot M(=H^2M^2)$〔MHM^2〕	비이·이·다〈피〉	$H^2M\cdot M(=H^2M^2)$〔MHM^2〕
보이·이·다〈사〉	$H^2M\cdot M(=H^2M^2)$〔MHM^2〕	보이·이·다〈사〉	$H^2M\cdot M(=H^2M^2)$〔MHM^2〕
보이·이·다〈피〉	$H^2M\cdot M(=H^2M^2)$〔MHM^2〕	보이·이·다〈피〉	$H^2M\cdot M(=H^2M^2)$〔MHM^2〕
비이·이·다(切)〈피〉	$HM\cdot M(=HM^2)$〔HM^2〕	비이·이·다〈피,사〉	$H^2M\cdot M(=H^2M^2)$〔MHM^2〕
쌓이·이·다〈피〉	$H^2M\cdot M(=H^2M^2)$〔MHM^2〕	쌓이·이·다〈피〉	$H^2M\cdot M(=H^2M^2)$〔MHM^2〕
쌓이·이·다〈피〉	$H^2M\cdot M(=H^2M^2)$〔MHM^2〕	쌔이·이·다〈피〉	$H^2M\cdot M(=H^2M^2)$〔MHM^2〕
썪이·이·다〈피〉	$H^2M\cdot M(=H^2M^2)$〔MHM^2〕	썪이·이·다〈피〉	$H^2M\cdot M(=H^2M^2)$〔MHM^2〕
씨이·이·다(書)〈피〉	$H^2M\cdot M(=H^2M^2)$〔MHM^2〕	씨이·이·다〈피〉	$H^2M\cdot M(=H^2M^2)$〔MHM^2〕
씨이·이·다(用)〈피〉	$H^2M\cdot M(=H^2M^2)$〔MHM^2〕	쓰이·이·다〈피〉	$H^2M\cdot M(=H^2M^2)$〔MHM^2〕
찌이·이·다〈피〉	$H^2M\cdot M(=H^2M^2)$〔MHM^2〕	찌이·이·다〈피〉	$H^2M\cdot M(=H^2M^2)$〔MHM^2〕
할ㅋ이·이·다〈피〉	$H^2M\cdot M(=H^2M^2)$〔MHM^2〕	핥끼·이·다	$H^2M\cdot M(=H^2M^2)$〔MHM^2〕
할ㅋ이·이·다〈피〉	$H^2M\cdot M(=H^2M^2)$〔MHM^2〕	홅끼·이·다	$H^2M\cdot M(=H^2M^2)$〔MHM^2〕
후이·이·다(曲)	$H^2M\cdot M(=H^2M^2)$〔MHM^2〕	후이·이·다	$H^2M\cdot M(=H^2M^2)$〔MHM^2〕
썪히·이·다〈피〉	$H^2M\cdot M(=H^2M^2)$〔MHM^2〕	썪히·이·다〈피〉	$H^2M\cdot M(=H^2M^2)$〔MHM^2〕
얹히·이·다〈피〉	$H^2M\cdot M(=H^2M^2)$〔MHM^2〕	얹히·이·다〈피〉	$H^2M\cdot M(=H^2M^2)$〔MHM^2〕
업히·이·다〈피〉	$H^2M\cdot M(=H^2M^2)$〔MHM^2〕	업히·이·다〈피〉	$H^2M\cdot M(=H^2M^2)$〔MHM^2〕
눕히·이·다〈피, 사〉	$H^2M\cdot M(=H^2M^2)$〔MHM^2〕	눕히·이·다〈사〉	$H^2M\cdot M(=H^2M^2)$〔MHM^2〕
눕히·이·다〈피, 사〉	$H^2M\cdot M(=H^2M^2)$〔MHM^2〕	넙히·이·다	$H^2M\cdot M(=H^2M^2)$〔MHM^2〕
닫히·이·다〈피〉	$H^2M\cdot M(=H^2M^2)$〔MHM^2〕	닫히·이·다〈피〉	$H^2M\cdot M(=H^2M^2)$〔MHM^2〕
맥히·이·다〈피〉	$H^2M\cdot M(=H^2M^2)$〔MHM^2〕	맥히·이·다〈피〉	$H^2M\cdot M(=H^2M^2)$〔MHM^2〕
믹히·이·다〈피〉	$H^2M\cdot M(=H^2M^2)$〔MHM^2〕	믹히·이·다〈피〉	$H^2M\cdot M(=H^2M^2)$〔MHM^2〕
박히·이·다〈피〉	$H^2M\cdot M(=H^2M^2)$〔MHM^2〕	박히·이·다〈피〉	$H^2M\cdot M(=H^2M^2)$〔MHM^2〕
박히·이·다〈피〉	$H^2M\cdot M(=H^2M^2)$〔MHM^2〕	백히·이·다	$H^2M\cdot M(=H^2M^2)$〔MHM^2〕
백히·이·다〈피〉	$H^2M\cdot M(=H^2M^2)$〔MHM^2〕	백히·이·다〈피〉	$H^2M\cdot M(=H^2M^2)$〔MHM^2〕
볿히·이·다〈피〉	$H^2M\cdot M(=H^2M^2)$〔MHM^2〕	밟히·이·다〈피〉	$H^2M\cdot M(=H^2M^2)$〔MHM^2〕
뽑히·이·다〈피〉	$H^2M\cdot M(=H^2M^2)$〔MHM^2〕	뽑히·이·다〈피〉	$H^2M\cdot M(=H^2M^2)$〔MHM^2〕
썪히·이·다〈피〉	$H^2M\cdot M(=H^2M^2)$〔MHM^2〕	썪히·이·다	$H^2M\cdot M(=H^2M^2)$〔MHM^2〕

얹히·이·다〈피〉	$H^2M \cdot M(=H^2M^2)$〔MHM^2〕	얹히·이·다	$H^2M \cdot M(=H^2M^2)$〔MHM^2〕
업히·이·다〈피〉	$H^2M \cdot M(=H^2M^2)$〔MHM^2〕	업히·이·다	$H^2M \cdot M(=H^2M^2)$〔MHM^2〕
엡히·이·다〈피〉	$H^2M \cdot M(=H^2M^2)$〔MHM^2〕	업히·이·다	$H^2M \cdot M(=H^2M^2)$〔MHM^2〕
입히·이·다〈피〉	$H^2M \cdot M(=H^2M^2)$〔MHM^2〕	입히·이·다〈피〉	$H^2M \cdot M(=H^2M^2)$〔MHM^2〕
잡히·이·다〈피〉	$H^2M \cdot M(=H^2M^2)$〔MHM^2〕	잡히·이·다〈피〉	$H^2M \cdot M(=H^2M^2)$〔MHM^2〕
잽히·이·다〈피〉	$H^2M \cdot M(=H^2M^2)$〔MHM^2〕	잽히·이·다〈피〉	$H^2M \cdot M(=H^2M^2)$〔MHM^2〕
걸리·이·다(步)〈피, 사〉	$H^2M \cdot M(=H^2M^2)$〔MHM^2〕	걸리·이·다〈피〉	$H^2M \cdot M(=H^2M^2)$〔MHM^2〕
걸리·이·다〈가시〉	$H^2M \cdot M(=H^2M^2)$〔MHM^2〕	걸리·이·다〈자〉	$H^2M \cdot M(=H^2M^2)$〔MHM^2〕
걸리·이·다〈시간〉	$H^2M \cdot M(=H^2M^2)$〔MHM^2〕	걸리·이·다	$H^2M \cdot M(=H^2M^2)$〔MHM^2〕
날리·이·다(被飛)	$H^2M \cdot M(=H^2M^2)$〔MHM^2〕	날리·이·다〈피〉	$H^2M \cdot M(=H^2M^2)$〔MHM^2〕
돌리·이·다〈피〉	$H^2M \cdot M(=H^2M^2)$〔MHM^2〕	돌리·이·다〈피〉	$H^2M \cdot M(=H^2M^2)$〔MHM^2〕
들리·이·다〈피〉	$H^2M \cdot M(=H^2M^2)$〔MHM^2〕	들리·이·다〈피〉	$H^2M \cdot M(=H^2M^2)$〔MHM^2〕
물리·이·다〈음식이~〉	$H^2M \cdot M(=H^2M^2)$〔MHM^2〕	물리·이·다	$H^2M \cdot M(=H^2M^2)$〔MHM^2〕
물리·이·다〈피〉	$H^2M \cdot M(=H^2M^2)$〔MHM^2〕	물리·이·다〈피〉	$H^2M \cdot M(=H^2M^2)$〔MHM^2〕
밀리·이·다〈피〉	$H^2M \cdot M(=H^2M^2)$〔MHM^2〕	밀리·이·다〈피〉	$H^2M \cdot M(=H^2M^2)$〔MHM^2〕
빨리·이·다〈피〉	$H^2M \cdot M(=H^2M^2)$〔MHM^2〕	빨리·이·다〈피〉	$H^2M \cdot M(=H^2M^2)$〔MHM^2〕
빨리·이·다〈흡수〉	$H^2M \cdot M(=H^2M^2)$〔MHM^2〕	빨리·이·다	$H^2M \cdot M(=H^2M^2)$〔MHM^2〕
소리·이·다〈목이~〉	$H^2M \cdot M(=H^2M^2)$〔MHM^2〕	메이·이·다	$H^2M \cdot M(=H^2M^2)$〔MHM^2〕
실리·이·다(被載)	$H^2M \cdot M(=H^2M^2)$〔MHM^2〕	실리·이·다〈피〉	$H^2M \cdot M(=H^2M^2)$〔MHM^2〕
씰리·이·다(掃)〈사〉	$H^2M \cdot M(=H^2M^2)$〔MHM^2〕	씰리·이·다〈사〉	$H^2M \cdot M(=H^2M^2)$〔MHM^2〕
씰리·이·다〈피〉	$H^2M \cdot M(=H^2M^2)$〔MHM^2〕	씰리·이·다〈피〉	$H^2M \cdot M(=H^2M^2)$〔MHM^2〕
씰리·이·다〈사〉	$H^2M \cdot M(=H^2M^2)$〔MHM^2〕	쓸리·이·다〈피〉	$H^2M \cdot M(=H^2M^2)$〔MHM^2〕
어리·이·다〈어리다〉	$H^2M \cdot M(=H^2M^2)$〔MHM^2〕	어리·이·다	$H^2M \cdot M(=H^2M^2)$〔MHM^2〕
졸리·이·다(睡)	$H^2M \cdot M(=H^2M^2)$〔MHM^2〕	졸리·이·다	$H^2M \cdot M(=H^2M^2)$〔MHM^2〕
질리·이·다	$H^2M \cdot M(=H^2M^2)$〔MHM^2〕	질리·이·다	$H^2M \cdot M(=H^2M^2)$〔MHM^2〕
쫄리·이·다(督促)〈피〉	$H^2M \cdot M(=H^2M^2)$〔MHM^2〕	쫄리·이·다	$H^2M \cdot M(=H^2M^2)$〔MHM^2〕
찔리·이·다〈칼에~〉	$H^2M \cdot M(=H^2M^2)$〔MHM^2〕	찔리·이·다〈피〉	$H^2M \cdot M(=H^2M^2)$〔MHM^2〕
팔리·이·다〈피〉	$H^2M \cdot M(=H^2M^2)$〔MHM^2〕	팔리·이·다〈피〉	$H^2M \cdot M(=H^2M^2)$〔MHM^2〕
갈치·이·다	$H^2M \cdot M(=H^2M^2)$〔MHM^2〕	가리·치·다	$H^2M \cdot M(=H^2M^2)$〔MHM^2〕
갤치·이·다	$H^2M \cdot M(=H^2M^2)$〔MHM^2〕	가리·치·다	$H^2M \cdot M(=H^2M^2)$〔MHM^2〕
비치·이·다〈피〉	$H^2M \cdot M(=H^2M^2)$〔MHM^2〕	비추·우·다〈피〉	$H^2M \cdot M(=H^2M^2)$〔MHM^2〕
비치·이·다〈피〉	$H^2M \cdot M(=H^2M^2)$〔MHM^2〕	비치·이·다〈피〉	$H^2M \cdot M(=H^2M^2)$〔MHM^2〕
빼치·이·다〈피,사〉	$H^2M \cdot M(=H^2M^2)$〔MHM^2〕	빼치·이·다	$H^2M \cdot M(=H^2M^2)$〔MHM^2〕
빼치·이·다〈피〉[63]	$H^2M \cdot M(=H^2M^2)$〔MHM^2〕	뻗치·이·다	$H^2M \cdot M(=H^2M^2)$〔MHM^2〕
감기·이·다〈피,사〉	$H^2M \cdot M(=H^2M^2)$〔MHM^2〕	감끼·이·다	$H^2M \cdot M(=H^2M^2)$〔MHM^2〕
감기·이·다〈피〉	$H^2M \cdot M(=H^2M^2)$〔MHM^2〕	감기·이·다〈피〉	$H^2M \cdot M(=H^2M^2)$〔MHM^2〕
깽기·이·다〈피〉	$H^2M \cdot M(=H^2M^2)$〔MHM^2〕	깽끼·이·다〈피〉	$H^2M \cdot M(=H^2M^2)$〔MHM^2〕
깽기·이·다〈피·사〉	$H^2M \cdot M(=H^2M^2)$〔MHM^2〕	감끼·이·다〈피〉	$H^2M \cdot M(=H^2M^2)$〔MHM^2〕

63) 〈성주 방언〉 /뻗치·이·다 /〈세력, 권세가~〉

닫기·이·다〈피〉	$H^2M{\cdot}M(=H^2M^2)$〔MHM^2〕	닫기·이·다〈사〉	$H^2M{\cdot}M(=H^2M^2)$〔MHM^2〕
댇기·이·다〈피〉	$H^2M{\cdot}M(=H^2M^2)$〔MHM^2〕	댇기·이·다〈사〉	$H^2M{\cdot}M(=H^2M^2)$〔MHM^2〕
댇기·이·다〈피〉	$H^2M{\cdot}M(=H^2M^2)$〔MHM^2〕	닫기·이·다〈피〉	$H^2M{\cdot}M(=H^2M^2)$〔MHM^2〕
들기·이·다(聞)〈피〉	$H^2M{\cdot}M(=H^2M^2)$〔MHM^2〕	들기·이·다〈피〉	$H^2M{\cdot}M(=H^2M^2)$〔MHM^2〕
들기·이·다(聞)〈피〉	$H^2M{\cdot}M(=H^2M^2)$〔MHM^2〕	들기·이·다	$H^2M{\cdot}M(=H^2M^2)$〔MHM^2〕
땡기·이·다〈피〉	$H^2M{\cdot}M(=H^2M^2)$〔MHM^2〕	땡기·이·다〈피〉	$H^2M{\cdot}M(=H^2M^2)$〔MHM^2〕
뜯기·이·다〈피〉	$H^2M{\cdot}M(=H^2M^2)$〔MHM^2〕	뜯기·이·다	$H^2M{\cdot}M(=H^2M^2)$〔MHM^2〕
뜯기·이·다〈피〉	$H^2M{\cdot}M(=H^2M^2)$〔MHM^2〕	띠끼·이·다	$H^2M{\cdot}M(=H^2M^2)$〔MHM^2〕
베기·이·다	$H^2M{\cdot}M(=H^2M^2)$〔MHM^2〕	배기·이·다	$H^2M{\cdot}M(=H^2M^2)$〔MHM^2〕
신기·이·다〈피〉	$H^2M{\cdot}M(=H^2M^2)$〔MHM^2〕	신키·이·다〈사〉	$HM{\cdot}M(=H^2M^2)$〔MHM^2〕
신기·이·다〈피〉	$H^2M{\cdot}M(=H^2M^2)$〔MHM^2〕	신기·이·다〈피〉	$H^2M{\cdot}M(=H^2M^2)$〔MHM^2〕
안기·이·다(抱)〈피, 사〉	$H^2M{\cdot}M(=H^2M^2)$〔MHM^2〕	안끼·이·다〈피〉	$H^2M{\cdot}M(=H^2M^2)$〔MHM^2〕
안기·이·다(抱)〈피, 사〉	$H^2M{\cdot}M(=H^2M^2)$〔MHM^2〕	안기·이·다〈피〉	$H^2M{\cdot}M(=H^2M^2)$〔MHM^2〕
앵기·이·다(抱)〈사〉	$H^2M{\cdot}M(=H^2M^2)$〔MHM^2〕	앵기·이·다〈사〉	$H^2M{\cdot}M(=H^2M^2)$〔MHM^2〕
앵기·이·다(抱)〈피〉	$H^2M{\cdot}M(=H^2M^2)$〔MHM^2〕	앵기·이·다〈피〉	$H^2M{\cdot}M(=H^2M^2)$〔MHM^2〕
티이·이·다〈피〉	$H^2M{\cdot}M(=H^2M^2)$〔MHM^2〕	티이·이·다〈피〉	$H^2M{\cdot}M(=H^2M^2)$〔MHM^2〕
팅기·이·다〈피, 사〉	$H^2M{\cdot}M(=H^2M^2)$〔MHM^2〕	팅기·이·다〈피〉	$H^2M{\cdot}M(=H^2M^2)$〔MHM^2〕
홀키·이·다64)	$H^2M{\cdot}M(=H^2M^2)$〔MHM^2〕	홀리·이·다	$H^2M{\cdot}M(=H^2M^2)$〔MHM^2〕
홀키·이·다	$H^2M{\cdot}M(=H^2M^2)$〔MHM^2〕	할키·이·다	$H^2M{\cdot}M(=H^2M^2)$〔MHM^2〕
홀키·이·다	$H^2M{\cdot}M(=H^2M^2)$〔MHM^2〕	홀리·이·다	$H^2M{\cdot}M(=H^2M^2)$〔MHM^2〕
깨끼·이·다〈피〉	$H^2M{\cdot}M(=H^2M^2)$〔MHM^2〕	깨끼·이·다〈피〉	$H^2M{\cdot}M(=H^2M^2)$〔MHM^2〕
버구·우·다	$H^2M{\cdot}M(=H^2M^2)$〔MHM^2〕	버구·우·다	$H^2M{\cdot}M(=H^2M^2)$〔MHM^2〕
눌루·우·다	$H^2M{\cdot}M(=H^2M^2)$〔MHM^2〕	눌루·우·다	$H^2M{\cdot}M(=H^2M^2)$〔MHM^2〕
버투·우·다〈대립〉	$H^2M{\cdot}M(=H^2M^2)$〔MHM^2〕	버투·우·다	$H^2M{\cdot}M(=H^2M^2)$〔MHM^2〕
전주·우·다(比)	$H^2M{\cdot}M(=H^2M^2)$〔MHM^2〕	전주·우·다	$H^2M{\cdot}M(=H^2M^2)$〔MHM^2〕
텡구·우·다〈퉁기다〉	$H^2M{\cdot}M(=H^2M^2)$〔MHM^2〕	팅구·우·다	$H^2M{\cdot}M(=H^2M^2)$〔MHM^2〕
팅구·우·다〈퉁기다〉	$H^2M{\cdot}M(=H^2M^2)$〔MHM^2〕	팅구·우·다	$H^2M{\cdot}M(=H^2M^2)$〔MHM^2〕
가두·우·다(監禁)	$H^2M{\cdot}M(=H^2M^2)$〔MHM^2〕	가두·우·다	$H^2M{\cdot}M(=H^2M^2)$〔MHM^2〕
감추·우·다	$H^2M{\cdot}M(=H^2M^2)$〔MHM^2〕	감추·우·다	$H^2M{\cdot}M(=H^2M^2)$〔MHM^2〕
거두·우·다(收)	$H^2M{\cdot}M(=H^2M^2)$〔MHM^2〕	거두·우·다	$H^2M{\cdot}M(=H^2M^2)$〔MHM^2〕
낭구·우·다〈남기다〉	$H^2M{\cdot}M(=H^2M^2)$〔MHM^2〕	낭구·우·다	$H^2M{\cdot}M(=H^2M^2)$〔MHM^2〕
낮추·우·다	$H^2M{\cdot}M(=H^2M^2)$〔MHM^2〕	낮추·우·다	$H^2M{\cdot}M(=H^2M^2)$〔MHM^2〕
늦추·우·다	$H^2M{\cdot}M(=H^2M^2)$〔MHM^2〕	늦추·우·다	$H^2M{\cdot}M(=H^2M^2)$〔MHM^2〕
달구·우·다	$H^2M{\cdot}M(=H^2M^2)$〔MHM^2〕	달구·우·다	$H^2M{\cdot}M(=H^2M^2)$〔MHM^2〕
비꼬·오·다	$H^2M{\cdot}M(=H^2M^2)$〔MHM^2〕	비꼬·오·다	$H^2M{\cdot}M(=H^2M^2)$〔MHM^2〕
돋구·우·다〈돋구다〉	$H^2M{\cdot}M(=H^2M^2)$〔MHM^2〕	돋구·우·다	$H^2M{\cdot}M(=H^2M^2)$〔MHM^2〕
돋쿠·우·다〈돋구다〉	$H^2M{\cdot}M(=H^2M^2)$〔MHM^2〕	돋구·우·다	$H^2M{\cdot}M(=H^2M^2)$〔MHM^2〕
따루·우·다〈따루다〉	$H^2M{\cdot}M(=H^2M^2)$〔MHM^2〕	따루·우·다	$H^2M{\cdot}M(=H^2M^2)$〔MHM^2〕

64) 〈고성 방언〉〈귀신, 허깨비한테〉

말루·우·다(乾)	H^{2}M·M(=H^{2}M^2)〔MHM^2〕	말루·우·다	H^{2}M·M(=H^{2}M^2)〔MHM^2〕
맞추·우·다〈맞추다〉	H^{2}M·M(=H^{2}M^2)〔MHM^2〕	맞추·우·다	H^{2}M·M(=H^{2}M^2)〔MHM^2〕
뻐수·우·다	H^{2}M·M(=H^{2}M^2)〔MHM^2〕	빠수·우·다	H^{2}M·M(=H^{2}M^2)〔MHM^2〕
뎁후·우·다	H^{2}M·M(=H^{2}M^2)〔MHM^2〕	덥후·우·다	H^{2}M·M(=H^{2}M^2)〔MHM^2〕
뎁후·우·다	H^{2}M·M(=H^{2}M^2)〔MHM^2〕	딥후·우·다	H^{2}M·M(=H^{2}M^2)〔MHM^2〕
삭후·우·다〈삭히다〉	H^{2}M·M(=H^{2}M^2)〔MHM^2〕	삭후·우·다	H^{2}M·M(=H^{2}M^2)〔MHM^2〕
썩후·우·다〈썩히다〉	H^{2}M·M(=H^{2}M^2)〔MHM^2〕	썩후·우·다	H^{2}M·M(=H^{2}M^2)〔MHM^2〕
식후·우·다	H^{2}M·M(=H^{2}M^2)〔MHM^2〕	식후·우다	H^{2}M·M(=MHM^2)〔MHM^2〕
얼우·우·다〈얼우다〉	H^{2}M·M(=H^{2}M^2)〔MHM^2〕	얼우·우·다	H^{2}M·M(=H^{2}M^2)〔MHM^2〕
이수·우·다〈잇다〉	H^{2}M·M(=H^{2}M^2)〔MHM^2〕	이수·우·다	H^{2}M·M(=H^{2}M^2)〔MHM^2〕
일구·우·다〈사〉	H^{2}M·M(=H^{2}M^2)〔MHM^2〕	일구·우·다	H^{2}M·M(=H^{2}M^2)〔MHM^2〕
얼구·우·다(氷)	H^{2}M·M(=H^{2}M^2)〔MHM^2〕	얼구·우·다	H^{2}M·M(=H^{2}M^2)〔MHM^2〕
전주·우·다(比)	H^{2}M·M(=H^{2}M^2)〔MHM^2〕	전주·우·다	H^{2}M·M(=H^{2}M^2)〔MHM^2〕
텡구·우·다〈퉁기다〉	H^{2}M·M(=H^{2}M^2)〔MHM^2〕	텡구·우·다	H^{2}M·M(=H^{2}M^2)〔MHM^2〕
텡구·우·다〈퉁기다〉	H^{2}M·M(=H^{2}M^2)〔MHM^2〕	팅구·우·다	H^{2}M·M(=H^{2}M^2)〔MHM^2〕
내루·우·다〈나리다〉	H^{2}M·M(=H^{2}M^2)〔MHM^2〕	내루·우·다	H^{2}M·M(=H^{2}M^2)〔MHM^2〕
도쿠·우·다〈배애~〉	H^{2}M·M(=H^{2}M^2)〔MHM^2〕	돋구·우·다	H^{2}M·M(=H^{2}M^2)〔MHM^2〕
갤추·우·다	H^{2}M·M(=H^{2}M^2)〔MHM^2〕	갈추·우·다	H^{2}M·M(=H^{2}M^2)〔MHM^2〕
갤추·우·다	H^{2}M·M(=H^{2}M^2)〔MHM^2〕	갤추·우·다	H^{2}M·M(=H^{2}M^2)〔MHM^2〕
뻐수·우·다	H^{2}M·M(=H^{2}M^2)〔MHM^2〕	빠수·우·다	H^{2}M·M(=H^{2}M^2)〔MHM^2〕
낭구·우·다	H^{2}M·M(=H^{2}M^2)〔MHM^2〕	낭구·우·다	H^{2}M·M(=H^{2}M^2)〔MHM^2〕
도쿠·우·다〈배애~〉	H^{2}M·M(=H^{2}M^2)〔MHM^2〕	돋구·우·다	H^{2}M·M(=H^{2}M^2)〔MHM^2〕
마쿠·우·다〈막다〉	H^{2}M·M(=H^{2}M^2)〔MHM^2〕	마쿠·우·다	H^{2}M·M(=H^{2}M^2)〔MHM^2〕
비꾸·우·다	H^{2}M·M(=H^{2}M^2)〔MHM^2〕	비꾸·우·다	H^{2}M·M(=H^{2}M^2)〔MHM^2〕
식후·우·다	H^{2}M·M(=H^{2}M^2)〔MHM^2〕	식후·우·다	H^{2}M·M(=H^{2}M^2)〔MHM^2〕
전주·우·다〈겨누다〉	H^{2}M·M(=H^{2}M^2)〔MHM^2〕	전주·우·다	H^{2}M·M(=H^{2}M^2)〔MHM^2〕
팅구·우·다	H^{2}M·M(=H^{2}M^2)〔MHM^2〕	팅구·우·다	H^{2}M·M(=H^{2}M^2)〔MHM^2〕
방정맞·다	H^3·M(=H^{3}M)〔MH^{2}M〕	방정맞·다	H^3·M(=H^{3}M)〔M^{2}HM〕
간지렵·다	H^3·M(=H^{3}M)〔MH^{2}M〕	간지렵·다	H^3·M(=H^{3}M)〔M^{2}HM〕
간지렵·다	H^3·M(=H^{3}M)〔MH^{2}M〕	간지러ᇦ·다	H^3·M(=H^{3}M)〔M^{2}HM〕
건지렵·다	H^3·M(=H^{3}M)〔MH^{2}M〕	건지랍·다	H^3·M(=H^{3}M)〔M^{2}HM〕
건지렵·다	H^3·M(=H^{3}M)〔MH^{2}M〕	건지라ᇦ·다	H^3·M(=H^{3}M)〔M^{2}HM〕
미끄럽·다	H^3·M(=H^{3}M)〔MH^{2}M〕	미끄럽·다	H^3·M(=H^{3}M)〔M^{2}HM〕
미끄럽·다	H^3·M(=H^{3}M)〔MH^{2}M〕	미끄러ᇦ·다	H^3·M(=H^{3}M)〔M^{2}HM〕
부끄럽·다	H^3·M(=H^{3}M)〔MH^{2}M〕	부끄럽·다	H^3·M(=H^{3}M)〔M^{2}HM〕
부끄럽·다	H^3·M(=H^{3}M)〔MH^{2}M〕	부끄러ᇦ·다	H^3·M(=H^{3}M)〔M^{2}HM〕
부드럽·다	H^3·M(=H^{3}M)〔MH^{2}M〕	부드럽·다	H^3·M(=H^{3}M)〔M^{2}HM〕
부드럽·다	H^3·M(=H^{3}M)〔MH^{2}M〕	부드러ᇦ·다	H^3·M(=H^{3}M)〔M^{2}HM〕
건방지·다	H^3·M(=H^{3}M)〔MH^{2}M〕	건방지·다	H^3·M(=H^{3}M)〔M^{2}HM〕

야무지·다	H^3·M(=H^{3}M)〔MH^{2}M〕	야무지·다	H^3·M(=H^{3}M)〔M^{2}HM〕
야무치·다	H^3·M(=H^{3}M)〔MH^{2}M〕	야무치·다	H^3·M(=H^{3}M)〔M^{2}HM〕
부티리·다	H^3·M(=H^{3}M)〔MH^{2}M〕	부티리·다	H^3·M(=H^{3}M)〔M^{2}HM〕
깨검띠·다〈한발로〉	H^3·M(=H^{3}M)〔MH^{2}M〕	깨검띠·다	H^3·M(=H^{3}M)〔M^{2}HM〕
띠검띠·다〈두발로〉	H^3·M(=H^{3}M)〔MH^{2}M〕	깨검띠·다	H^3·M(=H^{3}M)〔M^{2}HM〕
떨어지·다	H^3·M(=H^{3}M)〔M^{2}HM〕	떨어지·다	H^3·M(=H^{3}M)〔M^{2}HM〕
가실하·다(秋收)	H^3·M(=H^{3}M)〔MH^{2}M〕	가알하·다	H^3·M(=H^{3}M)〔M^{2}HM〕
가실하·다(秋收)	H^3·M(=H^{3}M)〔MH^{2}M〕	가실하·다	H^3·M(=H^{3}M)〔M^{2}HM〕
꼳꼳하·다	H^3·M(=H^{3}M)〔MH^{2}M〕	꼳꼳하·다	H^3·M(=H^{3}M)〔M^{2}HM〕
꾸정하·다〈날씨가~〉	H^3·M(=H^{3}M)〔MH^{2}M〕	꾸룸하·다	H^3·M(=H^{3}M)〔M^{2}HM〕
군데타·다	H^3·M(=H^{3}M)〔MH^{2}M〕	군디타·다	H^3·M(=H^{3}M)〔M^{2}HM〕
모실까·다	H^3·M(=H^{3}M)〔MH^{2}M〕	마실가·다	H^3·M(=H^{3}M)〔M^{2}HM〕
모실까·다	H^3·M(=H^{3}M)〔MH^{2}M〕	마을가·다	H^3·M(=H^{3}M)〔M^{2}HM〕
모실까·다	H^3·M(=H^{3}M)〔MH^{2}M〕	마실까·다	H^3·M(=H^{3}M)〔M^{2}HM〕
그런갑·다〈맞은것같다〉	H^3·M(=H^{3}M)〔MH^{2}M〕	그런갑·다	H^3·M(=H^{3}M)〔M^{2}HM〕
방아찍·다	H^3·M(=H^{3}M)〔MH^{2}M〕	방아찧·다	H^3·M(=H^{3}M)〔MH^{2}M〕
깨끗#하·다	H^2#H$_{M-1}$·M(→H^{3}M)〔MH^{2}M〕	깨끗#하·다	H^2#H$_{M-1}$·M(→H^{3}M)〔M^{2}HM〕
새(:)파랗·다	H^3·M(=H^{3}M)〔MH^{2}M〕	새(:)파랗·다	H^3·M(=H^{3}M)〔M(:)MHM〕
머슴데·리·다	H^3·M^2(=H^{3}M^2)〔MH^{2}M^2〕	머슴디·리·다	H^3·M^2(=H^{3}M^2)〔M^{2}HM^2〕
우리(:)하·다〈우리다〉	H^3·M(=H^{3}M)〔MH^{2}M〕	우리하·다	H^3·M(=H^{3}M)〔M^{2}HM〕
따돌리·이·다〈피〉	H^{3}M·M(=H^{3}M^2)〔MH^{2}M^2〕	따돌리·이·다〈피〉	H^{3}M·M(=H^{3}M^2)〔M^{2}HM^2〕
비꼬이·이·다〈피〉	H^{3}M·M(=H^{3}M^2)〔MH^{2}M^2〕	비꼬이·이·다〈피〉	H^{3}M·M(=H^{3}M^2)〔M^{2}HM^2〕
사무치·이·다	H^{3}M·M(=H^{3}M^2)〔MH^{2}M^2〕	사무치·이·다	H^{3}M·M(=H^{3}M^2)〔M^{2}HM^2〕
가난#하·다	H^2#H$_{M-1}$·M(→H^{3}M)〔MH^{2}M〕	가난#하·다	H^2#H$_{M-1}$·M(→H^{3}M)〔M^{2}HM〕
사늘#하·다	H^2#H$_{M-1}$·M(→H^{3}M)〔MH^{2}M〕	사늘#하·다	H^2#H$_{M-1}$·M(→H^{3}M)〔M^{2}HM〕
사랑#하·다	H^2#H$_{M-1}$·M(→H^{3}M)〔MH^{2}M〕	사랑#하·다	H^2#H$_{M-1}$·M(→H^{3}M)〔M^{2}HM〕
서늘#하·다	H^2#H$_{M-1}$·M(→H^{3}M)〔MH^{2}M〕	서늘#하·다	H^2#H$_{M-1}$·M(→H^{3}M)〔M^{2}HM〕
우리#하·다	H^2#H$_{M-1}$·M(→H^{3}M)〔MH^{2}M〕	우리(:)#하·다	H^2#H$_{M-1}$·M(→H^{3}M)〔M^{2}HM〕
짤막#하·다	H^2#H$_{M-1}$·M(→H^{3}M)〔MH^{2}M〕	짤막#하·다	H^2#H$_{M-1}$·M(→H^{3}M)〔M^{2}HM〕
축축#하·다	H^2#H$_{M-1}$·M(→H^{3}M)〔MH^{2}M〕	축축#하·다	H^2#H$_{M-1}$·M(→H^{3}M)〔M^{2}HM〕
삼·가#하·다	HM#H$_{M-1}$·M(=HM^3)〔HM^3〕	삼·가#하·다	HM#H$_{M-1}$·M(→HM^3)〔HM^3〕
하·품#하·다	HM#H$_{M-1}$·M(→HM^3)〔HM^3〕	하·품#하·다	HM#H$_{M-1}$·M(→HM^3)〔HM^3〕
노·래#하·다	HM#H$_{M-1}$·M(→HM^3)〔HM^3〕	노·래#하·다	HM#H$_{M-1}$·M(→HM^3)〔HM^3〕
짜·빠#지·다	HM#H$_{M-2}$·M(→HM^3)〔HM^3〕	자·빠#지·다	HM#H$_{M-2}$·M(→HM^3)〔HM^3〕
승·을#보·다	HM#HM〔HM#HM〕	승·을#보·다	HM#H·M〔HM#HM〕
털·어#놓·다	HM#HM〔HM#HM〕	털·어#놓·다	HM#H·M〔HM#HM〕
가·아#있·다	HM#H·M〔HM#H·M〕	갖·고#있·다	HM#H·M〔HM#HM〕
꺼·어#·씨·다	HM#M^2〔HH#HH〕	꾸·어#·쓰·다	HM#M·M〔HM#HH〕
돌·아#가·다	HM#H$_{M-1}$·M(=HM#HM)〔HM#HM〕	돌·아#가·다	HM#H$_{M-1}$·M(=HM#HM)〔HM#HM〕

돌·아#보·다	HM#H$_{M-1}$·M(=HM#HM)〔HM#HM〕	돌·아#보·다	HM#H$_{M-1}$·M(=HM#HM)〔HM#HM〕
달·아#나·다	HM#H$_{M-1}$·M(=HM#HM)〔HM#HM〕	달·아#나·다	HM#H$_{M-1}$·M(=HM#HM)〔HM#HM〕
달·아#나·다	HM#H$_{M-1}$·M(=HM#HM)〔HM#HM〕	내·애#·빼·다	HM#H$_{M-1}$·M(→HM^3)〔HM^3〕
디·이#매·다〈동여매다〉	HM#H·M〔HM#HM〕	동·여#매·다	HM#H·M〔HM#HM〕
수·울#찮·다	HM#H·M〔HM#HM〕	수·월#찮·다	HM#H·M〔HM#HM〕
수·울#·찮·다	HM#M·M(=HM#M^2)〔HM#HH〕	수·월#찮·다	HM#H·M〔HM#HM〕
춤·을#놓·다	HM#H·M〔HM#HM〕	침·을#놓·다	HM#H·M〔HM#HM〕
춤·을#주·다	HM#H$_{M-1}$·M〔HM#HM〕	침·을#주·다	HM#H$_{M-1}$·M〔HM#HM〕
털·어#놓·다	HM#H·M〔HM#HM〕	털·어#놓·다	HM#HM〔HM#HM〕
숭·을#보·다	HM#H$_{M-1}$·M〔HM#HM〕	숭·을#보·다	HM#H$_{M-1}$·M〔HM#HM〕
내·애#·빼·다	HM#M·M〔HM#HH〕	내·애#·빼·다	HM#M·M〔HM#HH〕
술·로#·치·다	HM#M·M〔HM#HH〕	술·을#·치·다	HM#M·M〔HM#HH〕
시·를#에·우·다〈외다〉	HM#HM·M〔HM#HM^2〕	시·를#이·우·다	HM#HM〔HM#HM^2〕
거드럼#피·우·다	H^3#HM·M〔MH^2#HM^2〕	거드럼#피·우·다	H^3#HM·M〔M^{2}H#HM^2〕
공공#:짓·는·다	H^2#L^3〔MH#LM^2〕	공공#:짓·는·다	H^2#M̤^{3}〔MH#ḦHM〕
공공#:짓·는·다	H^2#L^3〔MH#LM^2〕	궁궁#:짓·는·다	H^2#M̤^{3}〔MH#ḦHM〕

(136) 거성형 풀이씨

고성 방언		성주 방언	
·갈·다(磨)	M·M(=M^2)〔HH/MM〕	·갈·다	M·M(=M^2)〔HH/MM〕
·깔·다	M·M(=M^2)〔HH/MM〕	·깔·다	M·M(=M^2)〔HH/MM〕
·깜·다	M·M(=M^2)〔HH/MM〕	·깜·다	M·M(=M^2)〔HH/MM〕
·달·다(測,懸)	M·M(=M^2)〔HH/MM〕	·달·다	M·M(=M^2)〔HH/MM〕
·끌·다	M·M(=M^2)〔HH/MM〕	·끌·다	M·M(=M^2)〔HH/MM〕
·들·다(入)	M·M(=M^2)〔HH/MM〕	·들·다	M·M(=M^2)〔HH/MM〕
·빨·다	M·M(=M^2)〔HH/MM〕	·빨·다	M·M(=M^2)〔HH/MM〕
·뽑·다	M·M(=M^2)〔HH/MM〕	·뽑·다	M·M(=M^2)〔HH/MM〕
·숨·다	M·M(=M^2)〔HH/MM〕	·숨·다	M·M(=M^2)〔HH/MM〕
·싫·다	M·M(=M^2)〔HH/MM〕	·싫·다	M·M(=M^2)〔HH/MM〕
·까·다	M·M(=M^2)〔HH/MM〕	·까·다	M·M(=M^2)〔HH/MM〕
·뜨·다	M·M(=M^2)〔HH/MM〕	·뜨·다	M·M(=M^2)〔HH/MM〕
·끄·다	M·M(=M^2)〔HH/MM〕	·끄·다	M·M(=M^2)〔HH/MM〕
·따·다	M·M(=M^2)〔HH/MM〕	·따·다	M·M(=M^2)〔HH/MM〕
·씨·다(用)	M·M(=M^2)〔HH/MM〕	·쓰·다	M·M(=M^2)〔HH/MM〕
·씨·다(用)	M·M(=M^2)〔HH/MM〕	·씨·다	M·M(=M^2)〔HH/MM〕
·씨·다(覆)	M·M(=M^2)〔HH/MM〕	·쓰·다	M·M(=M^2)〔HH/MM〕
·씨·다(書)	M·M(=M^2)〔HH/MM〕	·쓰·다	M·M(=M^2)〔HH/MM〕
·씨·다(書)	M·M(=M^2)〔HH/MM〕	·씨·다	M·M(=M^2)〔HH/MM〕
·트·다	M·M(=M^2)〔HH/MM〕	·트·다	M·M(=M^2)〔HH/MM〕
·크·다	M·M(=M^2)〔HH/MM〕	·크·다	M·M(=M^2)〔HH/MM〕
·찌·다(蒸)	M·M(=M^2)〔HH/MM〕	·찌·다	M·M(=M^2)〔HH/MM〕

·싸·다(包)	M·M(=M^2)〔HH/MM〕	·싸·다	M·M(=M^2)〔HH/MM〕
·싸·다(積)	M·M(=M^2)〔HH/MM〕	·싸·다	M·M(=M^2)〔HH/MM〕
·타·다(燒)	M·M(=M^2)〔HH/MM〕	·타·다	M·M(=M^2)〔HH/MM〕
·타·다(乘)	M·M(=M^2)〔HH/MM〕	·타·다	M·M(=M^2)〔HH/MM〕
·차·다(滿)	M·M(=M^2)〔HH/MM〕	·차·다	M·M(=M^2)〔HH/MM〕
·차·다(蹴)	M·M(=M^2)〔HH/MM〕	·차·다	M·M(=M^2)〔HH/MM〕
·차·다(佩)	M·M(=M^2)〔HH/MM〕	·차·다	M·M(=M^2)〔HH/MM〕
·찹·다(寒)	M·M(=M^2)〔HH/MM〕	·차·다	M·M(=M^2)〔HH/MM〕
·칩·다(寒)	M·M(=M^2)〔HH/MM〕	·차·다	M·M(=M^2)〔HH/MM〕
·춥·다(寒)	M·M(=M^2)〔HH/MM〕	·춥·다	M·M(=M^2)〔HH/MM〕
·치·다 (打)	M·M(=M^2)〔HH/MM〕	·치·다	M·M(=M^2)〔HH/MM〕
·씰·다(掃)	M·M(=M^2)〔HH/MM〕	·쓸·다	M·M(=M^2)〔HH/MM〕
·씰·다(掃)	M·M(=M^2)〔HH/MM〕	·씰·다	M·M(=M^2)〔HH/MM〕
·옳·다	M·M(=M^2)〔HH/MM〕	·옳·다	M·M(=M^2)〔HH/MM〕
·이·다(是)	M·M(=M^2)〔HH/MM〕	·이·다	M·M(=M^2)〔HH/MM〕
·짭·다(鹽)	M·M(=M^2)〔HH/MM〕	·짭·다	M·M(=M^2)〔HH/MM〕
·참·다	M·M(=M^2)〔HH/MM〕	·참·다	M·M(=M^2)〔HH/MM〕
·찾·다	M·M(=M^2)〔HH/MM〕	·찾·다	M·M(=M^2)〔HH/MM〕
·팔·다	M·M(=M^2)〔HH/MM〕	·팔·다	M·M(=M^2)〔HH/MM〕
·풀·다(解)	M·M(=M^2)〔HH/MM〕	·풀·다	M·M(=M^2)〔HH/MM〕
·퍼·다〈푸다〉	M·M(=M^2)〔HH/MM〕	·퍼·다	M·M(=M^2)〔HH/MM〕
·파·다	M·M(=M^2)〔HH/MM〕	·파·다	M·M(=M^2)〔HH/MM〕
·히·다(白)	M·M(=M^2)〔HH/MM〕	·히·다	M·M(=M^2)〔HH/MM〕
·기·다	M·M(=M^2)〔HH/MM〕	·기·다〈(송)〉	M_H·M(=M^2)〔HH/MM〕
·기·다	M·M(=M^2)〔HH/MM〕	·기·다〈(구)〉	M_M·M(=M^2)〔HH/MM〕
·키·다〈켜다〉	M·M(=M^2)〔HH/MM〕	·키·다	M·M(=M^2)〔HH/MM〕
·새·다(·비·가~)	M·M(=M^2)〔HH/MM〕	·새·다	M·M(=M^2)〔HH/MM〕
·매·다(除草)	M_M·M(=M^2)〔HH/MM〕	·매·다	M_M·M(=M^2)〔HH/MM〕
·빼·다(拔)	M·M(=M^2)〔HH/MM〕	·빼·다	M·M(=M^2)〔HH/MM〕
·히·다(白)	M·M(=M^2)〔HH/MM〕	·히·다	M·M(=M^2)〔HH/MM〕
·짤·다(鹽)	M·M(=M^2)〔HH/MM〕	·짜·다	M·M(=M^2)〔HH/MM〕
·치·다(舞)	M·M(=M^2)〔HH/MM〕	·치·다	M·M(=M^2)〔HH/MM〕
·피·다(開花)	M·M(=M^2)〔HH/MM〕	·피·다	M_M·M(=M^2)〔HH/MM〕
·치·다(舞)	M·M(=M^2)〔HH/MM〕	·추·다〈(구)〉	M_M·M(=M^2)〔HH/MM〕
·끄·다(夢)	M·M(=M^2)〔HH/MM〕	·꾸·다	M_M·M(=M^2)〔HH/MM〕
·싸·다(射)	M·M(=M^2)〔HH/MM〕	·쏘·다	M_H·M(=M^2)〔HH/MM〕
·싸·다(射)	M·M(=M^2)〔HH/MM〕	·싸·다	M_H·M(=M^2)〔HH/MM〕
·까·다(繩)	M·M(=M^2)〔HH/MM〕	·꼬·다	M_M·M(=M^2)〔HH/MM〕
·딜·이·다(入)	M^2·M(=M^3)〔HHM〕	·딜·이·다	M^2·M(=M^3)〔HHM〕
·늘·이·다	M^2·M(=M^3)〔HHM〕	·늘·이·다	M^2·M(=M^3)〔HHM〕
·기·리·다(畵)	M^2·M(=M^3)〔HHM〕	·그·리·다	M^2·M(=M^3)〔HHM〕

·기·리·다(畵)	$M^2{\cdot}M(=M^3)$〔HHM〕	·기·리·다	$M^2{\cdot}M(=M^3)$〔HHM〕
·도·리·다	$M^2{\cdot}M(=M^3)$〔HHM〕	·도·리·다	$M^2{\cdot}M(=M^3)$〔HHM〕
·디·리·다	$M^2{\cdot}M(=M^3)$〔HHM〕	·드·리·다	$M^2{\cdot}M(=M^3)$〔HHM〕
·디·리·다	$M^2{\cdot}M(=M^3)$〔HHM〕	·디·리·다	$M^2{\cdot}M(=M^3)$〔HHM〕
·부·리·다	$M^2{\cdot}M(=M^3)$〔HHM〕	·부·리·다	$M^2{\cdot}M(=M^3)$〔HHM〕
·오·리·다	$M^2{\cdot}M(=M^3)$〔HHM〕	·오·리·다	$M^2{\cdot}M(=M^3)$〔HHM〕
·처·지·다	$M^2{\cdot}M(=M^3)$〔HHM〕	·처·지·다	$M^2{\cdot}M(=M^3)$〔HHM〕
·꺼·지·다	$M^2{\cdot}M(=M^3)$〔HHM〕	·꺼·지·다	$M^2{\cdot}M(=M^3)$〔HHM〕
·꾸·미·다〈표준〉	$M^2{\cdot}M(=M^3)$〔HHM〕	·꾸·미·다	$M^2{\cdot}M(=M^3)$〔HHM〕
·끼·미·다(飾)	$M^2{\cdot}M(=M^3)$〔HHM〕	·뀌·미·다	$M^2{\cdot}M(=M^3)$〔HHM〕
·끼·미·다(飾)	$M^2{\cdot}M(=M^3)$〔HHM〕	·끼·미·다	$M^2{\cdot}M(=M^3)$〔HHM〕
·불·나·다	$M^2{\cdot}M(=M^3)$〔HHM〕	·불·나·다	$M^2{\cdot}M(=M^3)$〔HHM〕
·빛·나·다	$M^2{\cdot}M(=M^3)$〔HHM〕	·빛·나·다	$M^2{\cdot}M(=M^3)$〔HHM〕
·잠·오·다(睡)	$M^2{\cdot}M(=M^3)$〔HHM〕	·잠·오·다	$M^2{\cdot}M(=M^3)$〔HHM〕
·가·늘·다	$M^2{\cdot}M(=M^3)$〔HHM〕	·가·늘·다	$M^2{\cdot}M(=M^3)$〔HHM〕
·드·물·다	$M^2{\cdot}M(=M^3)$〔HHM〕	·드·물·다	$M^2{\cdot}M(=M^3)$〔HHM〕
·어·지·다	$M^2{\cdot}M(=M^3)$〔HHM〕	·어·질·다	$M^2{\cdot}M(=M^3)$〔HHM〕
·게·럽·다(苦)	$M^2{\cdot}M(=M^3)$〔HHM〕	·귀·럽·다	$M^2{\cdot}M(=M^3)$〔HHM〕
·차·갑·다	$M^2{\cdot}M(=M^3)$〔HHM〕	·차·갑·다	$M^2{\cdot}M(=M^3)$〔HHM〕
·반·갑·다	$M^2{\cdot}M(=M^3)$〔HHM〕	·반·갑·다	$M^2{\cdot}M(=M^3)$〔HHM〕
·밥·묵·다	$M^2{\cdot}M(=M^3)$〔HHM〕	·밥·묵·다	$M^2{\cdot}M(=M^3)$〔HHM〕
·글·일ㆆ·다	$M^2{\cdot}M(=M^3)$〔HHM〕	·글·읽·다	$M^2{\cdot}M(=M^3)$〔HHM〕
·물·맑·다	$M^2{\cdot}M(=M^3)$〔HHM〕	·물·맑·다	$M^2{\cdot}M(=M^3)$〔HHM〕
·질·기·다〈즐기다〉	$M^2{\cdot}M(=M^3)$〔HHM〕	·질·기·다	$M^2{\cdot}M(=M^3)$〔HHM〕
·질·기·다〈즐기다〉	$M^2{\cdot}M(=M^3)$〔HHM〕	·즐·기·다	$M^2{\cdot}M(=M^3)$〔HHM〕
·굿·하·다	$M^2{\cdot}M(=M^3)$〔HHM〕	·굿·하·다	$M^2{\cdot}M(=M^3)$〔HHM〕
·바·래·다(望)	$M^2{\cdot}M(=M^3)$〔HHM〕	·바·래·다	$M^2{\cdot}M(=M^3)$〔HHM〕
·초·하·다[65]	$M^2{\cdot}M(=M^3)$〔HHM〕	·초·하·다	$M^2{\cdot}M(=M^3)$〔HHM〕
·추·지·다	$M^2{\cdot}M(=M^3)$〔HHM〕	·추·지·다	$M^2{\cdot}M(=M^3)$〔HHM〕
·기·럽·다〈그립다〉	$M^2{\cdot}M(=M^3)$〔HHM〕	·기·럽·다	$M^2{\cdot}M(=M^3)$〔HHM〕
·기·립·다〈그립다〉	$M^2{\cdot}M(=M^3)$〔HHM〕	·귀·럽·다	$M^2{\cdot}M(=M^3)$〔HHM〕
·기·럽·다〈아쉽다, 귀하다〉	$M^2{\cdot}M$〔HHM〕	·귀·럽·다	$M^2{\cdot}M(=M^3)$〔HHM〕
·기·럽·다〈아쉽다, 귀하다〉	$M^2{\cdot}M$〔HHM〕	·기·럽·다	$M^2{\cdot}M(=M^3)$〔HHM〕
·급·하·다(·썽·이~)	$M^2{\cdot}M(=M^3)$〔HHM〕	·급·하·다	$M^2{\cdot}M(=M^3)$〔HHM〕
·채·앴·다〈피〉	$M^2{\cdot}M(=M^3)$〔HHM〕	·치·하·다	$M^2{\cdot}M(=M^3)$〔HHM〕
·채·앴·다〈피〉	$M^2{\cdot}M(=M^3)$〔HHM〕	·채·하·다	$M^2{\cdot}M(=M^3)$〔HHM〕
·글·이·리·다	$M^3{\cdot}M(=M^4)$〔HHM^2〕	·글·이·리·다	$M^3{\cdot}M(=M^4)$〔HHM^2〕
·글·이·리·다	$M^3{\cdot}M(=M^4)$〔HHM^2〕	·글·이·르·다	$M^3{\cdot}M(=M^4)$〔HHM^2〕

65) 〈고성 방언, 성주 방언〉 /·초하다/〈·재·끼·장에 ·초해·라〉

·씰·어·지·다	M^3·M(=M^4)〔HHM^2〕	·씰·어·지·다	M^3·M(=M^4)〔HHM^2〕
·거·느·리·다	M^3·M(=M^4)〔HHM^2〕	·거·느·리·다	M^3·M(=M^4)〔HHM^2〕
·거·니·리·다	M^3·M(=M^4)〔HHM^2〕	·거·느·리·다	M^3·M(=M^4)〔HHM^2〕
·거·니·리·다	M^3·M(=M^4)〔HHM^2〕	·거·니·리·다	M^3·M(=M^4)〔HHM^2〕
·게·럽·히·다	M^3·M(=M^4)〔HHM^2〕	·귀·롭·히·다	M^3·M(=M^4)〔HHM^2〕
·게·럽·히·다	M^3·M(=M^4)〔HHM^2〕	·기·롭·히·다	M^3·M(=M^4)〔HHM^2〕
·어·지·럽·다	M^3·M(=M^4)〔HHM^2〕	·어·지·럽·다	M^3·M(=M^4)〔HHM^2〕
·어·지·렵·다	M^3·M(=M^4)〔HHM^2〕	·어·지·렵·다	M^3·M(=M^4)〔HHM^2〕
·기·맥·히·다	M^3·M(=M^4)〔HHM^2〕	·기·맥·히·다	M^3·M(=M^4)〔HHM〕
·성·가·시·다	M^3·M(=M^4)〔HHM^2〕	·성·가·시·다	M^3·M(=M^4)〔HHM^2〕
·시·껍·묵·다〈놀랐다〉	M^3·M(=M^4)〔HHM^2〕	·시·껍·묵·다	M^3·M(=M^4)〔HHM^2〕
·글#이리·다	M#H^2·M〔M̤#MHM〕	·글#이리·다	M#H^2·M〔M̤#MHM〕
·글#이리·다	M#H^2·M〔M̤#MHM〕	·글#이르·다	M#H^2·M〔M̤#MHM〕
·딜·이#놓·다	M^2#HM〔HH#HM〕	·딜·이#놓·다	M^2#HM〔HH#HM〕
·겔·석#하·다	M^2#H$_{M-1}$·M(→M^4)〔HHM^2〕	·결·석#하·다	M^2#H$_{M-1}$·M(→M^4)〔HHM^2〕
·겔·석#하·다	M^2#H$_{M-1}$·M(→M^4)〔HHM^2〕	·길·석#하·다	M^2#H$_{M-1}$·M(→M^4)〔HHM^2〕
·고·문#하·다	M^2#H$_{M-1}$·M(→M^4)〔HHM^2〕	·고·문#하·다	M^2#H$_{M-1}$·M(→M^4)〔HHM^2〕
·관·망#하·다	M^2#H$_{M-1}$·M(→M^4)〔HHM^2〕	·관·망#하·다	M^2#H$_{M-1}$·M(→M^4)〔HHM^2〕
·실·패#하·다	M^2#H$_{M-1}$·M(→M^4)〔HHM^2〕	·실·패#하·다	M^2#H$_{M-1}$·M(→M^4)〔HHM^2〕
·알·뜰#하·다	M^2#H$_{M-1}$·M(→M^4)〔HHM^2〕	·알·뜰#하·다	M^2#H$_{M-1}$·M(→M^4)〔HHM^2〕
·지·랄#하·다	M^2#H$_{M-1}$·M(→M^4)〔HHM^2〕	·지·랄#하·다	M^2#H$_{M-1}$·M(→M^4)〔HHM^2〕
·집·착#하·다	M^2#H$_{M-1}$·M(→M^4)〔HHM^2〕	·집·착#하·다	M^2#H$_{M-1}$·M(→M^4)〔HHM^2〕
·성·을#가·시·다	M^2#HM^2〔HH#HM^2〕	·성·을#가·시·다	M^2#HM·M〔HH#HM^2〕
·텍·도#:없·다	M^2#L·M(=M^2#L^2)〔HH#LM〕	·텍·도#:없·다	M^2#M̤·M(=M^2#M̤^{2})〔HH#ḦH〕
·[드]·간다〈들어간다〉	L^3〔LM^2〕	·[드]·간다	L^3〔LM^2〕

(137) 상성형 풀이씨

고성 방언		성주 방언	
:징·다(作)	L$_H$M(=L^2)〔LM〕	:징·다	M̤$_H$M(=M̤^{2})〔ḦH/M̤M/M̤M/M̤H〕
:얼·다(凍)	L$_H$M(=L^2)〔LM〕	:얼·다	M̤$_H$M(=M̤^{2})〔ḦH/M̤M/M̤M/M̤H〕
:열·다(開)	L$_H$M(=L^2)〔LM〕	:열·다	M̤$_H$M(=M̤^{2})〔ḦH/M̤M/M̤M/M̤H〕
:열·다(實)	L$_H$M(=L^2)〔LM〕	:열·다	M̤$_H$M(=M̤^{2})〔ḦH/M̤M/M̤M/M̤H〕
:덜·다(減)	L$_H$M(=L^2)〔LM〕	:덜·다	M̤$_H$M(=M̤^{2})〔ḦH/M̤M/M̤M/M̤H〕
:절·다(驥)	L$_H$M(=L^2)〔LM〕	:절·다	M̤$_H$M(=M̤^{2})〔ḦH/M̤M/M̤M/M̤H〕
:줄·다	L$_H$M(=L^2)〔LM〕	:줄·다	M̤$_H$M(=M̤^{2})〔ḦH/M̤M/M̤M/M̤H〕
:멀·다(遠)	L$_H$M(=L^2)〔LM〕	:멀·다	M̤$_H$M(=M̤^{2})〔ḦH/M̤M/M̤M/M̤H〕
:걸·다	L$_H$M(=L^2)〔LM〕	:걸·다	M̤$_H$M(=M̤^{2})〔ḦH/M̤M/M̤M/M̤H〕
:걸·다(肥)	L$_H$M(=L^2)〔LM〕	:걸·다	M̤$_H$M(=M̤^{2})〔ḦH/M̤M/M̤M/M̤H〕
:걸·다〈입이~〉	L$_H$M(=L^2)〔LM〕	:걸·다	M̤$_H$M(=M̤^{2})〔ḦH/M̤M/M̤M/M̤H〕
:알·다	L$_H$M(=L^2)〔LM〕	:알·다	M̤$_H$M(=M̤^{2})〔ḦH/M̤M/M̤M/M̤H〕
:살·다(生)	L$_H$M(=L^2)〔LM〕	:살·다	M̤$_H$M(=M̤^{2})〔ḦH/M̤M/M̤M/M̤H〕

:말·다(勿)	L$_H$·M(=L^2)〔LM〕	:말·다	M̤$_H$·M(=M̤^{2})〔ḦH/M̤M/M̤̆M/M̤H〕
:밀·다	L$_H$·M(=L^2)〔LM〕	:밀·다	M̤$_H$·M(=M̤^{2})〔ḦH/M̤M/M̤̆M/M̤H〕
:빌·다	L$_H$·M(=L^2)〔LM〕	:빌·다	M̤$_H$·M(=M̤^{2})〔ḦH/M̤M/M̤̆M/M̤H〕
:울·다(泣)	L$_H$·M(=L^2)〔LM〕	:울·다	M̤$_H$·M(=M̤^{2})〔ḦH/M̤M/M̤̆M/M̤H〕
:불·다(風)	L$_H$·M(=L^2)〔LM〕	:불·다	M̤$_H$·M(=M̤^{2})〔ḦH/M̤M/M̤̆M/M̤H〕
:놀·다(遊)	L$_H$·M(=L^2)〔LM〕	:놀·다	M̤$_H$·M(=M̤^{2})〔ḦH/M̤M/M̤̆M/M̤H〕
:돌·다(廻)	L$_H$·M(=L^2)〔LM〕	:돌·다	M̤$_H$·M(=M̤^{2})〔ḦH/M̤M/M̤̆M/M̤H〕
:몰ㆆ·다(驅)	L$_H$·M(=L^2)〔LM〕	:몰·다	M̤$_H$·M(=M̤^{2})〔ḦH/M̤M/M̤̆M/M̤H〕
:일·다	L$_H$·M(=L^2)〔LM〕	:일·다	M̤$_H$·M(=M̤^{2})〔ḦH/M̤M/M̤̆M/M̤H〕
:질·다(長)	L$_H$·M(=L^2)〔LM〕	:질·다	M̤$_H$·M(=M̤^{2})〔ḦH/M̤M/M̤̆M/M̤H〕
:질·다(長)	L$_H$·M(=L^2)〔LM〕	:길·다	M̤$_H$·M(=M̤^{2})〔ḦH/M̤M/M̤̆M/M̤H〕
:털·다	L$_H$·M(=L^2)〔LM〕	:털·다	M̤$_H$·M(=M̤^{2})〔ḦH/M̤M/M̤̆M/M̤H〕
:암·다(抱)	L$_H$·M(=L^2)〔LM〕	:안·다	M̤$_H$·M(=M̤^{2})〔ḦH/M̤M/M̤̆M/M̤H〕
:신·다	L$_H$·M(=L^2)〔LM〕	:신·다	M̤$_H$·M(=M̤^{2})〔ḦH/M̤M/M̤̆M/M̤H〕
:걷·다(步)	L$_H$·M(=L^2)〔LM〕	:걷·다	M̤$_H$·M(=M̤^{2})〔ḦH/M̤M/M̤̆M/M̤H〕
:걷·다(步)	L$_H$·M(=L^2)〔LM〕	:걿·다	M̤$_H$·M(=M̤^{2})〔ḦH/M̤M/M̤̆M/M̤H〕
:싣·다	L$_H$·M(=L^2)〔LM〕	:싣·다	M̤$_H$·M(=M̤^{2})〔ḦH/M̤M/M̤̆M/M̤H〕
:묻·다(問)	L$_H$·M(=L^2)〔LM〕	:묻·다	M̤$_H$·M(=M̤^{2})〔ḦH/M̤M/M̤̆M/M̤H〕
:짓·다(吠)	L$_H$·M(=L^2)〔LM〕	:짓·다	M̤$_H$·M(=M̤^{2})〔ḦH/M̤M/M̤̆M/M̤H〕
:웃·다(笑)	L$_H$·M(=L^2)〔LM〕	:웃·다	M̤$_H$·M(=M̤^{2})〔ḦH/M̤M/M̤̆M/M̤H〕
:넘·다	L$_H$·M(=L^2)〔LM〕	:넘·다	M̤$_H$·M(=M̤^{2})〔ḦH/M̤M/M̤̆M/M̤H〕
:껌·다(黑)	L$_H$·M(=L^2)〔LM〕	:껌·다	M̤$_H$·M(=M̤^{2})〔ḦH/M̤M/M̤̆M/M̤H〕
:남·다	L$_H$·M(=L^2)〔LM〕	:남·다	M̤$_H$·M(=M̤^{2})〔ḦH/M̤M/M̤̆M/M̤H〕
:담·다	L$_H$·M(=L^2)〔LM〕	:담·다	M̤$_H$·M(=M̤^{2})〔ḦH/M̤M/M̤̆M/M̤H〕
:삼·다	L$_H$·M(=L^2)〔LM〕	:삼·다	M̤$_H$·M(=M̤^{2})〔ḦH/M̤M/M̤̆M/M̤H〕
:감·다(捲)	L$_H$·M(=L^2)〔LM〕	:감·다	M̤$_H$·M(=M̤^{2})〔ḦH/M̤M/M̤̆M/M̤H〕
:덥·다(暑)	L$_H$·M(=L^2)〔LM〕	:덥·다	M̤$_H$·M(=M̤^{2})〔ḦH/M̤M/M̤̆M/M̤H〕
:싫·다(載)	L$_H$·M(=L^2)〔LM〕	:싫·다	M̤$_H$·M(=M̤^{2})〔ḦH/M̤M/M̤̆M/M̤H〕
:젊·다	L$_H$·M(=L^2)〔LM〕	:젊·다	M̤$_H$·M(=M̤^{2})〔ḦH/M̤M/M̤̆M/M̤H〕
:쫏·다〈·상·투~〉	L$_H$·M(=L^2)〔LM〕	:쫏·다	M̤$_H$·M(=M̤^{2})〔ḦH/M̤M/M̤̆M/M̤H〕
:굶·다	L$_H$·M(=L^2)〔LM〕	:굶·다	M̤$_H$·M(=M̤^{2})〔ḦH/M̤M/M̤̆M/M̤H〕
:볿·다	L$_H$·M(=L^2)〔LM〕	:밟·다	M̤$_H$·M(=M̤^{2})〔ḦH/M̤M/M̤̆M/M̤H〕
:얇·다	L$_H$·M(=L^2)〔LM〕	:얇·다	M̤$_H$·M(=M̤^{2})〔ḦH/M̤M/M̤̆M/M̤H〕
:멀·다(盲)	L$_H$·M(=L^2)〔LM〕	:멀·다	M̤$_H$·M(=M̤^{2})〔ḦH/M̤M/M̤̆M/M̤H〕
:시·다(休)	L$_H$·M(=L^2)〔LM〕	:시·다	M̤$_H$·M(=M̤^{2})〔ḦH/M̤M/M̤̆M/M̤H〕
:시·다(休)	L$_H$·M(=L^2)〔LM〕	:쉬·다	M̤$_H$·M(=M̤^{2})〔ḦH/M̤M/M̤̆M/M̤H〕
:시·다(息)	L$_H$·M(=L^2)〔LM〕	:시·다	M̤·M(=M̤^{2})〔ḦH/M̤M/M̤̆M/M̤H〕
:시·다(息)	L$_H$·M(=L^2)〔LM〕	:쉬·다	M̤·M(=M̤^{2})〔ḦH/M̤M/M̤̆M/M̤H〕
:시·다(强)	L$_H$·M(=L^2)〔LM〕	:시·다	M̤·M(=M̤^{2})〔ḦH/M̤M/M̤̆M/M̤H〕
:지·다〈쥐다〉	L$_H$·M(=L^2)〔LM〕	:지·다	M̤·M(=M̤^{2})〔ḦH/M̤M/M̤̆M/M̤H〕
:지·다〈쥐다〉	L$_H$·M(=L^2)〔LM〕	:쥐·다	M̤·M(=M̤^{2})〔ḦH/M̤M/M̤̆M/M̤H〕

:메·다(擔)	L_H·M(=L^2)〔LM〕	:미·다	M̤·M(=M̤^{2})〔ḦH/M̤M/M̤̆M/M̤̆H〕
:비·다(空)	L_H·M(=L^2)〔LM〕	:비·다	M̤·M(=M̤^{2})〔ḦH/M̤M/M̤̆M/M̤̆H〕
:베·다(枕)	L_H·M(=L^2)〔LM〕	:비·다	M̤·M(=M̤^{2})〔ḦH/M̤M/M̤̆M/M̤̆H〕
:물·다〈세금을~〉	L_H·M(=L^2)〔LM〕	:물·다	M̤·M(=M̤^{2})〔ḦH/M̤M/M̤̆M/M̤̆H〕
:개·다(晴)	L_H·M(=L^2)〔LM〕	:개·다	M̤·M(=M̤^{2})〔ḦH/M̤M/M̤̆M/M̤̆H〕
:개·다(晴)	L_H·M(=L^2)〔LM〕	:깨·다	M̤·M(=M̤^{2})〔ḦH/M̤M/M̤̆M/M̤̆H〕
:메·다(擔)	L_H·M(=L^2)〔LM〕	:메·다	M̤·M(=M̤^{2})〔ḦH/M̤M/M̤̆M/M̤̆H〕
:내·다(出)	L_H·M(=L^2)〔LM〕	:내·다	M̤·M(=M̤^{2})〔ḦH/M̤M/M̤̆M/M̤̆H〕
:새·다(曙)	L_H·M(=L^2)〔LM〕	:새·다	M̤·M(=M̤^{2})〔ḦH/M̤M/M̤̆M/M̤̆H〕
:좋·다	L·M(=L^2)〔LM〕	:좋·다	M̤·M(=M̤^{2})〔ḦH/M̤M/M̤̆M/M̤̆H〕
:숩·다	L·M(=L^2)〔LM〕	:숩·다	M̤·M(=M̤^{2})〔ḦH/M̤M/M̤̆M/M̤̆H〕
:숩·다	L·M(=L^2)〔LM〕	:수ᇦ·다	M̤·M(=M̤^{2})〔ḦH/M̤M/M̤̆M/M̤̆H〕
:숩·다	L·M(=L^2)〔LM〕	:쉽·다	M̤·M(=M̤^{2})〔ḦH/M̤M/M̤̆M/M̤̆H〕
:곱·다	L·M(=L^2)〔LM〕	:곱·다	M̤·M(=M̤^{2})〔ḦH/M̤M/M̤̆M/M̤̆H〕
:곱·다	L·M(=L^2)〔LM〕	:고ᇦ·다	M̤·M(=M̤^{2})〔ḦH/M̤M/M̤̆M/M̤̆H〕
:적·다	L·M(=L^2)〔LM〕	:적·다	M̤·M(=M̤^{2})〔ḦH/M̤M/M̤̆M/M̤̆H〕
:작·다	L·M(=L^2)〔LM〕	:작·다	M̤·M(=M̤^{2})〔ḦH/M̤M/M̤̆M/M̤̆H〕
:없·다	L·M(=L^2)〔LM〕	:없·다	M̤·M(=M̤^{2})〔ḦH/M̤M/M̤̆M/M̤̆H〕
:쉽·다	L·M(=L^2)〔LM〕	:쉽·다〔:섭·다〕	M̤·M(=M̤^{2})〔ḦH/M̤M/M̤̆M/M̤̆H〕
:쉽·다	L·M(=L^2)〔LM〕	:쉽·다〔:설·따〕	M̤·M(=M̤^{2})〔ḦH/M̤M/M̤̆M/M̤̆H〕
:굵·다	L·M(=L^2)〔LM〕	:굵·다〔:굴·따〕	M̤·M(=M̤^{2})〔ḦH/M̤M/M̤̆M/M̤̆H〕
:많·다	L·M(=L^2)〔LM〕	:많·다	M̤·M(=M̤^{2})〔ḦH/M̤M/M̤̆M/M̤̆H〕
:얻·다	L·M(=L^2)〔LM〕	:얻·다	M̤$_H$·M(=M̤^{2})〔ḦH/M̤M/M̤̆M/M̤̆H〕
:더·럽·다	L^2·M(=L^3)〔LM^2〕	:더·럽·다	M̤^{2}·M(=M̤^{3})〔ḦHM〕
:고·맙·다	L^2·M(=L^3)〔LM^2〕	:고·맙·다	M̤^{2}·M(=M̤^{3})〔ḦHM〕
:모·시·다	L^2·M(=L^3)〔LM^2〕	:모·시·다	M̤^{2}·M(=M̤^{3})〔ḦHM〕
:메·시·다	L^2·M(=L^3)〔LM^2〕	:모·시·다	M̤^{2}·M(=M̤^{3})〔ḦHM〕
:자·시·다	L^2·M(=L^3)〔LM^2〕	:자·시·다	M̤^{2}·M(=M̤^{3})〔ḦHM〕
:넘·치·다	L^2·M(=L^3)〔LM^2〕	:넘·치·다	M̤^{2}·M(=M̤^{3})〔ḦHM〕
:벌·리·다	L^2·M(=L^3)〔LM^2〕	:벌·리·다	M̤^{2}·M(=M̤^{3})〔ḦHM〕
:건·디·다	L^2·M(=L^3)〔LM^2〕	:건·너·다	M̤^{2}·M(=M̤^{3})〔ḦHM〕
:몬·하·다	L^2·M(=L^3)〔LM^2〕	:못·하·다	M̤^{2}·M(=M̤^{3})〔ḦHM〕
:몬·하·다	L^2·M(=L^3)〔LM^2〕	:몬·하·다	M̤^{2}·M(=M̤^{3})〔ḦHM〕
:쪼·깮·다	L^2·M(=L^3)〔LM^2〕	:쪼·맪·다	M̤^{2}·M(=M̤^{3})〔ḦHM〕
:파·이·다	L^2·M(=L^3)〔LM^2〕	:파·이·다	M̤^{2}·M(=M̤^{3})〔ḦHM〕
:모·지·다	L^2·M(=L^3)〔LM^2〕	:모·질·다	M̤^{2}·M(=M̤^{3})〔ḦHM〕
:눌·리·다	L^2·M(=L^3)〔LM〕	:눌·리·다	M̤^{2}·M(=M̤^{3})〔ḦHM〕
:비·틀·다	L^2·M(=L^3)〔LM^2〕	:비·틀·다	M̤^{2}·M(=M̤^{3})〔ḦHM〕
:더·럽·히·다	L^3·M(=L^4)〔LM^3〕	:더·럽·히·다	M̤^{3}·M(=M̤^{4})〔ḦHM^2〕
:일#·하·다	L#H·M_{M-1}(→L^3)〔LM^2〕	:일#하·다	M̤#H_{M-1}·M(→M̤^{3})〔ḦHM〕
:감·사#하·다	L^2#H_{M-1}·M(→L^4)〔LM^3〕	:감·사#하·다	M̤^{2}#H_{M-1}·M(→M̤^{4})〔ḦHM^2〕

:원·망#하·다	L^2#H$_{M-1}$·M(→L^4)〔LM^3〕	:원·망#하·다	M̤^{2}#H$_{M-1}$·M(→M̤^{4})〔ḦHM^2〕
:조·심#하·다	L^2#H$_{M-1}$·M(→L^4)〔LM^3〕	:조·심#하·다	M̤^{2}#H$_{M-1}$·M(→M̤^{4})〔ḦHM^2〕
:통·곡#하·다	L^2#H$_{M-1}$·M(→L^4)〔LM^3〕	:통·곡#하·다	M̤^{2}#H$_{M-1}$·M(→M̤^{4})〔ḦHM^2〕
:지·내#가·다	L^2#H$_{M-1}$·M〔LM#HM〕	:지·내#가·다	M̤^{2}#H$_{M-1}$·M〔ḦH#HM〕

(138) 평측형 부분 대응((27)ㄹ의 적용으로 설명 가능)

고성 방언		성주 방언	
다스리·다	H^3·M(=H^{3}M)〔MH^{2}M〕	다스·리·다	H^{2}M·M(=H^{2}M^2)〔MHM^2〕
다시리·다	H^3·M(=H^{3}M)〔MH^{2}M〕	다스·리·다	H^{2}M·M(=H^{2}M^2)〔MHM^2〕
버무리·다	H^3·M(=H^{3}M)〔MH^{2}M〕	버무·리·다	H^{2}M·M(=H^{2}M^2)〔MHM^2〕
뚜드리·다	H^3·M(=H^{3}M)〔MH^{2}M〕	뚜드·리·다	H^{2}M·M(=H^{2}M^2)〔MHM^2〕
뚜디리·다	H^3·M(=H^{3}M)〔MH^{2}M〕	뚜디·리·다	H^{2}M·M(=H^{2}M^2)〔MHM^2〕
수구리·다	H^3·M(=H^{3}M)〔MH^{2}M〕	수구·리·다	H^{2}M·M(=H^{2}M^2)〔MHM^2〕
씨버리·다	H^3·M(=H^{3}M)〔MH^{2}M〕	씨부·리·다	H^{2}M·M(=H^{2}M^2)〔MHM^2〕
씨부리·다	H^3·M(=H^{3}M)〔MH^{2}M〕	씨부·리·다	H^{2}M·M(=H^{2}M^2)〔MHM^2〕
엎드리·다	H^3·M(=H^{3}M)〔MH^{2}M〕	엎드·리·다	H^{2}M·M(=H^{2}M^2)〔MHM^2〕
엎드리·다	H^3·M(=H^{3}M)〔MH^{2}M〕	엎디·리·다	H^{2}M·M(=H^{2}M^2)〔MHM^2〕
오구리·다	H^3·M(=H^{3}M)〔MH^{2}M〕	오구·리·다	H^{2}M·M(=H^{2}M^2)〔MHM^2〕
이리키·다	H^3·M(=H^{3}M)〔MH^{2}M〕	이리·씨·다	H^{2}M·M(=H^{2}M^2)〔MHM^2〕
일바시·다〈일으키다〉	H^3·M(=H^{3}M)〔MH^{2}M〕	일바·씨·다	H^{2}M·M(=H^{2}M^2)〔MHM^2〕
일으키·다	H^3·M(=H^{3}M)〔MH^{2}M〕	이리·키·다	H^{2}M·M(=H^{2}M^2)〔MHM^2〕
주무리·다	H^3·M(=H^{3}M)〔MH^{2}M〕	주무·리·다	H^{2}M·M(=H^{2}M^2)〔MHM^2〕
주무리·다	H^3·M(=H^{3}M)〔MH^{2}M〕	주물·리·다	H^{2}M·M(=H^{2}M^2)〔MHM^2〕
꾸부리·다	H^3·M(=H^{3}M)〔MH^{2}M〕	꾸부·리·다	H^{2}M·M(=H^{2}M^2)〔MHM^2〕
꾸부리·다	H^3·M(=H^{3}M)〔MH^{2}M〕	꾸푸·리·다	H^{2}M·M(=H^{2}M^2)〔MHM^2〕
탐시럽·다	H^3·M(=H^{3}M)〔MH^{2}M〕	탐시·럽·다	H^{2}M·M(=H^{2}M^2)〔MHM^2〕
떨어티리·다	H^4·M(=H^{4}M)〔MH^{3}M〕	떨어티·리·다	H^{3}M·M(=H^{3}M^2)〔M^{2}HM^2〕
가르치·다(教)	H^3·M(=H^{3}M)〔MH^{2}M〕	가르·치·다	H^{2}M·M(=H^{2}M^2)〔MHM^2〕

(139) 평측형 부분 대응(설명 불가)

고성 방언		성주 방언	
할ㅋ·다	H·M(=HM)〔HM〕	할·키·다	HM·M(=HM^2)〔HM^2〕
흧·다	H·M(=HM)〔HM〕	흔·처·다	HM·M(=HM^2)〔HM^2〕
흧·다	H·M(=HM)〔HM〕	흔·치·다	HM·M(=HM^2)〔HM^2〕
흘ㅋ·다	H·M(=HM)〔HM〕	까리·비·다	HM·M(=HM^2)〔HM^2〕
흘ㅋ·다	H·M(=HM)〔HM〕	깔키·이·다〈타〉	HM·M(=HM^2)〔HM^2〕
시·다(酸)	H·M(=HM)〔HM〕	시그럽·다	H^3·M(=H^{3}M)〔M^{2}HM〕
시·다(酸)	H·M(=HM)〔HM〕	새그랍·다	H^3·M(=H^{3}M)〔M^{2}HM〕
내·다〈이〉(연기가~)	H·M(=HM)〔HM〕	내그랍·다	H^3·M(=H^{3}M)〔M^{2}HM〕
고·우·다(고기를~)	HM·M(=HM^2)〔HM^2〕	꽇·다	H·M(=HM)〔HM〕
느·리·다〈徐〉	HM·M(=HM^2)〔HM^2〕	늑·적·다	HM·M(=HM^2)〔HM^2〕

걸·리·다(걸음을~)	HM·M(=HM^2)〔HM^2〕	걸·리·이·다〈피〉	H^{2}M·M(=H^{2}M^2)〔MHM^2〕
느·리·다〈徐〉	HM·M(=HM^2)〔HM^2〕	누·구·럽·다	HM^2·M(=HM^3)〔HM^3〕
넝·기·다〈넘기다〉	HM·M(=HM^2)〔HM^2〕	넝쿨·다	H^2·M(=H^{2}M)〔MHM〕
비·비·다〈밥을~〉	HM·M(=HM^2)〔HM^2〕	비비·다	H^2·M(=H^{2}M)〔MHM〕
가·지·다	HM·M(=HM^2)〔HM^2〕	가주·다	H^2·M(=H^{2}M)〔MHM〕
굳·히·다〈사〉	HM·M(=HM^2)〔HM^2〕	굳추ㆆ·다〈사〉	H^2·M(=H^{2}M)〔MHM〕
가·리·다(選)	HM·M(=HM^2)〔HM^2〕	가래·애·다	H^{2}M·M(=H^{2}M^2)〔MHM^2〕
빨·리·다〈사〉	HM·M(=HM^2)〔HM^2〕	빨리·이·다〈피〉	H^{2}M·M(=MHM^2)〔MHM^2〕
고·우·다(撑)	HM·M(=HM^2)〔HM^2〕	공구·우·다	H^{2}M·M(=H^{2}M^2)〔MHM^2〕
굳·히·다〈못쓰게하다〉	HM·M(=HM^2)〔HM^2〕	굳히·이·다〈피〉	H^{2}M·M(=H^{2}M^2)〔MHM^2〕
굳·히·다〈사〉	HM·M(=HM^2)〔HM^2〕	굳히·이·다〈피〉	H^{2}M·M(=H^{2}M^2)〔MHM^2〕
팅·기·다	HM·M(=HM^2)〔HM^2〕	팅기·이·다〈피〉	H^{2}M·M(=H^{2}M^2)〔MHM^2〕
굳·히·다〈사〉	HM·M(=HM^2)〔HM^2〕	굳추·우·다〈사〉	H^{2}M·M(=H^{2}M^2)〔MHM^2〕
깨·우·다〈사〉	HM·M(=HM^2)〔HM^2〕	깨부·우·다	H^{2}M·M(=H^{2}M^2)〔MHM^2〕
꼽·치·다	HM·M(=HM^2)〔HM^2〕	까물·치·다	H^{2}M·M(=H^{2}M^2)〔MHM^2〕
꼽·치·다	HM·M(=HM^2)〔HM^2〕	꼽추·우·다	H^{2}M·M(=H^{2}M^2)〔MHM^2〕
넝·기·다〈넘기다〉	HM·M(=HM^2)〔HM^2〕	넝구·우·다	H^{2}M·M(=H^{2}M^2)〔MHM^2〕
넹·기·다〈넘기다〉	HM·M(=HM^2)〔HM^2〕	넝구·우·다	H^{2}M·M(=H^{2}M^2)〔MHM^2〕
높·이·다	HM·M(=HM^2)〔HM^2〕	높우·우·다	H^{2}M·M(=H^{2}M^2)〔MHM^2〕
다·지·다	HM·M(=HM^2)〔HM^2〕	다주·우·다	H^{2}M·M(=H^{2}M^2)〔MHM^2〕
덥·히·다〈사〉	HM·M(=HM^2)〔HM^2〕	띠세·에·다	H^{2}M·M(=HM^2)〔MHM^2〕
뎁·히·다〈사〉	HM·M(=HM^2)〔HM^2〕	떠수·우·다	H^{2}M·M(=HM^2)〔MHM^2〕
말·리·다(乾)〈사〉	HM·M(=HM^2)〔HM^2〕	말류·우·다	H^{2}M·M(=H^{2}M^2)〔MHM^2〕
맞·히·다〈사〉	HM·M(=HM^2)〔HM^2〕	맞차·아·다	H^{2}M·M(=H^{2}M^2)〔MHM^2〕
물·리·다〈사〉	HM·M(=HM^2)〔HM^2〕	무루·우·다	H^{2}M·M(=H^{2}M^2)〔MHM^2〕
보·치·다	HM·M(=HM^2)〔HM^2〕	보채·애·다	H^{2}M·M(=H^{2}M^2)〔MHM^2〕
비·기·다	HM·M(=HM^2)〔HM^2〕	버구·우·다	H^{2}M·M(=H^{2}M^2)〔MHM^2〕
비·기·다〈비기다〉	HM·M(=HM^2)〔HM^2〕	비구·우·다	H^{2}M·M(=H^{2}M^2)〔MHM^2〕
비·비·다〈밥을~〉	HM·M(=HM^2)〔HM^2〕	비비·이·다	H^{2}M·M(=H^{2}M^2)〔MHM^2〕
비·비·다〈부비다〉	HM·M(=HM^2)〔HM^2〕	비비·이·다	H^{2}M·M(=H^{2}M^2)〔MHM^2〕
숭·기·다〈숨기다〉	HM·M(=HM^2)〔HM^2〕	숭쿠·우·다	H^{2}M·M(=H^{2}M^2)〔MHM^2〕
쑤·시·다	HM·M(=HM^2)〔HM^2〕	마지·이·다	H^{2}M·M(=H^{2}M^2)〔MHM^2〕
씨·우·다(書)〈사〉	HM·M(=HM^2)〔HM^2〕	씨키·이·다	H^{2}M·M(=H^{2}M^2)〔MHM^2〕
알·리·다〈사〉	HM·M(=HM^2)〔HM^2〕	알구·우·다	H^{2}M·M(=H^{2}M^2)〔MHM^2〕
애·리·다	HM·M(=HM^2)〔HM^2〕	아리·이·다	H^{2}M·M(=H^{2}M^2)〔MHM^2〕
앤·기·다〈안기다〉〈사〉	HM·M(=HM^2)〔HM^2〕	앙기·이·다〈피〉	H^{2}M·M(=H^{2}M^2)〔MHM^2〕
앵·기·다〈안기다〉〈사〉	HM·M(=HM^2)〔HM^2〕	앵키·이·다	H^{2}M·M(=H^{2}M^2)〔MHM^2〕
직·이·다	HM·M(=HM^2)〔HM^2〕	죽후·우·다	H^{2}M·M(=H^{2}M^2)〔MHM^2〕
팅·기·다	HM·M(=HM^2)〔HM^2〕	텡구·우·다	H^{2}M·M(=H^{2}M^2)〔MHM^2〕
팅·기·다	HM·M(=HM^2)〔HM^2〕	팅구·우·다	H^{2}M·M(=H^{2}M^2)〔MHM^2〕
훔·치·다(盜)	HM·M(=HM^2)〔HM^2〕	숭쿠·우·다	H^{2}M·M(=H^{2}M^2)〔MHM^2〕

흐·리·다(濁)	HM·M(=HM^2)〔HM^2〕	흐리·이·다	H^{2}M·M(=H^{2}M^2)〔MHM^2〕
흐·리·다(濁)	HM·M(=HM^2)〔HM^2〕	흐리·이·다〈자〉	H^{2}M·M(=H^{2}M^2)〔MHM^2〕
아·리·다	HM·M(=HM^2)〔HM^2〕	아리·이·다	H^{2}M·M(=H^{2}M^2)〔MHM^2〕
애·리·다	HM·M(=HM^2)〔HM^2〕	아리·이·다	H^{2}M·M(=H^{2}M^2)〔MHM^2〕
간·지·리·다	HM^2·M(=HM^3)〔HM^3〕	간지래·애·다	H^{3}M·M(=H^{3}M^2)〔M^{2}HM^2〕
물·리·치·다〈적을~〉	HM^2·M(=HM^3)〔HM^3〕	물·리#·치·다	HM#M·M(=HM#M^2)〔HM#HH〕
도·전·하다	HM#H$_{M-1}$·M(→HM^3)〔HM^3〕	도·전#하·다	HM#H$_{M-1}$·M(=HM^3)〔HM^3〕
띠이·다〈피〉	H^2·M(=H^{2}M)〔MHM〕	띠·다	H·M(=HM)〔HM〕
뽀숳·다	H^2·M(=H^{2}M)〔MHM〕	빻·다	H·M(=HM)〔HM〕
섞홓·다〈썩히다〉	H^2·M(=H^{2}M)〔MHM〕	섞·다	H^{2}M·M(=H^{2}M^2)
짜리·다	H^2·M(=H^{2}M)〔MHM〕	짧·다	H·M(=HM)〔HM〕
끼이·다〈피,자〉	H^2·M(=H^{2}M)〔MHM〕	찌·이·다	HM·M(=HM^2)〔HM^2〕
냉기·다〈남기다〉	H^2·M(=H^{2}M)〔MHM〕	냉·기·다	HM·M(=HM^2)〔HM^2〕
내롷·다〈나리다〉	H^2·M(=H^{2}M)〔MHM〕	내·리·다	HM·M(=HM^2)〔HM^2〕
내롷·다〈나리다〉	H^2·M(=H^{2}M)〔MHM〕	니·리·다	HM·M(=HM^2)〔HM^2〕
높옿·다	H^2·M(=H^{2}M)〔MHM〕	높·이·다	HM·M(=HM^2)〔HM^2〕
보내·다	H^2·M(=H^{2}M)〔MHM〕	보·내·다	HM·M(=HM^2)〔HM^2〕
쏙홓·다〈속이다〉	H^2·M(=H^{2}M)〔MHM〕	속·이·다	HM·M(=HM^2)〔HM^2〕
쏙꾸ㆆ·다(欺)	H^2·M(=H^{2}M)〔MHM〕	속·이·다	HM·M(=HM^2)〔HM^2〕
쏙후ㆆ·다(欺)	H^2·M(=H^{2}M)〔MHM〕	속·이·다	HM·M(=HM^2)〔HM^2〕
이리·다	H^2·M(=H^{2}M)〔MHM〕	이르·다	H^2·M(=H^{2}M)〔MHM〕
버궇·다	H^2·M(=H^{2}M)〔MHM〕	버구·우·다	H^{2}M·M(=H^{2}M^2)〔MHM^2〕
갤춯·다(敎)	H^2·M(=H^{2}M)〔MHM〕	가르·치·다	H^{2}M·M(=H^{2}M^2)〔MHM^2〕
숭궇·다〈숨기다〉	H^2·M(=H^{2}M)〔MHM〕	숭쿠·우·다	H^{2}M·M(=H^{2}M^2)〔MHM^2〕
썩홓·다〈썩히다〉	H^2·M(=H^{2}M)〔MHM〕	썩후·우·다	H^{2}M·M(=H^{2}M^2)〔MHM^2〕
갤춯·다(敎)66)	H^2·M(=H^{2}M)〔MHM〕	갤추·우·다	H^{2}M·M(=H^{2}M^2)〔MHM^2〕
깨붛·다	H^2·M(=H^{2}M)〔MHM〕	깨부·우·다	H^{2}M·M(=H^{2}M^2)〔MHM^2〕
버구ㆆ·다	H^2·M(=H^{2}M)〔MHM〕	버구·우·다	H^{2}M·M(=H^{2}M^2)〔MHM^2〕
깨배·다〈사〉	HM·M(=HM^2)〔HM^2〕	깨부·우·다	H^{2}M·(=H^{2}M^2)〔MHM^2〕
띠이·다〈눈에〉	H^2·M(=H^{2}M)〔MHM〕	띠이·이·다	H^{2}M·M(=H^{2}M^2)〔MHM^2〕
숭구·다(植)	H^2·M(=H^{2}M)〔MHM〕	숭구·우·다	H^{2}M·M(=H^{2}M^2)〔MHM^2〕
숭구·다(植)	H^2·M(=H^{2}M)〔MHM〕	싱구·우·다	H^{2}M·M(=H^{2}M^2)〔MHM^2〕
숭구·다〈감추다〉	H^2·M(=H^{2}M)〔MHM〕	숭쿠·우·다	H^{2}M·M(=H^{2}M^2)〔MHM^2〕
썬(:)하·다	H^2·M(=H^{2}M)〔MHM〕	시연하·다	H^3·M(=H^{3}M)〔M^{2}HM〕
보내·다	H^2·M(=H^{2}M)〔MHM〕	보내·애·다	H^{2}M·M(=H^{2}M^2)〔MHM^2〕
보채·다	H^2·M(=H^{2}M)〔MHM〕	보채·애·다	H^{2}M·M(=H^{2}M^2)〔MHM^2〕
입히·이·다〈피〉	H^{2}M·M(=H^{2}M^2)〔MHM^2〕	입·히·다〈피〉	HM·M(=HM^2)〔HM^2〕
잡히·이·다〈피〉	H^{2}M·M(=H^{2}M^2)〔MHM^2〕	잽·히·다〈사〉	HM·M(=HM^2)〔HM^2〕
걸리·이·다(걸음이~)	H^{2}M·M(=H^{2}M^2)〔MHM^2〕	걸리·다	HM·M(=HM^2)〔HM^2〕

66) 〈고성 방언〉 갤차·아#·준다, 개르·차#주께·에

걸리·이·다(시간이~)	$H^2M{\cdot}M(=H^2M^2)$〔MHM^2〕	걸·리·다	$HM{\cdot}M(=HM^2)$〔HM^2〕
물리·이·다〈피〉	$H^2M{\cdot}M(=H^2M^2)$〔MHM^2〕	물·리·다〈사〉	$HM{\cdot}M(=HM^2)$〔HM^2〕
졸리·이·다(睡)	$H^2M{\cdot}M(=H^2M^2)$〔MHM^2〕	자불·다〈자〉	$H^2{\cdot}M(=H^2M)$〔MHM〕
찌이·이·다〈피〉	$H^2M{\cdot}M(=H^2M^2)$〔MHM^2〕	찌·이·다〈자〉	$HM{\cdot}M(=HM^2)$〔HM^2〕
티이·이·다〈피〉	$H^2M{\cdot}M(=H^2M^2)$〔MHM^2〕	티·이·다〈피〉	$HM{\cdot}M(=HM^2)$〔HM^2〕
후이·이·다(曲)	H^2M^2〔MHM^2〕	휘·이·다〈자〉	$H{\cdot}M^2(=HM^2)$〔HM^2〕
후이·이·다(曲)	H^2M^2〔MHM^2〕	휘·우·다〈사〉	$H{\cdot}M^2(=HM^2)$〔HM^2〕
깽기·이·다〈피〉	$H^2M{\cdot}M(=H^2M^2)$〔MHM^2〕	깽·기·다〈사〉	$HM{\cdot}M(=HM^2)$〔HM^2〕
꼬이·이·다	$H^2M{\cdot}M(=H^2M^2)$〔MHM^2〕	꼬·이·다〈꾀다〉	$HM{\cdot}M(=HM^2)$〔HM^2〕
꼬이·이·다	$H^2M{\cdot}M(=H^2M^2)$〔MHM^2〕	꾸·이·다〈꾀다〉	$HM{\cdot}M(=HM^2)$〔HM^2〕
맥히·이·다〈피〉	$H^2M{\cdot}M(=H^2M^2)$〔MHM^2〕	맥·히·다〈체증〉	$HM{\cdot}M(=HM^2)$〔HM^2〕
뜯기·이·다〈뜯기다〉〈피〉	$H^2M{\cdot}M(=H^2M^2)$〔MHM^2〕	뜯·기·다〈사〉	$HM{\cdot}M(=HM^2)$〔HM^2〕
내루·우·다〈나리다〉	$H^2M{\cdot}M(=H^2M^2)$〔MHM^2〕	내·리·다	$HM{\cdot}M(=HM^2)$〔HM^2〕
높우·우·다	$H^2M{\cdot}M(=H^2M^2)$〔MH^2M〕	높·이·다	$HM{\cdot}M(=HM^2)$〔HM^2〕
돌리·이·다〈피〉	$H^2M{\cdot}M(=H^2M^2)$〔MHM^2〕	돌·리·다〈사〉	$HM{\cdot}M(=HM^2)$〔HM^2〕
졸리·이·다(睡)	$H^2M{\cdot}M(=H^2M^2)$〔MHM^2〕	자불리·이·다〈피〉	$H^3M{\cdot}M(=H^3M^2)$〔M^2HM^2〕
듣기·이·다(聞)〈피〉	$H^2M{\cdot}M(=H^2M^2)$〔MHM^2〕	듣·기·다〈사〉	$HM{\cdot}M(=HM^2)$〔HM^2〕
땡기·이·다〈피〉	$H^2M{\cdot}M(=H^2M^2)$〔MHM^2〕	땡·기·다〈타〉	$HM{\cdot}M(=HM^2)$〔HM^2〕
맥히·이·다〈피〉	$H^2M{\cdot}M(=H^2M^2)$〔MHM^2〕	맥·히·다	$HM{\cdot}M(=HM^2)$〔HM^2〕
비꼬·오·다	$H^2M{\cdot}M(=H^2M^2)$〔MHM^2〕	비꼬·다	$H^2{\cdot}M(=H^2M)$〔MHM〕
베이·이·다〈보이다〉〈사〉	$HM{\cdot}M(=HM^2)$〔HM^2〕	비·이·다〈사〉	$HM{\cdot}M(=HM^2)$〔HM^2〕
베이·이·다〈보이다〉〈피〉	$HM{\cdot}M(=HM^2)$〔HM^2〕	비·이·다〈피〉	$HM{\cdot}M(=HM^2)$〔HM^2〕
신기·이·다〈피〉	$H^2M{\cdot}M(=H^2M^2)$〔MHM^2〕	신·기·다〈사〉	$HM{\cdot}M(=HM^2)$〔HM^2〕
쏙후·우·다(欺)	$H^2M{\cdot}M(=H^2M^2)$〔MHM^2〕	속·이·다	$HM{\cdot}M(=HM^2)$〔HM^2〕
바꾸·우·다	$H^2M{\cdot}M(=H^2M^2)$〔MHM^2〕	바꾸·우·다	$H^2M{\cdot}M(=H^2M^2)$〔MHM^2〕
숭구·우·다〈감추다〉	$H^2M{\cdot}M(=H^2M^2)$〔MHM^2〕	숭쿠·우·다	$H^2M{\cdot}M(=H^2M^2)$〔MHM^2〕
건디리·다〈건드리다〉	$H^3{\cdot}M(=H^3M)$〔MH^2M〕	건디·리·다	$H^2M{\cdot}M(=H^2M^2)$〔MHM^2〕
무리치·다〈객구~〉	$H^3{\cdot}M(=H^3M)$〔MH^2M〕	물·리·다〈무당〉	$HM{\cdot}M(=HM^2)$〔HM^2〕
물리치·다〈적을~〉	$H^3{\cdot}M(=H^3M)$〔MH^2M〕	물·리치·다	$HM^2{\cdot}M(=HM^3)$〔HM^3〕
버무리·다	$H^3{\cdot}M(=H^3M)$〔MH^2M〕	버·무·르·다	$HM^2{\cdot}M(=HM^3)$〔HM^3〕
삼·가·다〈뮨〉	$HM{\cdot}M(=HM^2)$〔HM^2〕	삼·가#하·다	$HM\#H_{M-1}{\cdot}M(\rightarrow HM^3)$〔$HM^3$〕
무르치·다〈굿〉	$H^3{\cdot}M(=H^3M)$〔MH^2M〕	물·리·다	$HM{\cdot}M(=HM^2)$〔HM^2〕
무리치·다〈굿〉	$H^3{\cdot}M(=H^3M)$〔MH^2M〕	물·리·다	$HM{\cdot}M(=HM^2)$〔HM^2〕
물리치·다〈굿〉	$H^3{\cdot}M(=H^3M)$〔MH^2M〕	물·리·다	$HM{\cdot}M(=HM^2)$〔HM^2〕
간지리·다	$H^3{\cdot}M(=H^3M)$〔MH^2M〕	간지래·애·다	$H^3M{\cdot}M(=H^3M^2)$〔M^2HM^2〕
째매·다(結)	$H^2{\cdot}M(=H^2M)$〔MHM〕	자·아#매·다	$HM\#H{\cdot}M$〔$HM\#HM$〕
짜빠지·다	$H^3{\cdot}M(=H^3M)$〔MH^2M〕	자·빠#지·다	$HM\#H_{M-2}{\cdot}M(=HM^3)$〔$HM^3$〕
나·아#:도·오·라	$HM\#L^3$〔$HM\#LM^2$〕	내·애#:또·라	$HM\#\underset{..}{M}^2$〔$HM\#\ddot{H}H$〕
나·아#뚜·다〈놓아두다〉	$HM\#H{\cdot}M$〔$HM\#HM$〕	나뚜·다	$H^2{\cdot}M(=H^2M)$〔MHM〕
내·애#삐·리·다(捨)	$HM\#HM{\cdot}M$〔$HM\#HM^2$〕	내삐·리·다	$H^2M{\cdot}M(=H^2M^2)$〔MHM^2〕
뭉개애지·다	$H^4{\cdot}M(=H^4M)$〔MH^3M〕	뭉개·애#지·다	$H^2M\#H_{M-1}{\cdot}M(=H^2M^3)$

방정시럽·다	H^4·M(=H^{4}M)〔MH^{3}M〕	방정맞·다	H^3·M(=H^{3}M)〔M^{2}HM〕
산책#하·다	H^2#H$_{M-1}$·M(→H^{3}M)〔M^{2}HM〕	산·책·하·다	HM#H$_{M-1}$·M〔HM^3〕
승·을#보·다	HM#H$_{M-1}$·M〔HM#HM〕	승보·다	H#H$_{M-1}$·M(→H^{2}M)〔MHM〕
이자뿌·다	H^3·M(=H^{3}M)〔MH^{2}M〕	이자·아·뿌·다	H^{2}M·M(=H^{2}M^2)〔MHM^2〕
이자삐·이·다	H^{3}M·M(=H^{3}M^2)〔MH^{2}M^2〕	이자·아·뿌·다	H^{2}M·M(=H^{2}M^2)〔MHM^2〕
자부럼#오·다	H^3#H$_{M-1}$·M(=H^{4}M)〔M^{3}HM〕	자부럽·다	H^3·M(=H^{3}M)〔M^{2}HM〕

(140) 거성형 부분 대응

고성 방언		성주 방언	
·글·이·리·다	M^3·M(=M^4)〔HHM^2〕	·글·읽·다	M^2·M(=M^3)〔HHM〕
·시·껍·묵·다〈놀랐다〉	M^3·M(=M^4)〔HHM^2〕	·시·껍·하·다	M^3·M(=M^4)〔HHM^2〕
·기·맥·히·다	M^3·M(=M^4)〔HHM^2〕	·기·맥·히·이·다	M^4·M(=M^5)〔HHM^3〕
·꿈#·끄·다	M#M·M〔M̤#HH〕	·꿈·꾸·다	M^2·M(=M^3)〔HHM〕
·강#:건·디·다	M#L^2·M(=M#L^3)〔M̤#LM^2〕	·강#·건·너·다	M#M^2·M(=M#M^3)〔M#HHM〕
·성#가시리·다	M#H^3·M〔M̤#MH^{2}M〕	·성·을#가·시·다	M^2#HM·M〔MM#HM^2〕
·딜·이#놓·다	M^2#HM〔HH#HM〕	·딜·놓·다	M^2·M(=M^3)〔HHM〕

(141) 상성형 부분 대응

:눌·리·다	L^2·M(=L^3)〔LM^2〕	:누·지·르·다	M̤^{3}·M(=M̤^{4})〔ḦHM^2〕
:세·아·리·다	L^3·M(=L^4)〔LM^3〕	:세·리·다	M̤^{2}·M(=M̤^{3})〔ḦHM〕
:간·크·다	L^2·M(=L^3)〔LM^2〕	:간#·크·다	M̤#M·M(=M̤#M^2)〔M̤#MM/M̤#HH〕
:숨#·씨·다	L#M·M(→L^3)〔LM^2〕	:숨#:쉬·다	M̤#M̤$_H$·M(=M̤#M̤^{2})〔M̤#M̤M/M̤#M̤H〕
:숨#·씨·다	L#M·M(→L^3)〔LM^2〕	:숨#:시·다	M̤#M̤$_H$·M(=M̤#M̤^{2})〔M̤#M̤M/M̤#M̤H〕

다음은 두 방언의 성조형이 대응 규칙에 어긋나는 경우이다.

(142) 고성 방언 평측형이 성주 방언 거형으로 나타나는 경우

고성 방언		성주 방언	
뻥·다(조동사)	H·M(=HM)〔HM〕	·뿟·다	M·M(=M^2)〔HH/MM〕
깨·다(覺,醒)	H·M(=HM)〔HM〕	·깨·다	M$_{\text{M̤}}$·M(=M^2)〔HH/MM〕
비꼬·오·다	H^{2}M·M(=H^{2}M^2)〔MHM^2〕	·비·꼬·다	M^2·M(=M^3)〔HHM〕
비꾸·우·다	H^{2}M·M(=H^{2}M^2)〔MHM^2〕	·비·꾸·우·다	M^3·M(=M^4)〔HHM^2〕
비꾸·우·다	H^{2}M·M(=H^{2}M^2)〔MHM^2〕	삐·꾸·우·다	M^3·M(=M^4)〔HHM^2〕
꺼·어#·씨·다	HM#M·M〔HH#HH〕	·꿔·어#·쓰·다	M^2#M^2〔HH#MM〕
끄·어#·쓰·다(借)	HM#M·M〔HM#HH〕	·꾸·다	M$_{\text{M̤}}$·M(=M^2)〔HH/MM〕

(143) 고성 방언 평측형이 성주 방언 상성형으로 나타나는 경우

고성 방언		성주 방언	
끼·다〈着〉	H·M(=HM)〔HM〕	:끼·다	M̤$_H$·M(=M̤^{2})〔ḦH/M̤M〕

끼·다〈꿰다〉	H·M(=HM)〔HM〕	:끼·다	M̤$_H$·M(=M̤^{2})〔ḦH/M̤M〕
깨·다(覺,醒)	H·M(=HM)〔HM〕	:깨·다〈(종)〉	M̤·M(=M̤^{2})〔ḦH/M̤M〕
끼·다〈꿰다〉	H·M(=HM)〔HM〕	:뀌·다	M̤$_H$·M(=M̤^{2})〔ḦH/M̤M〕
돕·다	H·M(=HM)〔HM〕	:돕·다	M̤·M(=M̤^{2})〔ḦH/M̤M〕
곧·다(曲)〈추워서손이~〉	H·M(=HM)〔HM〕	:곱·다	M̤·M(=M̤^{2})〔ḦH/M̤M〕
갱·기·다〈곪다〉	HM·M(=HM^2)	:곪·다	M̤$_H$·M〔ḦH/M̤M〕
깨이·이·다〈피〉	H^{2}M·M(=H^{2}M^2)〔MHM^2〕	:개·다〈자〉	M̤^{2}〔ḦH/M̤M〕
꺼·어#·씨·다	HM#M^2〔HM#HH〕	:꼬·오#·쓰·다	M̤#M·M〔ḦH#MM〕[67]

(144) 고성 방언 거성형이 성주 방언 평측형으로 나타나는 경우

고성 방언		성주 방언	
·달·다(測,懸)	M·M(=M^2)〔HH/MM〕	달·다	H·M(=HM)〔HM〕
·씨·다(點燈)	M·M(=M^2)〔HH/MM〕	쓰·다	H$_{M\text{-}2}$·M(=HM)〔HM〕
·씨·다(點燈)	M·M(=M^2)〔HH/MM〕	씨·다	H$_{M\text{-}2}$·M(=HM)〔HM〕
·께·리·다	M^2·M(=M^3)〔HHM〕	꺼·리·다	HM·M(=HM^2)〔HM^2〕
·추·리·다	M^2·M(=M^3)〔HHM〕	추·리·다	HM·M(=HM^2)〔HM^2〕
·딜·이·다(入)	M^2·M(=M^3)〔HHM〕	딜룽·다	H^2·M(=H^{2}M)〔MHM〕
·늘·이·다	M^2·M(=M^3)〔HHM〕	늘추·우·다	H^{2}M·M(=H^{2}M^2)〔MHM^2〕
·늘·이·다	M^2·M(=M^3)〔HHM〕	늘쿠·우·다	H^{2}M·M(=H^{2}M^2)〔MHM^2〕
·거·느·리·다	M^3·M(=M^4)〔HHM^2〕	거느·리·다	H^{2}M·M(=H^{2}M^2)〔MHM^2〕
·거·느·리·다	M^3·M(=M^4)〔HHM^2〕	거니·리·다	H^{2}M·M(=H^{2}M^2)〔MHM^2〕
·고·문·하·다	M^3·M(=M^4)〔HHM^2〕	고문#하·다	H^2#H$_{M\text{-}1}$·M(→H^{3}M)〔M^{2}HM〕
·고·멘·하·다	M^3·M(=M^4)〔HHM^2〕	고민#하·다	H^2#H$_{M\text{-}1}$·M(→H^{3}M)〔M^{2}HM〕
·까·다·럽·다	M^3·M(=M^4)〔HHM^2〕	까·다·릅·다	HM^2·M(=HM^3)〔HM^3〕
·깨·까·드·럽·다	M^4·M(=M^5)〔HHM^3〕	까·다·릅·다	HM^2·M(=HM^3)〔HM^3〕
·깨·까·드·럽·다	M^4·M(=M^5)〔HHM^3〕	까·다·랍·다	HM^2·M(=HM^3)〔HM^3〕
·늘·어·티·리·다	M^4·M(=M^5)〔HHM^3〕	늘어티·리·다	H^{3}M·M(=H^{3}M^2)〔M^{2}HM^2〕
·넘·사·시·럽·다	M^4·M(=M^5)〔HHM^3〕	넘사시·럽·다	H^{3}M·M(=H^{3}M^2)〔M^{2}HM^2〕

(145) 고성 방언 거성형이 성주 방언 상성형으로 나타나는 경우

고성 방언		성주 방언	
·까·다	M$_M$·M(=M^2)〔HH/MM〕	:꼬·다	M̤·M(=M̤^{2})〔ḦH/M̤M〕
·깜·다(黑)	M$_H$·M(=M^2)〔HH/MM〕	:깜·다	M̤$_H$·M(=M̤^{2})〔ḦH/M̤M/M̤M/M̤H〕
·껌·다(黑)	M$_H$·M(=M^2)〔HH/MM〕	:껌·다	M̤$_H$·M(=M̤^{2})〔ḦH/M̤M/M̤M/M̤H〕
·꾸ㆆ·다〈굽다〉	M$_H$·M(=M^2)〔HH/MM〕	:꿉·다	M̤$_H$·M(=M̤^{2})〔ḦH/M̤M〕
·떨·다(震)	M$_H$·M(=M^2)〔HH/MM〕	:떨·다	M̤$_H$·M(=M̤^{2})〔ḦH/M̤M/M̤M/M̤H〕
·떫·다	M·M(=M^2)〔HH/MM〕	:떫·다〔:떨·따〕	M̤·M(=M̤^{2})〔ḦH/M̤M〕
·떫·다	M·M(=M^2)〔HH/MM〕	:떫·다〔:떱·다〕	M̤·M(=M̤^{2})〔ḦH/M̤M〕

---

67) 성주 방언 /:꼬·오#·쓰·다, M̤^{2}#M·M/〔ḦH#MM〕에서 /:꼬·오-, M̤^{2}/와 같은 음조형의 도출은 매우 드문 일이다.

·멀·다(盲)	M·M(=M^2)〔HH/MM〕	:멀·다	M̤$_H$·M(=M̤^{2})〔ḦH/M̤M〕
·빼·다(拔)	M·M(=M^2)〔HH/MM〕	:빼·다	M̤·M(=M̤^{2})〔ḦH/M̤M〕
·새·다(·비·가~)	M^2〔HH/MM〕	:새·다	M̤·M〔ḦH/M̤M〕
·씹·다〈씹다〉	M$_H$·M(=M^2)〔HH/MM〕	:씹·다	M̤$_H$·M(=M̤^{2})〔ḦH/M̤M〕
·피·다(開花)	M$_M$·M(=M^2)〔HH/MM〕	:피·다	M̤·M(=M̤^{2})〔ḦH/M̤M〕
·기·럽·다〈흉지않·다〉	M^2·M(=M^3)〔HHM〕	:귀·하·다	M̤^{2}·M(=M̤^{3})〔ḦHM〕
·기·이·가·다〈기어가다〉	M^3·M(=M^4)〔HHM^2〕	:기·가·다	M̤^{2}·M(=M^3)〔HHM〕
·깨·애#나·다	M^2#H$_{M-1}$·M(=M̤#HM)	:깨#나·다	M̤#H$_{M-1}$·M(=M̤#HM)〔M̤#HM〕
·체·조·하·다	M^2#H$_{M-1}$·M(→M^4)〔HHM^2〕	:체·조#하·다	M̤^{2}#H$_{M-1}$·M(→M̤^{4})〔ḦHM^2〕
·나·전·을#지·이·다[68]	M^3#HM·M〔HHM#HM^2〕	:나·전·시·럽·다	M̤^{4}·M(=M̤^{5})〔ḦHM^3〕

(146) 고성 방언 상성형이 성주 방언 평측형으로 나타나는 경우

고성 방언		성주 방언	
:꼽·다	L$_H$·M(=L^2)〔LM〕	꽂·다	H·M(=HM)〔HM〕
:때·다(燒)	L$_H$·M(=L^2)〔LM〕	때·애·다	HM·M(=HM^2)〔HM^2〕
:재·다(測)	L$_H$·M(=L^2)〔LM〕	재·애·다	HM·M(=HM^2)〔HM^2〕
:개·다〈자〉	L·M(=L^2)〔LM〕	깨이·이·다	H^2·M(=H^{2}M)〔MHM〕
:도·지·다	L^2·M(=L^3)〔LM^2〕	도·지·다	HM·M(=HM^2)〔HM^2〕
:눌·리·다	L^2·M(=L^3)〔LM^2〕	눌·리·다	HM·M(=HM^2)〔HM^2〕
:눌·리·다	L^2·M(=L^3)〔LM^2〕	눌·르·다	HM·M(=HM^2)〔HM^2〕
:쪼·페·다(展)	L^2·M(=L^3)〔LM^2〕	피·이·다	HM·M(=HM^2)〔HM^2〕
:채·애·다〈빌리다〉	L^2·M(=L^3)〔LM^2〕	채·애·다	HM^2〔HM^2〕
:애·원#하·다	L^2#H$_{M-1}$·M(→L^4)〔LM^3〕	애·원#하·다	HM#H$_{M-1}$·M(→HM^3)〔HM^3〕
:꺼·멓·다	L^2·M(=L^3)〔LM^2〕	꺼멓·다	H^2·M(=H^{2}M)〔MHM〕
:조·오〈다오〉	L^2〔LM〕	도·고	HM〔HM〕
:주·라〈다오〉	L^2〔LM〕	도·고	HM〔HM〕

(147) 고성 방언 상성형이 성주 방언 거성형으로 나타나는 경우

고성 방언		성주 방언	
:새·다(曙)	L$_H$·M(=L^2)〔LM〕	·새·다	M$_M$·M(=M^2)〔HH/MM〕
:털·다	L$_H$·M(=L^2)〔LM〕	·트·다	M·M(=M^2)〔HH/MM〕
:꿈·다〈돈을~〉	L·M(=L^2)〔LM〕	·끌다	M·M(=M^2)〔HH/MM〕
:세·다(計)	L·M(=L^2)〔LM〕	·세·아리·다	M^3·M(=M^4)〔HHM^2〕
:세·다(計)	L·M(=L^2)〔LM〕	·시·아리·다	M^3·M(=M^4)〔HHM^2〕
:지·나다	L^2·M(=L^3)〔LM^2〕	·지·나다	M^2·M(=M^3)〔HHM〕
:지·내·다	L^2·M(=L^3)〔LM^2〕	·지·내·다	M^2·M(=M^3)〔HHM〕
:지·나·가·다	L^2#H$_{M-1}$·M(→L^4)〔LM^3〕	·지·나·가·다	M^3·M(=M^4)〔HHM^2〕
:세·아·리·다	L^3·M(=L^4)〔LM^3〕	·시·아·리·다	M^3·M(=M^4)〔HHM^2〕
:지·내·애#가·다	L^3#H$_{M-1}$·M(=L^3#HM)	·지·나·가·다	M^3·M(=M^4)〔HHM^2〕

---

68) ·나·전·을#지·이·다〈게으름을부리다〉, :나·전·시·럽·다〈게을하다〉

(148) 어원이 다른 경우

고성 방언		성주 방언	
잃·다〈두드러기, 셌바늘〉	H·M(=HM)〔HM〕	솟다	H·M(=HM)〔HM〕
꼽·치·다	HM·M(=HM^{2})〔HM^{2}〕	까물추·우·다	H^{3}M·M(=H^{3}M^{2})〔M^{2}HM^{2}〕
느·리·다〈徐〉	HM·M(=HM^{2})〔HM^{2}〕	누구럽·다	H^{3}·M(=H^{3}M)〔M^{2}HM〕
애·리·다〈아리다〉	HM·M(=HM^{2})〔HM^{2}〕	쓰라리·이·다	H^{3}M·M(=H^{3}M^{2})〔M^{2}HM^{2}〕
할키·이·다〈발톱에〉	H^{2}M·M(=H^{2}M^{2})〔MHM^{2}〕	까래피·이·다	H^{3}M·M(=H^{3}M^{2})〔M^{2}HM^{2}〕
파헤·치·다(破)	H^{2}M·M(=H^{2}M^{2})〔MHM^{2}〕	흔·치·다〈타〉	HM·M(=HM^{2})〔HM^{2}〕
파헤·치·다(破)	H^{2}M·M(=H^{2}M^{2})〔MHM^{2}〕	흔치·이·다〈피〉	HM·M(=HM^{2})〔HM^{2}〕
우리(:)하·다〈우리다〉	H^{3}·M(=H^{3}M^{2})〔MH(:)HM〕	마지·이·다69)	H^{2}M·M(=H^{2}M^{2})〔MHM^{2}〕
돌리·이·다〈피〉	H^{2}M·M(=H^{2}M^{2})〔MHM^{2}〕	따돌·리·다〈사〉	H^{2}M·M(=H^{2}M^{2})〔MHM^{2}〕
돌리·이·다〈피동〉	H^{2}M·M(=H^{2}M^{2})〔MHM^{2}〕	따돌리·이·다〈피〉	H^{3}M·M(=H^{3}M^{2})〔M^{2}HM^{2}〕
거들거리·다	H^{4}·M(=H^{4}M)〔MH^{3}M〕	거드럼피·우다	H^{4}M·M(=H^{4}M^{2})〔M^{3}HM〕
비꼬이·이·다〈피〉	H^{3}M·M(=H^{3}M^{2})〔M^{2}HM^{2}〕	꼬이·이·다〈피〉	H^{2}M·M(=H^{2}M^{2})〔MHM^{2}〕
쫄리·이·다(督促)〈피〉	H^{2}M·M(=H^{2}M^{2})〔MHM^{2}〕	쪼달리·이·다	H^{3}M·M(=H^{3}M^{2})〔M^{2}HM^{2}〕
·차·다〈목·이 ~〉	H^{2}M·M(=H^{2}M^{2})	메이·이·다	H^{2}M·M(=H^{2}M^{2})〔MHM^{2}〕
·기·럽·다〈흉·치않·다〉	M^{2}·M(=M^{3})〔HHM〕	아·습·다	HM·M(=HM^{2})〔HM^{2}〕
·게·럽·다	M^{2}·M(=M^{3})〔HHM〕	·귀·찮·다	M^{2}·M(=M^{3})〔HHM〕
·성·을#가·시·다	M^{2}#HM^{2}〔HH#HM^{2}〕	:귀·찮·다	$\underset{.}{M}^{2}$·M(=$\underset{.}{M}^{3}$)〔ḦHM〕
·씰·어#지·다	M^{2}#H$_{M-2}$·M(→M^{4})〔HHM^{2}〕	자·빠#지·다	HM#H$_{M-2}$·M(→HM^{3})〔HM^{3}〕
ㄲ·어#·쓰·다(借)	HM#M·M〔HM#HH〕	·꾸·다	M$_{\underset{.}{M}}$·M(=M^{2})〔HH/MM〕

69) 〈성주 방언〉 〈:담·이~〉

12. 풀이씨 간략 굴곡표

이 장에서는 굴곡형들을 상세하게 열거하는 대신에 줄기가 /-··아·X/형(때로는 /-··으·X/형)과 결합하는 경우를 포함하는 몇 개씩의 굴곡형을 들어서 성조 연구자들이 참고할 수 있도록 한다.

(149)

고성 방언		성주 방언	
띠·다(躍,走)	H·M(=HM)〔HM〕	띠·다	H·M(=HM)〔HM〕
띠·모〈뛰면〉	HM〔HM〕	띠·마	HM〔HM〕
띠·이·서〈뛰어서〉	HM^2〔HM^2〕	띠·이·서	HM^2〔HM^2〕
띠·이·서〈뛰어서〉	HM^2〔HM^2〕	띠·어·서	HM^2〔HM^2〕
띠더·라〈뛰더라〉	H^{2}M〔MHM〕	띠더·라	H^{2}M〔MHM〕
띵·께	HM〔HM〕	띠·이·께	HM^2〔HM^2〕
띵께·에	H^{2}M〔MHM〕	띠·잉·게	HM^2〔HM^2〕

(150)

고성 방언		성주 방언	
페·다	H·M(=HM)〔HM〕	피·다	H·M(=HM)〔HM〕
페·고	HM〔HM〕	피·고	HM〔HM〕
펜	H〔MH〕	핀	H〔H'〕
펜	H〔MH〕	피·인	HM〔HM〕
펜	H〔MH〕	피·있·는	HM^2〔HM^2〕
페·에·서	HM^2〔HM^2〕	피·이·서	HM^2〔HM^2〕
페·에·서	HM^2〔HM^2〕	펴·어·서	HM^2〔HM^2〕
펭·께	HM〔HM〕	피·이·께	HM^2〔HM^2〕
페께·에	H^{2}M〔MHM〕	피·잉·게	HM^2〔HM^2〕

(151)

고성 방언		성주 방언	
@데·다(爲)	H·M(=HM)〔HM〕	@대·다	H·M(=HM)〔HM〕
데·고	HM〔HM〕	대·고	HM〔HM〕
덴	H〔MH〕	댄	H〔H'〕
데·애·서	HM^2〔HM^2〕	대·애·서	HM^2〔HM^2〕
@데·다(爲)	H·M(=HM)〔HM〕	@디·다	H·M(=HM)〔HM〕

(152) 고성 방언		성주 방언	
매·다(結)	H·M(=HM)〔HM〕	매·다	H·M(=HM)〔HM
매·고	HM〔HM〕	매·고	HM〔HM〕
맨	H〔MH〕	맨	H〔MH〕
맨	H〔MH〕	매·앤	HM〔HM〕
매·애·서	HM^2〔HM^2〕	매·애·서	HM^2〔HM^2〕
매·애·도	HM^2〔HM^2〕	매·애·도	HM^2〔HM^2〕
맹·께	HM〔HM〕	매·이·께	HM^2〔HM^2〕

(153) 고성 방언		성주 방언	
깨·다(破)	H·M(=HM)〔HM〕	깨·다	H·M(=HM)〔HM〕
깨·고	HM〔HM〕	깨·고	HM〔HM〕
깬	H〔MH〕	깬	H〔H˙〕
깬	H〔MH〕	깨·앤	HM〔HM〕
깨·애·서	HM^2〔HM^2〕	깨·애·서	HM^2〔HM^2〕

(154) 고성 방언		성주 방언	
붕·다〈붓다〉(注)	H·M(=HM)〔HM〕	·붕·다	M̤$_H$·M(=HM)〔HM〕
붕·고〔붇고〕	HM〔HM〕	·붕·고	HM〔HM〕
붕·나〔분나〕	HM〔HM〕	·붕·나	HM〔HM〕
부·운〈부은〉	HM〔HM〕	부·운	HM〔HM〕
부·울〈부을〉	HM〔HM〕	부·울	HM〔HM〕
부운〈부은〉	H^2〔MH〕	부·운	HM〔HM〕
부울〈부을〉	H^2〔MH〕	부·울	HM〔HM〕
부·우·이·께	HM^3〔HM^3〕	부·우·이·께	HM^3〔HM^3〕
부·우·서	HM^2〔HM^2〕	부·우·서	HM^2〔HM^2〕

(155) 고성 방언		성주 방언	
옇·다〈넣다〉	H·M(=HM)〔HM〕	옇·다	H·M(=HM)〔HM〕
옇·고〔여·코〕	HM〔HM〕	옇·고	HM〔HM〕
옇·네〔연·네〕	HM〔HM〕	옇·네	HM〔HM〕
옇·은〔여·은〕	HM〔HM〕	옇·은	HM〔HM〕
옇·을〔여·을〕	HM〔HM〕	옇·을	HM〔HM〕
옇응께·나	H^3M〔MH^2M〕	옇·으·이·께	HM^3〔HM^3〕
옇응·께	H^2M〔MHM〕	옇·으·이·께	HM^3〔HM^3〕
옇·응·께	HM^2〔HM^2〕	옇·으·이·께	HM^3〔HM^3〕
옇·어·서	HM^2〔HM^2〕	옇·어·서	HM^2〔HM^2〕
옇는〔연는〕	H^2〔MH〕	옇는	H^2〔MH〕
옇더·라	H^2M〔MHM〕	옇더·라	H^2M(=MHM)〔MHM〕
옇은〔여은〕	H^2〔MH〕	옇·은	HM〔HM〕
옇을〔여을〕	H^2〔MH〕	옇·을	HM〔HM〕

(156) 고성 방언 / 성주 방언

놓·다〈놓다〉	H·M(=HM)〔HM〕	놓·다	H·M(=HM)〔HM〕
놓·고	HM〔HM〕	놓·고	HM〔HM〕
놓·네	HM〔HM〕	놓·네	HM〔HM〕
놓·은	HM〔HM〕	놓·은	HM〔HM〕
놓·을	HM〔HM〕	놓·을	HM〔HM〕
놓온	H^2〔MH〕	놓·은	HM〔HM〕
놓올	H^2〔MH〕	놓·을	HM〔HM〕
놓옹·께	H^2M〔MHM〕	놓·으·니·까	HM^3〔HM^3〕
놓·옹·께	HM^2〔HM^2〕	놓·으·이·께	HM^3〔HM^3〕
놓옹께·나	H^3M〔MH^2M〕	놓·옹·게	HM^2〔HM^2〕
놓·옹·께·나	HM^3〔HM^3〕	놓·잉·께	HM^2〔HM^2〕
나·아·서	HM^2〔HM^2〕	놓·아·서	HM^2〔HM^2〕
나·아·서	HM^2〔HM^2〕	낳·아·서	HM^2〔HM^2〕
놓는	H^2〔HM〕	놓는	H^2〔MH〕
놓더·라	H^2M〔MHM〕	놓더·라	H^2M〔MHM〕

(157) 고성 방언 / 성주 방언

질·다(泥)	H·M(=HM)〔HM〕	질·다	H·M(=HM)〔HM〕
질·고	HM〔HM〕	질·고	HM〔HM〕
진	H〔H〕	진	H〔H'〕
질·어·서	HM^2〔HM^2〕	질·어·서	HM^2〔HM^2〕

(158) 고성 방언 / 성주 방언

들·다	H·M(=HM)〔HM〕	들·다	H·M(=HM)〔HM〕
들·고	HM〔HM〕	들·고	HM〔HM〕
든	H〔MH〕	든	H〔H'〕
든	H〔MH〕	들·은	HM〔HM〕
들·어·서	HM^2〔HM^2〕	들·어·서	HM^2〔HM^2〕

(159) 고성 방언 / 성주 방언

달·다(甘)	H·M(=HM)〔HM〕	달·다	H·M(=HM)〔HM〕
달·고	HM〔HM〕	달·고	HM〔HM〕
단	H〔MH〕	단	H〔H'〕
달·아·서	HM^2〔HM^2〕	달·아·서	HM^2〔HM^2〕
달더·라	H^2M〔MHM〕	달더·라	H^2M〔MHM〕

(160) 고성 방언 / 성주 방언

말·다(捲)	H·M(=HM)〔HM〕	말·다	H·M(=HM)〔HM〕
말·고	HM〔HM〕	말·고	HM〔HM〕
만	H^2〔MH〕	만	H〔H'〕

말·아·서	HM^{2}〔HM^{2}〕	말·아·서	HM^{2}〔HM^{2}〕
마는·데	H^{2}M〔MHM〕	마는·데	H^{2}M〔MHM〕

(161) 고성 방언 성주 방언

날·다(飛)	H·M(=HM)〔HM〕	날·다	H·M(=HM)〔HM〕
날·고	HM〔HM〕	날·고	HM〔HM〕
나·네	HM〔HM〕	나·네	HM〔HM〕
난	H〔MH〕	난	H〔H'〕
날·라·서	HM^{2}〔HM^{2}〕	날·라·서	HM^{2}〔HM^{2}〕
날·라·서	HM^{2}〔HM^{2}〕	날·라·서	HM^{2}〔HM^{2}〕
나는	H^{2}〔HM〕	나는	H^{2}〔MH〕
나는·데	H^{2}M〔MHM〕	나는·데	H^{2}M〔MHM〕
나는·데	H^{2}M〔MHM〕	나르는·데	H^{3}M〔M^{2}HM〕
날더·라	H^{2}M〔MHM〕	날더·라	H^{2}M〔MHM〕
나른⟨난⟩	H^{2}〔MH〕	나른	H^{2}〔MH〕
나를⟨날⟩	H^{2}〔MH〕	나를	H^{2}〔MH〕
나릉께·에	H^{3}M〔MH^{2}M〕	나르·이·께	H^{2}M^{2}〔MHM^{2}〕
나릉께·에	H^{3}M〔MH^{2}M〕	나릉·게	H^{2}M〔MHM〕
날·아	HM〔HM〕	날·라	HM〔HM〕
날·라	HM〔HM〕	날·라	HM〔HM〕
날·아·서	HM^{2}〔HM^{2}〕	날·라·서	HM^{2}〔HM^{2}〕
날·아·도	HM^{2}〔HM^{2}〕	날·라·도	HM^{2}〔HM^{2}〕

(162) 고성 방언 성주 방언

듣·다	H·M(=HM)〔HM〕	듣·다	H·M(=HM)〔HM〕
듣·고	HM〔HM〕	듣·고	HM〔HM〕
들·은	HM〔HM〕	들·은	HM〔HM〕
들은	H^{2}〔MH〕	들은	H^{2}〔MH〕
들·어·서	HM^{2}〔HM^{2}〕	들·어·서	HM^{2}〔HM^{2}〕

(163) 고성 방언 성주 방언

곧·다	H·M(=HM)〔HM〕	곧·다	H·M(=HM)〔HM〕
곧·고	HM〔HM〕	곧·고	HM〔HM〕
곧·은	HM〔HM〕	곧·은	HM〔HM〕
곧은	HM〔HM〕	곧·은	HM〔HM〕
곧·아·서	HM^{2}〔HM^{2}〕	곧·아·서	HM^{2}〔HM^{2}〕
곧·아·도	HM^{2}〔HM^{2}〕	곧·아·도	HM^{2}〔HM^{2}〕
곧더·라	H^{2}M〔MHM〕	곧더·라	H^{2}M〔MHM〕

(164) 고성 방언 성주 방언

굳다	H·M(=HM)〔HM〕	굳다	H·M(=HM)〔HM〕

굳·고	HM〔HM〕	굳·고	HM〔HM〕
굳·은	HM〔HM〕	굳·은	HM〔HM〕
굳은	H^2〔MH〕	굳·은	HM〔HM〕
굳·어·서	HM^2〔HM^2〕	굳·어·서	HM^2〔HM^2〕
굳·어·도	HM^2〔HM^2〕	굳·어·도	HM^2〔HM^2〕
굳더·라	H^{2}M〔MHM〕	굳더·라	H^{2}M〔MHM〕

(165) 고성 방언		성주 방언	
붙·다	H·M(=HM)〔HM〕	붙·다	H·M(=HM)〔HM〕
붙·고	HM〔HM〕	붙·고	HM〔HM〕
붙·은	HM〔HM〕	붙·은	HM〔HM〕
붙은	H^2〔MH〕	붙·은	HM〔HM〕
붙·어·서	HM^2〔HM^2〕	붙·어·서	HM^2〔HM^2〕

(166) 고성 방언		성주 방언	
낮·다	H·M(=HM)〔HM〕	낮·다	H·M(=HM)〔HM〕
낮·고	HM〔HM〕	낮·고	HM〔HM〕
낮은	H^2〔MH〕	낮·은	HM〔HM〕
낮·은	HM〔HM〕	낮·은	HM〔HM〕
낮·아·서	HM^2〔HM^2〕	낮·아·서	HM^2〔HM^2〕
낮·아·도	HM^2〔HM^2〕	낮·아·도	HM^2〔HM^2〕
낮·응·께	HM^2〔HM^2〕	낮·응·게	HM^2〔HM^2〕
낮응께·에	H^{3}M〔MH^{2}M〕	낮·응·게	HM^2〔HM^2〕

(167) 고성 방언		성주 방언	
벗·다(脫)	H·M(=HM)〔HM〕	벗·다	H·M(=HM)〔HM〕
벗·고	HM〔HM〕	벗·고	HM〔HM〕
벗·은	HM〔HM〕	벗·은	HM〔HM〕
벗은	H^2〔MH〕	벗·은	HM〔HM〕
벗·어·서	HM^2〔HM^2〕	벗·어·서	HM^2〔HM^2〕

(168) 고성 방언		성주 방언	
있·다	H·M(=HM)〔HM〕	있·다	H·M(=HM)〔HM〕
있·고	HM〔HM〕	있·고	HM〔HM〕
있·은	HM〔HM〕	있·은	HM〔HM〕
있·은	HM〔HM〕	있·었·는	HM^2〔HM^2〕
있·어·서	HM^2〔HM^2〕	있·어·서	HM^2〔HM^2〕
있은	H^2〔MH〕	있은	H^2〔MH〕
있을	H^2〔MH〕	있을	H^2〔MH〕
있으·모	H^{2}M〔MHM〕	있으·마	H^{2}M〔MHM〕
있은·들	H^{2}M〔MHM〕	있은·들	H^{2}M〔MHM〕

(169) 고성 방언 / 성주 방언

고성 방언		성주 방언	
@쫓·다(逐)	H·M(=HM)〔HM〕	@쫓·다	H·M(=HM)〔HM〕
쫓·고	HM〔HM〕	쫓·고	HM〔HM〕
쫓·은	HM〔HM〕	쫓·은	HM〔HM〕
쫓은	H^2〔MH〕	쫓·은	HM〔HM〕
*쫓·아서	HM^2〔HM^2〕	쫓·아·서	HM^2〔HM^2〕
@쭉·다(逐)	H·M(=HM)〔HM〕	@쫓·다	H·M(=HM)〔HM〕
쭉·아·서	HM^2〔HM^2〕	쫓·아·서	HM^2〔HM^2〕
@쪽·다(逐)	H·M(=HM)〔HM〕	@쫓·다	H·M(=HM)〔HM〕
쪽·아·서	HM^2〔HM^2〕	쫓·아·서	HM^2〔HM^2〕

(170) 고성 방언 / 성주 방언

고성 방언		성주 방언	
@훛·다(逐)	H·M(=HM)〔HM〕	@훛·다	H·M(=HM)〔HM〕
훛·고	HM〔HM〕	훛·고	HM〔HM〕
훛·은	HM〔HM〕	훛·은	HM〔HM〕
훛·어·서	HM^2〔HM^2〕	훛·어·서	HM^2〔HM^2〕
@훅·다(逐)	H·M(=HM)〔HM〕	@훛·다	H·M(=HM)〔HM〕
훅·아·서	HM^2〔HM^2〕	훛·어·서	HM^2〔HM^2〕
@후두쿻다(逐)	H^3·M(=H^{3}M)〔MH^{2}M〕	@훛·다	H·M(=HM)〔HM〕

(171) 고성 방언 / 성주 방언

고성 방언		성주 방언	
@돕·다〔돕·다〕	H·M(=HM)〔HM〕	@돕·다	H·M(=HM)〔HM〕
돕·고	HM〔HM〕	돕·고	HM〔HM〕
도·운	HM〔HM〕	도·운	HM〔HM〕
도·와·서	HM^2〔HM^2〕	도·와·서	HM^2〔HM^2〕
@돕·다	H·M(=HM)〔HM〕	@돕·다	H·M(=HM)〔HM〕
돕·고	HM〔HM〕	돕·고	HM〔HM〕
돕·네	HM〔HM〕	돕·네	HM〔HM〕
돕·우·모	HM^2〔HM^2〕	도·우·마	HM^2〔HM^2〕
도·와·서	HM^2〔HM^2〕	돕·아·서	HM^2〔HM^2〕
@도·우·다	HM·M(=HM^2)〔HM^2〕	@도·우·다	HM·M(=HM^2)〔HM^2〕
도·우·고	HM^2〔HM^2〕	도·우·고	HM^2〔HM^2〕
도·우·네	HM^2〔HM^2〕	도·우·네	HM^2〔HM^2〕
도·와·서	HM^2〔HM^2〕	도·와·서	HM^2〔HM^2〕

(172) 고성 방언 / 성주 방언

고성 방언		성주 방언	
@누ㅎ·다(臥)	H·M(=HM)〔HM〕	@눕·다	H·M(=HM)〔HM〕
눟·고〔누·꼬〕	HM〔HM〕	눕·고	HM〔HM〕
@눟·다(臥)	H·M(=HM)〔HM〕	@눕·다	H·M(=HM)〔HM〕
눟·고〔누·코〕	HM〔HM〕	눕·고	HM〔HM〕
누·운〔누·운〕	HM〔HM〕	눕·은	HM〔HM〕

누·울〔누·울〕	HM〔HM〕	눕·을	HM〔HM〕
누운〔누운〕	H^2〔MH〕	눕·은	HM〔HM〕
누울〔누울〕	H^2〔MH〕	눕·을	HM〔HM〕
누웅께·에	H^3M〔MH^2M〕	눕·으·이·께	HM^3〔HM^3〕
누·웅·께·에	HM^3〔HM^3〕	눕·응·게	HM^2〔HM^2〕
누웅께·에	H^3M〔MH^2M〕	눕응·게	H^2M〔MHM〕
누·웅·께·에	HM^3〔HM^3〕	눕웅·게	H^2M〔MHM〕
누·어·서	HM^2〔HM^2〕	눕·어·서	HM^2〔HM^2〕
눟더·라	H^2M〔MHM〕	눕더·라	H^2M〔MHM〕

(173) 고성 방언 / 성주 방언

굽·다(曲)	H·M(=HM)〔HM〕	굽·다	H·M(=HM)〔HM〕
굽·고	HM〔HM〕	굽·고	HM〔HM〕
굽·은	HM〔HM〕	굽·은	HM〔HM〕
굽운	H^2〔MH〕	굽·운	HM〔HM〕
굽·우·서	HM^2〔HM^2〕	굽·어·서	HM^2〔HM^2〕
굽·우·서	HM^2〔HM^2〕	굽·우·서	HM^2〔HM^2〕
굽·웄·다	HM^2〔HM^2〕	굽·었·다	HM^2〔HM^2〕
굽·웄·다	HM^2〔HM^2〕	굽·웄·다	HM^2〔HM^2〕
굽·웅·께	HM^2〔HM^2〕	굽·웅·게	HM^2〔HM^2〕
굽웅께·에	H^3M〔MH^2M〕	굽·웅·게	HM^2〔HM^2〕

(174) 고성 방언 / 성주 방언

덮·다	H·M(=HM)〔HM〕	덮·다	H·M(=HM)〔HM〕
덮·고	HM〔HM〕	덮·고	HM〔HM〕
덮·은	HM〔HM〕	덮·은	HM〔HM〕
덮운	H^2〔MH〕	덮·운	HM〔HM〕
덮·어·서	HM^2〔HM^2〕	덮·어·서	HM^2〔HM^2〕
덮더·라	H^2M〔MHM〕	덮더·라	H^2M〔MHM〕

(175) 고성 방언 / 성주 방언

갚·다	H·M(=HM)〔HM〕	갚·다	H·M(=HM)〔HM〕
갚·고	HM〔HM〕	갚·고	HM〔HM〕
갚·네	HM〔HM〕	갚·네	HM〔HM〕
갚·은	HM〔HM〕	갚·은	HM〔HM〕
갚은	H^2〔MH〕	갚·안	HM〔HM〕
갚·을	HM〔HM〕	갚·을	HM〔HM〕
갚을	H^2〔MH〕	갚·알	HM〔HM〕
갚·응·께	HM^2〔HM^2〕	갚·으·이·께	HM^3〔HM^3〕
갚응께·에	H^3M〔MH^2M〕	갚·응·게	HM^2〔HM^2〕
갚·아·서	HM^2〔HM^2〕	갚·아·서	HM^2〔HM^2〕

갔·아·도	HM^2〔HM^2〕	갔·아·도	HM^2〔HM^2〕
갔는	H^2〔HM〕	갔는	H^2〔MH〕
갔는·데	H^{2}M〔MHM〕	갔는·데	H^{2}M〔MHM〕
갔더·라	H^{2}M〔MHM〕	갔더·라	H^{2}M〔MHM〕

(176)

고성 방언		성주 방언	
막·다	H·M(=HM)〔HM〕	막·다	H·M(=HM)〔HM〕
막·고	HM〔HM〕	막·고	HM〔HM〕
막·은	HM〔HM〕	막·은	HM〔HM〕
막은	H^2〔MH〕	막·안	HM〔HM〕
막·을	HM〔HM〕	막·알	HM〔HM〕
막을	H^2〔MH〕	막·알	HM〔HM〕
막·아·서	HM^2〔HM^2〕	막·아·서	HM^2〔HM^2〕

(177)

고성 방언		성주 방언	
묵·다(食)	H·M(=HM)〔HM〕	묵·다	H·M(=HM)〔HM〕
묵·은〈먹은〉	HM〔HM〕	묵·운	HM〔HM〕
묵은〈먹은〉	H^2〔MH〕	묵·은	HM〔HM〕
묵·을〈먹을〉	HM〔HM〕	묵·울	HM〔HM〕
묵을〈먹을〉	H^2〔MH〕	묵·을	HM〔HM〕
묵·응·께	HM^2〔HM^2〕	묵·우·이·께	HM^3〔HM^3〕
무응께·에	H^{3}M〔MH^{2}M〕	묵·웅·게	HM^2〔HM^2〕
묵·어·서	HM^2〔HM^2〕	묵·우·서	HM^2〔HM^2〕
묵·어·서	HM^2〔HM^2〕	묵·어·서	HM^2〔HM^2〕

(178)

고성 방언		성주 방언	
깎다	H·M(=HM)〔HM〕	깎다	H·M(=HM)〔HM〕
깎·고	HM〔HM〕	깎·고	HM〔HM〕
깎·은	HM〔HM〕	깎·은	HM〔HM〕
깎·을	HM〔HM〕	깎·을	HM〔HM〕
깎은	H^2〔MH〕	깎·안	HM〔HM〕
깎을	H^2〔MH〕	깎·알	HM〔HM〕
깎·아·서	HM^2〔HM^2〕	깎·아·서	HM^2〔HM^2〕
깎·아·도	HM^2〔HM^2〕	깎·아·도	HM^2〔HM^2〕
깎더·라	H^{2}M〔MHM〕	깎더·라	H^{2}M〔MHM〕

(179)

고성 방언		성주 방언	
잃·다(失)	H·M(=HM)〔HM〕	잃다	H·M(=HM)〔HM〕
잃·고〔일·코〕	HM〔HM〕	잃·고〔일·꼬〕	HM〔HM〕
잃·나〔일·라〕	HM〔HM〕	잃·나〔일·라〕	HM〔HM〕
잃·은〔이·른〕	HM〔HM〕	잃·은〔이·른〕	HM〔HM〕

잃·을〔이·를〕	HM〔HM〕	잃·을〔이·를〕	HM〔HM〕
잃·어·서	HM^2〔HM^2〕	잃·어·서	HM^2〔HM^2〕
잃는〔일른〕	H^2〔HM〕	잃는〔일른〕	H^2〔MH〕
잃더·라〔일터·라〕	H^{2}M〔MHM〕	잃더·라〔일떠-〕	H^{2}M〔MHM〕

(180) 고성 방언 성주 방언

닳·다〈닳다〉(국,신)	H·M(=HM)〔HM〕	땷·다	H·M(=HM)〔HM〕
닳·고〔달·코〕	HM〔HM〕	땷·고〔딸·코〕	HM〔HM〕
닳·네〔달·레〕	HM〔HM〕	땷·네〔딸·레〕	HM〔HM〕
닳·은〔달·은〕	HM〔HM〕	땷·은〔딸·은〕	HM〔HM〕
닳·을〔달·을〕	HM〔HM〕	땷·을〔딸·을〕	HM〔HM〕
닳·응께	〔HM^3〔HM^3〕	땷·으·이·께	HM^3〔HM^3〕
닳응께·에	〔H^{3}M〔MH^{2}M〕	땷·으·이·께	HM^3〔HM^3〕
닳·아·서〔닳·더·서〕	HM^2〔HM^2〕	땷·더·서	HM^2〔HM^2〕
닳더·라	H^{2}M〔MHM〕	땷더·라	H^{2}M〔MHM〕

(181) 고성 방언 성주 방언

@앓·다〔알·따〕	H·M(=HM)〔HM〕	@앓·다	H·M(=HM)〔HM〕
앓·고〔알·꼬〕	HM〔HM〕	앓·고	HM〔HM〕
알·은	HM〔HM〕	알·은	HM〔HM〕
알은	H^2〔MH〕	알·안	HM〔HM〕
알는·다	H^{2}M〔MHM〕	알는·다	H^{2}M〔MHM〕
알·아·서	HM^2〔HM^2〕	알·아·서	HM^2〔HM^2〕

(182) 고성 방언 성주 방언

@홅·다〈혀로~〉	H·M(=HM)〔HM〕	@핥·다	H·M(=HM)〔HM〕
홅·고〔홀·꼬〕	HM〔HM〕	핥·고〔할·꼬〕	HM〔HM〕
홅·나〔홀·라〕	HM〔HM〕	핥·나〔할·라〕	HM〔HM〕
홅·은〔홀·튼〕	HM〔HM〕	핥·은〔할·튼〕	HM〔HM〕
홅은〔홀튼〕	H^2〔MH〕	핥·은〔할·튼〕	HM〔HM〕
홅·을〔홀·틀〕	HM〔HM〕	핥·을〔할·틀〕	HM〔HM〕
홅을〔홀틀〕	H^2〔MH〕	핥·을〔할·틀〕	HM〔HM〕
홅·아·서	HM^2〔HM^2〕	핥·아·서	HM^2〔HM^2〕
홅더·라	H^{2}M〔MHM〕	핥더·라〔할떠·라〕	H^{2}M〔MHM〕
홅는·다	H^{2}M〔MHM〕	핥는·다〔할는·다〕	H^{2}M〔MHM〕
홅·아·서	HM^2〔HM^2〕	핥·아·서	HM^2〔HM^2〕

※〈고성 방언〉 발톱·으·로 할ㅋ·다, ·쎄·로#가·아 홅는·다

(183) 고성 방언 성주 방언

@넓·다〔넙·따〕	H·M(=HM)〔HM〕	@넓·다	H·M(=HM)〔HM〕
넓·고〔넙·꼬〕	HM〔HM〕	넓·고	HM〔HM〕

넓·네〔넘·네〕	HM〔HM〕	넓·네	HM〔HM〕
넓·은〔널·븐〕	HM〔HM〕	넓·은	HM〔HM〕
넓·을〔널·블〕	HM〔HM〕	넓·을	HM〔HM〕
넓·응께	HM^2〔HM^2〕	넓·으·이·께	HM^3〔HM^3〕
넓·어·서	HM^2〔HM^2〕	넓·어·서	HM^2〔HM^2〕
넓·은데	HM〔HM^2〕	넓·은데	HM^2〔HM^2〕
넓더·라〔넙떠·라〕	H^{2}M〔MHM〕	넓더·라	H^{2}M〔MHM〕
@너르·다	H^2·M(=H^{2}M)〔MHM〕	@너르·다	H^2·M(=H^{2}M)〔MHM〕
너르·네	H^{2}M〔MHM〕	너르·네	H^{2}M〔MHM〕
너른	H^{2}M〔H^{2}M〕	너른	H^{2}M〔H^{2}M〕
너른·데	H^{2}M〔MHM〕	너른·데	H^{2}M〔MHM〕
널릉·께	H^{2}M〔MHM〕	너르·이·께	H^{2}M^2〔MHM^2〕
너릉께·에	H^{3}M〔MH^{2}M〕	너르·이·께	H^{2}M^2〔MHM^2〕
@너리·다	H^2·M(=H^{2}M)〔MHM〕	@너리·다	H^2·M(=H^{2}M)〔MHM〕
너리·네	H^{2}M〔MHM〕	너리·네	H^{2}M〔MHM〕
너링께·에	H^{3}M〔MH^{2}M〕	너리·이·께	H^{2}M^2〔MHM^2〕

(184) 고성 방언 / 성주 방언

짧·다〔짤·따/짭·다〕	H·M(=HM)〔HM〕	짧·다	H·M(=HM)〔HM〕
짧·고〔짤·꼬〕	HM〔HM〕	짧·고	HM〔HM〕
짧·고〔짭·고〕	HM〔HM〕	짧·고	HM〔HM〕
짧·은	HM〔HM〕	짧·은	HM〔HM〕
짧은	H^2〔MH〕	짧·은	HM〔HM〕
짧·아·서	HM^2〔HM^2〕	짧·아·서	HM^2〔HM^2〕

(185) 고성 방언 / 성주 방언

늙·다〔늑·따〕	H·M(=HM)〔HM〕	늙·다	H·M(=HM)〔HM〕
늙·은〔늘·근〕	HM〔HM〕	늙·은	HM〔HM〕
늙·을〔늘·글〕	HM〔HM〕	늙·을	HM〔HM〕
늙은〔늘근〕	H^2〔MH〕	늙·은	HM〔HM〕
늙을〔늘글〕	H^2〔MH〕	늙·을	HM〔HM〕
늙응께·에	H^{3}M〔MH^{2}M〕	늙·으·이·께	HM^3〔HM^3〕
늙·응·께에	HM^3〔HM^3〕	늙·으·이·께	HM^3〔HM^3〕
늙·어·서	HM^2〔HM^2〕	늙·어·서	HM^2〔HM^2〕
늙더·라〔늑떠·라〕	H^{2}M〔MHM〕	늙더·라	H^{2}M〔MHM〕

(186) 고성 방언 / 성주 방언

맑·다〔막·따〕	H·M(=HM)〔HM〕	맑·다	H·M(=HM)〔HM〕
맑·고〔말·꼬〕	HM〔HM〕	맑·고	HM〔HM〕
맑·은	HM〔HM〕	맑·은	HM〔HM〕
맑은	H^2〔MH〕	맑·은	HM〔HM〕

맑·아·서	HM²〔HM²〕	맑·아·서	HM²〔HM²〕

(187) 고성 방언 / 성주 방언

밝·다	H·M(=HM)〔HM〕	밝·다	H·M(=HM)〔HM〕
밝·은	HM〔HM〕	밝·은	HM〔HM〕
밝은	H²〔MH〕	밝은	H²〔MH〕
밝을수·룩	H³M〔MH²M〕	밝을·수·록	H²M²〔MHM²〕
밝응께·에	H³M〔MH²M〕	밝응·게	H²M〔MHM〕
밝응께·나	H³M〔MH²M〕	밝으·이·께·네	H²M³〔MHM³〕

(188) 고성 방언 / 성주 방언

@엾·다	H·M(=HM)〔HM〕	@엾·다	H·M(=HM)〔HM〕
엾·고	HM〔HM〕	엾·고	HM〔HM〕
엾·나	HM〔HM〕	엾·나	HM〔HM〕
엾·은	HM〔HM〕	엾·은	HM〔HM〕
엾·을	HM〔HM〕	엾·을	HM〔HM〕
엾은	H²〔MH〕	엾·은	HM〔HM〕
엾을	H²〔MH〕	엾·을	HM〔HM〕
엾·잉·께	HM²〔HM²〕	엾·으·이·까	HM²〔HM²〕
엾징께·에	H³M〔MH²M〕	엾·으·이·까	HM²〔HM²〕
엾·어·서	HM²〔HM²〕	엾·어·서	HM²〔HM²〕
엾·었·다	HM²〔HM²〕	엾·었·다	HM²〔HM²〕
엾는·데	H²M〔MHM〕	엾는·데	H²M〔MHM〕
엾더·라	H²M〔MHM〕	엾더·라	H²M〔MHM〕
@언·지·다	HM·M(=HM²)〔HM²〕	@언·지·다	HM·M(=HM²)〔HM²〕
@언·지·다	HM·M(=HM²)〔HM²〕	@언·저·다	HM·M(=HM²)〔HM²〕

(189) 고성 방언 / 성주 방언

@흧·다	H·M(=HM)〔HM〕	@흔·처·다	HM·M(=HM²)
@흧·다	H·M(=HM)〔HM〕	@흔·치·다	HM·M(=HM²)
흧·고	HM〔HM〕	흔·치·고	HM²〔HM²〕
흧·네	HM〔HM〕	흔·치·네	HM²〔HM²〕
흧·은	HM〔HM〕	흔·친	HM〔HM〕
흧·을	HM〔HM〕	흔·칠	HM〔HM〕
흧은	H²〔MH〕	흔·친	HM〔HM〕
흧을	H²〔MH〕	흔·칠	HM〔HM〕
흧·어·서	HM²〔HM²〕	흔·처·서	HM²〔HM²〕
흧더·라	H²M〔MHM〕	흔·치·더·라	HM³〔HM³〕
@흧·다	H·M(=HM)〔HM〕	@흔ㅊ·다	H·M(=HM)
@흧·다	H·M(=HM)〔HM〕	@흖·다	H·M(=HM)

(190)

고성 방언		성주 방언	
@끈ㄱㅎ·다	〔꿍·타〕H·M(=HM)〔HM〕	@꺾·다	H·M(=HM)〔HM〕
@끈ㄱㅎ·다	〔껑·타〕H·M(=HM)〔HM〕	@끊·다	H·M(=HM)〔HM〕
끙·코〈끊고〉	HM〔HM〕	끊·고	HM〔HM〕
끙·네〈끊네〉	HM〔HM〕	끊·네	HM〔HM〕
끙·큰〈끊은〉	HM〔HM〕	끊·은	HM〔HM〕
끙·클〈끊을〉	HM〔HM〕	끊·을	HM〔HM〕
끙큰〈끊은〉	H^2〔MH〕	끊·은	HM〔HM〕
끙클〈끊을〉	H^2〔MH〕	끊·을	HM〔HM〕
끙·킁·께〈끊으니〉	HM^2〔HM^2〕	끊·응·게	HM^2〔HM^2〕
끙킁께·에	H^{3}M〔MH^{2}M〕	끊·응·게	HM^2〔HM^2〕
끙·커·서〈끈어서〉	HM^2〔HM^2〕	끊·어·서	HM^2〔HM^2〕
끙는〈끊는〉	H^2〔MH〕	끊는	H^2〔MH〕
끙터·라	H^{2}M〔MHM〕	끊더·라	H^{2}M〔MHM〕
@끊·다	H·M(=HM)〔HM〕	@끊·다	H·M(=HM)〔HM〕
끊·고	HM〔HM〕	끊·고	HM〔HM〕
끊·은	HM〔HM〕	끊·은	HM〔HM〕
끊은	H^2〔MH〕	끊·은	HM〔HM〕
끊·어서	HM^2〔HM^2〕	끊·어·서	HM^2〔HM^2〕

(191)

고성 방언		성주 방언	
@흐리·다[70]	H^2·M(=H^{2}M)〔MHM〕	@흐리·다	H^2·M(=H^{2}M)〔MHM〕
흐리·고	H^{2}M〔MHM〕	흐리·고	H^{2}M〔MHM〕
흐리·네	H^{2}M〔MHM〕	흐리·네	H^{2}M〔MHM〕
흐린	H^2〔MH〕	흐른	H^2〔MH〕
흐릴	H^2〔MH〕	흐를	H^2〔MH〕
흐링께·에	H^{3}M〔MH^{2}M〕	흐르·이·께	H^{2}M^2〔MHM^2〕
흐링께·에	H^{3}M〔MH^{2}M〕	흐릉·게	H^{2}M〔MHM〕
흘·러·도	HM^2〔HM^2〕	흘·러·도	HM^2〔HM^2〕
흘·러·서	HM^2〔HM^2〕	흘·러·서	HM^2〔HM^2〕
흐리는	H^3〔M^{2}H〕	흐리는	H^3〔M^{2}H〕
흐리는·데	H^{3}M〔MH^{2}M〕	흐리는·데	H^{3}M〔M^{2}HM〕
흐리더·라	H^{3}M〔MH^{2}M〕	흐리더·라	H^{3}M〔M^{2}HM〕
@흐르·다	H^2·M(=H^{2}M)〔MHM〕	@흐르·다	H^2·M(=H^{2}M)〔MHM〕
흐르·고	H^{2}M〔MHM〕	흐르·고	H^{2}M〔MHM〕
흐르·네	H^{2}M〔MHM〕	흐르·네	H^{2}M〔MHM〕
흐른	H^2〔MH〕	흐른	H^2〔MH〕
흐를	H^2〔MH〕	흐를	H^2〔MH〕
흐릉께·에	H^{3}M〔MH^{2}M〕	흐르·이·께	H^{2}M^2〔MHM^2〕
흐릉·께	H^{2}M〔MHM〕	흐릉·게	H^{2}M〔MHM〕

70) 〈고성 방언〉 {X리-}형은 전통적인 방언, {X르-}형은 표준말 영향

흘·러·도	HM^2〔HM^2〕	흘·러·도	HM^2〔HM^2〕
흘·러·서	HM^2〔HM^2〕	흘·러·서	HM^2〔HM^2〕
흐르는	H^3〔MH^2〕	흐르는	H^3〔M^{2}H〕
흐르는·데	H^{3}M〔MH^{2}M〕	흐르는·데	H^{3}M〔M^{2}HM〕
흐르더·라	H^{3}M〔MH^{2}M〕	흐르더·라	H^{3}M〔M^{2}HM〕

(192) 고성 방언 / 성주 방언

고성 방언		성주 방언	
@가르·다〈이〉	H^2·M(=H^{2}M)〔MHM〕	@가르·다	H^2·M(=H^{2}M)〔MHM〕
가르·고	H^{2}M〔MHM〕	가르·고	H^{2}M〔MHM〕
가르·네	H^{2}M〔MHM〕	가르·네	H^{2}M〔MHM〕
가른	H^2〔MH〕	가른	H^2〔MH〕
가를	H^2〔MH〕	가를	H^2〔MH〕
가릉께·에	H^{3}M〔MH^{2}M〕	가리·이·께	H^{2}M^2〔MHM^2〕
갈·라·도	HM^2〔HM^2〕	갈·라·도	HM^2〔HM^2〕
갈·라·서	HM^2〔HM^2〕	갈·라·서	HM^2〔HM^2〕
가르는	H^3〔M^{2}H〕	가르는	H^3〔M^{2}H〕
가르는·데	H^{3}M〔MH^{2}M〕	가르는·데	H^{3}M〔M^{2}HM〕
가르더·라	H^{3}M〔MH^{2}M〕	가르더·라	H^{3}M〔M^{2}HM〕
@가리·다〈이〉	H^2·M(=H^{2}M)〔MHM〕	@가리·다〈우〉	H^2·M(=H^{2}M)〔MHM〕
가리·고	H^{2}M〔MHM〕	가리·고	H^{2}M〔MHM〕
가리·네	H^{2}M〔MHM〕	가리·네	H^{2}M〔MHM〕
가린	H^2〔MH〕	가린	H^2〔MH〕
가릴	H^2〔MH〕	가릴	H^2〔MH〕
가링께·에	H^{3}M〔MH^{2}M〕	가리·이·께	H^{2}M^2〔MHM^2〕
갈·라·도	HM^2〔HM^2〕	갈·라·도	HM^2〔HM^2〕
갈·라·서	HM^2〔HM^2〕	갈·라·서	HM^2〔HM^2〕
가리는	H^3〔M^{2}H〕	가리는	H^3〔M^{2}H〕
가리는·데	H^{3}M〔MH^{2}M〕	가리는·데	H^{3}M〔M^{2}HM〕
가리더·라	H^{3}M〔MH^{2}M〕	가리더·라	H^{3}M〔M^{2}HM〕

(193) 고성 방언 / 성주 방언

고성 방언		성주 방언	
@부리·다(唱,喚)	H^2·M(=H^{2}M)〔MHM〕	@부르·다	H^2·M(=H^{2}M)〔MHM〕
@부르·다(唱,喚)	H^2·M(=H^{2}M)〔MHM〕	@부르·다	H^2·M(=H^{2}M)〔MHM〕
부르·고	H^{2}M〔MHM〕	부르·고	H^{2}M〔MHM〕
부르·네	H^{2}M〔MHM〕	부르·네	H^{2}M〔MHM〕
부른	H^2〔MH〕	부른	H^2〔MH〕
부를	H^2〔MH〕	부를	H^2〔MH〕
부르·이·께	H^{2}M^2〔MHM^2〕	부르·이·께	H^{2}M^2〔MHM^2〕
부릉께·에	H^{3}M〔MH^{2}M〕	부릉·게	H^{2}M〔MHM〕
불·러·도	HM^2〔HM^2〕	불·러·도	HM^2〔HM^2〕
불·러·서	HM^2〔HM^2〕	불·러·서	HM^2〔HM^2〕

부르는	H^3〔MH^2〕	부르는	H^3〔M^{2}H〕
부르는·데	H^{3}M〔MH^{2}M〕	부르는·데	H^{3}M〔M^{2}HM〕
부르더·라	H^{3}M〔MH^{2}M〕	부르더·라	H^{3}M〔M^{2}HM〕

(194) 고성 방언 / 성주 방언

@높·다〈가끔〉	H·M(=HM)〔HM〕	@높·다	H^2·M(=H^{2}M)〔MHM〕
@노푸·다〈자주〉	H^2·M(=H^{2}M)〔MHM〕	@노푸·다	H^2·M(=H^{2}M)〔MHM〕
노푸·고	H^{2}M〔MHM〕	노푸·고	H^{2}M〔MHM〕
노푸·네	H^{2}M〔MHM〕	노푸·네	H^{2}M〔MHM〕
노푸·모〈높으면〉	H^{2}M〔MHM〕	노푸·마	H^{2}M〔MHM〕
노푸더·라	H^{3}M〔MH^{2}M〕	노푸더·라	H^{3}M〔M^{2}HM〕
높·아·서	HM^2〔HM^2〕	높·아·서	HM^2〔HM^2〕
높·아·도	HM^2〔HM^2〕	높·아·도	HM^2〔HM^2〕

(195) 고성 방언 / 성주 방언

@이숳·다〔이수·타〕	H^2·M(=H^{2}M)〔MHM〕	@이숳·다〔이수·타〕	H^2·M(=H^{2}M)〔MHM〕
이숳고	H^{2}M〔MHM〕	이숳·고〔이수·코〕	H^{2}M〔MHM〕
이숳네〔이순·네〕	H^{2}M〔MHM〕	이숳·네〔이순·네〕	H^{2}M〔MHM〕
이순	H^2〔MH〕	이수·운	H^{2}M〔MHM〕
이술	H^2〔MH〕	이수·울	H^{2}M〔MHM〕
이수·이·께〈(문)〉	H^{2}M^2〔MHM^2〕	이수·이·께	H^{2}M^2〔MHM^2〕
이수·웅·께〈(문)〉	H^{2}M^2〔MHM^2〕	이수·이·께	H^{2}M^2〔MHM^2〕
이숭께·에	H^{2}M^2〔MHM^2〕	이수·이·께	H^{2}M^2〔MHM^2〕
이싱께·에	H^{2}M^2〔MHM^2〕	이수·이·께	H^{2}M^2〔MHM^2〕
이사·아·서	H^{2}M^2〔MHM^2〕	이사·아·서	H^{2}M^2〔MHM^2〕
이사·아·도	H^{2}M^2〔MHM^2〕	이사·아·도	H^{2}M^2〔MHM^2〕
이사·았·다	H^{2}M^2〔MHM^2〕	이사·았·다	H^{2}M^2〔MHM^2〕
이숳는	H^3〔MH^2〕	이숳는	H^3〔M^{2}H〕
이숳더·라	H^{3}M〔MH^{2}M〕	이숳더·라	H^{2}M〔M^{2}HM〕
@이수ㆆ·다(繼)	H·M(=HM)〔HM〕	@이사·아·다	H^{2}M·M(=H^{2}M^2)〔MHM^2〕
이수ㆆ더·라	H^{3}M〔MH^{2}M〕	이사아·더·라	H^{2}M^3〔MHM^3〕
@이수ㆆ·다(繼)	H^2·M(=H^{2}M)〔MHM〕	@잇·다	H·M(=HM)〔HM〕
이사·아·서	H^{2}M^2〔MHM^2〕	잇·어·서	HM^2〔HM^2〕
이사·았·다	H^{2}M^2〔MHM^2〕	잇·었·다	HM^2〔HM^2〕
@이숳·다(繼)	H^2·M(=H^{2}M)〔MHM〕	@이ㆆ·다〔이·따〕	H·M(=HM)〔HM〕
이숳·고〔이수코〕	H^{2}M〔MHM〕	이ㆆ·고	HM〔HM〕
이숳·네〔이순네〕	H^{2}M〔MHM〕	이ㆆ·네〔인·네〕	HM〔HM〕
이수·운	H^{2}M〔MHM〕	이ㆆ·은〔이·은〕	HM〔HM〕
@이수ㆆ·다(繼)	H^2·M〔MHM〕	@이ㆆ·다〔이·따〕	H·M(=HM)〔HM〕
이수ㆆ·고〔이수·꼬〕	H^{2}M〔MHM〕	이ㆆ·고	HM〔HM〕
이수ㆆ·네〔이순·네〕	H^{2}M〔MHM〕	이ㆆ·네〔인·네〕	HM〔HM〕

이수·운	H^2M〔MHM〕	이ㆆ·은〔이·은〕	HM〔HM〕
이수·울	H^2M〔MHM〕	이ㆆ·을	HM〔HM〕
이수·웅·께	H^2M^2〔MHM^2〕	이ㆆ·으·이·께	HM^3〔HM^2〕
이수웅께·에	H^3M^2〔MH^3M〕	이ㆆ·으·이·께	HM^3〔HM^2〕
이사·았·다	H^2M^2〔MHM^2〕	이ㆆ·어·서	HM^2〔HM^2〕
이사·아·도	H^2M^2〔MHM^2〕	이ㆆ·어·도	HM^2〔HM^2〕
이사·았·다	H^2M^2〔MHM^2〕	이ㆆ·었·다	HM^2〔HM^2〕
이수ㆆ는	H^3〔MH^2〕	이ㆆ는	H^2〔MH〕
이수ㆆ는	H^3〔MH^2〕	이ㆆ는·데	H^2M〔MHM〕
이수ㆆ더·라	H^3M〔MH^2M〕	이ㆆ더·라	H^2M〔MHM〕

(196) 고성 방언		성주 방언	
@가두ㆆ·다(監禁)	$H^2{\cdot}M(=H^2M)$〔MHM〕	@가두·우·다	$H^2M{\cdot}M(=H^2M^2)$〔MHM^2〕
@가둫다(監禁)	$H^2{\cdot}M(=H^2M)$〔MHM〕	@가두·우·다	$H^2M{\cdot}M(=H^2M^2)$〔MHM^2〕
가둫고〔가두코〕	H^2M〔MHM〕	가두·우·고	H^2M^2〔MHM^2〕
가둫네〔가둔네〕	H^2M〔MHM〕	가두·우·네	H^2M^2〔MHM^2〕
가둥께·에	H^3M〔MH^2M〕	가두·이·께	H^2M^2〔MHM^2〕
가둥께·에	H^3M〔MH^2M〕	가둥·게	H^2M〔MHM〕
가다·아·서	H^2M^2〔MHM^2〕	가다·아·서	H^2M^2〔MHM^2〕
가다·아·도	H^2M^2〔MHM^2〕	가두·아·도	H^2M^2〔MHM^2〕
@가두·우·다	$H^2M{\cdot}M(=H^2M^2)$〔MHM^2〕	@가두·우·다	$H^2M{\cdot}M(=H^2M^2)$〔MHM^2〕
가두·우·고	H^2M^2〔MHM^2〕	가두·우·고	H^2M^2〔MHM^2〕
가다·아·서	H^2M^2〔MHM^2〕	가다·아·서	H^2M^2〔MHM^2〕
가둥께·에	H^3M〔MH^2M〕	가두·웅·게	H^2M^2〔MHM^2〕

(197) 고성 방언		성주 방언	
@거둫다(收)	$H^2{\cdot}M(=H^2M)$〔MHM〕	@거둫다	$H^2{\cdot}M(=H^2M)$〔MHM〕
거둫·네〔거둔·네〕	H^2M〔MHM〕	거둫·네	H^2M〔MHM〕
거둫·고〔거두·코〕	H^2M〔MHM〕	거둫·고	H^2M〔MHM〕
거둫는·다	H^3M〔M^2HM〕	거둫는·다	H^3M〔M^2HM〕
거둥께·에	H^3M〔MH^2M〕	거두·이·께	H^2M^2〔MHM^2〕
거다·아·서	H^2M^2〔MHM^2〕	거두·어·서	H^2M^2〔MHM^2〕
거다·아·서	H^2M^2〔MHM^2〕	거다·아·서	H^2M^2〔MHM^2〕
거다·아·도	H^2M^2〔MHM^2〕	거다·아·도	H^2M^2〔MHM^2〕

(198) 고성 방언		성주 방언	
@바꾸ㆆ·다	$H^2{\cdot}M(=H^2M)$〔MHM〕	@바꾸·다	$H^2{\cdot}M(=H^2M)$〔MHM〕
바꾸ㆆ더·라	H^3M〔MH^2M〕	바꾸더·라	H^3M〔MH^2M〕
바꾸ㆆ·네	H^2M〔MHM〕	바꾸·네	H^2M〔MHM〕
바까·아·도	H^2M^2〔MHM^2〕	바까·아·도	H^2M^2〔MHM^2〕
@바꿓·다	$H^2{\cdot}M(=H^2M)$〔MHM〕	@바까·아·다	$H^2M{\cdot}M(=H^2M^2)$〔MHM^2〕

바꿓더·라	H^3M〔MH^2M〕	바까·아·더·라	H^2M^3〔MHM^3〕
바까·아·도	H^2M^2〔MHM^2〕	바까·아·도	H^2M^2〔MHM^2〕
@바꾸·우·다	$H^2M{\cdot}M(=H^2M^2)$〔MHM^2〕	@바꾸·우·다	$H^2M{\cdot}M(=H^2M^2)$〔MHM^2〕
바꾸·우·고	H^2M^2〔MHM^2〕	바꾸·우·고	H^2M^2〔MHM^2〕
바꾸·우·네	H^2M^2〔MHM^2〕	바꾸·우·네	H^2M^2〔MHM^2〕
바꾸·우·모	H^2M^2〔MHM^2〕	바꾸·우·모	H^2M^2〔MHM^2〕
바까·아·서	H^2M^2〔MHM^2〕	바까·아·서	H^2M^2〔MHM^2〕
바까·아·도	H^2M^2〔MHM^2〕	바까·아·도	H^2M^2〔MHM^2〕

(199) 고성 방언 / 성주 방언

@맨들·다	$H^2{\cdot}M(=H^2M)$〔MHM〕	@만들·다	$H^2{\cdot}M(=H^2M)$〔MHM〕
맨들더·라	H^3M〔MH^2M〕	만들더·라	H^3M〔M^2HM〕
맨들겠·다	H^3M〔MH^2M〕	만들겠·다	H^3M〔M^2HM〕
@맨들·다	$H^2{\cdot}M(=H^2M)$〔MHM〕	@맨들·다	$H^2{\cdot}M(=H^2M)$〔MHM〕
맨들더·라	H^3M〔MH^2M〕	맨들더·라	H^3M〔M^2HM〕
맨들겠·다	H^3M〔MH^2M〕	맨들겠·다	H^3M〔M^2HM〕
@맹글·다	$H^2{\cdot}M(=H^2M)$〔MHM〕	@맹글·다	$H^2{\cdot}M(=H^2M)$〔MHM〕
맹글겄·다	H^3M〔MH^2M〕	맹글겠·다	H^3M〔M^2HM〕
맹글더·라	H^3M〔MH^2M〕	맹글더·라	H^3M〔M^2HM〕

(200) 고성 방언 / 성주 방언

@개적·다(近)	$H^2{\cdot}M(=H^2M)$〔MHM〕	@가직·다	$H^2{\cdot}M(=H^2M)$〔MHM〕
@개적·다	$H^2{\cdot}M(=H^2M)$〔MHM〕	@개즉·다	$H^2{\cdot}M(=H^2M)$〔MHM〕
개적아·서	H^2M^2〔MHM^2〕	개작·아·서	H^2M^2〔MHM^2〕
@개적·다	$H^2{\cdot}M(=H^2M)$〔MHM〕	@가적·다	$H^2{\cdot}M(=H^2M)$〔MHM〕
@개적·다	$H^2{\cdot}M(=H^2M)$〔MHM〕	@개작·다	$H^2{\cdot}M(=H^2M)$〔MHM〕
개적아·서	H^2M^2〔MHM^2〕	개작·어·서	H^2M^2〔MHM^2〕
@가찹·다	$H^2{\cdot}M(=H^2M)$〔MHM〕	@가찹·다	$H^2{\cdot}M(=H^2M)$〔MHM〕
@가깝·다	$H^2{\cdot}M(=H^2M)$〔MHM〕	@가춥·다	$H^2{\cdot}M(=H^2M)$〔MHM〕
@가깝·다	$H^2{\cdot}M(=H^2M)$〔MHM〕	@가깝·다	$H^2{\cdot}M(=H^2M)$〔MHM〕
@가깝·다	$H^2{\cdot}M(=H^2M)$〔MHM〕	@가깝·다	$H^2{\cdot}M(=H^2M)$〔MHM〕
가깝·고	H^2M〔MHM〕	가깝·고	H^2M〔MHM〕
가깝·네	H^2M〔MHM〕	가깝·네	H^2M〔MHM〕
가까븡께·에	H^4M〔MH^3M〕	가깝·으·이·께	H^2M^3〔MHM^3〕
가깝아·서	H^3M〔MH^2M〕	가깝·어·서	H^2M^2〔MHM^2〕
가깝애·서	H^3M〔MH^2M〕	가깝·어·서	H^2M^2〔MHM^2〕

(201) 고성 방언 / 성주 방언

@뚜꿉·다〈두껍다〉	$H^2{\cdot}M(=H^2M)$〔MHM〕	@뚜껍·다	$H^2{\cdot}M(=H^2M)$〔MHM〕
@뚜껍·다〈두껍다〉	$H^2{\cdot}M(=H^2M)$〔MHM〕	@뚜꿉·다	$H^2{\cdot}M(=H^2M)$〔MHM〕
뚜껍·고	H^2M〔MHM〕	뚜꿉·고	H^2M〔MHM〕

뚜껍·네	H^2M〔MHM〕	뚜꿉·네	H^2M〔MHM〕
뚜꺼븡께·에	H^4M〔MH^3M〕	뚜꿉·우·이·께	H^2M^3〔MHM^3〕
뚜껍아·서	H^3M〔MH^2M〕	뚜꿉·어·서	H^2M^2〔MHM^2〕

(202)

고성 방언		성주 방언	
미끄럽더·라	H^4M〔MH^3M〕	미끄럽더·라	H^4M〔M^3HM〕
미끄럽겄·다	H^4M〔MH^3M〕	미끄럽겠·다	H^4M〔M^3HM〕

(203)

고성 방언		성주 방언	
@비·비·다	HM·M(=HM^2)〔HM^2〕	@비·비·다	HM·M(=HM^2)〔HM^2〕
비·비·고	HM^2〔MHM〕	비·비·고	HM^2〔MHM〕
비·비·네	HM^2〔HM^2〕	비·비·네	H^2M〔MHM〕
비·빙·께	HM^2〔HM^2〕	비·비·니·까	HM^3〔HM^3〕
비·비·서	HM^2〔HM^2〕	비·버·서	HM^2〔HM^2〕
비·비·서	HM^2〔HM^2〕	비·비·서	HM^2〔HM^2〕
비·비·도	HM^2〔HM^2〕	비·버·도	HM^2〔HM^2〕
비·비·도	HM^2〔HM^2〕	비·비·도	HM^2〔HM^2〕
비·비·는·데	HM^3〔HM^3〕	비·비·는·데	HM^3〔HM^3〕
@비·비·다	HM·M(=HM^2)〔HM^2〕	@비비·다	H^2·M(=H^2M)〔MHM〕
비·비·고	HM^2〔HM^2〕	비비·고	H^2M〔MHM〕
비·비·네	HM^2〔HM^2〕	비비·네	H^2M〔MHM〕
비·빙·께	HM^2〔HM^2〕	비비·이·께	H^2M〔MHM〕
비·비·서	HM^2〔HM^2〕	비비·이·서	H^2M^2〔MHM^2〕
비·비·도	HM^2〔HM^2〕	비비·이·도	H^2M^2〔MHM^2〕
비·비·는·데	HM^3〔HM^3〕	비비는·데	H^3M〔M^2HM〕

(204)

고성 방언		성주 방언	
아이·다〈아니다〉	H^2·M(=H^2M)〔MHM〕	아이·다	H^2·M(=H^2M)〔MHM〕
아이·고	H^2M〔MHM〕	아이·고	H^2M〔MHM〕
아이·네	H^2M〔MHM〕	아이·네	H^2M〔MHM〕
아이·모〈··면〉	H^2M〔MHM〕	아이·마	H^2M〔MHM〕
아이라·서	H^3M〔MH^2M〕	아이·라·서	H^2M^2〔MHM^2〕
아이라·서	H^3M〔MH^2M〕	아이라·서	H^3M〔M^2HM〕
아이라·도	H^3M〔MH^2M〕	아이·라·도	H^2M^2〔MHM^2〕
아이라·도	H^3M〔MH^2M〕	아이라·도	H^3M〔M^2HM〕

(205)

고성 방언		성주 방언	
@추·접·다	HM·M(=HM^2)〔HM^2〕	@추하·다	H^2·M(=H^2M)〔MHM〕
@추·접·다	HM·M(=HM^2)〔HM^2〕	@추·접·다	HM·M(=HM^2)〔HM^2〕
추·접·고	HM^2〔HM^2〕	추·접·고	HM^2〔HM^2〕
추·접·응·께	HM^3〔HM^3〕	추·접·응·게	HM^3〔HM^3〕

추·접·아·서	HM^3〔HM^3〕	추·접·어·서	HM^3〔HM^3〕

(206) 고성 방언 / 성주 방언

고성 방언		성주 방언	
@띠이·이·다〈띄다〉	H^{2}M·M(=H^{2}M^2)〔MHM^2〕	@띠이·이·다	H^{2}M·M(=H^{2}M^2)〔MHM^2〕
@띠이·다〈띄다〉[71]	H^2·M(=H^{2}M)〔MHM〕	@띠이·다	H^{2}M·M(=H^{2}M^2)〔MHM^2〕
띠이·서	H^{2}M〔MHM〕	띠이·이·서	H^{2}M^2〔MHM^2〕
띠이·길·래	H^{2}M^2〔MHM^2〕	띠이·길·래	H^{2}M^2〔MHM^2〕
@띠이·이·다	H^{2}M·M(=H^{2}M^2)〔MHM^2〕	@띠·이·다	HM·M(=HM^2)〔HM^2〕
띠이·인·다	H^{2}M^2〔MHM^2〕	띠·인·다	HM^2〔HM^2〕
띠이·이·고	H^{2}M^2〔MHM^2〕	띠·이·고	HM^2〔HM^2〕
띠이·이·께	H^{2}M^2〔MHM^2〕	띠·이·께	HM^2〔HM^2〕
띠이·이·서	H^{2}M^2〔MHM^2〕	띠·이·서	HM^2〔HM^2〕
띠이·이·서	H^{2}M^2〔MHM^2〕	띠·어·서	HM^2〔HM^2〕
띠이·이·길·래	H^{2}M^3〔MHM^3〕	띠·이·길·래	HM^3〔HM^3〕

(207) 고성 방언 / 성주 방언

고성 방언		성주 방언	
@비이·이·다(示,피)	H^{2}M·M(=H^{2}M^2)〔MHM^2〕	@비·이·다〈피〉	HM·M(=HM^2)〔HM^2〕
@베이·이·다(示,피)	H^{2}M·M(=H^{2}M^2)〔MHM^2〕	@비·이·다〈피〉	HM·M(=HM^2)〔HM^2〕
@비이·이·다(示,사)	H^{2}M·M(=H^{2}M^2)〔MHM^2〕	@비·이·다〈사〉	HM·M(=HM^2)〔HM^2〕
@베이·이·다(示,사)	H^{2}M·M(=H^{2}M^2)〔MHM^2〕	@비·이·다〈사〉	HM·M(=HM^2)〔HM^2〕
@베이·다〈피〉	H^2·M(=H^{2}M)〔MHM〕	@비·이·다〈피〉	HM·M(=HM^2)〔HM^2〕
@베이·다〈사〉	H^2·M(=H^{2}M)〔MHM〕	@비·이·다〈사〉	HM·M(=HM^2)〔HM^2〕
베이·이·고	H^{2}M^2〔MHM^2〕	비·이·고	HM^2〔HM^2〕
베이·이·네	H^{2}M^2〔MHM^2〕	비·이·네	HM^2〔HM^2〕
베이·잉·께	H^{2}M^2〔MHM^2〕	비·이·께	HM^2〔HM^2〕
베이·이·서	H^{2}M^2〔MHM^2〕	비·이·서	HM^2〔HM^2〕
베이·이·도	H^{2}M^2〔MHM^2〕	비·이·도	HM^2〔HM^2〕
@비이·이·다〈사〉	H^{2}M·M(=H^{2}M^2)〔MHM^2〕	@비이·이·다〈사〉	H^{2}M·M(=H^{2}M^2)〔MHM^2〕
@비이·이·다〈피〉	H^{2}M·M(=H^{2}M^2)〔MHM^2〕	@비이·이·다〈피〉	H^{2}M·M(=H^{2}M^2)〔MHM^2〕
@보이·이·다〈사〉	H^{2}M·M(=H^{2}M^2)〔MHM^2〕	@보이·이·다〈사〉	HM·M(=HM^2)〔HM^2〕
@보이·이·다〈피〉	H^{2}M·M(=H^{2}M^2)〔MHM^2〕	@보이·이·다〈피〉	HM·M(=HM^2)〔HM^2〕

(208) 고성 방언 / 성주 방언

고성 방언		성주 방언	
붙·이·다〈사〉	HM·M(=HM^2)〔HM^2〕	붙·이·다	HM·M(=HM^2)〔HM^2〕
붙·이·고	HM^2〔HM^2〕	붙·이·고	HM^2〔MHM^2〕
붙·이·모	HM^2〔HM^2〕	붙·이·마	HM^2〔MHM^2〕
붙·이·도	HM^2〔HM^2〕	붙·이·도	HM^2〔HM^2〕
붙·이·서	HM^2〔HM^2〕	붙·이·서	HM^2〔HM^2〕
붙·잉·께	HM^2〔HM^2〕	붙·잉·게	HM^2〔HM^2〕

71) 〈고성 방언〉 /X이·이·다/형은 /X이·다/보다 사용 빈도가 높다.

(209)

고성 방언		성주 방언	
@티이·이·다〈피〉	$H^2M{\cdot}M(=H^2M^2)$〔MHM^2〕	@티이·이·다	$H^2M{\cdot}M(=H^2M^2)$〔MHM^2〕
티이·이·고	H^2M^2〔MHM^2〕	티이·이·고	H^2M^2〔MHM^2〕
티이·이·모	H^2M^2〔MHM^2〕	티이·이·마	H^2M^2〔MHM^2〕
티이·이·서	H^2M^2〔MHM^2〕	티이·이·서	H^2M^2〔MHM^2〕
티이·잉·께	H^2M^2〔MHM^2〕	티이·잉·게	H^2M^2〔MHM^2〕
@티이·이·다〈피〉	$H^2M{\cdot}M(=H^2M^2)$〔MHM^2〕	@티·이·다	$HM{\cdot}M(=HM^2)$
티이·이·고	H^2M^2〔MHM^2〕	티·이·고	HM^2〔HM^2〕
티이·이·모	H^2M^2〔MHM^2〕	티·이·마	HM^2〔HM^2〕
티이·이·서	H^2M^2〔MHM^2〕	티·이·서	HM^2〔HM^2〕

(210)

고성 방언		성주 방언	
@찌이·다〈피〉	$H^2{\cdot}M(=H^2M)$〔MHM〕	@찡기·이·다	$H^2M{\cdot}M(=H^2M^2)$〔MHM^2〕
@끼이·이·다〈피〉	$H^2M{\cdot}M(=H^2M^2)$〔MHM^2〕	@찌이·이·다	$H^2M{\cdot}M(=H^2M^2)$〔MHM^2〕
@찌이·이·다〈피〉	$H^2M{\cdot}M(=H^2M^2)$〔MHM^2〕	@찌이·이·다	$H^2M{\cdot}M(=H^2M^2)$〔MHM^2〕
찌이·이·고	H^2M^2〔MHM^2〕	찌이·이·고	H^2M^2〔MHM^2〕
찌이·이·모	H^2M^2〔MHM^2〕	찌이·이·마	H^2M^2〔MHM^2〕
찌이·이·도	H^2M^2〔MHM^2〕	찌이·이·도	H^2M^2〔MHM^2〕
찌이·이·서	H^2M^2〔MHM^2〕	찌이·이·서	H^2M^2〔MHM^2〕
@끼이·다〈피〉	$H^2{\cdot}M(=H^2M)$〔MHM〕	@찌·이·다	$HM{\cdot}M(=HM^2)$〔HM^2〕
끼이·고	H^2M〔MHM〕	찌·이·고	HM^2〔HM^2〕
끼이·모	H^2M〔MHM〕	찌·이·마	HM^2〔HM^2〕
끼이·도	H^2M〔MHM〕	찌·이·도	HM^2〔HM^2〕
끼이·서	H^2M〔MHM〕	찌·이·서	HM^2〔HM^2〕

(211)

고성 방언		성주 방언	
@뎁훟·다	$H^2{\cdot}M(=H^2M)$〔MHM〕	@띠세·에·다	$H^2M{\cdot}M(=H^2M^2)$〔MHM^2〕
@뎁후·우·다	$H^2M{\cdot}M(=H^2M^2)$〔MHM^2〕	@떠수·우·다	$H^2M{\cdot}M(=H^2M^2)$〔MHM^2〕
@뎁후·우·다	$H^2M{\cdot}M(=H^2M^2)$〔MHM^2〕	@덥후·우·다	$H^2M{\cdot}M(=H^2M^2)$〔MHM^2〕
데파·아·도	H^2M^2〔MHM^2〕	덥하·아·도	H^2M^2〔MHM^2〕
@덥·히·다	$HM{\cdot}M(=HM^2)$〔HM^2〕	@덥후·우·다	$H^2M{\cdot}M(=H^2M^2)$〔MHM^2〕
@뎁·히·다	$HM{\cdot}M(=HM^2)$〔HM^2〕	@덥·히·다	$HM{\cdot}M(=HM^2)$〔HM^2〕
@뎁·히·다	$HM{\cdot}M(=HM^2)$〔HM^2〕	@뎁·히·다	$HM{\cdot}M(=HM^2)$〔HM^2〕
뎁·히·고	HM^2〔HM^2〕	뎁·히·고	HM^2〔HM^2〕
뎁·히·네	HM^2〔HM^2〕	뎁·히·네	HM^2〔HM^2〕
뎁·히·모	HM^2〔HM^2〕	뎁·히·마	HM^2〔HM^2〕
뎁·히·도	HM^2〔HM^2〕	뎁·히·도	HM^2〔HM^2〕
뎁·히·서	HM^2〔HM^2〕	뎁·히·서	HM^2〔HM^2〕
뎁·혔·다	HM^2〔HM^2〕	뎁·혔·다	HM^2〔HM^2〕
@데·우·다〈신형〉	$HM{\cdot}M(=HM^2)$〔HM^2〕	@뎁·히·다	$HM{\cdot}M(=HM^2)$〔HM^2〕

(212) 고성 방언		성주 방언	
@다·리·다〈옷~〉	HM·M(=HM^2)〔HM^2〕	@대·리·다	HM·M(=HM^2)〔HM^2〕
@다·리·다〈옷~〉	HM·M(=HM^2)〔HM^2〕	@다·리·다	HM·M(=HM^2)〔HM^2〕
다·리·고	HM^2〔HM^2〕	다·리·고	HM^2〔HM^2〕
다·리·네	HM^2〔HM^2〕	다·리·네	HM^2〔HM^2〕
다·리·모	HM^2〔HM^2〕	다·리·마	HM^2〔HM^2〕
다·리·서	HM^2〔HM^2〕	다·리·서	HM^2〔HM^2〕
다·리·도	HM^2〔HM^2〕	다·리·도	HM^2〔HM^2〕
다·리·더·라	HM^3〔HM^3〕	다·리·더·라	HM^3〔HM^3〕

(213) 고성 방언		성주 방언	
@아룷·다	H^2·M(=H^{2}M)〔MHM〕	@알구·우·다	H^{2}M·M(=H^{2}M^2)〔MHM^2〕
@아룷·다	H^2·M(=H^{2}M)〔MHM〕	@아루·우·다	H^{2}M·M(=H^{2}M^2)〔MHM^2〕
아라·아·서	H^{2}M^2〔MHM^2〕	아라·아·서	H^{2}M^2〔MHM^2〕
@아루ㅎ·다	H^2·M(=H^{2}M)〔MHM〕	@아루·우·다	H^{2}M·M(=H^{2}M^2)〔MHM^2〕
아라·아·서	H^{2}M^2〔MHM^2〕	아라·아·서	H^{2}M^2〔MHM^2〕
@알·리·다	HM·M(=HM^2)〔HM^2〕	@알·리·다	HM·M(=HM^2)〔HM^2〕
알·리·고	HM^2〔HM^2〕	알·리·고	HM^2〔HM^2〕
알·리·모	HM^2〔HM^2〕	알·리·마	HM^2〔HM^2〕
알·리·도	HM^2〔HM^2〕	알·리·도	HM^2〔HM^2〕
알·리·서	HM^2〔HM^2〕	알·리·서	HM^2〔HM^2〕
알·리·서	HM^2〔HM^2〕	알·리·서	HM^2〔HM^2〕

(214) 고성 방언		성주 방언	
@돌·리·다〈사〉	HM·M(=HM^2)〔HM^2〕	@돌·리·다	HM·M(=HM^2)〔HM^2〕
돌·리·고	HM^2〔HM^2〕	돌·리·고	HM^2〔HM^2〕
돌·리·모	HM^2〔HM^2〕	돌·리·마	HM^2〔HM^2〕
돌·리·서	HM^2〔HM^2〕	돌·리·서	HM^2〔HM^2〕
돌·리·도	HM^2〔HM^2〕	돌·리·도	HM^2〔HM^2〕
@돌룷·다〈왕따〉	H^2·M(=H^{2}M)〔MHM〕	@돌·리·다	HM·M(=HM^2)〔HM^2〕
@돌룷·다〈왕따〉	H^2·M(=H^{2}M)〔MHM〕	@돌·리·다	HM·M(=HM^2)〔HM^2〕
@돌류·우·다〈왕따〉	H^{2}M·M(=H^{2}M^2)〔MHM^2〕	@돌루·우·다	H^{2}M·M(=H^{2}M^2)〔MHM^2〕

(215) 고성 방언		성주 방언	
@전·디·다	HM·M(=HM^2)〔HM^2〕	@견·디·다	HM·M(=HM^2)〔HM^2〕
@전·디·다	HM·M(=HM^2)〔HM^2〕	@전·지·다	HM·M(=HM^2)〔HM^2〕
@전·디·다	HM·M(=HM^2)〔HM^2〕	@전·디·다	HM·M(=HM^2)〔HM^2〕
전·디·고	HM^2〔HM^2〕	전·디·고	HM^2〔HM^2〕
전·딩·께	HM^2〔HM^2〕	전·딩·게	HM^2〔HM^2〕
전·디·서	HM^2〔HM^2〕	전·디·서	HM^2〔HM^2〕

(216) 고성 방언 / 성주 방언

고성 방언		성주 방언	
@만·치·다	HM·M(=HM^2)〔HM^2〕	@만·지·다	HM·M(=HM^2)〔HM^2〕
@몬·치·다	HM·M(=HM^2)〔HM^2〕	@만·치·다	HM·M(=HM^2)〔HM^2〕
몬·치·고	HM^2〔HM^2〕	만·치·고	HM^2〔HM^2〕
몬·치·네	HM^2〔HM^2〕	만·치·네	HM^2〔HM^2〕
몬·치·모	HM^2〔HM^2〕	만·치·마	HM^2〔HM^2〕
몬·치·서	HM^2〔HM^2〕	만·치·서	HM^2〔HM^2〕
몬·치·도	HM^2〔HM^2〕	만·치·도	HM^2〔HM^2〕
몬·치·서	HM^2〔HM^2〕	만·처·서	HM^2〔HM^2〕
몬·치·도	HM^2〔HM^2〕	만·처·도	HM^2〔HM^2〕

(217) 고성 방언 / 성주 방언

고성 방언		성주 방언	
@뻗·다	H·M(=HM)〔HM〕	@뻗·치·다	HM·M(=HM^2)〔HM^2〕
@뻗·치·다〈자〉	HM·M(=HM^2)〔HM^2〕	@뻗·치·다	HM·M(=HM^2)〔HM^2〕
@뻗·치·다〈타〉	HM·M(=HM^2)〔HM^2〕	@뻗·치·다	HM·M(=HM^2)〔HM^2〕
뻗·치·고	HM^2〔HM^2〕	뻗·치·고	HM^2〔HM^2〕
뻗·치·모	HM^2〔HM^2〕	뻗·치·마	HM〔HM〕
뻗·치·서	HM^2〔HM^2〕	뻗·치·서	HM^2〔HM^2〕
뻗·치·서	HM^2〔HM^2〕	뻗·처·서	HM^2〔HM^2〕
뻗·칭·께	HM^2〔HM^2〕	뻗·응·게	HM^2〔HM^2〕

(218) 고성 방언 / 성주 방언

고성 방언		성주 방언	
@헤·비·다〈후비다〉	HM·M(=HM^2)〔HM^2〕	@휘·비·다	HM·M(=HM^2)〔HM^2〕
@히·비·다〈후비다〉	HM·M(=HM^2)〔HM^2〕	@후·비·다	HM·M(=HM^2)〔HM^2〕
히·비·고	HM^2〔HM^2〕	후·비·고	HM^2〔HM^2〕
히·비·모	HM^2〔HM^2〕	후·비·마	HM^2〔HM^2〕
히·비·도	HM^2〔HM^2〕	히·비·도	HM^2〔HM^2〕
히·비·서	HM^2〔HM^2〕	후·비·서	HM^2〔HM^2〕

(219) 고성 방언 / 성주 방언

고성 방언		성주 방언	
@팅궇·다	H^2·M(=H^2M)〔MHM〕	@탱가·아·다	H^2M·M(=H^2M^2)
@팅·구·다	HM·M(=HM^2)〔HM^2〕	@탱구·우·다	H^2M·M(=H^2M^2)
@팅·구·다	HM·M(=HM^2)〔HM^2〕	@팅구·우·다	H^2M·M(=H^2M^2)
팅가·아·라	H^2M^2〔MHM^2〕	팅가·아·라	H^2M^2〔MHM^2〕
팅가·아·도	H^2M^2〔MHM^2〕	팅가·아·도	H^2M^2〔MHM^2〕
@팅·구·다	HM·M(=HM^2)〔HM^2〕	@탱·구·다	HM·M(=HM^2)〔HM^2〕
@팅·기·다〈자동〉	HM·M(=HM^2)〔HM^2〕	@팅·기·다	HM·M(=HM^2)〔HM^2〕
팅·기·고	HM^2〔HM^2〕	팅·기·고	HM^2〔HM^2〕
팅·기·모	HM^2〔HM^2〕	팅·기·마	HM^2〔HM^2〕
팅·기·도	HM^2〔HM^2〕	팅·기·도	HM^2〔HM^2〕
팅·기·서	HM^2〔HM^2〕	팅·기·서	HM^2〔HM^2〕

@팅기·이·다〈피〉	H^{2}M·M(=H^{2}M^2)〔MHM^2〕	@팅·기·다〈타〉	HM·M(=HM^2)〔HM^2〕

(220)

고성 방언		성주 방언	
땡·기·다〈당기다〉	HM·M(=HM^2)〔HM^2〕	땡·기·다	HM·M(=HM^2)〔HM^2〕
땡·기·고	HM^2〔HM^2〕	땡·기·고	HM^2〔HM^2〕
땡·기·모	HM^2〔HM^2〕	땡·기·마	HM^2〔HM^2〕
땡·겨·서	HM^2〔HM^2〕	땡·겨·서〈드물게〉	HM^2〔HM^2〕
땡·겨·서	HM^2〔HM^2〕	땡·게·서	HM^2〔HM^2〕
땡·기·서	HM^2〔HM^2〕	땡·기·서	HM^2〔HM^2〕

(221)

고성 방언		성주 방언	
대·애·다〈대다〉	HM·M(=HM^2)〔HM^2〕	대·애·다	HM·M(=HM^2)〔HM^2〕
대·애·고	HM^2〔HM^2〕	대·애·고	HM^2〔HM^2〕
대·애·네	HM^2〔HM^2〕	대·애·네	HM^2〔HM^2〕
대·애·모	HM^2〔HM^2〕	대·애·마	HM^2〔HM^2〕
대·애·도	HM^2〔HM^2〕	대·애·도	HM^2〔HM^2〕
대·애·서	HM^2〔HM^2〕	대·애·서	HM^2〔HM^2〕

(222)

고성 방언		성주 방언	
싸·우·다	HM·M(=HM^2)〔HM^2〕	싸·우·다	HM·M(=HM^2)〔HM^2〕
싸·우·고	HM^2〔HM^2〕	싸·우·고	HM^2〔HM^2〕
싸·우·모	HM^2〔HM^2〕	싸·우·마	HM^2〔HM^2〕
싸·와·서	HM^2〔HM^2〕	싸·와·서	HM^2〔HM^2〕
싸·와·도	HM^2〔HM^2〕	싸·와·도	HM^2〔HM^2〕

(223)

고성 방언		성주 방언	
키·우·다〈사〉	HM·M(=HM^2)〔HM^2〕	키·우·다	HM·M(=HM^2)〔HM^2〕
키·우·고	HM^2〔HM^2〕	키·우·고	HM^2〔HM^2〕
키·웅·께	HM^2〔HM^2〕	키·우·이·께	HM^3〔HM^3〕
키·아·서	HM^2〔HM^2〕	키·와·서	HM^2〔HM^2〕
키·아·서	HM^2〔HM^2〕	키·아·서	HM^2〔HM^2〕

(224)

고성 방언		성주 방언	
@시·우·다	HM·M(=HM^2)〔HM^2〕	@시·우·다	HM·M(=HM^2)〔HM^2〕
시·워·서	HM^2〔HM^2〕	시·아·서	HM^2〔HM^2〕
@시·우·다	HM·M(=HM^2)〔HM^2〕	@세·우·다	HM·M(=HM^2)〔HM^2〕
시·우·고	HM^2〔HM^2〕	세·우·고	HM^2〔HM^2〕
시·우·네	HM^2〔HM^2〕	세·우·네	HM^2〔HM^2〕
시·아·서	HM^2〔HM^2〕	세·아·서	HM^2〔HM^2〕
시·아·서	HM^2〔HM^2〕	세·와·서	HM^2〔HM^2〕

(225)

고성 방언		성주 방언	
태·우·다〈사〉	HM·M(=HM^2)〔HM^2〕	태·우·다	HM·M(=HM^2)〔HM^2〕
태·우·고	HM^2〔HM^2〕	태·우·고	HM^2〔HM^2〕
태·우·모	HM^2〔HM^2〕	태·우·모	HM^2〔HM^2〕
태·아·서	HM^2〔HM^2〕	태·와·서	HM^2〔HM^2〕
태·아·서	HM^2〔HM^2〕	태·아·서	HM^2〔HM^2〕
태·아·서	HM^2〔HM^2〕	태·워·서	HM^2〔HM^2〕
태·아·도	HM^2〔HM^2〕	태·와·도	HM^2〔HM^2〕
태·아·도	HM^2〔HM^2〕	태·아·도	HM^2〔HM^2〕
태·아·도	HM^2〔HM^2〕	태·워·도	HM^2〔HM^2〕

(226)

고성 방언		성주 방언	
@재·이·다〈사〉	HM·M(=HM^2)〔HM^2〕	@재·애·다	HM·M(=HM^2)〔HM^2〕
재·있·다	HM^2〔HM^2〕	재·았·다	HM^2〔HM^2〕
@재·우·다	HM·M(=HM^2)〔HM^2〕	@재·우·다	HM·M(=HM^2)〔HM^2〕
재·우·고	HM^2〔HM^2〕	재·우·고	HM^2〔HM^2〕
재·웅·께	HM^2〔HM^2〕	재·우·니	HM^2〔HM^2〕
재·아·서	HM^2〔HM^2〕	재·와·서	HM^2〔HM^2〕
재·아·서	HM^2〔HM^2〕	재·아·서	HM^2〔HM^2〕
재·아·서	HM^2〔HM^2〕	재·워·서	HM^2〔HM^2〕

(227)

고성 방언		성주 방언	
배·우·다	HM·M(=HM^2)〔HM^2〕	배·우·다	HM·M(=HM^2)〔HM^2〕
배·우·고	HM^2〔HM^2〕	배·우·고	HM^2〔HM^2〕
배·우·모	HM^2〔HM^2〕	배·우·마	HM^2〔HM^2〕
배·아·서	HM^2〔HM^2〕	배·와·서	HM^2〔HM^2〕
배·아·서	HM^2〔HM^2〕	배·아·서	HM^2〔HM^2〕
배·아·도	HM^2〔HM^2〕	배·아·도	HM^2〔HM^2〕

(228)

고성 방언		성주 방언	
@소리·이·다〈목이～〉	H^2M·M(=H^2M^2)	@메이·이·다	H^2M·M(=H^2M^2)〔MHM^2〕
@·차·다〈목이～〉[72]	M·M(=M^2)〔HH/MM〕	@메이·이·다	H^2M·M(=H^2M^2)〔MHM^2〕
@메이·이·다〈구속〉	H^2M·M(=H^2M^2)	@메이·이·다	H^2M·M(=H^2M^2)〔MHM^2〕
메이·이·고	H^2M^2〔MHM^2〕	메이·이·고	H^2M^2〔MHM^2〕
메이·이·까	H^2M^2〔MHM^2〕	메이·이·께	H^2M^2〔MHM^2〕
메이·이·도	H^2M^2〔MHM^2〕	메이·이·도	H^2M^2〔MHM^2〕
메이·이·서	H^2M^2〔MHM^2〕	메이·이·서	H^2M^2〔MHM^2〕
@메이·이·다〈구덩이～〉	H^2M·M(=H^2M^2)	@메이·이·다	H^2M·M(=H^2M^2)〔MHM^2〕

---

72) 〈고성 방언〉 /목이 ·차다, 목이 소리·이·다/ 〈능력으로 보아 지나치다〉

(229) 고성 방언		성주 방언	
@개이·다(晴)	H^2·M(=H^{2}M)〔MHM〕	@개이·이·다	H^{2}M·M(=H^{2}M^2)〔MHM^2〕
@개이·이·다(晴)	H^{2}M·M(=HM^2)〔MHM^2〕	@개이·이·다	H^{2}M·M(=H^{2}M^2)〔MHM^2〕
개이·이·고	H^{2}M^2〔MHM^2〕	개이·이·고	H^{2}M^2〔MHM^2〕
개이·이·까	H^{2}M^2〔MHM^2〕	개이·이·께	H^{2}M^2〔MHM^2〕
개이·이·께	H^{2}M^2〔MHM^2〕	개잉·게	H^{2}M〔MHM〕
개이·이·서	H^{2}M^2〔MHM^2〕	개이·이·서	H^{2}M^2〔MHM^2〕
개이·이·도	H^{2}M^2〔MHM^2〕	개이·이·도	H^{2}M^2〔MHM^2〕

(230) 고성 방언		성주 방언	
@댇기·다〈피〉	H^2·M(=H^{2}M)〔MHM〕	@닫기·이·다	H^{2}M·M(=H^{2}M^2)〔MHM^2〕
@닫기·다〈피〉	H^2·M(=H^{2}M)〔MHM〕	@닫기·이·다	H^{2}M·M(=H^{2}M^2)〔MHM^2〕
@댇기·이·다〈피〉	H^{2}M·M(=H^{2}M^2)	@닫기·이·다	H^{2}M·M(=H^{2}M^2)〔MHM^2〕
@닫기·이·다〈피〉	H^{2}M·M(=H^{2}M^2)	@닫기·이·다	H^{2}M·M(=H^{2}M^2)〔MHM^2〕
닫기·이·서	H^{2}M^2〔MHM^2〕	닫기·이·서	H^{2}M^2〔MHM^2〕
@닫히·이·다〈피〉	H^{2}M·M(=H^{2}M^2)	@닫히·이·다	H^{2}M·M(=H^{2}M^2)〔MHM^2〕
닫히·이·고	H^{2}M^2〔MHM^2〕	닫히·이·고	H^{2}M^2〔MHM^2〕
닫히·잉·께	H^{2}M^2〔MHM^2〕	닫히·이·께	H^{2}M^2〔MHM^2〕
닫깅께·에	H^{3}M〔MH^{2}M〕	닫히·이·께	H^{2}M^2〔MHM^2〕

(231) 고성 방언		성주 방언	
@엡히·이·다〈피〉	H^{2}M·M(=H^{2}M^2)	@업히·이·다	H^{2}M·M(=H^{2}M^2)〔MHM^2〕
@업히·이·다〈피〉	H^{2}M·M(=H^{2}M^2)	@업히·이·다	H^{2}M·M(=H^{2}M^2)〔MHM^2〕
업히·이·고	H^{2}M^2〔MHM^2〕	업히·이·고	H^{2}M^2〔MHM^2〕
업히·이·모	H^{2}M^2〔MHM^2〕	업히·이·마	H^{2}M^2〔MHM^2〕
업히·이·도	H^{2}M^2〔MHM^2〕	업히·이·도	H^{2}M^2〔MHM^2〕
업히·이·서	H^{2}M^2〔MHM^2〕	업히·이·서	H^{2}M^2〔MHM^2〕

(232) 고성 방언		성주 방언	
@넙히·이·다〈피〉	H^{2}M·M(=H^{2}M^2)〔MHM^2〕	@*높이·이·다	H^{2}M·M(=H^{2}M^2)〔H^{2}M^2〕
@넙·히·다〈사〉	HM·M(=HM^2)〔HM^2〕	@넙·히·다	HM·M(=HM^2)〔HM^2〕
넙·히·서	HM^2〔HM^2〕	넙·히·서	HM^2〔HM^2〕
@높·히·다〈사〉	HM·M(=HM^2)〔HM^2〕	@높후·우·다	H^{2}M·M(=H^{2}M^2)〔H^{2}M^2〕
넙·히·고	HM^2〔HM^2〕	높후·우·고	H^{2}M^2〔MHM^2〕
넙·힝·께	HM^2〔HM^2〕	높후·웅·게	H^{2}M^2〔MHM^2〕
넙·히·서	HM^2〔HM^2〕	높하·아·서	H^{2}M^2〔MHM^2〕

(233) 고성 방언		성주 방언	
@먹히·이·다	H^{2}M·M(=H^{2}M^2)	@믹히·이·다	H^{2}M·M(=H^{2}M^2)〔MHM^2〕
@믹히·이·다	H^{2}M·M(=H^{2}M^2)	@믹히·이·다	H^{2}M·M(=H^{2}M^2)〔MHM^2〕
믹히·이·고	H^{2}M^2〔MHM^2〕	믹히·이·고	H^{2}M^2〔MHM^2〕

믹히·이·께〈(문)〉	H^2M^2〔MHM^2〕	믹히·이·께	H^2M^2〔MHM^2〕
믹히·잉·께〈(문)〉	H^2M^2〔MHM^2〕	믹히·이·께	H^2M^2〔MHM^2〕
믹히·이·서	H^2M^2〔MHM^2〕	믹히·이·서	H^2M^2〔MHM^2〕
믹히·이·서	H^2M^2〔MHM^2〕	믹히·이·서	H^2M^2〔MHM^2〕

(234)

고성 방언		성주 방언	
물리·이·다	$H^2M{\cdot}M(=H^2M^2)$〔MHM^2〕	물리·이·다	$H^2M{\cdot}M(=H^2M^2)$〔MHM^2〕
물리·이·고	H^2M^2〔MHM^2〕	물리·이·고	H^2M^2〔MHM^2〕
물리·이·께	H^2M^2〔MHM^2〕	물리·이·께	H^2M^2〔MHM^2〕
물리·이·도	H^2M^2〔MHM^2〕	물리·이·도	H^2M^2〔MHM^2〕
물리·이·서	H^2M^2〔MHM^2〕	물리·이·서	H^2M^2〔MHM^2〕

(235)

고성 방언		성주 방언	
볿히·이·다	$H^2M{\cdot}M(=H^2M^2)$〔MHM^2〕	밟히·이·다	$H^2M{\cdot}M(=H^2M^2)$〔MHM^2〕
볿히·이·서	H^2M^2〔MHM^2〕	밟히·이·서	H^2M^2〔MHM^2〕
볿히·이·서	H^2M^2〔MHM^2〕	밟히·서	H^2M〔MHM〕
볿히·이·더·라	H^2M^3〔MHM^3〕	밟히·이·더·라	H^2M^3〔MHM^3〕
볿히·이·겄·다	H^2M^3〔MHM^3〕	밟히·이·겠·다	H^2M^3〔MHM^3〕
볿히·이·더·라	H^2M^3〔MHM^3〕	밟히·이·더·라	H^2M^3〔MHM^3〕
볿히·이·겄·다	H^2M^3〔MHM^3〕	밟히·이·겠·다	H^2M^3〔MHM^3〕

(236)

고성 방언		성주 방언	
@갤추·우·다	$H^2M{\cdot}M(=H^2M^2)$〔MHM^2〕	@갈추·우·다	$H^2M{\cdot}M(=H^2M^2)$〔MHM^2〕
@갤추·우·다	$H^2M{\cdot}M(=H^2M^2)$〔MHM^2〕	@갈치·다	$HM{\cdot}M(=HM^2)$〔HM^2〕
@가르치·다	$H^3{\cdot}M(=H^3M)$〔MH^2M〕	@가리·치·다	$H^2M{\cdot}M(=H^2M^2)$〔MHM^2〕
@갤충·다	$H^2{\cdot}M(=H^2M)$〔MHM〕	@가르·치·다	$H^2M{\cdot}M(=H^2M^2)$〔MHM^2〕
갤충·고	H^2M〔MHM〕	가르·치·고	H^2M^2〔MHM^2〕
갤충께·에	H^3M〔MH^2M〕	가르·치·이·께	H^2M^2〔MHM^3〕
갤차·아·서73)	H^2M^2〔MHM^2〕	가르·처·서	H^2M^2〔MHM^2〕
갤차·아·도	H^2M^2〔MHM^2〕	가르·처·도	H^2M^2〔MHM^2〕

(237)

고성 방언		성주 방언	
@갱기·이·다〈피〉	$H^2M{\cdot}M(=H^2M^2)$〔MHM^2〕	@깜기·이·다	$H^2M{\cdot}M(=H^2M^2)$〔MHM^2〕
갱기·이·고	H^2M^2〔MHM^2〕	깜기·이·고	H^2M^2〔MHM^2〕
감기·잉·께	H^2M^2〔MHM^2〕	깜기·이·께	H^2M^2〔MHM^2〕
갱깅께·에	H^3M〔MH^2M〕	깜기·이·께	H^2M^2〔MHM^2〕
갱기·이·서	H^2M^2〔MHM^2〕	깜기·이·서	H^2M^2〔MHM^2〕

---

73) 고성 방언에서는 /가르·치·다, H^2M^2/〔MHM^2〕보다는 /가르치·다, H^3M/〔MH^2M〕형이 더 자주 쓰인다. 일반화해서 말하면 /H_2M^2/〔MH_1M^2〕형보다는 /H_3M〔MH_2M〕형이 선호되지만, /갤차·아·서, 갤추·우·다/처럼 끝에서 셋째 음절이 모음과 끝에서 둘째 음절의 모음이 같고, 두 모음 사이에 오는 자음이 /ø/(ㅇ)이면 /H_2M^2/〔MH_1M^2〕형이 /H_3M〔MH_2M〕형보다 압도적으로 쓰이는 빈도가 잦다.

(238)

고성 방언		성주 방언	
@간·질·다	$HM{\cdot}M(=HM^2)$〔HM^2〕	@간지·리·다	$H^2M{\cdot}M(=H^2M^2)$〔MHM^2〕
간·질·아·도	HM^3〔HM^3〕	간지래·애·도	H^3M^2〔M^2HM^2〕
@간질·다	$H^2{\cdot}M(=H^2M)$〔MHM〕	@간지래·애·다	$H^3M{\cdot}M(=H^3M^2)$〔M^2HM^2〕
간질·고	H^2M〔MHM〕	간지래·애·고	H^3M^2〔M^2HM^2〕
간징께·에	H^3M〔MH^2M〕	간지래·이·께	H^3M^2〔M^2HM^2〕
간징·께	H^2M〔MHM〕	간지래·앵·게	H^3M^2〔M^2HM^2〕
간질아·서	H^3M〔MH^2M〕	간지래·애·서	H^3M^2〔M^2HM^2〕
간질아·도	H^3M〔MH^2M〕	간지래·애·도	H^3M^2〔M^2HM^2〕

(239)

고성 방언		성주 방언	
@주무리·다〈타〉	$H^3{\cdot}M(=H^3M)$〔MH^2M〕	@주물·다	$H^2{\cdot}M(=H^2M)$〔MHM〕
주무린·다	H^3M〔MH^2M〕	주문·다	H^2M〔MHM〕
@주무리·다	$H^3{\cdot}M(=H^3M)$〔MH^2M〕	@주무·르·다〈타〉	$H^2M{\cdot}M(=H^3M)$〔MHM^2〕
@주무리·다	$H^3{\cdot}M(=H^3M)$〔MH^2M〕	@주무·리·다〈타〉	$H^2M{\cdot}M(=H^3M)$〔MHM^2〕
주무리·고	H^3M〔MH^2M〕	주무·리·고	H^2M^2〔MHM^2〕
주무링·께	H^3M〔MH^2M〕	주무·리·이	H^2M^2〔MHM^2〕
주물라·아·서	H^3M^2〔MH^2M^2〕	주무·리·서	H^2M^2〔MHM^2〕
@주물리·이·다〈피〉	$H^3M{\cdot}M(=H^3M^2)$〔MH^2M^2〕	@주물리·이·다〈피〉	$H^3M{\cdot}M(=H^3M^2)$〔M^2HM^2〕

(240)

고성 방언		성주 방언	
@보내·다	$H^2{\cdot}M(=H^2M)$〔MHM〕	@보·내·다	$HM{\cdot}M(=HM^2)$〔MHM〕
보내·애·라	H^2M^2〔MHM^2〕	보·내·라	HM^2〔HM^2〕
@보내·다	$H^2{\cdot}M(=H^2M)$〔MHM〕	@보내·애·다	$H^2M{\cdot}M(=H^2M^2)$〔MHM^2〕
보내·고	H^2M〔MHM〕	보내·애·고	H^2M^2〔MHM^2〕
보냉께·에	H^3M〔MH^2M〕	보내·이·께	H^2M^2〔MHM^2〕
보내·네	H^2M〔MHM〕	보내·애·네	H^2M^2〔MHM^2〕
보내·애·서	H^2M^2〔MHM^2〕	보내·애·서	H^2M^2〔MHM^2〕
보내·애·라	H^2M^2〔MHM^2〕	보·내·라	HM^2〔HM^2〕

(241)

고성 방언		성주 방언	
보·치·다	$HM{\cdot}M(=HM^2)$〔HM^2〕	보채·애·다	$H^2M{\cdot}M(=H^2M^2)$〔MHM^2〕
보·치·고	HM^2〔HM^2〕	보채·애·고	H^2M^2〔MHM^2〕
보·칭·께	HM^2〔HM^2〕	보채·이·께	H^2M^2〔MHM^2〕
보·치·서	HM^2〔HM^2〕	보채·애·서	H^2M^2〔MHM^2〕
보·치·도	HM^2〔HM^2〕	보채·애·도	H^2M^2〔MHM^2〕

(242)

고성 방언		성주 방언	
@어룧·다〈氷〉	$H^2{\cdot}M(=H^2M)$〔MHM〕	@어루·우·다	$H^2M{\cdot}M(=H^2M^2)$〔MHM^2〕
@어루ㆆ·다	$H^2{\cdot}M(=H^2M)$〔MHM〕	@어루·우·다	$H^2M{\cdot}M(=H^2M^2)$〔MHM^2〕
@어루·우·다	$H^2M{\cdot}M(=H^2M^2)$〔MHM^2〕	@어루·우·다	$H^2M{\cdot}M(=H^2M^2)$〔MHM^2〕

어루·우·고	H^2M^2〔MHM^2〕	어루·우·고	H^2M^2〔MHM^2〕
어루·웅·께	H^2M^2〔MHM^2〕	어루·이·께	H^2M^2〔MHM^2〕
어루웅께·에	H^4M〔MH^3M〕	어루·이·께	H^2M^2〔MHM^2〕
어라·아·서	H^2M^2〔MHM^2〕	어라·아·서	H^2M^2〔MHM^2〕
@어루·우·다	$H^2M{\cdot}M(=H^2M^2)$〔MHM^2〕	@얼구·우·다	$H^2M{\cdot}M(=H^2M^2)$〔MHM^2〕
어라·아·서	H^2M^2〔MHM^2〕	얼가·아·서	H^2M^2〔MHM^2〕

(243) 고성 방언 / 성주 방언

고성 방언		성주 방언	
@뿌숳·다〈빻다〉	$H^2{\cdot}M(=H^2M)$〔MHM〕	@빠수·우·다	$H^2M{\cdot}M(=H^2M^2)$〔MHM^2〕
@뽀숳·다〈빻다〉	$H^2{\cdot}M(=H^2M)$〔MHM〕	@빠수·우·다	$H^2M{\cdot}M(=H^2M^2)$〔MHM^2〕
뽀숳·고	H^2M〔MHM〕	빠수·우·고	H^2M^2〔MHM^2〕
뽀수웅께·에	H^4M〔MH^3M〕	빠수·이·께	H^2M^2〔MHM^2〕
뽀수·웅·께	H^2M^2〔MHM^2〕	빠수·이·께	H^2M^2〔MHM^2〕
뽀사·아·서	H^2M^2〔MHM^2〕	빠사·아·서	H^2M^2〔MHM^2〕
@뽀숳·다	$H^2{\cdot}M(=H^2M)$〔MHM〕	@빻·다	$H{\cdot}M(=HM)$〔HM〕
뽀숳·고〔뽀수·코〕	H^2M〔MHM〕	빻·고	HM〔HM〕
뽀숳·네〔뽀순·네〕	H^2M〔MHM〕	빻·네	HM〔HM〕
뽀숳·은〔빠수·운〕	H^2M〔MHM〕	빻·은	HM〔HM〕
뽀숳·운〔뽀수·운〕	H^2M〔MHM〕	빻·안	HM〔HM〕
뽀숳운〔뽀수운〕	H^3〔MH^2〕	빻·안	HM〔HM〕
뽀숳는〔뽀순는〕	H^3〔MH^2〕	빻는	H^2〔MH〕
뽀사·아·서	H^2M^2〔MHM^2〕	빻·아·서	HM^2〔HM^2〕
뽀숳더·라	H^3M〔MH^2M〕	빻더·라	H^2M〔MHM〕
@뽀수ㆆ·다	$H^2{\cdot}M(=H^2M)$〔MHM〕	@빻·다	$H{\cdot}M(=HM)$〔HM〕
뽀수ㆆ더·라	H^3M〔MH^2M〕	빻·아·서	HM^2〔HM^2〕
뽀사·아·서	H^2M^2〔MHM^2〕	빻·아·서	HM^2〔HM^2〕

(244) 고성 방언 / 성주 방언

고성 방언		성주 방언	
@늦춯·다	$H^2{\cdot}M(=H^2M)$〔MHM〕	@늦추·우·다	$H^2M{\cdot}M(=H^2M^2)$〔MHM^2〕
@늦차·아·다	$H^2M{\cdot}M(=H^2M^2)$〔MHM^2〕	@늦추·우·다	$H^2M{\cdot}M(=H^2M^2)$〔MHM^2〕
@늦추·우·다	$H^2M{\cdot}M(=H^2M^2)$〔MHM^2〕	@늦추·우·다	$H^2M{\cdot}M(=H^2M^2)$〔MHM^2〕
늦추·우·고	H^2M^2〔MHM^2〕	늦추·우·고	H^2M^2〔MHM^2〕
늦추·웅·께	H^2M^2〔MHM^2〕	늦추·웅·게	H^2M^2〔MHM^2〕
늦추웅께·에	H^4M〔MH^3M〕	늦추·웅·게	H^2M^2〔MHM^2〕
늦차·아·서	H^2M^2〔MHM^2〕	늦차·아·서	H^2M^2〔MHM^2〕

(245) 고성 방언 / 성주 방언

고성 방언		성주 방언	
@낮춯·다	$H^2{\cdot}M(=H^2M)$〔MHM〕	@낮추·우·다	$H^2M{\cdot}M(=H^2M^2)$〔MHM^2〕
@낮추·우·다	$H^2M{\cdot}M(=H^2M^2)$〔MHM^2〕	@낮추·우·다	$H^2M{\cdot}M(=H^2M^2)$〔MHM^2〕
낮추·우·고	H^2M^2〔MHM^2〕	낮추·우·고	H^2M^2〔MHM^2〕
낮추·웅·께	H^2M^2〔MHM^2〕	낮추·이·께	H^2M^2〔MHM^2〕

낮추웅께·에	H^4M〔MH^3M〕	낮추·웅·게	H^2M^2〔MHM^2〕
낮차·아·서	H^2M^2〔MHM^2〕	낮차·아·서	H^2M^2〔MHM^2〕
낮추·이·소	H^2M^2〔MHM^2〕	낮추·이·소	H^2M^2〔MHM^2〕

(246) 고성 방언 / 성주 방언

@맞춯·다	$H^2{\cdot}M(=H^2M)$〔MHM〕	@맞차·다	$H^2{\cdot}M(=H^2M)$〔MHM〕
@맞추·우다	$H^2M{\cdot}M(=H^2M^2)$〔MHM^2〕	@맞추·우·다	$H^2M{\cdot}M(=H^2M^2)$〔MHM^2〕
맞추·우·고	H^2M^2〔MHM^2〕	맞추·우·고	H^2M^2〔MHM^2〕
맞추·웅·께	H^2M^2〔MHM^2〕	맞추·이·께	H^2M^2〔MHM^2〕
맞추웅께·에	H^2M^2〔MHM^2〕	맞추·이·께	H^2M^2〔MHM^2〕
맞차·아·서	H^2M^2〔MHM^2〕	맞차·아·서	H^2M^2〔MHM^2〕
맞차·아·도	H^2M^2〔MHM^2〕	맞차·아·도	H^2M^2〔MHM^2〕

(247) 고성 방언 / 성주 방언

@낭궇·다〈남기다〉	$H^2{\cdot}M(=H^2M)$〔MHM〕	@낭궇·다	$H^2{\cdot}M(=H^2M)$〔MHM〕
@냉·기·다	$HM{\cdot}M(=HM^2)$〔HM^2〕	@냉·기·다	$HM{\cdot}M(=HM^2)$〔HM^2〕
@낭구·우·다〈남기다〉	$H^2M{\cdot}M(=H^2M^2)$〔MHM^2〕	@낭구·우·다	$H^2M{\cdot}M(=H^2M^2)$〔MHM^2〕
낭구·우·고	H^2M^2〔MHM^2〕	낭구·우·고	H^2M^2〔MHM^2〕
낭구·웅·께	H^2M^2〔MHM^2〕	낭구·이·께	H^2M^2〔MHM^2〕
낭구웅께·에	H^4M〔MH^3M〕	낭구·이·께	H^2M^2〔MHM^2〕
낭가·아·도	H^2M^2〔MHM^2〕	낭가·아·도	H^2M^2〔MHM^2〕
낭가·아·서	H^2M^2〔MHM^2〕	낭가·아·서	H^2M^2〔MHM^2〕
낭궇는·다	H^3M〔MH^2M〕	낭가·아·서	H^2M^2〔MHM^2〕

(248) 고성 방언 / 성주 방언

@사쿻·다〈삭히다〉	$H^2{\cdot}M(=H^2M)$〔MHM〕	@사카·아·다	$H^2M{\cdot}M(=H^2M^2)$〔MHM^2〕
@사카·아·다〈㉧〉	$H^2M{\cdot}M(=H^2M^2)$〔MHM^2〕	@사쿠·우·다	$H^2M{\cdot}M(=H^2M^2)$〔MHM^2〕
@사쿠·우·다	$H^2M{\cdot}M(=H^2M^2)$〔MHM^2〕	@사쿠·우·다	$H^2M{\cdot}M(=H^2M^2)$〔MHM^2〕
사쿠·우·고	H^2M^2〔MHM^2〕	사쿠·우·고	H^2M^2〔MHM^2〕
사쿠·웅·께	H^2M^2〔MHM^2〕	사쿠·이·께	H^2M^2〔MHM^2〕
사쿠웅께·에	H^4M〔MH^3M〕	사쿠·이·께	H^2M^2〔MHM^2〕
사카·아·서	H^2M^2〔MHM^2〕	사카·아·서	H^2M^2〔MHM^2〕
사카·아·도	H^2M^2〔MHM^2〕	사카·아·도	H^2M^2〔MHM^2〕

(249) 고성 방언 / 성주 방언

@비꾸·우·다	$H^2M{\cdot}M(=H^2M^2)$〔MHM^2〕	@:비#꼬·오·다	$\underset{..}{M}\#HM{\cdot}M$〔$\underset{..}{M}\#HM^2$〕
비꾸·우·고	H^2M^2〔MHM^2〕	:비#꼬·오·고	$\underset{..}{M}\#HM^2$〔$\underset{..}{M}\#HM^2$〕
비꾸·웅·께	H^2M^2〔MHM^2〕	:비#꼬·이·께	$\underset{..}{M}\#HM^2$〔$\underset{..}{M}\#HM^2$〕
비꿍께·에	H^3M〔MH^2M〕	:비#꼬·이·께	$\underset{..}{M}\#HM^2$〔$\underset{..}{M}\#HM^2$〕
비꾸웅께·에	H^4M〔MH^3M〕	:비#꼬·이·께	$\underset{..}{M}\#HM^2$〔$\underset{..}{M}\#HM^2$〕
비까·아·서	H^2M^2〔MHM^2〕	:비#까·아·서	$\underset{..}{M}\#HM^2$〔$\underset{..}{M}\#HM^2$〕

@비꾸·우·다	H^{2}M·M〔MHM^2〕	@비꾸·우·다	H^{2}M·M(=H^{2}M^2)〔MHM^2〕
비꾸·우·고	H^{2}M^2〔MHM^2〕	비꾸·우·고	H^{2}M^2〔MHM^2〕
비꾸·이·까	H^{2}M^2〔MHM^2〕	비꾸·이·께	H^{2}M^2〔MHM^2〕
비꼬·오·서	H^{2}M^2〔MHM^2〕	비꾸·우·서	H^{2}M^2〔MHM^2〕
비까·아·서	H^{2}M^2〔MHM^2〕	비까·아·서	H^{2}M^2〔MHM^2〕
비꽈·아·서	H^{2}M^2〔MHM^2〕	비까·아·서	H^{2}M^2〔MHM^2〕

(250) 고성 방언 / 성주 방언

·뜨·다	M·M(=M^2)〔HH/MM〕	·뜨·다	M·M(=M^2)〔HH/MM〕
·뜨·고	M^2〔HH/MM〕	·뜨·고	M^2〔HH/MM〕
·뜨·모	M^2〔HH/MM〕	·뜨·마	M^2〔HH/MM〕
·떠·서	M^2〔HH/MM〕	·떠·서	M^2〔HH/MM〕

(251) 고성 방언 / 성주 방언

·크·다	M·M(=M^2)〔HH/MM〕	·크·다	M·M(=M^2)〔HH/MM〕
·크·고	M^2〔HH/MM〕	·크·고	M^2〔HH/MM〕
·크·모	M^2〔HH/MM〕	·크·마	M^2〔HH/MM〕
·커·서	M^2〔HH/MM〕	·커·서	M^2〔HH/MM〕

(252) 고성 방언 / 성주 방언

·끄·다	M·M(=M^2)〔HH/MM〕	·끄·다	M·M(=M^2)〔HH/MM〕
·끄·고	M^2〔HH/MM〕	·끄·고	M^2〔HH/MM〕
·끄·네	M^2〔HH/MM〕	·끄·네	M^2〔HH/MM〕
·끄·더·라	M^3〔HHM〕	·끄·더·라	M^3〔HHM〕
·끙·께$^{\cdot 에}$	M^2〔HH'/MM'〕	·끄·이·께	M^3〔HHM〕
·끙·께	M^2〔HH/MM〕	·끙·게	M^2〔HH/MM〕
·꺼·도	M^2〔HH/MM〕	·꺼·도	M^2〔HH/MM〕
·꺼·서	M^2〔HH/MM〕	·꺼·서	M^2〔HH/MM〕
·꺼·라	M^2〔HH/MM〕	·꺼·라	M^2〔HH/MM〕
·껐·다	M^2〔HH/MM〕	·껐·다	M^2〔HH/MM〕

(253) 고성 방언 / 성주 방언

·퍼·다(汲)	M·M(=M^2)〔HH/MM〕	·퍼·다	M·M(=M^2)〔HH/MM〕
·퍼·고	M^2〔HH/MM〕	·퍼·고	M^2〔HH/MM〕
·퍼·모	M^2〔HH/MM〕	·퍼·마	M^2〔HH/MM〕
·퍼·서	M^2〔HH/MM〕	·퍼·서	M^2〔HH/MM〕

(254) 고성 방언 / 성주 방언

·따·다	M·M(=M^2)〔HH/MM〕	·따·다	M·M(=M^2)〔HH/MM〕
·따·고	M^2〔HH/MM〕	·따·고	M^2〔HH/MM〕
·따·모	M^2〔HH/MM〕	·따·마	M^2〔HH/MM〕

·따·서	M^2〔HH/MM〕	·따·서	M^2〔HH/MM〕

(255) 고성 방언		성주 방언	
·파·다	M·M(=M^2)〔HH/MM〕	·파·다	M·M(=M^2)〔HH/MM〕
·파·고	M^2〔HH/MM〕	·파·고	M^2〔HH/MM〕
·파·모	M^2〔HH/MM〕	·파·마	M^2〔HH/MM〕
·파·서	M^2〔HH/MM〕	·파·서	M^2〔HH/MM〕

(256) 고성 방언		성주 방언	
@·까·다〈껍질~〉	M·M(=M^2)〔HH/MM〕	@·까·다	M·M(=M^2)〔HH/MM〕
·까·고	M^2〔HH/MM〕	·까·고	M^2〔HH/MM〕
·까·네	M^2〔HH/MM〕	·까·네	M^2〔HH/MM〕
·까·더·라	M^3〔HHM〕	·까·더·라	M^3〔HHM〕
·깡·께	M^2〔HH/MM〕	·깡·게	M^3〔HHM〕
·까·서	M^2〔HH/MM〕	·까·서	M^2〔HH/MM〕
·까·도	M^2〔HH/MM〕	·까·도	M^2〔HH/MM〕

(257) 고성 방언		성주 방언	
@·씨·다(書)	M·M(=M^2)〔HH/MM〕	@·쓰·다	M·M(=M^2)〔HH/MM〕
@·씨·다(書)	M·M(=M^2)〔HH/MM〕	@·씨·다	M·M(=M^2)〔HH/MM〕
·씬	M〔Ṃ〕	·쓴	M〔Ṃ〕
·씰	M〔Ṃ〕	·쓸	M〔Ṃ〕
·씨·고	M^2〔HH/MM〕	·쓰·고	M^2〔HH/MM〕
·씽·께·[예]	M^2〔HH'/MM'〕	·쓰·이·께	M^3〔HHM〕
·씨·나〈물음〉	M^2〔HH/MM〕	·쓰·나	M^2〔HH/MM〕
·써	M〔Ṃ〕	·써	M〔Ṃ〕
·써·서	M^2〔HH/MM〕	·써·서	M^2〔HH/MM〕
·씨·는	M^2〔HH/MM〕	·쓰·는	M^2〔HH/MM〕
·씨·는·데	M^3〔HHM〕	·쓰·는·데	M^3〔HHM〕
·씨·더·라	M^3〔HHM〕	·쓰·더·라	M^3〔HHM〕

(258) 고성 방언		성주 방언	
@·씨·다(覆)	M·M(=M^2)〔HH/MM〕	@·쓰·다	M·M(=M^2)〔HH/MM〕
@·씨·다(覆)	M·M(=M^2)〔HH/MM〕	@·씨·다	M·M(=M^2)〔HH/MM〕
·씨·고	M^2〔HH/MM〕	·씨·고	M^2〔HH/MM〕
·씨·네	M^2〔HH/MM〕	·씨·네	M^2〔HH/MM〕
·씨·더·라	M^3〔HHM〕	·씨·더·라	M^3〔HHM〕
·씽·께·[예]	M^2〔HH/MM〕	·씨·이·께	M^3〔HHM〕
·써·서	M^2〔HH/MM〕	·써·서	M^2〔HHM〕
·썼·다	M^2〔HH/MM〕	·썼·다	M^2〔HHM〕
·썼·다	M^2〔HH/MM〕	*·썼·다	M^2〔HHM〕

(259) 고성 방언		성주 방언	
·치·다 (打)	M·M(=M^{2})〔HH/MM〕	·치·다	M·M(=M^{2})〔HH/MM〕
·치·고	M^{2}〔HH/MM〕	·치·고	M^{2}〔HH/MM〕
·치·모	M^{2}〔HH/MM〕	·치·마	M^{2}〔HH/MM〕
·처·서	M^{2}〔HH/MM〕	·처·서	M^{2}〔HH/MM〕
·처·서	M^{2}〔HH/MM〕	*·치·서	M^{2}〔HH/MM〕

(260) 고성 방언		성주 방언	
@·찌·다(蒸)	M·M(=M^{2})〔HH/MM〕	@·쩌·다	M·M(=M^{2})〔HH/MM〕
@·찌·다(蒸)	M·M(=M^{2})〔HH/MM〕	@·찌·다	M·M(=M^{2})〔HH/MM〕
·찌·고	M^{2}〔HH/MM〕	·찌·고	M^{2}〔HH/MM〕
·찌·네	M^{2}〔HH/MM〕	·찌·네	M^{2}〔HH/MM〕
·찌·더·라	M^{3}〔HHM〕	·찌·더·라	M^{3}〔HHM〕
·찡·께·에	M^{2}〔HH˺/MM˺〕	·찡·게	M^{2}〔HH/MM〕
·찡·께·나	M^{3}〔HHM〕	·찌·이·께	M^{3}〔HHM〕
·쩌·서	M^{2}〔HH/MM〕	·쩌·서	M^{2}〔HHM〕
·쪘·다	M^{2}〔HH/MM〕	·쪘·다	M^{2}〔HHM〕

(261) 고성 방언		성주 방언	
·빼·다(拔)	M·M(=M^{2})〔HH/MM〕	:빼·다	M̤·M(=M̤^{2})〔ḦH/M̤M〕
·빼·고	M^{2}〔HH/MM〕	:빼·고	M̤^{2}〔ḦH/M̤M〕
·빼·네	M^{2}〔HH/MM〕	:빼·네	M̤^{2}〔ḦH/M̤M〕
·빼·더·라	M^{3}〔HHM〕	:빼·더·라	M̤^{3}〔ḦHM〕
·뺑·께	M^{2}〔HH/MM〕	:빼·이·께	M̤^{3}〔ḦHM〕
·뺑·께	M^{2}〔HH/MM〕	:뺑·게	M̤^{2}〔ḦH/M̤M〕
·빼·애·서	M^{3}〔HHM〕	:빼·서	M̤^{2}〔ḦH/M̤M〕
·빼·앴·다	M^{3}〔HHM〕	:뺐·다	M̤^{2}〔ḦH/M̤M〕

(262) 고성 방언		성주 방언	
·들·다(入)	M·M(=M^{2})〔HH/MM〕	·들·다	M·M(=M^{2})〔HH/MM〕
·들·고	M^{2}〔HH/MM〕	·들·고	M^{2}〔HH/MM〕
·드·네	M^{2}〔HH/MM〕	·드·네	M^{2}〔HH/MM〕
·등·께·에	M^{2}〔HH˺/MM˺〕	·드·이·께	M^{3}〔HHM〕
·들·어·서	M^{3}〔HHM〕	·들·어·서	M^{3}〔HHM〕

(263) 고성 방언		성주 방언	
·달·다(測)	M·M(=M^{2})〔HH/MM〕	달·다	H·M(=HM)〔HM〕
·달·고	M^{2}〔HH/MM〕	달·고	HM〔HM〕
·다·네	M^{2}〔HH/MM〕	다·네	HM〔HM〕
·단	HM〔HM〕	단	H〔MH〕
·달	M〔M̤〕	달	H〔MH〕

·당·께	M^2〔HH/MM〕	당·게	HM〔HM〕
·달·아·서	M^3〔HHM〕	달·아·서	HM^2〔HM^2〕
·달·더·라	M^3〔HHM〕	달더·라	H^2M〔MHM〕

(264) 고성 방언 　　　　　　　　　　　　　　　　　 성주 방언

@·달·다(懸)	M·M(=M^2)〔HH/MM〕	@·달·다	M·M(=M^2)〔HH/MM〕
·달·고	M^2〔HH/MM〕	·달·고	M^2〔HH/MM〕
·다·네	M^2〔HH/MM〕	·다·네	M^2〔HH/MM〕
·달·더·라	M^3〔HHM〕	·달·더·라	M^3〔HHM〕
·당·께에	M^2〔HH⌝/MM⌝〕	·다·이·께	M^3〔HHM〕
·당·께·에	M^3〔HHM〕	·다·이·께	M^3〔HHM〕
·달·아·서	M^3〔HHM〕	·달·아·서	M^3〔HHM〕
·달·았·다	M^3〔HHM〕	·달·았·다	M^3〔HHM〕

(265) 고성 방언 　　　　　　　　　　　　　　　　　 성주 방언

·팔·다	M·M(=M^2)〔HH/MM	·팔·다	M·M(=M^2)〔HH/MM〕
·팔·고	M^2〔HH/MM〕	·팔·고	M^2〔HH/MM〕
·파·네	M^2〔HH/MM〕	·파·네	M^2〔HH/MM〕
·팔·모	M^2〔HH/MM〕	·팔·마	M^2〔HH/MM〕
·팔·모	M^2〔HH/MM〕	·팔·만	M^2〔HH/MM〕
·팔·아·서	M^3〔HHM〕	·팔·아·서	M^3〔HHM〕

(266) 고성 방언 　　　　　　　　　　　　　　　　　 성주 방언

·깔·다	M·M(=M^2)〔HH/MM〕	·깔·다	M·M(=M^2)〔HH/MM〕
·까·네	M^2〔HH/MM〕	·까·네	M^2〔HH/MM〕
·깔·더·라	M^3〔HHM〕	·깔·더·라	M^3〔HHM〕
·깡·께	M^2〔HH/MM〕	·까·이·께	M^3〔HHM〕
·까·이·께〈문〉	M^3〔HHM〕	·까·잉·게	M^3〔HHM〕
·깡·께에	M^2〔HH⌝/MM⌝〕	·깡·게	M^2〔HH/MM〕
·깡·께·에	M^3〔HHM〕	·깡·게	M^2〔HH/MM〕
·깔·아·도	M^3〔HHM〕	·깔·아·도	M^3〔HHM〕
·깔·아·서	M^3〔HHM〕	·깔·아·서	M^3〔HHM〕

(267) 고성 방언 　　　　　　　　　　　　　　　　　 성주 방언

@·씰·다(掃)	M·M(=M^2)〔HH/MM〕	@·씰·다	M·M(=M^2)〔HH/MM〕
·씽·께	M^2〔HH/MM〕	·씽·게	M^4〔HHM^2〕
@·씰·다(掃)	M·M(=M^2)〔HH/MM〕	@·쓸·다	M·M(=M^2)〔HH/MM〕
·씰·고	M^2〔HH/MM〕	·쓸·고	M^2〔HH/MM〕
·씰·네	M^2〔HH/MM〕	·쓰·네	M^2〔HH/MM〕
·씰·더·라	M^3〔HHM〕	·쓸·더·라	M^3〔HHM〕
·씽·께에	M^2〔HH⌝/MM⌝〕	·쓰·이·께	M^3〔HHM〕

·씽·께·에	M^3〔HHM〕	·씅·게	M^2〔HH/MM〕
·씰·어·서	M^3〔HHM〕	·쓸·어·서	M^3〔HHM〕
·씰·어·서	M^3〔HHM〕	·씰·어·서	M^3〔HHM〕
·씰·었·다	M^3〔HHM〕	·쓸·었·다	M^3〔HHM〕
·씰·었·다	M^3〔HHM〕	·씰·있·다	M^3〔HHM〕

(268)

고성 방언		성주 방언	
·풀·다(解)	M·M(=M^2)〔HH/MM〕	·풀·다	M·M(=M^2)〔HH/MM〕
·풀·고	M^2〔HH/MM〕	·풀·고	M^2〔HH/MM〕
·풀·모	M^2〔HH/MM〕	·풀·마	M^2〔HH/MM〕
·풀·어·서	M^3〔HHM〕	·풀·어·서	M^3〔HHM〕
·풀·어·서	M^3〔HHM〕	·풀·우·서	M^3〔HHM〕

(269)

고성 방언		성주 방언	
·깜·다〈머리~〉	M·M(=M^2)〔HH/MM〕	·깜·다	M·M(=M^2)〔HH/MM〕
·깜·네	M^2〔HH/MM〕	·깜·네	M^2〔HH/MM〕
·깜·더·라	M^3〔HHM〕	·깜·더·라	M^3〔HHM〕
·깜·응·께	M^3〔HHM〕	·깜·응·게	M^3〔HHM〕
·깜·응·께	M^3〔HHM〕	·깜·앙·게	M^3〔HHM〕
·깜·아·서	M^3〔HHM〕	·깜·아·서	M^3〔HHM〕

(270)

고성 방언		성주 방언	
·숨·다	M·M(=M^2)〔HH/MM〕	·숨·다	M·M(=M^2)〔HH/MM〕
·숨·고	M^2〔HH/MM〕	·숨·고	M^2〔HH/MM〕
·숨·우·모	M^3〔HHM〕	·숨·으·마	M^3〔HHM〕
·숨·어·서	M^3〔HHM〕	·숨·어·서	M^3〔HHM〕
·숨·우·서〈(문)〉	M^3〔HHM〕	·숨·어·서	M^3〔HHM〕

(271)

고성 방언		성주 방언	
@·춥·다	M·M(=M^2)〔HH/MM〕	@·춥·다	M·M(=M^2)〔HH/MM〕
·춥·어·서	M^3〔HHM〕	·추·워·서	M^3〔HHM〕
@·춥·다	M·M(=M^2)〔HH/MM〕	@·춥·다	M·M(=M^2)〔HH/MM〕
·춥·고	M^2〔HH/MM〕	·춥·고	M^2〔HH/MM〕
·춥·으·모	M^3〔HHM〕	·춥·으·마	M^3〔HHM〕
·춥·어·서	M^3〔HHM〕	·춥·어·서	M^3〔HHM〕
·춥·어·서	M^3〔HHM〕	·춥·우·서	M^3〔HHM〕

(272)

고성 방언		성주 방언	
·뽑·다	M·M(=M^2)〔HH/MM〕	·뽑·다	M·M(=M^2)〔HH/MM〕
·뽑·고	M^2〔HH/MM〕	·뽑·고	M^2〔HH/MM〕
·뽑·으·모	M^3〔HHM〕	·뽑·으·마	M^3〔HHM〕

·뽑·아·서	M^3〔HHM〕	·뽑·아·서	M^3〔HHM〕

(273) 고성 방언 / 성주 방언

고성 방언		성주 방언	
·옳·다	M·M(=M^2)〔HH/MM〕	·옳·다	M·M(=M^2)〔HH/MM〕
·옳·고	M^2〔HH/MM〕	·옳·고	M^2〔HH/MM〕
·옳·네	M^2〔HH/MM〕	·옳·네	M^2〔HH/MM〕
·옳·더·라	M^3〔HHM〕	·옳·더·라	M^3〔HHM〕
·옳·응·께·에	M^3〔HHM'〕	·옳·으·이·께	M^4〔HHM^2〕
·옳·응·께	M^3〔HHM〕	·옳·응·게	M^3〔HHM〕
·옳·아·서	M^3〔HHM〕	·옳·아·서	M^3〔HHM〕
·옳·았·다	M^3〔HHM〕	·옳·았·다	M^3〔HHM〕

(274)

고성 방언		성주 방언	
@·찹·다(寒)	M·M(=M^2)〔HH/MM〕	@·챃·다	M·M(=M^2)〔HH/MM〕
@·찹·다(寒)	M·M(=M^2)〔HH/MM〕	@·차·다	M·M(=M^2)〔HH/MM〕
@·찹·다(寒)	M·M(=M^2)〔HH/MM〕	@·찹·다	M·M(=M^2)〔HH/MM〕
·찹·고	M^2〔HH/MM〕	·찹·고	M^2〔HH/MM〕
·찹·네	M^2〔HH/MM〕	·찹·네	M^2〔HH/MM〕
·찹·더·라	M^3〔HHM〕	·찹·더·라	M^3〔HHM〕
·찹·응·께	M^3〔HHM〕	·찹·으·이·께	M^4〔HHM^2〕
·찹·아·서	M^3〔HHM〕	·찹·아·서	M^3〔HHM〕
·찼·았·다	M^3〔HHM〕	·찹·았·다	M^3〔HHM〕

(275)

고성 방언		성주 방언	
@·그·리·다〈옛〉	M^2·M(=M^3)〔HHM〕	@·그·리·다	M^2·M(=M^3)〔HHM〕
@·기·리·다(畵)	M^2·M(=M^3)〔HHM〕	@·기·리·다	M^2·M(=M^3)〔HHM〕
·그·리·고	M^3〔HHM〕	·기·리·고	M^3〔HHM〕
·그·리·네	M^3〔HHM〕	·기·리·네	M^3〔HHM〕
·그·리·더·라	M^4〔HHM^2〕	·기·리·더·라	M^4〔HHM^2〕
·그·리·이·께	M^4〔HHM^2〕	·기·링·게	M^4〔HHM〕
·그·리·서	M^3〔HHM〕	·기·리·서	M^3〔HHM〕
·그·렀·다	M^3〔HHM〕	·기·렀·다	M^3〔HHM〕

(276)

고성 방언		성주 방언	
@·늘·이·티·다	M^3·M(=M^4)〔HHM^2〕	@늘쿠·우·다	H^2M·M(=H^2M^2)〔MHM^2〕
@·널·이·티·다	M^3·M(=M^4)〔HHM^2〕	@늘구·우·다	H^2M·M(=H^2M^2)〔MHM^2〕
·널·이·티·고	M^4〔HHM^2〕	늘구·우·고	H^2M^2〔MHM^2〕
·널·이·티·네	M^4〔HHM^2〕	늘구·우·네	H^2M^2〔MHM^2〕
·널·이·티·더·라	M^5〔HHM^3〕	늘구·우·더·라	H^2M^3〔MHM^3〕
·널·이·팅·께	M^4〔HHM^2〕	늘구·우·이·께	H^2M^3〔MHM^3〕
·널·이·티·서	M^4〔HHM^2〕	늘가·아·서	H^2M^2〔MHM^2〕

·닐·이·텄·다	M^{4}〔HHM^{2}〕	늘가·았·다	H^{2}M^{2}〔MHM^{2}〕

(277) 고성 방언 / 성주 방언

고성 방언		성주 방언	
@·거·느·리·다	M^{3}·M(=M^{4})〔HHM^{2}〕	@거니·리·다	H^{2}M·M(=H^{2}M^{2})〔MHM^{2}〕
@·거·느·리·다	M^{3}·M(=M^{4})〔HHM^{2}〕	@거느·리·다	H^{2}M·M(=H^{2}M^{2})〔MHM^{2}〕
·거·느·리·고	M^{4}〔HHM^{2}〕	거느·리·고	H^{2}M^{2}〔MHM^{2}〕
·거·느·링·께	M^{4}〔HHM^{2}〕	거느·리·이	H^{2}M^{2}〔MHM^{2}〕
·거·느·리·서	M^{4}〔HHM^{2}〕	거느·리·서	H^{2}M^{2}〔MHM^{2}〕
·거·느·리·서	M^{4}〔HHM^{2}〕	거느·러·서	H^{2}M^{2}〔MHM^{2}〕

(278) 고성 방언 / 성주 방언

고성 방언		성주 방언	
@·게·렵·히·다	M^{3}·M(=M^{4})〔HHM^{2}〕	@·귀·릅·히·다	M^{3}·M(=M^{4})〔HHM^{2}〕
@·게·렵·히·다	M^{3}·M(=M^{4})〔HHM^{2}〕	@·귀·롭·히·다	M^{3}·M(=M^{4})〔HHM^{2}〕
·게·렵·히·고	M^{4}〔HHM^{2}〕	·귀·롭·히·고	M^{4}〔HHM^{2}〕
·게·렵·히·서	M^{4}〔HHM^{2}〕	·귀·롭·히·서	M^{4}〔HHM^{2}〕

(279) 고성 방언 / 성주 방언

고성 방언		성주 방언	
:좋·다	L·M(=L^{2})〔LM〕	:좋·다	Ṃ·M(=Ṃ^{2})〔ḦH/ṂM〕
:좋·고	L^{2}〔LM〕	:좋·고	Ṃ^{2}〔ḦH/ṂM〕
:좋·네〔:존·네〕	L^{2}〔LM〕	:좋·네〔:조·네〕	Ṃ^{2}〔ḦH/ṂM〕
:좋·네	L^{2}〔LM〕	:좋·으·네	Ṃ^{3}〔ḦHM〕
:좋·더·라	L^{3}〔LM^{2}〕	:좋·더·라	Ṃ^{3}〔ḦHM〕
:좋·응·께	L^{3}〔LM^{2}〕	:좋·으·이·께	Ṃ^{4}〔ḦHM^{2}〕
:조·와·도	L^{3}〔LM^{2}〕	:좋·와·도	Ṃ^{3}〔ḦHM〕
:조·와·서	L^{3}〔LM^{2}〕	:조·와·서	Ṃ^{3}〔ḦHM〕

(280) 고성 방언 / 성주 방언

고성 방언		성주 방언	
:얻·다	L·M(=L^{2})〔LM〕	:얻·다	Ṃ·M(=Ṃ^{2})〔ḦH/ṂM〕
:얻·고	L^{2}〔LM〕	:얻·고	Ṃ^{2}〔ḦH/ṂM〕
:얻·더·라	L^{3}〔LM^{2}〕	:얻·더·라	Ṃ^{3}〔ḦHM〕
:얻·으·모	L^{3}〔LM^{2}〕	:얻·으·마	Ṃ^{3}〔ḦHM〕
:얻·으·이·께	L^{4}〔LM^{3}〕	:얻·으·이·께	Ṃ^{4}〔ḦHM^{2}〕
:얻·응·께	L^{3}〔LM^{2}〕	:얻·응·게	Ṃ^{3}〔ḦHM〕
:얻·어·서	L^{3}〔LM^{2}〕	:얻·어·서	Ṃ^{3}〔ḦHM〕

(281) 고성 방언 / 성주 방언

고성 방언		성주 방언	
@:숩·다〈쉽다〉	L·M(=L^{2})〔LM〕	@:쉽·다	Ṃ·M(=Ṃ^{2})〔ḦH/ṂM〕
@:숩·다〈쉽다〉	L·M(=L^{2})〔LM〕	@:숩·다	Ṃ·M(=Ṃ^{2})〔ḦH/ṂM〕
:숩·고	L^{2}〔LM〕	:숩·고	Ṃ^{2}〔ḦH/ṂM〕
:숩·응·께	L^{3}〔LM^{2}〕	:숩·으·이·께	Ṃ^{4}〔ḦHM^{2}〕
:숩·어·도	L^{3}〔LM^{2}〕	:숩·어·도	Ṃ^{3}〔ḦHM〕

:숩·어·서	L^3〔LM^2〕	:숩·어·서	M̤^{3}〔ḦHM〕

(282) 고성 방언 / 성주 방언

@:곱·다	L·M(=L^2)〔LM〕	@:곱·다	M̤·M(=M̤^{2})〔ḦH/M̤M〕
@:곱·다	L·M(=L^2)〔LM〕	@:곱·다	M̤·M(=M̤^{2})〔ḦH/M̤M〕
:곱·고	L^2〔LM〕	:곱·고	M̤^{2}〔ḦH/M̤M〕
:곱·응·께	L^3〔LM^2〕	:곱·우·이·께	M̤^{4}〔ḦHM^2〕
:곱·으·이·께〈㊫〉	L^4〔LM^3〕	:곱·우·이·께	M̤^{4}〔ḦHM^2〕
:곱·아·서	L^3〔LM^2〕	:곱·아·서	M̤^{3}〔ḦHM〕

(283) 고성 방언 / 성주 방언

:작·다	M̤·M(=M̤^{2})〔ḦH/M̤M〕	:작·다	M̤·M(=M̤^{2})〔ḦH/M̤M〕
:작·고	L^2〔LM〕	:작·고	M̤^{2}〔ḦH/M̤M〕
:작·으·이·께〈㊫〉	L^4〔LM^3〕	:작·으·이·께	M̤^{4}〔M̤̆HM^2〕
:작·응·께	L^3〔LM^2〕	:작·응·게	M̤^{3}〔ḦHM〕
:작·아·서	L^3〔LM^2〕	:작·아·서	M̤^{3}〔ḦHM〕
:작·으·모	L^3〔LM〕	:작·으·마	M̤^{3}〔ḦHM〕

(284) 고성 방언 / 성주 방언

:떪·다〔:떱·다〕	L·M(=L^2)〔LM〕	:떪·다〔:떨·따〕	M̤·M(=M̤^{2})〔M̤̆M/M̤̆H〕
:떪·네	L^2〔LM〕	:떪·네	M̤^{2}〔ḦH/M̤M〕
:떪·더·라	L^3〔LM〕	:떪·더·라	M̤^{3}〔ḦHM〕
:떪·으·이·께〈㊫〉	L^4〔LM^3〕	:떪·으·이·께	M̤^{4}〔ḦHM^2〕
:떪·어·서	L^3〔LM^2〕	:떪·어·서	M̤^{3}〔ḦHM〕
:떪·었·다	L^3〔LM^2〕	:떪·었·다	M̤^{3}〔ḦHM〕

(285) 고성 방언 / 성주 방언

:없·다(無)	L·M(=L^2)〔LM〕	:없·다	M̤·M(=M̤^{2})〔ḦH/M̤M〕
:없·고	L^2〔LM〕	:없·고	M̤^{2}〔ḦH/M̤M〕
:없·더·라	L^3〔LM〕	:없·더·라	M̤^{3}〔ḦHM〕
:없·응·께	L^3〔LM〕	:없·으·이	M̤^{3}〔ḦHM〕
:없·어·서	L^3〔LM〕	:없·어·서	M̤^{3}〔ḦHM〕

(286) 고성 방언 / 성주 방언

:지·내·다	L^2·M(=L^3)〔LM^2〕	·지·내·다	M^2·M(=M^3)〔HHM〕
:지·내·고	L^3〔LM^2〕	·지·내·고	M^3〔HHM〕
:지·내·네	L^3〔LM^2〕	·지·내·네	M^3〔HHM〕
:지·내·서	L^3〔LM^2〕	·지·내·서	M^3〔HHM〕

(287) 고성 방언 / 성주 방언

:건·디·다	L^2·M(=L^3)〔LM^2〕	:건·너·다	M̤^{2}·M(=M̤^{3})〔ḦHM〕

:건·디·고	L^{3}〔LM^{2}〕	:건·너·고	M̤^{3}〔ḦHM〕
:건·디·네	L^{3}〔LM^{2}〕	:건·너·네	M̤^{3}〔ḦHM〕
:건·디·더·라	L^{4}〔LM^{3}〕	:건·너·더·라	M̤^{4}〔ḦHM^{2}〕
:건·딩·께	L^{3}〔LM^{2}〕	:건·넝·게	M̤^{3}〔ḦHM〕
:건·디·서	L^{3}〔LM^{2}〕	:건·너·서	M̤^{3}〔ḦHM〕

(288) 고성 방언		성주 방언	
@:눌·리·다	L^{2}·M(=L^{3})〔LM^{2}〕	@눌루·우·다	H^{2}M·M(=H^{2}M^{2})〔MHM^{2}〕
:눌·리·이·께	L^{4}〔LM^{3}〕	눌루·웅·게	H^{2}M^{2}〔MHM^{2}〕
@:눌·리·다	L^{2}·M(=L^{3})〔LM^{2}〕	@:눌·리·다	M̤^{2}·M(=M̤^{3})〔ḦHM〕
:눌·리·고	L^{3}〔LM^{2}〕	:눌·리·고	M̤^{3}〔ḦHM〕
:눌·리·네	L^{3}〔LM^{2}〕	:눌·리·네	M̤^{3}〔ḦHM〕
:눌·리·모	L^{3}〔LM^{2}〕	:눌·리·마	M̤^{3}〔ḦHM〕
:눌·리·더·라	L^{3}〔LM^{3}〕	:눌·리·더·라	M̤^{4}〔ḦHM^{2}〕
:눌·링·께	L^{3}〔LM^{3}〕	:눌·링·게	M̤^{3}〔ḦHM〕
:눌·리·도	L^{3}〔LM^{2}〕	:눌·리·도	M̤^{3}〔ḦHM〕
:눌·리·서	L^{3}〔LM^{2}〕	:눌·리·서	M̤^{3}〔ḦHM〕

(289) 고성 방언		성주 방언	
@:자·시·다	L^{2}·M(=L^{3})〔LM^{2}〕	@잡숭·다	H^{2}·M(=H^{2}M)〔MHM〕
@:자·시·다	L^{2}·M(=L^{3})〔LM^{2}〕	@:자·시·다	M̤^{2}·M(=M̤^{3})〔ḦHM〕
:자·시·고	L^{3}〔LM^{2}〕	:자·시·고	M̤^{3}〔ḦHM〕
:자·시·네	L^{3}〔LM^{2}〕	:자·시·네	M̤^{3}〔ḦHM〕
:자·시·서	L^{3}〔LM^{2}〕	:자·시·서	M̤^{3}〔ḦHM〕
:자·시·도	L^{3}〔LM^{2}〕	:자·시·도	M̤^{3}〔ḦHM〕

(290) 고성 방언		성주 방언	
:도·지·다	L^{2}·M(=L^{3})〔LM^{2}〕	:도·지·다	M̤^{2}·M(=M̤^{3})〔ḦHM〕
:도·지·고	L^{3}〔LM^{2}〕	:도·지·고	M̤^{3}〔ḦHM〕
:도·지·네	L^{3}〔LM^{2}〕	:도·지·네	M̤^{3}〔ḦHM〕
:도·저·서〈자주〉	L^{3}〔LM^{2}〕	:도·지·서	M̤^{3}〔ḦHM〕
:도·지·서〈가끔〉	L^{3}〔LM^{2}〕	:도·저·서	M̤^{3}〔ḦHM〕

(291) 고성 방언		성주 방언	
:넘·치·다	L^{2}·M(=L^{3})〔LM^{2}〕	:넘·치·다	M̤^{2}·M(=M̤^{3})〔ḦHM〕
:넘·치·고	L^{3}〔LM^{2}〕	:넘·치·고	M̤^{3}〔ḦHM〕
:넘·치·네	L^{3}〔LM^{2}〕	:넘·치·네	M̤^{3}〔ḦHM〕
:넘·치·서	L^{3}〔LM^{2}〕	:넘·치·서	M̤^{3}〔ḦHM〕
:넘·치·서	L^{3}〔LM^{2}〕	:넘·처·서	M̤^{3}〔ḦHM〕

(292)

고성 방언		성주 방언	
@:몬·하·다	L^2·M(=L^3)〔LM^2〕	@:몬·하·다	Ṃ^2·M(=Ṃ^3)〔ḦHM〕
@:몬·하·다	L^2·M(=L^3)〔LM^2〕	@:모·하·다	Ṃ^2·M(=Ṃ^3)〔ḦHM〕
@:몬·하·다	L^2·M(=L^3)〔LM^2〕	@:몬·하·다	Ṃ^2·M(=Ṃ^3)〔ḦHM〕
:몬·하·고	L^3〔LM^2〕	:몬·하·고	Ṃ^3〔ḦHM〕
:몬·하·네	L^3〔LM^2〕	:몬·하·네	Ṃ^3〔ḦHM〕
:몬·하·더·라	L^4〔LM^3〕	:몬·하·더·라	Ṃ^4〔ḦHM^2〕
:몬·항·께	L^3〔LM^2〕	:몬·하·이·께	Ṃ^4〔ḦHM^2〕
:몬·해·애·서	L^4〔LM^3〕	:몬·해·애·서	Ṃ^4〔ḦHM^2〕
:몬·해·애·서	L^4〔LM^3〕	:몬·해·서	Ṃ^3〔ḦHM〕
:몬·해·앴·다	L^4〔LM^3〕	:몬·해·앴·다	Ṃ^4〔ḦHM^2〕
:몬·해·앴·다	L^4〔LM^3〕	:몬·했·다	Ṃ^3〔ḦHM〕

(293)

고성 방언		성주 방언	
@:더(:)·럽·다	L^2·M(=L^3)〔L(:)M^2〕	@:더(:)·럽·다	Ṃ^2·M(=Ṃ^3)〔ḦHM〕
@:더(:)·럽·다	L^2·M(=L^3)〔L(:)M^2〕	@:더(:)·럽·다	Ṃ^2·M(=Ṃ^3)〔ḦHM〕
:더·럽·고	L^3〔LM^2〕	:더·럽·고	Ṃ^3〔ḦHM〕
:더·럽·네	L^3〔LM^2〕	:더·럽·네	Ṃ^3〔ḦHM〕
:더·럽·더·라	L^4〔LM^3〕	:더·럽·더·라	Ṃ^4〔ḦHM^2〕
:더·럽·응·께	L^5〔LM^4〕	:더·럽·응·게	Ṃ^4〔ḦHM^2〕
:더·럽·어·서	L^4〔LM^3〕	:더·럽·어·서	Ṃ^4〔ḦHM^2〕
:더·럽·었·다	L^4〔LM^3〕	:더·럽·었·다	Ṃ^4〔ḦHM^2〕
:더·럽·아·서	L^4〔LM^3〕	:더·럽·어·서	Ṃ^4〔ḦHM^2〕
:더·럽·았·다	L^4〔LM^3〕	:더·럽·었·다	Ṃ^4〔ḦHM^2〕

(294)

고성 방언		성주 방언	
:고·맙·다	L^2·M(=L^3)〔LM^2〕	:고·맙·다	Ṃ^2·M(=Ṃ^3)〔ḦHM〕
:고·맙·고	L^3〔LM^2〕	:고·맙·고	Ṃ^3〔ḦHM〕
:고·맙·네	L^3〔LM^2〕	:고·맙·네	Ṃ^3〔ḦHM〕
:고·맙·더·라	L^4〔LM^3〕	:고·맙·더·라	Ṃ^4〔ḦHM^2〕
:고·맙·응·께	L^4〔LM^3〕	:고·마·우·이·께	Ṃ^5〔ḦHM^3〕
:고·맙·응·께	L^4〔LM^3〕	:고·마·웅·게	Ṃ^4〔ḦHM^2〕
:고·맙·아·서	L^4〔LM^3〕	:고·마·와·서	Ṃ^4〔ḦHM^2〕
:고·맙·아·도	L^4〔LM^3〕	:고·마·와·도	Ṃ^4〔ḦHM^2〕

(295)

고성 방언		성주 방언	
@·히·다(白)	M·M(=M^2)〔HH/MM〕	@·히·다〈종〉	M$_H$·M(=M^2)〔HH/MM〕
·히·이·서	M^3〔HHM〕	히·어·서〈종〉	HM^2〔HM^2〕
·히·있·다	M^3〔HHM〕	히·었·다〈종〉	HM^2〔HM^2〕
@·히·다(白)	M·M(=M^2)〔HH/MM〕	@·히·다〈구〉	M$_{Ṃ}$·M(=M^2)〔HH/MM〕
·히·고	M^2〔HH/MM〕	·히·고	M^2〔HH/MM〕

·히·네	M^{2}〔HH/MM〕	·히·네	M^{2}〔HH/MM〕
·히·더·라	M^{3}〔HHM〕	·히·더·라	M^{3}〔HHM〕
·힝·께	M^{2}〔HH/MM〕	·힝·게	M^{2}〔HH/MM〕
·히·이·서	M^{3}〔HHM〕	:히·서〈구〉	M̤^{2}〔ḦH/M̤M〕
·히·있·다	M^{3}〔HHM〕	:힜·다〈구〉	M̤^{2}〔ḦH/M̤M〕

(296) 고성 방언 성주 방언

고성 방언		성주 방언	
@·기·다	M·M(=M^{2})〔HH/MM〕	@·기·다〈송〉	M$_{H}$·M(=M^{2})〔HH/MM〕
·기·고	M^{2}〔HH/MM〕	·기·고	M^{2}〔HH/MM〕
·기·네	M^{2}〔HH/MM〕	·기·네	M^{2}〔HH/MM〕
·기·더·라	M^{3}〔HHM〕	·기·더·라	M^{3}〔HHM〕
·기·이·께	M^{3}〔HHM〕	·기·이·께	M^{3}〔HHM〕
@·기·다	M·M(=M^{2})〔HH/MM〕	@·기·다	M$_{M}$·M(=M^{2})〔HH/MM〕
·기·이·서	M^{3}〔HHM〕	:기·서	M̤^{2}〔ḦH/M̤M〕
·기·이·도	M^{3}〔HHM〕	:기·도	M̤^{2}〔ḦH/M̤M〕
·기·고	M^{2}〔HH/MM〕	·기·고	M^{2}〔HH/MM〕
·기·네	M^{2}〔HH/MM〕	·기·네	M^{2}〔HH/MM〕
·기·더·라	M^{3}〔HHM〕	·기·더·라	M^{3}〔HHM〕
·기·이·께〈문〉	M^{3}〔HHM〕	·기·이·께	M^{3}〔HHM〕
·깅·께·에	M^{3}〔HHM〕	·기·이·께	M^{3}〔HHM〕
·기·이·서	M^{3}〔HHM〕	기·이·서〈송〉	HM^{2}〔HM^{2}〕
·기·이·도	M^{3}〔HHM〕	기·이·도〈송〉	HM^{2}〔HM^{2}〕
·기·이·도	M^{3}〔HHM〕	기·어·도〈송〉	HM^{2}〔HM^{2}〕
@·기·다	M·M(=M^{2})〔HH/MM〕	@:기·다	M̤·M(=M̤^{2})〔ḦH/M̤M〕
·기·고	M^{2}〔HH/MM〕	:기·고	M̤^{2}〔ḦH/M̤M〕
·기·네	M^{2}〔HH/MM〕	:기·네	M̤^{2}〔ḦH/M̤M〕
·기·도	M^{2}〔HH/MM〕	:기·도	M̤^{2}〔ḦH/M̤M〕
·기·더·라	M^{3}〔HHM〕	:기·더·라	M̤^{3}〔ḦHM〕
·깅·께	M^{3}〔HH/MM〕	:기·이·께	M̤^{3}〔ḦHM〕
·기·이·께〈문〉	M^{3}〔HHM〕	:깅·게	M̤^{2}〔ḦH/M̤M〕

(297) 고성 방언 성주 방언

고성 방언		성주 방언	
@·피·다(開花)	M·M(=M^{2})〔HH/MM〕	@:피·다	M̤·M(=M̤^{2})〔ḦH/M̤M〕
@·피·다(開花)	M·M(=M^{2})〔HH/MM〕	@·피·다〈구〉	M$_{M}$·M(=M^{2})〔HH/MM〕
·피·고	M^{2}〔HH/MM〕	·피·고	M^{2}〔HH/MM〕
·피·네	M^{2}〔HH/MM〕	·피·네	M^{2}〔HH/MM〕
·피·더·라	M^{3}〔HHM〕	·피·더·라	M^{3}〔HHM〕
·핑·께·에	M^{2}〔HH'/MM'〕	·피·이·께	M^{3}〔HHM〕
·핑·께·에	M^{3}〔HHM〕	·피·이·께	M^{3}〔HHM〕
·피·이·도	M^{3}〔HHM〕	:피·도	M̤^{2}〔ḦH/M̤M〕
·피·이·서	M^{3}〔HHM〕	:피·서	M̤^{2}〔ḦH/M̤M〕

·피·있·다	M^3〔HHM〕	:폈·다	$\underset{..}{M}^2$〔ḦH/$\underset{..}{M}$M〕

(298)

고성 방언		성주 방언	
모리·다[74]	$H^2{}_L$·M(=H^2M)〔MHM〕	모르·다	$H^2{}_M$·M(=H^2M)〔MHM〕
모리·고	H^2M〔MHM〕	모르·고	H^2M〔MHM〕
모리·네	H^2M〔MHM〕	모르·네	H^2M〔MHM〕
모리·모	H^2M〔MHM〕	모르·마	H^2M〔MHM〕
모링께·에	H^3M〔MH^2M〕	모르·이·께	H^2M^2〔MHM^2〕
모링께·에	H^3M〔MH^2M〕	모릉·게	H^2M〔MHM〕
:몰·라	L^2〔LM〕	:몰·라	$\underset{..}{M}^2$〔ḦH/$\underset{..}{M}$M〕
:몰·라·서	L^3〔LM^2〕	:몰·라·서	$\underset{..}{M}^3$〔ḦHM〕
:몰·라·도	L^3〔LM^2〕	:몰·라·도	$\underset{..}{M}^3$〔ḦHM〕

(299)

고성 방언		성주 방언	
자다	H_{M-1}·M(=HM)〔HM〕	자다	H_{M-1}·M(=HM)〔HM〕
잔	H〔MH〕	잔	H〔H'〕
잘	H〔MH〕	잘	H〔H'〕
자·고	HM〔HM〕	자·고	HM〔HM〕
자·이·께〈㊂〉	HM^2〔HM^2〕	자·이·께	HM^2〔HM^2〕
자·앙·께〈㊂〉	HM^2〔HM^2〕	자·이·께	HM^2〔HM^2〕
장·께〈㊁〉	HM〔HM〕	자·이·께	HM^2〔HM^2〕
·자·네	M^2〔HH/MM〕	·자·네	M^2〔HH/MM〕
·자·서	M^2〔HH/MM〕	·자·서	M^2〔HH/MM〕
·자·는	M^2〔HH/MM〕	·자·는	M^2〔HH/MM〕
·자·는·데	M^3〔HHM〕	·자·는·데	M^3〔HHM〕
·자·더·라	M^3〔HHM〕	·자·더·라	M^3〔HHM〕

(300)

고성 방언		성주 방언	
나·다	H_{M-1}·M(=HM)〔HM〕	나·다	H_{M-1}·M(=HM)〔HM〕
난	H〔MH〕	난	H〔H'〕
날	H〔MH〕	날	H〔H'〕
나·고	HM〔HM〕	나·고	HM〔HM〕
나·이·께〈㊂〉	HM^2〔HM^2〕	낭·게	HM〔HM〕
나·앙·께〈㊂〉	HM^2〔HM^2〕	낭·게	HM〔HM〕
낭·께〈㊁〉	HM〔HM〕	낭·게	HM〔HM〕
·나·네	M^2〔HH/MM〕	·나·네	M^2〔HH/MM〕
·나·서	M^2〔HH/MM〕	·나·서	M^2〔HH/MM〕
·나·는	M^2〔HH/MM〕	·나·는	M^2〔HH/MM〕
·나·는·데	M^3〔HHM〕	·나·는·데	M^3〔HHM〕
·나·더·라	M^3〔HHM〕	·나·더·라	M^3〔HHM〕

74) 움직씨 /모르·다/ $H^2{}_M$·M(=H^2M)〔MHM〕는 예외적으로 /·아X/형 씨끝 앞에서 상성으로 변한다.

(301)

고성 방언		성주 방언	
누·다	H$_{M-1}$·M(=HM)〔HM〕	누·다	H$_{M-1}$·M(=HM)〔HM〕
눈	H〔MH〕	눈	H〔H'〕
눌	H〔MH〕	눌	H〔H'〕
누·고	HM〔HM〕	누·고	HM〔HM〕
누·이·께〈문〉	HM^2〔HM^2〕	눙·게	HM〔HM〕
누·웅·께〈문〉	HM^2〔HM^2〕	눙·게	HM〔HM〕
눙·께	HM〔HM〕	눙·게	HM〔HM〕
:노·오	L^2〔LM〕	:노	M̤〔M̤̆〕
:노·오·서	L^3〔LM^2〕	:노·서	M̤^{2}〔ḦH/M̤M〕
:노·오·도	L^3〔LM^2〕	:노·도	M̤^{2}〔ḦH/M̤M〕
·누·는	M^2〔HH/MM〕	·누·는	M^2〔HH/MM〕
·누·는·데	M^3〔HHM〕	·누·는·데	M^3〔HHM〕
·누·더·라	M^3〔HHM〕	·누·더·라	M^3〔HHM〕

(302)

고성 방언		성주 방언	
두·다(置)	H$_{M-1}$·M(=HM)〔HM〕	두·다	H$_{M-1}$·M(=HM)〔HM〕
둔	H〔MH〕	둔	H〔H'〕
둘	H〔MH〕	둘	H〔H'〕
두·고	HM〔HM〕	두·고	HM〔HM〕
두·이·께〈문〉	HM^2〔HM^2〕	두·이·께	HM^2〔HM^2〕
두·웅·께〈문〉	HM^2〔HM^2〕	둥·게	HM〔HM〕
둥·께·나	HM^2〔HM^2〕	둥·게	HM〔HM〕
·두네	M^2〔HH/MM〕	·두네	M^2〔HH/MM〕
:도·오	L^2〔LM〕	:도	M̤〔M̤̆〕
:도·오·서	L^3〔LM^2〕	:도·서	M̤^{2}〔ḦH/M̤M〕
:도·오·도	L^3〔LM^2〕	:도·도	M̤^{2}〔ḦH/M̤M〕
·두·는	M^2〔HH/MM〕	·두·는	M^2〔HH/MM〕
·두·는·데	M^3〔HHM〕	·두·는·데	M^3〔HHM〕
·두·더·라	M^3〔HHM〕	·두·더·라	M^3〔HHM〕

(303)

고성 방언		성주 방언	
쿠·다〈~(라)고하다〉	H$_{M-1}$·M(=HM)	카·다	H$_{M-1}$·M(=HM)〔HM〕
쿤	H〔MH〕	칸	H〔H'〕
칼	H〔MH〕	칼	H〔H'〕
쿠·고	HM〔HM〕	카·고	HM〔HM〕
쿠·이·께〈문〉	HM^2〔HM^2〕	카·이·께	HM^2〔HM^2〕
쿠·웅·께〈문〉	HM^2〔HM^2〕	캉·게	HM〔HM〕
쿵·께	HM〔HM〕	캉·게	HM〔HM〕
·쿠·나〈카니〉	M^2〔HH/MM〕	·카·나	M^2〔HH/MM〕
·캐·애·서	M^3〔HHM〕	:캐·서	M̤^{2}〔ḦH/M̤M〕

·캐·애·도	M^3〔HHM〕	:캐·도	M̤^{2}〔ḦH/M̤M〕
·캐·애	M^2〔HH/MM〕	:캐	M̤〔M̤̆〕
·쿠·는	M^2〔HH/MM〕	·카·는	M^2〔HH/MM〕
·쿠·는·데	M^3〔HHM〕	·카·는·데	M^3〔HHM〕
·쿠·더·라	M^3〔HHM〕	·카·더·라	M^3〔HHM〕

(304) 고성 방언 / 성주 방언

사·다	$H_{M\text{-}2}$·M(=HM)〔HM〕	사·다	$H_{M\text{-}2}$·M(=HM)〔HM〕
산	H〔MH〕	산	H〔H˥〕
살	H〔MH〕	살	H〔H˥〕
사·고	HM〔HM〕	사·고	HM〔HM〕
사·네	HM〔HM〕	사·네	HM〔HM〕
사·이·께〈문〉	HM^2〔HM^2〕	사·이·께	HM^2〔HM^2〕
·사·서	M^2〔HH/MM〕	·사·서	M^2〔HH/MM〕
·사·도	M^2〔HH/MM〕	·사·도	M^2〔HH/MM〕
·샀·다	M^2〔HH/MM〕	·샀·다	M^2〔HH/MM〕
사는	H^2〔MH〕	사는	H^2〔MH〕
사는·데	H^{2}M〔MHM〕	사는·데	H^{2}M〔MHM〕
사더·라	H^{2}M〔MHM〕	사더·라	H^{2}M〔MHM〕

(305) 고성 방언 / 성주 방언

나오·다	$H^2_{\boxed{L}-1}$·M(=H^{2}M)	나오·다	$H^2_{\boxed{L}-1}$·M(=H^{2}M)〔MHM〕
나오·고	H^{2}M〔MHM〕	나오·고	H^{2}M〔MHM〕
나오겄·다	H^{3}M〔M^{2}HM〕	나오겠·다	H^{3}M〔M^{2}HM〕
나오·이·께	H^{2}M^2〔MHM^2〕	나오·이·께	H^{2}M^2〔MHM^2〕
나옹·께	H^{2}M〔MHM〕	나옹·게	H^{2}M〔MHM〕
:[나]·온·다	$\boxed{L}^3$〔LM^2〕	·[나]·온·다	$\boxed{L}^3$〔LM^2〕
:[나]·와·서	$\boxed{L}^3$〔LM^2〕	·[나]·와·서	$\boxed{L}^3$〔LM^2〕
:[나]·오·더·라	$\boxed{L}^4$〔LM^3〕	·[나]·오·더·라	$\boxed{L}^4$〔LM^3〕
나오더·라	H^{3}M〔MH^{2}M〕	·[나]·오·더·라	$\boxed{L}^4$〔LM^3〕

(306) 고성 방언 / 성주 방언

@·씨·다(點燈)	M·M(=M^2)〔HH/MM〕	@쓰·다	H·M(=HM)〔HM〕
@·씨·다(點燈)	M·M(=M^2)〔HH/MM〕	@·쓰·다	M·M(=M^2)〔HH/MM〕
·씨·고	M^2〔HH/MM〕	·키·고	M^2〔HH/MM〕
·씨·네	M^2〔HH/MM〕	·키·네	M^2〔HH/MM〕
·씨·더·라	M^3〔HHM〕	·키·더·라	M^3〔HHM〕
·씽·께	M^2〔HH/MM〕	·키·이·께	M^3〔HHM〕
·써·서	M^2〔HH/MM〕	:키·서	M̤^{2}〔ḦH/M̤M〕
·써·고	M^2〔HH/MM〕	:키·고	M̤^{2}〔ḦH/M̤M〕
@케·다〈켜다〉	H·M(=HM)〔HM〕	@켜·다	H·M(=HM)〔HM〕

@케·다〈켜다〉	H·M(=HM)〔HM〕	@키·다	H·M(=HM)〔HM〕
@케·다〈켜다〉	H·M(=HM)〔HM〕	@·키·다	M_M·M(=M^2)〔HH/MM〕
@케·다〈켜다〉	H·M(=HM)〔HM〕	@·켜·다	M_M·M(=M^2)〔HH/MM〕
케·고	HM〔HM〕	·키·고	M^2〔HH/MM〕
케·네	HM〔HM〕	·키·네	M^2〔HH/MM〕
케더·라	H^2M〔MHM〕	·키·더·라	M^3〔HHM〕
켕·께	HM〔HM〕	·키·이·께	M^3〔HHM〕
켕께·에	H^2M〔MHM〕	·키·이·께	M^3〔HHM〕
케·에·서	HM^2〔HM^2〕	:키·서	M̤^{2}〔ḦH/M̤M〕
케·엤·다	HM^2〔HM^2〕	:컸·다	M̤^{2}〔ḦH/M̤M〕

(307) 고성 방언 / 성주 방언

@깨·다(覺)	H·M(=HM)〔HM〕	@:깨·다〈중〉	M̤·M(=M̤^{2})〔M̤̆M/M̤̆H〕
@깨·다(覺)	H·M(=HM)〔HM〕	@·깨·다〈구〉	M_M·M(=M^2)〔HH/MM〕
깨·고	HM〔HM〕	·깨·고	M^2〔HH/MM〕
깨·네	HM〔HM〕	·깨·네	M^2〔HH/MM〕
깨더·라	H^2M〔MHM〕	·깨·더·라	M^3〔HHM〕
깽께·에	H^2M〔MHM〕	·깨·이·께	M^3〔HHM〕
깨·애·서	HM^2〔HM^2〕	:깨·서	M̤^{2}〔ḦH/M̤M〕
깨·애·도	HM^2〔HM^2〕	:깨·도	M̤^{2}〔ḦH/M̤M〕

(308) 고성 방언 / 성주 방언

@·치·다(舞)	M_M·M(=M^2)〔HH/MM〕	@·치·다	M·M(=M^2)〔HH/MM〕
@·치·다(舞)	M_M·M(=M^2)〔HH/MM〕	@·추·다〈구〉	M_M·M(=M^2)〔HH/MM〕
·처·서	M^2〔HH/MM〕	:초·서〈구〉	M̤^{2}〔ḦH/M̤M〕
·쳤·다	M^2〔HH/MM〕	:촜·다〈구〉	M̤^{2}〔ḦH/M̤M〕
@·치·다(舞)	M_M·M(=M^2)〔HH/MM〕	@·추·다	M·M(=M^2)〔HH/MM〕
·치·고	M^2〔HH/MM〕	·추·고	M^2〔HH/MM〕
·치·모	M^2〔HH/MM〕	·추·마	M^2〔HH/MM〕
·처·서	M^2〔HH/MM〕	·추·어·서	M^3〔HHM〕
·처·서	M^2〔HH/MM〕	·처·서	M^2〔HH/MM〕
·처·서	M^2〔HH/MM〕	·추·서	M^2〔HH/MM〕
·쳤·다	M^2〔HH/MM〕	·쳤·다	M^2〔HH/MM〕
·쳤·다	M^2〔HH/MM〕	·췄·다	M^2〔HH/MM〕

(309) 고성 방언 / 성주 방언

@·꾸·다(夢)〈문〉	M·M(=M^2)〔HH/MM〕	@·꾸·다	M_M·M(=M^2)〔HH/MM〕
@·끄·다(夢)	M·M(=M^2)〔HH/MM〕	@·꾸·다	M_M·M(=M^2)〔HH/MM〕
·끄·고	M^2〔HH/MM〕	·꾸·고	M^2〔HH/MM〕
·끄·모	M^2〔HH/MM〕	·꾸·마	M^2〔HH/MM〕
·끄·더·라	M^3〔HHM〕	·꾸·더·라	M^3〔HHM〕

·끄·이·께〈문〉	M^{3}〔HHM〕	·꾸·이·께	M^{3}〔HHM〕
·끙·께	M^{2}〔HH/MM〕	·꾸·이·께	M^{3}〔HHM〕
·꺼·서	M^{2}〔HH/MM〕	:꾸·서	M̤^{2}〔ḦH/M̤M〕
·껐·다	M^{2}〔HH/MM〕	:꿨·다	M̤^{2}〔ḦH/M̤M〕
·꺼·서	M^{2}〔HH/MM〕	:꼬·서〈드물게〉	M̤^{2}〔ḦH/M̤M〕
·껐·다	M^{2}〔HH/MM〕	·꽜·다〈드물게〉	M^{2}〔HH/MM〕

(310) 고성 방언 / 성주 방언

@:채애·다(借)	L^{2}·M(=L^{3})〔LM^{2}〕	@·꾸·다	M$_{M}$·M〔HH/MM〕
:채·앴·다	L^{3}〔LM^{2}〕	:꿨·다	M̤^{2}〔ḦH/M̤M〕
:채·애·도	L^{3}〔LM^{2}〕	:꾸·도	M̤^{2}〔ḦH/M̤M〕
@채애·다(借)	H^{2}·M(=H^{2}M)〔MHM〕	@·꾸·다	M$_{M}$·M〔HH/MM〕
채앴·다	H^{2}M〔MHM〕	:꿨·다	M̤^{2}〔ḦH/M̤M〕
채애·도	H^{2}M〔MHM〕	:꾸·도	M̤^{2}〔ḦH/M̤M〕
@끄·어·다(借)	HM·M(=HM^{2})	@·꾸·다	M$_{M}$·M〔HH/MM〕
끄·어·고	HM^{2}〔HM^{2}〕	·꾸·고	M^{2}〔HH/MM〕
끄·어·네	HM^{2}〔HM^{2}〕	·꾸·네	M^{2}〔HH/MM〕
끄·어·더·라	HM^{3}〔HM^{3}〕	·꾸·더·라	M^{3}〔HHM〕
끄·엉·께	HM^{2}〔HM^{2}〕	·꾸·이·께	M^{3}〔HHM^{2}〕
끄·어·서	HM^{2}〔HM^{2}〕	:꾸·서	M̤^{2}〔ḦH/M̤M〕
끄·었·다	HM^{2}〔HM^{2}〕	:꿨·다	M̤^{2}〔ḦH/M̤M〕
끄·어·서	HM^{2}〔HM^{2}〕	:꼬·서〈드물게〉	M̤^{2}〔ḦH/M̤M〕
끄·었·다	HM^{2}〔HM^{2}〕	:꿨·다〈드물게〉	M̤^{2}〔ḦH/M̤M〕

(311) 고성 방언 / 성주 방언

·까·다〈·새·끼~〉	M·M(=M^{2})〔HH/MM〕	·꼬·다	M$_{M}$·M(=M^{2})〔HH/MM〕
·까·고	M^{2}〔HH/MM〕	·꼬·고	M^{2}〔HH/MM〕
·까·네	M^{2}〔HH/MM〕	·꼬·네	M^{2}〔HH/MM〕
·까·더·라	M^{3}〔HHM〕	·꼬·더·라	M^{3}〔HHM〕
·깡·께	M^{2}〔HH/MM〕	·꼬·니·까	M^{3}〔HHM〕
·까·도	M^{2}〔HH/MM〕	:꽈·도	M̤^{2}〔ḦH/M̤M〕
·까·도	M^{2}〔HH/MM〕	:꽈·도	M̤^{2}〔ḦH/M̤M〕
·깠·다	M^{2}〔HH/MM〕	:꽜·다	M̤^{2}〔ḦH/M̤M〕

(312) 고성 방언 / 성주 방언

@·싸·다(射)	M·M(=M^{2})〔HH/MM〕	@·싸·다	M$_{H}$·M(=M^{2})〔HH/MM〕
@·싸·다(射)	M·M(=M^{2})〔HH/MM〕	@·쏘·다	M$_{H}$·M(=M^{2})〔HH/MM〕
·싸·고	M^{2}〔HH/MM〕	·쏘·고	M^{2}〔HH/MM〕
·쌍·께	M^{2}〔HH/MM〕	·쏘·니	M^{2}〔HH/MM〕
·싸·서	M^{3}〔HHM〕	:쏴·서	M̤^{2}〔ḦH/M̤M〕
·싸·서	M^{2}〔HH/MM〕	:쏘·서	M̤^{2}〔ḦH/M̤M〕

·싸·도	M^{2}〔HH/MM〕	:쏴·도	M̤^{2}〔ḦH/M̤M〕
·싸·도	M^{2}〔HH/MM〕	:쏘·도	M̤^{2}〔ḦH/M̤M〕

(313) 고성 방언 / 성주 방언

고성 방언		성주 방언	
:지·다〈쥐다〉	L$_{H}$·M(=L^{2})〔LM〕	:지·다	M̤$_{H}$·M(=M̤^{2})〔ḦH/M̤M〕
:지·고	L^{2}〔LM〕	:지·고	M̤^{2}〔ḦH/M̤M〕
:지·네〔:지·네〕	L^{2}〔LM〕	:지·네	M̤^{2}〔ḦH/M̤M〕
:징·께	L^{2}〔LM〕	:지·이·께	M̤^{3}〔ḦHM〕
:징·께·에	L^{3}〔LM^{2}〕	:지·이·께	M̤^{3}〔ḦHM〕
지·이·도	HM^{2}〔HM^{2}〕	지·이·도	HM^{2}〔HM^{2}〕
지·이·서	HM^{2}〔HM^{2}〕	지·이·서	HM^{2}〔HM^{2}〕

(314) 고성 방언 / 성주 방언

고성 방언		성주 방언	
:비·다(空)	L$_{H}$·M(=L^{2})〔LM〕	:비·다	M̤$_{H}$·M(=M̤^{2})〔ḦH/M̤M〕
:비·고	L^{2}〔LM〕	:비·고	M̤^{2}〔ḦH/M̤M〕
:비·네	L^{2}〔LM〕	:비·네	M̤^{2}〔ḦH/M̤M〕
:비·더·라	L^{3}〔LM^{2}〕	:비·더·라	M̤^{3}〔ḦHM〕
:비·이·께	L^{3}〔LM^{2}〕	:비·이·께	M̤^{3}〔ḦHM〕
:빙·께(·에)	L^{2}〔LM〕	:비·이·께	M̤^{3}〔ḦHM〕
비·있·응·께	HM^{3}〔HM^{3}〕	비·있·으·이·께	HM^{4}〔HM^{4}〕
비·있·잉·께	HM^{3}〔HM^{3}〕	비·있·으·이·께	HM^{4}〔HM^{4}〕
비·이·도	HM^{2}〔HM^{2}〕	비·이·도	HM^{2}〔HM^{2}〕
비·이·서	HM^{2}〔HM^{2}〕	비·이·서	HM^{2}〔HM^{2}〕

(315) 고성 방언 / 성주 방언

고성 방언		성주 방언	
:세·다(强)	L$_{H}$·M(=L^{2})〔LM〕	:시·다	M̤$_{H}$·M(=M̤^{2})〔ḦH/M̤M〕
:세·고	L^{2}〔LM〕	:시·고	M̤^{2}〔ḦH/M̤M〕
:세·네	L^{2}〔LM〕	:시·네	M̤^{2}〔ḦH/M̤M〕
:세·더·라	L^{3}〔LM^{2}〕	:시·더·라	M̤^{3}〔ḦHM〕
:세·이·께	L^{3}〔LM^{2}〕	:시·이·께	M̤^{3}〔ḦHM〕
:셍·께(·에)	L^{2}〔LM〕	:시·잉·게	M̤^{3}〔ḦHM〕
세·에·서	HM^{2}〔HM^{2}〕	시·이·서	HM^{2}〔HM^{2}〕
세·에·도	HM^{2}〔HM^{2}〕	시·이·도	HM^{2}〔HM^{2}〕

(316) 고성 방언 / 성주 방언

고성 방언		성주 방언	
@:세·다(計)	L·M(=L^{2})〔LM〕	@:세·아·리·다	M̤^{3}·M(=M̤^{4})〔ḦHM^{2}〕
@:세·다(計)	L·M(=L^{2})〔LM〕	@:세·리·다	M̤^{2}·M(=M̤^{3})〔ḦHM〕
:세·고	L^{2}〔LM〕	:세·리·고	M̤^{3}〔ḦHM〕
:세·모	L^{2}〔LM〕	:세·리·마	M̤^{3}〔ḦHM〕
세·에·서	HM^{2}〔HM^{2}〕	:세·리·서	M̤^{3}〔ḦHM〕

(317)

고성 방언		성주 방언	
:새·다(曙)	L_H·M(=L^2)〔LM〕	:새·다	M̤$_H$·M(=M̤^{2})〔ḦH/M̤M〕
:새·고	L^2〔LM〕	:새·고	M̤^{2}〔ḦH/M̤M〕
:새·네	L^2〔LM〕	:새·네	M̤^{2}〔ḦH/M̤M〕
:새·더·라	L^3〔LM^2〕	:새·더·라	M̤^{3}〔ḦHM〕
:생·께	L^2〔LM〕	:새·이·께	M̤^{3}〔ḦHM〕
새·애·도	HM^2〔HM^2〕	새·애·도	HM^2〔HM^2〕
새·애·서	HM^2〔HM^2〕	새·애·서	HM^2〔HM^2〕

(318)

고성 방언		성주 방언	
:얼·다	L_H·M(=L^2)〔LM〕	:얼·다	M̤$_H$·M(=M̤^{2})〔ḦH/M̤M〕
:얼·고	L^2〔LM〕	:얼·고	M̤^{2}〔ḦH/M̤M〕
:얼·모〈얼면〉	L^2〔LM〕	:얼·마	M̤^{2}〔ḦH/M̤M〕
얼·으·모	HM^2〔HM^2〕	:얼·만	M̤^{2}〔ḦH/M̤M〕
얼·어·서	HM^2〔HM^2〕	얼·어·서	HM^2〔HM^2〕

(319)

고성 방언		성주 방언	
:울·다(泣)	L_H·M(=L^2)〔LM〕	:울·다	M̤$_H$·M(=M̤^{2})〔ḦH/M̤M〕
:울·고	L^2〔LM〕	:울·고	M̤^{2}〔ḦH/M̤M〕
:우·네	L^2〔LM〕	:우·네	M̤^{2}〔ḦH/M̤M〕
:웅·께	L^2〔LM〕	:웅·게	M̤^{2}〔ḦH/M̤M〕
울·어·서	HM^2〔HM^2〕	울·어·서	HM^2〔HM^2〕

(320)

고성 방언		성주 방언	
:몰·다(驅)	L_H·M(=L^2)〔LM〕	:몰·다	M̤$_H$·M(=M̤^{2})〔ḦH/M̤M〕
:몰·고〔:몰·고〕	L^2〔LM〕	:몰·고	M̤^{2}〔ḦH/M̤M〕
:모·네	L^2〔LM〕	:모·네	M̤^{2}〔ḦH/M̤M〕
:몬·다	L^2〔LM〕	:몬·다	M̤^{2}〔ḦH/M̤M〕
:모·이·께〈㊂〉	L^3〔LM^2〕	:몽·게	M̤^{2}〔ḦH/M̤M〕
:몽·께·에	L^3〔LM^2〕	:몽·게	M̤^{2}〔ḦH/M̤M〕
몰·아·도	HM^2〔HM^2〕	몰·아·도	HM^2〔HM^2〕
몰·아·서	HM^2〔HM^2〕	몰·아·서	HM^2〔HM^2〕

(321)

고성 방언		성주 방언	
:짛·다(作)	L_H·M(=L^2)〔LM〕	:짛·다(作)	M̤$_H$·M(=M̤^{2})〔ḦH/M̤M〕
:짛·고〔:짇·꼬〕	L^2〔LM〕	:짛·고〔:짇·꼬〕	M̤^{2}〔ḦH/M̤M〕
:짛·네〔:진·네〕	L^2〔LM〕	:짛·네〔:진·네〕	M̤^{2}〔ḦH/M̤M〕
:짛·더·라〔:짇·더·라〕	L^3〔LM^2〕	:짛·더·라〔:짇-〕	M̤^{3}〔ḦHM〕
짛·응·께	HM^2〔HM^2〕	짛·으·이·께	HM^3〔HM^3〕
짛·이·서〔지·어·서〕	HM^2〔HM^2〕	짛·어·서	HM^2〔HM^2〕
짛·이·서〔지·이·서〕	HM^2〔HM^2〕	짛·이·서	HM^2〔HM^2〕

(322)

고성 방언		성주 방언	
@:걷·다(步)	L$_H$·M(=L^2)〔LM〕	@:걹·다(步)	M̤$_H$·M(=M̤^{2})〔ḦH/M̤M〕
:걷·고	L^2〔LM〕	:걹·고〔:걸·꼬〕	M̤^{2}〔ḦH/M̤M〕
걸·어·서	HM^2〔HM^2〕	걸·어·서	HM^2〔HM^2〕
@:걷·다(步)	L$_H$·M(=L^2)〔LM〕	@:걷·다(步)	M̤$_H$·M(=M̤^{2})〔ḦH/M̤M〕
:걷·고	L^2〔LM〕	:걷·고	M̤^{2}〔ḦH/M̤M〕
:걷·네	L^2〔LM〕	:걷·네	M̤^{2}〔ḦH/M̤M〕
:걷·더·라	L^3〔LM^2〕	:걷·더·라	M̤^{3}〔ḦHM〕
걸응께·에	H^{3}M〔MH^{2}M〕	걸·으·이·께	HM^3〔HM^3〕
걸·어·서	HM^2〔HM^2〕	걸·어·서	HM^2〔HM^2〕
걸·었·다	HM^3〔HM^2〕	걸·었·다	HM^3〔HM^2〕

(323)

고성 방언		성주 방언	
:묻·다(問)	L$_H$·M(=L^2)〔LM〕	:묻·다	M̤$_H$·M(=M̤^{2})〔ḦH/M̤M〕
:묻·고	L^2〔LM〕	:묻·고	M̤^{2}〔ḦH/M̤M〕
:묻·네	L^2〔LM〕	:묻·네	M̤^{2}〔ḦH/M̤M〕
:묻·더·라	L^3〔LM^2〕	:묻·더·라	M̤^{3}〔ḦHM〕
물·응·께	HM^2〔HM^2〕	물·으·이·께	HM^3〔HM^3〕
물응께·에	H^{3}M〔MH^{2}M〕	물·응·게	HM^2〔HM^2〕
물·어·서	HM^2〔HM^2〕	물·어·서	HM^2〔HM^2〕

(324)

고성 방언		성주 방언	
:감·다〈捲〉	L$_H$·M(=L^2)〔LM〕	:감·다	M̤$_H$·M(=M̤^{2})〔ḦH/M̤M〕
:감·고	L^2〔LM〕	:감·고	M̤^{2}〔ḦH/M̤M〕
:감·네	L^2〔LM〕	:감·네	M̤^{2}〔ḦH/M̤M〕
:감·더·라	L^3〔LM^2〕	:감·더·라	M̤^{3}〔ḦHM〕
감·응·께	HM^2〔HM^2〕	감·앙·게	HM^2〔HM^2〕
감응께·에	H^{3}M〔MH^{2}M〕	감·앙·게	HM^2〔HM^2〕
감·아·서	HM^2〔HM^2〕	감·아·서	HM^2〔HM^2〕
감·았·다	HM^2〔HM^2〕	감·았·다	HM^2〔HM^2〕

(325)

고성 방언		성주 방언	
@·깜·다(黑)	M$_H$·M(=M^2)〔HH/MM〕	@:깜·다(黑)	M̤$_H$·M(=M̤^{2})〔ḦH/M̤M〕
@·껌·다(黑)	M$_H$·M(=M^2)〔HH/MM〕	@:껌·다(黑)	M̤$_H$·M(=M̤^{2})〔ḦH/M̤M〕
@:깜·다(黑)	L$_H$·M(=L^2)〔LM〕	@:깜·다(黑)	M̤$_H$·M(=M̤^{2})〔ḦH/M̤M〕
@:껌·다(黑)	L$_H$·M(=L^2)〔LM〕	@:껌·다(黑)	M̤$_H$·M(=M̤^{2})〔ḦH/M̤M〕
:껌·고	L^2〔LM〕	:껌·고	M̤^{2}〔ḦH/M̤M〕
:껌·네	L^2〔LM〕	:껌·네	M̤^{2}〔ḦH/M̤M〕
:껌·더·라	L^3〔LM^2〕	:껌·더·라	M̤^{3}〔ḦHM〕
껌·응·께	HM^2〔HM^2〕	껌·응·게	HM^2〔HM^2〕
껌응께·에	H^{3}M〔MH^{2}M〕	껌·응·게	HM^2〔HM^2〕

껌·어·서	HM^2〔HM^2〕	껌·어·서	HM^2〔HM^2〕
껌·었·다	HM^2〔HM^2〕	껌·었·다	HM^2〔HM^2〕

(326) 고성 방언 / 성주 방언

고성 방언		성주 방언	
:싫·다(載)	L$_H$·M(=L^2)〔LM〕	:싫·다	M̤$_H$·M(=M̤^{2})〔ḦH/M̤M〕
:싫·고〔:실·꼬〕	L^2〔LM〕	:싫·고〔:실·꼬〕	M̤^{2}〔ḦH/M̤M〕
:싫·네〔:실·레〕	L^2〔LM〕	:싫·네〔:실·레〕	M̤^{2}〔ḦH/M̤M〕
:싫·더·라〔:실·떠·라〕	L^3〔LM^2〕	:싫·더·라〔:실·떠-〕	M̤^{3}〔ḦHM〕
싫·응·께〔시·릉·께〕	HM^2〔HM^2〕	싫·으·이·께	HM^3〔HM^3〕
싫응께·에〔시릉께·에〕	H^{3}M〔MH^{2}M〕	싫·으·이·께	HM^3〔HM^3〕
싫·어·서〔시·러·서〕	HM^2〔HM^2〕	싫·어·서	HM^2〔HM^2〕

(327) 고성 방언 / 성주 방언

고성 방언		성주 방언	
:젊·다	L$_H$·M(=L^2)〔LM〕	:젊·다〔점·따〕	M̤$_H$·M(=M̤^{2})〔ḦH/M̤M〕
:젊·고	L^2〔LM〕	:젊·고〔:점·꼬〕	M̤^{2}〔ḦH/M̤M〕
젊·어·서	HM^2〔HM^2〕	젊·어·서	HM^2〔HM^2〕
젊·응·께	HM^2〔HM^2〕	젊·으·이·께	HM^3〔HM^3〕

(328) 고성 방언 / 성주 방언

고성 방언		성주 방언	
:굶·다〔:굼·따〕	L$_H$·M(=L^2)〔LM〕	:굶·다	M̤$_H$·M(=M̤^{2})〔ḦH/M̤M〕
:굶·고	L^2〔LM〕	:굶·고〔:굼·꼬〕	M̤^{2}〔ḦH/M̤M〕
:굶·네	L^2〔LM〕	:굶·네	M̤^{2}〔ḦH/M̤M〕
:굶·더·라	L^3〔LM^2〕	:굶·더·라	M̤^{3}〔ḦHM〕
:굶·는·다	L^3〔LM^2〕	:굶·는·다	M̤^{3}〔ḦHM〕
굶·응·께	HM^2〔HM^2〕	굶·으·이·께	HM^3〔HM^3〕
굶응께·에	H^{3}M〔MH^{2}M〕	굶·으·이·께	HM^3〔HM^3〕
굶·어·서	HM^2〔HM^2〕	굶·어·서	HM^2〔HM^2〕
굶·었·다	HM^2〔HM^2〕	굶·었·다	HM^2〔HM^2〕

(329) 고성 방언 / 성주 방언

고성 방언		성주 방언	
:얇·다〔:얍·다〕	L$_H$·M(=L^2)〔LM〕	:얇·다	M̤$_H$·M(=M̤^{2})〔ḦH/M̤M〕
:얇·고〔:얍·꼬〕	L^2〔LM〕	:얇·고〔:얄·꼬〕	M̤^{2}〔ḦH/M̤M〕
:얇·네	L^2〔LM〕	:얇·네〔:얄·레〕	M̤^{2}〔ḦH/M̤M〕
:얇·고	L^2〔LM〕	:얇·고〔:얍·꼬〕⟨ⓣ⟩	M̤^{2}〔ḦH/M̤M〕
:얇·네	L^2〔LM〕	:얇·네〔:얌·네〕⟨ⓣ⟩	M̤^{2}〔ḦH/M̤M〕
:얇·더·라	L^3〔LM^2〕	:얇·더·라	M̤^{3}〔ḦHM〕
얇·응·께	HM^2〔HM^2〕	얇·으·이·께	HM^3〔HM^3〕
얇·으·이·께	HM^3〔HM^3〕	얇·앙·게	HM^2〔HM^2〕
얇응께·에	H^{3}M〔MH^{2}M〕	얇·앙·게	HM^2〔HM^2〕
얇·아·서	HM^2〔HM^2〕	얇·아·서	HM^2〔HM^2〕

(330) 고성 방언		성주 방언	
:볿·다〔:봅·따〕	L$_H$·M(=L^2)〔LM〕	:밟·다〔:발·따〕	M̤$_H$·M(=M̤^{2})〔ḦH/M̤M〕
:볿·고〔:봅·고〕	L^2〔LM〕	:밟·고〔:발·꼬〕	M̤^{2}〔ḦH/M̤M〕
:볿·네〔:봅·네〕	L^2〔LM〕	:밟·네〔:발·레〕	M̤^{2}〔ḦH/M̤M〕
:볿·고〔:봅·고〕	L^2〔LM〕	:밟·고〔:밥·고〕〈(구)〉	M̤^{2}〔ḦH/M̤M〕
:볿·네〔:봅·네〕	L^2〔LM〕	:밟·네〔:밤·네〕〈(구)〉	M̤^{2}〔ḦH/M̤M〕
:볿·더·라	L^3〔LM^2〕	:밟·더·라	M̤^{3}〔ḦHM〕
:볿·더·라	L^3〔LM^2〕	:밟·더·라〔:발·떠··〕〈(송)〉	M̤^{3}〔ḦHM〕
:볿·더·라	L^3〔LM^2〕	:밟·더·라〔:밥·떠··〕〈(구)〉	M̤^{3}〔ḦHM〕
볿·으·이·께〈(문)〉	HM^3〔HM^3〕	밟·으·이·께	HM^3〔HM^3〕
볿·응·께	HM^2〔HM^2〕	밟·응·게	HM^2〔HM^2〕
볿응·께	H^{2}M〔MHM〕	밟·응·게	HM^2〔HM^2〕
볿응께·에	H^{3}M〔MH^{2}M〕	밟·앙·게	HM^2〔HM^2〕
볿·아·서	HM^2〔HM^2〕	밟·아·서	HM^2〔HM^2〕

(331) 고성 방언		성주 방언	
@누(:)렇·다[75]	H^2·M(=H^{2}M)〔M(:)HM〕	@누리·다	HM·M(=HM^2)〔HM^2〕
@누(:)렇·다	H^2·M(=H^{2}M)〔M(:)HM〕	@누(:)렇·다	H^2·M(=H^{2}M)〔M(:)HM〕
누(:)렇·고	H^{2}M〔M(:)HM〕	누(:)렇·고	H^{2}M〔M(:)HM〕
누(:)렇·네	H^{2}M〔M(:)HM〕	누(:)렇·네	H^{2}M〔M(:)HM〕
누릉께·에	H^{3}M〔M(:)H^{2}M〕	누(:)러·이·께	H^{2}M〔M(:)HM〕
누(:)래·애·서	H^{2}M^2〔M(:)HM^2〕	누(:)래·애·서	H^{2}M^2〔M(:)HM^2〕
누(:)래·애·도	H^{2}M^2〔M(:)HM^2〕	누(:)래·애·도	H^{2}M^2〔M(:)HM^2〕

(332) 고성 방언		성주 방언	
파(:)랗·다	H^2·M(=H^{2}M)〔M(:)HM〕	파(:)랗·다	H^2·M(=H^{2}M)〔M(:)HM〕
파(:)랗·고	H^{2}M〔M(:)HM〕	파(:)랗·고	H^{2}M〔M(:)HM〕
파(:)랗·네	H^{2}M〔M(:)HM〕	파(:)랗·네	H^{2}M〔M(:)HM〕
파(:)랑께·에	H^{2}M^2〔M(:)HM^2〕	파(:)라이·께	H^{2}M^2〔M(:)HM^2〕
파(:)래·애·서	H^{2}M^2〔M(:)HM^2〕	파(:)래·애·서	H^{2}M^2〔M(:)HM^2〕
새(:)파래·애·서	H^{3}M^2〔M(:)H^{2}M^2〕	새(:)파래·애·서	H^{3}M^2〔M(:)MHM^2〕

(333) 고성 방언		성주 방언	
·이·다〈이다, 是〉	M·M(=M^2)〔HH/MM〕	·이·다	M·M(=M^2)〔HH/MM〕
:돈·이·다(酒)	L^3〔LM^2〕	:돈·이·다(酒)	M̤^{3}〔ḦHM〕
:돈·이·고	L^3〔LM^2〕	:돈·이·고	M̤^{3}〔ḦHM〕
:돈·이·네	L^3〔LM^2〕	:돈·이·네	M̤^{3}〔ḦHM〕
:돈·이·라서	L^4〔LM^3〕	:돈·이·라서	M̤^{4}〔ḦHM^2〕
:새·다(鳥)	L^2〔LM〕	:새·다(鳥)	M̤^{2}〔ḦH/M̤M〕

75) /누렇·다/, /파랗·다/ 따위의 색깔을 뜻하는 풀이씨들은 표현적인 장음화를 수반한다.

:새·고	L^{2}〔LM〕	:새·고	M̤^{2}〔ḦH/M̤M〕
:새·네	L^{2}〔LM〕	:새·네	M̤^{2}〔ḦH/M̤M〕
:새·라서	L^{3}〔LM^{2}〕	:새·라서	M̤^{3}〔ḦHM〕
·세·고〈소(牛)이고〉	M^{2}〔HH/MM〕	·소·고	M^{2}〔HH/MM〕
·세·네	M^{2}〔HH/MM〕	·소·네	M^{2}〔HH/MM〕
·소·라·서	M^{3}〔HHM〕	·소·라·서	M^{3}〔HHM〕
·세·라·서	M^{3}〔HHM〕	·소·라·서	M^{3}〔HHM〕
·착·이·고	M^{3}〔HHM〕	·책·이·고	M^{3}〔HHM〕
·착·이·네	M^{3}〔HHM〕	·책·이·네	M^{3}〔HHM〕
·착·이·라·서	M^{4}〔HHM^{2}〕	·책·이·라·서	M^{4}〔HHM^{2}〕
시·다(詩)	HM〔HM〕	시·다(詩)	HM〔HM〕
시·고	HM〔HM〕	시·고	HM〔HM〕
시·네	HM〔HM〕	시·네	HM〔HM〕
시·라·서	HM^{2}〔HM^{2}〕	시·라·서	HM^{2}〔HM^{2}〕
술·이·다(酒)	HM^{2}〔HM^{2}〕	술·이·다(酒)	HM^{2}〔HM^{2}〕
술·이·고	HM^{2}〔HM^{2}〕	술·이·고	HM^{2}〔HM^{2}〕
술·이·네	HM^{2}〔HM^{2}〕	술·이·네	HM^{2}〔HM^{2}〕
술·이·라서	HM^{3}〔HM^{3}〕	술·이·라·서	HM^{3}〔HM^{3}〕

13. 임자씨와 그 밖의 낱말들

풀이씨를 제외한 다른 범주의 낱말들은 줄기 자체의 성조 변동이 없으므로, 굴곡표를 제시할 필요가 없다.[76] 그러므로 이 장에서는 굴곡표를 제시하지 않고, 낱말들의 자료만 대응 규칙에 맞는 것, 부분적으로 대응 규칙에 맞는 것, 대응 규칙에 어긋나는 것 등으로 나누어서 제시한다.

13.1 규칙적 대응

(334) 평측형 임자씨

고성 방언		성주 방언	
강(姜)	H〔MH〕	강	H〔H'〕
겉	H〔MH〕	겉	H〔H'〕
국	H〔MH〕	국	H〔H'〕
금(金)	H〔MH〕	금	H〔H'〕
꿀	H〔MH〕	꿀	H〔H'〕
꽁(雉)	H〔MH〕	꿩	H〔H'〕
꽅(花)	H〔MH〕	꽃	H〔H'〕
낱〈얼굴〉	H^2〔MH〕	낱	H〔H'〕
낱〈얼굴〉	H〔MH〕	낯	H〔H'〕
상(床) 상·이/*사이	H〔MH〕	상	H〔H'〕
넋	H〔MH〕	넋	H〔H'〕
닥(鷄)	H〔MH〕	닥	H〔H'〕
독(甕)	H〔MH〕	독	H〔H'〕
등(背)	H〔MH〕	등	H〔H'〕
똥	H〔MH〕	똥	H〔H'〕
말(馬)	H〔MH〕	말	H〔H'〕
모(苗)	H〔MH〕	모	H〔H'〕

76) 다만 /·에X/형의 씨끝 앞에서 압도적인 다수의 1음절 거성(·□) 이름씨가 평성(□)으로 임의 변동하며, 이때 이름씨 자체에 정보 초점이 놓이지 않는 한 거성(·□)보다는 평성(□)으로 발음되는 빈도가 훨씬 높다. 9장 (118)을 참조.

목	H〔MH〕	목	H〔H˥〕
문(門)	H〔MH〕	문	H〔H˥〕
밑	H〔MH〕	밑	H〔H˥〕
밑(下)	H〔MH〕	밑	H〔H˥〕
빝(陽)	H〔MH〕	빝	H〔H˥〕
벹(陽)	H〔MH〕	볕	H〔H˥〕
밖	H〔MH〕	밖	H〔H˥〕
방(房)	H〔MH〕	방	H〔H˥〕
발	H〔MH〕	발	H〔H˥〕
밭	H〔MH〕	빛	H〔H˥〕
배(梨)	H〔MH〕	배	H〔H˥〕
벵(甁)	H〔MH〕	빙	H〔H˥〕
복(伏)	H〔MH〕	복	H〔H˥〕
비(碑)	H〔MH〕	비	H〔H˥〕
벵(甁)	H〔MH〕	병	H〔H˥〕
싹(芽)	H〔MH〕	싹	H〔H˥〕
쌋(芽)	H〔MH〕	싹	H〔H˥〕
산(山)	H〔MH〕	산	H〔H˥〕
삼(三)	H〔MH〕	삼	H〔H˥〕
삼(蔘)	H〔MH〕	삼	H〔H˥〕
상(床)	H〔MH〕	상	H〔H˥〕
손(客)	H〔MH〕	손	H〔H˥〕
솥	H〔MH〕	숯	H〔H˥〕
술(酒)	H〔MH〕	술	H〔H˥〕
숱(炭)	H〔MH〕	숯	H〔H˥〕
숱(炭)	H〔MH〕	숱	H〔H˥〕
시(詩)	H〔MH〕	시	H〔H˥〕
앞	H〔MH〕	앞	H〔H˥〕
양(羊)	H〔MH〕	양	H〔H˥〕
연	H〔MH〕	연	H〔H˥〕
옫(漆)	H〔MH〕	옻	H〔H˥〕
우(上)	H〔MH〕	우	H〔H˥〕
우	H〔MH〕	위	H〔H˥〕
윹	H〔MH〕	윷	H〔H˥〕
은(銀)	H〔MH〕	은	H〔H˥〕
장(市)	H〔MH〕	장	H〔H˥〕
저(我)	H〔MH〕	저	H〔H˥〕
젙(傍)	H〔MH〕	곁	H〔H˥〕
젙(傍)	H〔MH〕	젙	H〔H˥〕
종(鍾)	H〔MH〕	종	H〔H˥〕
집	H〔MH〕	집	H〔H˥〕

짝	H〔MH〕	짝	H〔H'〕
차(車)	H〔MH〕	차	H〔H'〕
창〈구두~〉	H〔MH〕	창	H〔H'〕
창〈槍〉	H〔MH〕	창	H〔H'〕
창(窓)	H〔MH〕	창	H〔H'〕
천(千)	H〔MH〕	천	H〔H'〕
청(마루)	H〔MH〕	청	H〔H'〕
초(醋)	H〔MH〕	초	H〔H'〕
춤(鍼)	H〔MH〕	침	H〔H'〕
콩	H〔MH〕	콩	H〔H'〕
털(毛)	H〔MH〕	털	H〔H'〕
파(派)	H〔MH〕	파	H〔H'〕
판(床)	H〔MH〕	판	H〔H'〕
폴(腕)	H〔MH〕	팔	H〔H'〕
활	H〔MH〕	활	H〔H'〕
흑〈흙〉	H〔MH〕	흑	H〔H'〕
가·래〈농기〉	HM〔HM〕	가·래	HM〔HM〕
가·매(頭旋)	HM〔HM〕	가·매	HM〔HM〕
가·매(釜)	HM〔HM〕	가·매	HM〔HM〕
가·새〈가위〉	HM〔HM〕	가·새	HM〔HM〕
가·새〈가위〉	HM〔HM〕	가·위	HM〔HM〕
가·슴	HM〔HM〕	가·슴	HM〔HM〕
가·심〈옛〉	HM〔HM〕	가·슴	HM〔HM〕
가·아〈그 아이〉	HM〔HM〕	가·아	HM〔HM〕
가·자〈과자〉	HM〔HM〕	까·자	HM〔HM〕
감·초	HM〔HM〕	감·초	HM〔HM〕
감·티	HM〔HM〕	감·투	HM〔HM〕
감·티(套)	HM〔HM〕	감·투	HM〔HM〕
거·리(街)	HM〔HM〕	거·리	HM〔HM〕
거·리(距離)	HM〔HM〕	거·리	HM〔HM〕
거·무(蜘蛛)	HM〔HM〕	거·무	HM〔HM〕
거·울	HM〔HM〕	거·울	HM〔HM〕
거·이	HM〔HM〕	기·우	HM〔HM〕
거·품	HM〔HM〕	거·품	HM〔HM〕
건·달	HM〔HM〕	건·달	HM〔HM〕
게·기(漁,肉)	HM〔HM〕	기·기	HM〔HM〕
게·우	HM〔HM〕	기·우	HM〔HM〕
게·울(冬)	HM〔HM〕	겨·울	HM〔HM〕
게·이(漁,肉)	HM〔HM〕	귀·기	HM〔HM〕
겡·비(經費)	HM〔HM〕	경·비	HM〔HM〕
겸·손	HM〔HM〕	겸·손	HM〔HM〕

계·급	HM〔HM〕	계·급	HM〔HM〕
고·개(峴)	HM〔HM〕	고·개	HM〔HM〕
고·게〈거기〉	HM〔HM〕	고·오	HM〔HM〕
고·리(環)	HM〔HM〕	고·리	HM〔HM〕
고·무〈고모님〉	HM〔HM〕	고·무	HM〔HM〕
구·리(銅)	HM〔HM〕	구·리	HM〔HM〕
구·비(曲)	HM〔HM〕	구·비	HM〔HM〕
구·시〈구유〉	HM〔HM〕	구·시	HM〔HM〕
구·실(玉)	HM〔HM〕	구·실	HM〔HM〕
국·밥	HM〔HM〕	국·밥	HM〔HM〕
국·시	HM〔HM〕	국·수	HM〔HM〕
그·륵(器)	HM〔HM〕	그·륵	HM〔HM〕
그·륵(器)	HM〔HM〕	그·릇	HM〔HM〕
기·름(油)	HM〔HM〕	기·름	HM〔HM〕
기·름(油)	HM〔HM〕	지·름	HM〔HM〕
기·벨(報)	HM〔HM〕	기·별	HM〔HM〕
기·벨(報)	HM〔HM〕	기·빌	HM〔HM〕
까·시(莿)	HM〔HM〕	까·시	HM〔HM〕
까·자〈과자〉	HM〔HM〕	까·자	HM〔HM〕
깨·알	HM〔HM〕	깨·알	HM〔HM〕
껍·지	HM〔HM〕	껍·질	HM〔HM〕
껍·질	HM〔HM〕	껍·질	HM〔HM〕
꼬·리(尾)	HM〔HM〕	꼬·리	HM〔HM〕
꼬·치〈고치〉	HM〔HM〕	꼬·치	HM〔HM〕
꽁·지(尾)	HM〔HM〕	꽁·지	HM〔HM〕
나·구(驢)	HM〔HM〕	나·귀	HM〔HM〕
나·구(驢)	HM〔HM〕	나·기	HM〔HM〕
나·라(國)	HM〔HM〕	나·라	HM〔HM〕
나·락	HM〔HM〕	나·락	HM〔HM〕
나·리	HM〔HM〕	나·리	HM〔HM〕
나·발	HM〔HM〕	나·발	HM〔HM〕
나·부(蛾)	HM〔HM〕	나·부	HM〔HM〕
나·비(蛾)	HM〔HM〕	나·비〈현대〉	HM〔HM〕
나·알(四日)	HM〔HM〕	나·알	HM〔HM〕
나·알(四日)	HM〔HM〕	나·을	HM〔HM〕
나·팔	HM〔HM〕	나·팔〈현대말〉	HM〔HM〕
남·펜	HM〔HM〕	남·편	HM〔HM〕
내·앨(明日)	HM〔HM〕	내·앨	HM〔HM〕
내·앨(明日)	HM〔HM〕	내·일	HM〔HM〕
넝·쿨(蔓)	HM〔HM〕	넝·꿀	HM〔HM〕
넝·쿨(蔓)	HM〔HM〕	덩·쿨	HM〔HM〕

노·끈	HM(HM)	노·끈	HM(HM)
노·래(歌)	HM(HM)	노·래	HM(HM)
노·릇	HM(HM)	노·륵〈구〉	HM(HM)
노·릇	HM(HM)	노·릇	HM(HM)
높·이(高)	HM(HM)	높·이	HM(HM)
누·룩(麴)	HM(HM)	누·룩	HM(HM)
니·비(蠶)	HM(HM)	니·비	HM(HM)
니·이(蠶)	HM(HM)	니·비	HM(HM)
다·섯	HM(HM)	다·섯	HM(HM)
다·암〈다음〉	HM(HM)	다·암	HM(HM)
다·암〈다음〉	HM(HM)	다·음	HM(HM)
닷·새(五日)	HM(HM)	닷·새	HM(HM)
대·구(大邱)	HM(HM)	대·구	HM(HM)
대·구(魚)	HM(HM)	대·구	HM(HM)
더·덕	HM(HM)	더·덕	HM(HM)
덩·쿨(蔓)	HM(HM)	덩·꿀	HM(HM)
도·매(俎)	HM(HM)	도·매	HM(HM)
도·오〈동이〉	HM(HM)	도·오	HM(HM)
도·오〈동이〉	HM(HM)	도·우	HM(HM)
동·무	HM(HM)	동·무	HM(HM)
동·전(羽)	HM(HM)	동·전	HM(HM)
노·새〈가축〉	HM(HM)	노·새	HM(HM)
참·빗〈참빗〉	HM(HM)	참·빗	HM(HM)
참·빗〈참빗〉	HM(HM)	챔·빗	HM(HM)
딩·기〈등겨〉	HM(HM)	딩·기	HM(HM)
떠·붕	HM(HM)	떠·붕	HM(HM)
마·늘	HM(HM)	마·늘	HM(HM)
마·리(頭)	HM(HM)	마·리	HM(HM)
마·온(四十)	HM(HM)	마·은	HM(HM)
마·온(四十)	HM(HM)	마·흔	HM(HM)
마·알(마늘)	HM(HM)	마·늘	HM(HM)
마·지(伯)	HM(HM)	마·지	HM(HM)
망·치	HM(HM)	망·치	HM(HM)
머·리(頭, 髮)	HM(HM)	머·리	HM(HM)
메·주(麴)	HM(HM)	메·주〈현대〉	HM(HM)
메·주(麴)	HM(HM)	미·주	HM(HM)
모·래	HM(HM)	몰·개〈옛말〉	HM(HM)
모·래(砂)	HM(HM)	모·래	HM(HM)
모·시	HM(HM)	모·시	HM(HM)
모·이	HM(HM)	모·이	HM(HM)
모·지(伯)	HM(HM)	마·지	HM(HM)

목·숨(命)	HM〔HM〕	목·숨	HM〔HM〕
무·덤(墳)	HM〔HM〕	무·덤	HM〔HM〕
물·팍	HM〔HM〕	물·팍	HM〔HM〕
바·구(岩)	HM〔HM〕	바·위	HM〔HM〕
바·구(岩)	HM〔HM〕	방·구	HM〔HM〕
바·늘(針)	HM〔HM〕	바·늘	HM〔HM〕
바·다(海)	HM〔HM〕	바·다	HM〔HM〕
바·닥	HM〔HM〕	바·닥	HM〔HM〕
바·둑(棋)	HM〔HM〕	바·둑	HM〔HM〕
바·우(岩)	HM〔HM〕	바·우	HM〔HM〕
바·아〈방아〉	HM〔HM〕	바·아	HM〔HM〕
바·알(針)	HM〔HM〕	바·늘	HM〔HM〕
반·찬(餐)	HM〔HM〕	반·찬	HM〔HM〕
방·울(玲)	HM〔HM〕	방·울	HM〔HM〕
배·륵(蚤)	HM〔HM〕	비·륵	HM〔HM〕
버·꿈	HM〔HM〕	거·품	HM〔HM〕
버·꿈〈거·품〉	HM〔HM〕	버·끔	HM〔HM〕
버·섭(菌)	HM〔HM〕	버·섯	HM〔HM〕
버·짐	HM〔HM〕	버·즘	HM〔HM〕
버·짐(癬)	HM〔HM〕	버·짐	HM〔HM〕
벌·레	HM〔HM〕	벌·레	HM〔HM〕
벌·레	HM〔HM〕	벌·게	HM〔HM〕
베·루(硯)	HM〔HM〕	비·루	HM〔HM〕
베·슬〈벼슬〉	HM〔HM〕	비·슬	HM〔HM〕
베·실〈벼슬〉	HM〔HM〕	비·슬	HM〔HM〕
보·롬(望)	HM〔HM〕	보·름	HM〔HM〕
복·날(伏)	HM〔HM〕	복·날	HM〔HM〕
비·노	HM〔HM〕	비·누	HM〔HM〕
비·누	HM〔HM〕	비·누	HM〔HM〕
비·늘(鱗)	HM〔HM〕	비·늘	HM〔HM〕
비·지	HM〔HM〕	비·지	HM〔HM〕
비·탈	HM〔HM〕	비·탈	HM〔HM〕
빠·스	HM〔HM〕	빠·스	HM〔HM〕
뿌·리(根)	HM〔HM〕	뿌·리	HM〔HM〕
뿌·리(根)	HM〔HM〕	뿌·리	HM〔HM〕
사·상	HM〔HM〕	사·상	HM〔HM〕
사·설(社說)	HM〔HM〕	사·설	HM〔HM〕
사·슬〈수갑〉	HM〔HM〕	사·슬	HM〔HM〕
사·슴(麓)	HM〔HM〕	사·슴	HM〔HM〕
사·심(麓)	HM〔HM〕	사·슴	HM〔HM〕
사·알(三日)	HM〔HM〕	사·알	HM〔HM〕

사·알(三日)	HM〔HM〕	사·을	HM〔HM〕
사·우(胥)	HM〔HM〕	사·우	HM〔HM〕
사·우(胥)	HM〔HM〕	사·위〈현대〉	HM〔HM〕
사·이(間)	HM〔HM〕	사·이	HM〔HM〕
산·불〔산뿔〕	HM〔HM〕	산·뿔	HM〔HM〕
살·강〈정지에 있음〉	HM〔HM〕	실·겅	HM〔HM〕
삿·갓	HM〔HM〕	삿·갓	HM〔HM〕
새·끼	HM〔HM〕	새·끼	HM〔HM〕
새·비	HM〔HM〕	새·우	HM〔HM〕
새·비	HM〔HM〕	새·비	HM〔HM〕
새·애(間)	HM〔HM〕	새·애	HM〔HM〕
새·애(間)	HM〔HM〕	사·이	HM〔HM〕
서·른(三十)	HM〔HM〕	서·른	HM〔HM〕
선·배(士)〈옛〉	HM〔HM〕	선·배	HM〔HM〕
선·배〈건달〉	HM〔HM〕	선·배	HM〔HM〕
선·비(士)〈현대〉	HM〔HM〕	선·배	HM〔HM〕
성·님(兄)	HM〔HM〕	형·님	HM〔HM〕
소·리(音)	HM〔HM〕	소·리	HM〔HM〕
소·죽	HM〔HM〕	쉬·죽	HM〔HM〕
소·죽	HM〔HM〕	소·죽	HM〔HM〕
손·님	HM〔HM〕	손·님	HM〔HM〕
손·님(홍진)	HM〔HM〕	손·님	HM〔HM〕
송·펜〈송편〉	HM〔HM〕	싱·핀	HM〔HM〕
술·배(酒腹)	HM〔HM〕	술·배	HM〔HM〕
술·뻥(酒病)	HM〔HM〕	술·뻥	HM〔HM〕
시·이(송이)	HM〔HM〕	송·이	HM〔HM〕
실·경	HM〔HM〕	실·경	HM〔HM〕
싸·암〈싸움〉	HM〔HM〕	싸·암	HM〔HM〕
싸·움	HM〔HM〕	싸·움	HM〔HM〕
쌈·지	HM〔HM〕	쌈·지	HM〔HM〕
쌩·감〈풋감〉	HM〔HM〕	생·감〈풋감〉	HM〔HM〕
씨·갓	HM〔HM〕	씨·앗	HM〔HM〕
아·내	HM〔HM〕	아·내	HM〔HM〕
아·들(子)	HM〔HM〕	아·들	HM〔HM〕
아·래(下)	HM〔HM〕	아·래	HM〔HM〕
아·아(兒)	HM〔HM〕	아·아	HM〔HM〕
아·온(九十)	HM〔HM〕	아·은	HM〔HM〕
아·온(九十)	HM〔HM〕	아·흔	HM〔HM〕
아·옵(九)	HM〔HM〕	아·홉	HM〔HM〕
아·제	HM〔HM〕	아·제	HM〔HM〕
안·주〈술안주〉	HM〔HM〕	안·주	HM〔HM〕

안·주〈아직〉	HM〔HM〕	안·주	HM〔HM〕
안·죽〈아직〉	HM〔HM〕	안·즉	HM〔HM〕
앞·날	HM〔HM〕	앞·날	HM〔HM〕
애·비(父)	HM〔HM〕	애·비	HM〔HM〕
양·젖	HM〔HM〕	양·젓	HM〔HM〕
어·깨	HM〔HM〕	어·깨	HM〔HM〕
어·디(何處)	HM〔HM〕	어·디	HM〔HM〕
어·름(氷)	HM〔HM〕	어·름	HM〔HM〕
여·덜	HM〔HM〕	여·덜	HM〔HM〕
여·덥	HM〔HM〕	여·덜	HM〔HM〕
여·든(八十)	HM〔HM〕	여·든	HM〔HM〕
여·름(夏)	HM〔HM〕	여·름	HM〔HM〕
여·섯(六)	HM〔HM〕	여·섯	HM〔HM〕
여·슨(六十)	HM〔HM〕	예·순	HM〔HM〕
연·게(煙)	HM〔HM〕	연·게	HM〔HM〕
연·기(煙)	HM〔HM〕	연·기〈현대〉	HM〔HM〕
연·탄	HM〔HM〕	연·탄	HM〔HM〕
엿·새(六日)	HM〔HM〕	엿·새	HM〔HM〕
오·늘(今日)	HM〔HM〕	오·늘	HM〔HM〕
오·데(何處)	HM〔HM〕	어·데	HM〔HM〕
오·올〈오늘〉	HM〔HM〕	오·올	HM〔HM〕
왕·골(草名)	HM〔HM〕	왕·골	HM〔HM〕
왕·기〈왕겨〉	HM〔HM〕	왕·기〈왕겨〉	HM〔HM〕
우·리(籠)	HM〔HM〕	우·리	HM〔HM〕
우·물(井)	HM〔HM〕	우·물〈식수용〉	HM〔HM〕
우·물(井)	HM〔HM〕	웅·덩〈논가운데〉	HM〔HM〕
울·음(鳴,泣)	HM〔HM〕	울·음	HM〔HM〕
웃·옷	HM〔HM〕	웃·옷	HM〔HM〕
웃·통〈웃옷〉	HM〔HM〕	우·티	HM〔HM〕
웅·덩〈저절로 된 것〉	HM〔HM〕	웅·덩	HM〔HM〕
원·시(原始)	HM〔HM〕	원·시	HM〔HM〕
은·값	HM〔HM〕	은·깝	HM〔HM〕
은·값〈은값〉	HM〔HM〕	은·값	HM〔HM〕
이·끼	HM〔HM〕	이·끼	HM〔HM〕
이·레(七日)	HM〔HM〕	이·리	HM〔HM〕
이·름(名)	HM〔HM〕	이·름	HM〔HM〕
이·리(七日)	HM〔HM〕	이·리	HM〔HM〕
이·모	HM〔HM〕	이·모	HM〔HM〕
이·불(衾)	HM〔HM〕	이·불	HM〔HM〕
이·슬(露)	HM〔HM〕	이·슬	HM〔HM〕
이·실(露)	HM〔HM〕	이·슬	HM〔HM〕

이·웃(隣)	HM〔HM〕	이·웃	HM〔HM〕
이·틀(二日)	HM〔HM〕	이·틀	HM〔HM〕
일·곱(七)	HM〔HM〕	일·곱	HM〔HM〕
일·은(七十)	HM〔HM〕	일·흔	HM〔HM〕
자·리	HM〔HM〕	자·리	HM〔HM〕
재·주(才)	HM〔HM〕	재·주	HM〔HM〕
저·분(箸)	HM〔HM〕	저·분	HM〔HM〕
저·어〈저기〉	HM〔HM〕	조·이	HM〔HM〕
접·시	HM〔HM〕	접·시	HM〔HM〕
정·자(亭)	HM〔HM〕	정·자	HM〔HM〕
제·릅	HM〔HM〕	지·릅	HM〔HM〕
제·분(箸)	HM〔HM〕	저·분	HM〔HM〕
조·구〈조기〉	HM〔HM〕	쪼·기	HM〔HM〕
조·구〈조기〉	HM〔HM〕	쪼·구	HM〔HM〕
조·오〈저기〉	HM〔HM〕	조·오	HM〔HM〕
조·오(紙)	HM〔HM〕	조·이	HM〔HM〕
조·오(紙)	HM〔HM〕	조·우	HM〔HM〕
좁·쌀	HM〔HM〕	좁·쌀〈서숙쌀〉	HM〔HM〕
주·룸	HM〔HM〕	주·룸	HM〔HM〕
주·식(株)	HM〔HM〕	주·식	HM〔HM〕
줄·기(幹)	HM〔HM〕	줄·기	HM〔HM〕
지·름(油)	HM〔HM〕	지·름	HM〔HM〕
짐·치	HM〔HM〕	김·치	HM〔HM〕
짐·치	HM〔HM〕	짐·치	HM〔HM〕
집·안(一家)	HM〔HM〕	집·안	HM〔HM〕
차·벨〈차별〉	HM〔HM〕	차·별	HM〔HM〕
콩·알	HM〔HM〕	콩·알	HM〔HM〕
탱·조	HM〔HM〕	탱·자	HM〔HM〕
탱·조	HM〔HM〕	탱·주	HM〔HM〕
톱·니	HM〔HM〕	톱·니	HM〔HM〕
풀·맆	HM〔HM〕	풀·잎〔풀맆〕	HM〔HM〕
하·늘(天)	HM〔HM〕	하·늘	HM〔HM〕
하·모〈그래〉	HM〔HM〕	하·매〈그래〉	HM〔HM〕
하·살	HM〔HM〕	화·살	HM〔HM〕
하·알(天)〈옛〉77)	HM〔HM〕	하·늘	HM〔HM〕
하·알(天)〈옛〉	HM〔HM〕	하·늘	HM〔HM〕
한·끼	HM〔HM〕	한·끼	HM〔HM〕
한·때	HM〔HM〕	함·때	HM〔HM〕
허·리(腰)	HM〔HM〕	허·리	HM〔HM〕
허·물	HM〔HM〕	허·물	HM〔HM〕

77) 〈고성 방언〉 하알〈민·촌사람이 뭇데거·로 ·하는 :말〉

헹·님(兄)	HM〔HM〕	형·님	HM〔HM〕
헹·아(兄)	HM〔HM〕	히·이	HM〔HM〕
헹·야	HM〔HM〕	시ㅇ·야	HM〔HM〕
호·미(鋤)	HM〔HM〕	호·미	HM〔HM〕
혼·차(獨)	HM〔HM〕	혼·자	HM〔HM〕
혼·채(獨)	HM〔HM〕	혼·차	HM〔HM〕
홉·데	HM〔HM〕	홉·되	HM〔HM〕
홉·데	HM〔HM〕	홉·뒤	HM〔HM〕
화·살	HM〔HM〕	화·살	HM〔HM〕
히·이(兄)	HM〔HM〕	시·이	HM〔HM〕
가·마·이(蓋)	HM^2〔HM^2〕	가·마·이	HM^2〔HM^2〕
가·마·이	HM^2〔HM^2〕	가·마·이	HM^2〔HM^2〕
가·무·치	HM^2〔HM^2〕	가·무·치	HM^2〔HM^2〕
거·문·고	HM^2〔HM^2〕	거·문·고	HM^2〔HM^2〕
거·북·아〈부름〉	HM^2〔HM^2〕	거·북·아	HM^2〔HM^2〕
거·북·이(龜)	HM^2〔HM^2〕	거·북·이	HM^2〔HM^2〕
건·달·패	HM^2〔HM^2〕	건·달·패	HM^2〔HM^2〕
걸·레·질	HM^2〔HM^2〕	걸·레·질	HM^2〔HM^2〕
게·울·잠	HM^2〔HM^2〕	겨·울·잠	HM^2〔HM^2〕
겨·울·잠	HM^2〔HM^2〕	겨·울·잠	HM^2〔HM^2〕
고·무·님〈고모님〉	HM^2〔HM^2〕	고·무·님	HM^2〔HM^2〕
꺼·꾸·로	HM^2〔HM^2〕	꺼·꾸·로	HM^2〔HM^2〕
나·그·내	HM^2〔HM^2〕	나·그·내	HM^2〔HM^2〕
늙·으·이〈늙은이〉	HM^2〔HM^2〕	늙·으·이	HM^2〔HM^2〕
대·렌·님	HM^2〔HM^2〕	대·렌·님	HM^2〔HM^2〕
메·느·리	HM^2〔HM^2〕	며·누·리	HM^2〔HM^2〕
메·느·리	HM^2〔HM^2〕	미·느·리	HM^2〔HM^2〕
버·버·리	HM^2〔HM^2〕	버·버·리	HM^2〔HM^2〕
보·롬·달〔보·름딸〕	HM^2〔HM^2〕	보·름·딸	HM^2〔HM^2〕
보·름·달〔보·름딸〕	HM^2〔HM^2〕	보·름·딸	HM^2〔HM^2〕
부·헤·이	HM^2〔HM^2〕	부·허·이	HM^2〔HM^2〕
산·딸·기	HM^2〔HM^2〕	산·딸·기	HM^2〔HM^2〕
산·토·끼	HM^2〔HM^2〕	산·토·끼	HM^2〔HM^2〕
세·이·야	HM^2〔HM^2〕	시·이·야	HM^2〔HM^2〕
아·으·레	HM^2〔HM^2〕	아·으·레	HM^2〔HM^2〕
아·으·레	HM^2〔HM^2〕	아·호·레	HM^2〔HM^2〕
아·지·매〈친인척〉	HM^2〔HM^2〕	아·지·매〈친척〉	HM^2〔HM^2〕
양·철·집〈함석지붕〉	HM^2〔HM^2〕	양·철·집	HM^2〔HM^2〕
어·는·때(何時)	HM^2〔HM^2〕	어·느·때	HM^2〔HM^2〕
어·드·름	HM^2〔HM^2〕	이·드·름	HM^2〔HM^2〕
어·드·름	HM^2〔HM^2〕	여·드·름	HM^2〔HM^2〕

여·드·레	HM^{2}〔HM^{2}〕	여·드·레	HM^{2}〔HM^{2}〕
읏·어·른	HM^{2}〔HM^{2}〕	읏·어·른	HM^{2}〔HM^{2}〕
이·우·지(隣)	HM^{2}〔HM^{2}〕	이·우·지	HM^{2}〔HM^{2}〕
재·치·기〈재채기〉	HM^{2}〔HM^{2}〕	재·치·기	HM^{2}〔HM^{2}〕
핑·비·이〈팽이〉	HM^{2}〔HM^{2}〕	핑·기·이	HM^{2}〔HM^{2}〕
핑·비·이〈팽이〉	HM^{2}〔HM^{2}〕	핑·지·이	HM^{2}〔HM^{2}〕
함·겡·도〈함경도〉	HM^{2}〔HM^{2}〕	함·경·도	HM^{2}〔HM^{2}〕
톱·니·바·꾸	HM^{3}〔HM^{3}〕	톱·니·바·꾸	HM^{3}〔HM^{3}〕
초·등·핵·고	HM^{3}〔HM^{3}〕	초·등·핵·고	HM^{3}〔HM^{3}〕
탱·조·까·시	HM^{3}〔HM^{3}〕	탱·자·까·시	HM^{3}〔HM^{3}〕
공·립·핵·교	HM^{3}〔HM^{3}〕	공·립·핵·고	HM^{3}〔HM^{3}〕
공·립·핵·조	HM^{3}〔HM^{3}〕	공·립·핵·구	HM^{3}〔HM^{3}〕
미·숫·가·루	HM^{3}〔HM^{3}〕	미·숫·가·리	HM^{3}〔HM^{3}〕
미·숫·가·리	HM^{3}〔HM^{3}〕	미·싯·가·리	HM^{3}〔HM^{3}〕
주·식·회·사	HM^{3}〔HM^{3}〕	주·식·회·사	HM^{3}〔HM^{3}〕
톱·니·바·꾸	HM^{3}〔HM^{3}〕	톱·니·바·키	HM^{3}〔HM^{3}〕
톱·니·바·키	HM^{3}〔HM^{3}〕	톱·니·바·키	HM^{3}〔HM^{3}〕
넘·우·집·살·이	HM^{4}〔HM^{4}〕	남·우·집·살·이	HM^{4}〔HM^{4}〕
데·레·진·소·리〈못된 소리〉	HM^{4}〔HM^{4}〕	데·레·진·소·리〈못된 소리〉	HM^{4}〔HM^{4}〕
음·악·발·포·헤	HM^{4}〔HM^{4}〕	음·악·발·표·회	HM^{4}〔HM^{4}〕
수·월·차·이	HM^{3}〔HM^{3}〕	수·월#찮·게	HM#HM〔HM#HM〕
수·월·찮·게	HM^{3}〔HM^{3}〕	수·월#찮·게	HM#HM〔HM#HM〕
수·울#찮게	HM#M^{2}〔HM#HH〕	수·월#찮·게	HM#HM〔HM#HM〕
가리(粉)	H^{2}〔MH〕	가루	H^{2}〔MH〕
가리(粉)	H^{2}〔MH〕	가리	H^{2}〔MH〕
가실(秋收)	H^{2}〔MH〕	가실	H^{2}〔MH〕
가알(秋)	H^{2}〔MH〕	가을	H^{2}〔MH〕
가을(秋)	H^{2}〔MH〕	가을	H^{2}〔MH〕
감꼳	H^{2}〔MH〕	감꽃	H^{2}〔MH〕
감자(柑)	H^{2}〔MH〕	감자	H^{2}〔MH〕
강가(姜씨)	H^{2}〔MH〕	강가	H^{2}〔MH〕
강개(姜씨)	H^{2}〔MH〕	강개	H^{2}〔MH〕
갱벤(江邊)	H^{2}〔MH〕	갱변	H^{2}〔MH〕
겡제	H^{2}〔MH〕	경제	H^{2}〔MH〕
고래(鯨)	H^{2}〔MH〕	고래	H^{2}〔MH〕
고방	H^{2}〔MH〕	두지	H^{2}〔MH〕
고방〈광〉	H^{2}〔MH〕	고방〈두지〉	H^{2}〔MH〕
고을(郡)	H^{2}〔MH〕	고을	H^{2}〔MH〕
고치(苦草)	H^{2}〔MH〕	고치	H^{2}〔MH〕
고치(苦草)	H^{2}〔MH〕	꼬치	H^{2}〔MH〕
구녕	H^{2}〔MH〕	구녕	H^{2}〔MH〕

구녕	H^2〔MH〕	구멍	H^2〔MH〕
구녕(穴)	H^2〔MH〕	구영	H^2〔MH〕
구두(靴)	H^2〔MH〕	구두	H^2〔MH〕
구멍(穴)〈현대〉	H^2〔MH〕	구멍	H^2〔MH〕
구멍(穴)〈현대〉	H^2〔MH〕	구무	H^2〔MH〕
군데	H^2〔MH〕	그네	H^2〔MH〕
군데(그네)	H^2〔MH〕	군디	H^2〔MH〕
그늘	H^2〔MH〕	그늘	H^2〔MH〕
까죽(革)	H^2〔MH〕	가죽	H^2〔MH〕
까지(茄)	H^2〔MH〕	가지	H^2〔MH〕
깽벤(江邊)	H^2〔MH〕	갱변	H^2〔MH〕
꼴집	H^2〔MH〕	꽃집	H^2〔MH〕
나무	H^2〔MH〕	나무	H^2〔MH〕
나물	H^2〔MH〕	나물	H^2〔MH〕
냄비	H^2〔MH〕	냄비	H^2〔MH〕
너물	H^2〔MH〕	나물	H^2〔MH〕
노리	H^2〔MH〕	노리	H^2〔MH〕
삼빹(麻田)	H^2〔MH〕	삼밭	H^2〔MH〕
새경〈사경〉	H^2〔MH〕	새경	H^2〔MH〕
쏘옴(綿)	H^2〔MH〕	소옴	H^2〔MH〕
수틀	H^2〔MH〕	숫돌	H^2〔MH〕
토란(芋)	H^2〔MH〕	토란〈子〉	H^2〔MH〕
고옴	H^2〔MH〕	곰꾹	H^2〔MH〕
노리(獐)	H^2〔MH〕	노루	H^2〔MH〕
노승(雷)	H^2〔MH〕	뉘성	H^2〔MH〕
노승(雷)	H^2〔MH〕	노성	H^2〔MH〕
노올	H^2〔MH〕	노을	H^2〔MH〕
녹디	H^2〔MH〕	녹두	H^2〔MH〕
녹디(綠豆)	H^2〔MH〕	녹디	H^2〔MH〕
능금	H^2〔MH〕	능금	H^2〔MH〕
다락(樓)	H^2〔MH〕	다락	H^2〔MH〕
다락(樓)	H^2〔MH〕	장안	H^2〔MH〕
다리(脚)	H^2〔MH〕	다리	H^2〔MH〕
다리(橋)	H^2〔MH〕	다리	H^2〔MH〕
단장〈당장〉	H^2〔MH〕	당장	H^2〔MH〕
단초	H^2〔MH〕	단추	H^2〔MH〕
단풍	H^2〔MH〕	단풍	H^2〔MH〕
대밭(竹田)	H^2〔MH〕	대밭	H^2〔MH〕
덕석〈멍석〉	H^2〔MH〕	덕석〈멍석〉	H^2〔MH〕
도독	H^2〔MH〕	도독	H^2〔MH〕
도독	H^2〔MH〕	도둑	H^2〔MH〕

도독	H^2〔MH〕	도적	H^2〔MH〕
도랑	H^2〔MH〕	도랑	H^2〔MH〕
동상(弟)	H^2〔MH〕	동생	H^2〔MH〕
두지	H^2〔MH〕	두지	H^2〔MH〕
디깐	H^2〔MH〕	디깐	H^2〔MH〕
때죽(跡)	H^2〔MH〕	자죽	H^2〔MH〕
떡국	H^2〔MH〕	떡국	H^2〔MH〕
또랑	H^2〔MH〕	고랑	H^2〔MH〕
뜨물	H^2〔MH〕	뜨물	H^2〔MH〕
마당	H^2〔MH〕	마당	H^2〔MH〕
마루	H^2〔MH〕	마루	H^2〔MH〕
마알(村)	H^2〔MH〕	마을	H^2〔MH〕
마암(心)	H^2〔MH〕	마암	H^2〔MH〕
마암(心)	H^2〔MH〕	마음	H^2〔MH〕
마을(村)	H^2〔MH〕	마실	H^2〔MH〕
매듭〈실 맺힘〉	H^2〔MH〕	매듭	H^2〔MH〕
매디〈실 맺힘〉	H^2〔MH〕	맺음	H^2〔MH〕
머슴	H^2〔MH〕	머슴	H^2〔MH〕
멩지〈명주〉	H^2〔MH〕	명지	H^2〔MH〕
멩지〈명주〉	H^2〔MH〕	멩지	H^2〔MH〕
며엉〈목화〉	H^2〔MH〕	미영〈목화〉	H^2〔MH〕
모디	H^2〔MH〕	마디	H^2〔MH〕
모디	H^2〔MH〕	매디	H^2〔MH〕
모레〈머루〉	H^2〔MH〕	머루	H^2〔MH〕
모레〈머루〉	H^2〔MH〕	머리	H^2〔MH〕
무시(菁)	H^2〔MH〕	무시	H^2〔MH〕
문지	H^2〔MH〕	먼지	H^2〔MH〕
문지	H^2〔MH〕	문지	H^2〔MH〕
물뻥	H^2〔MH〕	물뻥	H^2〔MH〕
미영〈목화〉	H^2〔MH〕	미영〈목화〉	H^2〔MH〕
바깥	H^2〔MH〕	바깥〈현대〉	H^2〔MH〕
바끝	H^2〔MH〕	바끝	H^2〔MH〕
바람(風)	H^2〔MH〕	바람	H^2〔MH〕
바아	H^2〔MH〕	방아	H^2〔MH〕
바아〈방아〉	H^2〔MH〕	바아	H^2〔MH〕
발뜽	H^2〔MH〕	발뜽	H^2〔MH〕
밥상	H^2〔MH〕	밥상	H^2〔MH〕
배꼳	H^2〔MH〕	배꽃	H^2〔MH〕
배끝	H^2〔MH〕	배끝	H^2〔MH〕
버들(柳)	H^2〔MH〕	버들	H^2〔MH〕
버선(襪)	H^2〔MH〕	버선	H^2〔MH〕

보리(麥)	H^2〔MH〕	버리	H^2〔MH〕
복숭(桃)	H^2〔MH〕	복숭	H^2〔MH〕
부섴〈아궁이〉	H^2〔MH〕	부석	H^2〔MH〕
부섴〈아궁이〉	H^2〔MH〕	부섴	H^2〔MH〕
부숰〈아궁이〉	H^2〔MH〕	부석	H^2〔MH〕
부처(佛)	H^2〔MH〕	부처	H^2〔MH〕
부처(佛)	H^2〔MH〕	부치	H^2〔MH〕
비네	H^2〔MH〕	비녀	H^2〔MH〕
비네	H^2〔MH〕	비네	H^2〔MH〕
사랑(愛)	H^2〔MH〕	사랑	H^2〔MH〕
산중(山中)	H^2〔MH〕	산중	H^2〔MH〕
살빡〈대문〉	H^2〔MH〕	삽짝〈대문〉	H^2〔MH〕
삼밭	H^2〔MH〕	삼밭	H^2〔MH〕
새벅	H^2〔MH〕	새벽	H^2〔MH〕
새벅	H^2〔MH〕	새북	H^2〔MH〕
서답	H^2〔MH〕	서답	H^2〔MH〕
소곰	H^2〔MH〕	소곰	H^2〔MH〕
소곰	H^2〔MH〕	소굼	H^2〔MH〕
소곰	H^2〔MH〕	소금	H^2〔MH〕
손텁	H^2〔MH〕	손톱	H^2〔MH〕
솔밭	H^2〔MH〕	솔밭	H^2〔MH〕
술뼁〈술병〉	H^2〔MH〕	술뼝	H^2〔MH〕
술찝〈술집〉	H^2〔MH〕	술찝	H^2〔MH〕
시리	H^2〔MH〕	시리	H^2〔MH〕
시리(甑)	H^2〔MH〕	시루	H^2〔MH〕
아침(朝)	H^2〔MH〕	아침	H^2〔MH〕
야시(狐)	H^2〔MH〕	야시	H^2〔MH〕
어덕	H^2〔MH〕	언덕	H^2〔MH〕
얼골	H^2〔MH〕	얼굴	H^2〔MH〕
얼굴	H^2〔MH〕	얼굴	H^2〔MH〕
여시(狐)	H^2〔MH〕	야시	H^2〔MH〕
열매(實)	H^2〔MH〕	열매	H^2〔MH〕
오데(何處)	H^2〔MH〕	어데	H^2〔MH〕
오데(何處)	H^2〔MH〕	어디	H^2〔MH〕
외막	H^2〔MH〕	위막	H^2〔MH〕
요롱(玲)	H^2〔MH〕	요롱	H^2〔MH〕
우리(我)	H^2〔MH〕	우리	H^2〔MH〕
우붕	H^2〔MH〕	우벙	H^2〔MH〕
우붕	H^2〔MH〕	우붕	H^2〔MH〕
이넹〔이녕〕(人形)	H^2〔MH〕	인형	H^2〔MH〕
이넹〔이녕〕(人形)	H^2〔MH〕	이녕	H^2〔MH〕

이녘[78]	H^2〔MH〕	이녘	H^2〔MH〕
이녘	H^2〔MH〕	이엳	H^2〔MH〕
이삭	H^2〔MH〕	이삭	H^2〔MH〕
자루(柄)	H^2〔MH〕	자루	H^2〔MH〕
자루(柄)	H^2〔MH〕	자리	H^2〔MH〕
자리(袋)	H^2〔MH〕	자루	H^2〔MH〕
자리(袋)	H^2〔MH〕	자리	H^2〔MH〕
자국(跡)	H^2〔MH〕	자욱	H^2〔MH〕
자국(跡)	H^2〔MH〕	자국	H^2〔MH〕
자국(跡)	H^2〔MH〕	재국	H^2〔MH〕
재미	H^2〔MH〕	재미	H^2〔MH〕
저녁(夕)	H^2〔MH〕	저녁	H^2〔MH〕
저녁(夕)[79]	H^2〔MH〕	지넉	H^2〔MH〕
적삼	H^2〔MH〕	적삼	H^2〔MH〕
정기〈부엌〉	H^2〔MH〕	정지	H^2〔MH〕
정섬〈점심〉	H^2〔MH〕	정섬	H^2〔MH〕
정심〈점심〉	H^2〔MH〕	정심	H^2〔MH〕
정지〈부엌〉	H^2〔MH〕	정지	H^2〔MH〕
제에(瓦)	H^2〔MH〕	게와	H^2〔MH〕
제에(瓦)	H^2〔MH〕	기와	H^2〔MH〕
주묵	H^2〔MH〕	주묵	H^2〔MH〕
주우〈여름 홑바지〉	H^2〔MH〕	주우	H^2〔MH〕
죽신	H^2〔MH〕	죽순	H^2〔MH〕
죽신	H^2〔MH〕	죽신	H^2〔MH〕
중복	H^2〔MH〕	중복	H^2〔MH〕
지동	H^2〔MH〕	기동	H^2〔MH〕
지동	H^2〔MH〕	지동	H^2〔MH〕
지동	H^2〔MH〕	지둥	H^2〔MH〕
지붕	H^2〔MH〕	지붕	H^2〔MH〕
짐승	H^2〔MH〕	짐승	H^2〔MH〕
집안(家內)	H^2〔MH〕	집안	H^2〔MH〕
짚신	H^2〔MH〕	짚신	H^2〔MH〕
찌짐	H^2〔MH〕	찌짐	H^2〔MH〕
창문	H^2〔MH〕	창문	H^2〔MH〕
채비〈준비〉	H^2〔MH〕	차비	H^2〔MH〕
채비〈준비〉	H^2〔MH〕	채비	H^2〔MH〕
초복	H^2〔MH〕	초복	H^2〔MH〕
치매(裳)	H^2〔MH〕	처매	H^2〔MH〕
치매(裳)	H^2〔MH〕	치매	H^2〔MH〕

78) 〈고성 방언〉 /이녘/〈할머니가 할아버지에게 부르는 호칭〉
79) 〈고성 방언〉 /저녀·어/〈저녁에〉

치매(裳)	H^2〔MH〕	처마	H^2〔MH〕
콩밭	H^2〔MH〕	콩밭	H^2〔MH〕
통시	H^2〔MH〕	통시	H^2〔MH〕
펭풍	H^2〔MH〕	평풍	H^2〔MH〕
펭풍	H^2〔MH〕	핀풍	H^2〔MH〕
폳죽	H^2〔MH〕	팥죽	H^2〔MH〕
하루	H^2〔MH〕	하루	H^2〔MH〕
하루	H^2〔MH〕	하로	H^2〔MH〕
호롱	H^2〔MH〕	호롱	H^2〔MH〕
홍진	H^2〔MH〕	홍진	H^2〔MH〕
가랑·비	H^{2}M〔MHM〕	가랑·비	H^{2}M〔MHM〕
가시·개(가위)	H^{2}M〔MHM〕	가시·개	H^{2}M〔MHM〕
가운·데	H^{2}M〔MHM〕	가운·데	H^{2}M〔MHM〕
가아·지	H^{2}M〔MHM〕	가아·지	H^{2}M〔MHM〕
갈매·기	H^{2}M〔MHM〕	갈매·기	H^{2}M〔MHM〕
강내·이〈옥수수〉	H^{2}M〔MHM〕	강내·이	H^{2}M〔MHM〕
강새·이	H^{2}M〔MHM〕	강새·이	H^{2}M〔MHM〕
강저·리〈광주리〉	H^{2}M〔MHM〕	강저·리	H^{2}M〔MHM〕
강저·리〈광주리〉	H^{2}M〔MHM〕	광저·리	H^{2}M〔MHM〕
강저·리〈광주리〉	H^{2}M〔MHM〕	광주·리	H^{2}M〔MHM〕
거레·이	H^{2}M〔MHM〕	거어·지	H^{2}M〔MHM〕
건데·이〈건데기〉	H^{2}M〔MHM〕	건디·기	H^{2}M〔MHM〕
건디·기〈건데기〉	H^{2}M〔MHM〕	건디·기	H^{2}M〔MHM〕
걸배·이	H^{2}M〔MHM〕	걸배·이	H^{2}M〔MHM〕
겉모·냥	H^{2}M〔MHM〕	겉모·양	H^{2}M〔MHM〕
겉모·냥	H^{2}M〔MHM〕	겉보·기	H^{2}M〔MHM〕
경공·업	H^{2}M〔MHM〕	경공·업	H^{2}M〔MHM〕
구레·이(大蛇)	H^{2}M〔MHM〕	구러·이	H^{2}M〔MHM〕
구리·이(大蛇)	H^{2}M〔MHM〕	구리·이	H^{2}M〔MHM〕
까락·지(環)	H^{2}M〔MHM〕	가락·지	H^{2}M〔MHM〕
까마·구	H^{2}M〔MHM〕	까마·귀	H^{2}M〔MHM〕
까마·구	H^{2}M〔MHM〕	까마·구	H^{2}M〔MHM〕
까투·리	H^{2}M〔MHM〕	까투·리	H^{2}M〔MHM〕
깜디·이〈깜둥이〉	H^{2}M〔MHM〕	깜디·이	H^{2}M〔MHM〕
깝데·기〈껍질〉	H^{2}M〔MHM〕	껍디·기	H^{2}M〔MHM〕
깨고·리	H^{2}M〔MHM〕	개구·리	H^{2}M〔MHM〕
깨고·리	H^{2}M〔MHM〕	깨구·리	H^{2}M〔MHM〕
깨애·미(蟻)	H^{2}M〔MHM〕	개애·미	H^{2}M〔MHM〕
껌디·이〈깜둥이〉	H^{2}M〔MHM〕	껌디·이	H^{2}M〔MHM〕
껍데·이	H^{2}M〔MHM〕	껍디·기	H^{2}M〔MHM〕
껍디·기	H^{2}M〔MHM〕	껍디·기	H^{2}M〔MHM〕

께꼬·리	H^2M〔MHM〕	꿔꼬·리	H^2M〔MHM〕
께꼬·리	H^2M〔MHM〕	끼꼬·리	H^2M〔MHM〕
꼬라·지	H^2M〔MHM〕	꼬라·지	H^2M〔MHM〕
꼬래·이(尾)	H^2M〔MHM〕	꼬랑·지	H^2M〔MHM〕
꼬래·이(尾)	H^2M〔MHM〕	꼬래·이	H^2M〔MHM〕
꼬사·리	H^2M〔MHM〕	고사·리	H^2M〔MHM〕
꼭대·이	H^2M〔MHM〕	꼭대·기	H^2M〔MHM〕
꼭대·이	H^2M〔MHM〕	말래·이	H^2M〔MHM〕
꽅시·이(꽃송이)	H^2M〔MHM〕	꽃소·이	H^2M〔MHM〕
나룻·가	H^2M〔MHM〕	나룻·가	H^2M〔MHM〕
나사·이〈냉이〉	H^2M〔MHM〕	나새·이	H^2M〔MHM〕
나재·에	H^2M〔MHM〕	나재·에	H^2M〔MHM〕
납작·코	H^2M〔MHM〕	납작·코	H^2M〔MHM〕
널구·리	H^2M〔MHM〕	너구·리	H^2M〔MHM〕
누디·기	H^2M〔MHM〕	두디·기	H^2M〔MHM〕
누우·야(姉)	H^2M〔MHM〕	누부·야	H^2M〔MHM〕
누우·야(姉)	H^2M〔MHM〕	누우·야	H^2M〔MHM〕
눈까·알	H^2M〔MHM〕	눈까·알	H^2M〔MHM〕
눈까·알	H^2M〔MHM〕	눈까·알	H^2M〔MHM〕
눈빠·알	H^2M〔MHM〕	눈빠·알	H^2M〔MHM〕
다래·끼	H^2M〔MHM〕	다래·끼	H^2M〔MHM〕
다리·끼	H^2M〔MHM〕	다래·끼	H^2M〔MHM〕
다리·비	H^2M〔MHM〕	다리·미	H^2M〔MHM〕
다리·비	H^2M〔MHM〕	다리·비	H^2M〔MHM〕
고옴·탕	H^2M〔MHM〕	고옴·탕	H^2M〔MHM〕
구디·기〈구덩이〉	H^2M〔MHM〕	구더·이	H^2M〔MHM〕
구디·이〈구덩이〉	H^2M〔MHM〕	구디·이	H^2M〔MHM〕
눈빵·알	H^2M〔MHM〕	눈빵·울	H^2M〔MHM〕
눈빵·알	H^2M〔MHM〕	눈망·울	H^2M〔MHM〕
대가·리(頭)	H^2M〔MHM〕	대가·리	H^2M〔MHM〕
대머·리	H^2M〔MHM〕	대머·리	H^2M〔MHM〕
대애·새〈5일 정도〉	H^2M〔MHM〕	대애·새	H^2M〔MHM〕
대애·지(豚)	H^2M〔MHM〕	대애·지	H^2M〔MHM〕
도라·지	H^2M〔MHM〕	도라·지	H^2M〔MHM〕
돌가·지	H^2M〔MHM〕	도라·지	H^2M〔MHM〕
돌따·리	H^2M〔MHM〕	돌따·리	H^2M〔MHM〕
돌띠·이	H^2M〔MHM〕	돌띠·이	H^2M〔MHM〕
돌삐·이(石)	H^2M〔MHM〕	돌삐·이	H^2M〔MHM〕
돼애·지(豚)	H^2M〔MHM〕	돼애·지	H^2M〔MHM〕
두루·미〈새〉	H^2M〔MHM〕	두루·미〈새〉	H^2M〔MHM〕
두리·미〈술넣는~〉	H^2M〔MHM〕	두루·미	H^2M〔MHM〕

등더·리〈등〉	H^2M(MHM)	등더·리	H^2M(MHM)
땅나·구	H^2M(MHM)	당나·구	H^2M(MHM)
땅나·구	H^2M(MHM)	당나·귀	H^2M(MHM)
땅띠·이〈땅덩이〉	H^2M(MHM)	땅띠·이	H^2M(MHM)
땅빠·닥	H^2M(MHM)	땅빠·닥	H^2M(MHM)
떠끼·이〈뚜껑〉	H^2M(MHM)	띠끼·이	H^2M(MHM)
떡시·리(甑)	H^2M(MHM)	떡실·리	H^2M(MHM)
마아·지(駒)	H^2M(MHM)	마아·지	H^2M(MHM)
막걸·리	H^2M(MHM)	막걸·리	H^2M(MHM)
막내·이	H^2M(MHM)	막내·이	H^2M(MHM)
막내·이	H^2M(MHM)	막띠·이	H^2M(MHM)
막대·이	H^2M(MHM)	막대·기	H^2M(MHM)
메띠·기	H^2M(MHM)	미띠·기	H^2M(MHM)
메띠·이	H^2M(MHM)	메띠·기	H^2M(MHM)
메르·치〈멸치〉	H^2M(MHM)	미르·치	H^2M(MHM)
메르·치〈멸치〉	H^2M(MHM)	메르·치	H^2M(MHM)
메르·치〈멸치〉	H^2M(MHM)	미리·치	H^2M(MHM)
메에·기(鮎)	H^2M(MHM)	미이·기	H^2M(MHM)
메에·기(鮎)	H^2M(MHM)	메에·기	H^2M(MHM)
메초·리	H^2M(MHM)	미초·리	H^2M(MHM)
메초·리	H^2M(MHM)	메추·리	H^2M(MHM)
메초·리	H^2M(MHM)	미추·리	H^2M(MHM)
모서·리	H^2M(MHM)	모서·리	H^2M(MHM)
모싱·기〈移秧〉	H^2M(MHM)	모싱·기	H^2M(MHM)
모조·리〈모조리〉	H^2M(MHM)	모지·리	H^2M(MHM)
목아·지	H^2M(MHM)	목아·지	H^2M(MHM)
몽디·이〈몽둥이〉	H^2M(MHM)	몽두·이	H^2M(MHM)
몽디·이〈몽둥이〉	H^2M(MHM)	몽디·이	H^2M(MHM)
무디·기〈무더기〉	H^2M(MHM)	무디·기	H^2M(MHM)
문쪼·오〈창호지〉	H^2M(MHM)	문쪼·오	H^2M(MHM)
물버·꿈	H^2M(MHM)	물거·품	H^2M(MHM)
물이·끼	H^2M(MHM)	물이·끼	H^2M(MHM)
뭉티·이〈뭉텅이〉	H^2M(MHM)	뭉티·이	H^2M(MHM)
미나·리	H^2M(MHM)	미나·리	H^2M(MHM)
미재·이〈미장이〉	H^2M(MHM)	미재·이	H^2M(MHM)
밀까·리	H^2M(MHM)	밀깔·리	H^2M(MHM)
밀까·리	H^2M(MHM)	밀까·루	H^2M(MHM)
바가·지〈~긁다〉	H^2M(MHM)	바가·지	H^2M(MHM)
바가·치	H^2M(MHM)	바가·치	H^2M(MHM)
바가·치	H^2M(MHM)	박재·기	H^2M(MHM)
바구·리	H^2M(MHM)	바구·니	H^2M(MHM)

바구·리	H^{2}M〔MHM〕	바구·리	H^{2}M〔MHM〕
바느·질	H^{2}M〔MHM〕	바느·질	H^{2}M〔MHM〕
반딧·불(螢)	H^{2}M〔MHM〕	반딧·불	H^{2}M〔MHM〕
반딧·불(螢)	H^{2}M〔MHM〕	빤작·불	H^{2}M〔MHM〕
발까·락	H^{2}M〔MHM〕	발까·락	H^{2}M〔MHM〕
발빠·닥	H^{2}M〔MHM〕	발빠·닥	H^{2}M〔MHM〕
방마·이(방망이)	H^{2}M〔MHM〕	방맹·이	H^{2}M〔MHM〕
벌거·지〈벌레〉	H^{2}M〔MHM〕	벌거·지	H^{2}M〔MHM〕
벌게·이	H^{2}M〔MHM〕	벌개·이	H^{2}M〔MHM〕
보따·리〈보자기〉	H^{2}M〔MHM〕	보따·리	H^{2}M〔MHM〕
보슬·비	H^{2}M〔MHM〕	보슬·비	H^{2}M〔MHM〕
보재·이〈보자기〉	H^{2}M〔MHM〕	보재·기	H^{2}M〔MHM〕
볼써·로	H^{2}M〔MHM〕	벌씨·로	H^{2}M〔MHM〕
빗재·이〈빗장이〉	H^{2}M〔MHM〕	빗재·이	H^{2}M〔MHM〕
뿌레·이(根)	H^{2}M〔MHM〕	뿌리·이	H^{2}M〔MHM〕
뿌리·이(根)	H^{2}M〔MHM〕	뿌리·이	H^{2}M〔MHM〕
삐가·리〈병아리〉	H^{2}M〔MHM〕	삘가·리	H^{2}M〔MHM〕
삐개·이〈병아리〉	H^{2}M〔MHM〕	빌가·리	H^{2}M〔MHM〕
삐개·이〈병아리〉	H^{2}M〔MHM〕	삐개·이	H^{2}M〔MHM〕
삐들·키	H^{2}M〔MHM〕	삐들·키	H^{2}M〔MHM〕
삐들·키	H^{2}M〔MHM〕	삐들·기	H^{2}M〔MHM〕
사그·륵	H^{2}M〔MHM〕	사그·륵	H^{2}M〔MHM〕
사나·아	H^{2}M〔MHM〕	사나·이	H^{2}M〔MHM〕
사내·애	H^{2}M〔MHM〕	사내·애	H^{2}M〔MHM〕
사아·치〈송아지〉	H^{2}M〔MHM〕	소아·치〈송아지〉	H^{2}M〔MHM〕
새드·레	H^{2}M〔MHM〕	사드래	H^{2}M〔MHM〕
서답·줄	H^{2}M〔MHM〕	서답·줄	H^{2}M〔MHM〕
서언·낫	H^{2}M〔MHM〕	서너·낫	H^{2}M〔MHM〕
선상·님	H^{2}M〔MHM〕	선상·님	H^{2}M〔MHM〕
성냥·깐	H^{2}M〔MHM〕	성냥·깐	H^{2}M〔MHM〕
소구·시	H^{2}M〔MHM〕	소구·시	H^{2}M〔MHM〕
소구·시	H^{2}M〔MHM〕	쇠구·시	H^{2}M〔MHM〕
소아·치〈송아지〉	H^{2}M〔MHM〕	소아·지	H^{2}M〔MHM〕
손까·락	H^{2}M〔MHM〕	손까·락	H^{2}M〔MHM〕
손빠·닥	H^{2}M〔MHM〕	손빠·닥	H^{2}M〔MHM〕
솔빠·알〈솔방울〉	H^{2}M〔MHM〕	솔빠·알	H^{2}M〔MHM〕
솔빵·울	H^{2}M〔MHM〕	솔빵·울	H^{2}M〔MHM〕
순가·락	H^{2}M〔MHM〕	순가·락	H^{2}M〔MHM〕
싸락·눈	H^{2}M〔MHM〕	싸락·눈	H^{2}M〔MHM〕
쌀뜨·물	H^{2}M〔MHM〕	쌀뜨·물	H^{2}M〔MHM〕
아부·지	H^{2}M〔MHM〕	아부·지	H^{2}M〔MHM〕

아제·비	H^{2}M〔MHM〕	아제·비	H^{2}M〔MHM〕
아줌·마〈남〉	H^{2}M〔MHM〕	아줌·마〈타성〉	H^{2}M〔MHM〕
아지·마〈친척〉	H^{2}M〔MHM〕	아줌·마〈타성〉	H^{2}M〔MHM〕
알매·이〈알맹이〉	H^{2}M〔MHM〕	알매·이	H^{2}M〔MHM〕
야푼·데〈얕은 곳에〉	H^{2}M〔MHM〕	야푼·데	H^{2}M〔MHM〕
얌새·이(羔)	H^{2}M〔MHM〕	얌새·이	H^{2}M〔MHM〕
양대·애〈양푼이〉	H^{2}M〔MHM〕	양대·야	H^{2}M〔MHM〕
양대·애〈양푼이〉	H^{2}M〔MHM〕	양푸·이	H^{2}M〔MHM〕
어까·리〈닭집〉	H^{2}M〔MHM〕	달구·통	H^{2}M〔MHM〕
어버·이(親)	H^{2}M〔MHM〕	어버·이〈아버지〉	H^{2}M〔MHM〕
언치·이	H^{2}M〔MHM〕	언치·이	H^{2}M〔MHM〕
염새·이(羔)	H^{2}M〔MHM〕	얌새·이	H^{2}M〔MHM〕
옆꾸·리	H^{2}M〔MHM〕	옆꾸·리	H^{2}M〔MHM〕
웃도·리(上衣)	H^{2}M〔MHM〕	웃도·리	H^{2}M〔MHM〕
윗도·리(上衣)	H^{2}M〔MHM〕	웃도·리	H^{2}M〔MHM〕
유성·가〈죽음기〉	H^{2}M〔MHM〕	유성·기	H^{2}M〔MHM〕
유성·기	H^{2}M〔MHM〕	유성·기	H^{2}M〔MHM〕
이다·암〈이 다음〉	H^{2}M〔MHM〕	이다·암	H^{2}M〔MHM〕
이슬·비	H^{2}M〔MHM〕	이슬·비	H^{2}M〔MHM〕
이파·리	H^{2}M〔MHM〕	이퍼·리	H^{2}M〔MHM〕
잎사·구	H^{2}M〔MHM〕	잎사·구	H^{2}M〔MHM〕
잎사·구	H^{2}M〔MHM〕	잎사·귀	H^{2}M〔MHM〕
작대·이	H^{2}M〔MHM〕	작대·기	H^{2}M〔MHM〕
저구·리	H^{2}M〔MHM〕	저구·리	H^{2}M〔MHM〕
점바·치〈다른데 말〉	H^{2}M〔MHM〕	점바·치	H^{2}M〔MHM〕
점재·이〈점쟁이〉	H^{2}M〔MHM〕	점재·이	H^{2}M〔MHM〕
주디·이〈주둥이〉	H^{2}M〔MHM〕	주도·이	H^{2}M〔MHM〕
주디·이〈주둥이〉	H^{2}M〔MHM〕	주디·이	H^{2}M〔MHM〕
주머·이	H^{2}M〔MHM〕	주무·이	H^{2}M〔MHM〕
주머·이	H^{2}M〔MHM〕	주머·이	H^{2}M〔MHM〕
주머·이〈주머니〉	H^{2}M〔MHM〕	주머·니	H^{2}M〔MHM〕
지패·이〈지팡이〉	H^{2}M〔MHM〕	지패·이	H^{2}M〔MHM〕
지푼·데〈깊은곳〉	H^{2}M〔MHM〕	지푼·데	H^{2}M〔MHM〕
짝대·이〈지팡이〉	H^{2}M〔MHM〕	작대·기	H^{2}M〔MHM〕
쪼마·이	H^{2}M〔MHM〕	주무·이	H^{2}M〔MHM〕
쪼마·이	H^{2}M〔MHM〕	쪼마·이	H^{2}M〔MHM〕
쪽두·레	H^{2}M〔MHM〕	쪽두·리	H^{2}M〔MHM〕
쪽드·리	H^{2}M〔MHM〕	쪽도·리	H^{2}M〔MHM〕
쪽드·리	H^{2}M〔MHM〕	쪽드·리	H^{2}M〔MHM〕
쪽직·개〈족집개〉	H^{2}M〔MHM〕	쪽직·개	H^{2}M〔MHM〕
쭉끼·이〈찌꺼기〉	H^{2}M〔MHM〕	찌끼·이	H^{2}M〔MHM〕

쭉디·기〈쭉정이〉	$H^{2}M$〔MHM〕	쭉디·기	$H^{2}M$〔MHM〕
쭉찌·이〈찌꺼기〉	$H^{2}M$〔MHM〕	찌꺼·기	$H^{2}M$〔MHM〕
쭐거·리(幹)	$H^{2}M$〔MHM〕	줄거·리	$H^{2}M$〔MHM〕
쭐구·리〈줄기〉	$H^{2}M$〔MHM〕	쭐구·리	$H^{2}M$〔MHM〕
쭐거·리〈이야기~〉	$H^{2}M$〔MHM〕	쭐거·리	$H^{2}M$〔MHM〕
찌끼·미〈큰구렁이〉	$H^{2}M$〔MHM〕	찌끼·미	$H^{2}M$〔MHM〕
책까·풀	$H^{2}M$〔MHM〕	책까·풀	$H^{2}M$〔MHM〕
초래·이〈산자락〉	$H^{2}M$〔MHM〕	출래·이〈까불이〉	$H^{2}M$〔MHM〕
촐래·이〈촐랑이〉	$H^{2}M$〔MHM〕	초래·이〈까불이〉	$H^{2}M$〔MHM〕
탁배·기	$H^{2}M$〔MHM〕	탁배·기	$H^{2}M$〔MHM〕
터리·이(毛髮)	$H^{2}M$〔MHM〕	터리·기	$H^{2}M$〔MHM〕
토까·이(兎)	$H^{2}M$〔MHM〕	토깨·이	$H^{2}M$〔MHM〕
투시·이	$H^{2}M$〔MHM〕	투시·이	$H^{2}M$〔MHM〕
피마·자	$H^{2}M$〔MHM〕	피마·자	$H^{2}M$〔MHM〕
피마·지	$H^{2}M$〔MHM〕	피마·자	$H^{2}M$〔MHM〕
한가·지	$H^{2}M$〔MHM〕	한가·지	$H^{2}M$〔MHM〕
할마·이	$H^{2}M$〔MHM〕	할마·이〈낮춤〉	$H^{2}M$〔MHM〕
할마·이	$H^{2}M$〔MHM〕	할마·씨〈보통〉	$H^{2}M$〔MHM〕
할망·구	$H^{2}M$〔MHM〕	할망·구〈낮춤〉	$H^{2}M$〔MHM〕
호매·이(鋤)	$H^{2}M$〔MHM〕	호매·이	$H^{2}M$〔MHM〕
흑띠·이〈흙덩이〉	$H^{2}M$〔MHM〕	흑띠·이	$H^{2}M$〔MHM〕
강새·이·풀	$H^{2}M^{2}$〔MHM^{2}〕	강아·지·풀	$H^{2}M^{2}$〔MHM^{2}〕
고산·식·물	$H^{2}M^{2}$〔MHM^{2}〕	고산·식·물	$H^{2}M^{2}$〔MHM^{2}〕
깨고·리·밥	$H^{2}M^{2}$〔MHM^{2}〕	개구·리·밥	$H^{2}M^{2}$〔MHM^{2}〕
싸래·기·눈	$H^{2}M^{2}$〔MHM^{2}〕	싸래·기·눈	$H^{2}M^{2}$〔MHM^{2}〕
싸래·이·눈	$H^{2}M^{2}$〔MHM^{2}〕	싸래·기·눈	$H^{2}M^{2}$〔MHM^{2}〕
깨구·리·밥	$H^{2}M^{2}$〔MHM^{2}〕	개구·리·밥	$H^{2}M^{2}$〔MHM^{2}〕
아까·아·매·애·로	$H^{2}M^{4}$〔MHM^{4}〕	아깨·애·맨·드·로	$H^{2}M^{4}$〔MHM^{4}〕
아까·아·매·이·로	$H^{2}M^{4}$〔MHM^{4}〕	아깨·애·맨·드·로	$H^{2}M^{4}$〔MHM^{4}〕
개골창	H^{3}〔MH^{2}〕	개골창	H^{3}〔$M^{2}H$〕
게와집	H^{3}〔MH^{2}〕	게와집	H^{3}〔$M^{2}H$〕
기와집	H^{3}〔MH^{2}〕	게와집	H^{3}〔$M^{2}H$〕
담부랑〈담〉	H^{3}〔MH^{2}〕	담부랑	H^{3}〔$M^{2}H$〕
대나무	H^{3}〔MH^{2}〕	대나무〈丁〉	H^{3}〔$M^{2}H$〕
두르막	H^{3}〔MH^{2}〕	두르막	H^{3}〔$M^{2}H$〕
딱나무	H^{3}〔MH^{2}〕	딱나무	H^{3}〔$M^{2}H$〕
메물묵	H^{3}〔MH^{2}〕	미물묵	H^{3}〔$M^{2}H$〕
베르빡	H^{3}〔MH^{2}〕	비름빡	H^{3}〔$M^{2}H$〕
베륵방	H^{3}〔MH^{2}〕	비르빡	H^{3}〔$M^{2}H$〕
베륵방	H^{3}〔MH^{2}〕	비름빵	H^{3}〔$M^{2}H$〕
부시럼	H^{3}〔MH^{2}〕	부시럼	H^{3}〔$M^{2}H$〕

산나물	H^3〔MH^2〕	산나물	H^3〔M^2H〕
술또가〈양조장〉	H^3〔MH^2〕	술도가	H^3〔M^2H〕
양철집	H^3〔MH^2〕	양철집	H^3〔M^2H〕
자부럼	H^3〔MH^2〕	자부럼	H^3〔M^2H〕
저트랑(掖)	H^3〔MH^2〕	저드랑	H^3〔M^2H〕
저트랑(掖)	H^3〔MH^2〕	저지랑	H^3〔M^2H〕
초하로	H^3〔MH^2〕	초하로	H^3〔M^2H〕
초하루	H^3〔MH^2〕	초하루	H^3〔M^2H〕
콩나물	H^3〔MH^2〕	콩나물	H^3〔M^2H〕
가수나·아	H^3M〔MH^2M〕	가시나·아	H^3M〔M^2HM〕
가실하·늘	H^3M〔MH^2M〕	가실하·늘	H^3M〔M^2HM〕
가을하·늘	H^3M〔MH^2M〕	가을하·늘	H^3M〔M^2HM〕
갈가마·구	H^3M〔MH^2M〕	갈가마·구	H^3M〔M^2HM〕
강낭시·끼	H^3M〔MH^2M〕	강낭수·깨	H^3M〔M^2HM〕
개앳줌·치〈주머니〉	H^3M〔MH^2M〕	갯주무·이	H^3M〔M^2HM〕
께엘배·이	H^3M〔MH^2M〕	끼일배·기	H^3M〔M^2HM〕
께엘배·이	H^3M〔MH^2M〕	끼일배·이	H^3M〔M^2HM〕
꼬랑데·기(尾)	H^3M〔MH^2M〕	꼬랑데·기	H^3M〔M^2HM〕
꼬랑데·이(尾)	H^3M〔MH^2M〕	꼬랑데·이	H^3M〔M^2HM〕
끝보어·리	H^3M〔MH^2M〕	꽃마우·리	H^3M〔M^2HM〕
끝보오·리	H^3M〔MH^2M〕	꽃보오·리	H^3M〔M^2HM〕
노름재·이	H^3M〔MH^2M〕	노름재·이	H^3M〔M^2HM〕
달구베·실	H^3M〔MH^2M〕	달구비·슬	H^3M〔M^2HM〕
달구새·끼〈닭〉	H^3M〔MH^2M〕	달구새·끼〈닭〉	H^3M〔M^2HM〕
도둑개·이	H^3M〔MH^2M〕	도둑개·이	H^3M〔M^2HM〕
돌뭉시·이〈돌맹이〉	H^3M〔MH^2M〕	돌뭉새·이	H^3M〔M^2HM〕
동골배·이	H^3M〔MH^2M〕	동구래·미	H^3M〔M^2HM〕
동구라·미	H^3M〔MH^2M〕	동구래·미	H^3M〔M^2HM〕
동굴배·이	H^3M〔MH^2M〕	동굴배·이	H^3M〔M^2HM〕
두드레·이	H^3M〔MH^2M〕	두드리·기	H^3M〔M^2HM〕
두드리·이	H^3M〔MH^2M〕	두드리·기	H^3M〔M^2HM〕
두르매·이	H^3M〔MH^2M〕	두루매·기	H^3M〔M^2HM〕
딱따구·리	H^3M〔MH^2M〕	딱따구·리	H^3M〔M^2HM〕
딱따구·리	H^3M〔MH^2M〕	땍때구·리	H^3M〔M^2HM〕
땅땡거·리〈땅덩이〉	H^3M〔MH^2M〕	땅땡거·리	H^3M〔M^2HM〕
때앰재·이(땜쟁이)	H^3M〔MH^2M〕	때앰재·이	H^3M〔M^2HM〕
뚜드리·이	H^3M〔MH^2M〕	두드리·기	H^3M〔M^2HM〕
머슴아·아	H^3M〔MH^2M〕	머슴아·아	H^3M〔M^2HM〕
머심아·아	H^3M〔MH^2M〕	머슴아·아	H^3M〔M^2HM〕
멍텅구·리	H^3M〔MH^2M〕	멍텅구·리	H^3M〔M^2HM〕
메물국·시	H^3M〔MH^2M〕	미물국·시	H^3M〔M^2HM〕

문화생·활	$H^3M[MH^2M]$	문화생·활	$H^3M[M^2HM]$
미꾸라·지	$H^3M[MH^2M]$	미꾸라·지	$H^3M[M^2HM]$
미꾸래·이	$H^3M[MH^2M]$	미꾸래·이	$H^3M[M^2HM]$
바람잽·이	$H^3M[MH^2M]$	팔랑개·비	$H^3M[M^2HM]$
버들나·무	$H^3M[MH^2M]$	버들나·무	$H^3M[M^2HM]$
버들피·리	$H^3M[MH^2M]$	버들피·리	$H^3M[M^2HM]$
부럭데·이〈황소〉	$H^3M[MH^2M]$	부럭데·이〈황소〉	$H^3M[M^2HM]$
뽀시레·기	$H^3M[MH^2M]$	부시리·기	$H^3M[M^2HM]$
사고방·식	$H^3M[MH^2M]$	사고방·식	$H^3M[M^2HM]$
산뽕어·리	$H^3M[MH^2M]$	산꼭대·기	$H^3M[M^2HM]$
산뽕어·리	$H^3M[MH^2M]$	산말래·이	$H^3M[M^2HM]$
산뽕오·리	$H^3M[MH^2M]$	산뽕우·리	$H^3M[M^2HM]$
산중디·이	$H^3M[MH^2M]$	산중디·이	$H^3M[M^2HM]$
산초래·이	$H^3M[MH^2M]$	산초래·이	$H^3M[M^2HM]$
산토까·이	$H^3M[MH^2M]$	산토깨·이	$H^3M[M^2HM]$
성주띠·기〈··댁〉	$H^3M[MH^2M]$	성주띠·기	$H^3M[M^2HM]$
수수게·끼	$H^3M[MH^2M]$	수수께·끼〈현대〉	$H^3M[M^2HM]$
시끼지·름	$H^3M[MH^2M]$	시끼지·름	$H^3M[M^2HM]$
신쪼마·이	$H^3M[MH^2M]$	신쭈무·이	$H^3M[MH^2M]$
신쪼마·이	$H^3M[MH^2M]$	신쪼마·이	$H^3M[M^2HM]$
싱건짐·치	$H^3M[MH^2M]$	싱건짐·치	$H^3M[M^2HM]$
싸래기·눈	$H^3M[MH^2M]$	싸래기·눈	$H^3M[M^2HM]$
싸래이·눈	$H^3M[MH^2M]$	싸래이·눈	$H^3M[M^2HM]$
쎄동가·리	$H^3M[MH^2M]$	써뚱가·리	$H^3M[M^2HM]$
아주까·리	$H^3M[MH^2M]$	아주까·리	$H^3M[M^2HM]$
오늘내·앨	$H^3M[MH^2M]$	오늘내·앨	$H^3M[M^2HM]$
오줌구·시	$H^3M[MH^2M]$	오줌꾸·시	$H^3M[M^2HM]$
정지나·무	$H^3M[MH^2M]$	정자나·무	$H^3M[M^2HM]$
제릅당·구(삼대)	$H^3M[MH^2M]$	지릅따·구	$H^3M[M^2HM]$
제트랑·밑	$H^3M[MH^2M]$	제트랑·밑	$H^3M[M^2HM]$
짐꾸러·미	$H^3M[MH^2M]$	짐꾸러·미	$H^3M[M^2HM]$
탱조까·시	$H^3M[MH^2M]$	탱자까·시	$H^3M[M^2HM]$
팔랑개·비	$H^3M[MH^2M]$	팔랑개·비	$H^3M[M^2HM]$
헝겊대·기	$H^3M[MH^2M]$	헝겊재·이	$H^3M[M^2HM]$
헝겊대·기	$H^3M[MH^2M]$	헝겊재·이	$H^3M[M^2HM]$
호불애·비	$H^3M[MH^2M]$	호불애·비	$H^3M[M^2HM]$
호불에·미	$H^3M[MH^2M]$	호불이·미	$H^3M[M^2HM]$
가을바람	$H^4[MH^3]$	가을빠람	$H^4[M^3H]$
나무다리	$H^4[MH^3]$	나무다리	$H^4[M^3H]$
저트랑밑	$H^4[MH^3]$	저드랑밑	$H^4[M^3H]$
탱조나무	$H^4[MH^3]$	탱자나무	$H^4[M^3H]$

개똥벌거·지	H^{4}M〔MH^{3}M〕	개똥벌거·지	H^{4}M〔M^{3}HM〕
고산정띠·이	H^{4}M〔MH^{3}M〕	고산정띠·기	H^{4}M〔M^{3}HM〕
지개작대·기	H^{4}M〔MH^{3}M〕	지개작대·기	H^{4}M〔M^{3}HM〕
호불할마·이	H^{4}M〔MH^{3}M〕	호불할마·이	H^{4}M〔M^{3}HM〕
아주까리잎사·구	H^{6}M〔MH^{5}M〕	아주까리이퍼·리	H^{6}M〔M^{5}HM〕
아주까리잎사·구	H^{6}M〔MH^{5}M〕	아주까리잎사·구	H^{6}M〔M^{5}HM〕
가을#·무·지·기	H^{2}#M^{3}〔MH#HHM〕	가실#·무·지·개	H^{2}#M^{3}〔MH#HHM〕
가을#·무·지·이	H^{2}#M^{3}〔MH#HHM〕	가실#·무·지·개	H^{2}#M^{3}〔MH#HHM〕
고산정#:양·반	H^{3}#L^{2}〔MH^{2}#LM〕	고산정#:양·반	H^{3}#M̤^{2}〔M^{2}H#M̤H〕
고산정#:어·른	H^{3}#L^{2}〔MH^{2}#LM〕	고산정#:어·른	H^{3}#M̤^{2}〔M^{2}H#M̤H〕

(335) 거성형 임자씨

고성 방언		성주 방언	
–내	M〔M〕	–내	M〔M〕
·간(鹽)	M〔M̤〕	·간	M〔M̤〕
·값	M〔M̤〕	·갑〈드물게〉	M〔M̤〕
·값(價)	M〔M̤〕	·값	M〔M̤〕
·갓(笠)	M〔M̤〕	·갓	M〔M̤〕
·골(腦)	M〔M̤〕	·골	M〔M̤〕
·곳(所)	M〔M̤〕	·곳	M〔M̤〕
·구(九) ·구에	M〔M̤〕	·구	M〔M̤〕
·굿	M〔M̤〕	·굿	M〔M̤〕
·글 ·글에	M〔M̤〕	·글	M〔M̤〕
·금(價)	M〔M̤〕	·금	M〔M̤〕
·기(氣)	M〔M̤〕	·기	M〔M̤〕
·기(耳)	M〔M̤〕	·귀	M〔M̤〕
·길(道)	M〔M̤〕	·길	M〔M̤〕
·깃(羽)	M〔M̤〕	·깃	M〔M̤〕
·깃(羽)	M〔M̤〕	·짓	M〔M̤〕
·깨	M〔M̤〕	·깨	M〔M̤〕
·께〈꾀〉	M〔M̤〕	·꿔〈종〉	M〔M̤〕
·께〈꾀〉	M〔M̤〕	·끼〈구〉	M〔M̤〕
·꿀	M〔M̤〕	·꿀	M〔M̤〕
·꿈	M〔M̤〕	·꿈	M〔M̤〕
·끈(綬)	M〔M̤〕	·끈	M〔M̤〕
·끌〈건축 연장〉	M〔M̤〕	·끌	M〔M̤〕
·끝	M〔M̤〕	·끝	M〔M̤〕
·끝	M〔M̤〕	·끟	M〔M̤〕
·끼	M〔M̤〕	·끼	M〔M̤
·날(刃)	M〔M̤〕	·날	M〔M̤〕
·날(日)	M〔M̤〕	·날	M〔M̤〕

·남(他)	M〔M̤〕	·남	M〔M̤〕
·낯	M〔M̤〕	·낮	M〔M̤〕
·낱(鎌)	M〔M̤〕	·낫	M〔M̤〕
·넘(他)	M〔M̤〕	·넘	M〔M̤〕
·논(田)	M〔M̤〕	·논	M〔M̤〕
·놈	M〔M̤〕	·놈	M〔M̤〕
·놈	M〔M̤〕	·눔	M〔M̤〕
·눈(眼)	M〔M̤〕	·눈	M〔M̤〕
·님〈詩語〉	M〔M̤〕	·임	M〔M̤〕
·달	M〔M̤〕	·달	M〔M̤〕
·담(墻)	M〔M̤〕	·담	M〔M̤〕
·대(竹)	M〔M̤〕	·대	M〔M̤〕
·데(升)	M〔M̤〕	·대	M〔M̤〕
·딸(女息)	M〔M̤〕	·딸	M〔M̤〕
·땀(汗)	M〔M̤〕	·땀	M〔M̤〕
·땅	M〔M̤〕	·땅	M〔M̤〕
·때	M〔M〕	·끼	M〔M〕
·때(垢)	M〔M̤〕	·때	M〔M̤〕
·때(時)	M〔M̤〕	·때	M〔M̤〕
·떡	M〔M̤〕	·떡	M〔M̤〕
·뜰	M〔M̤〕	·뜰	M〔M̤〕
·뜻	M〔M̤〕	·뜻	M〔M̤〕
·띠(帶)	M〔M̤〕	·띠	M〔M̤〕
·말(斗)	M〔M̤〕	·말	M〔M̤〕
·맛(味)	M〔M̤〕	·맛	M〔M̤〕
·매(鞭)	M〔M̤〕	·매	M〔M̤〕
·먹(墨)	M〔M̤〕	·먹	M〔M̤〕
·몇(몇)	M〔M̤〕	·밎	M〔M̤〕
·모(方)	M〔M̤〕	·모	M〔M̤〕
·몰〈민물산〉	M〔M̤〕	·말	M〔M̤〕
·몸	M〔M̤〕	·몸	M〔M̤〕
·못(釘)	M〔M̤〕	·못	M〔M̤〕
·물(水) ·물에	M〔M̤〕	·물	M〔M̤〕
·밀(小麥) ·밀·에	M〔M̤〕	·밀	M〔M̤〕
·발(足)	M〔M̤〕	·발	M〔M̤〕
·밤(夜)	M〔M̤〕	·밤	M〔M̤〕
·밥(飯)	M〔M̤〕	·밥	M〔M̤〕
·배(腹)	M〔M̤〕	·배	M〔M̤〕
·배(船)	M〔M̤〕	·배	M〔M̤〕
·벌(罰)	M〔M̤〕	·벌	M〔M̤〕
·법(法)	M〔M̤〕	·법	M〔M̤〕

·베(布)	M〔M̤〕	·비	M〔M̤〕
·벡	M〔M̤〕	·빅	M〔M̤〕
·복(福)	M〔M̤〕	·복	M〔M̤〕
·봄(春)	M〔M̤〕	·봄	M〔M̤〕
·불(火) ·불에	M〔M̤〕	·불	M〔M̤〕
·붓(筆)	M〔M̤〕	·붓	M〔M̤〕
·비(雨) ·비·에	M〔M̤〕	·비	M〔M̤〕
·빗(梳)	M〔M̤〕	·빗	M〔M̤〕
·빝(光)	M〔M̤〕	·빗	M〔M̤〕
·빝(光)	M〔M̤〕	·빛(光)	M〔M̤〕
·뻬(骨)	M〔M̤〕	·뻬	M〔M̤〕
·뿔(角) ·뿔에	M〔M̤〕	·뿔	M〔M̤〕
·살(肉)	M〔M̤〕	·살	M〔M̤〕
·삼(麻)	M〔M̤〕	·삼	M〔M̤〕
·상(賞)	M〔M̤〕	·상	M〔M̤〕
·섬	M〔M̤〕	·섬	M〔M̤〕
·세(牛)	M〔M̤〕	·소	M〔M̤〕
·소(牛)	M〔M̤〕	·소	M〔M̤〕
·손(手)	M〔M̤〕	·손	M〔M̤〕
·솔(松)	M〔M̤〕	·솔	M〔M̤〕
·쇠(牛)	M〔M̤〕	·소	M〔M̤〕
·신(鞋,靴)	M〔M̤〕	·신	M〔M̤〕
·심〈힘〉	M〔M̤〕	·심	M〔M̤〕
·쌀(米)	M〔M̤〕	·쌀	M〔M̤〕
·쎄(舌)	M〔M̤〕	·써	M〔M̤〕
·쎄(鐵)	M〔M̤〕	·씨	M〔M̤〕
·쎄(鐵)	M〔M̤〕	·쒸〈종〉	M〔M̤〕
·쑥(艾)	M〔M̤〕	·쑥	M〔M̤〕
·안(內)	M〔M̤〕	·안	M〔M̤〕
·알(卵)	M〔M̤〕	·알	M〔M̤〕
·열(十) ·열·에	M〔M̤〕	·열	M〔M̤〕
·엿(糖)	M〔M̤〕	·엿	M〔M̤〕
·옷(衣)	M〔M̤〕	·옷	M〔M̤〕
·이(齒)	M〔M〕	·이	M〔M〕
·이(蝨)	M〔M̤〕	·이	M〔M̤〕
·입(口)	M〔M̤〕	·입	M〔M̤〕
·잎	M〔M̤〕	·잎	M〔M̤〕
·자(尺)	M〔M̤〕	·자	M〔M̤〕
·잔(盞)	M〔M̤〕	·잔	M〔M̤〕
·잠(寢)	M〔M̤〕	·잠	M〔M̤〕
·재(灰)	M〔M̤〕	·재	M〔M̤〕

·저(彼)	M〔M〕	·저	M〔M〕
·적〈찌짐〉	M〔M〕	·적	M〔M〕
·젇(乳)	M〔M̤〕	·젖	M〔M̤〕
·젇〈멸치젖〉	M〔M̤〕	·젖	M〔M̤〕
·절(寺)	M〔M̤〕	·절	M〔M̤〕
·점(點)	M〔M̤〕	·점	M〔M̤〕
·좀(蟲)	M〔M̤〕	·좀	M〔M̤〕
·죽(粥)	M〔M̤〕	·죽	M〔M̤〕
·줄(線)	M〔M̤〕	·줄	M〔M̤〕
·지(鼠)	M〔M̤〕	·쥐	M〔M̤〕
·지(鼠)	M〔M̤〕	·지	M〔M̤〕
·질(道)	M〔M̤〕	·질	M〔M̤〕
·짐(荷)	M〔M̤〕	·짐	M〔M̤〕
·짓(行爲)	M〔M̤〕	–짓	M〔M〕
·짓〈옷깃〉	M〔M̤〕	·깃	M〔M̤〕
·짓〈옷깃〉	M〔M̤〕	·짓	M〔M̤〕
·짚	M〔M̤〕	·짚	M〔M̤〕
·착(冊)	M〔M̤〕	·책	M〔M̤〕
·철(季節)	M〔M̤〕	·철	M〔M̤〕
·춤(舞)	M〔M̤〕	·춤	M〔M̤〕
·춤(唾液)	M〔M̤〕	·춤	M〔M̤〕
·치(箕)	M〔M̤〕	·치	M〔M̤〕
·칠(葛)	M〔M̤〕	·칠	M〔M̤〕
·침(唾液)	M〔M̤〕	·침	M〔M̤〕
·칼	M〔M̤〕	·칼	M〔M̤〕
·코	M〔M̤〕	·코	M〔M̤〕
·키	M〔M̤〕	·키	M〔M̤〕
·탑(塔)	M〔M̤〕	·탑	M〔M̤〕
·터(基)	M〔M̤〕	·터	M〔M̤〕
·텍(顎)	M〔M〕	·턱	M〔M〕
·텍(顎)	M〔M〕	·텍	M〔M〕
·톱(鋸刀)	M〔M̤〕	·톱	M〔M̤〕
·톺(鋸刀)〈이〉	M〔M̤〕	·톱	M〔M̤〕
·틀	M〔M̤〕	·틀	M〔M̤〕
·틈	M〔M̤〕	·틈	M〔M̤〕
·파(蔥)	M〔M̤〕	·파	M〔M̤〕
·팔(八) ·팔·에	M〔M̤〕	·팔	M〔M̤〕
·팥(小豆)	M〔M̤〕	·팥	M〔M̤〕
·패(蔥)	M〔M̤〕	·파	M〔M̤〕
·퐅(小豆)	M〔M̤〕	·팢	M〔M̤〕
·풀(草)	M〔M̤〕	·풀	M〔M̤〕

·피(血)	M〔M̤〕	·피	M〔M̤〕
·해(年)	M〔M̤〕	·해	M〔M̤〕
·해(日) ·해·에	M〔M̤〕	·해	M〔M̤〕
·혹	M〔M̤〕	·혹	M〔M̤〕
·힘(力)	M〔M̤〕	·힘〈㊂〉	M〔M̤〕
·가·래(痰)	M^2〔HH/MM〕	·가·래	M^2〔HH/MM〕
·가·뭄(旱)	M^2〔HH/MM〕	·가·뭄	M^2〔HH/MM〕
·가·뭄(旱)	M^2〔HH/MM〕	·가·뭄	M^2〔HH/MM〕
·가·지(枝)	M^2〔HH/MM〕	·가·지	M^2〔HH/MM〕
·강·까	M^2〔HH/MM〕	·강·까	M^2〔HH/MM〕
·강·뚝	M^2〔HH/MM〕	·강·뚝	M^2〔HH/MM〕
·객·구	M^2〔HH/MM〕	·객·구(~물리다)	M^2〔HH/MM〕
·걱·정	M^2〔HH/MM〕	·걱·정	M^2〔HH/MM〕
·걱·분	M^2〔HH/MM〕	·걱·분	M^2〔HH/MM〕
·겔·딴	M^2〔HH/MM〕	·절·딴	M^2〔HH/MM〕
·겔·딴〈決斷〉	M^2〔HH/MM〕	·결·딴	M^2〔HH/MM〕
·겔·석	M^2〔HH/MM〕	·결·석	M^2〔HH/MM〕
·겔·쩡(決定)	M^2〔HH/MM〕	·결·쩡	M^2〔HH/MM〕
·고·문(顧問)	M^2〔HH/MM〕	·고·문	M^2〔HH/MM〕
·골·치	M^2〔HH/MM〕	·골·치	M^2〔HH/MM〕
·구·름	M^2〔HH/MM〕	·구·름	M^2〔HH/MM〕
·국·가	M^2〔HH/MM〕	·국·가	M^2〔HH/MM〕
·그·림(畵)	M^2〔HH/MM〕	·그·림	M^2〔HH/MM〕
·그·물	M^2〔HH/MM〕	·그·물〈㊂〉	M^2〔HH/MM〕
·극·단(劇團)	M^2〔HH/MM〕	·극·단	M^2〔HH/MM〕
·기·림(畵)	M^2〔HH/MM〕	·기·림	M^2〔HH/MM〕
·기·사(騎士)	M^2〔HH/MM〕	·기·사	M^2〔HH/MM〕
·기·사(記事)	M^2〔HH/MM〕	·기·사	M^2〔HH/MM〕
·기·술(技術)	M^2〔HH/MM〕	·기·술	M^2〔HH/MM〕
·꽁·치	M^2〔HH/MM〕	·꽁·치	M^2〔HH/MM〕
·꿀·벌	M^2〔HH/MM〕	·꿀·벌	M^2〔HH/MM〕
·나·이	M^2〔HH/MM〕	·나·이	M^2〔HH/MM〕
·낙·주(章魚)	M^2〔HH/MM〕	·낙·지	M^2〔HH/MM〕
·낙·주〈낙지〉 낙주꼬래·이 묵윴다		·낙·지	M^2〔HH/MM〕
·낙·지(章魚)	M^2〔HH/MM〕	·낙·지	M^2〔HH/MM〕
·낙·지〈낙제〉	M^2〔HH/MM〕	·낙·지	M^2〔HH/MM〕
·낚·시	M^2〔HH/MM〕	·낚·수	M^2〔HH/MM〕
·낚·시	M^2〔HH/MM〕	·낚·시	M^2〔HH/MM〕
·날·개	M^2〔HH/MM〕	·날·개	M^2〔HH/MM〕
·낮·잠	M^2〔HH/MM〕	·낮·잠	M^2〔HH/MM〕
·논·밭	M^2〔HH/MM〕	·논·밭	M^2〔HH/MM〕

·눈·꼴	M^2〔HH/MM〕	·눈·꼴	M^2〔HH/MM〕
·눈·매	M^2〔HH/MM〕	·눈·매	M^2〔HH/MM〕
·눈·물	M^2〔HH/MM〕	·눈·물	M^2〔HH/MM〕
·눈·찔	M^2〔HH/MM〕	·눈·찔	M^2〔HH/MM〕
·단·지(罐)	M^2〔HH/MM〕	·단·지	M^2〔HH/MM〕
·땅·콩	M^2〔HH/MM〕	·땅·콩	M^2〔HH/MM〕
·맷·돌(磨)	M^2〔HH/MM〕	·맷·돌	M^2〔HH/MM〕
·모·구(蚊)	M^2〔HH/MM〕	·머·구	M^2〔HH/MM〕
·모·기〈현대〉	M^2〔HH/MM〕	·모·기	M^2〔HH/MM〕
·모·래(明後日)	M^2〔HH/MM〕	·모·래	M^2〔HH/MM〕
·목·단	M^2〔HH/MM〕	·목·단	M^2〔HH/MM〕
·몸·매	M^2〔HH/MM〕	·몸·매	M^2〔HH/MM〕
·무·색(무색)	M^2〔HH/MM〕	·물·색	M^2〔HH/MM〕
·물·개〈문〉	M^2〔HH/MM〕	·물·깨	M^2〔HH/MM〕
·물·까(水邊)	M^2〔HH/MM〕	·물·까	M^2〔HH/MM〕
·물·깨〈이〉	M^2〔HH/MM〕	·물·개	M^2〔HH/MM〕
·물·껠(波)	M^2〔HH/MM〕	·물·껼	M^2〔HH/MM〕
·물·새	M^2〔HH/MM〕	·물·새	M^2〔HH/MM〕
·밤·일〔·밤·닐〕	M^2〔HH/MM〕	·밤·닐	M^2〔HH/MM〕
·밥·물	M^2〔HH/MM〕	·밥·물	M^2〔HH/MM〕
·배·앰	M^2〔HH/MM〕	·배·암	M^2〔HH/MM〕
·베·게	M^2〔HH/MM〕	·비·게	M^2〔HH/MM〕
·베·락	M^2〔HH/MM〕	·벼·락	M^2〔HH/MM〕
·봄·꽅	M^2〔HH/MM〕	·봄·꽂	M^2〔HH/MM〕
·봄·삐〈봄비〉	M^2〔HH/MM〕	·봄·삐	M^2〔HH/MM〕
·부·모	M^2〔HH/MM〕	·부·모	M^2〔HH/MM〕
·붓·끝	M^2〔HH/MM〕	·붓·끝	M^2〔HH/MM〕
·뻔·개(電)	M^2〔HH/MM〕	·번·개	M^2〔HH/MM〕
·상·투	M^2〔HH/MM〕	·상·투	M^2〔HH/MM〕
·새·끼(繩)	M^2〔HH/MM〕	·새·끼	M^2〔HH/MM〕
·생·각	M^2〔HH/MM〕	·생·각	M^2〔HH/MM〕
·소·매(袖)	M^2〔HH/MM〕	·소·매	M^2〔HH/MM〕
·소·죗	M^2〔HH/MM〕	·소·죗	M^2〔HH/MM〕
·소·젓	M^2〔HH/MM〕	·소·젓	M^2〔HH/MM〕
·손·발	M^2〔HH/MM〕	·손·발	M^2〔HH/MM〕
·솜·씨	M^2〔HH/MM〕	·솜·씨	M^2〔HH/MM〕
·수·제〈수저〉	M^2〔HH/MM〕	·수·저	M^2〔HH/MM〕
·시·물	M^2〔HH/MM〕	·시·물	M^2〔HH/MM〕
·시·물(二十)	M^2〔HH/MM〕	·수·물	M^2〔HH/MM〕
·시·빠〈만만히〉	M^2〔HH/MM〕	·시·삐	M^2〔HH/MM〕
·시·퍼〈만만히〉	M^2〔HH/MM〕	·시·삐	M^2〔HH/MM〕

·식·간	M^2〔HH/MM〕	·습·관	M^2〔HH/MM〕
·식·간	M^2〔HH/MM〕	·식·관	M^2〔HH/MM〕
·식·당	M^2〔HH/MM〕	·식·당	M^2〔HH/MM〕
·식·탕〈분〉	M^2〔HH/MM〕	·식·당	M^2〔HH/MM〕
·쎗·대〈열쇠〉	M^2〔HH/MM〕	·쎗·대〈열쇠〉	M^2〔HH/MM〕
·쑥·꽁	M^2〔HH/MM〕	·쑥·꽁	M^2〔HH/MM〕
·안·빡〈안팎〉	M^2〔HH/MM〕	·안·빡	M^2〔HH/MM〕
·안·빵〈안방〉	M^2〔HH/MM〕	·안·빵	M^2〔HH/MM〕
·암·꽁	M^2〔HH/MM〕	·암·꽁	M^2〔HH/MM〕
·애·기〈아기〉	M^2〔HH/MM〕	·애·기	M^2〔HH/MM〕
·약·값	M^2〔HH/MM〕	·약·값	M^2〔HH/MM〕
·엄·마(母)	M^2〔HH/MM〕	·엄·마	M^2〔HH/MM〕
·에·미(母)	M^2〔HH/MM〕	·에·미	M^2〔HH/MM〕
·에·미(母)	M^2〔HH/MM〕	·이·미	M^2〔HH/MM〕
·염·소(羔)	M^2〔HH/MM〕	·염·소	M^2〔HH/MM〕
·오·빠	M^2〔HH/MM〕	·오·빠	M^2〔HH/MM〕
·옴·마(母)	M^2〔HH/MM〕	·옴·마	M^2〔HH/MM〕
·옷·솔	M^2〔HH/MM〕	·옷·솔	M^2〔HH/MM〕
·움·마(母)〈고성말〉	M^2〔HH/MM〕	·옴·마	M^2〔HH/MM〕
·인·상(印象)	M^2〔HH/MM〕	·인·상	M^2〔HH/MM〕
·일·기	M^2〔HH/MM〕	·일·기	M^2〔HH/MM〕
·자·기	M^2〔HH/MM〕	·자·기	M^2〔HH/MM〕
·잔·치	M^2〔HH/MM〕	·잔·치	M^2〔HH/MM〕
·잡·지	M^2〔HH/MM〕	·잡·지	M^2〔HH/MM〕
·잣·대	M^2〔HH/MM〕	·잣·대	M^2〔HH/MM〕
·조·카	M^2〔HH/MM〕	·조·카	M^2〔HH/MM〕
·짐·꾼	M^2〔HH/MM〕	·짐·꾼	M^2〔HH/MM〕
·짜·구	M^2〔HH/MM〕	·짜·구	M^2〔HH/MM〕
·째·보〈언청이〉	M^2〔HH/MM〕	·째·보	M^2〔HH/MM〕
·창·사〈창자〉	M^2〔HH/MM〕	·창·사〈창자〉	M^2〔HH/MM〕
·철·쭉	M^2〔HH/MM〕	·철·쭉	M^2〔HH/MM〕
·체·이(箕)	M^2〔HH/MM〕	·치·이	M^2〔HH/MM〕
·초·롱(燈籠)	M^2〔HH/MM〕	·초·롱	M^2〔HH/MM〕
·칠·기(漆器)	M^2〔HH/MM〕	·칠·기	M^2〔HH/MM〕
·탁·주	M^2〔HH/MM〕	·탁·주	M^2〔HH/MM〕
·토·끼	M^2〔HH/MM〕	·테·끼	M^2〔HH/MM〕
·토·끼	M^2〔HH/MM〕	·토·끼	M^2〔HH/MM〕
·투·구	M^2〔HH/MM〕	·투·구	M^2〔HH/MM〕
·퉁·소(笛)	M^2〔HH/MM〕	·통·수	M^2〔HH/MM〕
·퉁·소(笛)	M^2〔HH/MM〕	·퉁·수	M^2〔HH/MM〕
·트·림	M^2〔HH/MM〕	·트·럼	M^2〔HH/MM〕

·페·기〈포기〉	M^2〔HH/MM〕	·포·기	M^2〔HH/MM〕
·페·이〈포기〉	M^2〔HH/MM〕	·피·기	M^2〔HH/MM〕
·포·리(蠅)	M^2〔HH/MM〕	·파·리	M^2〔HH/MM〕
·학·조	M^2〔HH/MM〕	·핵·구	M^2〔HH/MM〕
·한·숨	M^2〔HH/MM〕	·한·섬〈구〉	M^2〔HH/MM〕
·한·숨	M^2〔HH/MM〕	·한·숨	M^2〔HH/MM〕
·한·숨	M^2〔HH/MM〕	·한·심	M^2〔HH/MM〕
·할·매(姑)	M^2〔HH/MM〕	·할·매	M^2〔HH/MM〕
·할·미(姑)	M^2〔HH/MM〕	·할·미	M^2〔HH/MM〕
·할·배	M^2〔HH/MM〕	·할·배	M^2〔HH/MM〕
·해·미(姑)	M^2〔HH/MM〕	·할·미	M^2〔HH/MM〕
·핵·교	M^2〔HH/MM〕	·학·교〈현대〉	M^2〔HH/MM〕
·햇·빝	M^2〔HH/MM〕	·햇·빛	M^2〔HH/MM〕
·그·림·자〈影〉	M^3〔HHM〕	·그·림·자	M^3〔HHM〕
·기·러·기	M^3〔HHM〕	·기·러·기	M^3〔HHM〕
·기·티·이〈귀퉁이〉	M^3〔HHM〕	·귀·티·이	M^3〔HHM〕
·기·티·이〈귀퉁이〉	M^3〔HHM〕	·기·티·이	M^3〔HHM〕
·낚·시·질	M^3〔HHM〕	·낚·시·질	M^3〔HHM〕
·모·재·기(海藻)	M^3〔HHM〕	·마·재·기	M^3〔HHM〕
·모·재·기〈바다에서 남〉	M^3〔HHM〕	·마·재·기	M^3〔HHM〕
·모·재·이(海藻)	M^3〔HHM〕	·마·재기	M^3〔HHM〕
·몰·나·물〈민물에서 남〉	M^3〔HHM〕	·말·나·물	M^3〔HHM〕
·몸·띠·이〈몸뚱이〉	M^3〔HHM〕	·몸·띠·이	M^3〔HHM〕
·무·지·기	M^3〔HHM〕	·무·지·개	M^3〔HHM〕
·볼·태·이	M^3〔HHM〕	·볼·태·기	M^3〔HHM〕
·빼·다·지〈설합〉	M^3〔HHM〕	·빼·다·지	M^3〔HHM〕
·시·무·개	M^3〔HHM〕	·수·무·개	M^3〔HHM〕
·시·무·개(二十)	M^3〔HHM〕	·시·무·개	M^3〔HHM〕
·식·생·왈	M^3〔HHM〕	·식·생·활	M^3〔HHM〕
·쎄·까·래	M^3〔HHM〕	·서·까·래	M^3〔HHM〕
·에·식·장	M^3〔HHM〕	·예·식·장	M^3〔HHM〕
·염·소·젖	M^3〔HHM〕	·염·소·젓	M^3〔HHM〕
·오·래·비	M^3〔HHM〕	·오·래·비	M^3〔HHM〕
·외·아·들	M^3〔HHM〕	·외·아·들〈현대〉	M^3〔HHM〕
·외·아·들	M^3〔HHM〕	·위·아·들	M^3〔HHM〕
·잠·자·리(寢所)	M^3〔HHM〕	·잠·자·리	M^3〔HHM〕
·잠·자·리(寢所)	M^3〔HHM〕	·잠·짜·리	M^3〔HHM〕
·재·끼·장〈공책〉	M^3〔HHM〕	·자·끼·장	M^3〔HHM〕
·토·깨·비	M^3〔HHM〕	·토·깨·비	M^3〔HHM〕
·토·째·비	M^3〔HHM〕	·토·째·비	M^3〔HHM〕
·할·머·이	M^3〔HHM〕	·할·무·이	M^3〔HHM〕

·할·무·이	M^3〔HHM〕	·할·머·니	M^3〔HHM〕
·할·부·지	M^3〔HHM〕	·할·부·지	M^3〔HHM〕
·할·애·비	M^3〔HHM〕	·할·애·비	M^3〔HHM〕
·허·깨·비	M^3〔HHM〕	·허·깨·비	M^3〔HHM〕
·짐·꾸·러·미	M^4〔HHM^2〕	·짐·꾸·러·미	M^4〔HHM^2〕
·국·민·핵·고	M^4〔HHM^2〕	·국·민·핵·고	M^4〔HHM^2〕
·씨·어·마·이	M^4〔HHM^2〕	·시·오·마·이	M^4〔HHM^2〕
·씨·어·머·이	M^4〔HHM^2〕	·시·어·머·이	M^4〔HHM^2〕
·오·라·버·니〈자기 오빠〉	M^4〔HHM^2〕	·오·라·버·니〈자기 오빠〉	M^4〔HHM^2〕
·에·동·아·들	M^4〔HHM^2〕	·외·동·아·들	M^4〔HHM^2〕
·외·동·아·들	M^4〔HHM^2〕	·위·동·아·들	M^4〔HHM^2〕
·돌·연·변·이	M^4〔HHM^2〕	·돌·연·변·이	M^4〔HHM^2〕
·북·도·칠·성	M^4〔HHM^2〕	·북·두·칠·성	M^4〔HHM^2〕
·수·양·버·들	M^4〔HHM^2〕	·수·양·버·들	M^4〔HHM^2〕
·수·무·고·개	M^4〔HHM^2〕	·수·무·고·개	M^4〔HHM^2〕
·씨·아·바·이〈남의〉	M^4〔HHM^2〕	·시·아·바·이	M^4〔HHM^2〕
·씨·아·부·지	M^4〔HHM^2〕	·시·아·부·지	M^4〔HHM^2〕
·시·아·부·지〈자기의〉	M^4〔HHM^2〕	·시·아·부·지	M^4〔HHM^2〕
·색·동·저·고·리	M^5〔HHM^3〕	·색·동·저·고·리	M^5〔HHM^3〕
·열·대·성·식·물	M^5〔HHM^3〕	·열·대·성·식·물	M^5〔HHM^3〕
·외·나·무·다·리	M^5〔HHM^3〕	·위·나·무·다·리	M^5〔HHM^3〕
·일·산·화·탄·소	M^5〔HHM^3〕	·일·산·화·탄·소	M^5〔HHM^3〕
·실·존·주·의·철·학	M^6〔HHM^4〕	·실·존·주·의·철·학	M^6〔HHM^4〕
·수·양·버·들·나·무	M^6〔HHM^4〕	·수·양·버·들·나·무	M^6〔HHM^4〕

(336) 상성형 임자씨

고성 방언		성주 방언	
:가(邊)	L〔LM〕	:가	M̤〔M̤̆〕
:간(肝)	L〔LM〕	:간	M̤〔M̤̆〕
:감(柿)	L〔LM〕	:감	M̤〔M̤̆〕
·강(江)	M〔M̤〕	:강	M̤〔M̤̆〕
:강〈문〉	L〔LM〕	:광	M̤〔M̤̆〕
:개(狗)	L〔LM〕	:개	M̤〔M̤̆〕
:내(川)	L〔LM〕	:걸	M̤〔M̤̆〕
:게(蟹)	L〔LM〕	:께	M̤〔M̤̆〕
:게(蟹)	L〔LM〕	:끼	M̤〔M̤̆〕
:골(谷)	L〔LM〕	:골	M̤〔M̤̆〕
:골(蘆)	L〔LM〕	:골	M̤〔M̤̆〕
:곰(熊)	L〔LM〕	:곰	M̤〔M̤̆〕
:공(球)	L〔LM〕	:공	M̤〔M̤̆〕
:내(川)	L〔LM〕	:내	M̤〔M̤̆〕

:널(板)	L〔LM〕	:널	M̤〔M̤〕
:네(四)	L〔LM〕	:니	M̤〔M̤〕
:담(淡)	L〔LM〕	:담	M̤〔M̤〕
:눈(雪)	L〔LM〕	·눈	M̤〔M̤〕
:돈(錢)	L〔LM〕	:돈	M̤〔M̤〕
:돌(石)	L〔LM〕	:돌	M̤〔M̤〕
:돔〈도미〉	L〔LM〕	:돔	M̤〔M̤〕
:둘(二)	L〔LM〕	:둘	M̤〔M̤〕
:들	L〔LM〕	:들	M̤〔M̤〕
:디(後)	L〔LM〕	:뒤	M̤〔M̤〕
:디(後)	L〔LM〕	:디	M̤〔M̤〕
:말(語)	L〔LM〕	:말	M̤〔M̤〕
:매(鷹)	L〔LM〕	:매	M̤〔M̤〕
:모(墓)	L〔LM〕	:미	M̤〔M̤〕
:메(墓)	L〔LM〕	:미	M̤〔M̤〕
:반(半)	L〔LM〕	:반	M̤〔M̤〕
:발(簾)	L〔LM〕	:발	M̤〔M̤〕
:밤(栗)	L〔LM〕	:밤	M̤〔M̤〕
:배(倍)	L〔LM〕	:배	M̤〔M̤〕
:벌(蜂)	L〔LM〕	:벌	M̤〔M̤〕
:범(虎)	L〔LM〕	:범	M̤〔M̤〕
:벨(星)	L〔LM〕	:별	M̤〔M̤〕
:벨(星)	L〔LM〕	:빌	M̤〔M̤〕
:벵(病)	L〔LM〕	:병	M̤〔M̤〕
:벵(病)	L〔LM〕	:빙	M̤〔M̤〕
:사(四)	L〔LM〕	:사	M̤〔M̤〕
:새(鳥)	L〔LM〕	:새	M̤〔M̤〕
:섬(島)	L〔LM〕	:섬	M̤〔M̤〕
:성(姓)	L〔LM〕	:성	M̤〔M̤〕
:셋(三)	L〔LM〕	:셋	M̤〔M̤〕
:손(孫)	L〔LM〕	:손	M̤〔M̤〕
:솔(刷)	L〔LM〕	:솔	M̤〔M̤〕
:숨(息)	L〔LM〕	:숨	M̤〔M̤〕
:신(五十)	L〔LM〕	:쉰	M̤〔M̤〕
:신(五十)	L〔LM〕	:신	M̤〔M̤〕
:실(絲)	L〔LM〕	:실	M̤〔M̤〕
:양(量)	L〔LM〕	:양	M̤〔M̤〕
:이(李, 二)	L〔LM〕	:이	M̤〔M̤〕
:일(事)	L〔LM〕	:일	M̤〔M̤〕
:잣(栢)	L〔LM〕	:잣	M̤〔M̤〕
:전(煎)	L〔LM〕	:전	M̤〔M̤〕

:제(我)	L〔LM〕	:지	M̤〔M̤̆〕
:종(奴,婢)	L〔LM〕	:종	M̤〔M̤̆〕
:줄〈工具〉	L〔LM〕	:줄	M̤〔M̤̆〕
:중(僧)	L〔LM〕	:중	M̤〔M̤̆〕
:지(我)	L〔LM〕	:지	M̤〔M̤̆〕
:지(自己)	L〔LM〕	:지	M̤〔M̤̆〕
:짐(蒸氣)	L〔LM〕	:김	M̤〔M̤̆〕
:짐(蒸氣)	L〔LM〕	:짐	M̤〔M̤̆〕
:짐(海苔)	L〔LM〕	:김	M̤〔M̤̆〕
:짐(海苔)	L〔LM〕	:짐	M̤〔M̤̆〕
:짓(行動)	L〔LM〕	:짓	M̤〔M̤̆〕
:찬(餐)	L〔LM〕	:찬	M̤〔M̤̆〕
:해(害)	L〔LM〕	:피	M̤〔M̤̆〕
:해(害)	L〔LM〕	:해	M̤〔M̤̆〕
:가·게	L^2〔LM〕	:가·게	M̤^{2}〔ḦH/M̤M〕
:가·매(乘)	L^2〔LM〕	:가·마	M̤^{2}〔ḦH/M̤M〕
:가·매(乘)	L^2〔LM〕	:가·매	M̤^{2}〔ḦH/M̤M〕
:가·부〈과부〉	L^2〔LM〕	:과·부	M̤^{2}〔ḦH/M̤M〕
:가·장(假裝)	L^2〔LM〕	:가·장	M̤^{2}〔ḦH/M̤M〕
:가·정(假定)	L^2〔LM〕	:가·정	M̤^{2}〔ḦH/M̤M〕
:가·죽〈먹거리〉	L^2〔LM〕	:가·죽	M̤^{2}〔ḦH/M̤M〕
:간·장(肝臟)	L^2〔LM〕	:간·장	M̤^{2}〔ḦH/M̤M〕
:감·사	L^2〔LM〕	:감·사	M̤^{2}〔ḦH/M̤M〕
:개·간(狗肝)	L^2〔LM〕	:개·간	M̤^{2}〔ḦH/M̤M〕
:개·털	L^2〔LM〕	:개·털	M̤^{2}〔ḦH/M̤M〕
:게·엥〈구경〉	L^2〔LM〕	:기·경	M̤^{2}〔ḦH/M̤M〕
:게·이(猫)	L^2〔LM〕	:괘·이	M̤^{2}〔ḦH/M̤M〕
:고·실〈교실〉	L^2〔LM〕	:고·실	M̤^{2}〔ḦH/M̤M〕
:공·학(共學)	L^2〔LM〕	:공·학	M̤^{2}〔ḦH/M̤M〕
:교·정(校庭)	L^2〔LM〕	:교·정	M̤^{2}〔ḦH/M̤M〕
:굴·뚝(煙突)	L^2〔LM〕	:굴·뚝	M̤^{2}〔ḦH/M̤M〕
:기·겡〈구경〉	L^2〔LM〕	:기·경	M̤^{2}〔ḦH/M̤M〕
:기·집(女)	L^2〔LM〕	:계·집	M̤^{2}〔ḦH/M̤M〕
:기·집(女)	L^2〔LM〕	:기·집	M̤^{2}〔ḦH/M̤M〕
:기·짝(櫃)	L^2〔LM〕	:귀·짝	M̤^{2}〔M̤̆M/M̤̆H〕
:냇·가	L^2〔LM〕	:냇·가	M̤^{2}〔ḦH/M̤M〕
:너·이(四)	L^2〔LM〕	:너·이	M̤^{2}〔ḦH/M̤M〕
:널·판	L^2〔LM〕	:널·판	M̤^{2}〔ḦH/M̤M〕
:농·담(弄談)	L^2〔LM〕	:농·담	M̤^{2}〔ḦH/M̤M〕
:담·배	L^2〔LM〕	:담·배	M̤^{2}〔ḦH/M̤M〕
:대·추	L^2〔LM〕	:대·추	M̤^{2}〔ḦH/M̤M〕

:도·치(斧)	L^2〔LM〕	:도·끼	M̤^{2}〔ḦH/M̤M〕
:도·치(斧)	L^2〔LM〕	:도·치	M̤^{2}〔ḦH/M̤M〕
:돌·담	L^2〔LM〕	:돌·담	M̤^{2}〔ḦH/M̤M〕
:돌·산	L^2〔LM〕	:돌·산	M̤^{2}〔ḦH/M̤M〕
:두·끼	L^2〔LM〕	:두·끼	M̤^{2}〔ḦH/M̤M〕
:두·때	L^2〔LM〕	:듭·때	M̤^{2}〔ḦH/M̤M〕
:딧·일〔:딘·닐〕	L^2〔LM〕	:뒷·일	M̤^{2}〔ḦH/M̤M〕
:딧·일〔:딘·닐〕	L^2〔LM〕	:딧·일	M̤^{2}〔ḦH/M̤M〕
:때·넘	L^2〔LM〕	:땟·넘	M̤^{2}〔ḦH/M̤M〕
:마·구	L^2〔LM〕	:마·구	M̤^{2}〔ḦH/M̤M〕
:만·언(萬圓)	L^2〔LM〕	:만·원	M̤^{2}〔ḦH/M̤M〕
:말·끝	L^2〔LM〕	:말·끝	M̤^{2}〔ḦH/M̤M〕
:말·슴	L^2〔LM〕	:말·씀	M̤^{2}〔ḦH/M̤M〕
:멩·경	L^2〔LM〕	:밍·경	M̤^{2}〔ḦH/M̤M〕
:무·당(巫)	L^2〔LM〕	:무·당	M̤^{2}〔ḦH/M̤M〕
:민·근	L^2〔LM〕	:밍·경	M̤^{2}〔ḦH/M̤M〕
:밍·경	L^2〔LM〕	:밍·경	M̤^{2}〔ḦH/M̤M〕
:반·달	L^2〔LM〕	:반·달	M̤^{2}〔ḦH/M̤M〕
:배·차(배추)	L^2〔LM〕	:배·차	M̤^{2}〔ḦH/M̤M〕
:배·차(배추)	L^2〔LM〕	:배·추	M̤^{2}〔ḦH/M̤M〕
:벨·똥	L^2〔LM〕	:빌·똥	M̤^{2}〔ḦH/M̤M〕
:보·배(寶)	L^2〔LM〕	:보·배	M̤^{2}〔ḦH/M̤M〕
:비·단(絹)	L^2〔LM〕	:비·단	M̤^{2}〔ḦH/M̤M〕
:비·용(費用)	L^2〔LM〕	:비·용	M̤^{2}〔ḦH/M̤M〕
:사·람(人)	L^2〔LM〕	:사·람	M̤^{2}〔ḦH/M̤M〕
:사·분	L^2〔LM〕	:사·분	M̤^{2}〔ḦH/M̤M〕
:사·색(四色)	L^2〔LM〕	:사·색	M̤^{2}〔ḦH/M̤M〕
:새·미(井)	L^2〔LM〕	:새·미	M̤^{2}〔ḦH/M̤M〕
:서·숙	L^2〔LM〕	:서·숙	M̤^{2}〔ḦH/M̤M〕
:서·이(三)	L^2〔LM〕	:서·이	M̤^{2}〔ḦH/M̤M〕
:성·미	L^2〔LM〕	:성·미	M̤^{2}〔ḦH/M̤M〕
:세·건(所見)	L^2〔LM〕	:시·건	M̤^{2}〔ḦH/M̤M〕
:세·겐(所見)	L^2〔LM〕	:소·견	M̤^{2}〔ḦH/M̤M〕
:세·견(所見)	L^2〔LM〕	:쉬·건	M̤^{2}〔ḦH/M̤M〕
:세·똥	L^2〔LM〕	:소·똥	M̤^{2}〔ḦH/M̤M〕
:세·똥	L^2〔LM〕	:쉬·똥	M̤^{2}〔ḦH/M̤M〕
:세·젓	L^2〔LM〕	:쉬·젓	M̤^{2}〔ḦH/M̤M〕
:세·젓	L^2〔LM〕	:쉬·젓	M^2〔HH/MM〕
:손·해(損)	L^2〔LM〕	:손·해	M̤^{2}〔ḦH/M̤M〕
:수·건(巾)	L^2〔LM〕	:수·건	M̤^{2}〔ḦH/M̤M〕
:수·박	L^2〔LM〕	:수·박	M̤^{2}〔ḦH/M̤M〕

:안·개(霧)	L^{2}〔LM〕	:안·개	Ṃ^{2}〔ḦH/ṂM〕
:앵·건〈안경〉	L^{2}〔LM〕	:앵·경	Ṃ^{2}〔ḦH/ṂM〕
:앵·경〈안경〉	L^{2}〔LM〕	:앵·경	Ṃ^{2}〔ḦH/ṂM〕
:연·치〈여치〉	L^{2}〔LM〕	:연·치	Ṃ^{2}〔ḦH/ṂM〕
:영·감	L^{2}〔LM〕	:영·감	Ṃ^{2}〔ḦH/ṂM〕
:우·박	L^{2}〔LM〕	:우·박	Ṃ^{2}〔ḦH/ṂM〕
:우·산(雨傘)	L^{2}〔LM〕	:우·산	Ṃ^{2}〔ḦH/ṂM〕
:울·때〈울대〉	L^{2}〔LM〕	:울·때	Ṃ^{2}〔ḦH/ṂM〕
:이·리(狼)	L^{2}〔LM〕	:이·리	Ṃ^{2}〔ḦH/ṂM〕
:일·뽁〈일복〉	L^{2}〔LM〕	:일·뽁	Ṃ^{2}〔ḦH/ṂM〕
:잉·금(王)	L^{2}〔LM〕	:잉·금	Ṃ^{2}〔ḦH/ṂM〕
:임·재	L^{2}〔LM〕	:임·자	Ṃ^{2}〔ḦH/ṂM〕
:임·재	L^{2}〔LM〕	:임·재	Ṃ^{2}〔ḦH/ṂM〕
:제·비(燕)	L^{2}〔LM〕	:제·비	Ṃ^{2}〔ḦH/ṂM〕
:제·사(祭祀)	L^{2}〔LM〕	:제·사	Ṃ^{2}〔ḦH/ṂM〕
:조·실〈교실〉	L^{2}〔LM〕	:고·실	Ṃ^{2}〔ḦH/ṂM〕
:조·푸	L^{2}〔LM〕	:조·포	Ṃ^{2}〔ḦH/ṂM〕
:지·사(祭祀)	L^{2}〔LM〕	:지·사	Ṃ^{2}〔ḦH/ṂM〕
:지·집(女)	L^{2}〔LM〕	:지·집	Ṃ^{2}〔ḦH/ṂM〕
:처·이〈처녀〉	L^{2}〔LM〕	:처·재	Ṃ^{2}〔ḦH/ṂM〕
:처·자〈처녀〉	L^{2}〔LM〕	:처·재	Ṃ^{2}〔ḦH/ṂM〕
:펜·지(편지)	L^{2}〔LM〕	:편·지	Ṃ^{2}〔ḦH/ṂM〕
:펜·지(편지)	L^{2}〔LM〕	:핀·지	Ṃ^{2}〔ḦH/ṂM〕
:한·데(露天)	L^{2}〔LM〕	:한·데	Ṃ^{2}〔ḦH/ṂM〕
:항·새	L^{2}〔LM〕	:항·새	Ṃ^{2}〔ḦH/ṂM〕
:호·박	L^{2}〔LM〕	:호·박	Ṃ^{2}〔ḦH/ṂM〕
:가·택·이〈과부〉	L^{3}〔LM^{2}〕	:과·택·이	Ṃ^{3}〔ḦHM〕
:간·띠·이〈肝〉	L^{3}〔LM^{2}〕	:간·띠·이	Ṃ^{3}〔ḦHM〕
:개·똥·불	L^{3}〔LM^{2}〕	:개·똥·불	Ṃ^{3}〔ḦHM〕
:거·머·리	L^{3}〔LM^{2}〕	:검·재·이	Ṃ^{3}〔ḦHM〕
:거·무·리	L^{3}〔LM^{2}〕	:거·무·리	Ṃ^{3}〔ḦHM〕
:거·시·이〈지렁이〉	L^{3}〔LM^{2}〕	:거·새·이	Ṃ^{3}〔ḦHM〕
:거·시·이〈지렁이〉	L^{3}〔LM^{2}〕	:꺼·깨·이	Ṃ^{3}〔ḦHM〕
:거·시·이〈지렁이〉	L^{3}〔LM^{2}〕	:거·시·이	Ṃ^{3}〔ḦHM〕
:거·시·이〈회충〉	L^{3}〔LM^{2}〕	:꺼·깨·이	Ṃ^{3}〔ḦHM〕
:거·시·이〈지렁이〉	L^{3}〔LM^{2}〕	:거·시·이	Ṃ^{3}〔ḦHM〕
:거·시·이〈회충〉	L^{3}〔LM^{2}〕	:거·시·이	Ḧ^{3}〔ḦHM〕
:거·시·이〈회충〉	L^{3}〔LM^{2}〕	:꺼·깨·이	Ṃ^{3}〔ḦHM〕
:거·짓·말	L^{3}〔LM^{2}〕	:거·짓·말	Ṃ^{3}〔ḦHM〕
:고·오·매	L^{3}〔LM^{2}〕	:고·구·마	Ṃ^{3}〔ḦHM〕
:곰·패·이	L^{3}〔LM^{2}〕	:곰·패·이	Ṃ^{3}〔ḦHM〕

:곰·패·이	L^3〔LM^2〕	:꼼·팽·이	M̤^{3}〔ḦHM〕
:구·레·이(大蛇)	L^3〔LM^2〕	:구·러·이	M̤^{3}〔ḦHM〕
:구·리·이(大蛇)	L^3〔LM^2〕	:구·러·이	M̤^{3}〔ḦHM〕
:굼·베·이	L^3〔LM^2〕	:굼·비·이	M̤^{3}〔ḦHM〕
:굼·비·이	L^3〔LM^2〕	:굼·비·이	M̤^{3}〔ḦHM〕
:궁·디·이〈궁둥이〉	L^3〔LM^2〕	:궁·두·이	M̤^{3}〔ḦHM〕
:궁·디·이〈궁둥이〉	L^3〔LM^2〕	:궁·디·이	M̤^{3}〔ḦHM〕
:기·더·리	L^3〔LM^2〕	:귀·더·리	M̤^{3}〔ḦHM〕
:기·더·리	L^3〔LM^2〕	:기·더·리	M̤^{3}〔ḦHM〕
:기·지·개	L^3〔LM^2〕	:기·지·개	M̤^{3}〔ḦHM〕
:깍·재·이	L^3〔LM^2〕	:깍·재·이	M̤^{3}〔ḦHM〕
:깐·채·이(鵲)	L^3〔LM^2〕	:깐·채·이	M̤^{3}〔ḦHM〕
:난·재·이〈난장이〉	L^3〔LM^2〕	:난·재·이	M̤^{3}〔ḦHM〕
:동·김·치	L^3〔LM^2〕	:동·김·치	M̤^{3}〔ḦHM〕
:마·누·라	L^3〔LM^2〕	:마·느·라〈남〉	M̤^{3}〔ḦHM〕
:마·느·래	L^3〔LM^2〕	:마·느·래〈자기〉	M̤^{3}〔ḦHM〕
:말·대·꾸	L^3〔LM^2〕	:말·대·답	M̤^{3}〔ḦHM〕
:말·대·답	L^3〔LM^2〕	:말·대·답	M̤^{3}〔ḦHM〕
:말·쏘·옥	L^3〔LM^2〕	:말·쏘·옥	M̤^{3}〔ḦHM〕
:면·사·포	L^3〔LM^2〕	:면·사·푼	M̤^{3}〔ḦHM〕
:문·디·이〈문둥이〉	L^3〔LM^2〕	:문·두·이	M̤^{3}〔ḦHM〕
:문·디·이〈문둥이〉	L^3〔LM^2〕	:문·디·이	M̤^{3}〔ḦHM〕
:바·지·개	L^3〔LM^2〕	:바·지·개	M̤^{3}〔ḦHM〕
:벵·시·이〈병신〉	L^3〔LM^2〕	:빙·시·이	M̤^{3}〔ḦHM〕
:벨·똥·벨	L^3〔LM^2〕	:빌·똥·빌	M̤^{3}〔ḦHM〕
:사·마·구(蟲, 病)	L^3〔LM^2〕	:사·마·구	M̤^{3}〔ḦHM〕
:사·마·구	L^3〔LM^2〕	:사·마·귀	M̤^{3}〔ḦHM〕
:사·마·구	L^3〔LM^2〕	:사·마·기	M̤^{3}〔ḦHM〕
:사·투·리	L^3〔LM^2〕	:사·투·리	M̤^{3}〔ḦHM〕
:세·개·기〈소고기〉	L^3〔LM^2〕	:쉬·고·기	M̤^{3}〔ḦHM〕
:세·개·이〈소고기〉	L^3〔LM^2〕	:쉬·귀·기	M̤^{3}〔ḦHM〕
:세·개·이〈소고기〉	L^3〔LM^2〕	:쉬·괴·기	M̤^{3}〔ḦHM〕
:세·개·이〈소고기〉	L^3〔LM^2〕	:쉬·개·기	M̤^{3}〔ḦHM〕
:센·바·람(强風)	L^3〔LM^2〕	:센·바·람[80]	M̤^{3}〔ḦHM〕
:센·바·람(强風)	L^3〔LM^2〕	:신·바·람	M̤^{3}〔ḦHM〕
:외·갓·집	L^3〔LM^2〕	:외·갓·집〈현대〉	M̤^{3}〔ḦHM〕
:외·갓·집	L^3〔LM^2〕	:위·갓·집	M̤^{3}〔ḦHM〕
:원·시·이(猿)	L^3〔LM^2〕	:원·수·이〈현대〉	M̤^{3}〔ḦHM〕
:원·시·이(猿)	L^3〔LM^2〕	:원·시·이	M̤^{3}〔ḦHM〕
:이·바·구〈이야기〉	L^3〔LM^2〕	:이·바·구	M̤^{3}〔ḦHM〕

80) /:센바람/은 〈세어나온 바람〉의 뜻

:이·야·기	L^{3}〔LM^{2}〕	:이·야·기	M̤^{3}〔ḦHM〕
:지·지·리	L^{3}〔LM^{2}〕	:지·지·개	M̤^{3}〔ḦHM〕
:호·래·이	L^{3}〔LM^{2}〕	:호·래·이	M̤^{3}〔ḦHM〕
:고·오·매·순	L^{4}〔LM^{3}〕	:고·구·마·순	M̤^{3}〔ḦHM〕
:고·성·띠·기	L^{4}〔LM^{3}〕	:고·성·띠·기	M̤^{3}〔ḦHM〕
:디·꼬·마·리〈뒤꿈치〉	L^{4}〔LM^{3}〕	:뒤·꺼·머·리〈두꿈치〉	M̤^{4}〔ḦHM^{2}〕
:디·꼬·마·리〈뒤꿈치〉	L^{4}〔LM^{3}〕	:디·꺼·머·리〈두꿈치〉	M̤^{4}〔ḦHM^{2}〕
:과·대·망·상	L^{4}〔LM^{2}〕	:과·대·망·상	M̤^{4}〔ḦHM^{2}〕
:사·사·오·입	L^{4}〔LM^{2}〕	:사·사·오·입	M̤^{4}〔ḦHM^{2}〕
:양·어·무·이	L^{4}〔LM^{2}〕	:양·어·무·이	M̤^{4}〔ḦHM^{2}〕
:교·육·공·무·원	L^{5}〔LM^{3}〕	:교·육·공·무·원	M̤^{5}〔ḦHM^{3}〕
:내·무·부·장·관	L^{5}〔LM^{3}〕	:내·무·부·장·관	M̤^{5}〔ḦHM^{3}〕
:돌·팔·이·이·사	L^{5}〔LM^{3}〕	:돌·팔·이·이·사	M̤^{5}〔ḦHM^{3}〕

13.2 부분 대응

(337) 평측형 부분 대응〈설명 가능〉

고성 방언		성주 방언	
무시(菁)	H^{2}〔MH〕	무〈현대〉	H〔MH〕
가매·솥(釜)	$H^{2}M$〔MHM〕	가매솥	H^{3}〔$M^{2}H$〕
가을·끝	$H^{2}M$〔MHM〕	가을꽃	H^{3}〔$M^{2}H$〕
거드·럼	$H^{2}M$〔MHM〕	거드럼	H^{3}〔$M^{2}H$〕
구두·창	$H^{2}M$〔MHM〕	구두창	H^{3}〔$M^{2}H$〕
꾸지·럼	$H^{2}M$〔MHM〕	꾸지럼	H^{3}〔$M^{2}H$〕
달구·통〈닭집〉	$H^{2}M$〔MHM〕	달구통	$H^{2}M$〔MHM〕
달구·통〈닭집〉	$H^{2}M$〔MHM〕	달구통	H^{3}〔$M^{2}H$〕
대나·무	$H^{2}M$〔MHM〕	대나무〈㉮〉	H^{3}〔$M^{2}H$〕
돌따·리	$H^{2}M$〔MHM〕	돌다리	H^{3}〔$M^{2}H$〕
딱나·무	$H^{2}M$〔MHM〕	닥나무	H^{3}〔$M^{2}H$〕
떡시·리(甑)	$H^{2}M$〔MHM〕	떡시리	H^{3}〔$M^{2}H$〕
민들·레	$H^{2}M$〔MHM〕	민들레	H^{3}〔$M^{2}H$〕
밀까·리	$H^{2}M$〔MHM〕	밀까리	H^{3}〔$M^{2}H$〕
바느·질	$H^{2}M$〔MHM〕	바느질	H^{3}〔$M^{2}H$〕
바아·깐	$H^{2}M$〔MHM〕	방앗간	H^{3}〔$M^{2}H$〕
바아·깐	$H^{2}M$〔MHM〕	방앗간	H^{3}〔$M^{2}H$〕
발때·죽(跡)	$H^{2}M$〔MHM〕	발째죽	H^{3}〔$M^{2}H$〕
배꾸·녕	$H^{2}M$〔MHM〕	배꾸멍	H^{3}〔$M^{2}H$〕
배꾸·녕	$H^{2}M$〔MHM〕	배꾸영	H^{3}〔$M^{2}H$〕
부시·럼	$H^{2}M$〔MHM〕	부스럼	H^{3}〔$M^{2}H$〕

뽕나·무	$H^{2}M$〔MHM〕	뽕나무	H^{3}〔$M^{2}H$〕
새드·레〈사닥다리〉	$H^{2}M$〔MHM〕	사드래	H^{3}〔$M^{2}H$〕
새드·리〈사닥다리〉	$H^{2}M$〔MHM〕	사다리	H^{3}〔$M^{2}H$〕
쌀뜨·물	$H^{2}M$〔MHM〕	쌀뜨물	H^{3}〔$M^{2}H$〕
얼룩·말	$H^{2}M$〔MHM〕	얼룩말	H^{3}〔$M^{2}H$〕
제에·짱(瓦)	$H^{2}M$〔MHM〕	기와짱	H^{3}〔MH^{2}〕
제에·짱(瓦)	$H^{2}M$〔MHM〕	제에짱	H^{3}〔MH^{2}〕
콩지·름	$H^{2}M$〔MHM〕	콩나물	H^{3}〔$M^{2}H$〕
폴다·리	$H^{2}M$〔MHM〕	팔다리	H^{3}〔$M^{2}H$〕
폴다·리	$H^{2}M$〔MHM〕	팔다리	H^{3}〔$M^{2}H$〕
가실구·름	$H^{3}M$〔$MH^{2}M$〕	가실·구·름	$H^{2}M^{2}$〔MHM^{2}〕
다리비·질	$H^{3}M$〔$MH^{2}M$〕	다리·비·질	$H^{2}M^{2}$〔MHM^{2}〕
도둑개·이	$H^{3}M$〔$MH^{2}M$〕	도둑·괘·이	$H^{2}M^{2}$〔MHM^{2}〕
배끝주·인	$H^{3}M$〔$MH^{2}M$〕	배끝·주·인	$H^{2}M^{2}$〔MHM^{2}〕
배끝주·인	$H^{3}M$〔$MH^{2}M$〕	바깥·주·인	$H^{2}M^{2}$〔MHM^{2}〕
삼한사·온	$H^{3}M$〔$MH^{2}M$〕	삼한·사·온	$H^{2}M^{2}$〔MHM^{2}〕
싸래기·눈	$H^{3}M$〔$MH^{2}M$〕	싸래·기·눈	$H^{2}M^{2}$〔MHM^{2}〕
통행금·지	$H^{3}M$〔$MH^{2}M$〕	통행·금·지	$H^{2}M^{2}$〔MHM^{2}〕
호불에·미	$H^{3}M$〔$MH^{2}M$〕	호불·에·미	$H^{2}M^{2}$〔MHM^{2}〕
버들나·무(柳)	$H^{3}M$〔$MH^{2}M$〕	버드나무	H^{4}〔$M^{3}H$〕
버들나·무(柳)	$H^{3}M$〔$MH^{2}M$〕	버들나무	H^{4}〔$M^{3}H$〕
살구나·무	$H^{3}M$〔$MH^{2}M$〕	살구나무	H^{4}〔$M^{3}H$〕
정기나·무	$H^{3}M$〔$MH^{2}M$〕	정기나무	H^{4}〔$M^{3}H$〕
정지나·무	$H^{3}M$〔$MH^{2}M$〕	정지나무	H^{4}〔$M^{3}H$〕
탱조나·무	$H^{3}M$〔$MH^{2}M$〕	탱자나무	H^{4}〔$M^{3}H$〕
저트랑·밑	$H^{3}M$〔$MH^{2}M$〕	저지랑밑	H^{4}〔$M^{3}H$〕
제트랑·밑	$H^{3}M$〔$MH^{2}M$〕	제드랑밑	H^{4}〔$M^{3}H$〕
버들나·무	$H^{3}M$〔$MH^{2}M$〕	버들나무	H^{4}〔$M^{3}H$〕
버들나·무	$H^{3}M$〔$MH^{2}M$〕	버드나무	H^{4}〔$M^{3}H$〕
양철지·붕	$H^{3}M$〔$MH^{2}M$〕	양철지붕	H^{4}〔$M^{3}H$〕

(338) 평측형 부분 대응〈설명 불가〉

고성 방언		성주 방언	
비(碑)	H〔MH〕	비·석	HM〔HM〕
비(碑)	H〔MH〕	빗·돌	HM〔HM〕
빗	H〔MH〕	비·지	HM〔HM〕
손(客)	H〔MH〕	손·님	HM〔HM〕
쪽〈국자〉	H〔MH〕	쪽대	H^{2}〔MH〕
홉	H〔MH〕	홉재·기	$H^{2}M$〔MHM〕
숱(炭)	H〔MH〕	숱껌정	H^{3}〔$M^{2}H'$〕
거·리(距離)	HM〔HM〕	걸	H〔H〕

베·이(甁)	HM〔HM〕	병	H〔H'〕
우·우	HM〔HM〕	위	H〔H'〕
거·북(龜)	HM〔HM〕	거·북·이	HM^2〔HM^2〕
마·리(頭數)	HM〔HM〕	마·리·수	HM^2〔HM^2〕
무·릎〈현대〉	HM〔HM〕	무릅	H^2〔MH〕
보·니〈밤의 속껍질〉	HM〔HM〕	버니	H^2〔MH〕
지·네(蜈)	HM〔HM〕	지네〈현대말〉	H^2〔MH〕
지·네(蜈)	HM〔HM〕	지니	H^2〔MH〕
껍·질	HM〔HM〕	껍디·기	H^{2}M〔MHM〕
눈·알	HM〔HM〕	눈빠·알	H^{2}M〔MHM〕
떠·붕	HM〔HM〕	띠비·이	H^{2}M〔MHM〕
물·팍	HM〔HM〕	무르·팍	H^{2}M〔MHM〕
버·꿈	HM〔HM〕	물거·품	H^{2}M〔MHM〕
서·리(霜)	HM〔HM〕	써어·리	H^{2}M〔MHM〕
저·분	HM〔HM〕	저까·락	H^{2}M〔MHM〕
저·분	HM〔HM〕	저까·치	H^{2}M〔MHM〕
줌·치	HM〔HM〕	주무·니	H^{2}M〔MHM〕
줌·치〈주머니〉	HM〔HM〕	주머·니	H^{2}M〔MHM〕
줌·치〈주머니〉	HM〔HM〕	주무·이	H^{2}M〔MHM〕
웅·디·이〈저절로 된 것〉	HM^2〔HM^2〕	웅·덩	HM〔HM〕
헹·아·야(兄)	HM^2〔HM^2〕	시·이	HM〔HM〕
가·무·치	HM^2〔HM^2〕	가물·치	H^{2}M〔MHM〕
그·렁·기	HM^2〔HM^2〕	고렁·게	H^{2}M〔MHM〕
부·에·이	HM^2〔HM^2〕	부허·이	H^{2}M〔MHM〕
넘·우·집·살·이	HM^4〔HM^4〕	남우집살·이	H^{4}M〔M^{3}HM〕
구녕	H^2〔MH〕	궁ㄱ	H〔H'〕
나무(木)	H^2〔MH〕	낭ㅋ	H〔H'〕
내이	H^2〔MH〕	나·시	HM〔HM〕
바아〈방아〉	H^2〔MH〕	바·아	HM〔HM〕
오데(何處)	H^2〔MH〕	어·데	HM〔HM〕
천둥(雷)	H^2〔MH〕	천·동	HM〔HM〕
망개	H^2〔MH〕	망·게	H^2〔MH〕
떠부	H^2〔MH〕	두·부	HM〔HM〕
뚜부	H^2〔MH〕	두·부	HM〔HM〕
고동〈다슬기〉	H^2〔MH〕	고디·이(田螺)	H^{2}M〔MHM〕
골짝	H^2〔MH〕	골짜·기	H^{2}M〔MHM〕
구덕	H^2〔MH〕	구디·이	H^{2}M〔MHM〕
누우(姊)	H^2〔MH〕	누우·야	H^{2}M〔MHM〕
매듭〈실 맺힘〉	H^2〔MH〕	매재·미	H^{2}M〔MHM〕
반디	H^2〔MH〕	반딧·불	H^{2}M〔MHM〕
복숭(桃)	H^2〔MH〕	복숭아	H^3〔M^{2}H〕

사랑〈사랑방〉	H^{2}〔MH〕	사랑방〔사랑방〕	H^{3}〔M^{2}H〕
껍디·이	H^{2}M〔MHM〕	껍·질	HM〔HM〕
껍데·이	H^{2}M〔MHM〕	꺼·풀	HM〔HM〕
꼭대·이	H^{2}M〔MHM〕	꼭·지	HM〔HM〕
나사·이	H^{2}M〔MHM〕	내·이	HM〔HM〕
반딧·불	H^{2}M〔MHM〕	반·디	HM〔HM〕
호매·이(鋤)	H^{2}M〔MHM〕	호·미	HM〔HM〕
걸레·질	H^{2}M〔MHM〕	걸·레·질	HM^{2}〔HM^{2}〕
묵은·쌀(古米)	H^{2}M〔MHM〕	묵·운·쌀	HM^{2}〔HM^{2}〕
웃어·른	H^{2}M〔MHM〕	웃·어·른	HM^{2}〔HM^{2}〕
사그·륵	H^{2}M〔MHM〕	사·기·그·륵	HM^{3}〔HM^{3}〕
껍데·이	H^{2}M〔MHM〕	꺼풀	H^{2}〔MH〕
껍디·이	H^{2}M〔MHM〕	꺼풀	H^{2}〔MH〕
돌가·지	H^{2}M〔MHM〕	도래	H^{2}〔MH〕
딱나·무	H^{2}M〔MHM〕	닥낭ㄱ	H^{2}〔MH〕
떠끼·이〈뚜껑〉	H^{2}M〔MHM〕	띠꿍	H^{2}〔MH〕
물뻬·이	H^{2}M〔MHM〕	물뻥	H^{2}〔MH〕
바느·질	H^{2}M〔MHM〕	반질	H^{2}〔MH〕
뽕나·무	H^{2}M〔MHM〕	뽕낭ㄱ	H^{2}〔MH〕
이슬·비	H^{2}M〔MHM〕	이·슬·비	HM^{2}〔HM^{2}〕
서말·솥	H^{2}M〔MHM〕	서말·찌·솥	H^{2}M^{2}〔MHM^{2}〕
밥떠·붕	H^{2}M〔MHM〕	밥띠끼·이	H^{3}M〔M^{2}HM〕
산먼·당〈산자락〉	H^{2}M〔MHM〕	산만대·이	H^{3}M〔M^{2}HM〕
두르·막	H^{2}M〔MHM〕	두르매·기	H^{3}M〔M^{2}HM〕
입소·리	H^{2}M〔MHM〕	입서버·리	H^{3}M〔M^{2}HM〕
나무·지(餘)	H^{2}M〔MHM〕	나무치·기	H^{3}M〔M^{2}HM〕
돌매·이	H^{2}M〔MHM〕	돌뭉새·이	H^{3}M〔M^{2}HM〕
테가·리	H^{2}M〔MHM〕	텍쪼바·리	H^{3}M〔M^{2}HM〕
흙띠·이〈흙덩이〉	H^{2}M〔MHM〕	흑더어·리	H^{3}M〔M^{2}HM〕
배꾸녕	H^{3}〔MH^{2}〕	배총	H^{2}〔MH〕
콩나물	H^{3}〔MH^{2}〕	콩지·름	H^{2}M〔MHM〕
콩지름	H^{3}〔MH^{2}〕	콩기·름〈식용류〉	H^{2}M〔MHM〕
저트랑	H^{3}〔MH^{2}〕	저드래·이	H^{3}M〔M^{2}HM〕
저트랑	H^{3}〔MH^{2}〕	겨드래·이	H^{3}M〔M^{2}HM〕
저트랑	H^{3}M〔MH^{2}M〕	기드랭·이	H^{3}M〔M^{2}HM〕
저트랑	H^{3}M〔MH^{2}M〕	저지랭·이	H^{3}M〔M^{2}HM〕
저트랑	H^{3}M〔MH^{2}M〕	게드랭·이	H^{3}M〔M^{2}HM〕
고슴도·치	H^{3}M〔MH^{2}M〕	고·솜·도·치	HM^{3}〔HM^{3}〕
나룻가아	H^{3}M〔MH^{2}M〕	나룻·가	H^{2}M〔MHM〕
나무지·이(餘)	H^{3}M〔MH^{2}M〕	나무·지	H^{2}M〔MHM〕
싸래이·눈	H^{3}M〔MH^{2}M〕	싸락·눈	H^{2}M〔MHM〕

에린아·아(乳兒)	H^{2}M〔MHM〕	얼라·아	H^{2}M〔MHM〕
패뿌리·이	H^{3}M〔MH^{2}M〕	파뿌·리	H^{2}M〔MHM〕
호불애·비	H^{3}M〔MH^{2}M〕	홀애·비	H^{2}M〔MHM〕
도둑개·이	H^{3}M〔MH^{2}M〕	도둑·고·애·이	H^{2}M^3〔MHM^3〕
버들나·무	H^{3}M〔MH^{2}M〕	버들낭ㄱ	H^3〔M^{2}H〕
어는때·에	H^{3}M〔MH^{2}M〕	어느때	H^3〔M^{2}H〕
산쫑디·이	H^{3}M〔MH^{2}M〕	산중턱	H^3〔M^{2}H〕
책껍디·이	H^{3}M〔MH^{2}M〕	책꺼풀	H^3〔M^{2}H〕
탱조나무	H^4〔MH^3〕	탱·자·나·무	HM^3〔HM^3〕
정지나·무	H^{3}M〔MH^{2}M〕	정·자·나·무	HM^3〔HM^3〕
탱조까·시	H^{3}M〔MH^{2}M〕	탱·주·까·시	HM^3〔HM^3〕
탱조나·무	H^{3}M〔MH^{2}M〕	탱·자·나·무	HM^3〔HM^3〕
호불할마·이	H^{4}M〔MH^{3}M〕	홀·할·마·이	HM^3〔HM^3〕
대지마·구	H^{3}M〔MH^{2}M〕	돼지마구	H^{3}M〔M^{2}HM〕
개똥벌거·지	H^{4}M〔MH^{3}M〕	개똥벌·레	H^{3}M〔M^{2}HM〕
개똥벌거·지	H^{4}M〔MH^{3}M〕	개똥벌·게	H^{3}M〔M^{2}HM〕
배쏘·옥(服中)	H^{2}M〔MHM〕	배#:속	H#M̤〔H#M̤̆〕
소마·구	H^{2}M〔MHM〕	소#:마·구	M#M̤^{2}〔M̤#M̤̆H〕
가을채·소	H^{3}M〔MH^{2}M〕	가을#:채·소	H^2#M̤̆^{2}〔MH#M̤̆M〕
도둑개·이	H^{3}M〔MH^{2}M〕	도둑#:고·애·이	H^2#M̤^{3}〔MH#ḦHM〕
도둑개·이	H^{4}M〔MH^{3}M〕	도둑#:고·야·이	H^2#M̤^{3}〔MH#ḦHM〕
대지마·구	H^{3}M〔MH^{2}M〕	돼애·지#:마·구	H^{2}M#M̤^{2}〔MHM#ḦH〕
싱건짐·치	H^{3}M〔MH^{2}M〕	싱겁·은#짐·치	H^{2}M#HM〔MHM#HM〕
지개작대·기	H^{4}M〔MH^{3}M〕	지·개#작대·기	HM#H^{2}M〔HM#MHM〕
술#고래	H#H^2〔MH#MH〕	술고래	H^3〔M^{2}H〕
도둑#:개·이	H^2#L^2〔MH#LM〕	도둑#:고·애·이	H^2#M̤^{3}〔MH#M̤̆HM〕
고슴도·치#새·끼	H^{3}M#HM〔MH^{2}M#HM〕	고·솜·도·치#새·끼	HM^3#HM〔HM^3#HM〕
우리나·라#:사·람	H^{3}M#L^2〔MH^{2}M#LM〕	우리나·라·사·람	H^{3}M^3〔M^{2}HM^3〕

(339) 거성형

고성 방언		성주 방언	
·값	M〔M̤〕	·값·이	M^2〔HH/MM〕
·데(升)	M〔M̤〕	·대·빡	M^2〔HH/MM〕
·칙(葛根)	M〔M̤〕	·칠·기	M^2〔HH/MM〕
·터(基)	M〔M̤〕	·터·씨	M^2〔HH/MM〕
·모(方)	M〔M̤〕	·모·재·비(方)	M^3〔HHM〕
·모·구(蚊)	M^2〔HH/MM〕	·모·개·이	M^3〔HHM〕
·모·기(蚊)	M^2〔HH/MM〕	·머·개·이	M^3〔HHM〕
·외·딸	M^2〔HH/MM〕	·위·동·딸	M^3〔HHM〕
·체·이(箕)	M^2〔HH/MM〕	·치·이	M^2〔HH/MM〕
·할·무·이	M^3〔HHM〕	·할·매	M^2〔HH/MM〕

·해·꾜·오〈학교〉	M³〔HHM〕	·핵·구	M²〔HH/MM〕
·핵·쪼·오〈학교〉	M³〔HHM〕	·핵·구	M²〔HH/MM〕
·씨·어·매	M³〔HHM〕	·시·오·마·이	M⁴〔HHM²〕
·눈·똥·자	M³〔HHM〕	·눈#:동·자	M#M̤²〔M#M̤̆M/M̤̆H〕
·무·남·독·녀	M⁴〔HHM²〕	·무·남#·독·녀	M²#M²〔MM#MM〕
·짐·꾼	M²〔HH/MM〕	·짐·꾸·러·기	M⁴〔HHM²〕
·박·람·회·물·품	M⁵〔HHM³〕	·박·람·회#·물·품	M³#M²〔HHM#MM〕
·옷#:솔	M#L〔M̤#LM〕	·옷·솔	M²〔HH/MM〕
·박·람·회#:전·시·장	M³#L³〔HHM#LMM〕	·박·람·회·전·시·장	M⁶〔HHM⁴〕

(340) 상성형

고성 방언		성주 방언	
:게(櫃)	L〔LM〕	:귀·짝	M̤²〔ḦH/M̤M〕
:성(姓)	L〔LM〕	:성·씨	M̤²〔ḦH/M̤M〕
:셋(三)	L〔LM〕	:서·이	M̤²〔ḦH/M̤M〕
:도·미	L²〔LM〕	:돔	M̤〔M̤̆〕
:새·미(井)	L²〔LM〕	:샘	M̤〔M̤̆〕
:게·이(猫)	L²〔LM〕	:고·애·이	M̤³〔ḦHM〕
:게·이	L³〔LM²〕	:고·야·이	M̤³〔ḦHM〕
:벵·신〈병신〉	L²〔LM〕	:빙·신·아〈부름〉	M̤³〔ḦHM/M̤̆HM〕
:이·약〈이야기〉	L²〔LM²〕	:이·야·기	M̤³〔ḦHM〕
:벵·시·이〈병신〉	L³〔LM〕	:빙·신	M̤²〔ḦH/M̤M〕
:별·똥·별	L³〔LM〕	:빌·똥	M̤²〔ḦH/M̤M〕
:사·륜·마·차	L⁴〔LM²〕	:사·륜·거	M̤³〔ḦHM〕
:실·배·애·미	L⁴〔LM³〕	:실·배·암	M̤³〔ḦHM〕
:실·배·애·미	L⁴〔LM³〕	:실·배·앰	M̤³〔ḦHM〕
:실·배·애·미	L⁴〔LM³〕	:실·비·암	M̤³〔ḦHM〕
:말·대·꾸	L³〔LM〕	:말#:대·꾸	M̤#M̤²〔M̤̆#M̤̆H〕
:고·오·매#싹	L³#H〔LM²#MH〕	:고·구·마·싹	M̤⁴〔ḦHM²〕

13.3 대응 규칙에 어긋나는 것

(341) 평측형과 거성형

고성 방언		성주 방언	
누(誰)	H〔MH〕	·누	M〔M̤〕
빝(光)	H〔MH〕	·빛	M〔M̤〕
쎄·이〈속히〉	HM〔HM〕	·쌔·기	M²〔HH/MM〕
테·끼(兎)	HM〔HM〕	·토·끼	M²〔HH/MM〕
퇴·끼(兎)	HM〔HM〕	·토·끼	M²〔HH/MM〕

쎄·이·가·자	HM^3〔HM^3〕	·쌔·이·가·자	M^4〔HHM^2〕
도장(印章)	H^2〔MH〕	·도·장	M^2〔HH/MM〕
제피(桂)	H^2〔MH〕	·기·피	M^2〔HH/MM〕
창꼳	H^2〔MH〕	·참꽃	M^2〔HH/MM〕
데배·기(升)	H^{2}M〔MHM〕	·뒤	M〔M̤〕
데배·기(升)	H^{2}M〔MHM〕	·되	M〔M̤〕
배애·미	H^{2}M〔MHM〕	·배·암	M^2〔HH/MM〕
그림·자	H^{2}M〔MHM〕	·그·림·자	M^3〔HHM〕
깨고·리	H^{2}M〔MHM〕	·깨·구·리	M^3〔HHM〕
끌갈·이	H^{2}M〔MHM〕	·끌·갈·이	M^3〔HHM〕
모서·리(方)	H^{2}M〔MHM〕	·모·잽·이	M^3〔HHM〕
성냥·깐	H^{2}M〔MHM〕	·성·냥·깐	M^3〔HHM〕
소마·구	H^{2}M〔MHM〕	·소·마·구	M^3〔HHM〕
소마·구	H^{2}M〔MHM〕	·쉬·마·구	M^3〔HHM〕
쎄까·래〈문〉	M^3〔HHM〕	·서·까·래	M^3〔HHM〕
할마·이	H^{2}M〔MHM〕	·할·마·이〈낮춤〉	M^3〔HH/MM〕
대나무	H^3〔M^{2}H〕	·대·나·무〈충〉	M^3〔HHM〕
떡시리(甑)	H^3〔M^{2}H〕	·떡·실·리	M^3〔HHM〕

(342) 평측형과 상성형

고성 방언		성주 방언	
사·설(社說)	HM〔HM〕	:사·설〈어린애〉	M̤^{2}〔ḦH/M̤M〕
제·비〈추첨〉	HM〔HM〕	:제·비〈추첨〉	M̤^{2}〔ḦH/M̤M〕
감꼳	H^2〔MH〕	:감·꽃	M̤^{2}〔ḦH/M̤M〕
개꼳	H^2〔MH〕	:개·꽃	M̤^{2}〔ḦH/M̤M〕
고랑	H^2〔MH〕	:꼬·랑	M̤^{2}〔ḦH/M̤M〕
단장〈담장이〉	H^2〔MH〕	:단·장	M̤^{2}〔ḦH/M̤M〕
또랑	H^2〔MH〕	:또·랑	M̤^{2}〔ḦH/M̤M〕
사가(謝過)	H^2〔MH〕	:사·과	M̤^{2}〔ḦH/M̤M〕
하리(火爐)	H^2〔MH〕	:화·로	M̤^{2}〔ḦH/M̤M〕
하리(火爐)	H^2〔MH〕	:화·리	M̤^{2}〔ḦH/M̤M〕
배애·미(蛇)	H^{2}M〔MHM〕	:뱀	M̤〔M̤〕
고옴국	H^2〔MM〕	:곰·탕	M̤^{2}〔ḦH/M̤M〕
내애·미(嗅)	H^{2}M〔MHM〕	:내·미	M̤^{2}〔ḦH/M̤M〕
내애·미	H^{2}M〔MHM〕	:냄·새	M̤^{2}〔ḦH/M̤M〕
깍재·이〈깍쟁이〉	H^{2}M〔MHM〕	:깍·재·이〈쟁기〉	M̤^{3}〔ḦHM〕
깍재·이	H^{2}M〔MHM〕	:깍·재·이	M̤^{3}〔ḦHM〕
누디·기〈누더기〉	H^{2}M〔MHM〕	:누·디·기	M̤^{3}〔ḦHM〕
두디·기〈누더기〉	H^{2}M〔MHM〕	:누·디·기	M̤^{3}〔ḦHM〕
돌띠·이(石)	H^{2}M〔MHM〕	:돌·띠·이	M̤^{3}〔ḦHM〕
씨래·기	H^{2}M〔MHM〕	:씨·래·기	M̤^{3}〔ḦHM〕

헝겊대·기	H³M〔MH²M〕	:헝·겊	Ṃ²〔ḦH/ṂM〕
계집애·애	H³M〔M²HM〕	:기·지·바·아	Ṃ⁴〔ḦHM²〕
기집애·애	H³M〔M²HM〕	:기·지·바·아	Ṃ⁴〔ḦHM²〕
개똥벌거·지	H⁴M〔MH³M〕	:개·똥·벌·게	Ṃ⁴〔ḦHM²〕

(343) 거성형과 평측형

고성 방언		성주 방언	
·북(鼓)	M〔Ṃ〕	북	H〔H'〕
·숲(林)	M〔Ṃ〕	숲	H〔H'〕
·씨(種)	M〔Ṃ〕	씨	H〔H'〕
·숲(林)	M〔Ṃ〕	수·풀	HM〔HM〕
·날(刃)	M〔Ṃ〕	칼·날	HM〔HM〕
·살(弓)	M〔M〕	화·살	HM〔HM〕
·제(箸)	M〔M〕	저·분	HM〔HM〕
·제(箸)	M〔M〕	저까·락	H²M〔MHM〕
·데(升)	M〔Ṃ〕	수대	H²〔MH〕
·뜰	M〔Ṃ〕	뜨럭	H²〔MH〕
·뿔(角)	M〔Ṃ〕	뿔때·기	H²M〔MHM〕
·솔(松)	M〔Ṃ〕	솔나무	H³〔M²H〕
·칙(葛)	M〔Ṃ〕	칠개·이	H²M〔MHM〕
·꼬·깔	M²〔HH/MM〕	꼬·깔	HM〔HM〕
·박·지(박쥐)	M²〔HH/MM〕	박·지	HM〔HM〕
·기·원(起源)	M²〔HH/MM〕	기원	H²〔MH〕
·강·뚝	M²〔HH/MM〕	강뚝	H²〔MH〕
·쏘·캐(綿)	M²〔HH/MM〕	소옴	H²〔MH〕
·칼·찝	M²〔HH/MM〕	칼찝	H²〔MH〕
·포·리(蠅)	M²〔HH/MM〕	파래·이	H²M〔MHM〕
·보·람(標格)	M²〔HH/MM〕	바람	H²〔MH〕
·아·나(〈이것받아)	M²〔HH/MM〕	아·나	HM〔HM〕
·째·보〈언청이〉	M²〔HH/MM〕	언치·이	M²〔HH/MM〕
·바·람(希望)	M²〔HH/MM〕	바람	H²〔MH〕
·보·람(標格)	M²〔HH/MM〕	보람	H²〔MH〕
·북·새	M²〔HH/MM〕	노올	H²〔MH〕
·쑥·꽁	M²〔HH/MM〕	쟁·끼	HM〔HM〕
·암·꽁	H²M〔MHM〕	까투·리	H²M〔MHM〕
·짐·꾼	M²〔HH/MM〕	짐꾸러·기〈짐〉	H³M〔M²HM〕
·테·끼	M²〔HH/MM〕	토깨·이	H²〔MH〕
·피·리(笛)	M²〔HH/MM〕	피·리	HM〔HM〕
·퉁·소(笛)	M²〔HH/MM〕	퉁·수〈㊉〉	HM〔HM〕
·독·수·리	M³〔HHM〕	독·수·리	HM²〔HM²〕
·독·수·리	M³〔HHM〕	둑·수·리	HM²〔HM²〕

·잠·자·리〈곤충〉	M^{3}〔HHM〕	짬·자·리	HM^{2}〔HM^{2}〕
·떼·에·쓰·기	M^{4}〔HHM^{2}〕	띠·어·쓰·기	HM^{3}〔HM^{3}〕
·겁·재·이	M^{3}〔HHM〕	겁재·이	H^{2}M〔MHM〕
·달·팽·이	M^{3}〔HHM〕	돌패·이	H^{2}M〔MHM〕
·달·팽·이	M^{3}〔HHM〕	달패·이	H^{2}M〔MHM〕
·모·티·이〈모퉁이〉	M^{3}〔HHM〕	모티·이	H^{2}M〔MHM〕
·부·헤·이	M^{3}〔HHM〕	부허·이	H^{2}M〔MHM〕
·양·푸·이	M^{3}〔HHM〕	양푸·이	H^{2}M〔MHM〕
·오·래·비〈오빠〉	M^{3}〔HHM〕	오래·비	H^{2}M〔MHM〕
·올·채·이	M^{3}〔HHM〕	올채·이	H^{2}M〔MHM〕
·요·다·암	M^{3}〔HHM〕	요다·암	H^{2}M〔MHM〕
·코·끼·리	M^{3}〔HHM〕	코끼·리	H^{2}M〔MHM〕
·토·깨·비	M^{3}〔HHM〕	도깨·비	H^{2}M〔MHM〕
·염·소·젖	M^{3}〔HHM〕	염새·이·젖	H^{2}M^{2}〔MHM^{2}〕
·예·식·장	M^{3}〔HHM〕	예식장	H^{3}〔MH^{2}〕
·색·동·저·고·리	M^{5}〔HHM^{3}〕	색동저고·리	H^{4}M〔M^{3}HM〕

(344) 거성형과 상성형

고성 방언		성주 방언	
·박·지(박쥐)	M^{2}〔HH/MM〕	:빨·찌	M̤^{2}〔ḦH/M̤M〕
·뽈·치(박쥐)	M^{2}〔HH/MM〕	:빨·찌	M̤^{2}〔ḦH/M̤M〕
·떼·에·쓰·기	M^{4}〔HHM^{2}〕	:띠·쓰·기	M̤^{3}〔ḦHM〕
·떼·에·쓰·기	M^{4}〔HHM^{2}〕	:띠·서·쓰·기	M̤^{4}〔ḦHM^{2}〕

(345) 거성형과 상성형

고성 방언		성주 방언	
·딸〈딸기〉	M〔M̤〕	:딸	M̤〔M̤̆〕
·홈	M〔M̤〕	:홈〈물길〉	M̤〔M̤̆〕
·강(川)	M〔M̤〕	:걸·깡	M̤^{2}〔ḦH/M̤M〕
·딸〈딸기〉	M〔M〕	:딸·기	M̤^{2}〔ḦH/M̤M〕
·배·앰	M〔M̤〕	:뱀	M̤〔M̤̆〕
·쏘·옥(裏)	M^{2}〔HH/MM〕	:쏙	M̤〔M̤̆〕
·야·아〈이 아이〉	M^{2}〔HH/MM〕	:야	M̤〔M̤̆〕
·자·아〈(문)〉	M^{2}〔HH/MM〕	:자	M̤〔M̤̆〕
·자·아〈저 아이〉	M^{2}〔HH/MM〕	:자	M̤〔M̤〕
·처·음	M^{2}〔HH/MM〕	:첨	M̤〔M̤̆〕
·강·물	M^{2}〔HH/MM〕	:강·물	M̤^{2}〔ḦH/M̤M〕
·그·물	M^{2}〔HH/MM〕	:그·물〈(구)〉	M̤^{2}〔ḦH/M̤M〕
·까·재〈가재〉	M^{2}〔HH/MM〕	:까·재〈물방개, 가재〉	
·깐·치	M^{2}〔HH/MM〕	:깐·치	M̤^{2}〔ḦH/M̤M〕
·꽁·치	M^{2}〔HH/MM〕	:꽁·치	M̤^{2}〔ḦH/M̤M〕

·내·애·미(嗅)	M^3〔HHM〕	:내·미	M̤^{2}〔ḦH/M̤M〕
·내·앰·새(嗅)	M^3〔HHM〕	:냄·새	M̤^{2}〔ḦH/M̤M〕
·배·암(蛇)	M^2〔HH/MM〕	:배·암	M̤^{2}〔ḦH/M̤M〕
·베·개(枕)	M^2〔HH/MM〕	:비·개	M̤^{2}〔ḦH/M̤M〕
·소·발	M^2〔HH/MM〕	:소·발	M̤^{2}〔ḦH/M̤M〕
·소·발	M^2〔HH/MM〕	:쉬·발	M̤^{2}〔ḦH/M̤M〕
·쏘·옥·말	M^3〔HHM〕	:속·말	M̤^{2}〔ḦH/M̤M〕
·쏘·옥·벵	M^3〔HHM〕	:속·병	M̤^{2}〔ḦH/M̤M〕
·쏘·옥·벵	M^3〔HHM〕	:속·빙	M̤^{2}〔ḦH/M̤M〕
·쏘·캐(綿)	M^2〔HH/MM〕	:쏘·개	M̤^{2}〔ḦH/M̤M〕
·째·보〈언청이〉	M^2〔HH/MM〕	:째·보	M̤^{2}〔ḦH/M̤M〕
·깐·채·이	M^3〔HHM〕	:깐·치·이	M̤^{3}〔ḦHM〕
·소#·코	M#M〔M̤#M̤〕	:쉬·코〈종⃝〉	M̤^{2}〔ḦH/M̤M〕
·소#·코	M#M〔M̤#M̤〕	:소·코〈구⃝〉	M̤^{2}〔ḦH/M̤M〕
·낭·만·적·생·활	M^5〔HHM^3〕	:낭·만·적·생·활	M̤^{5}〔ḦHM^3〕

(346) 상성형과 평측형

고성 방언		성주 방언	
:흠	L〔LM〕	허·물	HM〔HM〕
:덴·장·꾹	L^3〔LM^2〕	덴장·꾹	H^2M〔MHM〕
:진·달·래	L^3〔LM^2〕	진달래	H^3〔M^2H〕
:무·궁·화#동산	L^3#H^2〔LM^2#MH〕	무궁화동산	H^5〔M^4H〕
:가·래·이〈가랑이〉	L^3〔LM^2〕	가래·이〈옷~〉	H^2M〔MHM〕
:바·작·대·기〈문⃝〉	L^4〔LM^3〕	바지랑작대·기	H^5M〔M^4HM〕
:바·작·대·기〈지게작대기〉	L^4〔LM^3〕	바지랑장·때〈빨래~〉	H^4M〔M^3HM〕
:바·이·작·대·기	L^5〔LM^4〕	바지랑작·대	H^4M〔M^3HM〕
:바·아·작·대·기〈이⃝〉	L^5〔LM^4〕	바지래·이	H^3M〔M^2HM〕

(347) 상성형과 거성형

고성 방언		성주 방언	
:누(誰)	L〔LM〕	·누	M〔M〕
:임	L〔LM〕	·임	M〔M̤〕
:임〈님〉	L〔LM〕	·임	M〔M̤〕
:누·구(誰)	L^2〔LM〕	·누·구	M^2〔HH/MM〕
:눈·비	L^2〔LM〕	·눈·비	M^2〔HH/MM〕
:누(誰)	L〔LM〕	·누·구	M^2〔HH/MM〕
:늑·대	L^2〔LM〕	·눅·대	M^2〔HH/MM〕
:늑·대	L^2〔LM〕	·늑·대	M^2〔HH/MM〕
:새·미(井)	L^2〔LM〕	·새·암	M^2〔HH/MM〕
:땟·넘	L^2〔LM〕	·땟·넘	M^2〔HH/MM〕
:서·울(京)	L^2〔LM〕	·서·울	M^2〔HH/MM〕

:헤·차·리(鞭)	M〔MM〕	·휘·차·리	M^3〔HHM〕
:헤·차·리(鞭)	L^3〔LM^2〕	·휘·초·리	M^3〔HH/M〕

(348) 어원이 다름

고성 방언		성주 방언	
창(蹄)	H〔MH〕	말굽	H^2〔MH〕
노·끈	HM〔HM〕	끄나·풀	H^2M〔MHM〕
자·아〈㉦〉	HM〔HM〕	:자	M̤^{2}〔M̤̆〕
:흠	L〔LM〕	숭	H〔H˙〕
:내(川)	L〔LM〕	게·울	HM〔HM〕
:찬(餐)	L〔LM〕	반·찬	HM〔HM〕
:서·숙	HM〔HM〕	좁·쌀〈서숙쌀〉	HM〔HM〕
:까·재(蟹)	L^2〔LM〕	치·이·까·재	HM^3〔HM^3〕
:한·데(露天)	L^2〔LM〕	바깥	H^2〔MH〕
:항·새	L^2〔LM〕	두루·미〈새〉	H^2M〔MHM〕
:연·치〈여치〉	L^2〔LM〕	홍그래·비	H^3〔M^2HM〕
:연·치〈여치〉	L^2〔LM〕	황그래·비	H^3〔M^2HM〕
:멩·경	L^2〔LM〕	·치·경〈큰거울〉	M^2〔HH/MM〕
:전(煎)	L〔LM〕	·적〈찌짐〉	M〔M〕
:종(奴,婢)	L〔LM〕	·고·지·기	M^3〔HHM〕
:대·엄·마〈서모〉	L^3〔LM^2〕	:계·모	M̤^{2}〔ḦH/M̤M〕
:대·엄·마〈서모〉	L^3〔LM^2〕	:서·모	M̤^{2}〔ḦH/M̤M〕
:말·대·꾸	L^3〔LM^2〕	:대·꾸	M̤^{2}〔ḦH/M̤M〕
:사·분〈비누〉	L^2〔LM^2〕	:비·누	M̤^{2}〔ḦH/M̤M〕
:의·엄·마〈서모〉	L^3〔LM^2〕	:계·모	M̤^{2}〔ḦH/M̤M〕
:의·엄·마〈서모〉	L^3〔LM^2〕	:서·모	M̤^{2}〔ḦH/M̤M〕
:동·김·치	L^3〔LM^2〕	:동·치·미	M̤^{3}〔ḦHM〕
:쪼·깬	L^2〔LM〕	·[줌]·매(:)	M̤^{2}〔M̤M〕
·질	M〔M̤〕	질깡	H^2〔MH〕
·까·재〈가재〉	M^2〔HH/MM〕	치·이·까·재〈가재〉	HM^3〔HM^3〕
·쑥·꽁	H^2〔MH〕	쟁·끼	H^2〔MH〕
·베·락	M^2〔HH/MM〕	노승	H^2〔MH〕
·낙·지〈낙지〉	M^2〔HH/MM〕	피디·이〈낙지〉	H^2M〔MHM〕
·쎄·통〈좌물쇠〉	M^2〔HH/MM〕	자물·통〈좌물쇠〉	H^2M〔MHM〕
·암·꽁	H^2〔MH〕	까토·리	H^2〔MH〕
·잠·자·리〈곤충〉	M^3〔HHM〕	남·자·리	HM〔HM^2〕
·가·이·때	M^3〔HHM〕	바지래·이	H^3M〔M^2HM〕
·간·지·때	M^3〔HHM〕	바지랑#장·때	H^3〔M^2H#HM〕
·간·지·때	M^3〔HHM〕	바지래·이	H^3M〔M^2HM〕
·논·꼬·동	M^3〔HHM〕	고디·이	H^2M〔MHM〕

·논·꼬·동	M^3〔HHM〕	고디·이	H^2M〔MHM〕
·젖·국〈젓국〉	M^2〔HH/MM〕	·젖·고·기〈젓국〉	M^3〔HHM〕
·애·나·가	M^3〔HHM〕	·참·말·가	M^3〔HHM〕
·쎗·대〈열쇠〉	M^2〔HH/MM〕	:열·씨〈열쇠〉	$\underset{.}{M}^2$〔$\ddot{H}$H/$\underset{.}{M}$M〕
·안·빢〈안팎〉	M^2〔HH/MM〕	:내·위	$\underset{.}{M}^2$〔$\ddot{H}$H/$\underset{.}{M}$M〕

(349) 어찌씨, 매김씨, 그 밖의 범주에 속하는 낱말 〈대응 규칙에 맞음〉

고성 방언		성주 방언	
거·게(거기)	HM〔HM〕	거·어	HM〔HM〕
거·어(거기)	HM〔HM〕	거·어	HM〔HM〕
고·오〈거기〉	HM〔HM〕	고·오	HM〔HM〕
아·직〈아직〉	HM〔HM〕	아·직	HM〔HM〕
아·직〈아직〉	HM〔HM〕	안·주	HM〔HM〕
안·죽〈아직〉	HM〔HM〕	안·주	HM〔HM〕
어·든(何)	HM〔HM〕	어는	H^2〔MH〕
어·든(何)	HM〔HM〕	어든	H^2〔MH〕
어·든(何)	HM〔HM〕	어·느	HM〔HM〕
어·든(何)	HM〔HM〕	어·는	HM〔HM〕
어·든(何)	HM〔HM〕	어·든	HM〔HM〕
어·딘(何)	HM〔HM〕	어·느	HM〔HM〕
여·게	HM〔HM〕	여·어	HM〔HM〕
여·어(여기)	HM〔HM〕	여·어	HM〔HM〕
요·게(요기)	HM〔HM〕	요·게	HM〔HM〕
요·오(요기)	HM〔HM〕	요·오	HM〔HM〕
저·게	H^2〔MH〕	저·게	HM〔HM〕
저·게	H^2〔MH〕	저·기	HM〔HM〕
저·게	H^2〔MH〕	저·어	HM〔HM〕
저·어〈저기〉	HM〔HM〕	저·어	HM〔HM〕
펜·이〈편히〉	HM〔HM〕	편·히	HM〔HM〕
펜·이〈편히〉	HM〔HM〕	펴·이	HM〔HM〕
꺼·꾸·로	HM^2〔HM^2〕	꺼·꾸·로	HM^2〔HM^2〕
꺼·꾸·로	HM^2〔HM^2〕	꺼·꿀·로	HM^2〔HM^2〕
꺼·꾸·리	HM^2〔HM^2〕	꺼·꾸·로	HM^2〔HM^2〕
멩·박·히(明白)	HM^2〔HM^2〕	명·백·히	HM^2〔HM^2〕
고만〈그만〉	H^2〔MH〕	고만〈그만〉	H^2〔MH〕
너무	H^2〔MH〕	너무	H^2〔MH〕
어느(何)	H^2〔MH〕	어·느	HM〔HM〕
어는(何)	H^2〔MH〕	어·느	HM〔HM〕
어든(何)	H^2〔MH〕	어든	H^2〔MH〕

어딘(何)	H^2〔MH〕	어·는	HM〔HM〕
오딘(何)	H^2〔MH〕	어든	H^2〔MH〕
단디·이〈단단히〉	H^2M〔MHM〕	단다·이	M^3M〔HHM〕
똑똑·히〈똑똑히〉	H^2M〔MHM〕	똑띡·히	H^2M〔MHM〕
똑띡·이〈똑똑히〉	H^2M〔MHM〕	똑똑·히	H^2M〔MHM〕
똑띡·히〈똑똑히〉	H^2M〔MHM〕	똑똑·히	H^2M〔MHM〕
뚜끼·비〈두꺼비〉	H^2M〔MHM〕	뚜끼·비	H^2M〔MHM〕
만마·이〈만만히〉	H^2M〔MHM〕	만만·키	H^2M〔MHM〕
멍하·이〈멍하니〉	H^2M〔MHM〕	멍(:)하·이	H^2M〔MHM〕
분메·이〈분명히〉	H^2M〔MHM〕	분며·이	H^2M〔MHM〕
인자·아	H^2M〔MHM〕	인자·아	H^2M〔MHM〕
칭치·이〈층층이〉	H^2M〔MHM〕	칭츠·이	H^2M〔MHM〕
빼꼬(:)미〈빠금이〉	H^3〔MH(:)H〕	빼꼬미	H^3〔M^2H〕
어느기·이·고〈어느 것이냐〉	H^3M^2〔MH^2M^2〕	어둥기·이·고	H^3M^2〔M^2HM^2〕
어느기·이·고〈어느 것이냐〉	H^3M^2〔MH^2M^2〕	어능기·이·고	H^3M^2〔M^2HM^2〕
·옳·체	M^2〔HH/MM〕	·옳·지	M^2〔HH/MM〕
·울·로〈위로〉	M^2〔HH/MM〕	·울·로	M^2〔HH/MM〕
·남·남·이	M^3〔HHM〕	·남·남이	M^3〔HHM〕
·넘·넘·이〈남남이〉	M^3〔HHM〕	·넘·넘·이	M^3〔HHM〕
·차·말·로	M^3〔HHM〕	·참·말로	M^3〔HHM〕
·안·빡·간·에	M^4〔HHM^2〕	·안·빡·간·에	M^4〔HHM^2〕
·씰·때·없·이	M^4〔HHM^2〕	·씰·때·없·이	M^4〔HHM^2〕
·안·빡#간·에	M^2#HM〔HH#HM〕	·안·빡#간·에	M^2#HM〔HH#HM〕
:오·냐〈오냐〉	L^2〔LM〕	:오·냐	$\ddot{\underset{..}{M}}^2$〔$\dot{H}$H/$\underset{..}{M}$M〕
:오·야〈오냐〉	L^2〔LM〕	:오·냐	$\underset{..}{M}^2$〔$\ddot{H}$H/$\underset{..}{M}$M〕
:난·주·우〈나중에〉	L^3〔LM^2〕	:난·주·우	$\underset{..}{M}^3$〔$\ddot{H}$HM〕
:문·둥·아	L^3〔LM^2〕	:문·둥·아	$\underset{..}{M}^3$〔$\ddot{H}$HM〕
:어·띠·기	L^3〔LM^2〕	:어·떻·기	$\underset{..}{M}^3$〔$\ddot{H}$HM〕
:쪼·깬·만〈조그만〉	L^3〔LM^2〕	:쪼·꿈·마〈조그만〉	$\underset{..}{M}^3$〔$\ddot{H}$HM〕
:빼·꼬·미	$\boxed{L}^3$〔LM^2〕	·빼·꾸·미	$\boxed{L}^3$〔LM^2〕/H^3〔M^2H〕
:뺀·듯·이	$\boxed{L}^3$〔LM^2〕	·뺀·듯·이	$\boxed{L}^3$〔LM^2〕/H^3〔M^2H〕
:번·듯·이	$\boxed{L}^3$〔LM^2〕	·번·듯·이	$\boxed{L}^3$〔LM^2〕/H^3〔M^2H〕
:삐·지·시	$\boxed{L}^3$〔LM^2〕	·비·지·시	$\boxed{L}^3$〔LM^2〕/H^3〔M^2H〕

(350) 어찌씨, 매김씨, 그 밖의 범주에 속하는 낱말 〈부분적으로 대응〉

고성 방언		성주 방언	
볼써·로	H^2M〔MHM〕	벌·써	HM〔HM〕
꺼·꾸·리	HM^2〔HM^2〕	꺼·꿀·재·비·로	HM^4〔HM^4〕
고·렇·게	HM^2〔HM^2〕	고렇·게	HM^2〔HM^2〕

꺼꾸로	H^{3}〔MH^{2}〕	꺼·꿀·로	HM^{2}〔HM^{2}〕
닥·친·대·로〈닥치는 대로〉	HM^{3}〔HM^{3}〕	닥·치·는·대·로	HM^{4}〔HM^{4}〕
그·러#쿠·니〈그러니까〉	HM#HM〔HM#HM〕	그카·이·까	$H^{2}M^{2}$〔MHM^{2}〕
그·러#쿠·니〈그러니까〉	HM#HM〔HM#HM〕	그캉·게	$H^{2}M$〔MHM〕
그·러#쿠·니〈그러니까〉	HM#HM〔HM#HM〕	그캉·게·로	$H^{2}M^{2}$〔MHM^{2}〕
그·러#쿠·니〈그러니까〉	HM#HM〔HM#HM〕	그카·니	$H^{2}M$〔MHM〕
그·러#쿠·니〈그러니까〉	HM#HM〔HM#HM〕	그카·이·께	$H^{2}M^{2}$〔MHM^{2}〕
그러·이·께〈ⓒ〉	$H^{2}M^{2}$〔MHM^{2}〕	그카·잉·게	$H^{2}M$〔MHM^{2}〕
그러께·에	$H^{3}M$〔$MH^{2}M$〕	그카·이·께	$H^{2}M$〔MHM^{2}〕
:어띠·기	L^{3}〔LM^{2}〕	:어·찌	M̤^{2}〔M̤̆M/M̤̆H〕
:어띠·이〈어떻게나〉	L^{3}〔LM〕	:어·띠	M̤^{2}〔M̤̆M/M̤̆H〕

(351) 어찌씨, 매김씨, 그 밖의 범주에 속하는 낱말 〈대응 규칙에 어긋남〉

고성 방언		성주 방언	
:벌·써	L^{2}〔LM〕	벌(:)써	H^{2}〔MH〕
:벌·써	L^{2}〔LM〕	벌·써	HM〔HM〕
:어·푼(#가자)	L^{2}〔LM〕	어푼	H^{2}〔MH〕
:쪼·깬(:)	L^{2}〔LM〕	쪼끔만	$H^{2}M$〔MHM〕
:쪼·맨	L^{2}〔LM〕	쪼끔만	$H^{2}M$〔MHM〕
:어띠·기	L^{3}〔LM^{2}〕	어떻·기	$H^{2}M$〔MHM〕
:어띠·기	L^{3}〔LM^{2}〕	어띠키	H^{3}〔$M^{2}H$〕
:어띠·기	L^{3}〔LM^{2}〕	어찌·키	$H^{2}M$〔MHM〕
:누고〈누구냐〉	L^{2}〔LM〕	·누고〈누구냐〉	M^{2}〔HH/MM〕
:니·고〈누구냐〉	L^{2}〔LM〕	·누고〈누구냐〉	M^{2}〔HH/MM〕
:쪼·깨(:)·이	L^{3}〔LM^{2}〕	·쫌·매(:)	L^{2}〔LM〕
:쪼·깬·만〈조그만〉	L^{3}〔LM^{2}〕	·째·매(:)·마	L^{3}〔LM^{2}〕
:쪼·매·이	L^{3}〔LM^{2}〕	·쫌·매(:)	L^{2}〔LM〕
:쪼·매·이	L^{3}〔LM^{2}〕	·째·매·이	L^{3}〔LM^{2}〕
·쪼·매·이	M^{3}〔HHM〕	·째·매·이	L^{3}〔LM^{2}〕
·쪼·매·이	M^{3}〔HHM〕	·쫌·매·이	L^{3}〔LM^{2}〕
·펜·이〈편히〉	M^{2}〔HH/MM〕	편·히	HM〔HM〕
·달·달·이	M^{3}〔HHM〕	다달·이	$H^{2}M$〔MHM〕
·달·달이	M^{3}〔HHM〕	달달·이	$H^{2}M$〔MHM〕
·쪼·깨·이	M^{3}〔HHM〕	쪼끔·만	$H^{2}M$〔MHM〕

13.4 보충 자료

(352) 복합어

고성 방언		성주 방언	
꼳·값(〈꼳+·값)	HM〔HM〕	꽃·값(〈꽃+·값)	HM〔HM〕
꿀·밤(〈·꿀(蜜)+:밤)〈도토리〉	HM·〔HM〕	꿀·밤(〈·꿀+:밤)	HM〔HM〕
거·무·줄(〈거·무+·줄)	HM^2〔HM^2〕	거·미·줄(〈거·미+·줄)	HM^2〔HM^2〕
거·무·줄(〈거·무+·줄)	HM^2〔HM^2〕	거·무·줄(〈거·무+·줄)	HM^2〔HM^2〕
등·잔·뿔(〈등잔+·불)	HM^2〔HM^2〕	등·잔·뿔(〈등잔+·불)	HM^2〔HM^2〕
등·잔·뿔(〈등잔+·불)	HM^2〔HM^2〕	등잔·뿔(〈등잔+·불)	H^{2}M〔MHM〕
보·롬·딸(〈보·롬+·달)	HM^2〔HM^2〕	보·름·딸(〈보·름+·달)	HM^2〔HM^2〕
양·옥·집(〈양·옥+·집)	HM^2〔HM^2〕	양·옥·집(〈양옥+집)	HM^2〔HM^2〕
은·행·나무(〈은행+나무)	HM^3〔HM^3〕	은·행·낭·ㄱ(〈은행+낭ㄱ)	HM^2〔HM^2〕
지게·꾼(〈지·게+꾼)	H^{2}M〔MHM〕	지게꾼(〈지·게+꾼)	H^3〔M^{2}H〕
은·행·나무(〈은행+나무)	HM^3〔HM^3〕	은행나무(〈은행+나무)	HM^3〔HM^3〕
깨목(〈·깨+묵)	H^2〔MH〕	깨묵(〈·깨+묵)	H^2〔MH〕
부·채·질(부채+·질)	HM^2〔HM^2〕	부·채·질(부채·+·질)	HM^2〔HM^2〕
부·채·질(부채+·질)	HM^2〔HM^2〕	부채·질(부채+·질)	H^{2}M〔MHM〕
손까·락(〈·손+가락)	H^{2}M〔MHM〕	손까·락(〈·손+·가락)	H^{2}M〔MHM〕
엿가·락(〈·엿+가락)	H^{2}M〔MHM〕	엿가·락(〈·엿+가락)	H^{2}M〔MHM〕
주머·니·칼(〈주무이+·칼)	H^{2}M^2〔MHM^2〕	주무·이·칼(〈주무이+·칼)	H^{2}M^2〔MHM^2〕
주머·니·칼(〈주무이+·칼)	H^{2}M^2〔MHM^2〕	주머·니·칼(〈주머·니+·칼)	H^{2}M^2〔MHM^2〕
방마·이·소·리	H^{2}M^3〔MHM^3〕	방매·이·소·리	H^{2}M^3〔MHM^3〕
방마이·소·리	H^{4}M〔MH^{3}M〕	방마·이·소·리	H^{2}M^3〔MHM^3〕
(〈방매·이+소·리)		(〈방매·이+소·리)	
가운데손까·락	H^{5}M〔MH^{4}M〕	가운데손까·락	H^{5}M〔M^{4}HM〕
(〈가운·데+손까·락)		(〈가운·데+손까·락)	
솔나무(〈·솔+나무)	H^3〔MH^2〕	솔나무(〈·솔+나무)	H^3〔M^{2}H〕
바느·질(〈바늘+·질)	H^{2}M〔MHM〕	바느·질(〈바늘+·질)	H^{2}M〔MHM〕
가랑·비(〈가랑+·비)	H^{2}M〔MHM〕	가랑·비(〈가랑+·비)	H^{2}M〔MHM〕
이슬·비(〈이슬+·비)	H^{2}M〔MHM〕	이슬·비(〈이슬+·비)	H^{2}M〔MHM〕
방앗간(〈방아+간)	H^3〔MH^2〕	방앗간(〈방아+간)	H^3〔M^{2}H〕
뱃사공(〈배+사공)	H^3〔MH^2〕	뱃사공(〈·배+사공)	H^3〔M^{2}H〕
입주디·이〈·입+주디·이)	H^{3}M〔MH^{2}M〕	조디·이	H^{2}M〔MHM〕
이불자·리(이·불+자·리)	H^{3}M〔MH^{2}M〕	이부자리(이·불+자·리)	H^{3}M〔M^{2}HM〕
어깨쭉·지(〈어·깨+쭉·지)	H^{3}M〔MH^{2}M〕	어깨쪽지(〈어·깨+·쪽·지)	H^{3}M〔M^{2}HM〕
입주디·이〈·입+주디·이)	H^{3}M〔MH^{2}M〕	입주디·이(〈·입·+주디·이)	H^{3}M〔M^{2}HM〕
집토깨·비(〈집+·토·깨·비)	H^{3}M〔MH^{2}M〕	집도깨·비(〈집+도깨·비)	H^{3}M〔M^{2}HM〕
새끼손까·락	H^{4}M〔MH^{3}M〕	새끼손까·락	H^{4}M〔M^{3}HM〕
·눈·물(〈·눈(雪)+·물)	M^2〔HH/MM〕	·눈·물(〈·눈+·물)	M^2〔HH/MM〕

·눈·물(<·눈(眼)+·물)	M^2〔HH/MM〕	·눈·물(<·눈+·물)	M^2〔HH/MM〕
·먹·물(<·먹+·물)	M^2〔HH/MM〕	·먹·물(<·먹+·물)	M^2〔HH/MM〕
·무·쎄(<·물+·쇠)	M^2〔HH/MM〕	·무·쉬(<·물+·쉬)	M^2〔HH/MM〕
·무·쎄(<·물+·쇠)	M^2〔HH/MM〕	·무·씨(<·물+·씨)	M^2〔HH/MM〕
·물·배(<·물(水)+배(腹))	M^2〔HH/MM〕	·물·배(<·물+·배)	M^2〔HH/MM〕
·무·색(<·물+·색)	M^2〔HH/MM〕	·물·색(<·물+·색)	M^2〔HH/MM〕
·물·새(<·물(水)+:새)	M^2〔HH/MM〕	·물·새(<·물+:새)	M^2〔HH/MM〕
·밤·찔(<·밤(夜)+·길)	M^2〔HH/MM〕	·밤·낄(<·밤+·길)	M^2〔HH/MM〕
·밤·찔(<·밤(夜)+·길)	M^2〔HH/MM〕	·밤·찔(<·밤+·질)	M^2〔HH/MM〕
·뱃·벵(<배(腹)+:벵)	M^2〔HH/MM〕	·뱃·빙(<배+:빙)	M^2〔HH/MM〕
·뱃·심(<배(腹)+·심)	M^2〔HH/MM〕	·뱃·심(<배+·심)	M^2〔HH/MM〕
·뱃·줄(<배(船)+·줄(線))	M^2〔HH/MM〕	·밧·줄(<·바(繩)+·줄)	M^2〔HH/MM〕
·뱃·탈(<·배+·탈)	M^2〔HH/MM〕	·뱃·탈(<·배+·탈)	M^2〔HH/MM〕
·봄·삐(<·봄+·비)	M^2〔HH/MM〕	·봄·삐(<·봄+·비)	M^2〔HH/MM〕
·불·씨(<·불(火)+·씨)	M^2〔HH/MM〕	·불·씨(<·불+·씨)	M^2〔HH/MM〕
·비·옷(<·비(雨)+·옷)	M^2〔HH/MM〕	·비·옷(<·비+·옷)	M^2〔HH/MM〕
·빗·물(<·비+·물)	M^2〔HH/MM〕	·빗·물(<·비+·물)	M^2〔HH/MM〕
·수·제(<·술+·저)	M^2〔HH/MM〕	·수·저(<·술+·저)	M^2〔HH/MM〕
·식·칼(<·식(食)+·칼)	M^2〔HH/MM〕	·식·칼(<·식+·칼)	M^2〔HH/MM〕
·짐·꾼(<·짐+·꾼)	M^2〔HH/MM〕	·짐·꾼(<·짐+·꾼)	M^2〔HH/MM〕
·철·새(<·철(節)+:새)	M^2〔HH/MM〕	·철·새(<·철+:새)	M^2〔HH/MM〕
·콧·물(<·코+·물)	M^2〔HH/MM〕	·콧·물(<·코+·물)	M^2〔HH/MM〕
·가·래·춤(<·가래(痰)+·춤(唾液))	M^3〔HHM〕	·가·래·춤(<·가래+·춤)	M^3〔HHM〕
·낚·시·쭐(<·낙시+·줄)	M^3〔HHM〕	·낚·시·쭐(<·낙시+·줄)	M^3〔HHM〕
·물·깨·기(<·물+고·기(魚))	M^3〔HHM〕	·물·꼬·기(<·물+고·기)	M^3〔HHM〕
·물·깨·기(<·물+고·기)	M^3〔HHM〕	·물·끼·기(<·물+기·기)	M^3〔HHM〕
·배·소·리(<배(腹)+소·리)	M^3〔HHM〕	·배·소·리(<·배+소·리)	M^3〔HHM〕
·뱃·노·래(<배+노·래)	M^3〔HHM〕	·뱃·노·래(<·배+노·래)	M^3〔HHM〕
·번·게·뿔(<·번게+·불)	M^3〔HHM〕	·번·게·뿔(<·번게+·불)	M^3〔HHM〕
·뻥·게·뿔(<·번게+·불)	M^3〔HHM〕	·번·게·뿔(<·번게+·불)	M^3〔HHM〕
·봄·빠·람(<·봄+바람)	M^3〔HHM〕	·생·일·날(<·생·일+·날)	M^3〔HHM〕
·철·쭉·끝(<·철·쭉+끝)	M^3〔HHM〕	·철·쭉·꽃(<·철·쭉+꽃)	M^3〔HHM〕
·초·가·찝(<·초·가+집)	M^3〔HHM〕	·초·가·찝(<·초·가+집)	M^3〔HHM〕
·모·구·소·리(<·모·구+소·리)	M^4〔HHM^2〕	·모·구·소·리	M^4〔HHM^2〕
·모·구·소·리(<·모·구+소·리)	M^4〔HHM^2〕	·머·개·이·소·리	M^5〔HHM^3〕
·무·지·기·꿈〈사용 안함〉	M^4〔HHM^2〕	·무·지·개·꿈	M^4〔HHM^2〕
:게·젓(<:게(蟹)+·젓)	L^2〔LM〕	:끼·젓(<:끼+·젓)	M̤^{2}〔M̤M/M̤H〕
:돌·질(<:돌(石)+·질(行動))	L^2〔LM〕	:돌·질(<:돌+·질)	M̤^{2}〔M̤M/M̤H〕
:반·달(<:반(半)+·달)	L^2〔LM〕	:반·달(<:반+·달)	M̤^{2}〔M̤M/M̤H〕

:이·월(〈:이(二)+·월(月))	L^{2}〔LM〕	:이·월(〈:이+·월)	M̤^{2}〔M̤̌M/M̤̌H〕
:개·똥·밭(〈:개·똥+밭)	L^{3}〔LM^{2}〕	:개·똥·밭(〈:개·똥+ 밭)	M̤^{3}〔M̤̌HM〕
:새·소·리(〈:새(鳥)+소·리)	L^{3}〔LM^{2}〕	:새·소·리(〈:새+소·리)	M̤^{3}〔M̤̌HM〕
:세·게·기(〈·세(牛)+게·기(肉))	L^{3}〔LM^{2}〕	:소·고·기(〈:소+고·기)	M̤^{3}〔M̤̌HM〕
:세·게·기(〈·세(牛)+게·기(肉))	L^{3}〔LM^{2}〕	:쉬·고·기(〈:쉬+고·기)	M̤^{3}〔M̤̌HM〕
:세·게·이(〈·세(牛)+게·이(肉))	L^{3}〔LM^{2}〕	:시·고·기(〈:쉬+고·기)	M̤^{3}〔M̤̌HM〕
:세·게·이(〈·세(牛)+게·이(肉))	L^{3}〔LM^{2}〕	:시·귀·기(〈:쉬+고·기)	M̤^{3}〔M̤̌HM〕
:전·깃·줄(〈:전·기+·줄)	L^{3}〔LM^{2}〕	:전·깃·줄(〈:전·기+·줄)	M̤^{3}〔M̤̌HM〕
버·니〈ⓘ〉〈밤 속껍질〉	HM〔HM〕	버니	H^{2}〔MH〕
가매·솥(〈가매+솥	HM^{2}〔HM^{2}〕	가마솥(〈가·마+솥)	H^{3}〔M^{2}H〕
바느·질(〈바·늘+·질)	H^{2}M〔MHM〕	바·느·질(〈바·늘+·질)	HM^{2}〔HM^{2}〕
바느·질(〈바·늘+·질)	H^{2}M〔MHM〕	반질(〈바·늘+·질)	H^{2}〔MH〕
가매·솥(〈가·매+솥)	H^{2}M〔MHM〕	가마솥(〈가·마+솥)	H^{3}〔M^{2}H〕
떡가·리(〈·떡+가리)	H^{2}M〔MHM〕	떡가리(〈·떡+가리)	H^{3}〔M^{2}H〕
떡가·리(〈·떡+가리)	H^{2}M〔MHM〕	떡가리(〈·떡+가루)	H^{3}〔M^{2}H〕
솔나무(〈·솔+나무)	H^{3}〔MH^{2}〕	솔낭ㄱ(〈·솔+낭ㄱ)	H^{2}〔MH〕
새끼손까·락 (〈새·끼+손까·락)	H^{4}M〔MH^{3}M〕	새·끼·손·까·락 (〈새·끼+손까·락)	HM^{3}〔HM^{3}〕
:돌·질(〈:돌(石)+·질(行動))	L^{2}〔LM〕	:돌#팔매·질	M̤#H^{2}M〔M̤̌#/MHM〕
:대·추나무(〈:대·추+나무)	L^{4}〔LM^{3}〕	:대·추낭ㄱ	M̤^{3}〔M̤̌HM〕
:실·배·애·미(〈:실+배애·미)	L^{4}〔LM^{3}〕	:실·뱀(〈·실+:뱀)	M̤^{2}〔M̤̌M/M̤̌H〕
뱃사공(〈배+사공)	H^{3}〔MH^{2}〕	·뱃·사공(〈·배+사공)	M^{3}〔HHM^{2}〕
·버·니〈㉥〉〈밤 속껍질〉	M^{2}〔HH/MM〕	버니	H^{2}〔MH〕
·논·찔(〈·논+·길(道))	M^{2}〔HH/MM〕	논·찔(〈·논+·질)	HM〔HM〕
·논·찔(〈·논+·길)	M^{2}〔HH/MM〕	논뚜룸(〈·논+두룸)	H^{3}〔M^{2}H〕
·제·질(〈·제(箸)+·질(行動))	M^{2}〔HH/MM〕	저·분·질(〈저·분+·질)	HM^{2}〔HM^{2}〕
·촛·불(〈·초+·불)	M^{2}〔HH/MM〕	촛·불(〈·초+·불)	HM〔HM〕
·칼·집(〈·칼(刀)+집(家))	M^{2}〔HH/MM〕	칼집 (〈·칼+집)	H^{2}〔MH〕
·모·구·소·리(〈·모·구+소·리)	M^{4}〔HHM^{2}〕	:머·개·이·소·리	M̤^{5}〔M̤̌HM^{3}〕
:밤·꿀(〈:밤(栗)+꿀)	L^{2}〔LM〕	밤꽂(〈:밤+꽂)	H^{2}〔MH〕
:개·구·녕(〈:개(狗)+구녕)	L^{3}〔LM^{2}〕	개구멍(〈:개+구멍)	H^{3}〔M^{2}H〕
:개·구·녕(〈:개(狗)+구녕)	L^{3}〔LM^{2}〕	새·애·꾸·멍	HM^{3}〔HM^{3}〕
:밤#껍디·기(〈:밤+껍디·기)	L#H^{2}M〔LM#MHM〕	밤껍디·기	H^{3}M〔M^{2}HM〕
:대·추·나·무(〈:대·추+나무)	L^{4}〔LM^{3}〕	대추나무	H^{4}〔M^{3}H〕)
때·끼·칼(〈때·끼+·칼)	HM^{2}〔HM^{2}〕	·손·칼(〈·손+·칼)	M^{2}〔HH/MM〕
:실·비(〈:실(絲)+·비)	L^{2}〔LM〕	가랑·비(〈가랑+·비)	H^{2}M〔MHM〕

14. 변동 평성형 풀이씨와 음측형 음조

14.1 음상형과 음거형

고성 방언의 음조형 실현 규칙 (27)과 성주 방언의 음조형 실현 규칙 (28)에 따르면, 두 방언의 3음절 이상의 음조형은 다음과 같은 것 이외에는 도출될 수 없다.

(353)		고성 방언	성주 방언
	ㄱ. 상성형	〔LMM$_1$〕[81]	〔ḦHM$_1$〕/〔M̤HM$_1$〕[82]
	ㄴ. 거성형	〔HHM$_1$〕	〔HHM$_1$〕
	ㄷ. 평측형	〔HM$_2$〕	〔HM$_2$〕
		〔MH$_2$〕	〔M$_2$H〕
		〔MHM$_1$〕	〔MHM$_1$〕
		〔MH^{2}M$_0$〕	〔M^{2}HM$_0$〕
		〔MH^{3}M$_0$〕	〔M^{3}HM$_0$〕
		〔MH^{4}M$_0$〕	〔M^{4}HM$_0$〕
		…………………	…………………
		〔MH^{m}M$_0$〕	〔M^{m}HM$_0$〕

그러나 이 두 방언에는 〔LMMM$_0$〕의 음조형 곧 첫 음절이 낮고, 둘째 음절과 셋째 음절의 높이가 같으면서 첫 음절보다 높고, 넷째 음절 이하가 셋째 음절보다 두드러지게 낮은 음조형이 나타난다.[83] 그리고 6.1절과 6.2절에서 고성 방언에서는 〔LMM$_1$〕의 임의변이형으로 드물게 〔LMMM$_0$〕이 쓰이고 있음도 지적하였다.

6.1, 6.2에서 말한 바와 같이 고성 방언의 〔LMMM$_0$〕은 창원 방언의 상성형과 같은 음조형으로 첫 음절의 길이가 1.3 모라 정도 되고 뒤끝이 조금 올라간다는 점까지도 같다. 그러므로 고성 방언의 〔LMMM$_0$〕은 음상형이라 불렀다. 이에 대하여 성주 방언의 〔LMMM$_0$〕은

81) 규칙 (27)ㄱ에서는 고성 방언 상성형의 음조형을 〔LM$_1$〕로 표시했으나, 둘째 음절보다 셋째 음절 이하가 두드러지게 낮게 발음되는 것을 시각화하기 위하여 5.2절에서 〔LMM$_1$〕으로 표시했다.

82) 성주 방언의 2음절 상성형은 〔ḦH〕, 〔M̤H〕, 〔M̤M〕, 〔M̤M〕으로 임의변이하고, 고성 방언의 2음절 상성형은 〔LM〕으로 발음된다.

83) 고성 방언과 성주 방언에는 (351)에서 보는 바와 같이 아주 드물게 어찌씨에도 이런 음조형이 나타나고 있다.

다른 음조적인 특징들은 창원 방언의 상성형과 동일하지만 첫 음절의 길이가 1 모라이면서 수평조라는 점만 다르다. 이리하여 성주 방언의 〔LMMM$_0$〕은 음거형이라 부르기로 한다.[84]

고성 방언의 음상형과 성주 방언의 음거형의 첫 음절의 미세한 음조적인 차이는 30년 이상의 방언 성조를 다루어 온 지은이에게도 예사로 들어서는 구별되지 않는 정도이다. 이러한 이유뿐만 아니라 논지를 펴 나가는 데에 번거로움을 덜기 위하여 이 둘을 합쳐서 때로는 음측형이라 부르기로 한다. 고성 방언 음상형의 음운론적인 표상은 상성형과 구별하기 위하여 /:[나]·간·다, $\boxed{L}^3$/, /:[나]·서·서, $\boxed{L}^3$/, /:[나]·가·더·라, $\boxed{L}^4$/처럼 표시하고, 성주 방언의 음거형은 거성형과 구별하기 위하여 /·[나]·간·다, $\boxed{L}^3$/, /·[나]·서·서, $\boxed{L}^3$/, /·[나]·가·더·라, $\boxed{L}^4$/처럼 표시하기로 한다.

두 방언의 음측형의 음조형을 더 구체적으로 적으면 다음과 같다.

(354) 음절수	고성 방언의 음상형	성주 방언의 음거형
3음절 :	$\boxed{L}^3$〔LMM〕	L^3〔LMM〕
4음절 :	$\boxed{L}^4$〔LMMM〕	L^4〔LMMM〕
5음절 :	$\boxed{L}^5$〔LMMMM〕	L^5〔LMMMM〕
6음절 :	$\boxed{L}^6$〔LMMMMM〕	L^6〔LMMMMM〕

두 방언의 음측형은 6장에서 말한 바와 같이 변동 평성형 풀이씨 /나가·다/류와 /나서·다/류의 일부 어형에 체계적으로 나타난다. /나가·다/류와 /나서·다/류의 풀이씨에 대해서는 14.2절에서 다시 자세히 논할 것이다.

---

84) 전문가라도 구별하기 어려운 〔LMMM$_0$〕을 두고 창원 방언에서는 상성형이라고 부르는 데에 대하여, 고성 방언에서는 음상성형(줄여서 음상형), 성주 방언에서는 음거성형(줄여서 음거형)이라고 부르게 된 것은 그 까닭이 있다. 창원 방언에서 〔LMMM$_0$〕으로 나타나는 운율구는 중세 국어에서 첫 음절이 상성인 운율구에 대응하며, 거성형, 평측형과 더불어 3대 성조형에 들기 때문에 상성형이라 이름하였다. 고성 방언에서 〔LMMM$_0$〕으로 나타나는 운율구는 가끔 상성형 〔LMM$_1$〕의 임의변이형으로 나타나기는 하지만, 정상적으로는 /나가·다/류, /나서·다/류의 굴곡형들 중 일부만 〔LMMM$_0$〕형으로 나타나기 때문이다. 그리고 성주 방언의 음거형 〔LMMM$_0$〕은 성주 방언의 거성형 〔HHM$_1$〕과는 관계가 없고, /나가·다/류, /나서·다/류의 굴곡형들 중 일부만 〔LMMM$_0$〕형으로 나타난다.

거의 같은 음조형 〔LMMM$_0$〕을 두고 고성 방언에서는 음상형, 성주 방언에서는 음거형이라고 부르는 것은 이해하기 어려울 지도 모르지만, 이것은 정의상의 문제이다. 3성조 체계의 방언에서 성조는 직접 뒤따르는 위치에 평성과 측성의 대립만 허용하고, 상성과 거성을 측성으로 중화시키는 성조를 평성이라 하며, 직접 뒤따르는 위치에 오는 모든 성조를 측성으로 중화시키는 성조를 측성이라 한다.

운율구의 첫 음절에서는 측성은 단순 수평 1 모라인 거성과, 1.3 모라 이상이거나 1.3 모라 이상이면서 오름조를 겸하는 상성으로 나누어진다. 이에 비추어 보아 성주 방언 〔LMMM$_0$〕의 첫 음절은 단순 수평 1 모라이므로 음상형보다는 음거형이 더 적합한 이름이고, 고성 방언 〔LMMM$_0$〕의 첫 음절은 뒤끝이 약간 올라가는 굴곡조이고, 그 길이도 1.3 모라 이상이므로 음거형보다는 음상형이 더 적합한 이름이다.

14.2 변동 평성형 풀이씨의 굴곡형

10장에서는 1음절 어간 풀이씨의 굴곡형들 가운데서 고정 평성 풀이씨, 고정 거성 풀이씨, 고정 상성 풀이씨, 변동 거성 풀이씨, 변동 상성 풀이씨만 열거하고, 변동 평성 풀이씨는 제시하지 않았다. 그것은 변동 평성 풀이의 어형들의 음조형이 /나가·다/, /나서·다/류의 그것과 대칭성이 있기 때문에 본 장에서 함께 다루기 위한 것이었다.

H_{M-1}·M류에 속하는 /가·다/류(/가·다/, /오·다/, /보·다/, /자·다/, /하·다/, /주·다/, /두·다/, /누·다/)는 굴곡형의 성조 표상이 /나가·다/($H^2_{\square-1}$·M)류와 대칭성이 있고, H_{M-1}·M류에 속하는 /서·다/류(/서·다/, /사·다/, /지·다/)는 /나서·다/($H^2_{\square-2}$·M)류와 대칭성이 있다.

현지 방언 조사에서 경험하게 된 사실을 하나 지적하려고 한다. 대개의 방언에서 /가·다/류와 /나가·다/류에 속하는 풀이씨들의 성조는 안정성이 높아서 같은 방언에 속하는 화자들의 발음이 90% 이상 동일하게 나타나고, 또 같은 화자는 때를 달리 하여 물어도 같은 발음을 하지만, /서·다/류와 /나서·다/류에 속하는 풀이씨들의 성조는 매우 불안정하여 같은 방언에 속하는 화자들이라도 다르게 발음하는 비율이 높고, 같은 화자라도 때를 달리 하여 물으면 분절음이 같은 어형이 성조가 다르게 발음하기도 한다. 이리하여 /서·다/류와 /나서·다/류에 속하는 어형들의 성조는 5번 이상 때를 달리 하여 물어서 많이 발음하는 쪽으로 성조형을 확정하였고, 발음되는 비율이 비슷할 때는 두 가지 또는 세 가지 성조형을 다 인정하였다. 고성 방언에서 두 화자의 방점 표상이 다르게 나타날 경우에는 문승찬 님은 ㊫, 이기분 님은 ㉧로 표시하였다. 표시가 없는 어형은 두 제보자가 같은 음조형으로 발음한 경우이다.

이제 변동 평성형 풀이씨의 굴곡형의 자료를 제시한다.

	창원 방언	고성 방언	성주 방언	씨끝의
	가·다(行)	가·다	가·다	표준말
	/H_{M-1}·M/	/H_{M-1}·M/	/H_{M-1}·M/	풀이
(355)	·가·나	·가·나	·가·나	〈니(물음)〉
	·가·네	·가·네	·가·네	〈네(서술)〉
	·가·노	·가·노	·가·노	〈니(물음)〉
	·가·데	·가·데·에	·가·데·에	〈데(〈더이)〉
	·가·소	·가·소	·가·소	〈소(시킴)〉
	·간	·간	·갔·는	〈은〉
	·가	·가	·가	〈아(어찌)〉
	·가	·가	·가	〈아(서술)〉
	·가·도	·가·도	·가·도	〈아도〉
	·가·서	·가·서	·가·서	〈아서〉
	·가·야	·가·야	·가·야	〈아야〉
	·갔·다	·갔·다	·갔·다	〈았다〉
	·갔·는	·갔·는	·갔·는	〈은〉

·갔·는·갑·다	·갔·는·갑·다	·갔·는·갑·다	〈았는가보다〉
·갔·던·갑·다	·갔·던·갑·다	·갔·던·갑·다	〈았던가보다〉
·가·요	·가·요	·가·요	〈요(서술)〉
·가·요	·가·요	·가·요	〈요(물음)〉
·간·다	·간·다	·간·다	〈은다〉
·갑·니·꺼	·갑·니·까	·갑·니·까	〈읍니까〉
·갑·니·꺼	·갑·니·꺼	·갑·니·까	〈읍니까〉
·갑·니·꺼	·갑·니·까	·갑·니·이·까	〈읍니까〉
·갑·니·꺼	·갑·니·꺼	·갑·니·이·까	〈읍니까〉
·갑·니·더	·갑·니·다	·갑·니·다	〈읍니다〉
·갑·니·더	·갑·니·더	·갑·니·다	〈읍니다〉
·갑·니·더	·갑·니·다	·갑·니·이·다	〈읍니다〉
·갑·니·더	·갑·니·더	·갑·니·이·다	〈읍니다〉
·갑·디·꺼	·갑·디·꺼	·갑·디·까	〈읍디까〉
·갑·디·꺼	·갑·디·까	·갑·디·까	〈읍디까〉
·갑·디·꺼	·갑·디·까	·갑·디·이·까	〈읍디까〉
·갑·디·꺼	·갑·디·꺼	·갑·디·이·까	〈읍디까〉
·갑·디·더	·갑·디·다	·갑·디·다	〈읍디다〉
·갑·디·더	·갑·디·더	·갑·디·다	〈읍디다〉
·갑·디·더	·갑·디·다	·갑·디·이·다	〈읍디다〉
·갑·디·더	·갑·디·더	·갑·디·이·다	〈읍디다〉
·갑·시·더	·갑·시·다	·갑·시·다	〈읍시다〉
·갑·시·더	·갑·시·더	·갑·시·다	〈읍시다〉
·갑·시·더	·갑·시·다	·갑·시·이·다	〈읍시다〉
·갑·시·더	·갑·시·더	·갑·시·이·다	〈읍시다〉
·가·거·나	·가·거·나	가기·나	〈거나〉
·가·거·나	가거·나	가기·나	〈거나〉
·가·거·들·랑	·가·거·들·랑	가거들·랑	〈거들랑〉
·가·거·등	·가·거·등	가거·등	〈거든(서술)〉
·가·거·등	·가·거·등	가거·등	〈거든(이음)〉
·가·거·라	·가·거·라	·가·거·라	〈거라〉
·가·거·마·는	·가·건·마·는	·가·건·마·는	〈건마는〉
·가·든·지	·가·든·지	·가·든·지	〈든지〉
·간·다#마·는	·간·다#마·는	·간·다#마·는	〈건마는〉
·가·걸·래	가길·래	가길·래	〈길래〉
·가·건·대	·가·길·래	가길·래	〈길래〉
·가·구·나	·가·구·나	·가·는·구·나	〈구나〉
·가·는·구·나	·가·는·구·나	·가·는·구·나	〈는구나〉
·가·는	·가·는	·가·는	〈는〉
·가·는·가	·가·는·가	·가·는·가	〈는가〉
·가·는·고	·가·는·고	·가·는·고	〈는가〉

·가·는·기·요	·가·는·교	·갑·니·까	〈는거요(물음)〉
·가·는·기·요	·갑·니·꺼	·갑·니·까	〈는거요(물음)〉
·가·는·데	·가·는·데	·가·는·데	〈는데〉
·가·는·가·베	·가·는·가·베	·가·는·가·베	〈는가보다〉
·가·는·갑·다	·가·는·갑·다	·가·는·갑·다	〈는가보다〉
·가·니·라	·가·니·이·라	·가·니·이·라	〈는 것이다〉
·가·더·나	·가·더·나	·가·더·나	〈더냐〉
·가·더·노	·가·더·노	·가·더·노	〈더냐〉
·가·더·라	·가·더·라	·가·더·라	〈더라〉
·가·더·라·꼬	·가·더·라·꼬	·가·더·라·꼬	〈더라고〉
·가·더·라·도	·가·더·라·도	·가·더·라·도	〈더라도〉
·가·던·가	·가·던·가	·가·던·가	〈던가〉
·가·던·고	·가·던·고	·가·던·고	〈던가〉
·가·던·갑·다	·가·던·갑·다	·가·던·갑·다	〈던가보다〉
·가·던·고	·가·던·고	·가·던·고	〈든가〉
·가·시·이	·가·시·이	·가·시·이	〈으시니〉
·가·시·이	·가·시·니	·가·시·니	〈으시니〉
·가·시·지	·가·시·지	·가·시·지	〈으시지(시킴)〉
·가·시·지·예	·가·시·지·예	·가·시·지·요	〈으시지요(시킴)〉
·가·시·이·소	·가·시·이·소	·가·시·이·소	〈으십시오〉
·가·신·다	·가·신·다	·가·신·다	〈으신다〉
·가·십·니·꺼	·가·십·니·까	·가·십·니·까	〈으십니까〉
·가·십·니·꺼	·가·십·니·꺼	·가·십·니·까	〈으십니까〉
·가·십·니·꺼	·가·십·니·꺼	·가·십·니·이·까	〈으십니까〉
·가·십·니·꺼	·가·십·니·까	·가·십·니·이·까	〈으십니까〉
·가·십·시·더	·가·십·시·더	·가·십·시·다	〈으십시다〉
·가·이·소	·가·이·소	·가·이·소	〈으시오〉
·가·입·시·더	·가·입·시·더	·가·입·시·다	〈으십시다〉
·가·입·시·더	·가·입·시·더·이	·가·입·시·다	〈으십시다〉
·가·아·라	:가·아·라·이	·가·거·라	〈아라〉
:갈·라	:갈·라	:갈·라	〈을라〉
:갈·라·꼬	:갈·라·꼬	:갈·라·꼬	〈으려고〉
:갈·라·몬	:갈·라·모	:갈·라·만	〈으려면〉
:갈·라#카·몬	:갈·라·모	:갈·라·만	〈으려면〉
:갈·라·모	:갈·라·모	:갈·라·마	〈으려면〉
:갈·라#카·모	:갈·라#쿠·모	:갈·라#카·마	〈으려면〉
:갈·래	:갈·래	:갈·래	〈을래(물음)〉
간	간	간	〈은〉
갈	갈	갈	〈을〉
감	감	감	〈음〉
가·자	가·자	가·자	〈자(이끎)〉

가·지	가지	가·지	〈지(시킴)〉
가·자·이	가·자·이	가·재·이	〈아라(시킴)〉
가·자·이	가·자·이	가·재·이	〈자(이끎)〉
가·지	가·지	가·지	〈지(이음)〉
가·지	가·지	가·지	〈지(서술)〉
가·제	가·제	가·지	〈지(물음)〉
가·지·예	가·지·예	가·지·요	〈지요(시킴)〉
가·까	가·까	가·까	〈을까〉
가·꼬	가·꼬	가·꼬	〈을까〉
가·까	가·까	갈·까	〈을까〉
가·꼬	가·꼬	갈·꼬	〈을까〉
가·게	가·게	가·게	〈게(이음)〉
가·기	가·기	가·기	〈게(이음)〉
가·라	가·라	가·라	〈으라(시킴), 인용〉
가도·록	가도·록	가도·록	〈도록, 게〉
가도·록	가도·록	가·도·록	〈도록, 게〉
가도·록	가도·록	가드·록	〈도록, 게〉
가도·록	가도·록	가·두·록	〈도록, 게〉
가·도·록	가·도·록	가드·로	〈도록, 게〉
가·도·록	가·도·록	가·두·로	〈도록, 게〉
가·도·록	가·도·록	가·두·로	〈도록, 게〉
가·도·록	가·도·록	가·드·록	〈도록〉
가·도·록	가도·록	가·두·록	〈도록, 게〉
가·도·록	가·도·록	가·드·록	〈도록〉
가거·로	가거·로	가구·로	〈게〉
가겄·다	가겄·다	가겠·다	〈겠다〉
가겠·다	가겄·다	가겠·다	〈겠다〉
가께·에	가께·에	가께·에	〈마, 겠다〉
가끄·마	가끄·마	가꾸·마	〈마, 겠다〉
가·나·마	가·나·마	가·나·마	〈으나마〉
가·라·꼬	가·라·꼬	가·라·꼬	〈으라고(물음)〉
가·이	가·이	강·이	〈으니(이음)〉
가·이	가·니	강·니	〈으니(이음)〉
가·이	강·께	강·게	〈으니까〉
가·이·꺼·네	가·앙·께〈(문)〉	가·이·께·네	〈으니까〉
가·이·꺼·네	가·이·께〈(문)〉	가·이·께·네	〈으니까〉
가·이·꺼·네	가·이·께〈(문)〉	가·이·께·네	〈으니까〉
가·이·꺼·네	가·이·께·나〈(문)〉	가·이·께·네	〈으니까〉
가·이·꺼·네	강·께·나	가·이·께·네	〈으니까〉
가·이·꺼·네	강께·나	가·이·께·네	〈으니까〉
가·이·꺼·네	가·이·께·나	가·이·께·네	〈으니까〉

가·이·께·에	가·이·께	가·이·께	〈으니까〉
가·이·께·에	가·잉·께〈문〉	가·이·께	〈으니까〉
가·이·께·에	가·이·께	가·이·께	〈으니까〉
가·이·께·에	강·께·에	가·이·께	〈으니까〉
가·이·께·에	강께·에	가·이·께	〈으니까〉
가·나·따·나	가·나#따·나	가·나#따·나	〈으나마〉
갈수·록	갈수·록	갈·수·록	〈을수록〉
갈·수·록	갈·수·록	갈·수·록	〈을수록〉
갈수·록	갈수·룩	갈·수·록	〈을수록〉
갈·수·록	갈·수·룩	갈·수·록	〈을수록〉
갈망·정	갈망·정	갈망·정	〈을망정〉
갈꺼·로	갈꺼·얼	갈꺼·얼	〈을걸〉
갈꺼·로	갈꺼·로	갈꺼·로	〈을걸〉
갈꺼·로	갈꺼·를	갈꺼·를	〈을걸〉
갈꺼·로	갈꺼·르	갈꺼·를	〈을걸〉
갈끼·이·께·에	갈끼·이·께·나	갈끼·잉·게	〈을테니까〉
갈끼·이·께·에	갈끼·이·께·에	갈끼·이·께	〈을테니까〉
갈끼·이·께·에	갈끼·잉·께·나	갈끼·이·께	〈을테니까〉
갈끼·이·께	갈끼·이·께	갈끼·이·께	〈을테니까〉
갈끼·이·께	갈끼·이·께	갈끼·이·께	〈을테니까〉
갈끼·이·께·에	갈끼·잉·께	갈낑·게	〈을테니까〉
갈끼·이·께·에	갈낑께·나	갈낑·게	〈을테니까〉
갈끼·이·께·에	갈낑께·에	갈낑·게	〈을테니까〉
가·까	가·까	가·까	〈을까〉
가·꼬	가·꼬	가·꼬	〈을까〉
가·라	가·라	가·라	〈으라(시킴), 인용〉
가·몬	가·모	가·만	〈으면〉
가·모	가·모	가·마	〈으면〉
가·나	가·나	가·나	〈으나〉
가·세	가·세	가·세	〈으세〉
간·들	간·들	간·들	〈은들〉
가·라·몬	가·라·모	가·라·만	〈으라면〉
가·라·모	가·라·모	가·라·마	〈으라면〉
가라#카·몬	가·라#쿠·모	가·라#카·만	〈으라면〉
가라#카·모	가·라#쿠·모	가·라#카·마	〈으라면〉
가·라·꼬	가·라·꼬	가·라·꼬	〈으라고(물음)〉
가기·로·서·이	가기·로#서·이	가기·로·서·이	〈기로서니〉
가기·로·서·이	가기·로#서·니	가기·로·서·니	〈기로서니〉
가·기·로·서·이	가·기·로·서·이	가·기·로·서·이	〈기로서니〉
가·기·로·서·이	가·기·로·서·니	가·기·로·서·니	〈기로서니〉
가기·로·서·이	가기·로#서·이	가기·로#서·이	〈기로서니〉

가기·로·서·이	가기·로#서·니	가기·로#서·니	〈기로서니〉
가·기·로·서·이	가·기·로#서·이	가·기·로#서·이	〈기로서니〉
가·기·로·서·이	가·기·로#서·니	가·기·로#서·니	〈기로서니〉
가고(~집·다)	가고(~접·다)	가고(~접·다)	〈고(이음)〉
가고(~집·다)	가고(~싶다)	가고(~접·다)	〈고(이음)〉
가고(~집·다)	가고(~시푸·다)	가고(~싶·다)	〈고(이음)〉
가고(~집·다)	가구(~접·다)	가고(~접·다)	〈고(이음)〉
가고(~집·다)	가구(~싶다)	가고(~접·다)	〈고(이음)〉
가고(~집·다)	가구(~시푸·다)	가고(~싶·다)	〈고(이음)〉
가·고(#있·다)	가·고(#있·다)	가·고(#있·다)	〈고(이음)〉

(356)

창원 방언	고성 방언	성주 방언	씨끝의 표준말 풀이
오·다(行)	오·다	오·다	
$/H_{M-1}{\cdot}M/$	$/H_{M-1}{\cdot}M/$	$/H_{M-1}{\cdot}M/$	
오·게	오·게	오·게	〈게(이음)〉
오·고(#있·다)	오·고(#있·다)	오·고(#있·다)	〈고(이음)〉
오·기	오·기	오·기	〈게(이음)〉
오기·로·서·이	오기·로·서·니	오기·로·서·니	〈기로서니〉
오기·로·서·이	오기·로·서·이	오기·로·서·이	〈기로서니〉
오·기·로·서·이	오·기·로·서·니	오·기·로·서·니	〈기로서니〉
오·기·로·서·이	오·기·로·서·이	오·기·로·서·이	〈기로서니〉
오·까	오·까	오·까	〈을까〉
오·까	오·까	올·까	〈을까〉
오·꼬	오·꼬	오·꼬	〈을까〉
오·꼬	오·꼬	올·꼬	〈을까〉
오·나	오·나	오·나	〈으나〉
오·나·따·나	오·나#따·나	오·나#따·나	〈으나마〉
오·나·마	오·나·마	오·나·마	〈으나마〉
오·도·록	오도·록	오·두·로	〈도록, 게〉
오·도·록	오도·록	오·두·룩	〈도록, 게〉
오·도·록	오도·록	오·드·로	〈도록, 게〉
오·도·록	오·도·록	오두·로	〈도록, 게〉
오·도·록	오·도·록	오두·룩	〈도록, 게〉
오·도·록	오·도·록	오드·로	〈도록, 게〉
오·라	오·라	오·라	〈으라(시킴), 인용〉
오·라·꼬	오·라·꼬	오·라·꼬	〈으라고(물음)〉
오·라·꼬	오·라·꼬	오·라·꼬	〈으라고(물음)〉
오·라·몬	오·라·모	오·라·마	〈으라면〉
오·모	오·모	오·마	〈으면〉
오·몬	오·만	오·마	〈으면〉
오·세	오·세	오·세	〈으세〉

오·이	오·이	오·이	〈으니(이음)〉
오·이	오·니	오·니	〈으니(이음)〉
오·이	옹·께	옹·게	〈으니까〉
오·이·꺼·네	오·이·께·나	오·이·께·네	〈으니까〉
오·이·께	오·이·께	오·이·께	〈으니까〉
오·이·께·에	오·옹·께〈문〉	오·이·께	〈으니까〉
오·이·께·에	오·이·께·에	오·이·께	〈으니까〉
오·이·께·에	오·이·께·에	오·이·께	〈으니까〉
오·자	오·자	오·자	〈자(이끎)〉
오·자·이	오·자·이	오·재·이	〈자(이끎)〉
오·제	오·제	오·지	〈지(물음)〉
오·지	오·지	오·지	〈지(서술)〉
오·지	오·지	오·지	〈지(시킴)〉
오·지	오·지	오·지	〈지(이음)〉
오·지·예	오·지·예	오·지·요	〈지요(시킴)〉
오거·로	오거·로	오구·로	〈게〉
오겄·다	오겄·다	오겠·다	〈겠다〉
오겠·다	오겄·다	오겠·다	〈겠다〉
오고(~집·다)	오고(~시푸·다)	오고(~싶·다)	〈고(이음)〉
오고(~집·다)	오고(~접·다)	오고(~접·다)	〈고(이음)〉
오고(~집·다)	오고(~싶·다)	오고(~싶·다)	〈고(이음)〉
오고(~집·다)	오구(~시푸·다)	오고(~싶·다)	〈고(이음)〉
오고(~집·다)	오구(~접·다)	오고(~접·다)	〈고(이음)〉
오고(~집·다)	오구(~싶·다)	오고(~싶·다)	〈고(이음)〉
오기·로·서·이	오기·로#서·이	오기·로·서·니	〈기로서니〉
오기·로·서·이	오기·로#서·이	오기·로·서·이	〈기로서니〉
오기·로·서·이	오·기·로·서·이	오기·로·서·니	〈기로서니〉
오기·로·서·이	오·기·로·서·이	오기·로·서·이	〈기로서니〉
오기·로·서·이	오기·로#서·이	오기·로#서·니	〈기로서니〉
오기·로·서·이	오기·로#서·이	오기·로#서·이	〈기로서니〉
오기·로·서·이	오·기·로#서·이	오기·로#서·니	〈기로서니〉
오기·로·서·이	오·기·로#서·이	오기·로#서·이	〈기로서니〉
오께·에	오께·에	오께·에	〈마, 겠다〉
오께·에	오께·에	오께·에	〈마, 겠다〉
오끄·마	오끄·마	오꾸·마	〈마, 겠다〉
오도·록	오·도·록	오·두·록	〈도록, 게〉
오도·록	오·도·록	오·드·록	〈도록, 게〉
오도·록	오도·록	오두·록	〈도록, 게〉
오도·록	오도·록	오드·록	〈도록, 게〉
오라#카·몬	오·라#쿠·모	오·라#카·마	〈으라면〉
오라#카·몬	오·라#쿠·모	오·라#카·만	〈으라면〉

오라·몬	오·라·모	오·라·마	〈으라면〉
온	온	온	〈은〉
온·나	·온·너·라	온나·아	〈너라〉
온·들	온·들	온·들	〈은들〉
올	올	올	〈을〉
올수·록	올수·록	올·수·록	〈을수록〉
올·수·록	올·수·록	올·수·록	〈을수록〉
올수·록	올수·룩	올·수·록	〈을수록〉
올·수·록	올·수·룩	올·수·록	〈을수록〉
올꺼·로	올꺼·로	올꺼·를	〈을걸〉
올꺼·로	올꺼·얼	올꺼·로	〈을걸〉
올꺼·로	올꺼·얼	올꺼·얼	〈을걸〉
올끼·이·께	올끼·이·께·에	올끼·잉·게	〈을테니까〉
올끼·이·께	올끼·이·께	올끼·이·께	〈을테니까〉
올끼·이·께·에	올끼·이·께·에	올끼·이·께	〈을테니까〉
올끼·이·께·에	올끼·이·께·에	올끼·이·께	〈을테니까〉
올끼·이·께·에	올낑·께·에	올낑·게	〈을테니까〉
올끼·이·께·에	올끼이·께·에	올낑·게	〈을테니까〉
올망·정	올망·정	올망·정	〈을망정〉
옴〈문어체〉	옴〈문어체〉	옴〈문어체〉	〈음〉
·오·거·나	·오·거·나	오기·나	〈거나〉
·오·거·나	오거·나	오기·나	〈거나〉
·오·거·들·랑	·오·거·들·랑	오거·들·랑	〈거들랑〉
·오·거·들·랑	·오·거·들·랑	오거들·랑	〈거들랑〉
·오·거·등	·오·거·등	오거·등	〈거든(이음)〉
·오·거·마·는	·오·건·마·는	·오·건·마·는	〈건마는〉
·오·걸·래	·오·길·래	오길·래	〈길래〉
·오·걸·래	오길·래	오길·래	〈길래〉
·오·건·대	오길·래	오길·래	〈길래〉
·온·다#마·는	·온·다#마·는	·온·다#마·는	〈건마는〉
·오·나	·오·나	·오·나	〈니(물음)〉
·오·너·라	·오·너·라	·오·너·라	〈아라〉
·오·네	·오·네	·오·네	〈네(서술)〉
·오·노	·오·노	·오·노	〈니(물음)〉
·오·는	·오·는	·오·는	〈는〉
·오·는·가	·오·는·가	·오·는·가	〈는가〉
·오·는·갑·다	·오·는·갑·다	·오·는·갑·다	〈는가보다〉
·오·는·고	·오·는·고	·오·는·고	〈는가〉
·오·구·나	·오·구·나	·오·는·구·나	〈는구나〉
·오·는·구·나	·오·는·구·나	·오·는·구·나	〈는구나〉
·오·는·기·요	·옵·니·꺼	·옵·니·까	〈는거요(물음)〉

·오·는·데	·오·는·데	·오·는·데	〈는데〉
·오·는·오·베	·오·는·가·베	·오·는·가·베	〈는가보다〉
·오·니·라	·오·니·라	·오·니·이·라	〈는 것이다〉
·오·더·나	·오·더·나	·오·더·나	〈더냐〉
·오·더·노	·오·더·노	·오·더·노	〈더냐〉
·오·더·라	·오·더·라	·오·더·라	〈더라〉
·오·더·라·꼬	·오·더·라·꼬	·오·더·라·꼬	〈더라고〉
·오·더·라·도	·오·더·라·도	·오·더·라·도	〈더라도〉
·오·던·가	·오·던·가	·오·던·가	〈던가〉
·오·던·갑·다	·오·던·갑·다	·오·던·갑·다	〈던가보다〉
·오·던·고	·오·던·고	·오·던·고	〈던가〉
·오·데	·오·데·에	·오·데·에	〈데(〈더이)〉
·오·든·지	·오·든·지	·오·든·지	〈든지〉
·오·소	·오·소	·오·소	〈소(시킴)〉
·오·시·이·소	·오·시·이·소	·오·시·이·소	〈으십시오〉
·오·시·이	·오·시·이	·오·시·이	〈으시니〉
·오·시·이	·오·시·니	·오·시·니	〈으시니〉
·오·시·이	·오·싱·께	·오·시·니·까	〈으시니까〉
·오·시·이·께	·오·시·잉·께〈문〉	·오·시·이·께	〈으시니까〉
·오·시·이·께	·오·시·이·께〈문〉	·오·시·이·께	〈으시니까〉
·오·시·지	·오·시·지	·오·시·지	〈으시지(시킴)〉
·오·시·지·예	·오·시·지·예	·오·시·지·요	〈으시지요(시킴)〉
·오·신·다	·오·신·다	·오·신·다	〈으신다〉
·오·십·니·꺼	·오·십·니·까	·오·십·니·이·까	〈으십니까〉
·오·십·니·꺼	·오·십·니·꺼	·오·십·니·까	〈으십니까〉
·오·십·시·더	·오·십·시·더	·오·십·시·다	〈으십시다〉
·오·요	·오·요	·오·요	〈요(서술)〉
·오·요	·오·요	·오·요	〈요(물음)〉
·오·이·소	·오·이·소	·오·이·소	〈으시오〉
·오·입·시·더	·오·입·시·더	·오·입·시·다	〈으십시다〉
·오·입·시·더	·오·입·시·더·이	·오·입·시·다	〈으십시다〉
·오·이·라	·오·너·라	·오·너·라	〈너라〉
·오·이·라	·온·너·라	·오·너·라	〈너라〉
·오·이·라	·오·니·라	오너·라	〈너라〉
·오·이·라	·오·이·라	온너·라	〈너라〉
·온	온	온	〈은〉
·온·다	·온·다	·온·다	〈는다〉
·옵·니·꺼	·옵·니·까	·옵·니·이·까	〈읍니까〉
·옵·니·꺼	·옵·니·까	·옵·니·까	〈읍니까〉
·옵·니·꺼	·옵·니·꺼	·옵·니·이·까	〈읍니까〉
·옵·니·꺼	·옵·니·꺼	·옵·니·까	〈읍니까〉

·옵·니·더	·옵·니·다	·옵·니·이·다	〈읍니다〉
·옵·니·더	·옵·니·다	·옵·니·다	〈읍니다〉
·옵·니·더	·옵·니·더	·옵·니·이·다	〈읍니다〉
·옵·니·더	·옵·니·더	·옵·니·다	〈읍니다〉
·옵·디·꺼	·옵·디·까	·옵·디·이·까	〈읍디까〉
·옵·디·꺼	·옵·디·까	·옵·디·까	〈읍디까〉
·옵·디·꺼	·옵·디·꺼	·옵·디·이·까	〈읍디까〉
·옵·디·꺼	·옵·디·꺼	·옵·디·까	〈읍디까〉
·옵·디·더	·옵·디·더	·옵·디·다	〈읍디다〉
·옵·디·더	·옵·디·다	·옵·디·이·다	〈읍디다〉
·옵·디·더	·옵·디·다	·옵·디·다	〈읍디다〉
·옵·디·더	·옵·디·더	·옵·디·이·다	〈읍디다〉
·옵·시·더	·옵·시·다	·옵·시·이·다	〈읍시다〉
·옵·시·더	·옵·시·다	·옵·시·다	〈읍시다〉
·옵·시·더	·옵·시·더	·옵·시·이·다	〈읍시다〉
·옵·시·더	·옵·시·더	·옵·시·다	〈읍시다〉
·와	·와	·와	〈아(어찌)〉
·와	·와	·와	〈아(서술)〉
·오·도	·오·도	·와·도	〈아도〉
·와·도	·와·도	·와·도	〈아도〉
·와·서	·와·서	·와·서	〈아서〉
·오·야	·오·야	·와·야	〈아야〉
·와·야	·와·야	·와·야	〈아야〉
·왔·는	·왔·는	·왔·는	〈은〉
·왔·는·갑·다	·왔·는·갑·다	·왔·는·갑·다	〈았는가보다〉
·왔·다	·왔·다	·왔·다	〈았다〉
·왔·던·갑·다	·왔·던·갑·다	·왔·던·갑·다	〈았던가보다〉
:올·라	:올·라	:올·라	〈을라〉
:올·래	:올·래	:올·래	〈을래(물음)〉
:올·라#카·몬	:올·라#쿠·모	:올·라#카·마	〈으려면〉
:올·라·꼬	:올·라·꼬	:올·라·꼬	〈으려고〉

(357)

창원 방언	고성 방언	성주 방언	씨끝의
보·다(行)	보·다	보·다	표준말
/H_{M-1}·M/	/H_{M-1}·M/	/H_{M-1}·M/	풀이
·보·나	·보·나	·보·나	〈니(물음)〉
·보·네	·보·네	·보·네	〈네(서술)〉
·보·노	·보·노	·보·노	〈니(물음)〉
·보·데	·보·데·에	·보·데·에	〈데(〈더이)〉
·보·소	·보·소	·보·소	〈소(시킴)〉
·본	본	본	〈은〉

·바·아	·바·아	:바	〈아(어찌)〉
·바·아	·바·아	:바	〈아(서술)〉
·바·아·라	·바·아·라	:바·라	〈아라〉
·바·아·서	·바·아·서	:바·서	〈아서〉
·바·아·야	·바·아·야	:바·야	〈아야〉
·바·아·도	:바·아·도	:바·도	〈아도〉
·바·았·는	·바·았·는	:밨·는	〈은〉
·바·았·는·갑·다	·바·았·는·갑·다	:밨·는·갑·다	〈았는가보다〉
·바·았·던·갑·다	·바·았·던·갑·다	:밨·던·갑·다	〈았던가보다〉
·보·요	·보·요	·보·요	〈요(서술)〉
·보·요	·보·요	·보·요	〈요(물음)〉
·본·다	·본·다	·본·다	〈는다〉
·봅·니·꺼	·봅·니·까	·봅·니·까	〈읍니까〉
·봅·니·꺼	·봅·니·꺼	·봅·니·까	〈읍니까〉
·봅·니·꺼	·봅·니·까	·봅·니·이·까	〈읍니까〉
·봅·니·꺼	·봅·니·꺼	·봅·니·이·까	〈읍니까〉
·봅·니·더	·봅·니·다	·봅·니·다	〈읍니다〉
·봅·니·더	·봅·니·더	·봅·니·다	〈읍니다〉
·봅·니·더	·봅·니·다	·봅·니·이·다	〈읍니다〉
·봅·니·더	·봅·니·더	·봅·니·이·다	〈읍니다〉
·봅·디·꺼	·봅·디·꺼	·봅·디·까	〈읍디까〉
·봅·디·꺼	·봅·디·까	·봅·디·까	〈읍디까〉
·봅·디·꺼	·봅·디·꺼	·봅·디·이·까	〈읍디까〉
·봅·디·꺼	·봅·디·까	·봅·디·이·까	〈읍디까〉
·봅·디·더	·봅·디·다	·봅·디·다	〈읍디다〉
·봅·디·더	·봅·디·더	·봅·디·다	〈읍디다〉
·봅·디·더	·봅·디·다	·봅·디·이·다	〈읍디다〉
·봅·디·더	·봅·디·더	·봅·디·이·다	〈읍디다〉
·봅·시·더	·봅·시·다	·봅·시·다	〈읍시다〉
·봅·시·더	·봅·시·더	·봅·시·다	〈읍시다〉
·봅·시·더	·봅·시·다	·봅·시·이·다	〈읍시다〉
·봅·시·더	·봅·시·더	·봅·시·이·다	〈읍시다〉
·보·거·나	·보·거·나	보기·나	〈거나〉
·보·거·들·랑	·보·거·들·랑	보거들·랑	〈거들랑〉
·보·거·등	·보·거·등	보거·등	〈거든(서술)〉
·보·거·등	·보·거·등	보거·등	〈거든(이음)〉
·보·거·마·는	·보·건·마·는	·본·다#마·는	〈건마는〉
·보·든·지	·보·든·지	·보·든·지	〈든지〉
·본·다#마·는	·본·다#마·는	·본·다#마·는	〈건마는〉
·보·걸·래	보길·래	보길·래	〈길래〉
·보·건·대	·보·길·래	보길·래	〈길래〉

·보·구·나	·보·구·나	·보·는·구·나	〈구나〉
·보·는·구·나	·보·는·구·나	·보·는·구·나	〈는구나〉
·보·는	·보·는	·보·는	〈는〉
·보·는·가	·보·는·가	·보·는·가	〈는가〉
·보·는·고	·보·는·고	·보·는·고	〈는가〉
·보·는·기·요	·봅·니·꺼	·봅·니·까	〈는거요(물음)〉
·보·는·데	·보·는·데	·보·는·데	〈는데〉
·보·는·가·베	·보·는·가·베	·보·는·가·베	〈는가보다〉
·보·는·갑·다	·보·는·갑·다	·보·는·갑·다	〈는가보다〉
·보·니·라	·보·니·라	·보·니·이·라	〈는 것이다〉
·보·더·나	·보·더·나	·보·더·나	〈더냐〉
·보·더·노	·보·더·노	·보·더·노	〈더냐〉
·보·더·라	·보·더·라	·보·더·라	〈더라〉
·보·더·라·꼬	·보·더·라·꼬	·보·더·라·꼬	〈더라고〉
·보·더·라·도	·보·더·라·도	·보·더·라·도	〈더라도〉
·보·던·가	·보·던·가	·보·던·가	〈던가〉
·보·던·고	·보·던·고	·보·던·고	〈던가〉
·보·던·갑·다	·보·던·갑·다	·보·던·갑·다	〈던가보다〉
·보·시·이·소	·보·시·이·소	·보·시·이·소	〈으십시오〉
·보·시·이	·보·시·이	·보·시·이	〈으시니〉
·보·시·이	·보·시·니	·보·시·니	〈으시니〉
·보·시·이·께	·보·시·이·께	·보·시·이·게	〈으시니까〉
·보·시·이·께	·보·싱·께	·보·싱·게	〈으시니까〉
·보·시·지	·보·시·지	·보·시·지	〈으시지(시킴)〉
·보·시·지·예	·보·시·지·예	·보·시·지·요	〈으시지요(시킴)〉
·보·시·이·소	·보·시·이·소	·보·시·이·소	〈으십시오〉
·보·신·다	·보·신·다	·보·신·다	〈으신다〉
·보·십·니·꺼	·보·십·니·까	·보·십·니·까	〈으십니까〉
·보·십·니·꺼	·보·십·니·꺼	·보·십·니·까	〈으십니까〉
·보·십·니·꺼	·보·십·니·꺼	·보·십·니·이·까	〈으십니까〉
·보·십·니·꺼	·보·십·니·까	·보·십·니·이·까	〈으십니까〉
·보·십·시·더	·보·십·시·더	·보·십·시·다	〈으십시다〉
·보·이·소	·보·이·소	·보·이·소	〈여보세요〉
·보·소	·보·소	·보·소	〈여보세요〉
·보·입·시·더	·보·입·시·더	·보·입·시·다	〈으십시다〉
·보·입·시·더	·보·입·시·더·이	·보·입·시·다	〈으십시다〉
·바·아·라	:바·아·라·이	:바·래·이	〈아라〉
·보·아·라	:바·아·라·이	:바·래·이	〈아라〉
:볼·라	:볼·라	:볼·라	〈을라〉
:볼·라·꼬	:볼·라·꼬	:볼·라·꼬	〈으려고〉
:볼·라·몬	:볼·라·모	:볼·라·마	〈으려면〉

:볼·라#카·몬	:볼·라#쿠·모	:볼·라#카·마	〈으려면〉
:볼·래	:볼·래	:볼·래	〈을래(물음)〉
본	본	본	〈은〉
볼	볼	볼	〈을〉
봄	봄〈문어체〉	봄〈문어체〉	〈음〉
보·자	보·자	보·자	〈자(이끎)〉
보·지	보·지	보·지	〈지(시킴)〉
보·자·이	보·자·이	보·재·이	〈자(이끎)〉
보·지	보·지	보·지	〈지(이음)〉
보·지	보·지	보·지	〈지(서술)〉
보·제	보·제	보·지	〈지(물음)〉
보·지·예	보·지·예	보·지·요	〈지요(시킴)〉
보·까	보·까	보·까	〈을까〉
보·꼬	보·꼬	보·꼬	〈을까〉
보·까	보·까	볼·까	〈을까〉
보·꼬	보·꼬	볼·꼬	〈을까〉
보·게	보·게	보·게	〈게(이음)〉
보·기	보·기	보·기	〈게(이음)〉
보·이	보·이	보·이	〈으니(이음)〉
보·이	보·니	보·니	〈으니(이음)〉
보·라	보·라	보·라	〈으라(시킴), 인용〉
보도·록	보도·록	보드·록	〈도록, 게〉
보도·록	보도·록	보두·록	〈도록, 게〉
보·도·록	보도·록	보드·로	〈도록, 게〉
보·도·록	보도·록	보두·로	〈도록, 게〉
보도·록	보도·록	보·드·록	〈도록, 게〉
보도·록	보도·록	보·두·록	〈도록, 게〉
보·도·록	보·도·록	보·드·로	〈도록, 게〉
보·도·록	보·도·록	보·두·로	〈도록, 게〉
보·도·록	보·도·록	보두·룩	〈도록, 게〉
보·도·록	보·도·록	보·두·룩	〈도록, 게〉
보거·로	보거·로	보구·로	〈게〉
보겠·다	보겠·다	보겠·다	〈겠다〉
보겠·다	보겠·다	보겠·다	〈겠다〉
보께·에	보께·에	보께·에	〈마, 겠다〉
보께·에	보께·에	보께·에	〈마, 겠다〉
보·나·마	보·나·마	보·나·마	〈으나마〉
보·라·꼬	보·라·꼬	보·라·꼬	〈으라고(물음)〉
보끄·마	보끄·마	보꾸·마	〈으마〉
보·이·꺼·네	보·이·께·네	보·이·께·네	〈으니까〉
보·이·께	보·이·께	보·이·께	〈으니까〉

보·이·께	보·잉·께	보·이·께	〈으니까〉
보·이·께	보·이·께	보·이·께	〈으니까〉
보·이·께	보·이·께	보·이·께	〈으니까〉
보·이·께	봉·께	봉·게	〈으니까〉
보·이·께·에	보·닝·께·에	보·이·께	〈으니까〉
보·이·께·에	보·옹·께·에	보·이·께	〈으니까〉
보·이·께·에	보·옹·께	보·이·께	〈으니까〉
보·이·께·에	보·이·께·에	보·이·께	〈으니까〉
보·이·께·에	보·이·께·에	보·이·께	〈으니까〉
보·나·따·나	보·나·따·나	보·나#따·나	〈으나마〉
보·나·따·나	보·나#따·나	보·나#따·나	〈으나마〉
볼수·록	볼수·록	볼·수·록	〈을수록〉
볼·수·록	볼·수·록	볼·수·록	〈을수록〉
볼수·록	볼수·룩	볼·수·록	〈을수록〉
볼·수·록	볼·수·룩	볼·수·록	〈을수록〉
볼망·정	볼망·정	볼망·정	〈을망정〉
볼꺼·로	볼꺼·얼	볼꺼·얼	〈을걸〉
볼꺼·로	볼꺼·로	볼꺼·로	〈을걸〉
볼꺼·로	볼꺼·를	볼꺼·를	〈을걸〉
볼끼·이·꺼·네	볼낑께·나	볼끼·이·께·네	〈을테니까〉
볼끼·이·께·에	볼낑께·에	볼끼·잉·게	〈을테니까〉
볼끼·이·께	볼끼·이·께	볼낑·게	〈을테니까〉
볼끼·이·께	볼끼·이·께	볼낑·게	〈을테니까〉
볼끼·이·께	볼끼·잉·께	볼낑·게	〈을테니까〉
보·까	보·까	보·까	〈을까〉
보·꼬	보·꼬	보·꼬	〈을까〉
보·라	보·라	보·라	〈으라(시킴),인용〉
보·몬	보·만	보·마	〈으면〉
보·모	보·모	보·마	〈으면〉
보·나	보·나	보·나	〈으나〉
보·세	보·세	보·세	〈으세〉
본·들	본·들	본·들	〈은들〉
보·이	보·이	보·이	〈으니(이음)〉
보·이	보·니	보·니	〈으니(이음)〉
보라·몬	보·라·모	보·라·마	〈으라면〉
보·라·몬	보·라·모	보·라·마	〈으라면〉
보라·모	보·라·모	보·라·마	〈으라면〉
보라#카·모	보·라#쿠·모	보·라#카·마	〈으라면〉
보라#카·몬	보·라·모	보·라#카·만	〈으라면〉
보·라·꼬	보·라·꼬	보·라·꼬	〈으라고(물음)〉
보기·로·서·이	보기·로·서·이	보기·로·서·이	〈기로서니〉

보기·로·서·이	보기·로·서·니	보기·로·서·니	〈기로서니〉
보·기·로·서·이	보·기·로·서·이	보·기·로·서·이	〈기로서니〉
보·기·로·서·이	보·기·로·서·니	보·기·로·서·니	〈기로서니〉
보기·로·서·이	보기·로#서·이	보기·로#서·이	〈기로서니〉
보기·로·서·이	보기·로#서·니	보기·로#서·니	〈기로서니〉
보·기·로·서·이	보·기·로#서·이	보·기·로#서·이	〈기로서니〉
보·기·로·서·이	보·기·로#서·니	보·기·로#서·니	〈기로서니〉
보고(~집·다)	보고(~접·다)	보고(~접·다)	〈고(이음)〉
보고(~집·다)	보고(~싶·다)	보고(~싶·다)	〈고(이음)〉
보고(~집·다)	보고(~시푸·다)	보고(~싶·다)	〈고(이음)〉
보고(~집·다)	보구(~접·다)	보고(~접·다)	〈고(이음)〉
보고(~집·다)	보구(~싶·다)	보고(~싶·다)	〈고(이음)〉
보고(~집·다)	보구(~시푸·다)	보고(~싶·다)	〈고(이음)〉
보·고(#있·다)	보·고(#있·다)	보·고(#있·다)	〈고(이음)〉

(358)

창원 방언	고성 방언	성주 방언	씨끝의
자·다(行)	자·다	자·다	표준말
/H_{M-1}·M/	/H_{M-1}·M/	/H_{M-1}·M/	풀이
·자·나	·자·나	·자·나	〈니(물음)〉
·자·네	·자·네	·자·네	〈네(서술)〉
·자·노	·자·노	·자·노	〈니(물음)〉
·자·데	·자·데·에	·자·데·에	〈데(〈더이)〉
·자·소	·자·소	·자·소	〈소(시킴)〉
잔	잔	잔	〈은〉
·잔	·잤·는	·잤·는	〈은〉
·잤·는	·잤·는	·잤·는	〈은〉
·자	·자	·자	〈아(어찌)〉
·자	·자	·자	〈아(서술)〉
·자·도	·자·도	·자·도	〈아도〉
·자·서	·자·서	·자·서	〈아서〉
·자·야	·자·야	·자·야	〈아야〉
·잤·다	·잤·다	·잤·다	〈았다〉
·잤·는	·잤·는	·잤·는	〈은〉
·잤·는·갑·다	·잤·는·갑·다	·잤·는·갑·다	〈았는가보다〉
·잤·던·갑·다	·잤·던·갑·다	·잤·던·갑·다	〈았던가보다〉
·자·요	·자·요	·자·요	〈요(서술)〉
·자·요	·자·요	·자·요	〈요(물음)〉
·잔·다	·잔·다	·잔·다	〈은다〉
·잡·니·꺼	·잡·니·까	·잡·니·까	〈읍니까〉
·잡·니·꺼	·잡·니·꺼	·잡·니·까	〈읍니까〉
·잡·니·꺼	·잡·니·까	·잡·니·이·까	〈읍니까〉

·잡·니·꺼	·잡·니·꺼	·잡·니·이·까	〈읍니까〉
·잡·니·더	·잡·니·다	·잡·니·다	〈읍니다〉
·잡·니·더	·잡·니·더	·잡·니·다	〈읍니다〉
·잡·니·더	·잡·니·다	·잡·니·이·다	〈읍니다〉
·잡·니·더	·잡·니·더	·잡·니·이·다	〈읍니다〉
·잡·디·꺼	·잡·디·꺼	·잡·디·까	〈읍디까〉
·잡·디·꺼	·잡·디·까	·잡·디·까	〈읍디까〉
·잡·디·꺼	·잡·디·까	·잡·디·이·까	〈읍디까〉
·잡·디·꺼	·잡·디·꺼	·잡·디·이·까	〈읍디까〉
·잡·디·더	·잡·디·다	·잡·디·다	〈읍디다〉
·잡·디·더	·잡·디·더	·잡·디·다	〈읍디다〉
·잡·디·더	·잡·디·다	·잡·디·이·다	〈읍디다〉
·잡·디·더	·잡·디·더	·잡·디·이·다	〈읍디다〉
·잡·시·더	·잡·시·다	·잡·시·다	〈읍시다〉
·잡·시·더	·잡·시·더	·잡·시·다	〈읍시다〉
·잡·시·더	·잡·시·다	·잡·시·이·다	〈읍시다〉
·잡·시·더	·잡·시·더	·잡·시·이·다	〈읍시다〉
·자·거·나	·자·거·나	자기·나	〈거나〉
·자·거·나	자거·나	자기·나	〈거나〉
·자·거·들·랑	·자·거·들·랑	자거·들·랑	〈거들랑〉
·자·거·등	·자·거·등	자거·등	〈거든(서술)〉
·자·거·라	·자·거·라	·자·거·라	〈거라〉
·자·거·마·는	·잔·다#마·는	·잔·다#마·는	〈건마는〉
·자·든·지	·자·든·지	·자·든·지	〈든지〉
·잔·다#마·는	·잔·다#마·는	·잔·다#마·는	〈건마는〉
·자·걸·래	·자·길·래	자길·래	〈길래〉
·자·걸·래	자길·래	자길·래	〈길래〉
·자·구·나	·자·구·나	·자·는·구·나	〈는구나〉
·자·는·구·나	·자·는·구·나	·자·는·구·나	〈구나〉
·자·는	·자·는	·자·는	〈는〉
·자·는·가	·자·는·가	·자·는·가	〈는가〉
·자·는·고	·자·는·고	·자·는·고	〈는가〉
·자·는·기·요	·잡·니·꺼	·잡·니·까	〈는거요(물음)〉
·자·는·데	·자·는·데	·자·는·데	〈는데〉
·자·는·가·베	·자·는·가·베	·자·는·가·베	〈는가보다〉
·자·는·갑·다	·자·는·갑·다	·자·는·갑·다	〈는가보다〉
·자·니·라	·자·니·라	·자·니·이·라	〈는 것이다〉
·자·더·나	·자·더·나	·자·더·나	〈더냐〉
·자·더·노	·자·더·노	·자·더·노	〈더냐〉
·자·더·라	·자·더·라	·자·더·라	〈더라〉
·자·더·라·꼬	·자·더·라·꼬	·자·더·라·꼬	〈더라고〉

·자·더·라·도	·자·더·라·도	·자·더·라·도	〈더라도〉
·자·던·가	·자·던·가	·자·던·가	〈던가〉
·자·던·고	·자·던·고	·자·던·고	〈던가〉
·자·던·갑·다	·자·던·갑·다	·자·던·갑·다	〈던가보다〉
·자·시·이·소	·자·시·이·소	·자·시·이·소	〈으십시오〉
·자·시·이	·자·시·이	·자·시·이	〈으시니〉
·자·시·이	·자·시·니	·자·시·니	〈으시니〉
·자·시·이·께	·자·시·잉·께	·자·시·이·께	〈으시니〉
·자·시·이·께	·자·싱·께	·자·싱·게	〈으시니〉
·자·시·지	·자·시·지	·자·시·지	〈으시지(시킴)〉
·자·시·지·예	·자·시·지·예	·자·시·지·요	〈으시지요(시킴)〉
·자·신·다	·자·신·다	·자·신·다	〈으신다〉
·자·십·니·꺼	·자·십·니·까	·자·십·니·까	〈으십니까〉
·자·십·니·꺼	·자·십·니·꺼	·자·십·니·까	〈으십니까〉
·자·십·니·꺼	·자·십·니·꺼	·자·십·니·이·까	〈으십니까〉
·자·십·니·꺼	·자·십·니·까	·자·십·니·이·까	〈으십니까〉
·자·십·시·더	·자·십·시·더	·자·십·시·다	〈으십시다〉
·자·이·소	·자·이·소	·자·이·소	〈으시오〉
·자·입·시·더	·자·입·시·더	·자·입·시·다	〈으십시다〉
·자·입·시·더	·자·입·시·더·이	·자·입·시·다	〈으십시다〉
·자·아·라	:자·아·라	·자·거·라	〈아라〉
·자·아·라	:자·아·라·이	:자·래·이	〈아라〉
:잘·라	:잘·라	:잘·라	〈을라〉
:잘·라·꼬	:잘·라·꼬	:잘·라·꼬	〈으려고〉
:잘·라·몬	:잘·라·모	:잘·라·만	〈으려면〉
:잘·라#카·모	:잘·라#쿠·모	:잘·라#카·마	〈으려면〉
:잘·라·모	:잘·라·모	:잘·라·마	〈으려면〉
:잘·래	:잘·래	:잘·래	〈을래(물음)〉
잔	잔	잔	〈은〉
잘	잘	잘	〈을〉
잠	잠	*잠	〈음〉
자·자	자·자	자·자	〈자(이끎)〉
자·지	자·지	자·지	〈지(시킴)〉
자·자·이	자·자·이	자·재·이	〈아라(시킴)〉
자·자·이	자·자·이	자·재·이	〈자(이끎)〉
자·지	자·지	자·지	〈지(이음)〉
자·지	자·지	자·지	〈지(서술)〉
자·제	자·제	자·지	〈지(물음)〉
자·지·예	자·지·예	자·지·요	〈지요(시킴)〉
자·까	자·까	자·까	〈을까〉
자·꼬	자·꼬	자·꼬	〈을까〉

자·까	자·까	잘·까	〈을까〉
자·꼬	자·꼬	잘·꼬	〈을까〉
자·게	자·게	자·게	〈게(이음)〉
자·기	자·기	자·기	〈게(이음)〉
자·라	자·라	자·라	〈으라(시킴), 인용〉
자도·록	자도·록	자드·록	〈도록, 게〉
자도·록	자도·록	자두·록	〈도록, 게〉
자·도·록	자·도·록	자드·로	〈도록, 게〉
자·도·록	자·도·록	자두·로	〈도록, 게〉
자도·록	자·도·록	자·드·록	〈도록, 게〉
자도·록	자·도·록	자·두·록	〈도록, 게〉
자·도·록	자·도·록	자·드·로	〈도록, 게〉
자·도·록	자·도·록	자·두·로	〈도록, 게〉
자·도·록	자·도·록	자두·룩	〈도록, 게〉
자·도·록	자·도·록	자·두·룩	〈도록, 게〉
자거·로	자거·로	자구·로	〈게〉
자겄·다	자겄·다	자겠·다	〈겠다〉
자겠·다	자겄·다	자겠·다	〈겠다〉
자께·에	자께·에	자께·에	〈마, 겠다〉
자께·에	자께·에	자께·에	〈마, 겠다〉
자끄·마	자끄·마	자꾸·마	〈마, 겠다〉
자·나·마	자·나·마	자·나·마	〈으나마〉
자·라·꼬	자·라·꼬	자·라·꼬	〈으라고(물음)〉
자끄·마	자끄·마	자꾸·마	〈으마〉
자·이	자·이	자·이	〈으니(이음)〉
자·이	자·니	자·니	〈으니(이음)〉
자·이·께	장·께	장·게	〈으니까〉
자·이·꺼·네	자·이·께·나	자·이·께·네	〈으니까〉
자·이·께	자·이·께	자·이·께	〈으니까〉
자·이·께	자·잉·께	자·이·께	〈으니까〉
자·이·께	자·이·께	자·이·께	〈으니까〉
자·앙·께·에	자·앙·께·에	자·이·께	〈으니까〉
자·이·께·에	자·이·께·에	자·이·께	〈으니까〉
자·이·께·에	자·이·께·에	자·이·께	〈으니까〉
자·이·께·에	자·잉·께·에	자·이·께	〈으니까〉
자·이·께·에	자·이·께·에	자·이·께	〈으니까〉
자·나·따·나	자·나#따·나	자·나#따·나	〈으나마〉
잘수·록	잘수·록	잘·수·록	〈을수록〉
잘·수·록	잘·수·록	잘·수·록	〈을수록〉
잘수·록	잘수·룩	잘·수·록	〈을수록〉
잘·수·록	잘·수·룩	잘·수·록	〈을수록〉

잘망·정	잘망·정	잘망·정	〈을망정〉
잘꺼·로	잘꺼·얼	잘꺼·얼	〈을걸〉
잘꺼·로	잘꺼·얼	잘꺼·로	〈을걸〉
잘꺼·로	잘꺼·로	잘꺼·를	〈을걸〉
잘끼·이·께·에	잘끼·이·께·에	잘끼·이·께	〈을테니까〉
잘끼·이·께·에	잘끼·이·께·에	잘끼·이·께	〈을테니까〉
잘끼·이·께	잘끼·이·께	잘끼·잉·게	〈을테니까〉
잘끼·이·께	잘낑·께	잘낑·게	〈을테니까〉
잘끼·이·께	잘낑께·에	잘끼·잉·게	〈을테니까〉
자·까	자·까	자·까	〈을까〉
자·꼬	자·꼬	자·꼬	〈을까〉
자·라	자·라	자·라	〈으라(시킴), 인용〉
자·몬	자·만	자·만	〈으면〉
자·모	자·마	자·마	〈으면〉
자·나	자·나	자·나	〈으나〉
자·세	자·세	자·세	〈으세〉
잔·들	잔·들	잔·들	〈은들〉
자·라·몬	자·라·모	자·라·만	〈으라면〉
자·라·몬	자·라·모	자·라·마	〈으라면〉
자라#카·모	자·라#쿠·모	자·라#카·마	〈으라면〉
자라#카·몬	자·라#쿠·모	자·라#카·만	〈으라면〉
자·라·꼬	자·라·꼬	자·라·꼬	〈으라고(물음)〉
자기·로·서·이	자기·로·서·이	자기·로·서·이	〈기로서니〉
자기·로·서·이	자기·로·서·니	자기·로·서·니	〈기로서니〉
자·기·로·서·이	자·기·로·서·이	자·기·로·서·이	〈기로서니〉
자·기·로·서·이	자·기·로·서·니	자·기·로·서·니	〈기로서니〉
자고(~집·다)	자고(~접·다)	자고(~접·다)	〈고(이음)〉
자고(~집·다)	자고(~싶·다)	자고(~싶·다)	〈고(이음)〉
자고(~집·다)	자고(~시푸·다)	자고(~싶·다)	〈고(이음)〉
자·고(#있·다)	자·고(#있·다)	자·고(#있·다)	〈고(이음)〉

(359)

창원 방언	고성 방언	성주 방언	씨끝의
하·다(行)	하·다	하·다	표준말
/H_{M-1}·M/	/H_{M-1}·M/	/H_{M-1}·M/	풀이
·하·나	·하·나	·하·나	〈니(물음)〉
·하·네	·하·네	·하·네	〈네(서술)〉
·하·노	·하·노	·하·노	〈니(물음)〉
·하·데	·하·데·에	·하·데·에	〈데(〈더이)〉
·하·소	·하·소	·하·소	〈소(시킴)〉
한	한	한	〈은〉
·한	한	한	〈은〉

·해·애	·해·애	:해	〈아(어찌)〉
·해·애	·해·애	:해	〈어(서술)〉
·해·애·도	·해·애·도	:해·도	〈어도〉
·해·애서	·해·애·서	:해·서	〈어서〉
·해·애·야	·해·애·야	:해·야	〈어야〉
·해·애·라	·해·애·라	:해·라	〈어라〉
·해·앴·다	·해·앴·다	:했·다	〈었다〉
·해·앴·는	·해·앴·는	:했·는	〈은〉
·해·앴·는·갑·다	·해·앴·는·갑·다	:했·는·갑·다	〈었는가보다〉
·해·앴·던·갑·다	·해·앴·던·갑·다	:했·던·갑·다	〈었던가보다〉
·하·요	·하·요	·하·요	〈요(서술)〉
·하·요	·하·요	·하·요	〈요(물음)〉
·한·다	·한·다	·한·다	〈는다〉
·합·니·꺼	·합·니·꺼	·합·니·까	〈읍니까〉
·합·니·꺼	·합·니·까	·합·니·까	〈읍니까〉
·합·니·꺼	·합·니·까	·합·니·이·까	〈읍니까〉
·합·니·꺼	·합·니·꺼	·합·니·이·까	〈읍니까〉
·합·니·더	·합·니·다	·합·니·다	〈읍니다〉
·합·니·더	·합·니·더	·합·니·다	〈읍니다〉
·합·니·더	·합·니·다	·합·니·이·다	〈읍니다〉
·합·니·더	·합·니·더	·합·니·이·다	〈읍니다〉
·합·디·꺼	·합·디·꺼	·합·디·까	〈읍디까〉
·합·디·꺼	·합·디·까	·합·디·까	〈읍디까〉
·합·디·꺼	·합·디·까	·합·디·이·까	〈읍디까〉
·합·디·꺼	·합·디·꺼	·합·디·이·까	〈읍디까〉
·합·디·더	·합·디·다	·합·디·다	〈읍디다〉
·합·디·더	·합·디·더	·합·디·다	〈읍디다〉
·합·디·더	·합·디·다	·합·디·이·다	〈읍디다〉
·합·디·더	·합·디·더	·합·디·이·다	〈읍디다〉
·합·시·더	·합·시·다	·합·시·다	〈읍시다〉
·합·시·더	·합·시·더	·합·시·다	〈읍시다〉
·합·시·더	·합·시·다	·합·시·이·다	〈읍시다〉
·합·시·더	·합·시·더	·합·시·이·다	〈읍시다〉
·하·거·나	·하·거·나	하기·나	〈거나〉
·하·거·들·랑	·하·거·들·랑	하거들·랑	〈거들랑〉
·하·거·등	·하·거·등	하거·등	〈거든(서술)〉
·하·거·등	·하·거·등	하거·등	〈거든(이음)〉
·하·거·마·는	·한·다#마·는	·한·다#마·는	〈건마는〉
·하·든·지	·하·든·지	·하·든·지	〈든지〉
·한·다#마·는	·한·다#마·는	·한·다#마·는	〈건마는〉
·하·걸·래	·하·길·래	하길·래	〈길래〉

·하·건·대	하길·래	하길·래	〈길래〉
·하·는·구·나	·하·는·구·나	·하·는·구·나	〈는구나〉
·하·구·나	·하·는·구·나	·하·는·구·나	〈는구나〉
·하·는	·하·는	·하·는	〈는〉
·하·는·가	·하·는·가	·하·는·가	〈는가〉
·하·는·고	·하·는·고	·하·는·고	〈는가〉
·하·는·기·요	·합·니·꺼	·합·니·까	〈는거요(물음)〉
·하·는·데	·하·는·데	·하·는·데	〈는데〉
·하·는·가·베	·하·는·가·베	·하·는·가·베	〈는가보다〉
·하·는·갑·다	·하·는·갑·다	·하·는·갑·다	〈는가보다〉
·하·니·라	·하·니·라	·하·니·이·라	〈는 것이다〉
·하·더·나	·하·더·나	·하·더·나	〈더냐〉
·하·더·노	·하·더·노	·하·더·노	〈더냐〉
·하·더·라	·하·더·라	·하·더·라	〈더라〉
·하·더·라·꼬	·하·더·라·꼬	·하·더·라·꼬	〈더라고〉
·하·더·라·도	·하·더·라·도	·하·더·라·도	〈더라도〉
·하·던·가	·하·던·가	·하·던·가	〈던가〉
·하·던·고	·하·던·고	·하·던·고	〈던가〉
·하·던·갑·다	·하·던·갑·다	·하·던·갑·다	〈던가보다〉
·하·시·이·소	·하·시·이·소	·하·시·이·소	〈으십시오〉
·하·시·이	·하·시·니	·하·시·니	〈으시니〉
·하·시·지	·하·시·지	·하·시·지	〈으시지(시킴)〉
·하·시·지·예	·하·시·지·예	·하·시·지·요	〈으시지요(시킴)〉
·하·신·다	·하·신·다	·하·신·다	〈으신다〉
·하·십·니·꺼	·하·십·니·까	·하·십·니·까	〈으십니까〉
·하·십·니·꺼	·하·십·니·꺼	·하·십·니·까	〈으십니까〉
·하·십·니·꺼	·하·십·니·꺼	·하·십·니·이·까	〈으십니까〉
·하·십·니·꺼	·하·십·니·까	·하·십·니·이·까	〈으십니까〉
·하·십·시·더	·하·십·시·더	·하·십·시·다	〈으십시다〉
·하·이·소	·하·이·소	·하·이·소	〈으시오〉
·하·입·시·더	·하·입·시·더	·하·입·시·다	〈으십시다〉
·하·입·시·더	·하·입·시·더·이	·하·입·시·다	〈으십시다〉
·해·애·라	·해·애·라·이	:해·래·이	〈어라〉
:할·라	:할·라	:할·라	〈을라〉
:할·라·꼬	:할·라·꼬	:할·라·꼬	〈으려고〉
:할·라·몬	:할·라·모	:할·라·만	〈으려면〉
:할·라·모	:할·라·모	:할·라·마	〈으려면〉
:할·라#카·모	:할·라#쿠·모	:할·라#카·마	〈으려면〉
:할·래	:할·래	:할·래	〈을래(물음)〉
한	한	한	〈은〉
할	할	할	〈을〉

함	함〈문어체〉	함〈문어체〉	〈음〉
하·자	하·자	하·자	〈자(이끎)〉
하·지	하·지	하·지	〈지(시킴)〉
하·자·이	하·자·이	하·재·이	〈자(이끎)〉
하·게	하·게	하·게	〈게(이음)〉
하·기	하·기	하·기	〈게(이음)〉
하·까	하·까	하·까	〈을까〉
하·꼬	하·꼬	하·꼬	〈을까〉
하·꼬	하·꼬	할·꼬	〈을까〉
하·나	하·나	하·나	〈으나〉
하·라	하·라	하·라	〈으라(시킴),인용〉
하·몬	하·모	하·만	〈으면〉
하·세	하·세	하·세	〈으세〉
하·제	하·제	하·지	〈지(물음)〉
하·지	하·지	하·지	〈지(서술)〉
하·지	하·지	하·지	〈지(이음)〉
하·지·예	하·지·예	하·지·요	〈지요(시킴)〉
한·들	한·들	한·들	〈은들〉
하도·록	하도·록	하·두·록	〈도록,게〉
하도·록	하도·록	하·드·록	〈도록,게〉
하도·록	하도·록	하두·록	〈도록,게〉
하도·록	하도·록	하드·록	〈도록,게〉
하·도·록	하·도·록	하·두·로	〈도록,게〉
하·도·록	하·도·록	하·드·로	〈도록,게〉
하·도·록	하·도·록	하두·로	〈도록,게〉
하·도·록	하·도·록	하드·로	〈도록,게〉
하거·로	하거·로	하구·로	〈게〉
하겄·다	하겄·다	하겠·다	〈겠다〉
하겠·다	하겄·다	하겠·다	〈겠다〉
하께·에	하께·에	하께·에	〈마,겠다〉
하께·에	하께·에	하께·에	〈마,겠다〉
하끄·마	하끄·마	하꾸·마	〈마,겠다〉
하·나·마	하·나·마	하·나·마	〈으나마〉
하끄·마	하끄·마	하꾸·마	〈으마〉
하·나·따·나	하·나#따·나	하·나#따·나	〈으나마〉
할수·록	할수·록	할·수·록	〈을수록〉
할·수·록	할·수·록	할·수·록	〈을수록〉
할수·록	할수·룩	할·수·록	〈을수록〉
할·수·록	할·수·룩	할·수·록	〈을수록〉
할망·정	할망·정	할망·정	〈을망정〉
할꺼·로	할꺼·얼	할꺼·얼	〈을걸〉

할꺼·로	할꺼·로	할꺼·로	〈을걸〉
할꺼·로	할꺼·를	할꺼·를	〈을걸〉
·하·시·이	·하·시·이	·하·시·이	〈으시니〉
·하·시·이	·하·시·니	·하·시·니	〈으시니〉
·하·시·이	·하·시·이·께	·하·싱·게	〈으시니까〉
·하·시·이	·하·시·잉·께	·하·시·이·께	〈으시니까〉
하·이	하·이	하·이	〈으니(이음)〉
하·이	하·니	하·니	〈으니(이음)〉
하·앙·께	하·앙·께〈(문)〉	하·이·께	〈으니까〉
하·이·꺼·네	하·이·께·나	하·이·께·네	〈으니까〉
하·이·께·에	하·이·께·에	하·이·께	〈으니까〉
하·이·께·에	하·이·께·에	하·이·께	〈으니까〉
하·이·께	하·이·께	하·이·께	〈으니까〉
할끼·이·께·에	할끼·이·께·에	할끼·이·께	〈을테니까〉
할끼이께·에	할끼·이·께·에	할끼·잉·게	〈을테니까〉
할끼이께·에	할끼·잉·께	할끼·잉·게	〈을테니까〉
할끼·이·께	할낑께·에	할낑·게	〈을테니까〉
하·라·몬	하·라·모	하·라·만	〈으라면〉
하·라·모	하·라·모	하·라·마	〈으라면〉
하라#카·몬	하·라#쿠·모	하·라#카·만	〈으라면〉
하라#카·모	하·라#쿠·모	하·라#카·마	〈으라면〉
하·라·꼬	하·라·꼬	하·라·꼬	〈으라고(물음)〉
하·기·로·서·이	하·기·로·서·니	하·기·로·서·니	〈기로서니〉
하·기·로·서·이	하·기·로·서·이	하·기·로·서·이	〈기로서니〉
하기·로·서·이	하기·로#서·니	하기·로·서·니	〈기로서니〉
하기·로·서·이	하기·로#서·이	하기·로·서·이	〈기로서니〉
하·기·로·서·이	하·기·로#서·니	하·기·로#서·니	〈기로서니〉
하·기·로·서·이	하·기·로#서·이	하·기·로#서·이	〈기로서니〉
하기·로·서·이	하기·로#서·니	하기·로#서·니	〈기로서니〉
하기·로·서·이	하기·로#서·이	하기·로#서·이	〈기로서니〉
하고(~집·다)	하고(~접·다)	하고(~접·다)	〈고(이음)〉
하고(~집·다)	하고(~싶·다)	하고(~싶·다)	〈고(이음)〉
하고(~집·다)	하고(~시푸·다)	하고(~싶·다)	〈고(이음)〉
하고(~집·다)	하고(~접·다)	하고(~접·다)	〈고(이음)〉
하고(~집·다)	하구(~싶·다)	하고(~싶·다)	〈고(이음)〉
하고(~집·다)	하구(~시푸·다)	하고(~싶·다)	〈고(이음)〉
하·고(#있·다)	하·구(#있·다)	하·고(#있·다)	〈고(이음)〉

(360)	창원 방언	고성 방언	성주 방언	씨끝의
	주·다(行)	주·다	주·다	표준말
	/H_{M-1}·M/	/H_{M-1}·M/	/H_{M-1}·M/	풀이

·주·나	·주·나	·주·나	〈니(물음)〉
·주·네	·주·네	·주·네	〈네(서술)〉
·주·노	·주·노	·주·노	〈니(물음)〉
·주·데	·주·데·에	·주·데·에	〈데(〈더이)〉
·주·소	·주·소	·주·소	〈소(시킴)〉
준	준	준	〈은〉
·주·우	:조·오	:조	〈아(어찌)〉
·주·우	:조·오	:조	〈아(서술)〉
·주·우·도	:조·오·도	:조·도	〈아도〉
·주·우·서	:조·오·서	:조·서	〈아서〉
·주·우·야	:조·오·야	:조·야	〈아야〉
·주·웠·다	:조·왔·다	:좄·다	〈았다〉
·주·웠·는	:조·왔·는	:좄·는	〈은〉
·주·웠·는·갑·다	:조·왔·는·갑·다	:좄·는·갑·다	〈았는가보다〉
·주·웠·던·갑·다	:조·왔·던·갑·다	:좄·던·갑·다	〈았던가보다〉
·주·요	:조·오·요	:조·요	〈아요(서술)〉
·주·요	:조·오·요	:조·요	〈아요(물음)〉
·주·우·라	:조·오·라	:조·라	〈아라〉
·주·우·라	:주·라〈다오〉	:조·라	〈아라〉
·주·우	·조·오	:조	〈아(어찌)〉
·주·우	·조·오	:조	〈아(서술)〉
·주·우·도	·조·오·도	:조·도	〈아도〉
·주·우·서	·조·오·서	:조·서	〈아서〉
·주·우·야	·조·오·야	:조·야	〈아야〉
·주·웠·다	·조·왔·다	:좄·다	〈았다〉
·주·웠·는	·조·왔·는	:좄·는	〈은〉
·주·웠·는·갑·다	·조·왔·는·갑·다	:좄·는·갑·다	〈았는가보다〉
·주·웠·던·갑·다	·조·왔·던·갑·다	:좄·던·갑·다	〈았던가보다〉
·주·요	·주·요	:조·요	〈아요(서술)〉
·주·요	·주·요	:조·요	〈아요(물음)〉
·준·다	·준·다	·준·다	〈는다〉
·줍·니·꺼	·줍·니·까	·줍·니·까	〈읍니까〉
·줍·니·꺼	·줍·니·꺼	·줍·니·까	〈읍니까〉
·줍·니·꺼	·줍·니·까	·줍·니·이·까	〈읍니까〉
·줍·니·꺼	·줍·니·꺼	·줍·니·이·까	〈읍니까〉
·줍·니·더	·줍·니·다	·줍·니·다	〈읍니다〉
·줍·니·더	·줍·니·더	·줍·니·다	〈읍니다〉
·줍·니·더	·줍·니·다	·줍·니·이·다	〈읍니다〉
·줍·니·더	·줍·니·더	·줍·니·이·다	〈읍니다〉
·줍·디·꺼	·줍·디·꺼	·줍·디·까	〈읍디까〉
·줍·디·꺼	·줍·디·까	·줍·디·까	〈읍디까〉

·줍·디·꺼	·줍·디·까	·줍·디·이·까	〈읍디까〉
·줍·디·꺼	·줍·디·꺼	·줍·디·이·까	〈읍디까〉
·줍·디·더	·줍·디·다	·줍·디·다	〈읍디다〉
·줍·디·더	·줍·디·더	·줍·디·다	〈읍디다〉
·줍·디·더	·줍·디·다	·줍·디·이·다	〈읍디다〉
·줍·디·더	·줍·디·더	·줍·디·이·다	〈읍디다〉
·줍·시·더	·줍·시·다	·줍·시·다	〈읍시다〉
·줍·시·더	·줍·시·더	·줍·시·다	〈읍시다〉
·줍·시·더	·줍·시·다	·줍·시·이·다	〈읍시다〉
·줍·시·더	·줍·시·더	·줍·시·이·다	〈읍시다〉
·주·거·나	주거·나	주기·나	〈거나〉
·주·거·나	·주·거·나	주기·나	〈거나〉
·주·구·나	·주·구·나	·주·는·구·나	〈구나〉
·주·는·구·나	·주·는·구·나	·주·는·구·나	〈구나〉
·주·거·등	·주거·등	주거·등	〈거든(서술)〉
·주·거·등	·주거·등	주거·등	〈거든(이음)〉
·주·거·마·는	·주·건·마·는	·준·다#마·는	〈건마는〉
·주·든·지	·주·든·지	·주·든·지	〈든지〉
·준·다#마·는	·준·다#마·는	·준·다#마·는	〈건마는〉
·주·걸·래	주길·래	주길·래	〈길래〉
·주·건·대	·주·길·래	주길·래	〈길래〉
·주·는·구·나	·주·는·구·나	·주·는·구·나	〈는구나〉
·주·는	·주·는	·주·는	〈는〉
·주·는·주	·주·는·가	·주·는·가	〈는가〉
·주·는·고	·주·는·고	·주·는·고	〈는가〉
·주·는·기·요	·줍·니·꺼	·줍·니·까	〈는거요(물음)〉
·주·는·데	·주·는·데	·주·는·데	〈는데〉
·주·는·가·베	·주·는·가·베	·주·는·가·베	〈는가보다〉
·주·는·갑·다	·주·는·갑·다	·주·는·갑·다	〈는가보다〉
·주·니·라	·주·니·라	·주·니·이·라	〈는 것이다〉
·주·더·나	·주·더·나	·주·더·나	〈더냐〉
·주·더·노	·주·더·노	·주·더·노	〈더냐〉
·주·더·라	·주·더·라	·주·더·라	〈더라〉
·주·더·라·꼬	·주·더·라·꼬	·주·더·라·꼬	〈더라고〉
·주·더·라·도	·주·더·라·도	·주·더·라·도	〈더라도〉
·주·던·가	·주·던·가	·주·던·가	〈던가〉
·주·던·고	·주·던·고	·주·던·고	〈던가〉
·주·던·갑·다	·주·던·갑·다	·주·던·갑·다	〈던가보다〉
·주·던·고	·주·던·고	·주·던·고	〈든가〉
·주·시·이·소	·주·시·이·소	·주·시·이·소	〈으십시오〉
·주·시·이	·주·시·이	·주·시·이	〈으시니〉

·주·시·이	·주·시·니	·주·시·니	〈으시니〉
·주·시·이·꺼·네	·주·시·잉·께·나	·주·시·이·께·네	〈으시니까〉
·주·시·이·꺼·네	·주·시·잉·께·나	·주·시·이·께·네	〈으시니까〉
·주·시·이	·주·싱·께	·주·싱·게	〈으시니까〉
·주·시·지	·주·시·지	·주·시·지	〈으시지(시킴)〉
·주·시·지·예	·주·시·지·예	·주·시·지·요	〈으시지요(시킴)〉
·주·시·이·소	·주·시·이·소	·주·시·이·소	〈으십시오〉
·주·신·다	·주·신·다	·주·신·다	〈으신다〉
·주·십·니·꺼	·주·십·니·까	·주·십·니·까	〈으십니까〉
·주·십·니·꺼	·주·십·니·꺼	·주·십·니·까	〈으십니까〉
·주·십·니·꺼	·주·십·니·꺼	·주·십·니·이·까	〈으십니까〉
·주·십·니·꺼	·주·십·니·까	·주·십·니·이·까	〈으십니까〉
·주·십·시·더	·주·십·시·더	·주·십·시·다	〈으십시다〉
·주·이·소	·주·이·소	·주·이·소	〈으시오〉
·주·입·시·더	·주·입·시·더	·주·입·시·다	〈으십시다〉
·주·입·시·더	·주·입·시·더·이	·주·입·시·다	〈으십시다〉
·준·다	·준·다	·준·다	〈는다〉
·주·우·라	:조·오·라	:조·래	〈아라〉
·주·우·라	:조·오·라·이	:조·래·이	〈아라〉
:줄·라	:줄·라	:줄·라	〈을라〉
:줄·라·꼬	:줄·라·꼬	:줄·라·꼬	〈으려고〉
:줄·라·몬	:줄·라·모	:줄·라·만	〈으려면〉
:줄·라#카·모	:줄·라#쿠·모	:줄·라#카·마	〈으려면〉
:줄·래	:줄·래	:줄·래	〈을래(물음)〉
준	준	준	〈은〉
줄	줄	줄	〈을〉
줌	줌	*줌	〈음〉
주·자	주·자	주·자	〈자(이끎)〉
주·지	주·지	주·지	〈지(시킴)〉
주·자·이	주·자·이	주·재·이	〈아라(시킴)〉
주·지	주·지	주·지	〈지(이음)〉
주·지	주·지	주·지	〈지(서술)〉
주·제	주·제	주·지	〈지(물음)〉
주·지·예	주·지·예	주·지·요	〈지요(시킴)〉
주·까	주·까	주·까	〈을까〉
주·꼬	주·꼬	주·꼬	〈을까〉
주·까	주·까	줄·까	〈을까〉
주·꼬	주·꼬	줄·꼬	〈을까〉
주·게	주·게	주·게	〈게(이음)〉
주·기	주·기	주·기	〈게(이음)〉
주·라	주·라	주·라	〈으라(시킴),인용〉

주도·록	주도·록	주드·록	〈도록,게〉
주도·록	주도·록	주두·록	〈도록,게〉
주·도·록	주도·록	주드·로	〈도록,게〉
주·도·록	주도·록	주두·로	〈도록,게〉
주도·록	주·도·록	주·드·록	〈도록,게〉
주도·록	주·도·록	주·두·록	〈도록,게〉
주·도·록	주·도·록	주·드·로	〈도록,게〉
주·도·록	주·도·록	주·두·로	〈도록,게〉
주거·로	주거·로	주구·로	〈게〉
주겄·다	주겄·다	주겠·다	〈겠다〉
주겠·다	주겄·다	주겠·다	〈겠다〉
주께·에	주께·에	주께·에	〈마,겠다〉
주께·에	주께·에	주께·에	〈마,겠다〉
주끄·마	주끄·마	주꾸·마	〈마,겠다〉
주·나·마	주·나·마	주·나·마	〈으나마〉
주·라·꼬	주·라·꼬	주·라·꼬	〈으라고(물음)〉
주·이	주·이	주·이	〈으니(이음)〉
주·이	주·니	주·니	〈으니(이음)〉
주·이·께	중·께	중·게	〈으니까〉
주·이·꺼·네	주·이·께·나	주·이·께·네	〈으니까〉
주·이·꺼·네	중께·나	주·이·께·네	〈으니까〉
주·이·께	주·이·께	주·이·께	〈으니까〉
주·이·께	주·이·께	주·이·께	〈으니까〉
주·이·께	주이께·나	주·이·께	〈으니까〉
주·이·께·에	중께·에	주·이·께	〈으니까〉
주·이·께·에	주·이·께·에	주·이·께	〈으니까〉
주·이·께·에	주·이·께·에	주·이·께	〈으니까〉
주·나·따·나	주·나#따·나	주·나#따·나	〈으나마〉
줄수·록	줄수·록	줄·수·록	〈을수록〉
줄·수·록	줄·수·록	줄·수·록	〈을수록〉
줄수·록	줄수·룩	줄·수·록	〈을수록〉
줄·수·록	줄·수·룩	줄·수·록	〈을수록〉
줄망·정	줄망·정	줄망·정	〈을망정〉
줄꺼·로	줄꺼·얼	줄꺼·얼	〈을걸〉
줄꺼·로	줄꺼·로	줄꺼·로	〈을걸〉
줄꺼·로	줄꺼·를	줄꺼·를	〈을걸〉
줄끼·이·꺼·네	줄끼·이·께·나	줄끼·이·께·네	〈을테니까〉
줄끼·이·께·에	줄끼·이·께·에	줄끼·이·께	〈을테니까〉
줄끼·이·께·에	줄끼잉께·에	줄끼·이·께	〈을테니까〉
줄끼·잉·께	줄끼·이·께	줄끼·잉·게	〈을테니까〉
줄끼·이·께	줄낑께·에	줄낑·게	〈을테니까〉

줄끼·이·께	줄낑께·나	줄낑·게	〈을테니까〉
주·까	주·까	주·까	〈을까〉
주·꼬	주·꼬	주·꼬	〈을까〉
주·라	주·라	주·라	〈으라(시킴), 인용〉
주·몬	주·모	주·만	〈으면〉
주·모	주·모	주·마	〈으면〉
주·나	주·나	주·나	〈으나〉
주·세	주·세	주·세	〈으세〉
준·들	준·들	준·들	〈은들〉
주·라·몬	주·라·모	주·라·만	〈으라면〉
주·라#카·모	주·라#쿠·모	주·라#카·마	〈으라면〉
주라·몬	주·라·모	주·라#카·만	〈으라면〉
주라#카·모	주·라#쿠·모	주·라#카·마	〈으라면〉
주·라·꼬	주·라·꼬	주·라·꼬	〈으라고(물음)〉
주기·로·서·이	주기·로·서·이	주기·로·서·이	〈기로서니〉
주기·로·서·이	주기·로·서·니	주기·로·서·니	〈기로서니〉
주·기·로·서·이	주·기·로·서·이	주·기·로·서·이	〈기로서니〉
주·기·로·서·이	주·기·로·서·니	주·기·로·서·니	〈기로서니〉
주고(～집·다)	주고(～접·다)	주고(～접·다)	〈고(이음)〉
주고(～집·다)	주고(～싶·다)	주고(～싶·다)	〈고(이음)〉
주고(～집·다)	주고(～시푸·다)	주고(～싶·다)	〈고(이음)〉
주고(～집·다)	주구(～접·다)	주고(～접·다)	〈고(이음)〉
주고(～집·다)	주구(～싶·다)	주고(～싶·다)	〈고(이음)〉
주고(～집·다)	주구(～시푸·다)	주고(～싶·다)	〈고(이음)〉
주·고(#있·다)	주·고(#있·다)	주·고(#있·다)	〈고(이음)〉

(361)

창원 방언	고성 방언	성주 방언	씨끝의
두·다(置)	두·다	두·다	표준말
/H_{M-1}·M/	/H_{M-1}·M/	/H_{M-1}·M/	풀이
·두·나	·두·나	·두·나	〈니(물음)〉
·두·네	·두·네	·두·네	〈네(서술)〉
·두·노	·두·노	·두·노	〈니(물음)〉
·두·데	·두·데·에	·두·데·에	〈데(〈더이)〉
·두·소	·두·소	·두·소	〈소(시킴)〉
둔	둔	둔	〈은〉
·둔	둔	둔	〈은〉
·두·우	:도·오	:도	〈아(어찌)〉
·두·우	:도·오	:도	〈아(서술)〉
·두·우·도	:도·오·도	:도·도	〈아도〉
·두·우·라	:도·오·라	:도·라	〈아라〉
·두·우·서	:도·오·서	:도·서	〈아서〉

·두·우·야	:도·오·야	:도·야	〈아야〉
·두·웄·다	:도·옸·다	:돘·다	〈았다〉
·두·웄·는	:도·옸·는	:돘·는	〈은〉
·두·웄·는·갑·다	:도·옸·는·갑·다	:돘·는·갑·다	〈았는가보다〉
·두·웄·던·갑·다	:도·옸·던·갑·다	:돘·던·갑·다	〈았던가보다〉
·두·우	·도·오	:도	〈아(어찌)〉
·두·우	·도·오	:도	〈아(서술)〉
·두·우·도	·도·오·도	:도·도	〈아도〉
·두·우·라	·도·오·라	:도·라	〈아라〉
·두·우·서	·도·오·서	:도·서	〈아서〉
·두·우·야	·도·오·야	:도·야	〈아야〉
·두·웄·다	·도·옸·다	:돘·다	〈았다〉
·두·웄·는	·도·옸·는	:돘·는	〈은〉
·두·웄·는·갑·다	·도·옸·는·갑·다	:돘·는·갑·다	〈았는가보다〉
·두·웄·던·갑·다	·도·옸·던·갑·다	:돘·던·갑·다	〈았던가보다〉
·두·요	·두·요	:도·요	〈요(서술)〉
·두·요	·두·요	:도·요	〈요(물음)〉
·두·우·라	·두·라	:도·라	〈아라〉
·둔·다	·둔·다	·둔·다	〈은다〉
·둡·니·꺼	·둡·니·까	·둡·니·까	〈읍니까〉
·둡·니·꺼	·둡·니·꺼	·둡·니·까	〈읍니까〉
·둡·니·꺼	·둡·니·까	·둡·니·이·까	〈읍니까〉
·둡·니·꺼	·둡·니·꺼	·둡·니·이·까	〈읍니까〉
·둡·니·더	·둡·니·다	·둡·니·다	〈읍니다〉
·둡·니·더	·둡·니·더	·둡·니·다	〈읍니다〉
·둡·니·더	·둡·니·다	·둡·니·이·다	〈읍니다〉
·둡·니·더	·둡·니·더	·둡·니·이·다	〈읍니다〉
·둡·디·꺼	·둡·디·꺼	·둡·디·까	〈읍디까〉
·둡·디·꺼	·둡·디·까	·둡·디·까	〈읍디까〉
·둡·디·꺼	·둡·디·까	·둡·디·이·까	〈읍디까〉
·둡·디·꺼	·둡·디·꺼	·둡·디·이·까	〈읍디까〉
·둡·디·더	·둡·디·다	·둡·디·다	〈읍디다〉
·둡·디·더	·둡·디·더	·둡·디·다	〈읍디다〉
·둡·디·더	·둡·디·다	·둡·디·이·다	〈읍디다〉
·둡·디·더	·둡·디·더	·둡·디·이·다	〈읍디다〉
·둡·시·더	·둡·시·다	·둡·시·다	〈읍시다〉
·둡·시·더	·둡·시·더	·둡·시·다	〈읍시다〉
·둡·시·더	·둡·시·다	·둡·시·이·다	〈읍시다〉
·둡·시·더	·둡·시·더	·둡·시·이·다	〈읍시다〉
·두·거·나	두거·나	두기·나	〈거나〉
·두·거·나	·두·거·나	두기·나	〈거나〉

·두·거·들·랑	·두·거·들·랑	두거들·랑	〈거들랑〉
·두·거·등	·두·거·등	두거·등	〈거든(서술)〉
·두·거·등	·두·거·등	두거·등	〈거든(이음)〉
·두·거·마·는	·두·건·마·는	·둔·다#마·는	〈건마는〉
·두·거·마·는	·둔·다·마·는	·둔·다#마·는	〈건마는〉
·두·든·지	·두·든·지	·두·든·지	〈든지〉
·둔·다#마·는	·둔·다#마·는	·둔·다#마·는	〈건마는〉
·두·걸·래	두길·래	두길·래	〈길래〉
·두·건·대	·두·길·래	두길·래	〈길래〉
·두·는·구·나	·두·는·구·나	·두·는·구·나	〈는구나〉
·두·는	·두·는	·두·는	〈는〉
·두·는·가	·두·는·가	·두·는·가	〈는가〉
·두·는·고	·두·는·고	·두·는·고	〈는가〉
·두·는·기·요	·둡·니·꺼	·둡·니·까	〈는거요(물음)〉
·두·는·데	·두·는·데	·두·는·데	〈는데〉
·두·는·가·베	·두·는·가·베	·두·는·가·베	〈는가보다〉
·두·는·갑·다	·두·는·갑·다	·두·는·갑·다	〈는가보다〉
·두·니·라	·두·니·라	·두·니·이·라	〈는 것이다〉
·두·더·나	·두·더·나	·두·더·나	〈더냐〉
·두·더·노	·두·더·노	·두·더·노	〈더냐〉
·두·더·라	·두·더·라	·두·더·라	〈더라〉
·두·더·라·꼬	·두·더·라·꼬	·두·더·라·꼬	〈더라고〉
·두·더·라·도	·두·더·라·도	·두·더·라·도	〈더라도〉
·두·던·가	·두·던·가	·두·던·가	〈던가〉
·두·던·고	·두·던·고	·두·던·고	〈던가〉
·두·던·갑·다	·두·던·갑·다	·두·던·갑·다	〈던가보다〉
·두·시·이·소	·두·시·이·소	·두·시·이·소	〈으십시오〉
·두·시·이	·두·시·이	·두·시·이	〈으시니〉
·두·시·이	·두·시·니	·두·시·니	〈으시니〉
·두·시·이·께	·두·시·이·께	·두·시·이·께	〈으시니까〉
·두·시·이·께	·두·싱·께	·두·싱·게	〈으시니까〉
·두·시·지	·두·시·지	·두·시·지	〈으시지(시킴)〉
·두·시·지·예	·두·시·지·예	·두·시·지·요	〈으시지요(시킴)〉
·두·신·다	·두·신·다	·두·신·다	〈으신다〉
·두·십·니·꺼	·두·십·니·까	·두·십·니·까	〈으십니까〉
·두·십·니·꺼	·두·십·니·꺼	·두·십·니·까	〈으십니까〉
·두·십·니·꺼	·두·십·니·꺼	·두·십·니·이·까	〈으십니까〉
·두·십·니·꺼	·두·십·니·까	·두·십·니·이·까	〈으십니까〉
·두·십·시·더	·두·십·시·더	·두·십·시·다	〈으십시다〉
·두·이·소	·두·이·소	·두·이·소	〈으시오〉
·두·입·시·더	·두·입·시·더	·두·입·시·다	〈으십시다〉

·두·입·시·더	·두·입·시·더·이	·두·입·시·다	〈으십시다〉
·둔·다	·둔·다	·둔·다	〈는다〉
·두·우·라	:도·오·라·이	:도·래·이	〈아라〉
:둘·라	:둘·라	:둘·라	〈을라〉
:둘·라·꼬	:둘·라·꼬	:둘·라·꼬	〈으려고〉
:둘·라·몬	:둘·라·모	:둘·라·만	〈으려면〉
:둘·라#카·모	:둘·라#쿠·모	:둘·라#카·마	〈으려면〉
:둘·래	:둘·래	:둘·래	〈을래(물음)〉
둔	둔	둔	〈은〉
둘	둘	둘	〈을〉
두·자	두·자	두·자	〈자(이끎)〉
두·지	두·지	두·지	〈지(시킴)〉
두·자·이	두·자·이	두·재·이	〈아라(시킴)〉
두·자·이	두·자·이	두·재·이	〈자(이끎)〉
두·지	두·지	두·지	〈지(이음)〉
두·지	두·지	두·지	〈지(서술)〉
두·제	두·제	두·지	〈지(물음)〉
두·지·예	두·지·예	두·지·요	〈지요(시킴)〉
두·까	두·까	두·까	〈을까〉
두·꼬	두·꼬	두·꼬	〈을까〉
두·까	두·까	둘·까	〈을까〉
두·꼬	두·꼬	둘·꼬	〈을까〉
두·게	두·게	두·게	〈게(이음)〉
두·기	두·기	두·기	〈게(이음)〉
두·라	두·라	두·라	〈으라(시킴), 인용〉
두도·록	두도·록	두드·록	〈도록, 게〉
두도·록	두도·록	두두·록	〈도록, 게〉
두·도·록	두도·록	두드·로	〈도록, 게〉
두·도·록	두도·록	두두·로	〈도록, 게〉
두도·록	두·도·록	두·드·록	〈도록, 게〉
두도·록	두·도·록	두·두·록	〈도록, 게〉
두·도·록	두·도·록	두·드·로	〈도록, 게〉
두·도·록	두·도·록	두·두·로	〈도록, 게〉
두거·로	두거·로	두구·로	〈게〉
두겄·다	두겄·다	두겠·다	〈겠다〉
두겠·다	두겄·다	두겠·다	〈겠다〉
두께·에	두께·에	두께·에	〈마, 겠다〉
두께·에	두께·에	두께·에	〈마, 겠다〉
두끄·마	두끄·마	두꾸·마	〈마, 겠다〉
두·나·마	두·나·마	두·나·마	〈으나마〉
두·라·꼬	두·라·꼬	두·라·꼬	〈으라고(물음)〉

두끄·마	두끄·마	두꾸·마	〈으마〉
두·이	두·이	두·이	〈으니(이음)〉
두·이	두·니	두·니	〈으니(이음)〉
두·이·께	둥·께	둥·게	〈으니까〉
두·이·꺼·네	두·이·께·나	두·이·께·네	〈으니까〉
두·이·께	두·이·께	두·이·께	〈으니까〉
두·이·께·에	두·이·께·에	두·이·께	〈으니까〉
두·이·께·에	두·이·께·에	두·이·께	〈으니까〉
두·나·따·나	두·나#따·나	두·나#따·나	〈으나마〉
둘수·록	둘수·록	둘·수·록	〈을수록〉
둘·수·록	둘·수·록	둘·수·록	〈을수록〉
둘수·록	둘수·룩	둘·수·록	〈을수록〉
둘·수·록	둘·수·룩	둘·수·록	〈을수록〉
둘망·정	둘망·정	둘망·정	〈을망정〉
둘꺼·로	둘꺼·얼	둘꺼·얼	〈을걸〉
둘꺼·로	둘꺼·로	둘꺼·로	〈을걸〉
둘꺼·로	둘꺼·를	둘꺼·를	〈을걸〉
둘끼·이·꺼·네	둘낑께·에	둘끼·이·께·네	〈을테니까〉
둘끼·이·꺼·네	둘끼·잉·께·나	둘끼·이·께·네	〈을테니까〉
둘끼·이·께·에	둘끼·이·께·에	둘끼·이·께	〈을테니까〉
둘끼·이·께·에	둘끼·이·께·에	둘끼·이·께	〈을테니까〉
둘끼·이·께	둘끼·잉·께	둘끼·잉·게	〈을테니까〉
둘끼·이·께	둘낑께·에	둘낑·게	〈을테니까〉
두·까	두·까	두·까	〈을까〉
두·꼬	두·꼬	두·꼬	〈을까〉
두·라	두·라	두·라	〈으라(시킴),인용〉
두·몬	두·모	두·만	〈으면〉
두·모	두·모	두·마	〈으면〉
두·나	두·나	두·나	〈으나〉
두·세	두·세	두·세	〈으세〉
둔·들	둔·들	둔·들	〈은들〉
두·라·몬	두·라·모	두·라·만	〈으라면〉
두·라·모	두·라·모	두·라·마	〈으라면〉
두라#카·몬	두·라·쿠·모	두·라#카·만	〈으라면〉
두라#카·모	두·라#쿠·모	두·라#카·마	〈으라면〉
두·라·꼬	두·라·꼬	두·라·꼬	〈으라고(물음)〉
두·기·로·서·이	두·기·로·서·이	두·기·로·서·이	〈기로서니〉
두·기·로·서·이	두·기·로·서·니	두·기·로·서·니	〈기로서니〉
두기·로·서·이	두기·로·서·이	두기·로·서·이	〈기로서니〉
두기·로·서·이	두기·로·서·니	두기·로·서·니	〈기로서니〉
두고(~집·다)	두고(~접·다)	두고(~접·다)	〈고(이음)〉

두고(~집·다)	두고(~시푸·다)	두고(~싶·다)	〈고(이음)〉
두고(~집·다)	두구(~접·다)	두고(~접·다)	〈고(이음)〉
두고(~집·다)	두구(~시푸·다)	두고(~싶·다)	〈고(이음)〉
두·고(#있·다)	두·고(#있·다)	두·고(#있·다)	〈고(이음)〉

(362) 창원 방언	고성 방언	성주 방언	씨끝의
누·다	누·다	누·다	표준말
/H_{M-1}·M/	/H_{M-1}·M/	/H_{M-1}·M/	풀이
·누·나	·누·나	·누·나	〈니(물음)〉
·누·네	·누·네	·누·네	〈네(서술)〉
·누·노	·누·노	·누·노	〈니(물음)〉
·누·데	·누·데·에	·누·데·에	〈데(〈더이)〉
·누·소	·누·소	·누·소	〈소(시킴)〉
·눈	눈	눈	〈은〉
눈	눈	눈	〈은〉
·누·우	:노·오	:노	〈아(어찌)〉
·누·우	:노·오	:노	〈아(서술)〉
·누·우·도	:노·오·도	:노·도	〈아도〉
·누·우·서	:노·오·서	:노·서	〈아서〉
·누·우·라	:노·오·라	:노·라	〈아라〉
·누·우·야	:노·오·야	:노·야	〈아야〉
·누·었·다	:노·왔·다	:놨·다	〈았다〉
·누·었·는	:노·왔·는	:놨·는	〈은〉
·누·었·는·갑·다	:노·왔·는·갑·다	:놨·는·갑·다	〈았는가보다〉
·누·었·던·갑·다	:노·왔·던·갑·다	:놨·던·갑·다	〈았던가보다〉
·누·요	:노·오·요	:노·요	〈요(서술)〉
·누·요	:노·오·요	:노·요	〈요(물음)〉
·누·우	·노·오	:노	〈아(어찌)〉
·누·우	·노·오	:노	〈아(서술)〉
·누·우·도	·노·오·도	:노·도	〈아도〉
·누·우·서	·노·오·서	:노·서	〈아서〉
·누·우·라	·노·오·라	:노·라	〈아라〉
·누·우·야	·노·오·야	:노·야	〈아야〉
·누·었·다	·노·왔·다	:놨·다	〈았다〉
·누·었·는	·노·왔·는	:놨·는	〈은〉
·누·었·는·갑·다	·노·왔·는·갑·다	:놨·는·갑·다	〈았는가보다〉
·누·었·던·갑·다	·노·왔·던·갑·다	:놨·던·갑·다	〈았던가보다〉
·누·요	·노·오·요	:노·요	〈요(서술)〉
·누·요	·노·오·요	:노·요	〈요(물음)〉
·누·요	·누·요	:노·요	〈요(서술)〉
·누·요	·누·요	:노·요	〈요(물음)〉

·눈·다	·눈·다	·눈·다	〈는다〉
·눕·니·꺼	·눕·니·까	·눕·니·까	〈읍니까〉
·눕·니·꺼	·눕·니·꺼	·눕·니·까	〈읍니까〉
·눕·니·꺼	·눕·니·까	·눕·니·이·까	〈읍니까〉
·눕·니·꺼	·눕·니·꺼	·눕·니·이·까	〈읍니까〉
·눕·니·더	·눕·니·다	·눕·니·다	〈읍니다〉
·눕·니·더	·눕·니·더	·눕·니·다	〈읍니다〉
·눕·니·더	·눕·니·다	·눕·니·이·다	〈읍니다〉
·눕·니·더	·눕·니·더	·눕·니·이·다	〈읍니다〉
·눕·디·꺼	·눕·디·꺼	·눕·디·까	〈읍디까〉
·눕·디·꺼	·눕·디·까	·눕·디·까	〈읍디까〉
·눕·디·꺼	·눕·디·까	·눕·디·이·까	〈읍디까〉
·눕·디·꺼	·눕·디·꺼	·눕·디·이·까	〈읍디까〉
·눕·디·더	·눕·디·다	·눕·디·다	〈읍디다〉
·눕·디·더	·눕·디·더	·눕·디·다	〈읍디다〉
·눕·디·더	·눕·디·다	·눕·디·이·다	〈읍디다〉
·눕·디·더	·눕·디·더	·눕·디·이·다	〈읍디다〉
·눕·시·더	·눕·시·다	·눕·시·다	〈읍시다〉
·눕·시·더	·눕·시·더	·눕·시·다	〈읍시다〉
·눕·시·더	·눕·시·다	·눕·시·이·다	〈읍시다〉
·눕·시·더	·눕·시·더	·눕·시·이·다	〈읍시다〉
·누·거·나	·누·거·나	누기·나	〈거나〉
·누·거·들·랑	·누·거·들·랑	누거들·랑	〈거들랑〉
·누·거·등	·누·거·등	누거·등	〈거든(서술)〉
·누·거·등	·누·거·등	누거·등	〈거든(이음)〉
·누·거·마·는	·눈·다#마·는	·눈·다#마·는	〈건마는〉
·누·든·지	·누·든·지	·누·든·지	〈든지〉
·눈·다#마·는	·눈·다#마·는	·눈·다#마·는	〈건마는〉
·누·걸·래	·누·길·래	누길·래	〈길래〉
·누·건·대	누길·래	누길·래	〈길래〉
·누·는·구·나	·누·는·구·나	·누·는·구·나	〈는구나〉
·누·는	·누·는	·누·는	〈는〉
·누·는·가	·누·는·가	·누·는·가	〈는가〉
·누·는·고	·누·는·고	·누·는·고	〈는가〉
·누·는·기·요	·눕·니·꺼	·눕·니·까	〈는거요(물음)〉
·누·는·데	·누·는·데	·누·는·데	〈는데〉
·누·는·가·베	·누·는·가·베	·누·는·가·베	〈는가보다〉
·누·는·갑·다	·누·는·갑·다	·누·는·갑·다	〈는가보다〉
·누·니·라	·누·니·라	·누·니·이·라	〈는 것이다〉
·누·더·나	·누·더·나	·누·더·나	〈더냐〉
·누·더·노	·누·더·노	·누·더·노	〈더냐〉

·누·더·라	·누·더·라	·누·더·라	〈더라〉
·누·더·라·꼬	·누·더·라·꼬	·누·더·라·꼬	〈더라고〉
·누·더·라·도	·누·더·라·도	·누·더·라·도	〈더라도〉
·누·던·가	·누·던·가	·누·던·가	〈던가〉
·누·던·고	·누·던·고	·누·던·고	〈던가〉
·누·던·갑·다	·누·던·갑·다	·누·던·갑·다	〈던가보다〉
·누·시·이·소	·누·시·이·소	·누·시·이·소	〈으십시오〉
·누·시·이	·누·시·이	·누·시·이	〈으시니〉
·누·시·이	·누·시·니	·누·시·니	〈으시니〉
·누·시·이·께	·누·싱·께	·누·싱·게	〈으시니까〉
·누·시·이·께	·누·시·이·께	·누·시·이·께	〈으시니까〉
·누·시·지	·누·시·지	·누·시·지	〈으시지(시킴)〉
·누·시·지·예	·누·시·지·예	·누·시·지·요	〈으시지요(시킴)〉
·누·시·이·소	·누·시·이·소	·누·시·이·소	〈으십시오〉
·누·신·다	·누·신·다	·누·신·다	〈으신다〉
·누·십·니·꺼	·누·십·니·까	·누·십·니·까	〈으십니까〉
·누·십·니·꺼	·누·십·니·꺼	·누·십·니·까	〈으십니까〉
·누·십·니·꺼	·누·십·니·꺼	·누·십·니·이·까	〈으십니까〉
·누·십·니·꺼	·누·십·니·까	·누·십·니·이·까	〈으십니까〉
·누·십·시·더	·누·십·시·더	·누·십·시·다	〈으십시다〉
·누·이·소	·누·이·소	·누·이·소	〈으시오〉
·누·입·시·더	·누·입·시·더	·누·입·시·다	〈으십시다〉
·누·입·시·더	·누·입·시·더·이	·누·입·시·다	〈으십시다〉
·누·우·라	:노·라·이	:노·래·이	〈아라〉
:눌·라	:눌·라	:눌·라	〈을라〉
:눌·라·꼬	:눌·라·꼬	:눌·라·꼬	〈으려고〉
:눌·라·몬	:눌·라·모	:눌·라·만	〈으려면〉
:눌·라#카·모	:눌·라#쿠·모	:눌·라#카·마	〈으려면〉
:눌·래	·눌·래	:눌·래	〈을래(물음)〉
눈	눈	눈	〈은〉
눌	눌	눌	〈을〉
누·자	누·자	누·자	〈자(이끎)〉
누·지	누·지	누·지	〈지(시킴)〉
누·자·이	누·자·이	누·재·이	〈아라(시킴)〉
누·자·이	누·자·이	누·재·이	〈자(이끎)〉
누·지	누·지	누·지	〈지(이음)〉
누·지	누·지	누·지	〈지(서술)〉
누·제	누·제	누·지	〈지(물음)〉
누·지·예	누·지·예	누·지·요	〈지요(시킴)〉
누·까	누·까	누·까	〈을까〉
누·꼬	누·꼬	누·꼬	〈을까〉

누·게	누·게	누·게	〈게(이음)〉
누·기	누·기	누·기	〈게(이음)〉
누·이	누·이	누·이	〈으니(이음)〉
누·이	누·니	누·니	〈으니(이음)〉
누·이·께	눙·께	눙·게	〈으니까〉
누·이·꺼·네	누·이·께·나	누·이·께·네	〈으니까〉
누·이·께·에	누·이·께·에	누·이·께	〈으니까〉
누·이·께·에	누·이·께·에	누·이·께	〈으니까〉
누·이·께	누·이·께	누·이·께	〈으니까〉
누·라	누·라	누·라	〈으라(시킴),인용〉
누도·록	누도·록	누드·록	〈도록,게〉
누도·록	누도·록	누두·록	〈도록,게〉
누·도·록	누도·록	누도·록	〈도록,게〉
누·도·록	누도·록	누드·로	〈도록,게〉
누도·록	누·도·록	누·드·록	〈도록,게〉
누도·록	누·도·록	누·두·록	〈도록,게〉
누·도·록	누·도·록	누·드·로	〈도록,게〉
누·도·록	누·도·록	누·두·로	〈도록,게〉
누거·로	누거·로	누·구·로	〈게〉
누겠·다	누겠·다	누·겠·다	〈겠다〉
누겠·다	누겠·다	누겠·다	〈겠다〉
누께·에	누께·에	누께·에	〈마,겠다〉
누께·에	누께·에	누께·에	〈마,겠다〉
누끄·마	누끄·마	누꾸·마	〈마,겠다〉
누·나·마	누·나·마	누·나·마	〈으나마〉
누·라·꼬	누·라·꼬	누·라·꼬	〈으라고(물음)〉
누끄·마	누끄·마	누꾸·마	〈으마〉
누·나·따·나	누·나·따·나	누·나#따·나	〈으나마〉
눌수·록	눌수·록	눌·수·록	〈을수록〉
눌·수·록	눌·수·록	눌·수·록	〈을수록〉
눌수·록	눌수·룩	눌·수·록	〈을수록〉
눌·수·록	눌·수·룩	눌·수·록	〈을수록〉
눌망·정	눌망·정	눌망·정	〈을망정〉
눌꺼·로	눌꺼·얼	눌꺼·얼	〈을걸〉
눌꺼·로	눌꺼·를	눌꺼·로	〈을걸〉
눌꺼·로	눌꺼·로	눌꺼·를	〈을걸〉
눌끼·이·께·에	눌끼·이·께·에	눌끼·이·께	〈을테니까〉
눌끼·이·께·에	눌낑께·에	눌끼·잉·게	〈을테니까〉
눌끼·이·께	눌끼·이·께	눌끼·잉·게	〈을테니까〉
누·까	누·까	눌·까	〈을까〉
누·꼬	누·꼬	눌·꼬	〈을까〉

누·라	누·라	누·라	〈으라(시킴),인용〉
누·몬	누·모	누·만	〈으면〉
누·모	누·모	누·마	〈으면〉
누·나	누·나	누·나	〈으나〉
누·세	누·세	누·세	〈으세〉
눈·들	눈·들	눈·들	〈은들〉
누·라·몬	누·라·모	누·라·만	〈으라면〉
누·라·모	누·라·모	누·라·마	〈으라면〉
누라#카·몬	누·라#쿠·모	누·라#카·만	〈으라면〉
누라#카·몬	누·라#쿠·모	누·라#카·마	〈으라면〉
누·라·꼬	누·라·꼬	누·라·꼬	〈으라고(물음)〉
누·기·로·서·이	누·기·로·서·이	누·기·로·서·니	〈기로서니〉
누·기·로·서·이	누·기·로·서·니	누·기·로·서·이	〈기로서니〉
누기·로·서·이	누기·로#서·이	누기·로·서·니	〈기로서니〉
누기·로·서·이	누기·로#서·니	누기·로·서·이	〈기로서니〉
누·기·로·서·이	누·기·로#서·이	누·기·로#서·니	〈기로서니〉
누·기·로·서·이	누·기·로#서·니	누·기·로#서·이	〈기로서니〉
누기·로·서·이	누기·로#서·이	누기·로#서·니	〈기로서니〉
누기·로·서·이	누기·로#서·니	누기·로#서·이	〈기로서니〉
누고(~집·다)	누고(~접·다)	누고(~접·다)	〈고(이음)〉
누고(~집·다)	누고(~싶·다)	누고(~싶·다)	〈고(이음)〉
누고(~집·다)	누고(~시푸다)	누고(~싶·다)	〈고(이음)〉
누고(~집·다)	누구(~접·다)	누고(~접·다)	〈고(이음)〉
누고(~집·다)	누구(~싶·다)	누고(~싶·다)	〈고(이음)〉
누고(~집·다)	누구(~시푸다)	누고(~싶·다)	〈고(이음)〉
누·고(#있·다)	누·고(#있·다)	누·고(#있·다)	〈고(이음)〉

(363)

창원 방언	고성 방언	성주 방언	씨끝의
서·다(立)	서·다	서·다	표준말
/H_{M-2}·M/	/H_{M-2}·M/	/H_{M-2}·M/	풀이
·서	·서	·서	〈어(서술)〉
·서	·서	·서	〈아(어찌)〉
·서·라	서·라	서·라	〈어라〉
·서·서	·서·서	·서·서	〈어서〉
·서·야	·서·야	·서·야	〈어야〉
·서·도	·서·도	·서·도	〈어도〉
·섰·다	·섰·다	·섰·다	〈었다〉
·섰·는	·섰·는	·섰·는	〈은〉
·섰·는·갑·다	·섰·는·갑·다	·섰·는·갑·다	〈었는가보다〉
·섰·던·갑·다	·섰·던·갑·다	·섰·던·갑·다	〈었던가보다〉
선	선	선	〈은〉

·선	선	선	〈은〉
서·소	서·소	서·소	〈소(시킴)〉
·서·소	서·소	·서·소	〈소(시킴)〉
서·요	서·요	서·요	〈요(서술)〉
서·요	서·요	·서·요	〈요(서술)〉
서·요	서·요	서·요	〈요(물음)〉
·서·요	서·요	·서·요	〈요(물음)〉
서·이·소	서·이·소	서·이·소	〈으시오〉
서이·소	서이·소	서이·소	〈으시오〉
·서·이·소	서·이·소	·서·이·소	〈으시오〉
서·입·시·더	서입시·더	서·입·시·다	〈으십시다〉
서입·시·더	서입시·더	·서·입·시·다	〈으십시다〉
·서·입·시·더	서입시·더	·서·입·시·다	〈으십시다〉
서십시·더	서십시·더	서십시·다	〈으십시다〉
·서·십·시·더	서십시·더	·서·십·시·다	〈으십시다〉
서·데	서데·에	서데·에	〈데(〈더이)〉
서데·에	서데·에	서데·에	〈데(〈더이)〉
서·네	서·네	서·네	〈네(서술)〉
서·노	서·노	서·노	〈니(물음)〉
서·나	서·나	서·나	〈니(물음)〉
서시·이	·서·시·이	서시·이	〈으시니〉
서시·이	·서·시·니	서시·니	〈으시니〉
·서·시·이·께	·서·싱·께	서싱·게	〈으시니까〉
서시·이·께	·서·시·이·께	서시·이·께	〈으시니까〉
서신·다	·서·신·다	서신·다	〈으신다〉
·서·신·다	·서·신·다	·서·신·다	〈으신다〉
섭시·더	섭시·더	·섭·시·다	〈읍시다〉
섭시·더	섭시·더	섭시·다	〈읍시다〉
섭시·더	섭시·다	·섭·시·다	〈읍시다〉
섭시·더	섭시·다	섭시·다	〈읍시다〉
서십니·꺼	·서·십·니·꺼	서십니·까	〈으십니까〉
서십니·꺼	·서·십·니·까	·서·십·니·까	〈으십니까〉
서이·소	·서·이·소	서·이·소	〈으시오〉
·서·이·소	·서·이·소	·서·이·소	〈으시오〉
서시이·소	서시이·소	서시·이·소	〈으십시오〉
·서·시·이·소	·서·시·이·소	·서·시·이·소	〈으십시오〉
·서·시·지	·서·시·지	·서·시·지	〈으시지(시킴)〉
서시·지	·서·시·지	서시·지	〈으시지(시킴)〉
·서·시·지·예	·서·시·지·예	·서·시·지·요	〈으시지요(시킴)〉
서시·지·예	·서·시·지·예	서시·지·요	〈으시지요(시킴)〉
섭시·더	섭시·더	·섭·시·다	〈읍시다〉

서·입시·더	서입시·더	서·입·시·다	〈으십시다〉
서입시·더	서입시·더	·서·입·시·다	〈으십시다〉
·서·입·시·더	서입시·더	·서·입·시·다	〈으십시다〉
서십시·더	서십시·더	·서·십·시·다	〈으십시다〉
·서·십·시·더	·서·십·시·더	·서·십·시·다	〈으십시다〉
서더라·도	서더라·도	서더·라·도	〈더라도〉
서더·라·도	·서·더·라·도	서더·라·도	〈더라도〉
서더라·꼬	서더라·꼬	서더·라·꼬	〈더라고〉
서더·라·꼬	·서·더·라·꼬	서더·라·꼬	〈더라고〉
서·소	서·소	서·소	〈소(시킴)〉
서·소	·서·소	서·소	〈소(시킴)〉
선·다	선·다	선·다	〈는다〉
섭니·더	섭니·더	섭니·다	〈읍니다〉
섭니·더	섭니·더	섭니·이·다	〈읍니다〉
섭니·더	섭니·다	섭니·다	〈읍니다〉
섭니·더	섭니·다	섭니·이·다	〈읍니다〉
섭니·꺼	섭니·꺼	섭니·까	〈읍니까〉
섭니·꺼	섭니·꺼	섭니·이·까	〈읍니까〉
섭니·꺼	섭니·까	섭니·까	〈읍니까〉
섭니·꺼	섭니·까	섭니·이·까	〈읍니까〉
섭디·더	섭디·더	섭디·다	〈읍니다〉
섭디·더	섭디·더	섭디·이·다	〈읍니다〉
섭디·더	섭디·다	섭디·다	〈읍니다〉
섭디·더	섭디·다	섭디·이·다	〈읍니다〉
섭디·꺼	섭디·꺼	섭디·까	〈읍디까〉
섭디·꺼	섭디·꺼	섭디·이·까	〈읍디까〉
섭디·꺼	섭디·까	섭디·까	〈읍디까〉
섭디·꺼	섭디·까	섭디·이·까	〈읍디까〉
서는	서는	서는	〈는〉
서는·데	서는·데	서는·데	〈는데〉
서는·가	서는·가	서는·가	〈는가〉
서는·고	서는·고	서는·고	〈는가〉
서는갑·다	서는갑·다	서는갑·다	〈는가보다〉
서는가·베	서는가·베	서는가·베	〈는가보다〉
서는·기·요	섭니·꺼	섭니·까	〈는거요(물음)〉
서니·라	서니·라	서니·이·라	〈는 것이다〉
서더·라	서더·라	서더·라	〈더라〉
서더·노	서더·노	서더·노	〈더냐〉
서더·나	서더·나	서더·나	〈더냐〉
서던·가	서던·가	서던·가	〈던가〉
서던·고	서던·고	서던·고	〈던가〉

서던갑·다	서던갑·다	서던갑·다	〈던가보다〉
서던·고	서던·고	서던·고	〈든가〉
서던·고	서던·고	서던·공	〈든가〉
서던·고	서던·고	서던·가	〈든가〉
서던·고	서던·고	서던·강	〈든가〉
서거·나	서거·나	서기·나	〈거나〉
서거·라	서거·라	서거·라	〈거라〉
·섰·거·라	·섰·거·라	서거·라	〈거라〉
서거·등	서거·등	서거·등	〈거든(이음)〉
서거·등	서거·등	서거·든	〈거든(서술)〉
서걸·래	서길·래	서길·래	〈길래〉
서건·대	서길·래	서길·래	〈길래〉
서든·지	서든·지	서든·지	〈든지〉
서건마·는	서건마·는	선·다#마·는	〈건마는〉
서거마·는	서건마·는	선·다#마·는	〈건마는〉
선·다#마·는	선·다#마·는	선·다#마·는	〈건마는〉
서는구·나	서는구·나	서는구·나	〈는구나〉
서거들·랑	서거들·랑	서거·들·랑	〈거들랑〉
서거·들·랑	서거들·랑	서거·들·랑	〈거들랑〉
설라칸·다	설라쿤·다	설라칸·다	〈을라〉
설·라·칸·다	설·라·쿤·다	설·라·칸·다	〈을라〉
설라·꼬	설라·꼬	설라·꼬	〈으려고〉
설·라·꼬	설라·꼬	설·라·꼬	〈으려고〉
설라·몬	설·라·모	설라·만	〈으려면〉
설·라#카·모	설·라#쿠·모	설·라#카·마	〈으려면〉
선	선	선	〈은〉
설	설	설	〈을〉
섬	섬	*섬	〈음〉
서·자	서·자	서·자	〈자(이끎)〉
서·지	서·지	서·지	〈지(시킴)〉
서·자·이	서·자·이	서·재·이	〈자(이끎)〉
서·지	서·지	서·지	〈지(이음)〉
서·지	서·지	서·지	〈지(서술)〉
서·제	서·제	서·지	〈지(물음)〉
서·지·예	서·지·예	서·지·요	〈지요(시킴)〉
서·까	서·까	서·까	〈을까〉
서·꼬	서·꼬	서·꼬	〈을까〉
서·게	서·게	서·게	〈게(이음)〉
서·기	서·기	서·기	〈게(이음)〉
서·나·따·나	서·나#따·나	서·나#따·나	〈아서라도〉
서·나·따·나	서·나·따·나	서·나#따·나	〈아서라도〉

·서·라	서·라	서·라	〈어라〉
서·라	서·라	서·라	〈으라(시킴), 인용〉
서거·로	서거·로	서구·로	〈게〉
서겄·다	서겄·다	서겠·다	〈겠다〉
서께·에	서께·에	서께·에	〈마, 겠다〉
서께·에	서께·에	서께·에	〈마, 겠다〉
서끄·마	서끄·마	서꾸·마	〈마, 겠다〉
서라·꼬	서라·꼬	서라·꼬	〈으라고(물음)〉
서·라·꼬	서·라·꼬	서·라·꼬	〈으라고(물음)〉
서·이	서·이	서·이	〈으니(이음)〉
서·이	성·니	서·니	〈으니(이음)〉
서·이·께	성·께	성·게	〈으니까〉
서·이·꺼·네	서·이·께·나	서·이·께·네	〈으니까〉
서·이·께	서·이·께	서·이·께	〈으니까〉
서·이·께	서·잉·께	성·게	〈으니까〉
서·이·께	성께·에	성·게	〈으니까〉
서·이·께·에	서·이·께·에	서·이·께	〈으니까〉
서·이·께·에	서·이·께·에	성·게	〈으니까〉
서이께·에	서·이·께·에	서·이·께	〈으니까〉
서·나·따·나	서·나#따·나	서·나#따·나	〈으나마〉
서·나·따·나	서·나·따·나	서·나#따·나	〈으나마〉
설수·록	설수·록	설·수·록	〈을수록〉
설·수·록	설·수·록	설·수·록	〈을수록〉
설수·록	설수·룩	설·수·록	〈을수록〉
설·수·록	설·수·룩	설·수·록	〈을수록〉
설망·정	설망·정	설망·정	〈을망정〉
설꺼·로	설꺼·얼	설꺼·얼	〈을걸〉
설꺼·로	설꺼·로	설꺼·로	〈을걸〉
설꺼·로	설꺼·를	설꺼·를	〈을걸〉
설끼이꺼·네	설끼·이·께·나	설끼·잉·께·네	〈을테니까〉
설끼잉께·에	설끼·이·께·에	설끼·잉·게	〈을테니까〉
설끼·이·께·에	설끼·잉·께	설끼·잉·게	〈을테니까〉
설끼·이·께·에	설끼·이·께·에	설끼·이·께	〈을테니까〉
설끼·이·께	설끼·이·께	설끼·이·께	〈을테니까〉
설끼·이·께	설낑께·에	설낑·게	〈을테니까〉
서·까	서·까	서·까	〈을까〉
서·꼬	서·꼬	서·꼬	〈을까〉
서·라	서·라	서·라	〈으라(시킴), 인용〉
서·몬	서·모	서·만	〈으면〉
서·모	서·모	서·마	〈으면〉
서·로	서·로	서·로	〈으러〉

서·나	서·나	서·나	〈으나〉
서·세	서·세	서·세	〈으세〉
선·들	선·들	선·들	〈은들〉
서·이	서·이	서·이	〈으니(이음)〉
서·이	성께·에	성·게	〈으니까〉
서라·몬	서·라·모	서·라·만	〈으라면〉
서·라#카·모	서·라#쿠·모	서·라#카·마	〈으라면〉
서·라·꼬	서·라·꼬	서·라·꼬	〈으라고(물음)〉
서도·록	서도·록	서드·록	〈도록〉
서·도·록	서·도·록	서·드·록	〈도록〉
서·기·로·서·이	서·기·로·서·니	서·기·로·서·니	〈기로서니〉
서·기·로·서·이	서·기·로·서·이	서·기·로·서·이	〈기로서니〉
서기·로·서·이	서기·로#서·니	서기·로·서·니	〈기로서니〉
서기·로·서·이	서기·로#서·이	서기·로·서·이	〈기로서니〉
서·기·로·서·이	서·기·로·서·니	서·기·로#서·니	〈기로서니〉
서·기·로·서·이	서·기·로·서·이	서·기·로#서·이	〈기로서니〉
서기·로·서·이	서기·로#서·니	서기·로#서·니	〈기로서니〉
서기·로·서·이	서기·로#서·이	서기·로#서·이	〈기로서니〉
서고	서고	서고	〈고(이음)〉
서고	서구	서고	〈고(이음)〉
서·고	서·고	서·고	〈고(이음)〉

(364) 창원 방언	고성 방언	성주 방언	씨끝의
사·다	사·다	사·다	표준말
$/H_{M-2}{\cdot}M/$	$/H_{M-2}{\cdot}M/$	$/H_{M-2}{\cdot}M/$	풀이
·사	·사	·사	〈아(서술)〉
·사	·사	·사	〈아(어찌)〉
사·라	사·라	사·라	〈아라〉
·사·라	사·라	사·라	〈아라〉
·사·서	·사·서	·사·서	〈아서〉
·사·야	·사·야	·사·야	〈아야〉
·사·도	·사·도	·사·도	〈아도〉
·샀·다	·샀·다	·샀·다	〈았다〉
·샀·는	·샀·는	·샀·는	〈은〉
·샀·는·갑·다	·샀·는·갑·다	·샀·는·갑·다	〈았는가보다〉
·샀·던·갑·다	·샀·던·갑·다	·샀·던·갑·다	〈았던가보다〉
·산	산	·산	〈은〉
사·소	사·소	사·소	〈소(시킴)〉
·사·소	·사·소	·사·소	〈소(시킴)〉
사·요	사·요	사·요	〈요(서술)〉
·사·요	·사·요	·사·요	〈요(서술)〉

사·요	사·요	사·요	〈요(물음)〉
·사·요	·사·요	·사·요	〈요(물음)〉
사·입·시·더	·사·입·시·더	사·입·시·다	〈으십시다〉
·사·입·시·더	·사·입·시·더	·사·입·시·다	〈으십시다〉
·사·십·시·더	·사·십·시·더	·사·십·시·다	〈으십시다〉
사십시·더	·사·십·시·더	·사·십·시·다	〈으십시다〉
사·데	사데·에	사데·에	〈데(〈더이)〉
사·네	사·네	사·네	〈네(서술)〉
사·노	사·노	사·노	〈니(물음)〉
사·나	사·나	사·나	〈니(물음)〉
사·요	사·요	사·요	〈요(물음)〉
사시·이	사시·이	·사·시·이	〈으시니〉
사시·이	사시·니	·사·시·니	〈으시니〉
사시·이·께	·사·싱·께	사싱·게	〈으시니까〉
·사·시·이·께	·사·시·이·께	·사·싱·게	〈으시니까〉
·사·시·이·께	·사·싱·께·나	·사·싱·게	〈으시니까〉
사신·다	·사·신·다	사신·다	〈으신다〉
·사·신·다	·사·신·다	·사·신·다	〈으신다〉
삽시·더	삽시·더	·삽·시·다	〈읍시다〉
삽시·더	·삽·시·더	·삽·시·다	〈읍시다〉
사십니·꺼	·사·십·니·꺼	·사·십·니·까	〈으십니까〉
사십니·꺼	·사·십·니·까	·사·십·니·까	〈으십니까〉
사이·소	·사·이·소	사·이·소	〈으시오〉
사·이·소	·사·이·소	·사·이·소	〈으시오〉
·사·이·소	·사·이·소	·사·이·소	〈으시오〉
사시이·소	·사·시·이·소	·사·시·이·소	〈으십시오〉
사시·이·소	·사·시·이·소	·사·시·이·소	〈으십시오〉
사시·지	·사·시·지	·사·시·지	〈으시지(시킴)〉
·사·시·지	·사·시·지	·사·시·지	〈으시지(시킴)〉
사시·지·예	·사·시·지·예	·사·시·지·요	〈으시지요(시킴)〉
·사·시·지·예	·사·시·지·예	·사·시·지·요	〈으시지요(시킴)〉
사입시·더	·사·입·시·더	사·입·시·다	〈으십시다〉
사·입·시·더	·사·입·시·더	·사·입·시·다	〈으십시다〉
·사·입·시·더	·사·입·시·더	·사·입·시·다	〈으십시다〉
사십시·더	·사·십·시·더	·사·십·시·다	〈으십시다〉
사더라·도	사더래·도	사더라·도	〈더라도〉
사더·라·도	사더라·도	사더·라·도	〈더라도〉
사더·라·도	·사·더·래·도	·사·더·라·도	〈더라도〉
사더·라·도	·사·더·라·도	·사·더·라·도	〈더라도〉
사더라·꼬	사더라·꼬	사더라·꼬	〈더라고〉
사더·라·꼬	사더라·꼬	사더·라·꼬	〈더라고〉

사더라·꼬	사더라·꼬	·사·더·라·꼬	〈더라고〉
산·다	산·다	산·다	〈는다〉
산·다	산·다	·산·다	〈는다〉
삽니·더	삽니·더	삽니·다	〈읍니다〉
삽니·더	삽니·더	·삽·니·다	〈읍니다〉
삽니·더	삽니·더	삽니·이·다	〈읍니다〉
삽니·더	삽니·다	삽니·다	〈읍니다〉
삽니·더	삽니·다	삽니·이·다	〈읍니다〉
삽니·꺼	삽니·꺼	삽니·까	〈읍니까〉
삽니·꺼	삽니·꺼	삽니·이·까	〈읍니까〉
삽니·꺼	삽니·까	삽니·까	〈읍니까〉
삽니·꺼	삽니·까	삽니·이·까	〈읍니까〉
삽디·더	삽디·더	삽디·다	〈읍니다〉
삽디·더	삽디·더	·삽·디·다	〈읍니다〉
삽디·더	삽디·더	삽디·이·다	〈읍니다〉
삽디·더	삽디·다	삽디·다	〈읍니다〉
삽디·더	삽디·다	삽디·이·다	〈읍니다〉
삽디·꺼	삽디·꺼	삽디·까	〈읍디까〉
삽디·꺼	삽디·꺼	삽디·이·까	〈읍디까〉
삽디·꺼	삽디·까	삽디·까	〈읍디까〉
삽디·꺼	삽디·까	삽디·이·까	〈읍디까〉
사는	사는	사는	〈는〉
사는	사는	·사·는	〈는〉
사는·데	·사·는·데	사는·데	〈는데〉
사는·가	·사·는·가	사는·가	〈는가〉
사는·고	·사·는·고	사는·고	〈는가〉
사는·데	·사·는·데	·사·는·데	〈는데〉
사는·가	·사·는·가	·사·는·가	〈는가〉
사는·고	·사·는·고	·사·는·고	〈는가〉
사는갑·다	사는갑·다	사는갑·다	〈는가보다〉
사는가·베	사는가·베	사는가·베	〈는가보다〉
사는갑·다	·사·는·갑·다	사는·갑·다	〈는가보다〉
사는가·베	·사·는·가·베	·사·는·가·베	〈는가보다〉
사는·기·요	삽니·꺼	·삽·니·까	〈는거요(물음)〉
사니·라	·사·니·라	·사·니·라	〈는 것이다〉
사니·라	사니·라	사니·이·라	〈는 것이다〉
사더·나	·사·더·나	·사·더·나	〈더냐〉
사더·나	사더·나	사더·나	〈더냐〉
사더·노	·사·더·노	·사·더·노	〈더냐〉
사더·노	사더·노	사더·노	〈더냐〉
사더·라	·사·더·라	사더·라	〈더라〉

사더·라	사더·라	사더·라	〈더라〉
사던·가	·사·던·가	·사·던·가	〈던가〉
사던·가	사던·가	사던·가	〈던가〉
사던·고	·사·던·고	·사·던·고	〈던가〉
사던·고	사던·고	사던·고	〈던가〉
사던갑·다	·사·던·갑·다	사던갑·다	〈던가보다〉
사던갑·다	사던갑·다	사던갑·다	〈던가보다〉
사던·고	사던·고	사던·고	〈든가〉
사던·고	·사·던·고	사던·공	〈든가〉
사던·고	사던·고	사던·가	〈든가〉
사던·고	·사·던·고	사던·강	〈든가〉
사거·나	사거·나	사기·나	〈거나〉
사거·나	·사·거·나	사기·나	〈거나〉
사·라	사·라	사·라	〈아라〉
사거·등	사거·등	사거·등	〈거든(이음)〉
사거·등	사거·등	·사·거··등	〈거든(이음)〉
사거·등	·사·거·등	사거·든	〈거든(서술)〉
사거·등	·사·거·등	·사·거·든	〈거든(서술)〉
사건·대	사길·래	사길·래	〈길래〉
사걸·래	·사·길·래	사길·래	〈길래〉
사든·지	사든·지	사든·지	〈든지〉
사든·지	·사·든·지	사든·지	〈든지〉
사건마·는	산·다#마·는	산·다#마·는	〈건마는〉
사거마·는	산·다#마·는	산·다#마·는	〈건마는〉
사는구·나	사는구·나	사는구·나	〈는구나〉
사는구·나	·사·는·구·나	·사·는·구·나	〈는구나〉
사거들·랑	사거들·랑	사거·들·랑	〈거들랑〉
사거·들·랑	·사·거·들·랑	사거·들·랑	〈거들랑〉
살라칸·다	살·라·쿤·다	살·라·칸·다	〈을라〉
살라칸·다	살라쿤·다	살·라·칸·다	〈을라〉
살라·꼬	살라·꼬	살·라·꼬	〈으려고〉
살·라·꼬	살·라·꼬	·살·라·꼬	〈으려고〉
살라·몬	살라·모	살·라·만	〈으려면〉
살라·몬	살·라·모	살·라·만	〈으려면〉
살·라#카·모	살·라#쿠·모	살·라#카·마	〈으려면〉
살란·다	살란·다	살·란·다	〈으려면〉
살·란·다	살란·다	·살·란·다	〈으려면〉
산	산	산	〈은〉
살	살	살	〈을〉
살	살	·살	〈을〉
삼	삼	*삼	〈음〉

사·자	사·자	사·자	〈자(이끎)〉
사·지	사·지	사·지	〈지(시킴)〉
사·자·이	사·자·이	사·자	〈자(이끎)〉
사·지	사·지	사·지	〈지(이음)〉
사·지	사·지	사·지	〈지(서술)〉
사·제	사·제	사·지	〈지(물음)〉
사·지·예	사·지·예	사·지·요	〈지요(시킴)〉
사·까	사·까	사·까	〈을까〉
사·꼬	사·꼬	사·꼬	〈을까〉
사·게	사·게	사·게	〈게(이음)〉
사·기	사·기	사·기	〈게(이음)〉
사·나·따·나	사·나#따·나	사·나#따·나	〈아서라도〉
사·라	사·라	사·라	〈아라〉
·사·라	사·라	·사·라	〈아라〉
사·이	사·이	사·이	〈으니(이음)〉
사·이	사·니	사·니	〈으니(이음)〉
사·이·꺼·네	사·이·께·나	사·이·께·네	〈으니까〉
사·이·께	상·께	상·게	〈으니까〉
사·이·께	사·잉·께	사·잉·게	〈으니까〉
사·이·께	사·앙·께	사·이·께	〈으니까〉
사·이·께·에	사·이·께·에	사·이·께·에	〈으니까〉
사·이·께·에	사·이·께·에	사·이·께·에	〈으니까〉
사·라	사·라	사·라	〈으라(시킴), 인용〉
사·라	사·라	·사·라	〈으라(시킴), 인용〉
사도·록	사도·록	사드·록	〈도록, 게〉
사·도·록	사·도·록	사·드·록	〈도록, 게〉
사거·로	사거·로	사구·로	〈게〉
사겠·다	사겠·다	사겠·다	〈겠다〉
사께·에	사께·에	사께·에	〈마, 겠다〉
사께·에	사께·에	사께·에	〈마, 겠다〉
사끄·마	사끄·마	사꾸·마	〈마, 겠다〉
사나·마	사·나마	사·나·마	〈으나마〉
사·나·마	사·나·마	사·나·마	〈으나마〉
사라·꼬	사·라·꼬	사·라·꼬	〈으라고(물음)〉
사·라·꼬	사·라·꼬	사·라·꼬	〈으라고(물음)〉
사이께·에	사·이·께·에	사·이·께	〈으니까〉
사·이·께·에	사·이·께·에	사·이·께	〈으니까〉
사이께·에	사·이·께·에	사·이·께	〈으니까〉
사이께·에	사·잉·께	사·이·께	〈으니까〉
사·이·께	사·이·께	사·이·께	〈으니까〉
사·나·따·나	사·나#따·나	사·나#따·나	〈으나마〉

살수·록	살수·록	살·수·록	〈을수록〉
살·수·록	살·수·록	살·수·록	〈을수록〉
살수·록	살수·룩	살·수·록	〈을수록〉
살·수·록	살·수·룩	살·수·록	〈을수록〉
살망·정	살망·정	살망·정	〈을망정〉
살꺼·로	살꺼·얼	살꺼·얼	〈을걸〉
살꺼·로	살꺼·를	살꺼·로	〈을걸〉
살꺼·로	살꺼·로	살꺼·를	〈을걸〉
살끼이·께·에	살끼·이·께·에	살끼·이·께	〈을테니까〉
살끼잉께·에	살낑·께	살낑·게	〈을테니까〉
살끼·이·께·에	살끼·이·께·에	살끼·이·께	〈을테니까〉
살끼·이·께·에	살낑께·에	살끼·이·께	〈을테니까〉
살끼·이·께	살낑·께	살끼·이·께	〈을테니까〉
살끼·이·께	살끼·이·께	살끼·잉·게	〈을테니까〉
사·까	사·까	사·까	〈을까〉
사·꼬	사·꼬	사·꼬	〈을까〉
사·몬	사·모	사·만	〈으면〉
사·모	사·모	사·마	〈으면〉
사·로	사·로	사·로	〈으러〉
사·나	사·나	사·나	〈으나〉
사·세	사·세	사·세	〈으세〉
산·들	산·들	산·들	〈은들〉
사라·몬	사·라·모	사·라·만	〈으라면〉
사라·모	사·라·모	사·라·마	〈으라면〉
사·라·몬	사·라#쿠·모	사·라#카·마	〈으라면〉
사·라·꼬	사·라·꼬	사·라·꼬	〈으라고(물음)〉
사도·록	사도·록	사드·록	〈도록〉
사·도·록	사·도·록	사·드·록	〈도록〉
사·기·로·서·이	사·기·로#서·니	사·기·로#서·니	〈기로서니〉
사·기·로·서·이	사·기·로#서·이	사·기·로#서·이	〈기로서니〉
사·기·로·서·이	사·기·로·서·니	사·기·로·서·니	〈기로서니〉
사·기·로·서·이	사·기·로·서·이	사·기·로·서·이	〈기로서니〉
사기·로·서·이	사기·로·서·니	사기·로·서·니	〈기로서니〉
사기·로·서·이	사기·로·서·이	사기·로·서·이	〈기로서니〉
사기·로·서·이	사기·로#서·니	사기·로#서·니	〈기로서니〉
사기·로·서·이	사기·로#서·이	사기·로#서·이	〈기로서니〉
사고	사고	사고	〈고(이음)〉
사고	사구	사고	〈고(이음)〉
사·고	사·고	사·고	〈고(이음)〉

(365)

창원 방언	고성 방언	성주 방언	씨끝의
지·다	지·다	지·다	표준말
/H_{M-2}·M/	/H_{M-2}·M/	/H_{M-2}·M/	풀이
·지	·저	·저	〈아(서술)〉
·지	·저	·저	〈아(어찌)〉
·지·라	·저·라	·저·라	〈아라〉
·지·서	·저·서	·저·서	〈아서〉
·지·야	·저·야	·저·야	〈아야〉
·지·도	·저·도	·저·도	〈아도〉
·짔·다	·졌·다	·졌·다	〈었다〉
·짔·는	·졌·는	·졌·는	〈은〉
·지·이·소	지이·소	·지·이·소	〈으시오〉
·지·입·시·더	·지·입·시·더	·지·입·시·다	〈으십시다〉
·지·십·시·더	·지·십·시·더〈(문)〉	·지·십·시·다	〈으십시다〉
·지·십·니·꺼	·지·십·니·꺼〈(문)〉	지십니·까	〈으십니까〉
·지·십·니·꺼	·지·십·니·까〈(문)〉	지십니·까	〈으십니까〉
·지·이·소	·지·이·소〈(문)〉	·지·이·소	〈으시오〉
·짔·는·갑·다	·졌·는·갑·다	·졌·는·갑·다	〈었는가보다〉
·짔·던·갑·다	·졌·던·갑·다	·졌·던·갑·다	〈었던가보다〉
·진	진	진	〈은〉
진	진	진	〈은〉
지·소	지·소	지·소	〈소(시킴)〉
지·요	·지·요〈(이)〉	지·요	〈요(서술)〉
지·요	지·요〈(문)〉	지·요	〈요(서술)〉
지·요	·지·요〈(이)〉	지·요	〈요(서술)〉
지·요	·지·요〈(이)〉	지·요	〈요(물음)〉
지·요	지·요〈(문)〉	지·요	〈요(물음)〉
지·이·소	지이·소	지·이·소	〈으시오〉
지·입·시·더	지입시·더	지·입·시·다	〈으십시다〉
지십시·더	지십시·더	지십시·다	〈으십시다〉
지십시·더	·지·십·시·더	지십시·다	〈으십시다〉
지·데	지데·에	지데·에	〈데(〈더이)〉
지·네	지·네	지·네	〈네(서술)〉
지·노	지·노	지·노	〈니(물음)〉
지·나	지·나	지·나	〈니(물음)〉
지시·이	지시·이	지시·이	〈으시니〉
지시·이	지시·니	지시·니	〈으시니〉
지시·이·께	지싱·께	지싱·게	〈으시니까〉
지시·이·께	지시·이·께	지시·이·께	〈으시니까〉
지시·이·꺼·네	지시·이·께·나	지시·이·께·네	〈으시니까〉
지시·이·께	·지·싱·께〈(문)〉	지싱·게	〈으시니까〉

지신·다	·지·신·다	지신·다	〈으신다〉
집시·더	집시·더	집시·다	〈읍시다〉
집시·더	·집·시·더〈문〉	집시·다	〈읍시다〉
지십니·꺼	지십니·꺼	지십니·까	〈으십니까〉
지십니·꺼	지십니·까	지십니·까	〈으십니까〉
지이·소	지·이·소	지·이·소	〈으시오〉
지·이·소	지·이·소	·지·이·소	〈으시오〉
지시이·소	·지·시·이·소〈문〉	·지·시·이·소	〈으십시오〉
지시·이·소	지시·이·소	지시이·소	〈으십시오〉
지시·지	지시·지	지시·지	〈으시지(시킴)〉
지시·지	·지·시·지	지시·지	〈으시지(시킴)〉
지시·지·예	지시·지·예	지시·지·요	〈으시지요(시킴)〉
지시·지·예	·지·시·지·예〈문〉	지시·지·요	〈으시지요(시킴)〉
집시·더	집시·더	·집·시·다	〈읍시다〉
지입시·더	지입시·더	지·입·시·다	〈으십시다〉
지·입·시·더	지입시·더	지이·입·시·다	〈으십시다〉
지십시·더	지십시·더	지십시·다	〈으십시다〉
지더라·도	지더라·도	지더라·도	〈더라도〉
지더라·꼬	지더라·꼬	지더라·꼬	〈더라고〉
지더·라·꼬	·지·더·라·꼬〈문〉	지더·라·꼬	〈더라고〉
지·소	지·소	지·소	〈소(시킴)〉
진·다	진·다	진·다	〈는다〉
집니·꺼	집니·까〈이〉[85]	집니·까	〈읍니까〉
집니·꺼	집니·까〈이〉	집니·이·까	〈읍니까〉
집니·꺼	집니·꺼〈이〉	집니·이·까	〈읍니까〉
집니·꺼	집니·꺼〈이〉	집니·까	〈읍니까〉
집니·더	집니·다〈이〉	집니·이·다	〈읍니다〉
집니·더	집니·더〈이〉	집니·다	〈읍니다〉
집디·꺼	집디·까〈이〉	집디·이·까	〈읍디까〉
집디·꺼	집디·까〈이〉	집디·까	〈읍디까〉
집디·꺼	집디·꺼〈이〉	집디·이·까	〈읍디까〉
집디·꺼	집디·꺼〈이〉	집디·까	〈읍디까〉
집디·더	집디·다〈이〉	집디·이·다	〈읍니다〉
집디·더	집디·다〈이〉	집디·다	〈읍니다〉
집디·더	집디·더〈이〉	집디·이·다	〈읍니다〉
집디·더	집디·더〈이〉	집디·다	〈읍니다〉
집니·꺼	·집·니·까〈문〉	집니·까	〈읍니까〉
집니·꺼	·집·니·까〈문〉	집니·이·까	〈읍니까〉
집니·꺼	·집·니·꺼〈문〉	집니·까	〈읍니까〉

85) /사다/, /서·다/, /지·다/의 굴곡형들 가운데 /·집·나·더/~/집니·더/, /·지·시·지/~/지시·지/처럼 거성형과 평측형의 변동이 있는 경우, 대부분의 경우 거성형 {·□□□…}은 〈문〉의 발음에 많이 나타난다.

집니·꺼	·집·니·꺼〈문〉	집니·이·까	〈읍니까〉
집니·더	·집·니·다〈문〉	집니·다	〈읍니다〉
집니·더	·집·니·더〈문〉	집니·이·다	〈읍니다〉
집디·꺼	·집·디·까〈문〉	집디·이·까	〈읍디까〉
집디·꺼	·집·디·까〈문〉	집디·까	〈읍디까〉
집디·꺼	·집·디·꺼〈문〉	집디·까	〈읍디까〉
집디·꺼	·집·디·꺼〈문〉	집디·이·까	〈읍디까〉
집디·더	·집·디·다〈문〉	집디·다	〈읍니다〉
집디·더	·집·디·다〈문〉	집디·이·다	〈읍니다〉
집디·더	·집·디·더〈문〉	집디·다	〈읍니다〉
집디·더	·집·디·더〈문〉	집디·이·다	〈읍니다〉
지는	지는	지는	〈는〉
지는·데	지는·데	지는·데	〈는데〉
지는·가	지는·가	지는·가	〈는가〉
지는·고	지는·고	지는·고	〈는가〉
지는갑·다	지는갑·다	지는갑·다	〈는가보다〉
지는가·베	지는가·베	지는가·베	〈는가보다〉
지는·기·요	집니·꺼	집니·까	〈는거요(물음)〉
지니·라	지니·라	지니·이·라	〈는 것이다〉
지더·라	지더·라	지더·라	〈더라〉
지더·노	지더·노	지더·노	〈더냐〉
지더·나	지더·나	지더·나	〈더냐〉
지던·가	지던·가	지던·가	〈던가〉
지던·고	지던·고	지던·고	〈던가〉
지던갑·다	지던갑·다	지던갑·다	〈던가보다〉
지던갑·다	지던갑·다	지던갑·다	〈던가보다〉
지던·고	지던·고	지던·고	〈던가〉
지던·고	지던·고	지던·공	〈던가〉
지던·고	지던·고	지던·가	〈던가〉
지던·고	지던·고	지던·강	〈던가〉
지거·나	지거·나	지기·나	〈거나〉
지·라	지·라	지·라	〈으라, 인용〉
지거·등	지거·등	지거·등	〈거든(이음)〉
지거·등	지거·등	지거·든	〈거든(서술)〉
지건·대	지길·래	지길·래	〈길래〉
지걸·래	·지·길·래〈문〉	지길·래	〈길래〉
지는·데	·지·는·데〈문〉	지는·데	〈는데〉
지는·가	·지·는·가〈문〉	지는·가	〈는가〉
지는·고	·지·는·고〈문〉	지는·고	〈는가〉
지는갑·다	·지·는·갑·다〈문〉	지는갑·다	〈는가보다〉
지는가·베	·지·는·가·베〈문〉	지는가·베	〈는가보다〉

지는·기·요	·집·니·꺼〈(문)〉	집니·까	〈는거요(물음)〉
지니·라	·지·니·라〈(문)〉	지니·이·라	〈는 것이다〉
지거·나	·지·거·나〈(문)〉	지기·나	〈거나〉
지거·등	·지·거·등〈(문)〉	지거·등	〈거든(이음)〉
지거·등	·지·거·등〈(문)〉	지거·든	〈거든(서술)〉
지건·대	·지·길·래〈(문)〉	지길·래	〈길래〉
지걸·래	·지·길·래〈(문)〉	지길·래	〈길래〉
지더·나	·지·더·나〈(문)〉	지더·나	〈더냐〉
지더·노	·지·더·노〈(문)〉	지더·노	〈더냐〉
지더·라	·지·더·라〈(문)〉	지더·라	〈더라〉
지던·가	·지·던·가〈(문)〉	지던·가	〈던가〉
지던·고	·지·던·고〈(문)〉	지던·공	〈던가〉
지던·고	·지·던·고〈(문)〉	지던·강	〈던가〉
지던·고	·지·던·고〈(문)〉	지던·고	〈던가〉
지던갑·다	·지·던·갑·다〈(문)〉	지던갑·다	〈던가보다〉
지든·지	지든·지	지든·지	〈든지〉
지건마·는	지건마·는	진·다#마·는	〈건마는〉
지거마·는	진·다#마·는	진·다#마·는	〈건마는〉
지는구·나	지는구·나	지는구·나	〈는구나〉
지거들·랑	지거들·랑	지거·들·랑	〈거들랑〉
지거·들·랑	지거들·랑	지거·들·랑	〈거들랑〉
질라	질·라	질·라	〈을라〉
질라·꼬	질라·꼬	질라·꼬	〈으려고〉
질·라·꼬	질·라·꼬	질·라·꼬	〈으려고〉
질라·몬	질라·모	질라·만	〈으려면〉
질·라·모	질·라·모	질·라·마	〈으려면〉
질·라#카·모	질·라#쿠·모	질·라#카·마	〈으려면〉
질·라#카·모	질라쿠·모	질·라#카·마	〈으려면〉
진	진	진	〈은〉
질	질	질	〈을〉
짐	짐	*짐	〈음〉
지·게	지·게	지·게	〈게(이음)〉
지·기	지·기	지·기	〈게(이음)〉
지·까	지·까	지·까	〈을까〉
지·꼬	지·꼬	지·꼬	〈을까〉
지·나	지·나	지·나	〈으나〉
지·라	지·라	지·라	〈으라(시킴), 인용〉
지·로	지·로	지·로	〈으러〉
지·모	지·모	지·마	〈으면〉
지·몬	지·모	지·만	〈으면〉
지·세	지·세	지·세	〈으세〉

지·자	지·자	지·자	〈자(이끎)〉
지·자·이	지·자·이	지·재·이	〈자(이끎)〉
지·제	지·제	지·지	〈지(물음)〉
지·지	지·지	지·지	〈지(시킴)〉
지·지	지·지	지·지	〈지(이음)〉
지·지	지·지	지·지	〈지(서술)〉
지·지·예	지·지·예	지·지·요	〈지요(시킴)〉
진·들	진·들	진·들	〈은들〉
지·나·따·나	지·나#따·나	지·나#따·나	〈아지라도〉
지거·로	지거·로	지구·로	〈게〉
지겄·다	지겄·다	지겠·다	〈겠다〉
지께·에	지께·에	지께·에	〈마, 겠다〉
지께·에	지께·에	지께·에	〈마, 겠다〉
지끄·마	지끄·마	지꾸·마	〈마, 겠다〉
지나·마	지나·마	지·나·마	〈으나마〉
지·나·마	지·나·마	지·나·마	〈으나마〉
지·라·꼬	지·라·꼬	지·라·꼬	〈으라고(물음)〉
지라·꼬	지라·꼬	지라·꼬	〈으라고(물음)〉
지·이	지·이	지·이	〈으니(이음)〉
지·이	지·니	지·니	〈으니(이음)〉
지·이·꺼·네	지·이·께·나	지·이·께·네	〈으니까〉
지·이·께	지·이·께	지·이·께	〈으니까〉
지·이·께	징·께	징·게	〈으니까〉
지·이·께·에	지·잉·께	지·이·께	〈으니까〉
지·이·께·에	지·이·께·에	징·이·께·에	〈으니까〉
지·이·께·에	지·이·께·에	징·이·께·에	〈으니까〉
지이께·에	지·이·께	지·이·께	〈으니까〉
지이께·에	지이께·에	지·이·께	〈으니까〉
지·나·따·나	지·나#따·나	지·나#따·나	〈으나마〉
지·나·따·나	지·나·따·나	지·나#따·나	〈으나마〉
질수·록	질수·록	질·수·록	〈을수록〉
질·수·록	질·수·록	질·수·록	〈을수록〉
질수·록	질수·룩	질·수·록	〈을수록〉
질·수·록	질·수·룩	질·수·록	〈을수록〉
질망·정	질망·정	질망·정	〈을망정〉
질꺼·로	질꺼·얼	질꺼·얼	〈을걸〉
질꺼·로	질꺼·로	질꺼·로	〈을걸〉
질꺼·로	질꺼·를	질꺼·를	〈을걸〉
질끼·잉·께	질끼·이·께·에	질끼·이·께	〈을테니까〉
질끼·이·께·에	질끼·이·께·에	질끼·이·께	〈을테니까〉
질끼·이·께·에	질끼·이·께·에	질끼·이·께	〈을테니까〉

질끼·이·께	질끼·이·께	질끼·이·께	〈을테니까〉
질끼·이·께	질끼·이·께	질끼·잉·게	〈을테니까〉
지라·몬	지·라·모	지·라·만	〈으라면〉
지·라·모	지·라#쿠·모	지·라#카·마	〈으라면〉
지도·록	지도·록	지드·록	〈도록〉
지·도·록	지·도·록	지·드·록	〈도록〉
지·기·로·서·이	지·기·로·서·니	지·기·로·서·니	〈기로지니〉
지·기·로·서·이	지·기·로·서·이	지·기·로·서·이	〈기로지니〉
지기·로·서·이	지기·로·서·니	지기·로·서·니	〈기로서니〉
지기·로·서·이	지기·로·서·이	지기·로·서·이	〈기로서니〉
지·기·로·서·이	지·기·로#서·니	지·기·로#서·니	〈기로지니〉
지·기·로·서·이	지·기·로#서·이	지·기·로#서·이	〈기로지니〉
지기·로·서·이	지기·로#서·니	지기·로#서·니	〈기로서니〉
지기·로·서·이	지기·로#서·이	지기·로#서·이	〈기로서니〉
지고	지고	지고	〈고(이음)〉
지·고	지·고	지·고	〈고(이음)〉

(366)

고성 방언	성주 방언	창원 방언	씨끝의
나가·다	나가·다	나가·다	표준말
/$H^{2}_{\boxed{L}-1}$·M/	/H^{2}_{L-1}·M/	/H^{2}_{L-1}·M	풀이
:[나]·간·다	·[나]·간·다	:나·간·다	〈는다〉
:[나]·갑·니·까	·[나]·갑·니·까	:나·갑·디·꺼	〈읍니까〉
:[나]·갑·니·꺼	·[나]·갑·니·까	:나·갑·니·꺼	〈읍니까〉
:[나]·갑·니·다	·[나]·갑·니·다	:나·갑·니·더	〈읍니다〉
:[나]·갑·니·더·이	·[나]·갑·니·다	:나·갑·니·더	〈읍니다〉
:[나]·갑·디·까	·[나]·갑·디·이·까	:나·갑·디·까	〈읍디까〉
:[나]·갑·디·까	·[나]·갑·디·까	:나·갑·디·까	〈읍디까〉
:[나]·갑·디·꺼	·[나]·갑·디·이·까	:나·갑·디·까	〈읍디까〉
:[나]·갑·디·꺼	·[나]·갑·디·까	:나·갑·디·꺼	〈읍디까〉
:[나]·갑·디·다	·[나]·갑·디·이·다	:나·갑·디·더	〈읍디다〉
:[나]·갑·디·다	·[나]·갑·디·다	:나·갑·디·더	〈읍디다〉
:[나]·갑·디·더	·[나]·갑·디·이·다	:나·갑·디·더	〈읍디다〉
:[나]·갑·디·더	·[나]·갑·디·이·다	:나·갑·디·더	〈읍디다〉
:[나]·갑·디·더	·[나]·갑·디·다	:나·갑·디·더	〈읍디다〉
:[나]·갑·디·더	·[나]·갑·디·다	:나·갑·디·더	〈읍디다〉
:[나]·갑·시·다	·[나]·갑·시·다	:나·갑·시·더	〈읍시다〉
:[나]·갑·시·더	·[나]·갑·시·다	:나·갑·시·더	〈읍시다〉
:[나]·갑·시·더·이	·[나]·갑·시·다	:나·갑·시·더·이	〈읍시다〉
:[나]·가·거·라	·[나]·가·거·라	:나·가·거·라	〈거라〉
:[나]·가·건·마·는	·[나]·가·다#마·는	:나·가·거·마·는	〈건마는〉
:[나]·간·다#마·는	·[나]·간·다#마·는	:나·가·건·마·는	〈건마는〉

:나·가·길·래	·나·가·길·래	:나·가·걸·래	〈길래〉
:나·가·네	·나·가·네	:나·가·네	〈네(서술)〉
:나·가·니·라	·나·가·니·라	:나·가·니·라	〈는 것이다〉
:나·가·니·라	·나·가·니·이·라	:나·가·니·라	〈는 것이다〉
:나·가·는	·나·가·는	:나·가·는	〈는〉
:나·가·는·가	·나·가·는·가	:나·가·는·가	〈는가〉
:나·가·는·고	·나·가·는·고	:나·가·는·고	〈는가〉
:나·가·는·갑·다	·나·가·는·갑·다	:나·가·는·갑·다	〈는가보다〉
:나·가·구·나	·나·가·는·구·나	:나·가·는·구·나	〈는구나〉
:나·가·는·구·나	·나·가·는·구·나	:나·가·는·구·나	〈는구나〉
:나·간·다	·나·간·다	:나·간·다	〈는다〉
:나·가·는·데	·나·가·는·데	:나·가·는·데	〈는데〉
:나·가·나	·나·가·나	:나·가·나	〈니(물음)〉
:나·가·노	·나·가·노	:나·가·노	〈니(물음)〉
:나·가·더·나	·나·가·더·나	:나·가·더·나	〈더냐〉
:나·가·더·노	·나·가·더·노	:나·가·더·노	〈더냐〉
:나·가·더·라	·나·가·더·라	:나·가·더·라	〈더라〉
:나·가·더·라·꼬	·나·가·더·라·꼬	:나·가·더·라·꼬	〈더라고〉
:나·가·더·라·도	·나·가·더·래·도	:나·가·더·라·도	〈더라도〉
:나·가·던·가	·나·가·던·가	:나·가·던·가	〈던가〉
:나·가·던·고	·나·가·던·고	:나·가·던·고	〈던가〉
:나·가·덩·갑·다	·나·가·덩·갑·다	:나·가·덩·갑·다	〈던가보다〉
:나·가·데·에	·나·가·데	:나·가·데	〈데(〈더이)〉
:나·가·도	·나·가·도	:나·가·도	〈도〉
:나·가·든·가	·나·가·든·가	:나·가·든·가	〈든가〉
:나·가·소	·나·가·소	:나·가·소	〈소(시킴)〉
:나·가·십·시·더	·나·가·십·시·다	:나·가·십·시·더	〈으십시다〉
:나·가·입·시·더	·나·가·입·시·다	:나·가·입·시·더	〈으십시다〉
:나·가·입·시·더·이	·나·가·입·시·다	:나·가·입·시·더·이	〈으십시다〉
:나·가	·나·가	:나·가	〈아(서술)〉
:나·가	·나·가	:나·가	〈아(어찌)〉
:나·가·도	·나·가·도	:나·가·도	〈아도〉
:나·가·서	·나·가·서	:나·가·서	〈아서〉
:나·가·야	·나·가·야	:나·가·야	〈아야〉
:나·갔·다	·나·갔·다	:나·갔·다	〈았다〉
:나·갔·는·갑·다	·나·갔·는·갑·다	:나·갔·는·갑·다	〈았는가보다〉
:나·갔·던·갑·다	·나·갔·던·갑·다	:나·갔·던·갑·다	〈았던가보다〉
:나·가·요	·나·가·요	:나·가·요	〈요(물음)〉
:나·갈·라#쿠·모	·나·갈·라#카·마	:나·갈·라	〈으려면〉
:나·갈·라·모	·나·갈·라·마	:나·갈·라·모	〈으려면〉
:나·갈·라·모	·나·갈·라·만	:나·갈·라·몬	〈으려면〉

:[나]·가·시·니	·[나]·가·시·니	:나·가·시·이	〈으시니〉
:[나]·가·시·이	·[나]·가·시·이	:나·가·시·이	〈으시니〉
:[나]·가·시·이·께·네	·[나]·가·시·이·께·네	:나·가·시·이·께·네	〈으시니까〉
:[나]·가·시·이·께·에	·[나]·가·시·잉·게	:나·가·시·이·께	〈으시니까〉
:[나]·가·싱·께	·[나]·가·싱·게	:나·가·시·이·께	〈으시니까〉
:[나]·가·이·소	·[나]·가·이·소	:나·가·이·소	〈으시오〉
:[나]·가·시·지	·[나]·가·시·지	:나·가·시·지	〈으시지(시킴)〉
:[나]·가·신·다	·[나]·가·신·다	:나·갑·신·다	〈으신다〉
:[나]·가·십·니·까	·[나]·가·십·니·까	:나·가·십·니·꺼	〈으십니까〉
:[나]·가·십·니·꺼	·[나]·가·십·니·까	:나·가·십·니·꺼	〈으십니까〉
:[나]·가·시·이·소	·[나]·가·시·이·소	:나·가·시·이·소	〈으십시오〉
:[나]·간	·[나]·간	:나·간	〈은〉
:[나]·갔·는	·[나]·갔·는	:나·갔·는	〈은〉
:[나]·갈·라	·[나]·갈·라	:나·갈·라	〈을라〉
:[나]·갑·니·더	나갑니·다	:나·갑·니·더	〈읍니다〉
:[나]·가·거·등	나가거·등	:나·가·거·등	〈거든(서술)〉
:[나]·가·거·등	나가거·등	:나·가·거·등	〈거든(이음)〉
:[나]·가·거·들·랑	나가거·들·랑	:나·가·거·들·랑	〈거들랑〉
:[나]·가·길·래	나가길·래	:나·가·길·래	〈길래〉
:[나]·가·더·라	나가더·라	:나·가·더·라	〈더라〉
:[나]·가·거·라	나가·라	:나·가·이·라	〈아라〉
:[나]·갈·라·모	나갈라·마	:나·갈·라·모	〈으려면〉
:[나]·갈·라·모	나갈라·만	:나·갈·라·몬	〈으려면〉
:[나]·가·시·이·소	나가시·이·소	:나·가·시·이·소	〈으십시오〉
나간	나간	:나·간	〈은〉
나갈	나갈	나갈	〈을〉
나가거·나	나가기·나	:나·가·거·나	〈거나〉
나가거·라	나가거·라	:나·가·거·라	〈거라〉
나가·게	나가·게	나가·게	〈게(이음)〉
나가·기	나가·기	나가·기	〈게(이음)〉
나가거·로	나가구·로	나가거·로	〈게〉
나가겄·다	나가겠·다	나가겄·다	〈겠다〉
나가·까	나가·까	나가·까	〈을까〉
나가·꼬	나가·꼬	나가·꼬	〈을까〉
나가도·록	나가·드·록	나가도·록	〈도록, 게〉
나가도·록	나가드·록	나가도·록	〈도록, 게〉
나가도·록	나가·드·록	나가·도·록	〈도록〉
나가도·록	나가드·록	나가도·록	〈도록〉
나가·라	나가·라	나가·라	〈으라(시킴), 인용〉
나가라·꼬	나가·라·꼬	나가·라·꼬	〈으라고(물음)〉
나가·라#쿠·모	나가·라#카·마	나가·라#카·모	〈으라면〉

나가·라#쿠·모	나가·라#카·만	나가·라#카·몬	〈으라면〉
나가라·모	나가·라·마	나가·라·모	〈으라면〉
나가라·모	나가·라·만	나가라·몬	〈으라면〉
나가께·에	나가께·에	나가께·에	〈마,겠다〉
나가께·에	나가께·에	나가께·에	〈마,겠다〉
나가끄·마	나가꾸·마	나가끄·마	〈마,겠다〉
나가·자·이	나가·재·이	나가·자·이	〈아라(시킴)〉
나가·나	나가·나	나가·나	〈으나〉
나가·니	나가·니	나가·이	〈으니(이음)〉
나가·이	나가·이	나가·이	〈으니(이음)〉
나강·께	나강·게	나가·이·께·에	〈으니까〉
나가·이·께·나	나가·이·께·네	나가이·꺼·네	〈으니까〉
나가·이·께·에	나가·이·께	나가이께·에	〈으니까〉
나가잉께·에	나가·이·께	나가이께·에	〈으니까〉
나강께·나	나가·이·께·네	나가이·꺼·네	〈으니까〉
나가·이·께	나가·잉·게	나가·이·께	〈으니까〉
나강께·에	나가·이·께	나가·이·께	〈으니까〉
나가라·꼬	나가·라·꼬	나가·라·꼬	〈으라고(물음)〉
나가·모	나가·마	나가·모	〈으면〉
나가·모	나가·만	나가·몬	〈으면〉
나가·세	나가·세	나가·세	〈으세〉
나간·들	나간·들	나간·들	〈은들〉
나갈꺼·로	나갈꺼·로	나갈꺼·로	〈을걸〉
나갈꺼·를	나갈꺼·를	나갈꺼·로	〈을걸〉
나갈꺼·얼	나갈꺼·얼	나갈꺼·로	〈을걸〉
나가·까	나가·까	나가·까	〈을까〉
나가·꼬	나가·꼬	나가·꼬	〈을까〉
나갈망·정	나갈망·정	나갈망·정	〈을망정〉
나갈수·록	나갈·수·록	나갈·수·록	〈을수록〉
나갈수·룩	나갈·수·록	나갈·수·록	〈을수록〉
나갈·수·록〈㊫〉	나갈·수·록	나갈수·록	〈을수록〉
나가·자·이	나가·재·이	나가·자·이	〈자(이끎)〉
나가·자	나가·자	나가·자	〈자(이끎)〉
나가·제	나가·지	나가·제	〈지(물음)〉
나가·지	나가·지	나가·지	〈지(서술)〉
나가·지	나가·지	나가·지	〈지(시킴)〉
나가·지	나가·지	나가·지	〈지(이음)〉
나가기·로#서·니	나가·기·로·서·니	나가·기·로·서·이	〈기로서니〉
나가기·로#서·이	나가·기·로·서·이	나가·기·로·서·이	〈기로서니〉
나가기·로#서·니	나가기·로·서·니	나가기·로·서·이	〈기로서니〉
나가기·로#서·이	나가기·로·서·이	나가기·로·서·이	〈기로서니〉

나가기·로#서·이	나가·기·로#서·이	나가·기·로·서·이	〈기로서니〉
나가기·로#서·이	나가기·로#서·이	나가기·로·서·이	〈기로서니〉
나가기·로#서·니	나가·기·로#서·니	나가·기·로·서·이	〈기로서니〉
나가기·로#서·니	나가기·로#서·니	나가기·로·서·이	〈기로서니〉
나가고	나가고	나가고	〈고(이음)〉
나가구	나가고	나가고	〈고(이음)〉
나가·고	나가·고	나가·고	〈고(이음)〉

(367)

고성 방언	성주 방언	창원 방언	씨끝의
나오·다	나오·다	나오·다	표준말
/$H^{2}_{\boxed{L}-1}$·M/	/$H^{2}_{\boxed{L}-1}$·M/	/H^{2}_{L-1}·M/	풀이
:[나]·온·다	·[나]·온·다	:나·온·다	〈는다〉
:[나]·옵·니·까	·[나]·옵·니·까	:나·옵·디·꺼	〈옵니까〉
:[나]·옵·니·꺼	·[나]·옵·니·까	:나·옵·니·꺼	〈옵니까〉
:[나]·옵·니·다	·[나]·옵·니·다	:나·옵·니·더	〈옵니다〉
:[나]·옵·니·더	·[나]·옵·니·다	:나·옵·니·더	〈옵니다〉
:[나]·옵·디·까	·[나]·옵·디·이·까	:나·옵·디·까	〈옵디까〉
:[나]·옵·디·까	·[나]·옵·디·까	:나·옵·디·까	〈옵디까〉
:[나]·옵·디·꺼	·[나]·옵·디·이·까	:나·옵·디·까	〈옵디까〉
:[나]·옵·디·꺼	·[나]·옵·디·까	:나·옵·디·꺼	〈옵디까〉
:[나]·옵·디·다	·[나]·옵·디·이·다	:나·옵·디·더	〈옵디다〉
:[나]·옵·디·다	·[나]·옵·디·다	:나·옵·디·더	〈옵디다〉
:[나]·옵·디·더	·[나]·옵·디·이·다	:나·옵·디·더	〈옵디다〉
:[나]·옵·디·더	·[나]·옵·디·다	:나·옵·디·더	〈옵디다〉
:[나]·옵·시·다	·[나]·옵·시·다	:나·옵·시·더	〈옵시다〉
:[나]·옵·시·더	·[나]·옵·시·다	:나·옵·시·더	〈옵시다〉
:[나]·옵·시·더·이	·[나]·옵·시·다	:나·옵·시·더·이	〈옵시다〉
:[나]·온·다#마·는	·[나]·온·다#마·는	:나·온·다·마·는	〈건마는〉
:[나]·오·너·라	·[나]·오·너·라	:나·오·너·라	〈너라〉
:[나]·오·이·라	·[나]·오·너·라	:나·오·이·라	〈너라〉
:[나]·오·네	·[나]·오·네	:나·오·네	〈네(서술)〉
:[나]·오·니·라	·[나]·오·니·라	:나·오·니·라	〈는 것이다〉
:[나]·오·는	·[나]·오·는	:나·오·는	〈는〉
:[나]·오·는·고	·[나]·오·는·고	:나·오·는·고	〈는가〉
:[나]·오·는·갑·다	·[나]·오·는·갑·다	:나·오·는·갑·다	〈는가보다〉
나오는갑·다〈이〉	·[나]·오·는·갑·다	:나·오·는·갑·다	〈는가보다〉
:[나]·오·는·가	·[나]·오·는·가	:나·오·는·가	〈는고〉
:[나]·오·는·구·나	·[나]·오·는·구·나	:나·오·는·구·나	〈는구나〉
:[나]·온·다	·[나]·온·다	:나·온·다	〈는다〉
:[나]·오·는·데	·[나]·오·는·데	:나·오·는·데	〈는데〉
:[나]·오·나	·[나]·오·나	:나·오·나	〈니(물음)〉

:나·오·노	·나·오·노	:나·오·노	〈니(물음)〉
:나·오·더·나	·나·오·더·나	:나·오·더·나	〈더냐〉
:나·오·더·노	·나·오·더·노	:나·오·더·노	〈더냐〉
:나·오·더·라	·나·오·더·라	:나·오·더·라	〈더라〉
:나·오·더·라·꼬	·나·오·더·라·꼬	:나·오·더·라·꼬	〈더라고〉
:나·오·더·라·도	·나·오·더·라·도	:나·오·더·라·도	〈더라도〉
:나·오·던·가	·나·오·던·가	:나·오·던·가	〈던가〉
:나·오·던·고	·나·오·던·고	:나·오·던·고	〈던가〉
:나·오·덩·갑·다	·나·오·덩·갑·다	:나·오·덩·갑·다	〈던가보다〉
:나·오·데	·나·오·데	:나·오·데	〈데(〈더이)〉
:나·와·도	·나·와·도	:나·오·도	〈도〉
:나·오·든·가	·나·오·든·가	:나·오·든·가	〈든가〉
:나·오·소	·나·오·소	:나·오·소	〈소(시킴)〉
:나·오·십·시·더	·나·오·십·시·다	:나·오·십·시·더	〈으십시다〉
:나·오·입·시·더	·나·오·입·시·다	:나·오·입·시·더	〈으십시다〉
:나·오·입·시·더·이	·나·오·입·시·다	:나·오·입·시·더·이	〈으십시다〉
:나·와	·나·와	:나·와	〈아(서술)〉
:나·와	·나·와	:나·와	〈아(어찌)〉
:나·와·도	·나·와·도	:나·와·도	〈아도〉
:나·와·서	·나·와·서	:나·와·서	〈아서〉
:나·와·야	·나·와·야	:나·와·야	〈아야〉
:나·왔·다	·나·왔·다	:나·왔·다	〈았다〉
:나·왔·는·갑·다	·나·왔·는·갑·다	:나·왔·는·갑·다	〈았는가보다〉
:나·왔·던·갑·다	·나·왔·던·갑·다	:나·왔·던·갑·다	〈았던가보다〉
:나·와·요	·나·와·요	:나·오·요	〈요(물음)〉
:나·올·라#쿠·모	·나·올·라#카·마	:나·올·라#카·모	〈으려면〉
:나·올·라·모	·나·올·라·마	:나·올·라·모	〈으려면〉
:나·올·라·모	·나·올·라·만	:나·올·라·몬	〈으려면〉
:나·올·라·쿠·모	·나·올·라#카·마	:나·올·라#카·모	〈으려면〉
:나·오·시·니	·나·오·시·니	:나·오·시·이	〈으시니〉
:나·오·시·이	·나·오·시·이	:나·오·시·이	〈으시니〉
:나·오·시·잉·께	·나·오·시·잉·게	:나·오·시·이·께	〈으시니까〉
:나·오·싱·께	·나·오·싱·게	:나·오·시·이·께	〈으시니까〉
:나·오·이·소	·나·오·이·소	:나·오·이·소	〈으시오〉
:나·오·시·지	·나·오·시·지	:나·오·시·지	〈으시지(시킴)〉
:나·오·신·다	·나·오·신·다	:나·오·신·다	〈으신다〉
:나·오·십·니·까	·나·오·십·니·까	:나·오·십·니·꺼	〈으십니까〉
:나·오·십·니·꺼	·나·오·십·니·까	:나·오·십·니·꺼	〈으십니까〉
:나·오·시·이·소	·나·오·시·이·소	:나·오·시·이·소	〈으십시오〉
:나·왔·는	·나·왔·는	:나·왔·는	〈은〉
:나·올·라·쿤·다	·나·올·라·칸·다	:나·올·라	〈을라〉

:[나]·읍·니·꺼	나읍니·까	:나·읍·니·꺼	〈읍니까〉
:[나]·읍·니·다	나읍니·다	:나·읍·니·더	〈읍니다〉
:[나]·읍·니·더	나읍니·다	:나·읍·니·더	〈읍니다〉
:[나]·오·거·등	나오거·등	:나·오·거·등	〈거든(이음)〉
:[나]·오·니·라	나오니·라	:나·오·니·라	〈는 것이다〉
:[나]·오·이·라	나오·라	:나·오·이·라	〈아라〉
나오건#마는	·[나]·오·다#마·는	:나·오·건·마·는	〈건마는〉
나오더·나	·[나]·오·더·나	:나·오·더·나	〈더냐〉
나오덩갑·다	·[나]·오·덩·갑·다	:나·오·덩·갑·다	〈던가보다〉
나왔던갑·다〈(문)〉	·[나]·왔·던·갑·다	:나·왔·던·갑·다	〈았던가보다〉
나올라쿠·모	·[나]·올·라#카·마	:나·올·라#카·모	〈으려면〉
나온	나온	:나·온	〈은〉
나올	나올	나올	〈을〉
나오거·나	나오기·나	:나·오·거·나	〈거나〉
나오거·등	나오거·등	:나·오·거·등	〈거든(서술)〉
나오거·들·랑	나오거·들·랑	:나·오·거·들·랑	〈거들랑〉
나오·게	나오·게	나오·게	〈게(이음)〉
나오·기	나오·기	나오·기	〈게(이음)〉
나오거·로	나오구·로	나오거·로	〈게〉
나오겄·다	나오겠·다	나오겄·다	〈겠다〉
나오길·래	나오길·래	:나·오·걸·래	〈길래〉
나오·까	나오·까	나오·까	〈을까〉
나오·꼬	나오·꼬	나오·꼬	〈을까〉
나오너·라	나온너·라	:나·오·너·라	〈너라〉
나온·나	나온·나	나온·나	〈너라〉
나오·도·록	나오·드·록	나오·도·록	〈도록, 게〉
나오도·록	나오드·록	나오도·록	〈도록, 게〉
나오도·록	나오·드·록	나오·도·록	〈도록〉
나오도·록	나오드·록	나오도·록	〈도록〉
나오·라	나오·라	나오·라	〈으라(시킴, 인용)〉
나오·라	나오·라	나오·라	〈으라(시킴, 인용)〉
나오라·꼬	나오·라·꼬	나오·라·꼬	〈으라고(물음)〉
나오·라#쿠·모	나오·라#카·마	나오·라#카·모	〈으라면〉
나오·라·모	나오·라·마	나오·라·모	〈으라면〉
나오라·모	나오·라·만	나오라·몬	〈으라면〉
나오께·에	나오께·에	나오께·에	〈마, 겠다〉
나오께·에	나오께·에	나오께·에	〈마, 겠다〉
나오끄·마	나오꾸·마	나오끄·마	〈마, 겠다〉
나오·자·이	나오·재·이	나오·자·이	〈아라(시킴)〉
나왔는갑·다〈(문)〉	나왔는·갑·다	:나·왔·는·갑·다	〈았는가보다〉
나오·나	나오·나	나오·나	〈으나〉

나오·니	나오·니	나오·이	〈으니(이음)〉
나오·니	나오·니	나오·이	〈으니(이음)〉
나오·이	나오·이	나오·이	〈으니(이음)〉
나오·이·께	나옹·게	나오·이·께	〈으니까〉
나오·이·께·에	나옹·게	나오·이·께·에	〈으니까〉
나오·이·께·에	나옹·게	나오·이·께·에	〈으니까〉
나옹·께	나옹·게	나오·이·께	〈으니까〉
나옹께·에	나옹·게	나오·이·께·에	〈으니까〉
나오·이·께·나	나오·이·께·네	나오이·꺼·네	〈으니까〉
나옹·께	나옹·게	나오·이·께	〈으니까〉
나오·이·께	나오·잉·게	나오·이·꺼·네	〈으니까〉
나오라·꼬	나오·라·꼬	나오·라·꼬	〈으라고(물음)〉
나오라·꼬	나오·라·꼬	나오라·꼬	〈으라고(물음)〉
나오·모	나오·마	나오·모	〈으면〉
나오·모	나오·만	나오·몬	〈으면〉
나오·세	나오·세	나오·세	〈으세〉
나온	나온	:나·온(〈·았＋는)	〈은〉
나온·들	나온·들	나온·들	〈은들〉
나올꺼·로	나올꺼·로	나올꺼·로	〈을걸〉
나올꺼·르	나올꺼·를	나올꺼·로	〈을걸〉
나올꺼·를	나올꺼·를	나올꺼·로	〈을걸〉
나올꺼·얼	나올꺼·얼	나올꺼·로	〈을걸〉
나오·까	나오·까	나오·까	〈을까〉
나오·꼬	나오·꼬	나오·꼬	〈을까〉
나올망·정	나올망·정	나올망·정	〈을망정〉
나올·수·룩	나올·수·록	나올·수·록	〈을수록〉
나올수·룩	나올·수·록	나올·수·록	〈을수록〉
나올·수·록	나올·수·록	나올수·록	〈을수록〉
나올수·록	나올·수·록	나올수·록	〈을수록〉
나오·자·이	나오·재·이	나오·자·이	〈자(이끎)〉
나오·자	나오·자	나오·자	〈자(이끎)〉
나오·제	나오·지	나오·제	〈지(물음)〉
나오·지	나오·지	나오·지	〈지(서술)〉
나오·지	나오·지	나오·지	〈지(시킴)〉
나오·지	나오·지	나오·지	〈지(이음)〉
나오기·로#서·니	나오·기·로·서·니	나오·기·로·서·이	〈기로서니〉
나오는구·나	나오는#구·나	:나·오·는·구·나	〈는구나〉
나오기·로#서·이	나오·기·로·서·이	나오·기·로·서·이	〈기로서니〉
나오기·로#서·니	나오기·로·서·니	나오기·로·서·이	〈기로서니〉
나오기·로#서·이	나오기·로·서·이	나오기·로·서·이	〈기로서니〉
나오기·로#서·이	나오·기·로#서·이	나오·기·로·서·이	〈기로서니〉

나오기·로#서·이	나오기·로#서·이	나오기·로·서·이	〈기로서니〉
나오기·로#서·니	나오·기·로#서·니	나오·기·로·서·이	〈기로서니〉
나오기·로#서·니	나오기·로#서·니	나오기·로·서·이	〈기로서니〉
나오고	나오고	나오고	〈고(이음)〉
나오구	나오고	나오고	〈고(이음)〉
나오·고	나오·고	나오·고	〈고(이음)〉

(368)

고성 방언	성주 방언	창원 방언	씨끝의
가보·다	가보·다	가보·다	표준말
$/H^{2}_{\boxed{L}\text{-}1}\cdot M/$	$/H^{2}_{\boxed{L}\text{-}1}\cdot M/$	$/H^{2}_{L\text{-}1}\cdot M/$	풀이
:[가]·본·다	·[가]·본·다	:가·본·다	〈는다〉
:[가]·봅·니·까	·[가]·봅·니·까	:가·봅·디·꺼	〈읍니까〉
:[가]·봅·니·꺼	·[가]·봅·니·까	:가·봅·니·꺼	〈읍니까〉
:[가]·봅·니·다	·[가]·봅·니·다	:가·봅·니·더	〈읍니다〉
:[가]·봅·니·더	·[가]·봅·니·다	:가·봅·니·더	〈읍니다〉
:[가]·봅·디·까	·[가]·봅·디·이·까	:가·봅·디·까	〈읍디까〉
:[가]·봅·디·까	·[가]·봅·디·까	:가·봅·디·까	〈읍디까〉
:[가]·봅·디·꺼	·[가]·봅·디·이·까	:가·봅·디·까	〈읍디까〉
:[가]·봅·디·꺼	·[가]·봅·디·까	:가·봅·디·꺼	〈읍디까〉
:[가]·봅·디·다	·[가]·봅·디·이·다	:가·봅·디·더	〈읍디다〉
:[가]·봅·디·더	·[가]·봅·디·이·다	:가·봅·디·더	〈읍디다〉
:[가]·봅·디·더	·[가]·봅·디·다	:가·봅·디·더	〈읍디다〉
:[가]·봅·시·다	·[가]·봅·시·다	:가·봅·시·더	〈읍시다〉
:[가]·봅·시·더	·[가]·봅·시·다	:가·봅·시·더	〈읍시다〉
:[가]·봅·시·더·이	·[가]·봅·시·다	:가·봅·시·더·이	〈읍시다〉
:[가]·바·아·라	·[가]·바·아·라	:가·바·아·라	〈거라〉
:[가]·본·다#마·는	·[가]·본·다#마·는	:가·보·건·마·는	〈건마는〉
:[가]·본·다#마·는	·[가]·본·다#마·는	:가·보·건·마·는	〈건마는〉
:[가]·보·길·래	·[가]·보·길·래	:가·보·길·래	〈길래〉
:[가]·보·네	·[가]·보·네	:가·보·네	〈네(서술)〉
:[가]·보·니·라	·[가]·보·니·라	:가·보·니·라	〈는 것이다〉
:[가]·보·니·라	·[가]·보·니·이·라	:가·보·니·라	〈는 것이다〉
:[가]·보·는	·[가]·보·는	:가·보·는	〈는〉
:[가]·보·는·가	·[가]·보·는·가	:가·보·는·가	〈는가〉
:[가]·보·는·고	·[가]·보·는·고	:가·보·는·고	〈는가〉
:[가]·보·는·갑·다	·[가]·보·는·갑·다	:가·보·는·갑·다	〈는가보다〉
:[가]·보·는·구·나	·[가]·보·는·구·나	:가·보·구·나	〈는구나〉
:[가]·보·는·구·나	·[가]·보·는·구·나	:가·보·는·구·나	〈는구나〉
:[가]·본·다	·[가]·본·다	:가·본·다	〈는다〉
:[가]·보·는·데	·[가]·보·는·데	:가·보·는·데	〈는데〉
:[가]·보·나	·[가]·보·나	:가·보·나	〈니(물음)〉

:[가]·보·노	·[가]·보·노	:가·보·노	〈니(물음)〉
:[가]·보·더·나	·[가]·보·더·나	:가·보·더·나	〈더냐〉
:[가]·보·더·노	·[가]·보·더·노	:가·보·더·노	〈더냐〉
:[가]·보·더·라	·[가]·보·더·라	:가·보·더·라	〈더라〉
:[가]·보·더·라·꼬	·[가]·보·더·라·꼬	:가·보·더·라·꼬	〈더라고〉
:[가]·보·더·라·도	·[가]·보·더·라·도	:가·보·더·라·도	〈더라도〉
:[가]·보·던·가	·[가]·보·던·가	:가·보·던·가	〈던가〉
:[가]·보·던·고	·[가]·보·던·고	:가·보·던·고	〈던가〉
:[가]·보·덩·갑·다	·[가]·보·덩·갑·다	:가·보·덩·갑·다	〈던가보다〉
:[가]·보·데·에	·[가]·보·데·에	:가·보·데·에	〈데(〈더이)〉
:[가]·바·아·도	·[가]·바·아·도	:가·바·아·도	〈도〉
:[가]·보·든·가	·[가]·보·든·가	:가·보·든·가	〈든가〉
:[가]·보·십·시·더	·[가]·보·십·시·다	:가·보·십·시·더	〈으십시다〉
:[가]·보·입·시·더	·[가]·보·입·시·다	:가·보·입·시·더	〈으십시다〉
:[가]·보·입·시·더·이	·[가]·보·입·시·다	:가·보·입·시·더·이	〈으십시다〉
:[가]·바·아	·[가]·바·아	:가·바·아	〈아(서술)〉
:[가]·바·아	·[가]·바·아	:가·바·아	〈아(어찌)〉
:[가]·바·아·도	·[가]·바·아·도	:가·바·아·도	〈아도〉
:[가]·바·아·라	·[가]·바·아·라	:가·바·아·라	〈아라〉
:[가]·바·아·서	·[가]·바·아·서	:가·바·아·서	〈아서〉
:[가]·바·아·야	·[가]·바·아·야	:가·바·아·야	〈아야〉
:[가]·바·았·다	·[가]·바·았·다	:가·바·았·다	〈았다〉
:[가]·바·았·는·갑·다	·[가]·바·았·는·갑·다	:가·바·았·는·갑·다	〈았는가보다〉
:[가]·바·았·던·갑·다	·[가]·바·았·던·갑·다	:가·바·았·던·갑·다	〈았던가보다〉
:[가]·보·요	·[가]·바·아·요	:가·보·요	〈요(물음)〉
:[가]·볼·라#쿠·모	·[가]·볼·라#카·마	:가·볼·라#카·몬	〈으려면〉
:[가]·볼·라·모	·[가]·볼·라·마	:가·볼·라·몬	〈으려면〉
:[가]·보·시·니	·[가]·보·시·니	:가·보·시·이	〈으시니〉
:[가]·보·시·이	·[가]·보·시·이	:가·보·시·이	〈으시니〉
:[가]·보·시·이·께	·[가]·보·시·잉·게	:가·보·시·이·께	〈으시니까〉
:[가]·보·싱·께	·[가]·보·시·이·께	:가·보·시·이	〈으시니까〉
:[가]·보·이·소	·[가]·보·이·소	:가·보·이·소	〈으시오〉
:[가]·보·신·다	·[가]·보·신·다	:가·보·신·다	〈으신다〉
:[가]·보·십·니·까	·[가]·보·십·니·까	:가·보·십·니·꺼	〈으십니까〉
:[가]·보·십·니·꺼	·[가]·보·십·니·까	:가·보·십·니·꺼	〈으십니까〉
:[가]·보·시·이·소	·[가]·보·시·이·소	:가·보·시·이·소	〈으십시오〉
:[가]·바·았·는	·[가]·바·았·는	:가·바·았·는	〈은〉
:[가]·볼·라·쿤·다	·[가]·볼·라·칸·다	:가·볼·라·칸·다	〈을라〉
:[가]·봅·니·다	가봅니·다	:가·봅·니·더	〈읍니다〉
:[가]·봅·니·더	가봅니·다	:가·봅·니·더	〈읍니다〉
:[가]·봅·디·다	가봅디·이·다	:가·봅·디·더	〈읍디다〉

:[가]·봅·디·다	가봅디·다	:가·봅·디·더	〈읍디다〉
:[가]·보·거·등	가보거·등	:가·보·거·등	〈거든(이음)〉
:[가]·보·거·들·랑	가보거·들·랑	:가·보·거·들·랑	〈거들랑〉
:[가]·보·니·라	가보니·이·라	:가·보·니·라	〈는 것이다〉
:[가]·보·소	가보·소	:가·보·소	〈소(시킴)〉
:[가]·보·이·소	가보이·소	:가·보·이·소	〈으시오〉
:[가]·보·시·이·소	가보시·이·소	:가·보·시·이·소	〈으십시오〉
가봅디·꺼	·[가]·봅·디·까	:가·봅·디·꺼	〈읍디까〉
가보는갑·다	·[가]·보·는·갑·다	:가·보·는·갑·다	〈는가보다〉
가보덩갑·다	·[가]·보·덩·갑·다	:가·보·덩·갑·다	〈던가보다〉
가보시·이·소	·[가]·보·시·지	:가·보·시·지	〈으시지(시킴)〉
가보십니·꺼	·[가]·보·십·니·까	:가·보·십·니·꺼	〈으십니까〉
가볼라쿤·다	·[가]·볼·라·칸·다	:가·볼·라·칸·다	〈을라〉
가본	가본	:가·본	〈은〉
가볼	가볼	가볼	〈을〉
가보거·나	가보기·나	:가·보·거·나	〈거나〉
가보거·나	가보기·나	가보거·나	〈거나〉
가보거·등	가보거·등	:가·보·거·등	〈거든(이음)〉
가보거들·랑	가보거·들·랑	:가·보·거·들·랑	〈거들랑〉
가보·게	가보·게	가보·게	〈게(이음)〉
가보·기	가보·기	가보·기	〈게(이음)〉
가보거·로	가보구·로	가보거·로	〈게〉
가보겠·다	가보겠·다	가보겠·다	〈겠다〉
가보길·래	가보길·래	:가·보·길·래	〈길래〉
가보·까	가보·까	가보·까	〈을까〉
가보·꼬	가보·꼬	가보·꼬	〈을까〉
가보도·록	가보·드·록	가보·도·록	〈도록, 게〉
가보도·록	가보드·록	가보도·록	〈도록, 게〉
가보·라	가보·라	가보·라	〈으라(시킴), 인용〉
가보라·꼬	가보·라·꼬	가보·라·꼬	〈으라고(물음)〉
가보·라#쿠·모	가보·라#카·마	가보·라#카·모	〈으라면〉
가보·라·모	가보·라·마	가보·라·모	〈으라면〉
가보라·모	가보·라·만	가보라·몬	〈으라면〉
가보께·에	가보께·에	가보께·에	〈마, 겠다〉
가보께·에	가보께·에	가보께·에	〈마, 겠다〉
가보끄·마	가보꾸·마	가보끄·마	〈마, 겠다〉
가보·자·이	가보·재·이	가보·자·이	〈아라(시킴)〉
가보·나	가보·나	가보·나	〈으나〉
가보·니	가보·니	가보·이	〈으니(이음)〉
가보·니	가보·니	가보·이	〈으니(이음)〉
가보·이	가보·이	가보·이	〈으니(이음)〉

가보·이·께	가봉·게	가보·이·께	〈으니까〉
가보·이·께·나	가봉·게	가보·이·꺼·네	〈으니까〉
가보·이·께·에	가보·이·께	가보이께·에	〈으니까〉
가봉께·에	가보·이·께·에	가보이께·에	〈으니까〉
가보·옹·께	가보·잉·게	가보·이·꺼·네	〈으니까〉
가보·이·꺼·네	가보·잉·께·네	가보·이·꺼·네	〈으니까〉
가보·라	가보·라	가보·라	〈으라〉
가보·라·꼬〈ⓘ〉	가보·라·꼬	가보·라·꼬	〈으라고(물음)
가보라·꼬	가보·라·꼬	가보·라·꼬	〈으라고(물음)
가보·모	가보·마	가보·모	〈으면〉
가보·모	가보·만	가보·몬	〈으면〉
가보·세	가보·세	가보·세	〈으세〉
가본	가본	가본	〈은〉
가본·들	가본·들	가본·들	〈은들〉
가볼꺼·로	가볼꺼·로	가볼꺼·로	〈을걸〉
가볼꺼·를	가볼꺼·를	가볼꺼·로	〈을걸〉
가볼꺼·얼	가볼꺼·얼	가볼꺼·로	〈을걸〉
가보·까	가보·까	가보·까	〈을까〉
가보·꼬	가보·꼬	가보·꼬	〈을까〉
가볼망·정	가볼망·정	가볼망·정	〈을망정〉
가볼·수·룩	가볼·수·록	가볼·수·록	〈을수록〉
가볼수·룩	가볼·수·록	가볼·수·록	〈을수록〉
가볼·수·록	가볼·수·록	가볼수·록	〈을수록〉
가볼수·록	가볼·수·록	가볼수·록	〈을수록〉
가보·자·이	가보·재·이	가보·자·이	〈자(이끎)〉
가보·자	가보·자	가보·자	〈자(이끎)〉
가보·제	가보·지	가보·제	〈지(물음)〉
가보·지	가보·지	가보·지	〈지(서술)〉
가보·지	가보·지	가보·지	〈지(시킴)〉
가보·지	가보·지	가보·지	〈지(이음)〉
가보기·로#서·이	가보·기·로·서·이	가보·기·로·서·이	〈기로서니〉
가보기·로#서·니	가보기·로·서·니	가보기·로·서·이	〈기로서니〉
가보기·로#서·이	가보기·로·서·이	가보기·로·서·이	〈기로서니〉
가보기·로#서·이	가보·기·로#서·이	가보·기·로·서·이	〈기로서니〉
가보기·로#서·이	가보기·로#서·이	가보기·로·서·이	〈기로서니〉
가보기·로#서·니	가보·기·로#서·니	가보·기·로·서·이	〈기로서니〉
가보기·로#서·니	가보기·로#서·니	가보기·로·서·이	〈기로서니〉
가보고	가보고	가보고	〈고(이음)〉
가보구	가보고	가보고	〈고(이음)〉
가보·고	가보·고	가보·고	〈고(이음)〉

(369)

고성 방언	성주 방언	창원 방언	씨끝의 표준말 풀이
나서·다	나서·다	나서·다	
$/H^{2}_{\boxed{L}-2}\cdot M/$	$/H^{2}_{\boxed{L}-2}\cdot M/$	$/H^{2}_{L-2}\cdot M/$	
:[나]·서·싱·께	·[나]·서·싱·게	:나·서·시·이	〈으시니까〉
:[나]·서	·[나]·서	:나·서	〈아(서술)〉
:[나]·서	·[나]·서	:나·서	〈아(어찌)〉
:[나]·서·도	·[나]·서·도	:나·서·도	〈아도〉
:[나]·서·라	·[나]·서·라	:나·서·라	〈아라〉
:[나]·서·서	·[나]·서·서	:나·서·서	〈아서〉
:[나]·서·야	·[나]·서·야	:나·서·야	〈아야〉
:[나]·섰·다	·[나]·섰·다	:나·섰·다	〈았다〉
:[나]·섰·는·갑·다	·[나]·섰·는·갑·다	:나·섰·는·갑·다	〈았는가보다〉
:[나]·섰·던·갑·다	·[나]·섰·던·갑·다	:나·섰·는·갑·다	〈았는가보다〉
:[나]·서·시·니	·[나]·서·시·니	:나·서·시·이	〈으시니〉
:[나]·서·시·이	·[나]·서·시·이	:나·서·시·이	〈으시니〉
:[나]·섰·는	·[나]·섰·는	:나·섰·는	〈은〉
:[나]·섭·시·더	나섭니·다	나섭니·더	〈읍니다〉
:[나]·서·소	나서·소	나서·소	〈소(시킴)〉
:[나]·섰·응·께	나섰응·게	:나·섰·으·이·께	〈았는가보다〉
:[나]·섰·잉·께	나섰응·게	:나·섰·으·이·께	〈았는가보다〉
:[나]·서·시·지	나서시·지	나서시·지	〈으시지(시킴)〉
:[나]·서·시·이·소	나서시이·소	나서시이·소	〈으십시오〉
:[나]·섭·시·더	나섭시·다	나섭시·더	〈읍시다〉
나서·도	·[나]·서·도	:나·서·도	〈아도〉
나서·서	·[나]·서·서	:나·서·서	〈아서〉
나서·야	·[나]·서·야	:나·서·야	〈아야〉
나설라·꼬	·[나]·설·라·꼬	:나·설·라·꼬	〈으려고〉
나선	나선	나선	〈은〉
나선·다	나선·다	나선·다	〈는다〉
나설	나설	나설	〈을〉
나섭니·까	나섭니·까	나섭니·꺼	〈읍니까〉
나섭니·꺼	나섭니·이·까	나섭니·꺼	〈읍니까〉
나섭니·꺼	나섭니·까	나섭니·꺼	〈읍니까〉
나섭니·더	나섭니·이·다	나섭니·더	〈읍니다〉
나섭니·더	나섭니·다	나섭니·더	〈읍니다〉
나섭니·다	나섭니·이·다	나섭니·더	〈읍니다〉
나섭니·다	나섭니·다	나섭니·더	〈읍니다〉
나섭디·까	나섭·디·까	나섭디·꺼	〈읍디까〉
나섭디·꺼	나섭·디·까	나섭디·꺼	〈읍디까〉
나섭디·다	나섭디·이·다	나섭디·더	〈읍디다〉
나섭디·다	나섭디·다	나섭디·더	〈읍디다〉

나섭디·더	나섭·디·이·다	나섭디·더	〈읍디다〉
나섭시·더	나섭시·다	나섭시·더	〈읍시다〉
나섭시·더·이	나섭시·다	나섭시·더·이	〈읍시다〉
나서거·나	나서기·나	나서거·나	〈거나〉
나서거·등	나서거·등	나서거·등	〈거든(이음)〉
나서거들·랑	나서거·들·랑	나서거들·랑	〈거들랑〉
나서거·라	나서거·라	나서거·라	〈거라〉
나서·게	나서·게	나서·게	〈게(이음)〉
나서·기	나서·기	나서·기	〈게(이음)〉
나서길·래	나서길·래	나서걸·래	〈길래〉
나서·꼬	나서·꼬	나서·꼬	〈을까〉
나서·까	나서·까	나서·까	〈을까〉
나서·네	나서·네	나서·네	〈네(서술)〉
나서니·라	나서니·라	나서니·라	〈는 것이다〉
나서니·라	나서니·이·라	나서니·라	〈는 것이다〉
나서는	나서는	나서는	〈는〉
나서는·가	나서는·가	나서는·가	〈는가〉
나서는·고	나서는·고	나서는·고	〈는가〉
나서는갑·다	나서는갑·다	나서는갑·다	〈는가보다〉
나서는갑·다〈㉻〉	나서는갑·다	나서는갑·다	〈는가보다〉
나서는구·나	나서는구·나	나서구·나	〈는구나〉
나서는구·나	나서는구·나	나서는구·나	〈는구나〉
나선·다	나선·다	나선·다	〈는다〉
나서는·데	나서는·데	나서는·데	〈는데〉
나서·노	나서·노	나서·노	〈니(물음)〉
나서·나	나서·나	나서·나	〈니(물음)〉
나서더·나	나서더·나	나서더·나	〈더냐〉
나서더·노	나서더·노	나서더·노	〈더냐〉
나서더·라	나서더·라	나서더·라	〈더라〉
나서더라·꼬	나서더·라·꼬	나서더·라·꼬	〈더라고〉
나서더라·꼬	나서더라·꼬	나서더·라·꼬	〈더라고〉
나서더라·도	나서더·라·도	나서더라·도	〈더라도〉
나서더라·도	나서더라·도	나서더라·도	〈더라도〉
나서던·가	나서던·가	나서던·가	〈던가〉
나서던·고	나서던·고	나서던·고	〈던가〉
나서덩갑·다〈㉻〉	나서덩갑·다	나서덩갑·다	〈던가보다〉
나서던·데	나서던·데	나서던·데	〈던데〉
나서·데	나서·데	나서·데	〈데(〈더이)〉
나서데·에	나서데·에	나서데·에	〈데(〈더이)〉
나서도·록	나서·드·록	나서·도·록	〈도록〉
나서도·록	나서드·록	나서도·록	〈도록〉

나서든·가	나서든·가	나서든·가	〈든가〉
나서·라·꼬	나서·라·꼬	나서·라·꼬	〈으라고(물음)〉
나서라·꼬	나서·라·꼬	나서·라·꼬	〈으라고(물음)〉
나서·라#쿠·모	나서·라#카·마	나서·라#카·모	〈으라면〉
나서·라·모	나서·라·마	나서·라·모	〈으라면〉
나서·라·모	나서·라·만	나서·라·몬	〈으라면〉
나서라·모	나서·라·마	나서·라·모	〈으라면〉
나서께·에	나서께·에	나서께·에	〈마.겠다〉
나서께·에	나서께·에	나서께·에	〈마.겠다〉
나서끄·마	나서꾸·마	나서끄·마	〈마.겠다〉
나서·소	나서·소	나서·소	〈소(시킴)〉
나서신·다	나서신·다	나서신·다	〈으신다〉
나서십시·더	나서십시·다	나서십시·더	〈으십시다〉
나서·라	나서·라	나서·라	〈아라〉
나서·요	나서·요	나서·요	〈요(서술)〉
나서·요	나서·요	나서·요	〈요(물음)〉
나서·나	나서·나	나서·나	〈으나〉
나서나·마	나서·나·마	나서·나·마	〈으나마〉
나서·니	나서·니	나서·이	〈으니(이음)〉
나서·이	나서·이	나서·이	〈으니(이음)〉
나서·이·께	나성·게	나서·이·께	〈으니까〉
나서·이·께·나	나서·이·께·네	나서·이·꺼·네	〈으니까〉
나서·이·께·나	나서·이·께·네	나서이께·에	〈으니까〉
나서·이·께·에	나서·이·께	나서·이·께·에	〈으니까〉
나서·이·께·에	나서·이·께	나서이께·에	〈으니까〉
나서·엉·께〈문〉	나성·게	나서·이	〈으니까〉
나성·께	나성·게	나서·이	〈으니까〉
나성께·나	나서·이·께·네	나서·이·꺼·네	〈으니까〉
나서·라·꼬〈이〉	나서·라·꼬	나서·라·꼬	〈으라고(물음)〉
나서라·꼬	나서·라·꼬	나서·라·꼬	〈으라고(물음)〉
나설라·꼬	나설·라·꼬	:나·설·라·꼬	〈으려고〉
나설라·꼬	나설·라·꼬	나설·라·꼬	〈으려고〉
나설라·모	나설라·만	:나·설·라·몬	〈으려면〉
나설라·모	나설·라·만	나설라·몬	〈으려면〉
나서·모	나서·만	나서·몬	〈으면〉
나서·모	나서·마	나서·모	〈으면〉
나서·세	나서·세	나서·세	〈으세〉
나서시·니	나서·시·니	:나·서·시·이	〈으시니〉
나서시·이	나서·시·이	:나·서·시·이	〈으시니〉
나서시·이·께	나서시·이·께	나서시·이	〈으시니까〉
나서이·소	나서·이·소	나서·이·소	〈으시오〉

나서이·소	나서이·소	나서이·소	〈으시오〉
나서시·지	나서시·지	나서시·지	〈으시지(시킴)〉
나서시·지	나서시·지	나서시·지	〈으시지(시킴)〉
나서십니·까	나서십니·까	나서십니·꺼	〈으십니까〉
나서십니·꺼	나서십니·까	나서십니·꺼	〈으십니까〉
나서시이·소	나서시·이·소	나서시·이·소	〈으십시오〉
나선	나선	:나·선	〈은〉
나선·들	나선·들	나선·들	〈은들〉
나설꺼·를	나설꺼·를	나설꺼·로	〈을걸〉
나설꺼·로	나설꺼·로	나설꺼·로	〈을걸〉
나설꺼·얼	나설꺼·얼	나설꺼·로	〈을걸〉
나서·까	나서·까	나서·까	〈을까〉
나서·꼬	나서·꼬	나서·꼬	〈을까〉
나설·라	나설·라	나설·라	〈을라〉
나설·라	나설·라	:나·설·라	〈을라〉
나설·라	나설·라	:나·설·라	〈을라〉
나설망·정	나설망·정	나설망·정	〈을망정〉
나설수·록	나설·수·록	나설수·록	〈을수록〉
나설수·룩	나설·수·록	나설·수·록	〈을수록〉
나섭시·더	나섭시·다	나섭시·더	〈읍시다〉
나서·자·이	나서·재·이	나서·자·이	〈자(이끎)
나서·자	나서·자	나서·자	〈자(이끎)〉
나서·제	나서·지	나서·제	〈지(물음)〉
나서·지	나서·지	나서·지	〈지(서술)〉
나서·지	나서·지	나서·지	〈지(시킴)〉
나서·지	나서·지	나서·지	〈지(이음)〉
나선·다#마·는	나선·다#마·는	나서건마·는	〈건마는〉
나선·다#마·는	나선·다#마·는	나서건마·는	〈건마는〉
나서·나#따·나	나서·나#따·나	나서·나·따·나	〈으나마〉
나서·나#따·나	나서·나#따·나	나서·나·따·나	〈으나마〉
나설·라#쿠·모	나설·라#카·만	나설라#카·몬	〈으려면〉
나설·라#쿠·모	나설·라#카·마	나설·라#카·모	〈으려면〉
나설라쿠·모	나설·라#카·마	나설·라#카·모	〈으려면〉
나서기·로#서·니	나서·기·로·서·니	나서·기·로·서·이	〈기로서니〉
나서기·로#서·이	나서·기·로·서·이	나서·기·로·서·이	〈기로서니〉
나서기·로#서·니	나서기·로·서·니	나서기·로·서·이	〈기로서니〉
나서기·로#서·이	나서기·로·서·이	나서기·로·서·이	〈기로서니〉
나서기·로#서·이	나서·기·로#서·이	나서·기·로·서·이	〈기로서니〉
나서기·로#서·이	나서기·로#서·이	나서기·로·서·이	〈기로서니〉
나서기·로#서·니	나서·기·로#서·니	나서·기·로·서·이	〈기로서니〉
나서기·로#서·니	나서기·로#서·니	나서기·로·서·이	〈기로서니〉

나서·고	나서·고	나서·고	〈고(이음)〉
나서고	나서고	나서고	〈고(이음)〉
나서구	나서고	나서고	〈고(이음)〉

14.3 변동 평성형 풀이씨 성조의 대칭성

/가·다/류와 /나가·다/류, /서·다/류와 /나서·다/류의 어형들의 성조형의 대칭성이 어느 정도인가를 보이기 위하여 고성 방언과 성주 방언의 /가·다/와 /나가·다/의 어형들을 대조적으로 열거한다. /서·다/류와 /나서·다/류의 어형들의 성조형의 대칭성은 /가·다/류와 /나가·다/류의 그것에 비하면 다소 떨어지지만, (363)과 (369)의 어형들을 대조해 보면 역시 그 대칭성의 정연함을 확인할 수 있을 것이다. 먼저 /가·다/류와 /나가·다/류의 어형들을 대조해 보자.

(370)

고성 방언	고성 방언	성주 방언	성주 방언
나가·다	가·다	나가·다	가·다
$/H^{2}_{\boxed{L}-1}\cdot M/$	$/H_{M-1}\cdot M$	$/H^{2}_{L-1}\cdot M/$	$/H_{M-1}\cdot M$
:[나]·간·다	·간·다	·[나]·간·다	·간·다
:[나]·갑·니·까	·갑·디·꺼	·[나]·갑·니·까	·갑·디·까
:[나]·갑·니·꺼	·갑·니·꺼	·[나]·갑·니·까	·갑·니·까
:[나]·갑·니·다	·갑·니·더	·[나]·갑·니·다	·갑·니·다
:[나]·갑·니·더	·갑·니·더	·[나]·갑·니·다	·갑·니·다
:[나]·갑·디·까	·갑·디·까	·[나]·갑·디·이·까	·갑·디·까
:[나]·갑·디·까	·갑·디·까	·[나]·갑·디·까	·갑·디·까
:[나]·갑·디·꺼	·갑·디·까	·[나]·갑·디·이·까	·갑·디·까
:[나]·갑·디·꺼	·갑·디·꺼	·[나]·갑·디·까	·갑·디·까
:[나]·갑·디·다	·갑·디·더	·[나]·갑·디·이·다	·갑·디·이·다
:[나]·갑·디·다	·갑·디·더	·[나]·갑·디·다	·갑·디·다
:[나]·갑·디·더	·갑·디·더	·[나]·갑·디·이·다	·갑·디·다
:[나]·갑·디·더	·갑·디·더	·[나]·갑·디·이·다	·갑·디·다
:[나]·갑·디·더	·갑·디·더	·[나]·갑·디·다	·갑·디·다
:[나]·갑·디·더	·갑·디·더	·[나]·갑·디·다	·갑·디·다
:[나]·갑·시·다	·갑·시·더	·[나]·갑·시·다	·갑·시·다
:[나]·갑·시·더	·갑·시·더	·[나]·갑·시·다	·갑·시·다
:[나]·갑·시·더·이	·갑·시·더·이	·[나]·갑·시·다	·갑·시·다
:[나]·가·거·라	·가·거·라	·[나]·가·거·라	·가·거·라
:[나]·가·건·마·는	·가·거·마·는	·[나]·간·다#마·는	·간·다#마·는
:[나]·간·다#·마·는	·가·건·마·는	·[나]·간·다#마·는	·간·다#마·는
:[나]·가·길·래	·가·결·래	·[나]·가·길·래	가길·래

:[나]·가·네	·가·네	·[나]·가·네	·가·네
:[나]·가·니·라	·가·니·라	·[나]·가·니·라	·가·니·라
:[나]·가·니·라	·가·니·라	·[나]·가·니·이·라	·가·니·라
:[나]·가·는	·가·는	·[나]·가·는	·가·는
:[나]·가·는·가	·가·는·가	·[나]·가·는·가	·가·는·가
:[나]·가·는·고	·가·는·고	·[나]·가·는·고	·가·는·고
:[나]·가·는·갑·다	·가·는·갑·다	·[나]·가·는·갑·다	·가·는·갑·다
:[나]·가·는·구·나	·가·는·구·나	·[나]·가·는·구·나	·가·는·구·나
:[나]·가·는·구·나	·가·는·구·나	·[나]·가·는·구·나	·가·는·구·나
:[나]·간·다	·간·다	·[나]·간·다	·간·다
:[나]·가·는·데	·가·는·데	·[나]·가·는·데	·가·는·데
:[나]·가·나	·가·나	·[나]·가·나	·가·나
:[나]·가·노	·가·노	·[나]·가·노	·가·노
:[나]·가·더·나	·가·더·나	·[나]·가·더·나	·가·더·나
:[나]·가·더·노	·가·더·노	·[나]·가·더·노	·가·더·노
:[나]·가·더·라	·가·더·라	·[나]·가·더·라	·가·더·라
:[나]·가·더·라·꼬	·가·더·라·꼬	·[나]·가·더·라·꼬	·가·더·라·꼬
:[나]·가·더·라·도	·가·더·라·도	·[나]·가·더·래·도	·가·더·라·도
:[나]·가·더·라·도	·가·더·라·도	·[나]·가·더·라·도	·가·더·라·도
:[나]·가·던·가	·가·던·가	·[나]·가·던·가	·가·던·가
:[나]·가·던·고	·가·던·고	·[나]·가·던·고	·가·던·고
:[나]·가·덩·갑·다	·가·덩·갑·다	·[나]·가·덩·갑·다	·가·덩·갑·다
:[나]·갑·디·꺼	·갑·디·꺼	·[나]·갑·디·까	·갑·디·까
:[나]·가·데·에	·가·데	·[나]·가·데	·가·데
:[나]·가·도	·가·도	·[나]·가·도	·가·도
:[나]·가·든·가	·가·든·가	·[나]·가·든·가	·가·든·가
:[나]·가·소	·가·소	·[나]·가·소	·가·소
:[나]·가·십·시·더	·가·십·시·더	·[나]·가·십·시·다	·가·십·시·다
:[나]·가·입·시·더	·가·입·시·더	·[나]·가·입·시·다	·가·입·시·다
:[나]·가·입·시·더·이	·가·입·시·더·이	·[나]·가·입·시·다	·가·입·시·다
:[나]·가	·가	·[나]·가	·가
:[나]·가	·가	·[나]·가	·가
:[나]·가·도	·가·도	·[나]·가·도	·가·도
:[나]·가·서	·가·서	·[나]·가·서	·가·서
:[나]·가·야	·가·야	·[나]·가·야	·가·야
:[나]·갔·다	·갔·다	·[나]·갔·다	·갔·다
:[나]·갔·는·갑·다	·갔·는·갑·다	·[나]·갔·는·갑·다	·갔·는·갑·다
:[나]·갔·던·갑·다	·갔·던·갑·다	·[나]·갔·던·갑·다	·갔·던·갑·다
:[나]·가·요	·가·요	·[나]·가·요	·가·요
:[나]·갈·라#쿠·모	·갈·라	·[나]·갈·라#카·마	:갈·라#카·마
:[나]·갈·라·모	·갈·라·모	·[나]·갈·라·마	:갈·라·마

:[나]·갈·라·모	·갈·라·몬	·[나]·갈·라·만	:갈·라·만
:[나]·가·시·니	·가·시·이	·[나]·가·시·니	·가·시·니
:[나]·가·시·이	·가·시·이	·[나]·가·시·이	·가·시·이
:[나]·가·시·이·께·네	·가·시·이·께·네	·[나]·가·시·이·께·네	·가·시·이·께·네
:[나]·가·시·이·께·에	·가·시·이·께	·[나]·가·시·잉·게	·가·시·잉·게
:[나]·가·싱·께	·가·시·이·께	·[나]·가·싱·게	·가·싱·께
:[나]·가·이·소	·가·이·소	·[나]·가·이·소	·가·이·소
:[나]·가·시·지	·가·시·지	·[나]·가·시·지	·가·시·지
:[나]·가·신·다	·가·신·다	·[나]·가·신·다	·가·신·다
:[나]·가·십·니·까	·가·십·니·꺼	·[나]·가·십·니·까	·가·십·니·까
:[나]·가·십·니·꺼	·가·십·니·꺼	·[나]·가·십·니·까	·가·십·니·까
:[나]·가·시·이·소	·가·시·이·소	·[나]·가·시·이·소	·가·시·이·소
:[나]·간	·간	·[나]·간	간
:[나]·갔·는	·갔·는	·[나]·갔·는	·갔·는
:[나]·갈·라	·갈·라	·[나]·갈·라	:갈·라
:[나]·갑·니·더	·갑·니·더	나갑니·다	·갑·니·다
:[나]·가·거·등	·가·거·등	나가거·등	가거·등
:[나]·가·거·등	·가·거·등	나가거·등	가거·등
:[나]·가·거·들·랑	·가·거·들·랑	나가거·들·랑	가거·들·랑
:[나]·가·길·래	·가·길·래	나가길·래	가길·래
:[나]·가·더·라	·가·더·라	나가더·라	·가·더·라
:[나]·가·거·라	·가·이·라	나가·라	가·라
:[나]·갈·라·모	·갈·라·모	나갈라·마	:갈·라·마
:[나]·갈·라·모	·갈·라·몬	나갈라·만	:갈·라·만
:[나]·가·시·이·소	·가·시·이·소	나가시·이·소	·가·시·이·소
나간	간	나간	나간
나갈	갈	나갈	나갈
나가거·나	·가·거·나	나가기·나	가거·나
나가거·라	·가·거·라	나가거·라	·가·거·라
나가·게	가·게	나가·게	가·게
나가·기	가·기	나가·기	가·기
나가거·로	가거·로	나가구·로	가구·로
나가겄·다	가겄·다	나가겠·다	가겠·다
나가·까	가·까	나가·까	가·까
나가·꼬	가·꼬	나가·꼬	가·꼬
나가도·록	가도·록	나가·드·록	가·드·록
나가도·록	가도·록	나가드·록	가드·록
나가도·록	가도·록	나가·드·록	가·두·록
나가도·록	가도·록	나가드·록	가두·록
나가·라	가·라	나가·라	가·라
나가라·꼬	가라·꼬	나가·라·꼬	가·라·꼬

나가·라#쿠·모	가·라#쿠·모	나가·라#카·마	가·라#카·마
나가·라#쿠·모	가·라#쿠·모	나가·라#카·만	가·라#카·만
나가라·모	가라·모	나가·라·마	가·라·마
나가라·모	가라·모	나가·라·만	가·라·만
나가께·에	가께·에	나가께·에	가께·에
나가께·에	가께·에	나가께·에	가께·에
나가끄·마	가끄·마	나가꾸·마	가꾸·마
나가·자·이	가·자·이	나가·재·이	가·자·이
나가·나	가·나	나가·나	가·나
나가·니	가·이	나가·니	가·니
나가·이	가·이	나가·이	가·이
나가·이	가·니	나가·이	가·이
나강·께	강·께	나강·게	강·께·에
나가·이·께·나	가·이·께·나	나가·이·께·네	가·이·꺼·네
나가·이·께·에	가·이·께·에	나가·이·께	가·이·께·에
나가잉께·에	가·앙·께·에	나가·이·께	가·이·께·에
나강께·나	강께·나	나가·이·께·네	가·잉·께·네
나가·이·께	강·께·에	나가·잉·게	가·잉·게
나강께·에	강께·에	나가·이·께	가·이·께
나가라·꼬	가·라·꼬	나가·라·꼬	가·라·꼬
나가·모	가·모	나가·마	가·마
나가·모	가·모	나가·만	가·만
나가·세	가·세	나가·세	가·세
나간·들	간·들	나간·들	간·들
나갈꺼·로	갈꺼·로	나갈꺼·로	갈꺼·로
나갈꺼·를	갈꺼·를	나갈꺼·를	갈꺼·를
나갈꺼·얼	갈꺼·얼	나갈꺼·얼	갈꺼·얼
나가·까	가·까	나가·까	가·까
나가·꼬	가·꼬	나가·꼬	가·꼬
나갈망·정	갈망·정	나갈망·정	갈망·정
나갈수·록	갈·수·록	나갈·수·록	갈·수·록
나갈수·룩	갈수·록	나갈·수·록	갈·수·록
나갈·수·록〈문〉	갈수·록	나갈·수·록	갈·수·록
나가·자·이	가·자·이	나가·재·이	가·재·이
나가·자	가·자	나가·자	가·자
나가·제	가·제	나가·지	가·제
나가·지	가·지	나가·지	가·지
나가·지	가·지	나가·지	가·지
나가·지	가·지	나가·지	가·지
나가기·로#서·이	가·기·로#서·이	나가·기·로·서·니	가·기·로·서·니
나가기·로#서·이	가·기·로#서·이	나가·기·로·서·이	가·기·로·서·이

나가기·로#서·니	가기·로#서·이	나가기·로·서·니	가기·로·서·니
나가기·로#서·이	가기·로·서·이	나가기·로·서·이	가기·로·서·이
나가기·로#서·이	가기·로·서·이	나가·기·로#서·이	가·기·로#서·이
나가기·로#서·이	가기·로·서·이	나가기·로#서·이	가기·로#서·이
나가기·로#서·니	가기·로·서·이	나가·기·로#서·니	가·기·로#서·니
나가기·로#서·니	가기·로·서·이	나가기·로#서·니	가기·로#서·니
나가고	가고	나가고	가고
나가구	가구	나가고	가고
나가·고	가·고	나가·고	가·고

(370)에서 고성 방언의 자료를 먼저 대조해 보면, /가·다/의 어형이 거성형이나 상성형이면 그에 대응하는 /나가·다/의 어형은 소수의 예외는 있으나 대다수가 음상형임을 확인할 수 있다. 마찬가지로 (370)에서 성주 방언의 자료를 대조해 보아도, /가·다/의 어형이 거성형이나 상성형이면 소수의 예외는 있으나 그에 대응하는 /나가·다/의 어형은 대다수가 음거형임을 확인할 수 있다.

/가·다/와 /나가·다/ 사이의 대칭성은 /가·다/류에 속하는 /오·다/와 /나오·다/, /보·다/와 /가보·다/에서도 찾을 수 있음은 자료 (356)과 (367), (357)과 (368)의 대조를 통해서 간단히 확인할 수가 있다.

(355)~(362)를 대조해 보면 /가·다/류에 속하는 모든 풀이씨들의 어형들이 일치하는 성조형을 가진 것은 아니지만, 대다수가 일치함을 확인할 수가 있고, 또 고성 방언의 /·조·오·야/, /·도·오·야/, /·노·오·야/가 성주 방언에서는 /:조·야/, /:도·야/, /:노·야/ 등으로 나타나서 성조형의 불일치가 있으나, 이것은 일반적으로 경남 방언에서는 #·□·□X의 처음 두 음절 가운데 앞 음절이 모음으로 끝나고, 둘째 음절이 같은 모음으로 시작되더라도, 운율구 전체의 성조형은 거성형으로 유지되는 데에 대하여, 경북 방언에서는 이런 경우 반드시 축약에 따라 상성형으로 변하게 되는 규칙이 적용된다는 방언 사이의 차이로 예측되는 것이다.

/서·다/류에 /지·다/를 넣어 놓았으나, (363)과 (369)를 대조해 보면, 지은이의 발음을 적은 창원 방언에서는 이 두 어형들의 성조형이 대부분 일치하고, 성주 방언에서도 두 화자의 발음이 대다수가 일치지만, 고성 방언의 경우 문승찬 님의 발음과 이기분 님의 발음은 심한 차이가 있다. 이런 경우 고성 방언에서는 /서·다/류를 /서·다/와 /지·다/의 둘로 하위 구분할 수도 있겠지만 더 상세한 논의는 줄인다.

14.4 음측형의 재구

어느 하나의 방언에 한정하여 자료 (355)~(369)의 변동 평성형 풀이씨 굴곡형들 가운데서 하나의 풀이씨 예를 들어 (355)의 /가·다/의 어형들을 보면, 부분적으로는 어떠한 경향이 있는 듯도 하지만, 전체적으로 어떤 경우에 성조형이 평측형이 되고, 어떤 경우에는 거성형이 되며, 또 어떤 경우에는 상성형이 되는지 일정한 원칙을 발견할 수가 없을 것이다. (355)~(369)의 자료 전체를 보면, 마치 프랑스 말의 동사 활용표를 보는 것처럼 지루함을 느낄 것이다.

그러나 한 방언의 변화표를 다른 방언의 그것과 비교하면 바로 정연한 대응 관계를 찾을 수가 있고, 영남·영동 방언권의 다른 방언들에도 이러한 대응 관계가 확인된 바가 있다(김차균 : 1999ㄷ). 또 1음절 변동 평성 풀이씨의 성조 변동을 중세 국어(허웅 : 1972, 차재은 : 1999) 자료와 대조해 보면, 역시 정연한 대응 관계가 있어서 이들의 대응은 멀리 원시 공통 국어에서부터 물려 받았을 가능성까지 생각해 볼 수 있을 것이다.

/나가·다/류와 /가·다/류 성조 변동과 이들의 어형들이 나타내는 성조형의 대칭성, 그리고 /나서·다/류와 /서·다/류의 성조 변동과 이들의 어형들이 나타내는 대칭성의 확인과 더불어 이러한 대칭성의 존재가 영남·영동 방언 전체에 고루 퍼져 있다는 것은 더욱 놀라운 것이며, 이러한 대칭성이 중세 국어나 호남 방언에서는 발견되지 않는다는 것은 우리말에서 영남·영동 방언의 공통 조어의 존재 가능성에 대한 가설까지 세울 수 있게 한다.

만약 중세 국어 시대에 영남·영동 방언이 서울을 포함하는 중부 지방의 방언과 성조 체계 및 여러 가지 성조의 변동 현상들이 같았다면, 원시 영남·영동 방언 공통 조어는 15세기 이후에 중세 국어에서 분화되었다고 보아야 될 것이다. 그러나 /나가·다/류와 /가·다/류 및 /나서·다/와 /서·다/류의 어형들에 나타나는 방언 안에서 음측형의 대칭성과 방언들끼리의 성조형들의 대응 관계는 강원도와 경상도를 포함하는 상당히 넓은 지역에서 공통성을 보이지만, 중세 국어에서는 /나가·다/류와 /가·다/류, 그리고 /나서·다/류와 /서·다/류의 어형들의 성조형들이 대칭 관계를 보여 주지도 않고, 강원도와 경상도의 어느 방언과 중세 국어의 /나가·다/류와 /나서·다/류의 어형들을 비교해도 정연한 대응관계가 나타나지 않는다.86)

지은이는 논문 김차균(1998ㄹ, 1999ㄷ, 2001ㄷ)을 통해서 아마 중세 국어 이전에 영남·영동 방언이 공통 국어에서 분화되었으리라고 가정했다. 영남·영동 방언 고통 조어는 처음에는 지금보다 훨씬 좁은 어떤 영역에서 쓰였던 방언이었고, 이 방언을 쓰는 사람들이 차차로 강원도와 경상도 전체로 확산되어 나감에 따라 오늘날과 같은 분포를 가지게 되었을 것으로 생각된다. 만약 15세기에 중세 국어의 /나가·다/류와 /나서·다/류에 나타나는 성조 현상과 영남 방언과 영동 방언에 나타나는 성조 현상이 같았다면, 영남 방언과 영동 방언에서 우연히 산발적으로 음측형(음상형과 음거형)이 발생하여 이 방언들 전체에 보편화되었다고 보아야 되는데, 그러한 가설로는 이 방언들에 나타나는 음측형들의 음조적인 동일성과 그 분포의 대칭성을 설명할 수가 없다. 이리하여 김차균(1998ㄹ, 1999ㄷ, 2001ㄷ)에서 영남·영동 방언 고통 조어의 존재를 15세기 이전으로 잡았던 것이다. 이러한 추정 내용은 전

86) 허웅(1972), 김차균(1988ㄷ : 561-630), 김차균(1993ㅁ : 207-247)에서 15, 16세기 우리말의 /나가·다/류와 /나서·다/류 풀이씨의 어형들을 찾아보면 그 자료가 많이 나오지는 않지만, 이들의 줄기의 성조가 고정되어 있어서 음상형이나 음측형의 존재가 전혀 검증되지 않는다.

국 규모의 운율 조사가 이루어진다면 진리임이 밝혀질 것이라고 믿는다.

영남·영동 방언 고통 조어의 음측형(음상형과 음거형)이 어떤 모습이었을까는 지금 확보해 놓은 자료만으로도 추정이 가능하다. 영남·영동 방언 안에서 /나가·다/류의 어형들의 대응이 얼마나 정연한지 약간의 자료를 보이겠다.

(371) 삼척 방언	울진 방언	성주 방언	창원 방언
나가·다	나가·다	나가·다	나가·다
$/H^2_{H(3)-1}{\cdot}M/$	$/H^2_{\boxed{M}-1}{\cdot}M/$	$/H^2_{\boxed{L}-1}{\cdot}M/$	$/H^2_{L-1}{\cdot}M/$
나가·자〔MHM〕	나가·자〔MHM〕	나가·자〔MHM〕	나가·자〔MHM〕
나가·지〔MHM〕	나가·지〔MHM〕	나가·지〔MHM〕	나가·지〔MHM〕
나가·이〔MHM〕	나가·이〔MHM〕	나가·이〔MHM〕	나가·이〔MHM〕
나가·라〔MHM〕	나가·라〔MHM〕	나가·라〔MHM〕	나가·라〔MHM〕
나가겠·다〔M^2HM〕	나가겠·다〔M^2HM〕	나가겠·다〔M^2HM〕	나가겠·다〔MH^2M〕
나가께·에〔M^2HM〕	나가께·에〔M^2HM〕	나갈께·에〔M^2HM〕	나가께·에〔MH^2M〕
나가·라·고〔MHM^2〕	나가·라·꼬〔MHM^2〕	나가·라·꼬〔MHM^2〕	나가·라·꼬〔MHM^2〕
나갈꺼·얼〔M^2HM〕	나갈꺼·얼〔M^2HM〕	나갈꺼·얼〔M^2HM〕	나갈꺼·로〔MH^2M〕
나갈꺼·르〔M^2HM〕	나갈꺼·로〔M^2HM〕	나갈꺼·로〔M^2HM〕	나갈꺼·로〔MH^2M〕
나가·까〔MHM〕	나가·까〔MHM〕	나가·까〔MHM〕	나가·까〔MHM〕
나가·까〔MHM〕	나가·꼬〔MHM〕	나가·꼬〔MHM〕	나가·꼬〔MHM〕

자료 (371)은 변동 평성형 어형들 가운데서 몇 개 방언의 평측형의 정연한 음조형 대응 관계를 보인 것이다.

(372) 창원 방언	성조형〔음조형〕	대구 방언	성조형〔음조형〕
:나·가	L^2〔LM〕	·$\boxed{나}$·가	$\boxed{L}^2$〔LM〕
:나·가·도	L^3〔LMM〕	·$\boxed{나}$·가·도	$\boxed{L}^3$〔LMM〕
:나·갔·는·데	L^4〔LMMM〕	·$\boxed{나}$·갔·는·데	$\boxed{L}^4$〔LMMM〕
:나·갔·는·갑·다	L^5〔LMMMM〕	·$\boxed{나}$·갔·는·갑·다	$\boxed{L}^5$〔LMMMM〕
:나·서	L^2〔LM〕	·$\boxed{나}$·서	$\boxed{L}^2$〔LM〕
:나·서·서	L^3〔LMM〕	·$\boxed{나}$·서·서	$\boxed{L}^3$〔LMM〕
:나·설·라·꼬	L^4〔LMMM〕	·$\boxed{나}$·설·라·꼬	$\boxed{L}^4$〔LMMM〕
:나·섰·는·갑·다	L^5〔LMMMM〕	·$\boxed{나}$·섰·는·갑·다	$\boxed{L}^5$〔LMMMM〕

(372)는 변동 평성형 어형들 가운데서 창원 방언의 상성형과 대구 방언의 음거형의 정연한 대응 관계를 보인 것이다. 다시 울진 방언과 대구 방언의 음거형의 대응 관계를 보자.

(373) 울진 방언	성조형〔음조형〕	대구 방언	성조형〔음조형〕
·$\boxed{나}$·가	$\boxed{M}^2$〔MM〕	·$\boxed{나}$·가	$\boxed{L}^2$〔LM〕
·$\boxed{나}$·가·도	$\boxed{M}^3$〔MMM〕	·$\boxed{나}$·가·도	$\boxed{L}^3$〔LMM〕

·$\boxed{\text{나}}$·갔·는·데	$\boxed{M}^4$〔MMMM〕	·$\boxed{\text{나}}$·갔·는·데	$\boxed{L}^4$〔LMMM〕
·$\boxed{\text{나}}$·갔·는·겠·다	$\boxed{M}^5$[MMMMM]	·$\boxed{\text{나}}$·갔·는·갑·다	$\boxed{L}^5$[LMMMM]
·$\boxed{\text{나}}$·서	$\boxed{M}^2$[MM]	·$\boxed{\text{나}}$·서	$\boxed{L}^2$[LM]
·$\boxed{\text{나}}$·가·서	$\boxed{M}^3$[MMM]	·$\boxed{\text{나}}$·서·서	$\boxed{L}^3$[LMM]
·$\boxed{\text{나}}$·설·라·꼬	$\boxed{M}^4$〔MMMM〕	·$\boxed{\text{나}}$·설·라·꼬	$\boxed{L}^4$〔LMMM〕
·$\boxed{\text{나}}$·섰·는·겠·다	$\boxed{M}^5$〔MMMMM〕	·$\boxed{\text{나}}$·섰·는·갑·다	$\boxed{L}^5$〔LMMMM〕

(373)에서 두 방언 자료의 대조를 통하여 울진 방언의 음거형은 첫 음절이 〔M〕이라는 점에서 대구 방언의 음거형의 첫 음절 〔L〕과 구별되고, 둘째 음절 이하의 음조는 두 방언이 같음을 확인할 수 있다.

(374) 삼척 방언	성조형〔음조형〕	울진 방언	성조형〔음조형〕
ㄱ. 나간다	H^3〔M^2H〕	·$\boxed{\text{나}}$·간·다	$\boxed{M}^3$〔MMM〕
나가서	H^3〔M^2H〕	·$\boxed{\text{나}}$·가·서	$\boxed{M}^3$〔MMM〕
나가더·라	H^3M〔M^2HM〕	·$\boxed{\text{나}}$·가·더·라	$\boxed{M}^4$〔MMM_M〕
ㄴ. 나가겠·다	H^3M〔M^2HM〕	나가겠·다	H^3M〔M^2HM〕
나가·고	H^2M〔MHM〕	나가·고	H^2M〔MHM〕
나가·이·까	H^2M^2〔MHM^2〕	나가·이·까	H^2M^2〔MHM^2〕

(374)ㄱ은 변동 평성형 어형들 가운데서 삼척 방언의 평삼형과 울진 방언의 음거형의 정연한 대응 관계를 보인 것이고, (374)ㄴ은 변동 평성형 어형들 가운데서 삼척 방언의 평측형과 울진 방언의 평측형의 음조형이 동일함을 보인 것이다.

(375) 삼척 방언	성조형〔음조형〕	강릉 방언	성조형〔음조형〕
나가	H^2〔MH〕	·$\boxed{\text{나}}$·가	L^2〔LM〕
나가도	H^3〔MMH〕	·$\boxed{\text{나}}$·가·도	L^3〔LMM〕
나가거·라	H^3M〔MMHM〕	·$\boxed{\text{나}}$·가·거·라	L^4〔LMMM〕
나가거·들·라	H^3M^2〔MMHMM〕	·$\boxed{\text{나}}$·가·거·든	L^4〔LMMM〕
나서	H^2〔MH〕	·$\boxed{\text{나}}$·서	L^2〔LM〕
나서서	H^3〔MMH〕	·$\boxed{\text{나}}$·서·서	L^3〔LMM〕
나서는·데	H^3M〔MMHM〕	·$\boxed{\text{나}}$·서·는·데	L^4〔LMMM〕

(375)에서는 변동 평성형 어형들 가운데서 삼척 방언의 평삼형($\square^3\square_1$, 다만 2음절일 경우는 $\square^2$)와 강릉 방언의 음거형의 정연한 대응 관계를 보인 것이다.

자료 (366)~(369)에서 고성 방언과 성주 방언의 음측형의 음조형은 창원 방언의 상성형과 대응함을 확인할 수 있고, (372), (373)의 대구 방언과 (375)의 강릉 방언의 음측형의 음조형이 〔$LMMM_0$〕으로 창원 방언의 상성형 〔$LMMM_0$〕과 같음을 확인할 수 있다. 강원도 동해안과 경남, 경북의 넓은 지역에서 대응하는 음조형이 〔$LMMM_0$〕으로 나타난다는 것은 공통 영남·영동 방언의 조어의 음측형이 〔LMMM_0〕형이었을 것이라는 추정을 가능케 한다.

한편 창원 방언, 고성 방언, 대구 방언, 성주 방언, 강릉 방언의 〔LMMM_0〕의 음조적인 특징은 첫 음절이 낮고, 둘째 음절과 셋째 음절의 높이가 같으며, 넷째 이하의 음절의 음조는 첫 음절보다는 높지만, 셋째 음절보다는 두드러지게 낮으며, 또 셋째 음절에 2차 강세가 놓이는 공통성이 있다.

(373), (374)를 보면 다른 방언의 〔LMMM_0〕에 대응하는 음조형이 울진 방언에서는 〔MMMM_0〕으로 나타나는데, 이것은 울진 방언에서는 영남·영동 방언 공통 조어 시대 이후에, 아마 최근에 첫 음절 〔L〕이 〔M〕으로 역사적인 변화가 있었으리라는 추정을 가능케 한다. 그리고 창원 방언에서는 상성형과 음상형의 음조형이 거의 같아서 일찍이 모든 음상형은 상성형에 합류했을 것이라고 볼 수 있을 것 같다.

또 삼척 방언에서는 음측형 〔LMMM_0〕이 음조적인 특징이 비슷한 평삼형(□□□·$□_0$, /H^3M_0/〔$MMHM_0$〕)에 합류했을 것으로 보인다. 평삼형이란 어두에 평성이 세 개 있다는 뜻에서 붙인 이름인데, 이 음조형은 첫 음절이 낮고, 둘째 음절은 첫 음절과 셋째 음절의 중간 정도의 높이이며, 셋째 음절은 높고 1차 강세가 있으며, 넷째 음절 이하는 셋째 음절보다 두드러지게 낮다. 삼척 방언에서는 음측형이 평삼형으로 변해 가는 과정이 이미 완료되었지만, 대구 방언의 일부 화자들의 말에서는 음측형과 평삼형이 임의변이로 나타나고, 젊은 화자들 가운데는 음상형이 이미 아니 나타나는 경우도 있으며(김차균 : 1999ㄷ), 고성 방언에서도 음측형이 드물게 평삼형으로 발음되는 경우가 있음을 현지 방언 조사에서 발견하는 것은 어렵지 않다.

이제 본절의 결론을 제시하면 다음과 같다.

(371) 음측형의 음조형은 영남·영동 방언의 공통 조어 시대에 생겼으며, 그 음조형은 〔LMMM_0〕으로 재구된다. 〔LMMM_0〕은 2음절 변동 평성형 풀이씨의 일부 어형의 음조형으로 만들어져서 보편화되지 못하고, 그 쓰임이 축소의 길을 걸어 왔다. 창원 방언을 포함하는 동남부 경남 방언에서는 음상형과 상성형의 음조형의 차이가 거의 없어서 음상형은 상성형에 합류되었고, 음거형이 음조적으로 유사성이 많은 평삼형으로 대치되어 가는 과정이 삼척 방언에서는 이미 완료되었으며, 경북·대구 방언권에서는 이런 과정이 진행 중이며, 울진 방언에서는 음거형 〔LMMM_0〕의 첫 음절이 〔M〕으로 바뀌어서 결국 〔MMMM_0〕으로 나타나고 있다.

영남·영동 방언권의 여러 방언들은 3성조 체계인데, 운율구 안에서 뒤따르는 음절에 미치는 중화력이 약하냐, 강하냐에 따라서 평성과 측성으로 성조가 2분되고, 다시 측성은 그 음조적인 특징이 단순 수평조이면서 1 모라이냐 또는 1.3 모라 이상의 장음(이면서 상승조)이냐에 따라서 거성과 상성으로 2분된다. 이러한 기준을 준용하면 음측형 〔LMMM_0〕도 해당 방언에서 그 첫 음절 〔L〕이 1 모라이고 수평조이면 음거형이라 부르며, 1.3 모라 이상이고 상승조이면 음상성이라 부를 수 있다. 이리하여 창원 방언이나 고성 방언의 〔LMMM_0〕은 첫 음절이 1.3 모라이고 약한 상승조를 띄기 때문에 음상성이라 부르며, 대구 방언, 고성 방언,

강릉 방언의 〔LMMM_0〕은 첫 음절이 1 모라이고 수평조이므로 음거형이라 부른다. 그리고 울진 방언의 〔MMMM_0〕도 첫 음절이 1 모라이고 수평조이므로 음거형이라 부르는 것은 당연하다.

음측형의 대응 관계와 그 변천에 대한 연구는 국어의 운율적 자질의 변천사에 대한 하나의 조그만 단편에 지나지 않지만, 전국적인 규모의 방언 운율에 대한 체계적인 조사와 연구가 진행되면 지금의 수준보다는 훨씬 높은 성과가 있을 것으로 확신한다.

참고 문헌

강신항(1990). 增補版 訓民正音研究. 成均館大學校出版部.

고광모(1991). 국어의 보상적 장음화 연구. 박사 학위 논문. 서울대학교 대학원.

구현옥(1998). 함안 지역어의 음운 변동 현상. 한국문화사.

권재선(1988). 국어학 발전사. 우골탑.

郭忠求(1994). 咸北 六鎭方言의 音韻論. 國語學叢書 20. 國語學會. 太學社.

김무식(1993). 『訓民正音』의 音韻體系 研究. 慶北大學校 大學院 博士 學位論文.

김선미(1997). 한국어 리듬 단위와 문법적 구조. 박사학위 논문. 서울대학교 대학원.

김선철(1997). 국어 억양의 음성학·음운론적 연구. 박사학위 논문. 서울대학교 대학원.

김영만(1972). 고금 성조 비교 재론. 한글 제149호. 한글 학회.

김영만(1974). 국어 운율의 본질과 변천. 국어국문학 제65·66합병호. 국어국문학회.

金永萬(1986). 國語 超分節音素의 史的 研究. 博士學位 論文. 高麗大學校 大學院.

김영송(1975/1981). 우리말 소리의 연구. 샘문화사.

金完鎭(1977)(초판은 1973). 中世國語聲調의 研究. 國語學叢書 4. 國語學會. 塔出版社.

김정대(2001). 경남 방언 사전 편찬 방법론에 대하여. 경남 방언 연구 —현황과 전망 —. 경남대학교 경남문화연구소.

김주원(1991). 경상도 방언의 성조 기술 방법 —표기 방법의 표준화를 위한 시론 —. 語學研究 27권 3호. 서울大學校 語學研究所.

김주원(1991). 중세국어의 성조기술에 대한 일고찰 — 이른바 무성조형태소의 성조를 중심으로 —. 서재극교수 환갑기념논문집.

김주원(1991). 경상도 방언의 고조의 본질과 중세국어 성조와의 대응에 대하여. 언어학 13.

김주원(1993). 모음조화의 연구. 영남대학교 출판부.

김주원(1994). 성조 연구의 성과와 전망. 인문과학 10.

김주원(1995). 중세국어 성조와 경상도 방언 성조의 비교 연구 —뭇노푼 소리에 대한 새로운 해석을 중심으로 —. 언어 20권 2호. 한국언어학회.

김주원(1995). 경상도 방언의 성문 파열음과 성조. 언어학 17.

김차균·고광모·김주원·정원수(2000)ㄱ. 영남 방언과 호남 방언의 운율 비교 —대화체 월의 운율을 중심으로—. 언어학 제27호. 한국언어학회.

김차균·고광모·김주원·정원수(2000)ㄴ. 영남 방언과 호남 방언의 운율 비교 — 음운론적인 구의 성조형을 중심으로—. 언어학 제27호. 한국언어학회.

문수미(1999). 모음 한국어 액센트에 관한 실험음성학적 연구 —자음 및 음절과 관련하여—. 서울대학교 대학원.

文孝根(1974). 韓國語聲調의 分析的研究. 世宗出版公.

박태권(1976). 국어학사 논고. 샘문화사.

성철재(1995). 한국어 리듬의 실험음성학적 연구. — 시간 구조와 관련하여—박사학위논문. 서울대학교 대학원.

성철재(1998). 한국어 대화체 음성의 운율 분석 —낭독체와의 비교를 통하여 —. 한글239. 한글학회.

손종섭(1999). 우리말의 고저장단. 정신세계사.

신기상(1999). 동부경남방언의 고저장단연구. 월인.

안상철(1991). 경남방언의 성조연구. 갈음 김석득 교수 회갑기념논문집. 국어의 이해와 인식. 한국문화사.

이경희(2000). 국어의 /ㅅ/는 평음인가 격음인가. 國語學 36. 國語學會.

이근열(1997). 경남 방언의 음운론. 세종 우리말 연구 총서 3.

이기문(1960). "소학언해"에 대하여. 한글 제127호. 한글 학회.

이돈주(1988). 訓民正音의 中國音韻學的 背景. 전남대어연총서1 훈민정음의 이해. 한신문화사.

이돈주(1990). 訓蒙字會漢字音研究. 弘文閣.

이동화(1990). 경북방언성조의 자립분절음운론적 연구. 영남대학교 박사학위논문.

이문규(1997)ㄱ. 대구방언의 성조 중화 현상. 문학과 언어. 제18집.

이문규(1997)ㄴ. 경북 방언 {안+용언}의 성조 현상. 한글 238.

李秉根(1976). 國語의 長母音化와 報償性. 「音韻現象에 있어서의 制約」. 塔出版社.

이현복(1974). 서울말의 리듬과 억양. 語學研究 10-2. 서울大學校 語學研究所.

이혜숙(1985). 慶南方言 聲調의 自立分節音韻論的 研究. 언어 제10권 제2호.

이호영(1991). 한국어의 리듬. 한국어 연구논문 28.

이호영(1991). 한국어의 억양체계. 언어학 13.

이호영(1993). 서울말과 경상도 방언의 운율 유형론. 언어학 제15호. 한국언어학회.

이호영(1996). 국어 음성학. 태학사.

전학석(1986). 중세 조선어의 방점과 연길 지방말의 높낮이 비교. 조선어학논문집. 중구조선 어학회 편집. 료녕민족출판사.

전학석(1987). 중세 조선어의 방점과 연길, 개원 지방말의 고저 장단 비교. 조선어 연구. (1.2). 흑룡강조선민족출판사.

전학석(1993). 함경도방언의 음조에 대한 연구. — 회령, 경성, 함주 지방말의 음조를 중심으로 —. 태학사.

鄭然燦(1977). 慶尙道方言의 聲調研究. 國語學叢書 5. 國語學會. 塔出版社.

정원수(1994). ㄱ.예천 방언의 곡용 현상에 나타나는 성조 변동 연구. 우리말 연구의 샘터. 연산도 수희 선생 회갑 기념 논문집.

정원수(1994). ㄴ.경북 방언의 복합 동사 형성에 나타나는 성조 변동 연구. 한글 제224호. 한글 학회.

정원수(1995). ㄱ.경북 방언 파생명사의 성조에 대한 국어사적 고찰. 語文研究 第二十六輯. 語文研究會.

정원수(1995). ㄴ.경북 방언 용언의 성조. 語文研究 第二十七輯. 語文研究會.

정원수(1996). 경북 방언 사동사의 성조 연구. 언어 제17호. 충남대학교 어학연구소.

차재은(1999). 중세국어 성조론. 월인.

최규수(1995). 昌寧 地域語의 特性. 韓國文化研究 7. 釜山大學校 韓國民族文化研究所.

최명옥(1982). 月城地域語의 音韻論. 嶺南大學校出版部.

최명옥(1998). 現代國語의 聲調素體系. 國語學 31. 國語學會.

최명옥(2000). 경남 방언의 분화론. 배달말 27. 배달말학회.

최세진(1517). 飜譯老乞大朴通事凡例. 四聲通解 下卷.

최세진(1527). 訓蒙字會. 大提閣影印本(1973).

최전승(1995). 한국어 方言史 연구. 태학사.

최현배(1970). 고친 한글갈. 정음사.

한재영(1985). 중세국어 성조에 대한 일고찰. 국어국문학 93.

허 웅(1954). 慶尙道方言의 聲調. 崔鉉培 先生 還甲紀念論文集.

허 웅(1955). 傍點硏究— 慶尙道方言聲調의 比較 —. 東方學志 2.

허 웅(1965). 國語音韻學(改稿新版). 正音社.

허 웅(1972). 中世國語硏究. 正音社. (초판은 1963).

허 웅(1985). 국어 음운학 — 우리말 소리의 오늘·어제—. 샘문화사.

大江孝男(1976). 大邱方言におけるアクセン型と 長母音. 言語硏究 69. 日本言語學會.

河野六郎(1945). 朝鮮方言學試攷. 東都書籍.

河野六郎(1951). 朝鮮古文獻の聲點に就いて. 朝鮮學報 1.

橋本萬太郎(1973). 한국어 Accent의 음운론 — 특히 경상도 방언의 Accent를 중심으로 —. 한글 제 151호. 한글 학회.

뚱퉁허(董同龢)(1969). 漢語音韻學. 文史哲出版社.

Carr, Philip(1993). Phonology. The Macmillan Press Ltd.

Chomsky, N.(1965). Aspects of the Theory of Syntax. Cambridge, Mass: MIT Press.

Cho, Yong-Hyung〈조용형〉(1994)ㄱ. Interaction of Lexical Tone and Non-Lexical Tone in the KyungNam Dialect of Korean. Proceedings of Eleventh Eastern States Conference on Linguistics. ESCOL '94.

Cho, Yong-Hyung〈조용형〉(1994)ㄴ. Tone Pattern of Kyungnam Dialect of Korean. Univ. of Arizona, Dept. of Linguistics.

Haraguchi, Shouke〈하라구찌〉(1977). The Tone Pattern of Japanese: Autosegmental Theory of Tonology. Tokyo: Kaitakusha.

Hayata, Teruhiro(1974). Accent in Korean: Synchronic and Diachronic Studies. 言語硏究 66. 日本言語學會.

Jun, S.-A.(1989). "The Accentual Pattern and Prosody of the Chonnam Dialect of Korean" in S. Kuno et al. (eds.) Harvard Studies in Korean Linguistics Ⅲ., Univ., Cambridge, Mass. 한국어 운율 관련 연구 논문 모음 Ⅱ. 대덕소리사랑(말소리를 연구하는 모든 이들의 모임). 대전 엑스포호텔(유성). 한국과학기술원전산학부. (1998).

Jun, S.-A.(2000). "K-ToBI(Korean ToBI) Labelling Conventions (version 3.0. revised in January 2000). Dept. of Linguistics. UCLA. 2000년도 대한 음성학회 학술발표대회 논문집. 대한음성학회.

Karlgren, Bernard(1954). Compendium of Phonetics in Ancient and Archaic Chinese. The Museum of Far Eastern Antiquities Stockholm. Bulletin No.26.

Kim, Gyung-Ran〈김경란〉(1988). The Pitch-accent System of the Taegu Dialect of Korean with Emphasis on Tone Sandhi at the Phrasal Level Doctoral dissertation, University of Hawaii, Hanshin Publishing Co.

Kim, No-Ju〈김노주〉(1997). Tone, Segments, and their Interaction in North Kyungsang Korean: a Korrespondence Theoretic Account. ph.D dissertation, Univ. of Ohio State University.

Ladefoged, Peter(1982). A Course in Phonetics. Second Edition. Harcourt Brace Jovaovich, Inc.

Lee, Sang-Oak〈이상억〉(1978). Middle Korean Tonology, Doctoral Dissertation, University of Illinois. Seoul Hanshin Publishing Co.

McCawley, James D.〈맥콜리〉(1968). The Phonological Component of a Grammar of Japanese, The Hague.

Pike, K.L.(1948). Phonemics. Ann Arbor: Univ. of Michigan Press.

Pike, Kenneth L.〈파이크〉(1948). Tone Languages, Ann Arbor: The University of Michigan Press.

Ramsey, Robert S.〈램지〉(1974): 咸鏡 慶尙 兩南方言의 악센트 硏究. 國語學 第2輯

Ramsey, Robert S.〈램지〉(1975). Accent and Morphology in Korean Dialects: A Descriptive and Historical Study, Unpublished Doctorate Disser tation. Yale University.

Ramsey, Robert S.〈램지〉(1978). Accent and Morphology in Korean Dialects. 國語學叢書9. 國語學會. 塔出版社.

Saussure, F. de(1916). Cours de Linguistique Générale. Payot, Paris.

Sohn, H.S.〈손형숙〉(1999). The NPI and Phonological Phrasing in North Kyungsang Korean, 언어과학연구 16. 경북대학교.

성조에 관련있는 지은이 논저

01. 김차균(1966). 慶南 昌原 方言의 音韻 體系. 석사 학위 논문. 서울대학교 대학원.

02. 김차균(1969). 전남 방언의 성조. 한글 제144호. 한글 학회.

03. 김차균(1970). 경남 방언의 성조 연구. 한글 제145호. 한글 학회.

04. 김차균(1973)ㄱ. 국어 성조론과 서부 경남 방언의 성조. 한글 제152호. 한글 학회.

05. 김차균(1973)ㄴ. 일본어 이가 방언의 성조. 論文集 第12輯. 慶尙大學. (吳滿과 공동 연구).

06. 김차균(1974). 경북 칠곡 방언의 성조. 論文集 第1卷 第1號. 忠南大學校 人文科學研究所. (천기석과 공동 연구).

07. 김차균(1975)ㄱ. 영남 영동 방언의 성조. 한글 제155호. 한글 학회.

08. 김차균(1975)ㄴ. 경상도 방언의 성조형. 語學研究 第2號. 서울大學校 語學研究所.

09. 김차균(1976). 경상도 방언에 나타나는 비성조적 운소에 대하여. 語文論志 第2輯. 忠南大學校 文理科大學 國語國文學科.

10. 김차균(1977)ㄱ. 경상도 방언의 성조 체계. 박사 학위 논문. 서울대학교 대학원.

11. 김차균(1977)ㄴ. 어절 성조 체계의 기술 방법. 언어학 제2호. 한국언어학회.

12. 김차균(1977)ㄷ. 경상도 방언의 성조 규칙. 論文集 第Ⅳ卷 第1호. 忠南大學校 人文科學研究所.

13. 김차균(1978). 월 속에서의 성조의 기능. 언어학 제3호. 한국언어학회.

14. 김차균(1979)ㄱ. 평측법과 액선트 분석법. 언어학 제4호. 한국언어학회.

15. 김차균(1979)ㄴ. 평측법과 징표. 論文集 第Ⅳ卷 第1號. 忠南大學校 人文科學研究所.

16. 김차균(1980)ㄱ. 경상도 방언의 성조 체계. 과학사.

17. 김차균(1980)ㄴ. 성조와 의미. 말소리 제1호. 대한음성학회.

18. 김차균(1983)ㄷ. 음운론의 원리. 창학사.

19. 김차균(1985)ㄱ. 평시조의 운율. 語文論志 第4·5輯. 忠南大學校 國語國文學科.

20. 김차균(1985)ㄴ. 한국어의 상성 성조의 본질. 素堂 千時權 博士 華甲紀念 國語學論叢. 素堂 千時權 博士 華甲紀念 國語學論叢 刊行委員會.

21. 김차균(1985)ㄷ. 중세 국어와 경상도 방언의 성조 대응 관계 기술의 방법. 歷史言語學. 金芳漢 先生 回甲記念論文集. 전예원.

22. 김차균(1985)ㄹ. 중세 국어 성조와 방언 성조의 대응 관계(Ⅰ). 언어 제6호. 忠南大學校 語學研究所.

23. 김차균(1985)ㅁ. 15 세기 국어의 성조. 白旻 全 在昊 博士 華甲紀念 國語學論叢. 螢雪出版社.

24. 김차균(1985)ㅂ. 國語科 國語音韻論. 韓國放送通信大學出版部. (金錫得 · 金次均 · 李基白 共著).

25. 김차균(1986). 중세 국어와 경남 방언의 성조의 대응 관계 연구. 人文科學研究所論文集 第XIII卷 第2號. 忠南大學校.

26. 김차균(1987)ㄱ. 중세 국어와 경남 방언의 성조의 대응 관계 연구. 한글 제195호. 한글 학회.

27. 김차균(1987)ㄴ. 한자어 입성의 성조론적 가치. 張泰鎭 博士 回甲記念 國語國文學論總. 三英社.

28. 김차균(1988)ㄱ. 성조 이론의 비판적 성찰. 애산 학보 6. 애산 학회.

29. 김차균(1988)ㄴ. 훈민정음의 성조. 전남대어연총서 1. 민정음의 이해. 한신문화사.

30. 김차균(1988)ㄷ. 나랏말의 소리. 太學社.

31. 김차균(1989)ㄱ. 16 세기말 국어 성조와 경남 방언 성조의 대응 관계 — 풀이씨의 고정 성조 어간을 중심으로—. 언어학 제11호. 한국언어학회.

32. 김차균(1989)ㄴ. 16 세기 국어의 성조. 二靜 鄭 然粲 先生 回甲記念論叢. (株)塔出版社.

33. 김차균(1989)ㄷ. 16 세기 국어의 변동 평성 어간의 성조. 언어 제10호. 충남대학교 어학연구소.

34. 김차균(1990)ㄱ. The Tone System of Hunmin-jông·ûm.CNU Series in Linguistics 3. Understanding Hunmin-jông·ûm.Edited by Shin Shang-Shoon, Lee Don-Ju and Lee Hwan-Mook, Hanshin Publlshing Company.

35. 김차균(1990)ㄴ. 국어 한자어의 방점법과 성조의 대응 관계. 語文研究 第二十輯. 語文研究會.

36. 김차균(1990)ㄷ. 국어의 측성 어간 풀이씨의 성조. 芳村 兪睿根 博士 華甲紀念論叢. 芳村 兪睿根 博士 華甲紀念論叢 刊行委員會.

37. 김차균(1990)ㄹ. 16세기 국어 고정 평성형 풀이씨 어간과 굴곡접사의 성조. 論文集 第XVII卷 第1號. 忠南大學校 人文科學研究所.

38. 김차균(1990)ㅁ. 16세기 국어의 사동과 피동 풀이씨의 성조. 언어 제11호. 忠南大學校語學研究所.

39. 김차균(1991)ㄱ. 일본 언어학계의 한국어 성조 연구사. 언어학 연구사. 서울大 學校 出版部.

40. 김차균(1991)ㄴ. 방점법과 성조의 대응 관계. — 소학언해 토박이말 이름씨의 방점을 근거로 하여 —. 論文集 第XVIII卷 第1號. 忠南大學校 人文科學研究所.

41. 김차균(1992)ㄱ. 사이ㅅ의 음운론. 國語學 22. 國語學會.

42. 김차균(1992)ㄴ. 창원 방언 개신형 남움직씨의 형태와 음운. 애산학보 13.애산학회.

43. 김차균(1992)ㄷ. 경남 방언의 피동사와 사동사의 형태와 음운. 論文集 第XIX卷 第2號. 忠南大學校 人文科學研究所.

44. 김차균(1992)ㄹ. 방점법과 창원 방언 풀이씨의 성조. 언어 13호. 忠南大學校 語學研究所.

45. 김차균(1993)ㄱ. 방점법. 언어학 제15호. 한국언어학회.

46. 김차균(1993)ㄴ. 북청 방언과 대구 방언 성조의 비교 분석. 언어 14호. 忠南大學校 語學研究所.

47. 김차균(1993)ㄷ. 창원 방언과 대구 방언 성조의 비교 분석. 論文集 第XX卷第2號. 忠南大學校 人文科學研究所.

48. 김차균(1993)ㄹ. 우리말의 음운. 太學社.

49. 김차균(1993)ㅁ. 우리말의 성조. 太學社.

50. 김차균(1994)ㄱ. 통시 성조론. 현대언어학 지금 어디로. 한신문화사.

51. 김차균(1994)ㄴ. 대구 방언 풀이씨의 성조. 論文集 第XXI卷 第1號. 忠南大學校 人文科學研究所.

52. 김차균(1994)ㄷ. 겨레말 방언 성조론. 부산 한글 13집. 한글 학회 부산 지회.

53. 김차균(1994)ㄹ. 3성조 방언의 성조 체계. 우리말 연구의 샘터. 연산 도수희 선생 화갑 기념 논총. 도수희 선생 화갑 기념 논문집 간행 위원회.

54. 김차균(1994)ㅁ. 북청 방언과 대구 방언 성조 체계의 비교. 우리말의 연구. 외골 권재선 박사 화갑 기념 논문집 간행 위원회 엮음. 우골탑.

55. 김차균(1994)ㅂ. 대구 방언 성조 체계의 변천. 언어 제15호. 忠南大學校.

56. 김차균(1994)ㅅ. 60대 대구 방언과 20대 대구 방언 성조의 대조 분석. 언어학 제16호. 한국언어학회.

57. 김차균(1995)ㄱ. 연길 방언과 북청 방언 성조 체계의 비교. 語文研究 第二十六輯. 語文研究會.

58. 김차균(1995)ㄴ. 연변 룡정 방언의 성조. 論文集 第XXII卷 第2號. 忠南大學校 人文科學研究所.

59. 김차균(1996)ㄱ. 육진 방언과 영남 방언 성조의 비교. SICOPS'96. 제1회 국제음성학 학술대회. 대한음성학회.

60. 김차균(1996)ㄴ. 음운론의 연구 동향. 언어와 언어 교육 제11집. 〈동아대학교 개교 50주년 기념 가을 학술 발표회 요약서〉. 동아대학교 어학연구소.

61. 김차균(1996)ㄷ. 울진 방언의 성조. 언어 17호. 충남대학교 어학연구소. (지민제와 공동 연구).

62. 김차균(1997)ㄱ. 육진 방언과 창원 방언 성조의 비교. 한글 235. 한글 학회.

63. 김차균(1997)ㄴ. 육진 방언과 창원 방언 성조의 비교. 한글 236. 한글 학회.

64. 김차균(1997)ㄷ. 룡정 방언과 울진 방언 성조의 비교. 언어학 제20호. 한국언 어학회.

65. 김차균(1997)ㄹ. 룡정 방언과 울진 방언 성조의 비교. 論文集 第XXⅢ卷 第2號. 忠南大學校 人文科學硏究所.

66. 김차균(1997)ㅁ. 변동 평성형 풀이씨의 특수 음조형 비교. 한밭 한글 제2호. 한글 학회 대전 지회.

67. 김차균(1997)ㅂ. 삼척 방언과 울진 방언 음조형의 비교. 국어학 연구의 새 지평. 성재 이돈주 선생 화갑 기념 논총간행위원회. 태학사.

68. 김차균(1997)ㅅ. 삼척 방언과 창원 방언 성조형의 비교. 語文硏究 第二十九輯. 語文硏究會.

69. 김차균(1997)ㅇ. 우리말 성조 연구의 성과와 미래의 방향. 언어 18호. 충남대학교 어학연구소.

70. 김차균(1998)ㄱ. 삼척 방언과 울진 방언 풀이씨 음조형의 비교. 방언학과 국어학. 청암 김영태 박사 화갑 기념 논문집. 간행위원회. 태학사.

71. 김차균(1998)ㄴ. 경상도 방언 풀이씨의 특수 음조형 비교. 睡蓮語文論集 第二十四輯. 한결 이승명 교수 화갑기념 특집호. 수련어문학회.

72. 김차균(1998)ㄷ. 삼척 방언과 울진 방언 성조의 비교. 언어학 제22호. 한국언어학회.

73. 김차균(1998)ㄹ. 나랏말과 겨레의 슬기에 바탕을 둔 음운학 강의. 태학사.

74. 김차균(1999)ㄱ. 우리말의 시제 구조와 상 인식. 태학사.

75. 김차균(1999)ㄴ. 서부 전남·광주 방언의 운소 체계와 그 변천 방향. 한밭한글 제4호. 한글학회 대전지회.

76. 김차균(1999)ㄷ. 우리말 방언 성조의 비교. 역락.

77. 김차균(2000). 창원 방언과 담양 방언의 표현 기능의 장음절화 비교. 한밭한글 제5호. 한글학회 대전지회.

78. 김차균(2001)ㄱ. 창원 방언과 담양 방언의 운율 체계 비교. 한글문화 제15집. 한글학회 전라북도지회.

79. 김차균(2001)ㄴ. 담양 방언의 운율. 한글 제251호. 한글 학회.

80. 김차균(2001)ㄷ. 고성 방언과 성주 방언 풀이씨 성조의 비교. 어문연구 36. 어문연구학회.

81. 김차균(2001)ㄹ. 고성 방언과 성주 방언 성조의 비교. 한글 제253호. 한글 학회.

82. 김차균(2001)ㅁ. 고성 방언과 창원 방언 성조의 비교. 한밭한글 제6호. 한글학회 대전지회.

83. 김차균(2002). 영호남 방언 운율 비교. 도서출판 역락.

부록①

창원 방언과 고성 방언 문장 자료

(0001) 【창원】 가·이 :소·예·이 있·나?
(0001) 【고성】 가·이(/가·니) :소·야·이 있·나?

(0002) 【창원】 :비·로 부랄·때 가대·기 대·애·고 ·한·다.
(0002) 【고성】 :비·로 부루·울·때 꺼지·기 대·애·고 ·한·다.

(0003) 【창원】 :잘·썼·다 카·고 가따·아 ·주·우·라.
(0003) 【고성】 :잘·썼·다 카·고 가따·아 :조·오·라.

(0004) 【창원】 ·참·새·가 :항·새·로 따·라 :갈·라·몬(/:갈·라·카·모) :가·래·이·가 :아·안 ·째·애·지·나.
(0004) 【고성】 ·참·새·가 :항·새 따·라 :갈·라·몬(/:갈·라·카·모) :가·래·이·가 :아·안 ·째·애·지·나.

(0005) 【창원】 가름·옷·도 ·똑 ·이·거 하나 ·뿌·이·다.
(0005) 【고성】 가름·옷·도 ·똑 ·이·거 하나 ·뿌·이·다.

(0006) 【창원】 ·복·판·가·르·매·로 :타·바·아·라.
(0006) 【고성】 ·복·판·가·르·매·로 :타·바·아·라.

(0007) 【창원】 ·알·약 :말·고 가리·약·으·로 :도·라·캐·애·라.
(0007) 【고성】 ·알·약 :말·고 가리·약·을 :도·라·캐·애·라(/:주·라·캐·애·라).

(0008) 【창원】 가리·사·분 ·풀·우·서 :푸·욱 당·가 나·아·라.
(0008) 【고성】 가리·사·분 ·풀·우·서 :푸·욱 당·가 나·아·라.

(0009) 【창원】 나락가·마·이 가·아 온·나.
(0009) 【고성】 나락가·마·이 가·아 온·나(/·오·이·라).

(0010) 【창원】 :우·짜·건·노 ·이·래 ·비·가 안오·서. ·노·이·고 밭·이·고 ·가·무·살·이 :까·악 찌·이·있·다.
(0010) 【고성】 우짜겄·노 ·이·래 ·비·가 안·오·서. ·노·이·고 밭·이·고 ·가·무·살·이 :까·악 찌·이·있·다.

(0011) 【창원】 아·아·낳·고 가·무·치·로 고·아 묵·우·모 :좋·다·카·데.
(0011) 【고성】 아·아·낳·고 가·무·치·로 고·아 묵·우·모 :좋·다·쿠·데.

(0012) 【창원】 갑때·이 매·애·라.
(0012) 【고성】 깝때·이(/깝때·이) 매·애·라.

(0013) 【창원】 바안질당새·기·에 가·새 가·아 온·나.
(0013) 【고성】 반지끄륵·에 가·새 가·아 :오·이·라.

(0014) 【창원】 가실하·몬 갚·아 주꾸·마. 조·옴 빌·리 도·오(/도·고, :도·고).
(0014) 【고성】 가실하·몬 갚·아 주꾸·마. 조·옴 빌·리 :주·라(/:도·라).
(0014) 【고성】 가실하·몬 갚·아 주꾸·마. 조·옴 빌·리 :조·오·라.
※ 〈고성 방언〉 :조·오·라〈남에게~〉, :주·라〈나에게~〉

(0015) 【창원】 ·지·끔 체·알 헹피·이 안댄·다. 가실·에·나 보낼끼·다.
(0015) 【고성】 ·지·금 치·울 헹페·이 안덴·다. 가실에·나 보낼끼·다.

(0016) 【창원】 ·쌔·기 ·가·서 가·아 온·나.
(0016) 【고성】 쎄·이 ·가·서 가·아 :오·이·라.

(0017) 【창원】 가·암 지르·지 :마·라(지르·지 :마·라, 지르지마·라, 지르저마·라). ·기·먹·겠·다.
(0017) 【고성】 가·암 지리·지 마·라(지르·지 :마·라, 지리지마·라). ·기·먹겄·다.

(0018) 【창원】 :간·띠·이·가 부·읎·나?
(0018) 【고성】 :간·띠·이·가 부·읎·나?

(0019) 【창원】 간·물·에 조·옴 당·가 나·아·라.
(0019) 【고성】 간·물·에 조·옴 당·가 나·아·라.

(0020) 【창원】 얼라·아 그·래 간지럼태·아·지 :마·라.
(0020) 【고성】 얼라·아(/엘라·아) 그·래 간지럼태·애·지 마·라.

(0021) 【창원】 간질·지 :마·라(/간질지 :마·라, 간질저마·라). 간지르·바 죽겄·다.
(0021) 【고성】 간질·지(/간·질·지) :마·라. 간지르·바 죽겄·다.

(0022) 【창원】 ·또(:)·옥 강새·이·겉·네.
(0022) 【고성】 ·또(:)·옥 강새·이 ·겉·네.

(0023) 【창원】 개굽·아·서 해딱개·비·겉·네.
(0023) 【고성】 개굽아·서 해께·비 ·겉·다.

(0024) 【창원】 ·개·덕·도 ·열·두·분·도 더지긴·다.
(0024) 【고성】 ·개·덕·도 ·열·두·분·도 더지긴·다.

(0025)【창원】 :몬·묵·는·거 :말·키 개라·아 내·애·라.
(0025)【고성】 :몬·묵·는·거 :말(:)·키 개라·아 내·애·라.

(0026)【창원】 지잉·마 대·모 ·몸·이 ·개·럽·아 죽겄·다.
(0026)【고성】 저녁·마(/지녁·만) 대·모 ·몸·이 ·개·럽·아 죽겄·다.

(0027)【창원】 낱·도 안개리·고 :아·무·한·테·나 자알 ·간·다.
(0027)【고성】 낱·도 안개리·고 :아·무·한·테·나 자알 ·간·다.

(0028)【창원】 개앰·치 안·에 옇·어·라 잊아뿐·다.
(0028)【고성】 개앰·치(/개앳줌·치) 안·에 옇·어·라 잊아뿐·다.

(0029)【창원】 우리아·아 공부조·옴 개르·차 ·주·우·라.
(0029)【고성】 우리아·아 공부조·옴 개르차·아 :조·오·라.

(0030)【창원】 안·주 :덜·갱·깄·다. 조·옴 더나·아 ·뚜·우·라(/·쭈·우·라).
(0030)【고성】 안·주 :덜·겡·깄·다. 조·옴 더나·아 :도·오·라.

(0031)【창원】 ·야·아·야 빌·리·준 이장 조·옴 거다·아 ·딜·이·라.
(0031)【고성】 ·야·아·야 빌·리·준 이장 조·옴 거다·아 ·딜·이·라.

(0032)【창원】 ·역·마·살·이 들리·있·나? :와·아 :자·꾸 :나·갈·라·카·노?
(0032)【고성】 ·역·마·살·이 찌이·있·나? :와·아 :자·꾸 :나·갈·라·쿠·노?

(0033)【창원】 아직거·무·는 보·모 재·수·가 있는·데 ·밤·꺼·무·는 재·수 :없·다·고 잡·아·라·카·데.
(0033)【고성】 아척거·무·는 보·모 재·수·가 있는·데 저녁거·무·는 재·수 :없·다·고 잡·아·라·쿠·데.

(0034)【창원】 :거·십·을 :마·악 펴여티·이 얹히·있·능·갑·다.
(0034)【고성】 :거·섶·을 :마·악 펴여티·이 얹히·있·능·갑·다.

(0035)【창원】 돌삐·이 나·아 나·았·다. 인자·아 :건·니 :가·바·아·라.
(0035)【고성】 돌삐·이(/돌미·이) 나·아 나·았·다. 인자·아 :건·디·이 :가·바·라.

(0036)【창원】 건디·기·마 건·지 묵·우·라(/무·우·라).
(0036)【고성】 건디·이·마 건·지 묵·우·라(/무·우·라).

(0037)【창원】 ·쏘·옥·에 :거·시·이·가 들앉·았·나? :와·저·래 미·이·도 ·살·이안찌·노?
(0037)【고성】 ·쏘·옥·에 :거·시·이·가(/·인·이) 들앉·았·나? :와·저·래 미·이·도 ·살·이 안찌·노?

(0038)【창원】 등더·리·가 건지럽·아 죽겄·다.
(0038)【고성】 등더·리·가 건지럽·아 죽겄·다.

(0039)【창원】 바·빠 죽겄는·데 :와·이·래 걸거치·이·노? ·딴·데 ·가·서 놀·아·라.
(0039)【고성】 바·빠 죽겄는·데 :왜·이·래 걸거치·이·노? ·딴·데 ·가·서 놀·아·라.

(0040)【창원】 가시나·아·가 청끄티·이 그·래 ·걸·치·앉·는거 아이니·라.
(0040)【고성】 가수나·아·가 청끄티·이 그·래 ·걸·치·앉·는·기·이 아이니·라(/아·이·다).

(0041)【창원】 그집·에 아·아 나·았·나? :와·아 :경·구·로 치나·았·노?
(0041)【고성】 그집·에 아·아 나·았·나? :와·아 :경·구·지·로 처나·았·노?

(0042)【창원】 개·기·장·사 오·모(/오·몬) 조·옴 알·리 도·오.
(0042)【고성】 개기장·사 오·모(/·오·거·등) 조·옴 알·리 :도·오(/:조·오).

(0043)【창원】 ·밤·마 대·모 ·겝·이·나·서 :또·옥(/:꼬·옥) 죽겄·다.
(0043)【고성】 ·밤·마 데·모 ·겁·이·나·서 :또·옥(/:꼬·옥) 죽겄·다.

(0044)【창원】 :푸·욱 고·아·서 국·물·마 묵·우·라(/무·우·라).
(0044)【고성】 :푸·욱 고·와·서 국·물·마 묵·우·라(/무·우·라).

(0045)【창원】 :이·전·에·는(/그전·에·는) 고디·이·가 논·에 :움·매·나 :많·앴·다·고.
(0045)【고성】 :이·전·에·는(/그전·에·는) ·논·꼬·도·이 논·에 :올·매·나 :많·았·다·고.

(0046)【창원】 고래꾸녕 맥히·있·다. 고래짝대·기(/당그·래) 가·아·꼬 떫·우 ·바·아·라.
(0046)【고성】 고래꾸녀·이 맥히·있·다. 고래짝대·기(/잿당그·래) 가·아·꼬떫·어 :빼·아·라.

(0047)【창원】 :고·오·매·쫄·구·리(/:고·구·매·쫄·구·리) ·따·로 가·자.
(0047)【고성】 :고·오·매 쫄거·리 ·따·로 가·자.

(0048)【창원】 ·고·시·레(:)! :우·째·앴·든·지 재·수 있거·로 :해·주·이·소.
(0048)【고성】 고·시·레(:)! 우째앴·든·지 재·수 있거·로 :해·주·소.
(0048)【고성】 게·시·레(:)(/꺼·시·레(:))! 우째앴·든·지 재·수 있거·로 :해·주·이·소.

(0049)【창원】 오·올 비빠·알 들·모 고치모중앵·기·로 가·자.
(0049)【고성】 오·올 비빠·알 들·모 고치모·종 앵·기·로 가·자.

(0050)【창원】 고치까리·가 :없·다. 조·옴 빠사·아·라.
(0050)【고성】 고치까리·가 :없·다. 조·옴 뽀사·아·라.

(0051)【창원】 곡·석 아까·웅·거 알·아·야 하·알·이 ·복·을 주·제.
(0051)【고성】 곡·석 아깝·은·거 알·아·야 하·알·이 ·복·을 주·제.

(0052)【창원】 :골·고·르 나나·아 ·주·우·라.

(0052)【고성】 :골·고·르 나나·아 :조·오·라.

(0053)【창원】 고라·아 ·가·서 서답씪·어 ·오·이·라.
(0053)【고성】 고라·아 ·가·서 서답씪·어 ·오·이·라.

(0054)【창원】 이·게·서 더어 :고·바·몬 :우·짤·라·꼬?
(0054)【고성】 이·게·서 더어 :곱·우·몬(/:곱·우·모) 우짤라·꼬?

(0055)【창원】 안·주 꺼·정 :곱·아·서 ·새·댁·겉·다(/·새·각·시·겉·다).
(0055)【고성】 안·주 꺼·정 :곱·아·서 ·새·댁·겉·다(/·새·각·시·겉·다).

(0056)【창원】 :윤·달·을 공·딸·이·라 :안·카·나.
(0056)【고성】 :윤·달·을 공·딸·이·라 :안·쿠·나.

(0057)【창원】 무시뭍거·로 구디·이 조·옴 ·파·라.
(0057)【고성】 무시뭍거·로 구디·이(/무싯구디·이) 조·옴 ·파·라.

(0058)【창원】 아·들 나·아·모 똥꾸·루·마 ·타·고 ·딸·나·아·모 비앵기(비양구)탄·다·카·데.
(0058)【고성】 아·들 나·아·모 똥꾸·루·마 ·타·고 ·딸·나·아·모 비양기(비양구) ·탄·다·쿠·데.

(0059)【창원】 니이(/니·이) ·저·거 ·쓰·능·것·까(/·씨·능·것·까)? :와·아 ·멫·날 메·칠·로 방꾸숙·에 구불·아 댕·기·거·로 나·아 ·뚜·노?
(0059)【고성】 너어(/니·이) ·저·거 ·씨·능·것·까? :와·아 ·멫(:)·날 메·칠·로 방꾸숙·에 구불·아 댕·기·거·로 나·아 ·뚜·노?

(0060)【창원】 국건디·기·가 하나·또 :없·다.
(0060)【고성】 국건디·이·가 하나·또 :없·다.

(0061)【창원】 내·앨·은 ·국·기·다·는 ·날·이·가(/·국·기 ·다·는·날·이·가)?
(0061)【고성】 내·앨·은 ·국·기 ·다·는·날·이·가?

(0062)【창원】 국꺼·리·로 ·갈·아·서 국·에 조·옴 ·풀·우·라.
(0062)【고성】 국꺼·리·로 ·갈·아·서 국·에 조·옴 ·풀·어·라.

(0063)【창원】 ·멫·분·이·나 씨·기·도 ·군·소·리 하나 안하·고 ·저·레 잘한·다.
(0063)【고성】 ·멫(:)·분·이·나 씨·기·도 ·군·소·리 하나 안하·고 ·저·레 잘한·다.

(0064)【창원】 :와·그·래 넘·우·집 굴묵·디·로 :지·내 댕·기·노? 그거 ·지·일아·이·다.
(0064)【고성】 :와·그·래 넘·우·집 :골·목·디·로 :지·내 댕·기·노? 그거 ·지·일 아·이·다.

(0065)【창원】 :궁·자·아·국·에 국·시 말·아 묵·우·모(/묵·우·몬) :움·매·나맛있·다·꼬[마시따꼬].

(0065)【고성】 자아꾹·에 ·밥·말·아 묵·우·모(/묵·우·몬) :올·매·나 맛있다·꼬〔마시··〕.

(0066)【창원】 그·륵 가·아 온·나.
(0066)【고성】 그·륵 가·아 온·나.

(0067)【창원】 :쪼·매·이 거슬치·이·는 소·리·도 :몬·한·다.
(0067)【고성】 :쪼·매·이(/:쪼·맨(:)·도) 거슬리·이·는 소·리·도 :몬·한·다.

(0068)【창원】 ·기·감(/·돌·감) 따묵·우·로(/따무·우·로) 가·자.
(0068)【고성】 ·기·암(/·돌·감) 따묵·우·로(/따무·우·로) 가·자.

(0069)【창원】 안·주 기때·기·가 :새·파·랑·기·이 오데서담배로픗·노?
(0069)【고성】 안·주 기때·이·가 :새(:)·파·랑·기·이 오데서담배로픗·노?

(0070)【창원】 ·밤·대·모 기뚜래·미·가 울·어 대·애·서(/울·우 사·아·서) ·잠·을 설·친·다.
(0070)【고성】 ·밤·대·모 기뚜래·미·가 울·어 대·애·서(/울·우 사·아·서) ·잠·을 설·친·다.

(0071)【창원】 여따·아·다 한분 ·기·리 ·바·아·라.
(0071)【고성】 여따·아·다 한분 ·기·리 :바·아·라.

(0072)【창원】 :아·무·라·도 오·래 안보·모 보구집·다.
(0072)【고성】 :아·무·라·도 오·래 안보·모 보고접·다(/보고싶·다).

(0073)【창원】 :가·매·타·고 ·시·집 ·왔·다.
(0073)【고성】 :가·매·타·고 ·시·집 ·왔·다.

(0074)【창원】 기먹어·리·가 :와·아 ·멫·분·을 불·러·도 :대·답·을 안하·노?
(0074)【고성】 기먹어·리·가(/기먹어리·가) :와·아 ·멫·분·을 불·러·도 :대·답·을안·하·노?

(0075)【창원】 그사·람 ·기·빱 보·이 :밍·질·고 ·밥·복 있겄·다.
(0075)【고성】 그사·람 ·기·빱 보·이(/봉·께) :밍·질·고 ·밥·복 있겄·다.

(0076)【창원】 ·기·빱·마 만·친·다.
(0076)【고성】 ·기·빱·마 몬·친·다.

(0077)【창원】 :와·아 :사·람·을 기·시·노(/쏙·이·노)?
(0077)【고성】 :와·아 :사·람·을 기·시·노(/쏙·이·노)?

(0078)【창원】 기잉·물·통·에 당·가(/당가·아) 나·아·라.
(0078)【고성】 기잉물통·에 당·가(/당가·아) 나·아·라.

(0079)【창원】 ·자·암 ·오·나? ·잠·오·모 :기·지·기 한분 :쭈·욱 ·써·어 ·바·아·라(/:써·바·아·라)
(0079)【고성】 ·자·암 ·오·나? ·잠·오·모 지지리·이 한분 :쭈·욱 :쪄·바·아 ·라.

(0080)【창원】 까꾸·리(/깔꾸·리) 가·아·고 갈·비 조·옴 껌·우 온·나.
(0080)【고성】 까꾸·리 가·아·고 갈·비 조·옴 검·어 온·나.

(0081)【창원】 까마·구 개·기·로 묵·읐·나? 이자삐기·는 :와·그·래 자알 이자삐·노?
(0081)【고성】 까마·구 개·기·로 묵·읐·나? 이저삐기·는(/이저삐리기·는) :와·그·래 자알 이저삐·노 (/이저삐리·노)?

(0082)【창원】 낱·에 :우·째·그·래 까막딱·지·가 :마·이 생·깄·노?
(0082)【고성】 낱·에 우찌그·리 까·묵·기·가 :마·이 생·깄·노?

(0083)【창원】 ·들·어 가지 :마·라(·들·어 가·지 :마·라, ·들·어 가지마·라, ·들·어 가저마·라). 거·어·는 (/거·게·는) 까시덩·쿨 천·지·다.
(0083)【고성】 ·들·어 가지 마·라(·들·어 가·지 :마·라, ·들·어 가지마·라).
거·어·는(/거·게·는) 까시덩·쿨(/까시넝·쿨, 까시텀부리·이) 천·지·다.

(0084)【창원】 ·눈·칫·밥·을 묵·나, :와·이·래 까시래·기·가 생·기·노?
(0084)【고성】 ·눈·칫·밥·을 묵·나, :와·이·래 손까시래·이·가 생·기·노?

(0085)【창원】 까·탈·시·럽·기·는 :한·정·도 :없·네.
(0085)【고성】 까·탈·시·럽·기·는 :한·정·도 :없·네.

(0086)【창원】 깍대·기 짐·치(/무·시·지·이) 조·옴 ·담·아·라.
(0086)【고성】 깍대·기 짐·치(/깍대기짐·치) 조·옴 ·담·아·라.

(0087)【창원】 그거(/고거) 우리밭·에 가·모 :까·악 ·찼·다.
(0087)【고성】 그거(/고거) 우리밭·에 가·모 :까·악 ·찼·다.

(0088)【창원】 ·저·집·에 :우·짠·다·꼬 간얼라·아 소·리·가 들리·이·노?
(0088)【고성】 ·저·집·에 :우·짠·다·꼬 간난아·아 소·리·가 들리·이·노?

(0089)【창원】 오·올 소·이 :올·라·카·나? :깐·채·이·가 :와·저·래 울·우 샇·노?
(0089)【고성】 오·올 소·이(/손·이) :올·라·쿠·나? ·깐·채·이·가 :와·저·래 울·우 샇·노?

(0090)【창원】 뿌리·이·채·로 ·캐·애 묵지 :말·고 :사·살 솎·아·묵·우·라(/솎·아·무·우·라).
(0090)【고성】 뿌리·이·채·로 ·캐·애 묵지 :말·고(/묵지말·고) :사·살 솎·아 ·묵·우·라(/솎·아·무·우·라).

(0091)【창원】 머어 싱카·아 묵·읐걸·래 :자·꾸 깔딱·질·로·하·노?
～ 머싱카묵읐걸래자꾸깔딱질을하·노?

(0091)【고성】 머어·로 싱카·아 묵·윴·길·래 :자·꾸 깔딱질·로 ·하·노?
~ 머어로싱카묵윴길래자꾸깔딱질로하·노?

(0092)【창원】 깜둥콩·을 조·옴 ·갈·아 믹·이·라?
(0092)【고성】 껌은콩·을 조·옴 ·갈·아 믹·이·라?

(0093)【창원】 강내·이 가·아·꼬 박·산 태·아 묵·우·라(/무·우·라).
(0093)【고성】 강내·이 가·아 박·통(/밥·상)·태·아 묵·우·라(/무·우·라).

(0094)【창원】 깨끔밧·기 해낳·고(/해놓·고) :사·네.
(0094)【창원】 깨(:)끗하·이 해낳·고(/해놓·고) :사·네.
(0094)【고성】 깨끔밧·기 해놓·고 :사·네.
(0094)【고성】 깨(:)끗하·이 해놓·고 :사·네.

(0095)【창원】 ·옷·소·옥·에 :끼·끼·가 ·들·어·가·서 꺼끄럽·아 죽겄·다.
(0095)【고성】 ·옷·소·옥·에 :게·끼·가 ·들·어·가·서 꺼끄럽·아 죽겄·다.

(0096)【창원】 :도·라·샇·는·거 안주우띠·이 가·고 나·앙·께(/나·이·께) 끼꾸룸(:)하·네.
(0096)【고성】 :도·라·쿠·는·데 안조오떠·이 가·고 나·앙·께(/나·이·께) 께꾸룽(:)하·다.

(0097)【창원】 깨소금·딴·지·로 :우·째·이·래 :또·옥 떠라·아 나·았·노?
(0097)【고성】 깨소금딴지·로 우째이·래 ·또·옥 떠라·아 나·았·노?

(0098)【창원】 깨굼띠·이 가·아·꼬 온·나.
(0098)【고성】 깨금띠·이 :오·이·라.

(0099)【창원】 가시나·아·가 께엘밧·으·모 :아·무·짝·에·도(/:아·무·자·도) :몬·씬·다.
(0099)【고성】 가수나·아·가 께엘밧·이·모 :아·무·짝·에·도(/아무자구·도) :몬·씬·다.

(0100)【창원】 :두·손·으·로 깻·대·로 잡·고, :사·살 털·어·라. :그·래·야 밖·으·로 안나간·다.
(0100)【고성】 :두·손·으·로 깻·대·로 잡·고, :사·살 떨·어·라. :그·래·야 밖·으·로 안나간·다.

(0101)【창원】 :둘·이·서 태깍태깍하·이 :유·웅 꺼끄럽는가·배.
(0101)【고성】 :둘·이·서 자꾸자·꾸 싸·워 샇·는·다.

(0102)【창원】 개·기 말라·아 나·앙·거(/나앙거) 꺼덕꺼덕하·모 안·에 들라·아·라.
(0102)【고성】 개·기 말라·아 나·앙·거(/나앙거) 꺼덕꺼덕하·모 안·에 들라·아·라.

(0103)【창원】 나·락·을 :덜·디·라·아·서 텁텁하·다. 까꾸·리 가·아·꼬 꺼부지·기 조·옴 껌·우 내·애·라.
(0103)【고성】 나·락·을 :덜·띠·라·아·서 거·칠·다. 까꾸·리 가·아·꼬 꺼부지·기 조·옴 검·어 내·애·라.

(0104) 【창원】 끄시름 조·옴 털·어·라.
(0104) 【고성】 끄시름 조·옴 털·어·라.

(0105) 【창원】 ·불·에 :살(:)·짝 끄실·라 ·바·아·라.
(0105) 【고성】 ·불·에 :살(:)·짝 끄실·라 :바·아·라.

(0106) 【창원】 보리 ·비·이 내·앤·데(/:낸·데) 다른 곡·석 숭구·로 가·자.
(0106) 【고성】 보리 ·비·이 내·앤·데(/:낸·데) ·끌·갈·로(/끌갈·이 하·로) 가·자.

(0107) 【창원】 쭈·우 묵지마·라(/묵저마·라, 묵지 :마·라, 묵지 :마·라) 걸배·이·댄·다.
(0107) 【고성】 주·우 묵지마·라(/묵지 :마·라, 묵·지 마·라) 걸배·이·덴·다(/거레·이·덴·다).

(0108) 【창원】 ·고·깨·이·로 먼지 ·멫·분 쫏·아 낳·코 ·깨·이·로 ·파·라.
(0108) 【고성】 ·꼬·깨·이·로 먼지(/먼저) ·멫·분 쫏·아 놓·코 ·깨·이·로 ·파·라.

(0109) 【창원】 서답 꼽꼽(:)하·모 걷·어 가·아·꼬 밟·아·라.
(0109) 【고성】 서답 꼽꼽(:)하·모 걷·어 가·아·꼬 볿·아·라.

(0110) 【창원】 오데서 ·이·래 발꼬랑·내·가·나·노?
~ 오데서이래발꼬랑내가나·노?
(0110) 【고성】 오데서 ·이·래 발꼬랑·내·가·나·노?
~ 오데서이래발꼬랑내가나·노?

(0111) 【창원】 꼬래·이·가 달리·있·나. :와·아 :자·꾸 문·을 :덜·닫·노?
(0111) 【고성】 꼬래·이·가 달리·있·나. :와·아 :자·꾸 문·을 :덜·닫·노?

(0112) 【창원】 우리 오·올 꼬사·리 꺾·크·로 :갈·래?
(0112) 【고성】 우리 오·올 꼬사·리(/께사·리) 꺾크·로(/끊으·로) :갈·래?

(0113) 【창원】 꼬시랑머·리·하·고 옥·니·난 남자 :썽·질 :더·럽·다·꼬 :조·심·하·라(/:조·심·해·애·라) ·카·데.
(0113) 【고성】 반꼬시래·이 머·리·하·고 옥·니·난 남·자 :썽·질 :더·럽·다·꼬 :조·심 하·라 (/:조·심·해·애·라) ·쿠·데.

(0114) 【창원】 고오·장·을 조·옴 ·풀·우·라.
(0114) 【고성】 고오장·을(/고이장·을, 고치장·을) 조·옴 ·풀·우·라.

(0115) 【창원】 :짐·나·모 소두방따까·리 열·어 나·아·라.
(0115) 【고성】 :짐·나·모 소두방따까·리 열·어 나·아·라.

(0116) 【창원】 고고 꼼·재·이·네. ·멫·뿌·이·나 :도·라·캐·애·도 조·옴 안주·네.

(0116)【고성】 고고 꼼·재·이·네. ·멫·뿌·이·나 :도·라·캐·애·도 조·옴 안주·네.

(0117)【창원】 꽃보오·리 맺히·있·네.
(0117)【고성】 꽃보오·리 맺히·있·네(/맺·았·네).

(0118)【창원】 고오 꽃시·이(/고꽃시·이) ·차·암 ·크·다.
(0118)【고성】 고오 꽃시·이(/고꽃시·이) ·차·암 ·크·다.

(0119)【창원】 ·저·집·에 ·가·서 조·옴 ·꾸·우·가·아 온·나.
(0119)【고성】 ·저·집·에 ·가·서 조·옴 끄·어(/빌·리) :오·이·라.
(0119)【고성】 ·저·집·에 ·가·서 조·옴 꾸·우·가 :오·이·라.

(0120)【창원】 꾸게·에 가·아·꼬 여·어 ·바·아·라.
(0120)【고성】 꾸게·에 가·아 여·어 ·바·아·라.

(0121)【창원】 마른조·구·는 꾸리·미·로 ·판·다.
(0121)【고성】 마른조·구·는 끄리미·로 ·판·다.

(0122)【창원】 :어·푼 ·꾸·리 앉·아·서 잘몬했·다·꼬 ·해·애·라.
(0122)【고성】 :어·푼 ·꾸·리 앉·아·서 잘몬했·다·꼬 ·해·애·라(/빌·어·라).

(0123)【창원】 오데서 ·이·래 :자(:)·꾸 꾸·룽·내·가 ·나·노?
～오데서이래자(:)꾸꾸룽내가나·노?
(0123)【고성】 오데서 ·이·래 :자(:)·꾸 꾸·룽·내·가 ·나·노?
～오데서이래자(:)꾸꾸룽내가나·노?

(0124)【창원】 ·불·에 꾸·부(/꾸·우) 묵·우·라(/무·우·라).
(0124)【고성】 ·불·에 꾸·우 묵·우·라(/무·우·라).

(0125)【창원】 꾸중·물 내삐·리·지 :마·라. 대애·지 ·죽·주·우·야·지.
(0125)【고성】 꾸중·물 내삐·리·지 :마·라(/내·애 삐리지마·라). 대애·지 ·죽·주·우·야·지.

(0126)【창원】 콩끌티·기·로 :말·케(/:말·키) 쭈·우 내·애·야 거따·가 :배·차·로 숭굴끼·인·데.
(0126)【고성】 콩끌티·이·로 :말·케(/:말·짱) 주·우 내·애·야 거따·가 :배·차·로 숭굴끼·인·데.

(0127)【창원】 ·끼·미 나·앙·께(/나·이·께) ·새·각·씨·겉·네.
(0127)【고성】 ·끼·미 노옹께·에 ·새·각·씨·겉·네.

(0128)【창원】 농·사 망·치·겄·다. :잉·가·이 나댕·기·라.
(0128)【고성】 농·사 망·치·겄·다. :잉·가·이(/:잉·가·이) 나댕·기·라.

(0129) 【창원】 께에름지·기·지(/께에름 ·부·리·지) :말·고 ·쌔·기·쌔·기 ·해·애·라.
(0129) 【고성】 께에·름 지·이·지(/께에·름 ·부·리·지) :말·고 ·쌔·기·쌔·기 ·해·애·라.

(0130) 【창원】 아·아 너무 나무래·애·지(/머·르 카·지) :마·라. 주눅든·다.
(0130) 【고성】 아·아 너무 나무래·애·지 :마·라(/머·르 쿠지마·라). 주눅·든·다.

(0131) 【창원】 하·모, 꽃·이 있는·데 나·부·가 안날라댕길끼이·가?
(0131) 【고성】 하·모, 꽃·이 있는·데 나·부·가(/나·비·가) 안날라댕길끼이·가?

(0132) 【창원】 ·야·아·는 ·한·참·을 :몬·업·고·있·겄·다. :유·웅 등더·리·이·서 나부대·애 삼·아·서 :사–·람·이 대·애 죽겄·다.
(0132) 【고성】 ·야·아·는 ·한·참·을 몬업고있겄·다. :여·엉 등더·리·서 나부대·애 삼·서 :사·람·이 데–·애죽겄·다.

(0133) 【창원】 오·올 ·기·부·이 나·빠 죽겄·다. :좋·고 나뿌·고 할끼·이·나 있·나
(0133) 【고성】 오·올 ·기·분·이 나·빠 죽겄·다. :좋·고 나뿌·고 할끼·나 있·나

(0134) 【창원】 인자·아 :다·낫·아·서 개·앤 찮·다(/·찮·다).
(0134) 【고성】 인자·아 :다·낫·아·서 개·앤 ·찮·다.

(0135) 【창원】 새·끼 나·아·모(/나아·모) 한마·리 주께·에(/주꺼·마).
(0135) 【고성】 새·끼 나아·모 한마·리 주께·에(/주꺼·마).

(0136) 【창원】 :지·사·가 사·안·날·이·가 나·안·날·이·가?
(0136) 【고성】 :지·사·가 사·안·날·이·가 나·안·날·이·가?

(0137) 【창원】 :쪼·깨·이 더어 낮·아·모(/낮·아·몬) :좋·겄·다.
(0137) 【고성】 :쪼·깬 더어 낮·으·모(/낮·이·몬) :좋·겄·다.

(0138) 【창원】 베·륵·도 낱짝·이 있·지.
(0138) 【고성】 베·륵·도 낱짝·이 있·지.

(0139) 【창원】 그짝·에 나·아 ·뚜·우·라(/·쭈·우·라).
(0139) 【고성】 그짜·아 나·아 :도·오·라.

(0140) 【창원】 ·낙·매·로 ·바·아·서 ·큰·욕·바·았·다 ·카·더·마·는(/·카·디·이·마·는) 조·옴 :우·떤·능·기·요?
(0140) 【고성】 ·낙·매·로 ·바·아·서 ·큰·욕·바·았·다 ·쿠·더·마·는(/·쿠·더 마·는) 조·옴 :어·떻·소?

(0141) 【창원】 난서밭·에 전오줌조·옴 가따·아 부·우·라.
(0141) 【고성】 남서밭·에 전오줌조·옴 가따·아 재·기·라.

(0142)【창원】 시·있·다 :난·주·우·하·자.
(0142)【고성】 시·있·다 :난·주·우·하·자.

(0143)【창원】 날·라·서 ·가·뿌·모 :우·짜·끼·이·고?
(0143)【고성】 날·라·서 ·가·삐·모 우짤끼·고(/우짜끼·고)?

(0144)【창원】 가르지·기·로 날랄(:)하·이 누·우·라.
(0144)【고성】 가리지·기·로(/가리지·이·로) 날랄(:)하·이 누·우·라.

(0145)【창원】 마른하·늘·에 ·날·베·락·도 유·분·수·지.
(0145)【고성】 모린하·늘·에 ·날·베·락·도 :유·분·수·지.

(0146)【창원】 너그 ·옴·마·꺼(/:넉·옴·마·꺼) 조·옴 낭가·아 나·아·라.
(0146)【고성】 너그 ·옴·마·거 조·옴 낭가·아 나·아·라.

(0147)【창원】 낭·게 걸리·있·다.
(0147)【고성】 낭·게 걸리·있·다.

(0148)【창원】 ·넘·새·시·럽·거·로 ·야·아·가 :와·이·라·노? :동·내 ·한·복·판·에·서.
(0148)【고성】 ·넘·새·시·럽·거·로 ·야·아·가 :왜·이·라·노? :동·내 ·한·복·판·에·서.
(0148)【고성】 ·넘·사·시·럽·거·로 야·아·가 :와·이·라·노? :동·내 ·하·안 ·복·판·에·서.

(0149)【창원】 남·자·새·끼·가(/머스마·아 새·끼·가) :울·메·나 칠칠밧건·대 :지·집·만·치·도(/가시나아 -·만·치·도) :몬·하·노?
(0149)【고성】 남·자·새·끼·가(/머스마·아 새·끼·가) :올·메·나 칠칠밧건·대 :제·집·만·치·도(/가수나 -·아·만·치-·도, 게집아·아·만·치·도) :몬·하·노?

(0150)【창원】 가시나·아·가 :와·이·래 납딱이·섬·을 :잇·노?
(0150)【고성】 가수나·아·가 :와·이·래 납딱이·섬·을 :잇·노?

(0151)【창원】 타르·박 ·빠·졌·다. 간지때·이(/간때·이) 가·아 ·오·이·라.
(0151)【고성】 타르·박 ·빠·졌·다. ·간·지·때 가·아 ·오·이·라(/·오·이·라).

(0152)【창원】 주우·가 :자·꾸 내·리 ·간·다.
(0152)【고성】 주우·가 :자·꾸 내·리 ·간·다.

(0153)【창원】 :더(:)·럽·다 고마·아 내삐·리·라(/내·애 삐·리·라).
(0153)【고성】 :더(:)·럽·다 고마·아 내·애 삐·리·라.

(0154)【창원】 저그 아부·지(/적아부·지) :지·사·가 내·앨 ·모·레 아이·가?
(0154)【고성】 적아부·지 :제·사·가(/:지·사·가) 내·앨 ·모·레 아이·가?

(0155) 【창원】 양은냄비매·앤·치·로 ·기·가·얇·아·서 ·큰·일·이·다.
(0155) 【고성】 얇·은 냄비 매·이·로 ·기·가·얇·아·서 ·큰·닐·이·다.

(0156) 【창원】 냄·핀 :알·기·로 발까락새·애 ·때·마·안·치·도 안이긴·다.
(0156) 【고성】 남·펜 :알·기·로 발까락새·애 ·때·만·치·도 안에긴·다.

(0157) 【창원】 너그 ·옴·마(/:넉·옴·마) 오데갔·노?
(0157) 【고성】 너그 ·옴·마 오데갔·노?

(0158) 【창원】 :유·웅 넉·이 :나·갔·네?
(0158) 【고성】 :여·엉 넋·이 :나·갔·네?

(0159) 【창원】 집·이 억·시·기 너르·네.
(0159) 【고성】 집·이 억·시·기 너리·네.

(0160) 【창원】 ·하·는 꼬라·지 보·이 ·널·푼·수 :없·다.
(0160) 【고성】 ·하·는 꼬라·지 봉·께(/보·이, 보·니) ·널·푼·수 :없·다.

(0161) 【창원】 담넘·우·로 넘우·다 보지 :마·라(/보·지 :마·라, 보지마·라, 보저마·라).
(0161) 【고성】 담넘우·로 넘우·다 보지 :마·라(/보·지 :마·라, 보지마·라).

(0162) 【창원】 낯·이 넙떡(:)하·이 넙띠·기 ·겉·네.
(0162) 【고성】 낯·이 넙떡(:)하·이 넙띠·이 ·겉·네.
(0162) 【고성】 낯·이 넙떡(:)항·께 넙띠·이 ·겉·네.

(0163) 【창원】 우리 :너·이·서 :다·아 묵긌·나?
(0163) 【고성】 우리 :너·이·서 :다·아 묵겄·나?

(0164) 【창원】 노내각·씨(/노·내·기) 그거 만·치·모 노랑·내 ·난·다.
(0164) 【고성】 노·내·기 그거 몬·치·모 노랑·내 ·난·다.

(0165) 【창원】 소내·기 :올·랑·갑·다. 하·알·에·서(/하·늘·에·서) 노숭한·다.
(0165) 【고성】 쏘내·기 :올·랑·갑·다. 하·알·에·서(/하·늘·에·서) 노숭한·다.

(0166) 【창원】 ·노·이·랑 밭·이·랑 :다·아 ·팔·아 ·바·아·도(/:다·팔·아·바·아·도) ·멫·푼 안댈끼·다.
(0166) 【고성】 ·노·이·랑 밭·이·랑 :다·아 ·팔·아 ·바·아·도 ·멫·푼 안델끼·다.

(0167) 【창원】 ·떡·조·옴 노카·아 ·바·아·라.
(0167) 【고성】 ·떡·조·옴 노카·아 ·바·아·라.

(0168) 【창원】 ·놋·그·륵 재끼·미 가·아·꼬 딲·아 노·오·모 반들반들(:)하·이 ·차(:)·암 베·기 :좋·다.

(0168)【고성】 ·놋·그·륵 제엣깨·미 가·아·꼬 뚜아 노·오·모 반들반들(:)하·이 ·차(:)·암 베·기 :좋·다.

(0169)【창원】 녹띠가·아·꼬 질검 나·아 ·바·아·라.
(0169)【고성】 녹띠가·아·꼬 질검 나·아 :바·아·라.

(0170)【창원】 ·논·뽀·리·는 밭보리 ·뿌·다 조·옴 늦가·아 댄·다(/늦댄·다).
(0170)【고성】 ·논·뽀·리·는 밭보리 ·뽀·다 조·옴 늦가·아 덴·다(/늦덴·다).

(0171)【창원】 아까·아 오줌 ·누·우·서 개·앤#찮을끼·다(/개·앤#·찮·을·끼·다).
(0171)【고성】 아까·아 오줌 :노·오·서 개·앤#찮을끼·다(/개·앤#·찮·을·끼·다).

(0172)【창원】 :얄·궂·은 누디·기·로 ·걸·치·고 있더·라.
(0172)【고성】 :얄·궂·인 누디기·로(/두디기·로) ·걸·치·고 있더·라.

(0173)【창원】 가매솥·에 보리·밥·을 너들너들하·이 퍼자·아·서 노랑노랑하·이 누라·아 가·아·꼬 누룽 숭·냥 문대·애 나아·모 꼬시·고 맛있·다[마시·따].
(0173)【고성】 가매솥·에 보리밥·을 너틀너틀하·이 퍼자·아·서 노랑노랑하·이 누라·아 가·아·꼬 누룽 숭·냥 문때·애 노오·모 꼬시·고 맛있·다[마시·따].

(0174)【창원】 누·우·가 묵·우·모(/무·우·모) 얹히·인·다.
(0174)【고성】 누·우·가 무우·모 얹히·인·다.

(0175)【창원】 ·내·가 :다·대·앴·는·갑·다. ·누·이 ·토·옹 안배인·다.
(0175)【고성】 ·내·가 :다·대·앴·는·갑·다. ·누·이 ·토·옹 안베인·다.

(0176)【창원】 :어·른·한·테 오데 눈까·리 토·시·고 ·보·노?
~ :어·른·한·테 오데눈까리토시고보·노?
(0176)【고성】 :어·른·한·테 오데 눈까·리 토·시·고 ·보·노?
~ :어·른·한·테 오데눈까리토시고보·노?
(0176)【고성】 :어·른·한·테 오데 눈까·알·로 볼고티리·고 ·보·노(/볼고티리고보·노)?
~ :어·른·한·테 오데눈까알로볼고티리고보·노?

(0177)【창원】 메엣·일·로 낱·을 안씪었는·고 눈끼비·가 :까·악 찌이·있·다.
~ 멫일로낱을안씪었는·고 눈끼비·가 :까·악 찌이·있·다.
(0177)【고성】 메엣·일·로 낱·을 안씪었는·고 눈꼽재·이·가 :까·악 찌이·있·다.
~ 멫일로낱을안씪었는·고 눈꼽재·이·가 :까·악 찌이·있·다.

(0178)【창원】 눈떠부·리·가 뿌숙(:)하·네.
(0178)【고성】 눈꺼부·리·가(/눈뚜·덕·이, 눈뚜덕·이) 뿌숙(:)하·네.

(0179)【창원】 ·눈·티·이·가 :시(:)·푸·렁·네.

(0179) 【고성】 ·눈·티·이·가 :시(:)·푸·렇·네.

(0180) 【창원】 니·는 :우·째·그·래 :만날 늦가·아 ·오·노?
(0180) 【고성】 니·는 우찌그·리 :만·날 늦가·아 ·오·노?

(0181) 【창원】 니·는 :우·짤·끼·고(/:우·짜·끼·고)?
(0181) 【고성】 니·는 우짤끼·고(/우짜끼·고)?

(0182) 【창원】 아·아·를 :와·아 :자·꾸 업·고 :그·라·노? 조·옴 내라·아 나·아·라. ·내·가 ·바·아 주꺼·마.
(0182) 【고성】 아·아·를 :와·아 :자·꾸 업·고 :그·라·노? 조·옴 내라·아 나·아·라. ·내·가 ·바·아 주꺼·마.

(0183) 【창원】 얇·운·이·불 하거·로 틀·에 :사·살 니·비·라.
(0183) 【고성】 얇·운·이·불 하거·로 틀·에 :사·살 니·비·라.

(0184) 【창원】 하·매(/함·매) :니·시·는 넘·웄·겄·제.
(0184) 【고성】 함·매 :네·시·는 넘·웄·겄·제.

(0185) 【창원】 지잉묵·고 다리끌·에 :놀·로 나온·나.
(0185) 【고성】 저녁묵·고 다리끌·에 :놀·로 나온·나.

(0186) 【창원】 머·어 이자뿌·고 ·왔·다·꼬 다부 집·에 ·갔·다.
(0186) 【고성】 머·어 이자뿌·고(/이자삐리·고) ·왔·다·꼬 다부 집·에 ·갔·다.

(0187) 【창원】 대앳다·발·마(/대앳다·불·마) 가따·아 나·아(/가따나·아) ·바·아·라.
(0187) 【고성】 대앳다·불·마(/대앳다불·마) 가따·아 나·아(/가따나·아) ·바·아·라.

(0188) 【창원】 :지·사·도 앞·에 대이·있·고 멩·절·도(/밍·질·도) 다·아 오·고, :돈·은 :없·는·데 ·큰·일 ·났·다.
(0188) 【고성】 :지·사·도(/:제·사·도) 앞·에 대이·있·고 멩·절·도 다·아 오·고, :돈·은 :없·는·데 ·큰·일 ·났·다(/:낭·패·다).
(0188) 【고성】 :지·사·도 앞·에 다·아·오·고 멩·질·도 다·아 오·고, :돈·은 앞·에 하나·또 :없·는·데 ·큰·일·났·다.

(0189) 【창원】 니이 내애 :돈·좀 다·아 도·오(/:도·오/도·고/:도·고).
(0189) 【고성】 니이 내애 :돈·좀 당해·애 :도·오(/:주·라).

(0190) 【창원】 아·아·좀 달개·애 ·바·아·라. :유·웅 :송·신·해 죽겄·다.
(0190) 【고성】 아·아·좀 달개·애 ·바·아·라. :여·엉 :송·시·럽·아 죽겄·다.

(0191) 【창원】 달구똥 그거·는 :개·똥·카·마 칼컬·아·서 ·손·을 가·아·꼬 쭈·우·도 댄·다.
(0191) 【고성】 달구·똥 그거·는 :개·똥 카·마 칼컬애·애·서 ·손·을 가·아·꼬 주·우·도 덴·다.

(0192) 【창원】 달구베·실 고고 :또·옥 꽂시·이·겉·다.
(0192) 【고성】 달구베·실 고고 :또·옥 꽂시·이 ·겉·다.

(0193) 【창원】 ·요·눔·우(/요눔·우) :소·온(/·자·석) :마·알 안들을·래. 달가·지·로 뿔·라 나알·라.
(0193) 【고성】 요눔·우 :소·온(/·자·석) :마·알 안들을·래. 달가·지·로(/달빼·이·로, 다리몽새·이·로) 뿔·라(/뿌질·라) 노올·라.

(0194) 【창원】 ·조·눔·우(/조눔·우) 달구새·끼 ·또·오 상추밭·에 ·들·어 가·제.
(0194) 【고성】 ·조·눔·우 달구새·끼 ·또·오 상·추·밭·에(/상·추 밭·에) ·들·어 가·제.

(0195) 【창원】 ·달·달·이 :곗·돈·들·어·가·는 :돈·마·해·애·도 수·울 ·찮·다.
(0195) 【고성】 ·달·달·이(/·다·달·이) :곗·돈·들·어·가·는 :돈·마·해·애·도 수·울 ·찮·다.

(0196) 【창원】 ·쌔·기 달·라 ·빼·애·라(/내·애 ·빼·애·라).
(0196) 【고성】 쎄·이 달·라 ·빼·애·라(/내·애 ·빼·애·라).

(0197) 【창원】 달롱·개 그거 마·알 :대·신·한·다.
(0197) 【고성】 달룽·개 그거 마·알 :대·신·한·다.

(0198) 【창원】 ·비·가 :올·랑·가·아 하·늘·에 ·달·문·이 에·았·다.
(0198) 【고성】 ·비·가 :올·랑·가·아 하·늘·에 ·달·문·이 에·았·다.

(0199) 【창원】 담부랑·을 :와·그·래 :넘·노? 도둑·넘·이·가?
(0199) 【고성】 담부랑·을 :와·그·래 :넘·노? 도독놈이·가?

(0200) 【창원】 당그·래·질 ·해·애·서 조·옴 모다·아 ·바·아·라.
(0200) 【고성】 당그래·질 ·해·애·서 조·옴 모다·아 ·바·아·라.

(0201) 【창원】 감나무밑·에(/감나·무 밑·에) 당그·라 매·애·라.
(0201) 【고성】 감나무밑·에(/감나무·에) 당그·라 매·애·라.

(0202) 【창원】 당그·래 가·아 온·나. 부숙·에 ·재·조·옴 ·치·거·로.
(0202) 【고성】 당그·래 가·아 온·나. 부섞·에 ·재·조·옴 ·치·거·로.

(0203) 【창원】 :마·알 안들을·래. 대가·리·로 뿌사·아 나·알·끼·다(/나알끼·다).
(0203) 【고성】 :마·알 안들을·래. 대가리·로 뿌사·아 노올끼·다.

(0204) 【창원】 대꼬재·이 한·개 해온·나. :해·차·리 하거·로.
(0204) 【고성】 대꼬재·이 한·개 해온·나. :헤·차·리 하거·로.

(0205) 【창원】 내한·테 애댕기·이·기·마 애댕기·이·라.

(0205) 【고성】 내한·테 애댕기이기·마 애댕기이·라.

(0206) 【창원】 그집 :낭·패·다(/·큰·일·이·다). 대들뽀·가 무·너·지·서(/무너지·서).
(0206) 【고성】 그집 :낭·패·다(/·큰·일·이·다). 대들뽀·가 무·너·지·서(/무너지·서).

(0207) 【창원】 우리 ·어·무·이 :한·약 조·옴 대·리 ·디·리·고 :천·처·이 가께·에.
(0207) 【고성】 우리 ·어·머·이 :한·약·조·옴 다·리 ·디·리·고 :천·처·이 가께·에.

(0208) 【창원】 대목·이·라·서 :마·이 비·쌀·낀·데.
(0208) 【고성】 대목·이·라·서 :마·이 비·쌀·낀·데.

(0209) 【창원】 망내·이 그거 :대·바·침·한·다·꼬 나·왔·다.
(0209) 【고성】 망내·이 그거 :대·바·침·한·다·꼬 나·왔·다.

(0210) 【창원】 대애첩·마 지·이 묵·우 ·바·아·라. 낫·을·끼·다.
(0210) 【고성】 대애첩·마 지·이 무·우 :바·아·라. 낫·일·끼·다.

(0211) 【창원】 ·밤·찔 단디·이 댕·기·라.
(0211) 【고성】 ·밤·찔 단디·이 댕·기·라.

(0212) 【창원】 덜부더·나 :우·째 그·래 빌·리·로 댕·기·노?
(0212) 【고성】 덜부더·나 우째그·리(/우찌그·리) 빌·리·로 댕·기·노?

(0213) 【창원】 ·나·요·랑·하·고 덤·불 ·바·아·라.
(0213) 【고성】 ·나·요·랑·하·고 덤·불 ·바·아·라.

(0214) 【창원】 한덩거·리 :두·덩·거·리.
(0214) 【고성】 한덩거·리 :두·덩·거·리.

(0215) 【창원】 대·름, 지잉잡수·소(/지잉 :자·시·이·소).
(0215) 【고성】 데·름, 저녁묵우·소(/저녁 :자·시·이·소).

(0216) 【창원】 국·이 식·었·다. 조·옴 더파·아 가·아 온·나.
(0216) 【고성】 국·이 식·었·다. 조·옴 데파·아·가 온·나.

(0217) 【창원】 독안·에 옇·어 나·아·라.
(0217) 【고성】 독안·에 옇·어 나·아·라.

(0218) 【창원】 도굿·대 가·아·꼬 도구·통·에 한분 찌·어 ·바·아·라.
(0218) 【고성】 도굿·대 가·아 도구통·에 한분 찍·어(/찌·어) :바·아·라.

(0219)【창원】 ·비·가 :마·이 :올·랑·갑·다. :도·구·치·로 ·가·아·라.
(0219)【고성】 ·비·가 :마·이 :올·랑·갑·다. :도·구·치·로 ·가·아·라.

(0220)【창원】 ·밤·마 대·모 도둑·개·이·들·이 :여·엉 :난·리·다.
(0220)【고성】 ·밤·마 대·모 도둑개이들·이 :여·엉 :난·리·다.

(0221)【창원】 도둑·넘 :들·옸·는·갑·다.
(0221)【고성】 도둑·놈 :들·왔·는·갑·다.

(0222)【창원】 있는·넘·은 나락가·마·이·로 재·애 놓·고 :살·고, :없·는·넘·은 꼽장리·로 ·해·애·서 :산·다.
(0222)【고성】 있는·놈·은 나락가마이·로 재·애 놓·고 :살·고, :없·는·놈·은 꼽장리·로 내·애 묵·고 :산·다.

(0223)【창원】 접·시 매·앵·키·로 도르뱅(:)하·다(/동구리(:)하·다).
(0223)【고성】 접·시 매·이·로 똥구람(:)하·다(/동구람(:)하·다).

(0224)【창원】 도·매 우·에 나·아 낳·고 쌍글·아·라.
(0224)【고성】 도·매·우·에 나·아 놓·고 썽글·어·라(/써어리·라).

(0225)【창원】 ·멫·대·나 대겄·노? 도배·기 가·아·꼬 한분 ·대·애 ·바·아·라.
(0225)【고성】 ·멫·데·나 데능·고? 데배·이 가·아·꼬 한분 ·데·애 ·바·아·라.

(0226)【창원】 너그 :둘·이 달·리·기 한분 :할·래.
(0226)【고성】 너그 :둘·이 달·리·기 한분 :할·래.

(0227)【창원】 인자·아 :촌·에·도 젊·은 :사·람·은 :말·키 ·도·애·지·로 :다·나·가·고 :일·할·사·람·이 :없·다.
(0227)【고성】 인자·아 :촌·에·도 젊·은 :사·람·은 :말·케 ·도·에·지·로 :다·나·가·고 :일·할·사·람·이 :없·다.

(0228)【창원】 ·야·아·야, ·무·울 한도·오(/·물·한·도·오) 이·고 온·나.
(0228)【고성】 ·야·아·야, ·무·울 한도·오 이·고 ·오·이·라.

(0229)【창원】 :도·이·라·카·모 눈·에 ·불·을(/·불·로) 써·고 달·라 ·든·다.
(0229)【고성】 :돈·이·라 쿠·모 눈·에 ·불·로 써·고(/케·고) 달·라 ·든·다.

(0230)【창원】 :도·치 가·아·꼬 찍·어(/쫏·아, 패·애) ·바·아·라.
(0230)【고성】 :도·치 가·이·고 찍·어(/·패·애) ·바·아·라.

(0231)【창원】 가시나·아·가 그·래 :돌·우·에 앉는기·이 아이·다.
(0231)【고성】 가수나·아·가 그·래 :돌·우·에 앉는기·이 아이·다.

(0232)【창원】 밤·에 :돌에 걸리·이 가·아·꼬 자·빠·지·서 :그·래·앴·다.
(0232)【고성】 밤·에 :돌에 걸리·이·가·아 자빠저·서 :그·래·앴·다.

(0233)【창원】 독새한·테 물리·인·데·는 :담·배·로 조·옴 발·라 나아·모 :좋·다·카·데.
(0233)【고성】 독새한·테 물리·인·데·는 :담·배·로 조·옴 볼·라 노오·모 :좋·다·쿠·데.

(0234)【창원】 :돈·내·이 조·옴 ·캐·애 온·나. 짐·치 ·담·아 묵거·로.
(0234)【고성】 :돈·내·이 조·옴 ·캐·애 온·나. 짐·치 ·담·아 묵거·로.

(0235)【창원】 안·주 :덜·갱·갔·다. 조·옴 더갱·기·거·로 나·아 ·뚜·우·라(/·쭈·우·라).
(0235)【고성】 안·주 :덜·갱·갔·다. 조·옴 더갱·기·거·로 나·아 :도·오·라(/:조·오·라).

(0236)【창원】 돌까리부대 하나 있겄·나?
(0236)【고성】 돌까리푸대 하나 있겄·나?

(0237)【창원】 ·저·사·람·은 오데로가·나 돌리·인·다.
(0237)【고성】 ·저·사·람·은 오데로가·나 돌리·인·다.

(0238)【창원】 돌삐·이·가 :많·애·서 호매·이·가 안들어간·다.
(0238)【고성】 돌삐·이·가 :많·아·서 홈매·이·가 안들어간·다.

(0239)【창원】 하·매 ·돌·이 :다·대·앴·지.
(0239)【고성】 함·매 ·돌·이 :다·대·앴·지.

(0240)【창원】 톰박톰박 동가·리·로 내·애·서 갈·라·라.
(0240)【고성】 톰박톰박 동가리·로 내·애·서 갈·라·라.

(0241)【창원】 솥·에 보살끼·리·거·로(/보오·살 끼·리·거·로) ·불·여·어·라.
(0241)【고성】 솥·에 보오·살 끼·리·거·로 ·불·여·어·라.

(0242)【창원】 ·독·약·을 묵·읐·다·카·데.
(0242)【고성】 ·도·약·을 묵·읐·다·쿠·데.

(0243)【창원】 아·아 널짜겄·다. 단디·이 둥·치(/대·이) 매·애·라.
(0243)【고성】 아·아 널쭈ㆆ겄·다. 단디·이 둥·치(/데·이) 매·애·라.

(0244)【창원】 ·옷·집·거·로 :실·패(/:실·동·태) 조·옴 가·아 온·나.
(0244)【고성】 ·오·옷 :집·거·로 :실·패(/:실·통·태) 조·옴 가·아 온·나.

(0245)【창원】 두디·기 가·아 온·나. ·야·아 조·옴 업·우 주께·에.
(0245)【고성】 두디·이 가·아 :오·이·라. ·야·아 조·옴 업·우 주께·에.

(0246) 【창원】 두룸 ·터·지·겄·다(/두룸터지겄·다).
(0246) 【고성】 두룸 ·터·지·겄·다.

(0247) 【창원】 ·야·아·야, 논뚜룸 그·래 놀라·아 놓·지 :말·고 코옹 :쪼·깨·이 숭·구 ·바·아·라.
(0247) 【고성】 ·야·아·야, 논뚜·룸 그·래 놀라·아 놓지 말·고 콩조·옴 숭·구 ·바·아·라.

(0248) 【창원】 :허(:)·헌 두루매·기·로 입·고 꿈·에 보이·이·데.
(0248) 【고성】 :허(:)·연 두루매·이·로 입·고 꿈·에 베이·이·데(/베이이데·에, 베이데·이).

(0249) 【창원】 ·또·옥 두불·일 하거·로 ·하·네.
(0249) 【고성】 ·또·옥 두불·일 하거·로 ·하·네.

(0250) 【창원】 :다·묵·고 두우·개 남·았·을·랑·가?
(0250) 【고성】 :다·묵·고 두우·개 남·았·일·랑·가?

(0251) 【창원】 그집 :부·잔·갑·다. 두지(/나락두지)·가 억(:)·시·기 ·크·다.
(0251) 【고성】 그집 :부·잔·갑·다. 두지(/나락두지)·가 억(:)·시·기 ·크·다.

(0252) 【창원】 ·뜨·겁·아·도 :훌·훌 둘·루 마·시·라.
(0252) 【고성】 뜨겁아·도 :훌·훌 둘·루 마·시·라.

(0253) 【창원】 손·에 들·기 무굽·우·모(/무굽·우·몬) 어·깨·다·가 둘·루 메·에·라.
(0253) 【고성】 손·에 들·기 무굽우·모 어·깨·다·가 둘·루 메·에·라.

(0254) 【창원】 ·칩·다·아. 문닫·고 빨·리 들온·나.
(0254) 【고성】 ·칩·다·아. 문닫·고 빨·리 들온·나.

(0255) 【창원】 더무·우 ·물·쪼·옴 ·여·다 부·우·라.
(0255) 【고성】 더무·우 ·물·조·옴 ·여·다 부·우·라.

(0256) 【창원】 애·끼·써·라 구할라카·모 ·드·물·다.
(0256) 【고성】 애·끼 ·써·라 구할라쿠·모 ·드·물·다.

(0257) 【창원】 문찌방·에 안앉니·라. ·이·리 ·들·받·아 앉·아·라.
(0257) 【고성】 문찌방·에 안앉니·라. ·이·리 딜·이 앉·아·라.

(0258) 【창원】 ·날·도 덥·운·데 펭사·아 ·밥·채·리·라.
(0258) 【고성】 ·날·도 덥·운·데 펭사·아 ·밥·채·리·라.

(0259) 【창원】 니이 내애 등더·리 조·옴 건질·아 ·바·아·라.
(0259) 【고성】 니이 내애 등더·리 조·옴 건질·아 ·바·아·라.

(0260) 【창원】 ·저·집·이 조·옴 :우·뚠·능·고? 한분(/함문) :디·다 ·바·아·야(/·디·다 ·바·아·야) 댈끼-·인·데.
(0260) 【고성】 ·저·집·이 조·옴 우뚠능·고? 함문 :디·다 :바·아·야(/·디·다 ·바·아·야) 델낀·데.

(0261) 【창원】 :어·른 씨·기·는·대·로 하·몬 댈낀·데(/댈끼·인·데) :끼·매·앤·치·로((/:끼·매·앵·키·로) 디대·앴·다.
(0261) 【고성】 :어·른 시·기·는·대·로 하·몬 델낀·데 :끼·매·이·로 디데·엤·다(/엇·발·났·다).

(0262) 【창원】 문찌방 디·디·고 ·섰·지 :마·라. 가시나·아·가 그라는거(/:그·라·는·거, 그라는기·이) 아이·다.
(0262) 【고성】 문찌방 디·디·고 ·섰·지 :마·라. 가수나·아·가 그라는기·이 아이·다.

(0263) 【창원】 :이·전·에·는(/그전·에·는) 디·딜·빠·아 쩌·어 가·아·꼬 ·밥·해·묵·고 안그랬·나.
(0263) 【고성】 :이·전·에·는(/그전·에·는) 디딜빠·아 찌·어 가·이·고 ·밥·해·묵·고 그라내앴·나.

(0264) 【창원】 바람불·때 단디·이 :덧·묵 디라·아·라.
(0264) 【고성】 바람불·때 단디·이 :덧·게 디라·아·라.

(0265) 【창원】 니이 :다·묵·지 :말·고 :어·른·도 조·옴 ·디·리·라.
(0265) 【고성】 니이 :다·묵·지 :말·고 :어·른·도 조·옴 ·디·리·라.

(0266) 【창원】 :니·가 :와·그·래 :시·거·이 안나·고 디숭궂·노?
(0266) 【고성】 :니·가 :와·그·래 :세·건·이 안나·고 디숭하·노?

(0267) 【창원】 :니·가 :아·다·시·피 ·내·가 가·진·기·이 머있·노?
(0267) 【고성】 :니·가 :아·다·시·피 ·내·가 가·진·기·이 머있·노?

(0268) 【창원】 가시나·아·가 그·래 따딤·잇·돌 우·에 안앉니·라.
(0268) 【고성】 가수나·아·가 그·래 따딤·잇·돌(/따딤·똘) 우·에 안앉니·라.

(0269) 【창원】 손·끝·이 야·물·거·로 밍지·는 따디·미·질·로 반들반들하거·로 ·해·애·야·한·다(/·해·애·야·댄·다).
(0269) 【고성】 손·끝·이 야·물·거·로 멩지·는 따디미찔·로 반들반들하거·로 ·해·애·야 ·한·다(/·해·애·야덴·다, ·해·애·야·덴·다).

(0270) 【창원】 드문드문하·이 숭·구·라.
(0270) 【고성】 드문드문하·이 숭·구·라.

(0271) 【창원】 머·리 베기·인·다. 따배·이 대·애·라.
(0271) 【고성】 머·리 베기·인·다. 따바·리 얹·어·라.

(0272)【창원】 ·딸·래·들·이 :유·웅 인·물·이 ·기·물·겉·네.
(0272)【고성】 ·딸·래·들·이 :여·엉 인·물·이 ·기·물·겉·네.

(0273)【창원】 벵따까·리 오데나아뚜웄는·고 모르겄·다. 우선따·아·네 조·오·로 조·옴 마카·아(/매-카·아) 나·아·라.
(0273)【고성】 벵따까·리 오데나아도웄는·고 모르겄·다. 우선·에 조·오·로 조·옴 마카·아(/매카·아) 나·아·라.

(0274)【창원】 오·올 :우·짤·라·꼬 ·이·래 ·땅·띠·기·로(/돈·내·기·로) 씨·기·노?
(0274)【고성】 오·늘 우짤라·꼬 ·이·래 ·땅·띠·기·로(/돈·내·기·로) 시·이·노?

(0275)【창원】 :때·기·치·기·하·자(/:때·기·치·기 하·자).
(0275)【고성】 ·때·기·치·기·하·자(/·때·기·치·기 하·자).

(0276)【창원】 ·때·꺼·리·걱·정·도 안대·나?
(0276)【고성】 ·때·꺼·리·걱·정·도 안데·나?

(0277)【창원】 그·래 아푸·지·는 않는·데 조·옴 때끈때끈하·다(/옥신옥신하·다).
(0277)【고성】 그·래 아푸·지·는 않하는·데 조·옴 따끈따끈하·다(/옥신옥신하·다).

(0278)【창원】 :말·로 안들으·모 쌔·리(/뚜리·리) ·패·애·라.
(0278)【고성】 :말·로 안들으·모 뚜리·리 패·라.
(0278)【고성】 :말·로 안들으·모 쌔·리 ·패·애·라.

(0279)【창원】 생·감 그거 따묵·우·모(/따무·우·모) ·입·이 떨부드리(:)한기·이 한·입·이·다.
(0279)【고성】 쌩·감 그거 따묵·우·모(/따무·우·모) ·입·이 떨부드리(:)한기·이(/·떫·어·서) 한·입·이·다.

(0280)【창원】 :땡·삐·한·테 쏘이·이·모 :움·매·나 아푼·데.
(0280)【고성】 ·땡·삐·한·테 싸이·이·모 :올·매·나 아푸는·데.

(0281)【창원】 고치 고고(/고거) :쪼·깨(:)·능·기 억(:)·시·기 맵·다.
(0281)【고성】 꼬치 고고 쪼깨(:)능기·이 억(:)·시·기 맵·다.
(0281)【고성】 고치 고거 쪼매(:)능기·이 억(:)·시·기 맵·다.

(0282)【창원】 :쪼·깨(:)·이 남·안·거 떠리·미 :해·가·소(/떠리·미·해·애 ·가·소).
(0282)【고성】 :쪼·깬(:) 남·은·거 떠리·미 :해·가·소(/떠리·미 ·해·애 ·가·소, 떠리·미·해·애 ·가·소).

(0283)【창원】 떡국가·래 ·얼·쭈 말랐·으·모 조·옴 쌍그·라·라.
(0283)【고성】 떡국가·래 ·얼·쭉 몰랐·이·모(/굳·었·이·모) 조·옴 써어·리·라.

(0284)【창원】 ·쏘·옥·은 비·이 가·아·꼬 ·입·마 살·아 가·아·꼬 ·겉·똑·띠·기·다.

(0284)【고성】 ·쏘·옥·은 비·이 가·이·고 ·입·마 살·아·서 ·겉·똑·띠·이·다.

(0285)【창원】 똥띠·이·가 :장·띠·이·보·고 :누(:)·렇·다·꼬 나무래·앤·다.
(0285)【고성】 똥띠·이·가 :장·띠·이·보·고 누(:)렇다·고 나·무·래·앤·다.
(0285)【고성】 똥띠·이·가 :장·띠·이·보·고 :누(:)·렇·다·꼬 나·무·래·앤·다.

(0286)【창원】 ·비·가 :올·랑·갑·다. 마다·아 뚜끼·비·가 :불(:)·불 ·기·이 댕·긴·다.
(0286)【고성】 ·비·가 :올·랑·갑·다. 마다·아 뚜꺼비·가 :불(:)·불(/:벌(:)·벌) ·기·이 댕·긴·다.

(0287)【창원】 벌시·로(/버시·로) ·자·능·가 :대·답·이 :없·노? 한분 더어 :쎄(:)·기 뚜디·리 ·바·아·라.
(0287)【고성】 벌시·로(/버시·로) ·자·능·가 :대·답·이 :없·노? 한분 더어 :세(:)·기 뚜디·리 ·바·아·라 (/:바·아·라).

(0288)【창원】 뜨물받·아·서 :딘·장 끼·리·라.
(0288)【고성】 뜨물받·아·서 :덴·장 끼·리·라.

(0289)【창원】 너그 아부·지(/넉아부·지) 떠신·물 갖다·아 ·주·우·라(/·디·리·라). 낱씩거·로.
(0289)【고성】 너그 아부·지(/넉아부·지) 떠신·물 갖다·아 :조·오·라(/·디·리·라). 낱씩거·로.

(0290)【창원】 띠끼·이·로 덮·우 가·아·꼬 구둘묵·에 묻·우 나·아·라.
(0290)【고성】 떠·껭·을(/떠·붕·을) 덮·우 가·아·꼬 구덜목·에 묻·어 나·아·라.

(0291)【창원】 장꺼·리 부·칬·더·마·는(/부·칬·디·이·마·는) ·띠·이·묵·고 :유·웅 비·싸·기 :사·욨·다.
(0291)【고성】 장꺼·리 부·칬·더·마·는 ·떼·에 묵·고 :여·엉 비·싸·게 ·사·왔·다.

(0292)【창원】 고거 :우·쩨·그·래 마(:)치맞·노?
(0292)【고성】 고거 우찌그·래(/:우·쩨·그·래) 마(:)치맞·노?

(0293)【창원】 낱·에 마른버·짐·이 :허(:)·허·이 ·피·있·다.
(0293)【고성】 낱·에 마린버·짐·이 :허(:)·여·이(/:허(:)·여·이) ·피·있·다.

(0294)【창원】 ·처·엇 마순·데 하나 갈·아 ·주·소.
(0294)【고성】 ·처·엄 마신·데 하나 갈·아 ·주·소.

(0295)【창원】 니이 :적·옴·마·한·테 인자·아 맞·아 죽는·다.
(0295)【고성】 니이 저그 ·옴·마·한·테 인자·아 맞·아 죽는·다.

(0296)【창원】 :넉·옴·마 ·오·능·가 마디·미 :나·가 ·바·아·라.
(0296)【고성】 너그 ·옴·마 ·오·능·가 마지·미 :나·가 :바·아·라.

(0297)【창원】 ·내·가 :갈·라·캐·앴·더·마·는(/:갈·라·캐·앴·디·이·마·는) 마·침 잘대·앴·다.

(0297)【고성】 ·내·가 :갈·라·캐·앴·더·마·는 마·침 자알 데·앴·다.

(0298)【창원】 ·핵·구 마·치·모 막바르 온·나·이.
(0298)【고성】 ·핵·고 마·치·모 막바르 온·나·이.

(0299)【창원】 니·는 :우·째·그·래 :만·날 누·우·서 :그·라·노?
(0299)【고성】 니·는 우찌그·리 :만·날 누·우·서 :그·라·노?

(0300)【창원】 니이 가·아 인자·아 만·내·지 :마·라.
(0300)【고성】 니이 가·아(/그아·아) 인자·아 만·내·지 :마·라(/마·라).

(0301)【창원】 :니·가 만다꼬그러샇·노?
(0301)【고성】 :니·가 만다꼬그러샇·노?

(0302)【창원】 천·석·꾼 :만·석·꾸·이·가 :와·아 :만·날 ·넘·한·테 :퍼·주·노?
(0302)【고성】 천·석·꾼 :만·석·꾸·이·가 :와·아 :만·날 ·넘·한·테 :[illegible]·주·노?

(0303)【창원】 너·무 :말·끼·로 ·토·옹 :몬·알·아·듣·는·다.
(0303)【고성】 너·무 :말·끼·로 ·토·옹 :몬·알·아·듣·는·다(/몬알아듣는·다).

(0304)【창원】 :말·케 가따·아 내삐·리·라(/내·애 삐·리·라).
(0304)【고성】 :말·케(:말·큰, :말·큼) 가따 내·애 비·리·라).

(0305)【창원】 ·야·아·가 우리 막내·이·다.
(0305)【고성】 ·야·아·가 우리 막내·이·다.

(0306)【창원】 :바·보·등·시·이 ·따·로 :없·다. :우·째 다담받·기 ·하·는·기·이 하낱·도 :없·노?
(0306)【고성】 :바·보 :등·시·이 ·따·로 :없·다. 우째 다담받·기 ·하·는·기·이 하낱·도 :없·노?

(0307)【창원】 매운·탕 끼·리 나·아·모 써엃·다.
(0307)【고성】 맵운·탕 끼·리 노·오·모 써엃·다.

(0308)【창원】 :지·사·상·에 나·알(/나알) ·매·쌀·은 ·따·로 당·가·라.
(0308)【고성】 :지·사·상·에 노올 ·매·쌀·은 ·따·로 당·가·라.

(0309)【창원】 앞산·에·다 :매·씬·다 ·카·디·이 :우·짤·랑·고?
(0309)【고성】 앞산·에·다 :메·로 ·씬·다 ·쿠·더·이 우짤·랑·고?

(0310)【창원】 죽·은 :구·시·이 ·복·이 있능·가? :맷·자·리·가 ·차·암 :좋·다.
(0310)【고성】 죽·은 :망·녕·이 ·복·이 있능·가? :멧·자·리·가 ·차·암 :좋·다.

(0311)【창원】 :아·이·구 :덥·다. ·야·아·야 매꾹 조·옴 타가·아 온·나.
(0311)【고성】 :아·이·구 :덥·다. ·야·아·야 매꾹(/냉꾹) 조·옴 타가·아 온·나.

(0312)【창원】 국·물·이 ·토·옹 안울우나·고 :맬(:)·갆·다.
(0312)【고성】 국·물·이 ·토·옹 안울우나·고 말(:)그맣·다.
(0312)【고성】 국·물·이 ·토·옹 안울어나·고 말(:)금하·다(/맬(:)금하·다).

(0313)【창원】 ·어·마·이(/·에·미) :없·이 ·크·능·거 보·이 매앰·이 아·파 죽겄·다.
(0313)【고성】 ·어·마·이(/·에·미) :없·이 ·크·능·거 보·이 마암·이 아·파 죽겄·다.

(0314)【창원】 밍년·에 ·핵·구 ·들·어 ·간·다.
(0314)【고성】 멩년·에 ·핵·고(/·핵·교, ·핵·조) ·들·어 ·간·다.

(0315)【창원】 바람·이 설렁(:)하·이 안불·고 덥덥(:)하·이 ·모·구·가 :까(:)·악 ·찼·다.
(0315)【고성】 바람·이 설렁(:)하·이 안불·고 덥덥(:)하·이 ·모·구·가 :까(:)·악 ·찼·다.

(0316)【창원】 :오·온 바·아 멀꺼디·이·다.
(0316)【고성】 :오·온 바·아 멀꺼데·이·다.

(0317)【창원】 :울·옴·마 머·르 ·칸·다.
(0317)【고성】 :울·옴·마 머·르 ·쿤·다.

(0318)【창원】 :아·이·구 머·릿·내·야(/머릿·내·야) :우·째·이·래 머·리·로 안깜·노?
(0318)【고성】 :아·이·구 머·릿·내·야 우째이·리 머·리·로 안깜·노?

(0319)【창원】 :먼·늠·파·지 :말·고 ·갔·다 ·오·이·라·이.
(0319)【고성】 :먼·눈·팔·지 :말·고 ·갔·다 ·오·이·라·이.

(0320)【창원】 두룸·에 ·엉·구·났·다. 조·옴 매카·아·라.
(0320)【고성】 두룸·에 어덕났·다. 조·옴 매카·아·라(/마카·아·라).

(0321)【창원】 메떼·기 잡·아·로(/잡·으·로, 잡으·로) 가·자.
(0321)【고성】 메띠·이 잡·으·로(/잡으·로) 가·자.

(0322)【창원】 모·냥·세 있거·로 ·해·애·라.
(0322)【고성】 모·냥·세 있거·로 ·해·애·라.

(0323)【창원】 달구·통·에(/달구통·에) 달구모·시·로 옇·어 나·아·라.
(0323)【고성】 달구통·에 달구모·시·로 옇·어 나·아·라.

(0324)【창원】 :쪼·깨·이 모지래·앤·다.

(0324) 【고성】 :쪼·깬(:) 모지래·앤·다.

(0325) 【창원】 딩·기·로 가·아·꼬 ·모·캣·불 몽개몽개 낳·아·라.
(0325) 【고성】 딩·기·로 가·이·고(/가·주·고) ·모·캣·불 몽개몽개 놓·아·라(/낳·아·라).

(0326) 【창원】 모타·리·는 :작·아·도 :움·매·나(/:울·매·나) 야무치다·꼬(/야무치·다·꼬).
(0326) 【고성】 모타·리·는 :작·아·도 :올·매·나 야무치다·꼬(/야무치·다·꼬).

(0327) 【창원】 ·모·티·이 돌·아 가·모 거·어 있·다.
(0327) 【고성】 ·모·티·이 돌·아 가·모 거·어 있·다.

(0328) 【창원】 ·목·간·하·거·로 ·물·조·옴 더파·아·라.
(0328) 【고성】 ·목·간·하·거·로 ·물·조·옴 더파·아·라(/데·비·라).

(0329) 【창원】 ·몸·띠·이·가 천근 :만·그·이·다.
(0329) 【고성】 ·몸·띠·이·가 천근 :만·그·이·다.

(0330) 【창원】 개·기 :꿉·거·로 ·적·세 가·아 온·나.
(0330) 【고성】 개·이 ·꿉·거·로 못데 가·아 :오·이·라.

(0331) 【창원】 ·몽·침·이·로 :베·이·께 머·리·가 베·기·이 사·아·서 안대겄·다.
(0331) 【고성】 ·몽·침·이·로 :벵·께·나 머·리·가 베·기·이 사·아·서 안데겄·다.

(0332) 【창원】 :무·다·이 :안·저·라·나.
(0332) 【고성】 :무·다·이(/:무·다·니) :안·저·라·나.

(0333) 【창원】 ·이·거 한무디·기 :움·매·요(/:울·매·요).
(0333) 【고성】 ·이·거 한무디·기 :올·매·요.

(0334) 【창원】 :사·람·이 :몬·때·애·서 :말·로 함·부·로·한·다.
(0334) 【고성】 :사·람·이 :몬·때·애·서 :말·로 함·부·도·로·한·다(/함·부·두·룩·한·다).

(0335) 【창원】 ·물·애 써·리 옇·고 매꾹 ·타·라(/매꾹타·라).
(0335) 【고성】 ·물·에 써·리 옇·고 내꾹 ·타·라.

(0336) 【창원】 :일·로 :마(:)·이·해·애·서 물·팍·이 제·리·다.
(0336) 【고성】 :일·로 :마(:)·이 ·해·애·서 물·팍·이 제·리·다.

(0337) 【창원】 씨락국·은 :보(:)·하·이 지·름·에 다라·아·서 끼·리 나아·모 삼삼(:)하·이 맛있·다.
(0337) 【고성】 씨락국·은 :보(:)·하·이 지·름·에 다라·아·서 끼·리 나아·모 삼삼(:)하·이 맛있·다.

(0338) 【창원】 바·아·로(/바아·로) 일·찍 쩌·어·서 두지·에 옇·어 나·았·띠·이 보살·이(/보오·살·이) :무·군·내·가 ·난·다.
(0338) 【고성】 바아·로 일·찍(/일찌거·이) 찌·어·서(/쩌·어·서) 두지·에 옇·어 나·았·띠·이 보오살·이 :무·군·내·가 ·난·다.

(0339) 【창원】 묵운·쌀·은 ·떡·해·묵·거·로 ·이·리 내·애 나·아 ·바·아·라.
(0339) 【고성】 묵운·쌀·은 ·떡·해·묵·거·로 ·이·리 내·애 나·아 :바·아·라.

(0340) 【창원】 묵·돌·이·가? :와·아 :씩(:)·씩 묵·기·마(/묵기·마) ·하·노?
(0340) 【고성】 묵·돌·이·가? :와·아 ·씩(:)·씩 묵·기·마(/묵기·만) ·하·노?

(0341) 【창원】 ·물·로 :찰·찰(:)(/:찰(:)·찰) 허·치 가·아 ·씰·이·라. 미금·이 :풀(:)·풀 ·난·다.
(0341) 【고성】 ·물·로 :찰·찰(:)(/:찰(:)·찰) 허·처 가·아 ·씰·어·라. 미금·이 :풀(:)·풀 ·난·다. (/풀풀난·다).

(0342) 【창원】 문찌방 :발·찌·마·라(/:발·찌 :마·라). :밟·다〔:발·따〕
(0342) 【고성】 문턱 :볿·지 마·라(/:볿·지 :마·라). :볿·다〔:볼·다〕

(0343) 【창원】 조·옴 :지·다(:질·다). 가시·개·로(/가·새·로) 문질·아·라.
(0343) 【고성】 조·옴 :질·다. 가·새·로 문질아·라.

(0344) 【창원】 요시·이·는 문쪼·오 그것·도 :기·하·다·이.
(0344) 【고성】 요새·애·는 문쪼·오·도 :기·하·다.

(0345) 【창원】 :이·전·에(/그전·에) 요·게 ·물·꿈·티·이·가 있·었·는·데 아·아 ·빠·지 죽·고 ·나·서 매카·았·다.
(0345) 【고성】 :이·전·에(/그전·에) 요·게 물떰부·이 있·었·는·데 아·아 ·빠·지 죽·고 ·나·서 마카·았·다 (/마카아뻤·다).

(0346) 【창원】 물떠무·우 ·물·때·가 :새(:)·파·라·이 앉·았·네. :하(:)·악 조·옴 치내·애·뿌·라.
(0346) 【고성】 물떠무·우 ·물·때·가 :새(:)·파·라·이 앉·았·네. ·화(:)·악(/:하(:)·악) 조·옴 치내애삐·라 (/처내·애·뿌·라, 처내·애 삐·이·라).

(0347) 【창원】 물·미·약 사묵·웄·나(/사무·웄·나)?
(0347) 【고성】 몰·미·약 사무·웄·나?

(0348) 【창원】 모숭굴·때 ·물·우·우 :빨(:)·가·이 ·물·자·새(/넝·구·리) 떠댕·기·능·거 ·바·았·나?
(0348) 【고성】 모숭굴·때 ·물·우·우 :빨(:)·가·이 ·무·자·수 떠댕기능·거 :바·았·나?
(0348) 【고성】 모숭굴·때 ·물·우·우 :빨(:)·가·이 너불딴지·가(/넝·거·리·가) 떠댕·기·능·거 ·바·았·나?
〈고성 방언〉 ·무·자·수(빨간 색이 아님)

(0349) 【창원】 고무·로 가·아·꼬 뭉캐·애 ·바·아·라.

(0349)【고성】 고무·로 가·아·꼬 문때·애 :바·아·라.

(0350)【창원】 국끼·리 묵거·로 미꼬래·이(/미꾸라·지) 조·옴 잡·아 ·오·이·라.
(0350)【고성】 국끼·리 묵거·로 미꼬래·이(/미꼬라·지) 조·옴 잡·아 ·오·이·라(/·오·이·라, ·오·니·라).

(0351)【창원】 ·날·이 덥·우·서 안댄·다. 바깥·에(/배깥·에) 쎄끌밑·에·다 :널·을 묻·우 나·아·라.
(0351)【고성】 ·날·이 덥·우·서 안덴·다. 배깥·에(/배깥·에) :널·을 묻·우 나·아·라(/:내·빈·을 ·해·애·라).

(0352)【창원】 미추개·이 ·하·는 소·리 그거·로 믿·나?
(0352)【고성】 미칭개·이 ·하·는 소·리 그거·로 믿·나?

(0353)【창원】 가·아 ·차·암 밉·새·이·네.
(0353)【고성】 가·아 ·차·암 밉·새·이·네.

(0354)【창원】 오데서그래시(:)퍼러이미이들었·노?
(0354)【고성】 오데서그래시(:)퍼러이 ·머·이 ·들·었·노?
(0354)【고성】 오데서그래시(:)퍼러이머이들었·노?

(0355)【창원】 :밍·파·이 :헌(:)·하·네.
(0355)【고성】 :멘·파·이(/:멘·판·이) :헌(:)·하·네.

(0356)【창원】 바가·치·로 ·물·을 퍼부·우·라.
(0356)【고성】 바가·치·로 ·물·을 퍼부·우·라.

(0357)【창원】 :빈·베·이·가·아·꼬 ·엿·장·사·한·테 ·엿·바·까 묵·우·라(/무·우·라).
(0357)【고성】 :빈·베·이 가·이·고 ·엿·장·사·한·테 ·엿·바·까 무·우·라.

(0358)【창원】 아직·에·는(아칙·에·는) ·장·삿·집·에 ·물·긴 안바·까준·다.
(0358)【고성】 아척에·는 ·장·삿·집·에 ·물·겐 안바·까준·다.

(0359)【창원】 ·하·는·일·도 :없·는·데 :와·이·래 바뿌·노?
~ ·하·는·일·도 :없·는·데 와이래바뿌·노(/:와·이·래·바·뿌·노)?
(0359)【고성】 ·하·는·일·도 :없·는·데 :와·이·리 바뿌·노?
~ ·하·는·일·도 :없·는·데 와이리바뿌·노?

(0360)【창원】 바아깐·에 ·가·서 오·올 바·아 쩌을랑·가(/바아쩌·을·랑·가) 물·우 ·바·아·라.
(0360)【고성】 바아깐·에 ·가·서 오·올 바·아 찍·을·랑·가(/바아쩌·을·랑·가) 물·우 :바·아·라.

(0361)【창원】 ·옷·집·거·로 바안질꺼·리(/바안질당새·기) 조·옴 가·아 온·나.
(0361)【고성】 ·옷·집·거·로 반짓그·륵 조·옴 가·아 :오·이·라.

(0362)【창원】 ·내·가 오·올 :몬·올·떼·로 ·옸·능·갑·다. :유·웅 바·알·빵·석·에 앉·안·거 ·겉·다.
(0362)【고성】 ·내·가 오·올 :몬·올·떼·로 ·왔·능·갑·다. :여·엉 바·알·빵·석·에 앉·안·거 ·겉·다.

(0363)【창원】 서답 땅·에 대이·인·다. 바장·때 조·옴 받·치·라.
(0363)【고성】 서답 땅·에 대이·인·다. ·가·이·때(/받침·때) 조·옴 받·치·라.
〈고성 방언〉 /:바·이·작·대·기/, /:바·아·작·대·기/는 /지게작대·기/의 뜻

(0364)【창원】 발꼼·치 :살·째(:)·기 들·어 ·바·아·라.
(0364)【고성】 발·꼼·치 :살·째(:)·기(/:살·째(:)·기) 들·어 ·바·아·라(/:바·아·라).

(0365)【창원】 :발·때·가·아·꼬 조·옴 개라·아 ·바·아·라.
(0365)【고성】 :발·때 조·옴 개라·아 :바·아·라.

(0366)【창원】 발띠·이 찡겄·다. ·쌔·기 내라·아 나·아·라.
(0366)【고성】 발뜽 찡겄·다(/찍겄·다). 쎄·이 내라·아 나·아·라.

(0367)【창원】 머·리·가 :또(:)·옥 밤시·이 ·겉·네.
(0367)【고성】 머·리·가 ·또(:)·옥 밤시·이 ·겉·네.

(0368)【창원】 방매·이·로 가·아·꼬 :통(:)·통 뚜디·리·서 칼궒·기 ·빨·아 온·나.
(0368)【고성】 방마·이·로 가·아·꼬 :탕(:)·탕 뚜·디·리·서(/뚜·디·라·서) 칼궒·기 ·빨·아 온·나.

(0369)【창원】 :이·일 안하·고 밭어덕·에 앉·아·서 :세·월·아 :네·월·아 하·고 있을·래.
(0369)【고성】 :이·일 안하·고 밭둑·에 앉·아·서 :세·월·아 :네·월·아 하·고 있을·래.

(0370)【창원】 :손·데·서 그라·지 :말·고(/그라지 :말·고, 그라지말·고, 그라저말·고) 너른 배끄마-다·아·가·서 놀·아·라. 배·기 ·싫·다.
(0370)【고성】 :손·데·서 그라·지 :말·고(/그라지 :말·고, 그라지말·고) 너른 배끝마다·아 ·가·서 놀·아·라. 베·기 ·싫·다.

(0371)【창원】 배때·기·가(/배애·지·가) 불·루 나아·이(/나·이) :안·그·라·나.
(0371)【고성】 배때·이·가 불·러 나아·니(/나·이) :안·그·라·나.

(0372)【창원】 묵·울·끼·이 오데있더·노? 뱃둥구·리 그것·도 :기·해·서 :몬·묵·옸·다.
(0372)【고성】 묵·울·끼·이 오데있더·노? 뱃둥구·리 그것·도 :기·해·서 :몬·무·옸·다.

(0373)【창원】 요새·애·는 :우·짠·다·고 ·이·래 ·뱁·이 땡기·이·능·고 모르겄·다.
(0373)【고성】 요새·애·는 :우·짠·다·고 ·이·래 ·밥·이 땡기·이·능·고 모르겄·다.

(0374)【창원】 :들·일·은 ·뱃·심·으·로 ·한·다.
(0374)【고성】 :들·일·은 ·뱃·심·으·로 ·한·다.

(0375)【창원】 까마·구 개·기·로 묵·왔·나. ·몇(:)·분·을 배·아(/개르·차) ·주·우·도 이자삐·노?
(0375)【고성】 까마·구 개·이·로 묵·었·나. ·몇(:)·분·을 배·아 :조·오·도 이자삐리·노?
(0375)【고성】 까마·구 개·이·로 무·었·나. ·몇(:)·분 갤차·아(/갤카·아) :조·오·도 이자삐·이·노?

(0376)【창원】 어·지 지이·에(/엊지이·에) :음·석·을 잘몬묵·우·서(/잘몬묵우·서) ·배·탈·이 ·났·다.
(0376)【고성】 엊저녁·에 :임·석·을 잘몬무·우·서(/자알 :몬·무·우·서) ·배·탈·이 ·났·다.

(0377)【창원】 배·이 따시·이·서 ·잼·이 :사(:)·살 ·온·다.
(0377)【고성】 바·이 따시·이·서 ·잠·이 :사(:)·살 ·온·다.

(0378)【창원】 백냐시·도 백냐시·도 ·저·런 백냐시·는 :없·을·끼·다. 하로·에 ·열·두·빈·덕·도 더지기·네.
(0378)【고성】 백냐시·도 백냐시·도 ·저·런 백냐시·는 :없·일·끼·다(/:없·이·끼·다). 하로·에 ·열·두-·벤·덕·도 더지기·네(/더어 직·이·네).
(0378)【고성】 백냐시·도 백냐시·도 ·저·런 백냐시·는 :없·을·끼·다. 하로·에 ·열·두분·도 더어 :변-·덕·을 ·하·네.

(0379)【창원】 :또·옥 ·같·이 그·래 버가·고 있·을·래?
(0379)【고성】 ·또·옥 ·같·이 그·래 버궁·고 있을래·애?

(0380)【창원】 버·끔·이 :마·이 나거·로 문대·애 ·바·아·라.
(0380)【고성】 버·꿈·이 :마·이 나거·로 문때·애 :바·아·라.

(0381)【창원】 등더·리·이·서 :와·이·래 버더덩거·리·노?
(0381)【고성】 등더리·서 :와·이·래 빼더당거리·노(/빼더당거·리·노)?

(0382)【창원】 보드랍·아·서 버들강새·이·겉·네.
(0382)【고성】 보드랍아·서 버들강새·이·겉·네.

(0383)【창원】 버·부·리·라·도 :말·끼·는 :헌(:)·하·다.
(0383)【고성】 버·부·리·라·도 :말·끼·는 :헌(:)·하·다.

(0384)【창원】 벌기·이·한·테 물리·있·는·갑·다.
(0384)【고성】 벌거·이·한·테 물리·있·는·갑·다.

(0385)【창원】 베륵방·아 똥·칠·할·때·꺼·정 :살·라·꼬?
(0385)【고성】 베륵방·아 똥·칠·할·때·꺼·정(/똥·칠·할·때·까·지) :살·라·꼬?

(0386)【창원】 술삐·이 조·옴 체·아·뿌·라.
(0386)【고성】 술삐·이 조·옴 체아삐·라.

(0387)【창원】 니이 :벨·똥 떨·어·지·능·거(/:벨·똥·떨·어·지·능·거) ·바·았·나?

(0387) 【고성】 니이 :벨·똥 떨·어·지·능·거 :바·았·나?

(0388) 【창원】 :썽·질·도 ·벨·시·럽·네.
(0388) 【고성】 :썽·질·도 ·벨·시·럽·네.

(0389) 【창원】 보·이 :여·응 :가·망 :없·네.
(0389) 【고성】 보·이 :여·응 :가·망 :없·네.

(0390) 【창원】 :좋·다·꼬 ·저·래 쌓는·데 한분 보듬·아 ·주·우·라.
(0390) 【고성】 :좋·다·꼬 ·저·래 쌓는·데 한분 보듬·아 :조·오·라.

(0391) 【창원】 보따리·로 가·아·꼬 ·싸·라.
(0391) 【고성】 보따리·로 가·아·꼬 ·싸·라.

(0392) 【창원】 난대지·름·을 바르·모 :낫·는·다.
(0392) 【고성】 산초지·름·을 보리·모 :낫·는·다.

(0393) 【창원】 버선·을 짝짹·이·로 신·었·능·갑·다.
(0393) 【고성】 버선·을 짝짹이·로 신·었·능·갑·다.

(0394) 【창원】 ·야·아·야, 보살끼·릴·때 대·앴·능·갑·다.
(0394) 【고성】 ·야·아·야, 보오·살 끼·릴·때(/보오살끼·릴·때) 데·앴·능·갑·다.

(0395) 【창원】 :영·감·은 일·찍·이 :시·상·베·리·고 아·아·들 데·리·꼬 죽·을 ·고·상·을 ·해·앴·다(/영·금-·을 ·바·았·다).
(0395) 【고성】 :영·감·은 일칙으·이 :세·상·베·리·고 아·아·들 데·리·꼬 죽·을 ·고·상·을 ·해·앴·다(/영-·금·을 :바·았·다).

(0396) 【창원】 머로그래(/머로그·래) 보티·이 보티·이 ·쌌·노?
(0396) 【고성】 머로그·래 보티·이 보티·이(/보따·리, 보따·리) ·쌌·노?

(0397) 【창원】 :가·이 복·재·이 마·안 한기·이 ·겁·도 :없·다.
(0397) 【고성】 :가·이(/:간·이) 복·재·이 마·안 한기·이 ·겁·도 :없·다.

(0398) 【창원】 머·엇·이 그·래 부끄룹·아서 고·개·도 :몬·뜨·노?
~ 머엇이그래부끄룹아서고개도몬뜨·노?
(0398) 【고성】 머·엇·이 그·래 부끄룹·아·서 고·개·도 :몬·뜨·노?
(0398) 【고성】 머엇이그래부끄룹아서고개도몬뜨·노?
(0398) 【고성】 머엇이그래부끄룹아·서 고·개·도 ·몬·뜨·노?

(0399) 【창원】 난서밭·에 ·가·서 부상·추 조·옴 ·빼·애 온·나.

(0399) 【고성】 남새밭·에 ·가·서 상·추 조·옴 ·빼·애 온·나(/·오·이·라).

(0400) 【창원】 부숙문·을 :까(:)·악 닫·아·라(/:까(:)·악닫·아·라).
(0400) 【고성】 부석문·을 :까(:)·악 닫·아·라(/:까(:)·악닫·아·라).

(0401) 【창원】 :오·온 다리·에 부시름 ·칠·갑·이·다.
(0401) 【고성】 :오·온 다리·에 부시름 ·칠·갑·이·다.

(0402) 【창원】 안·주 :부·이 안풀리인·다.
(0402) 【고성】 안·죽 :부·이(/:분·이) 안풀리인·다.

(0403) 【창원】 그집 ·알·부·자·다.
(0403) 【고성】 그집·에 ·알·부·자·다.

(0404) 【창원】 ·한·창 모숭구는철·에·는 정지깐 부지깨·이·도 날·띤·다.
·한·창 모숭구는철·에·는 죽·은 :영·장·도 꿈직인·다.
·한·창 모숭구는철·에·는 노리·가 아·아·로 업·고 ·가·도 안돌아본·다.
(0404) 【고성】 ·한·창 모숭구는철·에·는 정지깐 부작때·이·도 날·띤·다.
·한·창 모숭구는철·에·는 죽·은 :영·장·도 꿈직인·다.
·한·창 모숭구는철·에·는 노리·가 아·아·로 업·고 ·가·도 안돌아본·다.

(0405) 【창원】 ·부·제·까·치(/불찌·께) 가·아·꼬 연·탄 조·옴 갈·아 옇·어·라.
(0405) 【고성】 부제까·락(/불찌·께) 가·아·꼬 연·탄 조·옴 갈·아 옇·어·라.

(0406) 【창원】 부·치·로(/부·체·로) :사(:)·살 부·치 ·바·아·라.
(0406) 【고성】 부·채·로 :사(:)·살 부·치 :바·아·라(/·바·아·라).

(0407) 【창원】 :시·분·니·분 :말·해·애·도 :몬·알·아·듣·나?
(0407) 【고성】 :세·분·네·분 :말·해·애·도 :몬·알·아·듣·나(/몬알아듣·나)

(0408) 【창원】 고래꾸녕 맥히·있·능·갑·다. 불까·래(/고래짝대·기) 조·옴 가·아·꼬 온·나.
(0408) 【고성】 고래꾸녕 맥히·있·능·갑·다. 불까·래(/고래작대·기) 조·옴 가·아·꼬 온·나.

(0409) 【창원】 불묵·돌 하거·로 넙떡(:)한 :돌·하·나 구해 ·바·아·라.
(0409) 【고성】 불묵·돌(/솥니·망·똘) 하거·로 넙떡(:)한 :돌·하·나 구해·애 :바·아·라(/·바·아·라).

(0410) 【창원】 아직·에(/아칙·에) 이·일 나·모 낯·이 ·이·래 뿌석(:)하·이(/뿌숙(:)하·이) 붛는·다.
(0410) 【고성】 아척·에 일·어 나·모 낯·이 ·이·래 뿌석(:)하·이(/뿌석(:)하·이) 붛는·다.
(0410) 【고성】 아척·에 이·일 나·모 낯·이 ·이·래 뿌숙(:)하·이 붛는·다.

(0411) 【창원】 :소·꼴·조·옴 ·비·이 온·나.

(0411) 【고성】 :소·꼴·조·옴(/·소·오 ·꼴·조·옴) ·비·이 :오·이·라.

(0412) 【창원】 미꼬래·이(/미꾸라·지) 그거 비렁·내 억(:)·시·기(/억(:)·시·이) ·난·다.
(0412) 【고성】 미꼬래·이 그거 비·린·내 억(:)·시·기(/억(:)·시·이) ·난·다.

(0413) 【창원】 비리·약·을 조·옴 뿌·리 나·아·라.
(0413) 【고성】 비리·약·을 조·옴 뿌·리 나·아·라.

(0414) 【창원】 비짜리몽데·이(/비짜리몽디·이) 오데 있·노?
(0414) 【고성】 비짜리몽데·이 오데 있·노?

(0415) 【창원】 비빠·알 떨·어·진·다(/떨어진·다). 장뚜간·에 서답걷·어·라.
(0415) 【고성】 비빠·알 떨어진·다. 장뚜간·에 서답걷·어·라.

(0416) 【창원】 :빙·시·이 ·축·구·같·은·기·이 그것·도 :몬·하·나?
(0416) 【고성】 :벵·신 ·축·구·겉·은·기·이 그것·도 :몬·하·나?

(0417) 【창원】 오데 :어·른·앞·에 :말·대·꾸·로(/:말·대·답·을) 하·고 :빠·꼬(:)·미 체·다 ·보·노?
(0417) 【고성】 오데 :어·른·앞·에 :말·대·꾸·로(/:말·대·답·을) 하·고 :빠·꼬(:)·미 체·다 ·보·노?
(0417) 【고성】 오데 :어·른·앞·에 :말·대·꾸·를 하·고 빠꼼(:)하·이 체·다·보·노?

(0418) 【창원】 우리 반두깨·미 :살·래?
(0418) 【고성】 우리 반주깨·미 :살·래?

(0419) 【창원】 :담·배, 빨뿌·리, 담배빨뿌·리,
(0419) 【고성】 :담·배, 빨뽀·리, 담배빨뽀·리,

(0420) 【창원】 빰때·기·로(/빠무대·기·로) 쌔·리 ·주·우 나알라·아(/나알·라·아).
(0420) 【고성】 빰때·이·로(/빠무대·이·로) 쌔·리 ·주·우 노올라·아.

(0421) 【창원】 빼가·지·가 목·에 걸리있·다.
(0421) 【고성】 빼가지·가 목·에 걸리·있·다.

(0422) 【창원】 ·들·어 :올·라·카·모 ·들·어 ·오·든·가(/:들·올·라·카·모 :들·오 ·든·가) :빼·꼬(:)·미 체·다 보기·는 :와·체·다·보·노?
(0422) 【고성】 ·들·어 :올·라·쿠·모 ·들·어 ·오·든·가 :빼·꼼 체·다 보기·는 :와·아 체·다 ·보·노?
(0422) 【고성】 들올라쿠·모 :들·오·든·가 :빼·꼼·이 체·다 보기·는 :와·체·다·보·노?)

(0423) 【창원】 빼뜰·어(/빼끌·어) 묵지 :마·라(/묵·지 :마·라, 묵지마·라, 묵저마·라).
(0423) 【고성】 빼뜰·어(/빼끌·어) 묵지 :마·라(/묵·지 :마·라, 묵지마·라, 묵저마·라).

(0424) 【창원】 빼뿌재·이 ·씨·로 훑·어 모다·아·서 지·름·을 ·짜·서 ·불·을 씨·모 :구·시·이 배·이·인·다 ·카·데.
(0424) 【고성】 빼뿌재·이 ·씨·로 훑·어 모다·아·서 지·름·을 ·짜·서 ·불·로 써·모 :구·시·이 베·인·다 ·쿠·데.

(0425) 【창원】 그다·안·에 오·데 아·팠·는·가? :사·람·이 :여·엉 빼(:)빼(/:빼(:)·빼) 말·랐·네.
(0425) 【고성】 그다·안·에 오·데 아·팠·는·가? :사·람·이 :여·엉 빼(:)빼(/:빼(:)·빼) 몰·랐·네.

(0426) 【창원】 :뻐(:)·이 :알·멘·서 ·넘·한·테 :묻·기·는 :와·묻·노?
(0426) 【고성】 :뻐(:)·니(/뻔녀(:)니) :알·멘·서 ·넘·한·테 :묻·기·는 :와·묻·노?

(0427) 【창원】 ·들·어 오지 :마·라(/·들·어 오·지 :마·라, ·들·어 오지마·라, ·들·어 오저마·라, 들오-저마·라, 들오·지 :마·라). 이·게·는 :오·온·천·지·가 뻘꾸디·기·라·서 ·발·이 :푹(:)-·푹·빠·진·다.
(0427) 【고성】 ·들·어 오지 :마·라(/·들·어 오·지 :마·라, ·들·어 오지마·라, ·들·어 오저마·라, 들오저마·라, 들오·지 :마·라). 이·게·는 :오·온·천·지·가 뻘꾸디·기·라·서 ·발·이 :푹(:)·푹 ·빠·진·다.

(0428) 【창원】 고치까리 조·옴 빠사·아·라.
(0428) 【고성】 고치까리 조·옴 뽀사·아·라.

(0429) 【창원】 ·뽈·때·기·가 :와·그·래 부·웄·노?
(0429) 【고성】 ·볼·태·기·가 :와·그·래 부·웄·노?

(0430) 【창원】 뿌레·이·가(/뿌리·이·가) ·실·해·야 나무·가 자알 :살·제.
(0430) 【고성】 뿌레·이·가(/뿌리·이·가) ·실·해·야 나무·가 자알 :살·제.

(0431) 【창원】 오데서 그·래 까·자 뿌시래·기·로(/까자뿌시래·기·로) 쭈·우·가 묵·노(/쭈·우 묵·노)? ~오데서그래까자뿌시래기로쭈우가아묵·노?
(0431) 【고성】 오데서 그·래 까·자 뿌시래·기·로(/까자뿌시래·기·로) 쭈·우·가 묵·노(/주·우 묵·노)? ~오데서그래까자뿌시래기로주우가아묵·노?

(0432) 【창원】 :수·박·을 묵·고 ·손·을 옷·에 뚺·아·서 :오·온 전신·에 뿔궁·물·이·다.
(0432) 【고성】 :수·박·을 묵·고 ·손·을 옷·에 뚺·아·서 :오·온 전신·에 뿔군·물·이·다.

(0433) 【창원】 ·손·가·아·꼬 뿔·라 ·바·아·라.
(0433) 【고성】 ·손·가·아·꼬 뿌질·러 :바·아·라.

(0434) 【창원】 삐가·리 ·멫·마·리·나 ·깠·노?
(0434) 【고성】 삐가·리 ·멫·마·리·나 ·깠·노?

(0435) 【창원】 삐·끼·기·는 가시나·아 맨·치·로 :와·그·래 잘삐·끼·노(/와그래잘삐끼·노)?
(0435) 【고성】 삐·끼·기·는 가수나·아 매·이·로 :와·그·래 자알 삐·끼·노(/와그래잘삐끼·노)?

(0436) 【창원】 :고·구·매 삐·때·기 해묵·우·라.
(0436) 【고성】 :고·오·매 삐·때·이 해묵·우·라.

(0437) 【창원】 삐뚜룸(:)하·다. :쪼(:)·옥 바로끄·어·라.
(0437) 【고성】 삐뚜룸(:)하·다. :쪼(:)·옥 바로끄·어·라.

(0438) 【창원】 ·이·래 사아·이 무슨(/무·슨) 뽀족(:)한 ·수·가 있겠·노?
(0438) 【고성】 ·이·래 사아·니 무슨(/무·슨) 뽀족(:)·한(/뽀족(:)한) ·수·가 있겠·노?

(0439) 【창원】 손·에 ·비·로 :마(:)·이 맞·아·모 :사·마·구·생·긴·다 ·카·더·라.
(0439) 【고성】 손·에 ·비·로 :마(:)·이 맞·이·모 :사·마·구 생·긴·다 ·쿠·더·라.
(0439) 【고성】 손·에 ·비·로 :마(:)·이 맞·이·모 :사·마·구 생·긴·다·쿠·더·라.

(0440) 【창원】 :사(:)·살 빌·어 ·바·아·라.
(0440) 【고성】 :사(:)·살 빌·어 ·바·아·라.

(0441) 【창원】 ·저·집·은 사·우·로 ·차(:)·암 잘바았·다.
(0441) 【고성】 ·저·집·은 사·우·로 ·차(:)·암 잘알 :바·았·다(/잘바았·다).

(0442) 【창원】 :좋·아·서 :유·웅(/:여·엉) :사·죽·을 :몬·씨·네.
(0442) 【고성】 :좋·아·서 :여·엉 :사·죽·을 :몬·씨·네.

(0443) 【창원】 :썽·을 그·래 :펄(:)펄 내·애 쌓처말·고 :썽·좀 사카·고 :말·해·애·라.
(0443) 【고성】 ·썽·을 그·래 :펄(:)펄 내·애 쌓지말·고 ·썽·좀 사카·아 가·아 :말·해·애·라.

(0444) 【창원】 지·살·붙·이·라·꼬(/:지·살·붙·이·라·꼬) ·저·래 ·찌·고 :도·나?
(0444) 【고성】 제·살·붙·이·라·꼬(/제에 ·살·붙·이·라·꼬, 지이 ·살·붙·이·라·꼬) ·저·래 ·찌·고 :도·나?

(0445) 【창원】 ·딸·삼·아·모 :좋·컨·네.
(0445) 【고성】 ·딸·삼·으·모 :좋·컨·네.

(0446) 【창원】 삽짝문 닫·아·라(/삽짝문닫·아·라).
(0446) 【고성】 사립·문(새립·문, 새럽·문) 닫·아·라.

(0447) 【창원】 ·딸·대·애·꼬 아·바·이·가 :상·각 따·라 오가·아 :유·웅 서운컸·다.
(0447) 【고성】 ·딸 데·리·고 아·바·이·가 :상·각 따·라 와가·아·꼬 :여·엉 서분컸·다.

(0448) 【창원】 새·기·는·사·람(/사·기·는·사·람) 있·다 ·카·데(/있·다·카·데).

(0448)【고성】 새·기·는·사·람(/사·기·는·사·람) 있·다 ·쿠·데.

(0449)【창원】 ·날·씨·가(/·날·이) :여·엉 새꼬롬(:)하·이 ·춥·네(/·칩·네).
(0449)【고성】 ·날·씨·가(/·날·이) :여·엉 새꼬롬(:)하·이 ·춥·네(/·칩·네).

(0450)【창원】 :우·짠·다·꼬 그·래 :새·로 :내·노?
(0450)【고성】 우짠다·꼬 그·리 :새·로 :내·노?

(0451)【창원】 새다리타·고 올·라 온·나.
(0451)【고성】 새드·레 ·타·고 올·라 ·오·이·라(·오·이·라).

(0452)【창원】 오데새댁인·기·요?
(0452)【고성】 오데새댁이·요(/오데새딕이·요)?

(0453)【창원】 :새·미·가 :다·말·랐·다.
(0453)【고성】 :새·미·가 :다·말·랐·다(/:다·몰·랐·다).

(0454)【창원】 새북부·터 :와·이·래 설·치 샇·노?
~ 새북부·터 와이래설치샇·노?
(0454)【고성】 새북부·터 :와·이·래 설·치 샇·노?
~ 새북부·터 와이래 설·치 샇·노?

(0455)【창원】 오·올 새이나간·다·카·더·라.
(0455)【고성】 오·올 새이나간·다·쿠·더·라.

(0456)【창원】 서너너더·뿐 그·러 ·캐·애·도 :소·예·이 :없·다.
(0456)【고성】 서너너더·뿐 그·러 ·캐·애·도 :소·야·이(/:소·요·이) :없·다.

(0457)【창원】 지·때 지·때 안빨·고 서답·을 ·이·래 :마(:)·이 모·아 넣·았·나?
(0457)【고성】 지·때 지·때 안빨·고 서답·을 ·이·래 :마(:)·이 모·아 넣·았·나?

(0458)【창원】 :설·음·을 :움·매·나 받·았·걸·래 ·저·래 :우·노?
(0458)【고성】 :설·음·을 :올·매·나(/:얼·매·나) 받·았·걸·래 ·저·래 :우·노?

(0459)【창원】 멋이 ·저·래 :서·럽·아·서 울·우 샇·노?
~ 멋이저래서럽아서울어샇·노?
(0459)【고성】 멋이 ·저·래 :서·럽·아·서 울·우 샇·노?
~ 멋이저래서럽아서(/멋이저래서럽어서) 울·어 샇·노?

(0460)【창원】 그·래 가·아·꼬 :석·달 여·을·을 ·고·상·을 :안·해·앴·나?
(0460)【고성】 그·래 가·아·꼬 :석·달 여·을·을 ·고·상·을 :안·해·앴·나?

(0461) 【창원】 성냥깨·비 한·개 가·아 온·나. ·기·히·비·거·로.
(0461) 【고성】 성냥깨·비 한·개(/하나) 가·아 ·오·이·라. ·기·히·비·거·로.

(0462) 【창원】 헹·지·간·에 :우·애·있·기 :지·내·애·라.
(0462) 【고성】 헹·지·간·에 :우·애 있·기 :지·내·애·라.

(0463) 【창원】 세숫대·애 가·아 온·나. 낱씪거·로.
(0463) 【고성】 세숫대·애 가·아 ·오·이·라. 낱씪거·로.

(0464) 【창원】 우리 :서·이·서 :다·아 묵겄·나?
(0464) 【고성】 우리 :서·이·서 :다·아 묵겄·나?

(0465) 【창원】 소금·물·에 당가·아(/당·가) 나·아·라.
(0465) 【고성】 소금물·에 당가·아(/당·가) 나·아·라.

(0466) 【창원】 :소·꼴·조·옴 ·비·이 온·나.
(0466) 【고성】 :소·꼴(/·소·꼴) 조·옴 ·비·이 ·오·이·라.

(0467) 【창원】 소내·기·다. :쪼·깨(:)·이 있으·모 근·칠·끼·다.
(0467) 【고성】 쏘내기·다. :쪼·깬(:)(/:쪼·꼼) 있이·모 근·칠·끼·다.

(0468) 【창원】 :짐·나·모 소드배·이(/소드방, 소드방따까·리) 열·어 나·아·라.
(0468) 【고성】 :짐·나·모 소도·방(/소도방따까·리) 열·어 나·아·라.

(0469) 【창원】 잇모·옴·이 소시·이·서 :아·무·것·도 :몬·묵·겄·다.
(0469) 【고성】 잇모·옴·이 소시·이·서 아무껏·도 :몬·묵·겄·다(/몬묵겄·다).

(0470) 【창원】 소시래·이 가·아·꼬 거름조·옴 퍼내·애·라.
(0470) 【고성】 소시·랑 갖·고 거름조·옴 퍼내·애·라.

(0471) 【창원】 여물쌍글거·로 짝두·에 ·집·조·옴 믹·이·라.
(0471) 【고성】 여물써얼거·로 작두·에 ·집·조·옴 미·이·라.

(0472) 【창원】 :니·가 :호·자·다.
(0472) 【고성】 :니·가 :호·자·다(/:호·자·다).

(0473) 【창원】 소죽솥·에 ·불·옇·어·라.
(0473) 【고성】 소죽솥·에 ·불·옇·어·라.

(0474) 【창원】 ·굼·불 :때·거·로 솔까·지(/솔깨·이) 조·옴 해온·나.
(0474) 【고성】 ·굼·불 :때·거·로 솔까·지(/솔깨·이) 조·옴 해오이·라.

(0475)【창원】 솔밭·에 :놀·로·가·자.
(0475)【고성】 솔밭·에 :놈·로·가·자(/놀로가·자).

(0476)【창원】 솔빠·알 쭈·우·로 가·자.
(0476)【고성】 솔빠·알 주·우·로 가·자.

(0477)【창원】 인자·아 ·수·무·살·인·데 멋을안다고시집을보내겠·노?
(0477)【고성】 인자·아 ·수·무·살·인·데(/·시·무·살·인·데) 멋을안다고시집을 보내겠·노?

(0478)【창원】 수틀(/수툴) 가·아 온·나.
(0478)【고성】 수틀 가·아 온·나.

(0479)【창원】 :쪼·깨(:)·마 :얻·어 오·라·캐·앴·더·마·는(/·오·라·캐·앴·디·이·마·는) 수태기대·네.
(0479)【고성】 :쪼·깨(:)·마 :얻·어 오·라·캐·앴·더·마·는 수태기데·네.
(0479)【고성】 :쪼·깨(:)·마 :얻·어 오·라·캐·앴·디·이·마·는 수태·기 데·네.

(0480)【창원】 :우·째·그·래 :숩·기 알·았·노?
(0480)【고성】 우째그·리 :식·기 알·았·노?

(0481)【창원】 눈섭·이 숱띠·이·겉·이 :껌·네.
(0481)【고성】 눈섭·이 숱띠·이·겉·이 :껌·네.

(0482)【창원】 숭·악·하·기 생·깄·다.
(0482)【고성】 숭·악·하·기 생·깄·다.

(0483)【창원】 ·요·거·빼·끼 안주·나? 숭·악·하·다.
(0483)【고성】 ·요·거·빼·끼 안주·나? 숭·악·하·다.

(0484)【창원】 풍개·가 안·주 :덜·익·었·다. ·이·가 시그럽·아·서 :몬·묵·겄·다.
(0484)【고성】 풍개·가 안·주 :덜·익·었·다. ·이·가 시·이·서 :몬·묵·겄·다.

(0485)【창원】 하르 :시·끼·로 :다·아 굶·읐·다(/:다·굶·읐·다).
(0485)【고성】 하로 :세·끼·이(/:세·끼·이·로) :다·아 굶·읐·다(/:다·굶·읐·다).

(0486)【창원】 싱겁거·로 :와·아 :가·마·이 있는아·아·로 울라·노?
(0486)【고성】 싱겁거·로 :와·아 :가·마·이 있는아·아·로 울·리·노(/건디리·노)?

(0487)【창원】 :시·시·나 :니·시·대·모 온·나.
(0487)【고성】 :세·시·나 :네·시·데·모 ·온·너·라(/온·나).

(0488)【창원】 숭넌지·모 :할(:)·수 있·나(/:할·수·있·나)? 꼽장리·라도 :얻·어 묵·우·야·제(/묵·우·야·지).

(0488)【고성】 숭년지·모 :할·수·있·나? 꼽장리·라·도 :얻·어 무·우·야·제.
(0488)【고성】 숭년지·모 :할(:)·수 있·나? 꼽장리라·도 :얻·어 묵·우·야·지.
(0488)【고성】 숭년지·모 :할·수·있·나? 꼽장리·라·도 :얻·어 무·우·야·제.

(0489)【창원】 ·실·없·거·로 :니·가 만다꼬그라·노?
(0489)【고성】 ·실·없·거·로 :니·가 만다꼬그라·노?

(0490)【창원】 시지부지(:)하·이 있다·가 ·큰·코 다·친·다(/·큰·코·다·친·다).
(0490)【고성】 시지부지(:)하·이 있다·가 ·큰·코 다·친·다(/·큰·코·다·친·다).

(0491)【창원】 ·칩·우·서 :시(:)·푸·렇·다.
(0491)【고성】 ·칩·어·서 :시(:)·퍼·렇·다.
(0491)【고성】 ·춥·어·서 :시(:)·푸·렇·다.

(0492)【창원】 :사·람·을 그·래 ·시·뿌 보지마·라(보저마·라, 보지 :마·라, 보·지 :마·라).
(0492)【고성】 :사·람·을 그·래 ·시·뿌 보지마·라(보저마·라, 보지 :마·라, 보·지 :마·라).

(0493)【창원】 :우·짤·라·꼬 ·저·래 :신·디·이·로 나·아 가·아·꼬(/나·았·으·꼬).
(0493)【고성】 우짤라·꼬 ·저·래 :신·디·이·로 나·아 가·이·고(/나·았·이·꼬).

(0494)【창원】 그·륵 씪·어·서 살가·아 엎·지·라.
(0494)【고성】 그·륵 씪·어·서 살·가·아 엎·지·라.

(0495)【창원】 바·알·하·고 실꾸·리 조·옴 가·아 온·나.
(0495)【고성】 바·알·하·고 실꾸·리·하·고 조·옴 가·아 ·오·이·라.

(0496)【창원】 :실·빱 ·터·짔·다.
(0496)【고성】 :실·빱 ·터·졌·다.

(0497)【창원】 ·실·없·이 :와·아 :자·꾸 웃·어 샇·노?
(0497)【고성】 ·실·없·이 :와·아 :자·꾸 웃·어 샇·노?

(0498)【창원】 :실·컨 묵·우·라.
(0498)【고성】 :실·컨 무·우·라.

(0499)【창원】 ·옴·마 :심·바·람 조·옴 ·갔·다 온·나.
(0499)【고성】 ·옴·마 :심·바·람 조·옴 ·갔·다 ·오·이·라(/온·나).
(0499)【고성】 ·옴·마 :심·바·람·조·옴 ·갔·다 :오·이·라.

(0500)【창원】 싸래·기·는 쩌·어·서 말라·아 가·아·꼬 ·찐·쌀 해묵·우·라(/해무·우·라).
(0500)【고성】 쭉찌·이·는 쐶·아·서 말야·아(/몰야·아[mo λ$yaa]) 가·아·꼬 ·찐·쌀 해묵·우·라(/해무·우·라).

(0501)【창원】 ·품·앗·아 가·아 :할·라·카·다·가 ·품·꾸·이 :없·어·서 싹꾼 대·애·가 ·해·앴·다.
(0501)【고성】 ·품·앗·아 가·아 :할·라·카·다·가 ·품·꾸·이 :없·어·서 싹꾼 대·애·가 ·해·앴·다.

(0502)【창원】 ·쌀·무·리·로(/쌀뜨물·로) 조·옴 해믹·이 ·바·아·라.
(0502)【고성】 ·쌀·무·리·로(/쌀뜨물·로, 쌀무리·로) 조·옴 해믹·이 ·바·아·라.

(0503)【창원】 소죽솥·에 여물조·옴 쌍그·라 옇·어·라.
(0503)【고성】 소죽솥·에 여물조·옴 써어·리 옇·어·라.

(0504)【창원】 쌍디·이·맨·치·로 닮·았·네.
(0504)【고성】 쌍디·이 매·이·로 닮·았·네.

(0505)【창원】 ·비·이 안맞거·로 쎄끌밑·에 덜라·아 나·아·라.
(0505)【고성】 ·비·이 안맞거·로 쎄끌밑·에 덜라·아 나·아·라.

(0506)【창원】 ·쌧·대 가·아·꼬 열·어 ·바·아·라.
(0506)【고성】 ·쌧·대 가·아·꼬 열·어 :바·아·라.

(0507)【창원】 그·런·거 우리 :동·내 가·모 쌔·애 빌·리·있·다.
(0507)【고성】 그·런·거 우리 :동·내 가·모 쌔·애 비·있·다.

(0508)【창원】 쎗바·닥 한분(/함문) 내·애 ·바·아·라.
(0508)【고성】 쎗바·닥 한분(/한번) 내·애 ·바·아·라.

(0509)【창원】 쎗동가·리 쭈·우 모다·아 나·았·다·가 ·엿·바·까 묵·우·라(/무·우·라).
(0509)【고성】 쎗동가·리 주·우 모다·아 나·았·다·가 ·엿·바·까 무·우·라.

(0510)【창원】 ·불·조·옴(/·불·쪼·옴) :써·바·아·라.
(0510)【고성】 ·불·조·옴 ·쩌·바·아·라.

(0511)【창원】 바램·이 설렁설렁(:)하·이 오·올·은 :우·째·이·래 써언·노?
(0511)【고성】 바람·이 설렁설렁(:)하·이(/설렁(:)설렁하·이) 오·올·은 :우·째·이·래 써언·노?

(0512)【창원】 다른사·람 :다·가·아·꼬 가·기 전·에 ·쌔·기 안가·모 :몬·까·아·온·다.
(0512)【고성】 다른사·람 :다·아 가·아·꼬 가·기 전·에 쎄·이 안가·모 몬까아온·다.

(0513)【창원】 쎗바·알·이 ·나·서 :아·무·껏·도 :몬·묵·겄·다.
(0513)【고성】 쎗바늘·이 ·나·서(/일·어·서) 아무껏·도 몬묵겄·다.

(0514)【창원】 쑹보지 :마·라(/쑹보·지 :마·라, 쑹보지마·라, 쑹보저마·라).
(0514)【고성】 숭보지 :마·라(/숭보·지 :마·라, 숭보지마·라).

(0515) 【창원】 식은·밥 남·은·거 ·물·에 말·아 묵·우·라(/무·우·라).
(0515) 【고성】 식은·밥 남·은·거 ·물·에 말·아 묵·우·라(/무·우·라).

(0516) 【창원】 ·군·소·리 해샇지 :말·고(/해샇·지 :말·고, 해샇지말·고, 해샇저말·고) 씨·기·는·대·로 ·해·애·라.
(0516) 【고성】 ·군·소·리 해샇지 :말·고(/해샇·지 :말·고, 해샇지말·고) 씨·기·는 ·대·로 ·해·애·라.

(0517) 【창원】 머·르 ·카·는 ·씨·이·미·뿌·다 말·기·는 ·시·누·우·가 더밉·다.
(0517) 【고성】 머·르 ·쿠·는 ·씨·어·메·보·다 말·기·는 ·씨·누·가 더밉·다.

(0518) 【창원】 씨래·기 쌂·아 가·아·꼬 :딘·장·꾹 끼·리·라.
(0518) 【고성】 씨래·기 쌂·아 가·이·꼬 :덴·장·꾹 끼·리·라.

(0519) 【창원】 ·씨·이·미·가 메·느·리 낳는·다·꼬 그집메·느·리·도 ·씨·이·미·하·고 :또·옥 ·같·다.
(0519) 【고성】 ·씨·어·메·가 메·느·리 놓는다·꼬 그집메·느·리·도 ·씨·어·메·하·고 ·또·옥 ·같·다.

(0520) 【창원】 생·키·지 :말·고 씹·우·묵·우·라.
(0520) 【고성】 생·키·지 :말·고 씹·우·묵·우·라.

(0521) 【창원】 ·시·아·바·씨(/·시·아·바·이, ·시·아·부·지) 아푸·다 ·카·더·마·는(/·카·디·이·마·는) :우·뚷·소.
(0521) 【고성】 ·씨·아·바·씨(/·씨·아·바·이, ·씨·아·부·지) 아푸·다 ·쿠·더·마·는(/아푸다쿠더마·는) :우–뚷·소(/:어·떻·소).

(0522) 【창원】 :쪼·깨(:)·이 ·씹·우·도 ·참·고 묵·우·라.
(0522) 【고성】 :쪼·깬(:) ·씹·어·도(/·쓻·어·도) ·참·꼬 묵·우·라.

(0523) 【창원】 ·아·나, 요·오 있·다(/요있·다).
(0523) 【고성】 ·아·나, 요·오 있·다(/요있·다).

(0524) 【창원】 ·이·집 아들래·미·는 오·올 오데갔·노?
(0524) 【고성】 ·이·집 아들래미·는 오·올 오데갔·노(/오이갔·노)?

(0525) 【창원】 아랑·제 :지·내·능·거 보·로 ·갔·다. 춘향·제〔추낭·제〕
(0525) 【고성】 소가·야 문화·제 :지·내·능·거 보·로 ·갔·다. 춘향·제〔추낭·제〕

(0526) 【창원】 니·는 :아·말·따 :마·라.
(0526) 【고성】 니·는 :아·말·따(/:아·말·또) :마·라.

(0527) 【창원】 ·어·무·이! 아·붐 지잉 잡사·았·습·니·꺼(/:자·싰·습·니·꺼)?
(0527) 【고성】 ·어·머·이! 아·붐 저녁 잡사·았·습·니·꺼(/:자·싰·습·니·꺼)?

(0528)【창원】 그집 ·손·우·우 아지베·엠·이 :사·램·이 ·차·암 :좋·다.
(0528)【고성】 그집 ·손·우·우 아지베·엠·이 :사·람·이 ·차·암 :좋·다.

(0529)【창원】 ·이·리 앉거·라.
(0529)【고성】 ·이·리 앉거·라.

(0530)【창원】 ·앙·껑·구 아푸·모 집·아·이 :얄·궂·니·라.
(0530)【고성】 ·앙·껑·구 아푸·모 집·아·이 :얄·궂·니·라.

(0531)【창원】 아·아·를 업지 :말·고(/업·지 :말·고, 업지말·고, 업저말·고) 암·아(/보듬·아) ·바·아·라.
(0531)【고성】 아·아·를 업지 :말·고(/업·지 :말·고, 업지말·고) 암·아(/보듬·아) ·바·아·라.

(0532)【창원】 ·에·미 애·비·도(/·에·미·애·비·도) :없·나?
(0532)【고성】 ·에·미 애·비·도(/·에·미·애·비·도) :없·나?

(0533)【창원】 머·엇·이 하낱·도 안베이인·다(/안베인·다). :앵·경 가·아 :오·바·아·라.
(0533)【고성】 머·엇·이 하낱·도 안베이인·다(/안베인·다). :앵·경 가·아 :오·바·아·라.

(0534)【창원】 오·올 ·물·긴·을 자알 :몬·사·서(/잘몬사·서) :또·옥 앵·토·애 죽겄·다.
~오·올 ·물·긴·을 자알 :몬·사·서 :또·옥 앵통(:) ·해·애 죽겄·다.
(0534)【고성】 오·올 ·물·긴·을 잘몬사·서 :또·옥 앵·토·애 죽겄·다.
~오·올 ·물·건·을(/·물·겐·을) 자알 :몬·사·서 ·또·옥 앵·통·애 죽겄·다.

(0535)【창원】 단디·이 야꼬라·아·서(/야꾸라·아·서) 맞차·아 ·바·아·라.
(0535)【고성】 단디·이 꼬내·애·서 맞차·아 ·바·아·라.

(0536)【창원】 얌새·이 ·내·다 매·애·라(/:내·다 매·애·라, :내·다·매·애·라).
(0536)【고성】 얌새·이 내·애·다 매·애·라(/내·애 매·애·라).

(0537)【창원】 ·어·무·이, ·바·압 잡수이·소.
(0537)【고성】 ·어·머·이, ·바·압 잡수이·소.

(0538)【창원】 씨래·기 그거 쌂·아 나·아·도 :어·시·다.
(0538)【고성】 씨래·이 그거 쌂·아 나·아·도 :어·시·다(/:어·세·다).

(0539)【창원】 어자침·에 이·일 나보·옹·께(/이·일 나보옹께·에) 싸악 :다·떠·나·고 :아·무·도 :없·더·라.
어·지 아침·에 이·일 나보·이·께 싸악 :다·떠·나·고 :아·무·도 :없·더·라.
(0539)【고성】 어·제 아침·에 이·일 나보·이·께(/이·일 나봉·께, 이·일 나보옹·께, 이·일 나보·옹·께·에)
싸악 :다·떠·나·고 :아·무·도 :없·더·라(/:없·더·라).

(0540)【창원】 엊지이·에 :와·아 니이 :놀·로 안왔·노(/안왔·노)?

(0540) 【고성】 엊저녁·에 :와·아 니이 :놀·로 안왔·노?

(0541) 【창원】 어언놈이·고? 어언놈이그래얬·노?
오든넘이·고? 오든넘이그래얬·노?
(0541) 【고성】 어언놈이·고? 어언놈이그래얬·노?
어는놈이·고? 어는놈이그래얬·노(/어·는·놈·이·그·래·얬·노)?

(0542) 【창원】 쌀까리 ·치·거·로 ·체·가·아 온·나.
·깨·치·거·로 얼기·미 가·아 ·오·이·라.
(0542) 【고성】 쌀까·리 ·치·거·로 ·체·가·아 가·아 ·오·이·라.
·깨·치·거·로 얼기·미 가·아 ·오·이·라.

(0543) 【창원】 ·팥·치·거·로 ·체·이 조·옴 가·아 온·나.
(0543) 【고성】 ·퐅·치·거·로 ·체·이 조·옴 가·아 :오·이·라.

(0544) 【창원】 그거 :움·매·나(/:울·매·나) 대·노?
(0544) 【고성】 그거 올매나데·노(/얼매나데·노)?

(0545) 【창원】 얼치·이(/:째·보) 아가·리·에 콩까리.
(0545) 【고성】 얼치·이(/·째·보) 아가리·에(/입·에) 콩까·리.

(0546) 【창원】 인자·아 대·얬·다. :잉·가·이 ·해·애·라.
(0546) 【고성】 인자·아 대·얬·다. :잉·가·이 ·해·애·라.

(0547) 【창원】 :실·이 엉키·있·네(/헝클·아·졌·네).
(0547) 【고성】 :실·이 엉키·있·네(/헝클아졌·네).

(0548) 【창원】 ·에·미 ·젖·도 :몬·묵·고 ·커·도 ·저·래 ·실·아·다.
(0548) 【고성】 ·에·미 ·젖·도 :몬·묵·고 ·커·도 ·저·래 ·실·아·다.

(0549) 【창원】 엣·소. 머할라꼬그라·요?
(0549) 【고성】 엣·소. 머할라꼬그라·요?

(0550) 【창원】 여나·암·살 대·애 보이·이·제?
(0550) 【고성】 여나아무·살 데·애 보이·이·제(/베이·제)?

(0551) 【창원】 여따·아 부·우 ·바·아·라.
(0551) 【고성】 여따·아 부·우 ·바·아·라.

(0552) 【창원】 올·개·는 ·물·이 ·들·어·서 엿·섬·빼·끼 :몬·해·얬·다.
(0552) 【고성】 올·개·는 ·물·이 ·들·어·서 엿·섬·빼·끼 :몬·해·얬·다.

(0553) 【창원】 ·물·조·옴 여온·나(/이·고 ·오·이·라).
(0553) 【고성】 ·물·조·옴 여오이·라(/이·고 ·오·이·라).

(0554) 【창원】 여·을·에 한분(/:한·분, :함·문) :올·랑·가 모르겼·다.
(0554) 【창원】 여·을·에 한분올랑·가(/한분올랑·강) 모르겼·다.
(0554) 【고성】 여·름·에 한분 :올·랑·가(/한분올·랑·가) 모르겼·다(/모리겼·다).

(0555) 【창원】 :어·푼 온·나(/:어·푼·온·나).
(0555) 【고성】 :어·푼 :오·이·라(/:어·푼·온·나).

(0556) 【창원】 오분·에·는 안대겄·나(/아안 대겄·나)?
(0556) 【고성】 요분에·는 안데겄·나(/아안 데겄·나)?

(0557) 【창원】 니이 올·개 ·멫·살·이·고?
(0557) 【고성】 니이 올·개 ·멫·살·이·고?
(0557) 【고성】 니이 올·해 ·멫·살·고?

(0558) 【창원】 가·아·가 오·올 오데갔다왔던·고?
(0558) 【고성】 가·아·가 오·올 오데갔다왔던·고?

(0559) 【창원】 오나척·에·는 :우·짠·일·로 ·이·래 일·찍·이 이·일 ·났·노[이·일#·란·노]?
(0559) 【고성】 오나척에·는 :우·짠·일·로 ·이·래 일척어·이(/일찍어·이) 이·일 ·났·노[이·일#·란·노]?

(0560) 【창원】 요시·이 ·토·옹 안배이·데.
(0560) 【고성】 요새·애 ·토·옹 안베이데·에.

(0561) 【창원】 ·큰·일·친·다·꼬 ·욕·바·았·제(/·요·옥 ·바·았·제)?
(0561) 【고성】 ·큰·일·친·다·꼬 ·욕·바·았·제(/·요·옥 ·바·았·제)?

(0562) 【창원】 웃도·리 벗·어·서 걸·어 낳·고 ·해·애·라.
(0562) 【고성】 웃도·리 벗·어·서 걸·어 놓·고 ·해·애·라.

(0563) 【창원】 우붕뿌리·이·는(/우붕뿌·리·는) 쌂·아 가·아 무·치 묵·우·도 댄·다.
(0563) 【고성】 우붕뿌리·이·는 쌂·아 가·아 무·치 묵·우·도 덴·다.

(0564) 【창원】 :우·째 하·이·꺼·네 대던·데.
(0564) 【고성】 :우·째 항·게(/하·앙·게) 데던·데.

(0565) 【창원】 :우·이 :소·용 있·나(/:소·양 있·나)?
(0565) 【고성】 :우·이(/:우·니) :소·용 있·나(/:소·양 있·나)?

(0566)【창원】 니·는 웃·으·모(/웃·으·몬) 더어 :이·뿌·다.
(0566)【고성】 니·는 웃·으·모(/웃·으·몬, 웃으·몬, 웃으·모) 더어 :이·뿌·다(/:예·뿌·다).

(0567)【창원】 :원·시·이·도 낭·게·서 떨·어·질·수·가(/떨어질·수·가) 안있·나.
(0567)【고성】 :원·시·이·도 낭·게·서 떨·어·질·수·가(/떨어질·수·가) 안있·나.

(0568)【창원】 ·소·믹·일·때(/·소·미·일·때) 이까·리·로 나·아·믹·이·라.
(0568)【고성】 ·소·믹·일·때(/·소·미·일·때) 꼬빼·이·로 나·아 믹·이·라.

(0569)【창원】 이망빼·기·다·가(/이·마·에·다) 머로부치가아댕기·노?
(0569)【고성】 이망빼·이·다(/이·마·에·다) 머로부치가아댕기·노?

(0570)【창원】 :이·약·책(/:이·바·구·책) 한분 일·러 ·바·아·라.
(0570)【고성】 :이·약·착(/:이·박·책) 한분 일·러 :바·아·라.

(0571)【창원】 :마·이 ·해·애·라(/:마·이·해·애·라). 이·우·지 :다·갈·라·묵·거·로.
(0571)【고성】 :마·이 ·해·애·라. 이·우·지 :다·아 갈·라·묵·거·로.

(0572)【창원】 니·도 잉가·안 하·다.
(0572)【고성】 니·도 잉가·안 하·다.

(0573)【창원】 :운·제 이사하·모(/:운·제·이·사·하·모) :좋·을·란·고 점재·이·한·테 물·우 ·바·아·라.
(0573)【고성】 :운·제 이사하·모(/:운·제·이·사·하·모) :좋·을·란·고 점재·이·한·테 물·우 :바·아·라.

(0574)【창원】 일바·시 주지 :마·라(/주·지 :마·라, 주지마·라, 주저마·라). :지·가 이·일 나거·로.
(0574)【고성】 일바·시 주지 마·라(/주·지 :마·라, 주지마·라). :지·가 이·일 나거·로.

(0575)【창원】 입소구·리·가 :다·짔·다.
(0575)【고성】 입소리·가 :다·아 지·있·다.

(0576)【창원】 땡까·알 잎사·구·로 조·옴 발·라 ·바·아·라. 빨·리 낫·을·끼·다(/낫을끼·다).
(0576)【고성】 땡까·알 잎사구·로 조·옴 발·라(/볼·라) ·바·아·라. 빨·리 낫을끼·다.

(0577)【창원】 ·키·가 조·옴 :작·아·모 :우·뚠·노?
(0577)【고성】 ·키·가 조·옴 :작·으·모 :우·뚠·노?

(0579)【창원】 자안집·에(/작은집·에) ·갔·더·나?
(0579)【고성】 자안집·에(/작은집·에) ·갔·더·나?

(0580)【창원】 ·큰·엄·매·하·고 작은·엄·매·하·고 데·에·꼬(/데·리·꼬) 온·나.
(0580)【고성】 ·큰·엄·매·하·고(/·큰·엄·마·하·고) 작은·엄·매·하·고(/작은·엄·마·하·고) 데·에·꼬(/데·리·-·고) ·오·이·라.

(0581)【창원】 ·잠·추·이·가? ·해·도 안넘우갔는·데 버시·로 자거·로.
(0581)【고성】 ·잠·치·이·가? ·해·도 안넘우갔는·데 벌서·로 자거·로.

(0582)【창원】 (·맛·이) 짭짜롬(:)하·이(/짭짜리(:)하·이) 개·앤 ·찮겄·다(/개·앤 찮겄·다).
(0582)【고성】 (·맛·이) 짭짤(:)하·이 개·앤 찮겄·다.
(0582)【고성】 (·맛·이) 짭소롬(:)하·이 개·앤 ·찮겄·다.

(0583)【창원】 장뚝간·에 갖다·아 나·아·라.
(0583)【고성】 장똑간·에 갖다·아 나·아·라.

(0584)【창원】 잿간·에 ·재·가 날·라 쌓는·다. 오줌 조·옴 퍼부·우·라.
(0584)【고성】 잿간·에 ·재·가 날·라 쌓는·다. 오줌 조·옴 퍼재·이·라.

(0585)【창원】 :이·전·에·는(/그전·에·는) :사·부·이 오데있더·노? 재물·로 바·치·서 :안·썼·나.
(0585)【고성】 :이·전·에·는(/그전·에·는) :사·부·이(/:사·분·이) 오데있더·노? 재물·로 받·아·서 :안-썼·나.

(0586)【창원】 자·아 가·모 잔·수 한·대 사온·나(/:사·오·이·라).
(0586)【고성】 자·아 가·모 :서·숙 한·데 :사·오·이·라.

(0587)【창원】 :재·인·이 사·우·만·든·다(/사·우·맨·든·다) 안카더·나?
(0587)【고성】 :재·인·이 사·우 만든·다(/사·우 맹근·다) 안쿠더·나?

(0588)【창원】 ·저·래 ·재·작·을 지·긴·다.
(0588)【고성】 ·저·래 ·재·작·을 지·긴·다.

(0589)【창원】 그집·에 :재·처·가 ·들·어 와가·아·꼬 :유·웅 ·본·처·노·릇·한·다.
(0589)【고성】 그집·에 :재·추·가(/:재·추·띠·이·가) :들·와·가·이·고 :여·엉 ·본·처·노·릇·한·다.

(0590)【창원】 적아·베 오데갔능·기·요?
(0590)【고성】 적아·베 오데갔십니·꺼?

(0591)【창원】 ·열·찔 ·물·쏘·옥·은 알·아·도 한·질 :사·람·쏘·옥·은 모른다·꼬 줘·어 ·바·아·야 :안·다.
(0591)【고성】 ·열·찔(/:신·질) ·물·쏘·옥·은 알·아·도 한·질 :사·람·쏘·옥·은 모린다·꼬 줘·어 ·바·아·야 (/:바·아·야) :안·다.

(0592)【창원】 전·디·는·데·꺼·정 전·디 ·바·아·라.
(0592)【고성】 전·디·는·데·꺼·장 전·디 :바·아·라.

(0593)【창원】 난서밭·에 전오줌 ·주·우·라.
(0593)【고성】 남새밭·에 전오줌 :조·오·라.

(0594) 【창원】 점빠·치·한·테(/점빠가·치·한·테, 점재·이·한·테) ·가·서 :사·주·한·분 ·빼·애 ·바·아·라.
(0594) 【고성】 점바·치·한·테(/점재·이·한·테) ·가·서 :사·주·한·분 ·빼·애 바·아·라.

(0595) 【창원】 :히(:)·히 젓·어·서 마·시 ·바·아·라.
(0595) 【고성】 :히(:)·히 젓·어·서 마·시 ·바·아·라(/:바·아·라).

(0596) 【창원】 젖미·기·로 나·아 뚜·고 오데가겄·노?
(0596) 【고성】 젖미·이·로 나·아 뚜·고 오데가겄·노?

(0597) 【창원】 제까·락·질·로 :우·째 ·저·래·하·노?
(0597) 【고성】 제까락질·로 :우·찌 ·저·리·하·노?

(0598) 【창원】 :제·우 재·아 나·았·다.
(0598) 【고성】 :제·우 재·아(/재·애, 재·이) 나·았·다. 재·이·다

(0599) 【창원】 :얄·궂·이 조오쪼가·리(/조·오·쪼·가·리) 하나 갖다·아 ·주·데.
(0599) 【고성】 :얄·궂·이 조오쪼가·리(/조·오·쪼·가·리) 하나 갖다·아 ·주·데.

(0600) 【창원】 쫌·새·이·겉·은 ·자·석(/쫌·새·이·겉·은·자·석).
(0600) 【고성】 쫌·새·이·겉·은 ·자·석(/좀·새·이·겉·은·자·석).

(0601) 【창원】 그·래 :좋·오·모 니해애·라.
(0601) 【고성】 그·리 :좋·오·모 니해애·라.

(0602) 【창원】 주구가·아·꼬 누룸·밥 조·옴 끍·어 온·나.
(0602) 【고성】 주개가·지·고 누룸·밥 조·옴 끍·어 :오·이·라(/·오·이·라).
〈고성 방언〉 /:오·이·라/와 /·오·이·라/는 자유롭게 교체

(0603) 【창원】 주디·이 다물·아·라.
(0603) 【고성】 주디·이 다물·아·라(/다물아·라).

(0604) 【창원】 주준·자 가·아 ·가·서 ·탁·주·한·대(/막걸·리·한·대) 받·아온·나.
(0604) 【고성】 주전·자 가·아 ·가·서 ·탁·주·한·데(/막걸·리·한·데, 탁배·이 한·데) 받·아 온·나(/·오-·이·라).

(0605) 【창원】 집따까·리 날·라 가겄·다.
(0605) 【고성】 집따까·리 날·라 가겄·다.

(0606) 【창원】 너그 :둘·이·서 ·줄·땡·기·기 한분 :해·바·아·라.
(0606) 【고성】 너그 :둘·이·서 ·줄·땡·기·기 한분 :해·바·아·라.

(0607)【창원】 중신애·비·가(/중매재·이·가) ·실·애·야 그집·에 :일·이 잘땐·다.
(0607)【고성】 중신애·비·가(/중매재·이·가) ·실·애·야 그집·에 ·겔·혼·이 잘땐·다.

(0608)【창원】 ·저·거·로 지·기·지·도 :몬·하·고 살·리·지·도 :몬·하·고 :우·짜·모 :좋·겠·노(/우짜모좋-겠·노)? ·기·가·차 죽겠·다.
(0608)【고성】 저거·로 지·기·지·도 :몬·하·고 살·리·지·도 :못·하·고 저거·로 우짜모좋겠·노 ·기·가·차 죽겠·다.
(0608)【고성】 저거·로 지·기·지·도 :몬·하·고 살·리·지·도 :못·하·고 저거·로 :우·짜·모 :좋·겠·노 ·기-·가·차 죽겠·다.

(0609)【창원】 지·니·한·테 물리·이·모 ·약·도 :없·다.
(0609)【고성】 지·네·한·테 물리·이·모 ·약·도 :없·다.

(0610)【창원】 :쪼·깨(:)·마 더어 지다·리(/기다·리) ·바·아·라.
(0610)【고성】 :쪼·깨(:)·마 더어 지다·리(/기다·리) :바·아·라.

(0611)【창원】 지동낭ㄱ·을 붙잡·고 :와그·러·샇·노?
(0611)【고성】 지동나무·로 붙잡·고 와그러샇·노?

(0612)【창원】 ·지·랄 용천·을(/:용·천 ·지·랄·을) 해쌓디·이 고거 꼬시·다.
(0612)【고성】 ·지·랄 용천·을 해쌓더·이 고거 꼬시·다.

(0613)【창원】 지베·륵 오를·라. :개·로 그·래 암·아 샇·지 :마·라(/샇지 :마·라, 샇저마·라).
(0613)【고성】 지베·륵 오릴라·아. :개·로 그·래 암·아 샇·지 :마·라(/샇지 :마·라).
(0613)【고성】 지베·륵 오릴라·아. :개·애 그·래 보듬지마·라.

(0614)【창원】 지동·에 자매·애 나·아·라.
(0614)【고성】 지동·에 째매·애(/짜매·애) 나·아·라.

(0615)【창원】 ·손·으·로 지·이 ·뜯·어·라.
(0615)【고성】 ·손·으·로 지·이 ·뜯·어·라.

(0616)【창원】 지잉꺼·리·가 :없·어·도 생긴·에 ·걱·정·도 안한·다.
(0616)【고성】 저녁꺼·리·가 :없·어·도(/없·어·도) 생견·에(/생전·에) ·걱·정·도 안한·다.

(0617)【창원】 지잉·때·에(/징때·에) 데·엘·로 가꺼·마.
지잉·때·에〈저녁 식사 때〉, 징때·에〈오후 늦게〉
(0617)【고성】 저녁·때·에(/정때·에) 데·엘·로 가꺼·마.
저녁·때·에〈저녁 식사 때〉, 정때·에〈점심과 저녁 사이〉

(0619)【창원】 :와·그·래 마른지·첨·을 ·하·노?

(0619) 【고성】 :와·그·리 모린지·첨·을(/마린지·첨·을) ·하·노?

(0620) 【창원】 지패·이·로(짝대·기·로) :짚·고 :사·알 이·일 :나·바·아·라(/이·일·나 ·바·아·라).
(0620) 【고성】 작대·이·로 :짚·고 :사·알 이·일 :나·바·아·라(/이·일·나 :바·아·라).

(0621) 【창원】 그짝·은 지푸·다.
(0621) 【고성】 그쪽·은 지푸·다.

(0622) 【창원】 ·질·까·는 :사·람·을 불·루 세·아 놓·고 물·우 ·바·아·라.
(0622) 【고성】 ·질·까·는 :사·람·을 불·루 세·아 놓·고 물·우 ·바·아·라.

(0623) 【창원】 ·한·참 쪼굴·시(/쪼굴·시·고) 앉·았·디·이 다리·가 제·리 죽겄·다.
(0623) 【고성】 ·한·참 쪼굴시·고 앉·았·더·이(/앉·았·더·니) 다리·가 제·리 죽겄·다.

(0624) 【창원】 :배·차·로 조르·개 해가·아·꼬 보리·밥·에 비비·이 묵·우·모(/무·우·몬) 맛있·다.
(0624) 【고성】 :배·추·로 조리·기 해가·아·꼬 보리밥·에 비·비 묵·우·모(/무·우·몬) 맛있·다.

(0625) 【창원】 달후·차 가·아 온·나. 마다·아 흘·린·거 쫏·아 묵거·로.
(0625) 【고성】 닥후·차 ·오·이·라. 마다·아 흘·린·거 쫏·아(/주·우) 묵거·로.

(0626) 【창원】 쌀쫑구래·이 오데나뚜웄·노?
(0626) 【고성】 쌀쫑고래·이 오데나뚜웄·노?

(0627) 【창원】 ·고·상·을 ·해·애·서 주·름·살·이 쭈굴쭈굴하·다.
(0627) 【고성】 ·고·상·을 ·해·애·서 주·름·살·이 쭈굴쭈굴하·다.

(0628) 【창원】 ·질·까·아(/질까·아) 흘·리 가·아 있·어·서 :해·나 싶·우·서 쭈·우·다 나·았·다.
(0628) 【고성】 ·질·까·아 흘·리 가·아 있·어·서 :해·나 싶·우·서 주·우·다 나·았·다.

(0629) 【창원】 맞는·가 요·오·서 한분 :쩌·바·아·라.
(0629) 【고성】 맞는·가 여·어·서 한분 :쩌·바·아·라.

(0630) 【창원】 오줌쌌·나? :오·온 이·불·에 찌렁내·다
(0630) 【고성】 오줌쌌·나? :오·온 이·불·에 찌렁내·다

(0631) 【창원】 한짝·으·로 찌·불·았·다.
(0631) 【고성】 한쪽으·로 찌불았·다(/찌·운·다, 지·운·다).

(0632) 【창원】 우선따·네(/우선따·아·네) 한가·마·이·마 쩌·어 묵·우·라(/무·우·라).
(0632) 【고성】 우선따·아·네 한가마·이·마 찌·어(/찍·어) 묵·우·라(/무·우·라).

(0633)【창원】 한·개 더어 찡가·아 :도·고(/도·고, 도·오).
(0633)【고성】 한·개 더어 찡가·아 :주·라(/·주·소).

(0634)【창원】 니이 그거 ·차·말·이·가?
(0634)【고성】 니이 그거 ·차·말·이·가(/·참·말·가)?

(0635)【창원】 떠신·물 :말·고 ·찬·물 조·옴 :없·나?
(0635)【고성】 떠신·물 :말·고 ·찬·물 조·옴 :없·나?

(0636)【창원】 ·깨·뽂·아·라. 참지·름 ·짜·로 가거·로.
(0636)【고성】 ·깨·애 뽂·아·라. 참지·름 ·짜·로 가거·로.

(0637)【창원】 한상 자알 채·리 ·바·아·라.
(0637)【고성】 한상 자알 채·리 :바·아·라(/:뽜·아·라).

(0638)【창원】 콩까불거·로 ·체·이 가·아 온·나.
(0638)【고성】 코옹 까불거·로 ·체·이 가·아 온·나.

(0639)【창원】 챔·빗 가·아·꼬 :싹(:)·싹 빗·어 ·바·아·라.
(0639)【고성】 참·빗 가·아·꼬 :싹(:)·싹 빗·어 ·바·아·라(/:바·아·라, :뽜·아·라).

(0640)【창원】 버시·로 ·저·래 ·칩·우 사·아·서 삼동·에·는 :우·짤·라·카·노?
(0640)【고성】 벌서·로 ·저·래 ·칩·우 사·아·서 삼동·에·는 우짤라쿠·노(/우짤라카·노)?

(0641)【창원】 머로 ·한·다·꼬 ·저·래 콧띠·이 ·땀·이 송골송골 ·하·노?
~머로한다꼬저래콧띠이땀이송골송골하·노?
(0641)【고성】 머로 ·한·다·꼬 ·저·래 콧띠·이 ·땀·이 송송 ·났·노?
~머로한다·꼬 저리콧띠이땀이송송 ·났·노?
〈고성 방언〉 아주 특이한 형태

(0642)【창원】 ·큰·엄·마, ·큰·아·부·지 오데갔습니·꺼?
(0642)【고성】 ·큰·엄·마, ·큰·아·부·지 오데갔습니·꺼(/오데갔십니·꺼)?

(0643)【창원】 :타·냑 대·리 ·디·리·고 가께·에.
(0643)【고성】 :타·냑 대·리 ·디·리·고 가께·에.

(0644)【창원】 오데 함·부·로 주디·이·로 놀·리·노?~오데함부로주디이로 놀리·노?
(0644)【고성】 오데 함·부·로 주디·이·로 놀·리·노?~오데함부로주디이로 놀리·노?

(0645)【창원】 :저·건·네(/·저·어 :건·니) 탱·자·나·무 까·시·에(/탱자나무까·시·에) 서답널·고 온·나.
(0645)【고성】 :저·건·네 탱·자·나·무 까·시·에(/탱자나·무 까·시·에) 서답널·고 온·나.

(0646) 【창원】 :개·이·터·리·기 아·아 입·에 ·들·어 :갈·라.
(0646) 【고성】 :개·이 터·리·기 아·아 입·에 ·들·어 :갈·라.

(0647) 【창원】 :두·살·터·울(/두살터·울) 아이·가?
(0647) 【고성】 두살터·울 아이·가?

(0648) 【창원】 타르·박 :새·미·이(/새미·이) ·빠·졌·다.
(0648) 【고성】 타르·박 :새·미·이 ·빠·졌·다.

(0649) 【창원】 ·파·알·에(/·팔·얼·에) 사주꺼·마. 그·때·까·지 :가·마·이 기다·리·고 있거·라.
(0649) 【고성】 ·팔·얼·에 사주꺼·마. 그·때·까·지 :가·마·이 기다리·고(/지다리·고) 있거·라.

(0650) 【창원】 ·자·아 ·생·알·이 ·파·알·딸(/·팔·얼·딸) 아이·가?
(0650) 【고성】 ·자·아 ·생·알·이 ·팔·얼·딸 아이·가?

(0651) 【창원】 팔목때·이·로 :와·그·래 까딱까딱 놀·리 쌓·노?
(0651) 【고성】 폴목때·이·로 :와·그·래 까딱까딱 놀·리 쌓·노?

(0652) 【창원】 고치모중 ·멫·패·기·마 :얻·어 온·나.
(0652) 【고성】 고치모·중 ·멫·페·이·마 :얻·어 ·오·이·라(/:오·이·라).

(0653) 【창원】 ·날·이 ·가·물·아·서 겡운기·로 ·물·로 ·펀·다.
(0653) 【고성】 ·날·이 ·가·물·아·서 겡운기·로 ·물·로 ·펀·다.

(0654) 【창원】 페·이 시·이·라.
(0654) 【고성】 ·페·이(·펜·이) 시·이·라.

(0655) 【창원】 소마구·가 집안·에 있으·이 파래·이·가(/·파·리·가) :디(:)·기(/억(:)·시·기) 날·라 댕·긴·다.
(0655) 【고성】 소마구·가 집안·에 있으·이 포·리·가(/·파·리·가) :디(:)·기(/억(:)·시·기) 날·라 댕·긴·다.

(0656) 【창원】 동·지 팥죽 끼·리 묵·었·나?
(0656) 【고성】 동·지 퐅죽 끼·리 묵·었·나?

(0657) 【창원】 팔·이 아·파 죽겠·다.
(0657) 【고성】 폴·이 아·파 죽겠·다.

(0658) 【창원】 ·물·에 ·밥·말·아·서 ·풋·고·치·로 :딘·장·에 찍·어 묵·우·라.
(0658) 【고성】 ·물·에 ·밥·말·아·서 ·풋·고·치·로 :덴·장·에 찍·어 묵·우·라.

(0659) 【창원】 ·푸·세·가 빳빳(:)하·이(/빳빳(:)하거·로) ·풀·로 믹·이 ·바·아·라.
(0659) 【고성】 ·푸·세·가 빳빳(:)하·이 ·풀·로 미·이 ·바·아·라.

(0659)【고성】 ·푸·세·가 빳빳(:)하거·로 ·풀로 믹·이 ·바·아·라(/:바·아·라).

(0660)【창원】 ·풋·나·물·은 머로해얬·노?
(0660)【고성】 ·풋·나·물·은 머로해얬·노?

(0661)【창원】 안·주 ·풋·내·난·다.
(0661)【고성】 안·죽 ·풋·내·난·다(/·젓·내·난·다).

(0662)【창원】 풀·삐 조·옴 ·찾·아 ·바·아·라. 오·올 문조·옴 바르거·로.
(0662)【고성】 풀삣자리 조·옴 ·찾·아 ·바·아·라. 오·올 문조·옴 보리거·로.

(0663)【창원】 ·피·끼 그거 야들야들할·때 ·뽑·아 묵·우·모 달달(:)하·다 (/달짝(:)하·다).
(0663)【고성】 삐삐 그거 보드랍을때·에 ·뽑·아 무·우·모 달달(:)하·다.
(0663)【고성】 삐삐 그거 야들야들(:)할·때 ·뽑·아 묵·우·모 달짝(:)하·다.

(0664)【창원】 :핀·지·로 보내·에 ·바·아·라.
(0664)【고성】 :펜·지·로 보내·에 ·바·아·라.

(0665)【창원】 :배·달·부·요! 우리 :펜·지(/:핀·지) :없·는·기·요?
(0665)【고성】 :배·달·부·요! 우리 :펜·지 :없·습·니·꺼?

(0666)【창원】 마다·아 ·물·조·옴 :하(:)·악 핑·기 ·바·아·라.
(0666)【고성】 마다·아 ·물·조·옴 :화(:)·악 핑·기 ·바·아·라.

(0667)【창원】 ·비·올·라·카·나, :와·이·래 날·파·리·가 :난·리·고?
(0667)【고성】 ·비·올·라·쿠·나, :와·이·래 날·포·리·가 :난·리·고?

(0668)【창원】 하르이·틀·도 아이·고, :만·날 ·저·래·가·아·꼬 :우·짜·겄·노(/우짜겄·노)?
(0668)【고성】 하로이·틀·도 아이·고, :만·날 ·저·래·가·꼬 :우·짜·겄·노(/우짜겄·노)?

(0669)【창원】 함문·두·분·도 아이·고 :우·째·그·래 덜부더·나 빌·리·로 댕·기·노?
(0669)【고성】 함분두분·도 아이·고 :우·째·그·리 덜부더·나 빌·리·로 댕·기·노?

(0670)【창원】 하·알·도(/하·늘·도) 무심하·지.
(0670)【고성】 하·알·도(/하·늘·도) 무심하·지.

(0671)【창원】 허·리 다·친·데·는 하·늘·수·박·으·로 술·로 당·가 묵·우·모(/무·우·모) 댄·다.
(0671)【고성】 허·리 다·친·데·는 하·알·수·박·으·로 술·로 당·가 묵·우·모(/무·우·모) 덴·다.

(0672)【창원】 ·이·리 온·나. ·내·가 하·입(/한·닢) 주꾸·마.
(0672)【고성】 ·이·리 ·오·이·라. ·내·가 하·닢 주꺼·마.

(0673) 【창원】 한·입·마 비·이 묵거·로 :해·주·우·라.
(0673) 【고성】 한분·만 베·이 묵거·로 :해·조·오·라.

(0674) 【창원】 :해(:)·나·싫·우·서 한기때·기 숭·구 나·았·디·이·마·는 그기·이 ·저·래 잘대·앴·다 (/잘대앴·다).
(0674) 【고성】 :해(:)·나 싫·어·서 한구시·이 숭·구 나·았·더·이 그기·이 ·저·래 잘데·엤·다.
(0674) 【고성】 :해(:)·나·싫·어·서 한구시·이 숭·구 나·았·더·마·는 그기·이 ·저·래 잘데엤·다.

(0675) 【창원】 한·불·에(/한불·에) :움·매·요(/:울·매·요)?
(0675) 【고성】 한불·에 :올·매·요(/:울·매·요)?

(0676) 【창원】 니·도 한빠·알 마·시 ·바·아·라.
(0676) 【고성】 니·도 한빠·알 마·시 ·바·아·라(/:바·아·라).

(0677) 【창원】 한오·쿰·마 가·아·꼬 ·가·아·라.
(0677) 【고성】 한오쿰·마 가·아·꼬 :가·아·라(/·가·아·라).

(0678) 【창원】 함·때 굶·우 ·바·아·라.
(0678) 【고성】 한·때 굶·우 :바·아·라(/·바·아·라).
〈고성 방언〉 모든 /·바·아·라/는 /:바·아·라/가약화되는 경우에 쓰임.

(0679) 【창원】 ·해·미·가 그·래 ·시·뿌·보·이·이·나?
(0679) 【고성】 ·해·미·가 그·래 ·시·뿌 보·이·나?

(0680) 【창원】 ·자·아·는 ·할·매·손·에·서 ·컸·다.
(0680) 【고성】 ·자·아·는(/자·아·는) ·할·매·손·에·서 ·컸·다.

(0681) 【창원】 :해(:)·나 우리아·아 :몬·빠·았·능·기·요?
(0681) 【고성】 :해(:)·나 우리아·아 :몬·빠·았·십·니·꺼(/:몬·빠·았·소)?

(0682) 【창원】 ·해·도 안·주 안졌는·데 버시·로 :잘·라·카·나?
(0682) 【고성】 ·해·도 안·주 안졌는·데 벌서·로 :잘·라 쿠·나?

(0683) 【창원】 행·자 가·아·꼬 부뚜막조·옴 딲·아·라.
(0683) 【고성】 행·자(/행지·포) 가·아·꼬 부뚜·막 조·옴 딲·아·라.

(0684) 【창원】 :아·아·따 허덜시·럽·기·는 :한·정·도 :없·네.
(0684) 【고성】 :아·아·따 허덜시·럽·기·는 :한·정·도 :없·네.

(0685) 【창원】 허르·끈 끌·러 나·아·라.
(0685) 【고성】 허르·끈(/허리·끈) 끌·러 나·아·라.

(0687) 【창원】 요새·애·는 ·허·세·비 그거 세·아 나·아 ·바·았·자 헷·닐·이·다(/:소·양·도 :없·다).
(0687) 【고성】 요새·애·는 ·허·세·비 그거 세·아 나·아 :바·았·자 헛·닐·이·다(/:소·양·도 :없·다).

(0688) 【창원】 ·누·가 그·래 헷·소·문·을 퍼자·고 댕·기·노?
(0688) 【고성】 ·누·가 그·리 헛·소·문·을 퍼줗·고 댕·기·노?

(0689) 【창원】 호강시·럽·기 ·커·서 :없·는 살림·을 :알·겄·나?
(0689) 【고성】 호강시럽·기 ·커·서 :없·는 살림·을 :알·겄·나?

(0690) 【창원】 :호·래·이·가 눈·에 :시(:)·푸·런 ·불·로·씨·고(/·불·로 써·고) 그·래 댕·기·더·라 ·카·데.
(0690) 【고성】 :호·래·이·가 눈·에 :시(:)·푸·런 ·불·로 써·고 그·래 댕·기·더·라 ·쿠·데.
(0690) 【고성】 :호·래·이·가 눈·에 :시(:)·푸·러·이 ·불·로 써가·아·꼬 그·래 댕·기·더·라 ·쿠·데.

(0691) 【창원】 호매·이 오데나아뚜운·노? :고·구·매 ·캐·로 :갈·라·카·이·께.
(0691) 【고성】 호매·이 오데(/오이) 나·아 :도·옸·노? :고·오·매 ·캐·로 :갈·라 쿵·께·나.

(0692) 【창원】 :오·온·바·아 호불애·비 내애·미·가(/·내·애·미·가) ·난·다.
(0692) 【고성】 :오·온·바·아 호불애·비 내애·미·가(/·내·애·미·가) ·난·다.

(0693) 【창원】 오·올 밀·때 ·물·을 너무 :마·이 축사았·다(/추자·았·다, 적·사·았·다). 홀·깨·로 홅·으·이 ·물·이 :줄(:)·줄 ·한·다.
(0693) 【고성】 오·올 밀·때 ·물·을 너무 :마·이 적사았·다(/추자·았·다, 축·사·았·다). 홀·깨·로 홅·으·이·물·이 :줄(:)·줄 ·한·다.

(0694) 【창원】 오·올 밭갈거·로 홀치·이 조·옴 빌·리 온·나.
(0694) 【고성】 오·올 밭갈거·로 홀치·이 조·옴 빌·리 온·나.

(0695) 【창원】 :오·온 전신·에 :헌·디·가 나가·아·꼬 :쪼·깨·이 빠꼼한·데·가 :없·다.
(0695) 【고성】 :오·온 전신·에 :헌·디·가(/:험·미·가) 나가·이·고 :쪼·깬(:)·도 빠꼼한·데·가 :없·다.

(0696) 【창원】 그라지마·라·이. 밤·에 ·히·끼 :불·모 순사 잡·아 ·간·다.
(0696) 【고성】 그라지마·라·이. 밤·에 ·히·끼 :불·모 순사 잡·아 ·간·다.

(0697) 【창원】 ·야·아·가 :와·이·래 ·심·이 :없·노?
(0697) 【고성】 ·야·아·가 :왜·이·리(/와이리) ·심·이 :없·노?

(0698) 【창원】 고마히비파·라. 덧난·다.
(0698) 【고성】 고마히비파·라(/고마 헤·비 ·파·라). 덧난·다.

(0699) 【창원】 헤·안·하거·로 ·굴·척·실·이 그기·이 :와·아 거·게(/거·어) 가있·노?
(0699) 【고성】 헤·안 하거·로 ·꿀·쭉·실·이 그기·이 :와·아 거·게(/거·어) 가있·노?

(0700) 【창원】 ·담·넘·에·서(/담넘·에·서) :호·박·이 :투·욱 너·얼 찌는기·이·라(/찌는기이·라).
(0700) 【고성】 ·담·넘·에·서(/담넘·에·서) :호·박·이 :투·욱 너·얼 찌는기·이·라(/찌는기이·라).

(0701) 【창원】 기꾸녜·이 먹·었·능·가·베.
(0701) 【고성】 기꾸녀·이 먹·었·능·가·베.

(0702) 【창원】 쎄엠지·가(/쎄에·미·가) ·불·에 ·타·도 모르는기이·라(/모르는기·이·라).
(0702) 【고성】 씨임지·가(/씨이·미·가) ·불·에 ·타·도 모르는기이·라(/모르는기·이·라).

(0703) 【창원】 ·철·수 적아부·지·가 ·이·거·로 갖다·아 나·았·다 아이·가?
(0703) 【고성】 ·철·수 적아부·지·가 ·이·거·로 갖다 나·았·다 아이·가?

(0704) 【창원】 장·식·이·가 :그·랬·다 아입니·꺼.
(0704) 【고성】 장·식·이·가 :그·랬·다 아입니·꺼.

(0705) 【창원】 ·점·둘·이·가 저넘·에 자·빠·저 있·다·캐·애·도.
(0705) 【고성】 ·점·둘·이·가 저넘·에 자·빠·저 있·다·캐·애·도.

(0706) 【창원】 우리 ·할·배·가 지·첨·을 ·달·아 놓·고 ·하·는·데 :우·짜·모 :좋·겠·습·니·꺼(/우짜모좋-겄습니·꺼)?
(0706) 【고성】 우리 ·할·배·가 지·침·을 ·달·아·놓·고 ·하·는·데 :우·짜·모 :좋·겄·습·니·꺼(/우짜모좋겄-습니·꺼)?

(0707) 【창원】 머시·라? 절·에·서 :다·아 :준·비 ·한·다·꼬? 나·는 안해애·도 대겄·네.
(0707) 【고성】 머시·라? 절·에·서 :다·아 :준·비 ·한·다·꼬? 내·는 안해애·도 데겄·네.

(0708) 【창원】 사랑빠·아·서 오·라 :안·카·나.
(0708) 【고성】 사랑빠·아·서(/사랑바·아·서) 오·라 :안·쿠·나.

(0709) 【창원】 :민·에·서(/:민·소·오·서) 머시라카더·노?
(0709) 【고성】 :멘·에·서(/:멘·소·오·서) 머시라카더·노?

(0710) 【창원】 저·어 넉아부·지 ·온·다·아.
(0710) 【고성】 저·어 넉아부·지 ·온·다·아.

(0711) 【창원】 넉아·베 ·논·매·고 있·다.
(0711) 【고성】 넉아·베 ·논·매·고 있·다.

(0712) 【창원】 너그집·에 ·쏘·개 :마·이 있·제?
(0712) 【고성】 너그집·에 ·쏘·캐 :마·이 있·제?

(0713)【창원】 그아·아(/가·아) ·시·임 :쎄·다·이.
(0713)【고성】 그아·아(/가·아) ·시·임 :세·다·이.

(0714)【창원】 너그집절·에 :사·는·아·아 ·차·암 약빠르·데.
(0714)【고성】 너그집절·에 :사·는 아·아 ·차·암 약빠르·데·에.

(0715)【창원】 :니·가 서가·아 징·키·라.
(0715)【고성】 :니·가 서가·아 징·키·라.

(0716)【창원】 거·어 ·쏘·개·가 한그·슥 있는기·이·라(/있는기이·라).
(0716)【고성】 거·어 ·쏘·캐·가 한그·슥 있는기·이·라(/있는기이·라).

(0717)【창원】 ·점·세·뿌·다 :순·동·이·가 더어 약빠르·제.
(0717)【고성】 ·점·세·보·다 :순·동·이·가 더어 약빠르·제.

(0718)【창원】 ·내·가 가·아·카·마 :몬·하·모 :카·악 죽·우·삐·지.
(0718)【고성】 ·내·가 가·아·카·모 :몬·하·모 :카·악 죽어삐·지.

(0719)【창원】 잘난체 하·이·꺼·네 :사·알 :보·굴·이 ·나·데.
(0719)【고성】 잘난체 하·이·께·나 :사·알 :보·골·이 ·나·데.

(0720)【창원】 조·압·장·에 :겡·수·가 댈랑·가(/댈끼인·지) ·핵·도·가 댈랑·가(/댈끼인·지) 나·는 모-르겄·다.
(0720)【고성】 조·압·장·에 :겡·수·가 댈랑·가(/댈끼인·지) ·핵·도·가 댈랑·가(/댈끼인·지) 나·는 모-르겄·다.

(0721)【창원】 여·어·서 :진·주·가 :움·매·나·댑·니·꺼?
(0721)【고성】 여·어·서 :진·주·가 올매나댑니·꺼?

(0722)【창원】 :갱·수 ·밥·묵·는·다.
(0722)【고성】 :갱·수 ·밥·묵·는·다.

(0723)【창원】 넘·우 ·할·배 :맷·등·을 ·파·아 디비·이(/파디비·이) 가·아·꼬 :야·다·이 ·났·더·라.
(0723)【고성】 넘·우 ·할·배 :멧·등·을 ·파·아 디비·이(/파디비·이) 가·아·꼬 :야·다·이 ·났·더·라.

(0724)【창원】 :지·잘·났·다·꼬(/지잘났다·꼬) 그·러 샇는·데 우리·가 머슨말을할끼이·고?
(0724)【고성】 :지·잘·났·다·고(/지잘났다·고) 그·러 샇는·데 우리·가 머슨말을할끼이·고(/무슨말-을할끼이·고)?

(0725)【창원】 ·자·석·들·이 ·물·로 ·퍼·어 :담·고(/:퍼·담·고) 있는기·이·라(/있는기이·라).
(0725)【고성】 ·자·석·들·이 ·물·로 ·퍼·어 :담·고(/:퍼·담·고) 있는기·이·라 (/있는기이·라).

(0726) 【창원】 그라지 :말·고(/그라·지 :말·고, 그라저말·고) 고마·아 그아·들·로 :양·자·로 데·리-·삐·라(/·딜·이·삐·라).
(0726) 【고성】 그라지 :말·고(/그라·지 :말·고, 그라저말·고) 고마·아 그아·들·로 :양·자·로 데·리-·삐·라.

(0727) 【창원】 그으 :처·이·가(/:처·자·가) 얌새·이·로 :몰·꼬 ·가·던·데.
(0727) 【고성】 그으 :처·이·가(/:처·자·가) 얌새·이·로 :몰·꼬 ·가·던·데.

(0728) 【창원】 :날·로 고마·아 자·아 묵·우·라.
(0728) 【고성】 :날·로 고마·아 자·아 무·우·라.

(0729) 【창원】 :일·이 안대·모 :닐·로 쌔·리(/때·리, 뚜디·리) ·펠·끼·다.
(0729) 【고성】 :일·이 안대·모 :닐·로 쌔·리(/때·리, 뚜디·리) ·펠·끼·다.

(0730) 【창원】 ·내·가 :지·로 머·라 ·캐·앴·나 오데(/오·데).
(0730) 【고성】 ·내·가 :질·로 머·라(/머·르) ·캐·앴·나 오·데.

(0731) 【창원】 도구·토·오(/도구토·오) ·무·울 :다·부·우·라(/:다·아 부·우·라).
(0731) 【고성】 도구·토·오(/도구토·오) ·무·울 :다·부·우·라(/:다·아 부·우·라).

(0732) 【창원】 떡고·물 가·아 온·나.
(0732) 【고성】 떡고·물 가·아 온·나.

(0733) 【창원】 :날·로·갖·다·가 머·르 ·칸·다 아이·가?
(0733) 【고성】 :날·로·갖·다·가 머·르 ·쿤·다 아이·가?

(0734) 【창원】 아·아·로 바·아 갖다·아 넣·고.
(0734) 【고성】 아·아·로 바·아 갖다놓·고.

(0735) 【창원】 ·물·로 퍼가·아·꼬 마다·아 뿌·리 ·바·아·라.
(0735) 【고성】 ·물·로 퍼가·아·꼬 마다·아 뿌·리 ·바·아·라.

(0736) 【창원】 맨·밥·을·갖·다·가 꾸중·물 토·오·다(/꾸중·물·토·오·다) 내삐·리·는·기·라.
(0736) 【고성】 맨·밥·을 꾸중물토·오·다 내삐리는기·라.

(0737) 【창원】 여·어·시·에 오·모 대·제?
(0737) 【고성】 여·어·시·에 오·모 데·제?

(0738) 【창원】 오분 ·팔·얼·에 동창·해 하·모 :우·뚷·컸·노?
(0738) 【고성】 요분 ·팔·얼·에 동창·해 하·모 우뚷컸·노?

(0739)【창원】 :군·에(/:군·처·어) 무슨일이있·다(/무·슨 :일·이 있·다) 카·암·실·로 새북·에 :나·갔·는·데.
(0739)【고성】 :군·에(/:군·처·어) 무슨일이있·다(/무신일이있·다, 무·슨 :일·이 있·다) 쿠·움·실·로 새버·어(/새보·오) :나·갔·는·데.

(0740)【창원】 :난·주·우 보·자.
(0740)【고성】 :난·주·우 보·자.

(0741)【창원】 징때·에 :내·다 ·바·아·라.
(0741)【고성】 정때·에 :내·다 ·바·아·라.

(0742)【창원】 술·에 ·물·로 타나·이·께 당추·에 싱겁·아·서 묵·울·수·가(/묵울·수·가) 있·어·야·제.
술·에 ·물·로 타나·이·께 당추·에 싱겁·아·서 마·실·수·가 있·어·야·제.
(0742)【고성】 술·에 ·물·로 타농께·나 당추·우 싱겁아·서 묵·울·수·가(/묵울·수·가) 있·어·야·제.
술·에 ·물·로 타농께·나 당추·우 싱겁아·서 마·실·수·가 있·어·야·제.

(0743)【창원】 보리·밥·에 :딘·장·을(/:덴·장·을) 버물·라 가·아·꼬 고치·로 쌍그·라 옇·으·모(/옇으·모) 맛있·다[마시·따].
(0743)【고성】 보리·밥·에 :덴·장·을 버물·라 가·아·꼬 고치·로 썽그·라(/써어·리) 옇·으·모(/옇으·모) 맛있·다[마시·따].

(0744)【창원】 논·에 ·물·이 :다·빠·지·뿔·고 하낱·도 :없·다·캐·애·도.
(0744)【고성】 논·에 ·물·이 :다·빠·저·삐·고 하낱·도 :없·다·캐·애·도.

(0745)【창원】 개줌·치·에 ·멫·푼 ·들·어 있는가·베.
(0745)【고성】 개앳줌·치·에 ·멫·푼 ·들·어 있는가·베.

(0746)【창원】 베륵바·아 똥·칠·할·때·꺼·정 :살·껏·가(/:살·끼·이·가)?
(0746)【고성】 베륵바·아 똥·칠·할·때·꺼·장 :살·끼·이·가?

(0747)【창원】 작은바·아(/자안바·아) ·군·불 옇·었·나?
(0747)【고성】 작은바·아(/자안바·아) ·군·불 옇·었·나?

(0748)【창원】 ·쏘·옥·에 걸배·이·가 들앉·았·나?
(0748)【고성】 ·쏘·옥·에 걸배·이·가(/거레·이·가) 들앉·았·나?

(0749)【창원】 그으 :안·날 거·어 가·이·꺼·네(/가·이·께·에) 그·자·석·이 ·또·오 있는기·이·라.
(0749)【고성】 그으 :안·날 거·어 강·께 그·자·석·이 ·또·오 있는기·라.

(0750)【창원】 :민·에(/:멘·소·오) 가·이·께·에 :군·처·어·서 :치·급·한·다 :안·카·나.
(0750)【고성】 :민·에(/:멘·소·오) 가·이·께·에 :군·처·어·서 :치·급·한·다 :안·쿠·나.

(0751) 【창원】 요·오 ·오·서 앉·아 ·바·아·라.
(0751) 【고성】 요·오 ·와·서 앉·아 ·바·아·라(/:바·아·라).

(0752) 【창원】 지부·우 올·라 :가·바·아·라. 더어 자알 배이·일·끼·다.
(0752) 【고성】 지부·우(/지붕·에) 올·라 :가·바·아·라. 더어 자알 베이·일·끼·다.

(0753) 【창원】 정지·이 있을끼·다.
(0753) 【고성】 정지·이 있을끼·다.

(0754) 【창원】 오분 ·비·에(/오분비·에) :다·아 씰리·이(/씻기·이) ·가·삐·렀·다.
(0754) 【고성】 요분비·에 :다·아 씻기·이 ·가·삐·렀·다.

(0755) 【창원】 땍벧·에 끄실리·있·제.
(0755) 【고성】 뗑벧·에(/떼엥벧·에) 끄실리·있·제.

(0756) 【창원】 니·이(/니이) 세·이·한·테 ·쌔·기 :가·바·아·라.
(0756) 【고성】 니이 세·이·한·테 쎄·이(/세·이) :가·바·아·라.

(0757) 【창원】 ·어·무·이·한·테 무·슨 :도·이 있을끼·이·라·꼬(/무슨돈이있을끼이라·꼬)?
(0757) 【고성】 ·어·머·이·한·테 무·슨(/무·신, 무슨, 무신) :도·이 있일끼이라·꼬(/무슨돈이있을끼
-이라·꼬)?

(0758) 【창원】 장·수 저그 누우한·테 데·부·다(/데·비·다, 데·엘·다) ·주·우·라.
(0758) 【고성】 장·수 저그 누우한·테 데·부·다(/데·비·다, 데·엘·다) ·조·오·라(/:조·오·라).

(0759) 【창원】 :개·한·테(狗) 고마·아 :빵·을 :쪼·깨(:)·이 ·띠·이 ·주·우·뿌·라.
(0759) 【고성】 :개·한·테 고마·아 :빵·을 :쪼·깬(:)·마 ·띠·이 ·주·우·뿌·라.
(0759) 【고성】 :개·한·테(狗) 고마·아 :빵·을 :쪼·깬(:) ·떼·에 :조·오·삐·라.

(0760) 【창원】 아지베·엠·한·테 물·우 보·까?
(0760) 【고성】 아지베·엠·한·테 물·우 보·까?

(0761) 【창원】 바·늘·에 찔리·있·다.
(0761) 【고성】 바·늘·에 찔리·있·다.

(0762) 【창원】 :와·아 내보·고 그·러 샀·노?
(0762) 【고성】 :와·아 내보·고 그·러 샀·노?

(0763) 【창원】 니보·고 주끼·이·께 자알 간수 ·해·애·라.
(0763) 【고성】 니보·고 주끼·이·께(/주끼·이·께·나) 자알 간수 ·해·애·라.

(0764)【창원】 너그 ·옴·마·보·고 갖다·아 :도·라 ·캐·애·라(/:도·라·캐·애·라, 주·라·캐·라).
(0764)【고성】 너그 ·옴·마·보·고 갖다·아 :도·라·캐·라(/도·라·캐·애·라, 주·라·캐·라).

(0765)【창원】 :이·장·보·고(/:이·장·한·테, 구·장·한·테) 물·우 ·바·아·라.
(0765)【고성】 :이·장·보·고(/:이·장·한·테, 구·장·한·테) 물·우 ·바·아·라.

(0766)【창원】 고바·아·서 인심난·다·카·는 :말·도 있·다 아이·가?
(0766)【고성】 고바·아·서 인심난·다·쿠·는 :말·도 있·다 아이·가?

(0767)【창원】 :멀·건 대낮·에 바·아·서 머하·노?
(0767)【고성】 :벌·건 대낮·에 바·아·서 머하·노?

(0768)【창원】 :쪼·깨(:)·는 구녀·어·서 무슨 개애·미·가 ·이·래 :마·이 ·기·이 :나·오·노?
(0768)【고성】 :[쪼]·깨(:)·는 구녀·어·서 무슨 깨애미·가 ·이·래 :마·이 ·기·이 :[나]·오·노?
(0768)【고성】 :쪼·깨(:)·는 구녀·어·서 무슨 깨애·미·가 ·이·래 :마(:)·이 ·기·이 :나·오·노?

(0769)【창원】 ·철·공·소·오·서 맹글·었·다(/맨들·었·다).
(0769)【고성】 ·철·공·소·오·서 맹글었·다(/맨들·었·다).

(0770)【창원】 ·철·공·소·오·서 ·옸·다·카·더·라.
(0770)【고성】 ·철·공·소·오·서 ·왔·다·쿠·더·라.

(0771)【창원】 지붕우·우·서 ·베·락·치·는 소·리·가 ·나·는·기·이·라.
(0771)【고성】 지붕우·우·서 ·베·락·치·는 소·리·가 ·나·는·기·라.

(0772)【창원】 정지·이·서 부지깨·이·로(/부주깨·이·로) 가·아·꼬 들·고 ·패·는·데 :아·아·따 ·겁·나·더·라
(/·시·껍·묵·읐·다).
(0772)【고성】 정지·이·서 부주깨·이·로 가·아·꼬 들·고 ·패·는·데 :[아]·아·따 ·시·껍·묵·읐·다.
(0772)【고성】 정지·이·서 부작대·이·로(/부작대·이·로·가) 뚜·디·리 ·패·는·데 :[아]·아·따 ·겁·나·더·라.

(0773)【창원】 ·어·무·이·요, 부산 ·큰·누·우·한·테·서 :펜·지 안왔습니·꺼?
(0773)【고성】 ·어·무·이·요(/·어·머·이·요), 부산 ·큰·누·우·한·테·서 :펜·지 안왔습니·꺼?

(0774)【창원】 :이·서·방·한·테·서 들·었·다·캐·애·도 :자·꾸 물·우 샇·네.
(0774)【고성】 :이·서·방·한·테·서 들·었·다·캐·애·도 :자·꾸 물·우 샇·네.

(0775)【창원】 ·눈·뺑 ·이·거 남·이 :적·옴·마·한·테·서 올·랐·다 아이·가?
(0775)【고성】 ·눈·뺑 ·이·거 남·이 :적·옴·마·한·테·서 올·랐·다 아이·가?

(0776)【창원】 니한·테·서 머·슨 내애·미·가(/·내·애·미·가) ·난·다.
(0776)【고성】 니한테·서 무·슨(/무·신) 내애·미·가(/·내·애·미·가) ·난·다.

(0777) 【창원】 히·수 저그집·에 갖다·아 나아·모 대겠·제?
(0777) 【고성】 히·수 저그집·에 갖다·아 노오·모 데겠·제?

(0778) 【창원】 마다·아·다 덕석 ·깔·아·라.
(0778) 【고성】 마다·아·다 덕석 ·깔·아·라.

(0779) 【창원】 처·어·다 떤·지 나·았·는·데 오데갔으·꼬?
(0779) 【고성】 처·어·다 떤·지 나·았·는·데 오데갔이·꼬?

(0780) 【창원】 거·어·다 갖다·아 나아·모 :우·짜·노?
(0780) 【고성】 거·어·다 갖다·아 나아·모 :우·짜·노?

(0781) 【창원】 요·오·다 얹·이 나·아·라. ·내·가 :운·제 지부·우·다 올·리 나·아·라 ·캐·앴·노?
(0781) 【고성】 요·오·다 얹·이 나·아·라. ·내·가 :온·제 지부우·다 올·리 노오·라 ·캐·앴·노(/노오라캐-앴·노)?

(0782) 【창원】 아가·지·이·다 마악 쑤·시 옇는기이·라(/옇는기·이·라).
(0782) 【고성】 아구지다·가(/악바리다·가) 마악 쑤·시 옇는기이·라(/옇는기·라).

(0783) 【창원】 개줌·치·이·다 옇·어 나·았·는·데 그기·이 오데갔으·꼬?
(0783) 【고성】 개앳줌·치·다 옇·어 나·았·는·데 그기·이 오데갔으·꼬?

(0784) 【창원】 너그 아부·지·한·테·다 내애 일·러 바·칠·끼·다.
(0784) 【고성】 너그 아부·지·한·테·다 내애 일·러 바·칠·끼·다.

(0785) 【창원】 ·점·세·보·다 히·수·가 더어 :사·람·이 :낫·고 :말·고.
(0785) 【고성】 ·점·세·보·다 히·수·가 더어 :사·람·이 :낫·고 :말·고.

(0786) 【창원】 오분 :민·재·이 :지·난·분 :민·장·뿌·다 :사·람·이 더어 낫·은·겉·다(/낫·은·거·겉·다).
(0786) 【고성】 요분 :멘·자·이 :지·난·분 :멘·장·보·당 :사·람·이 더어 낫·인·겉·다(/낫·인·거·겉·다).

(0787) 【창원】 대애·지 개·기·뿌·다(/대애지개·기·뿌·다) 낫·을·꺼·로.
(0787) 【고성】 대애지개·기·보·다 낫·을·꺼·로(/낫·일·꺼·로).

(0788) 【창원】 오새·애 아·아·들·은 마암·씨·뿌·다 생·긴·거·로 먼첨안치·나.
(0788) 【고성】 요새·애 아·아·들·은 마암·씨·보·당 생·긴·거·로 먼저안치·나.

(0789) 【창원】 니카·마(/니카·모) :헐·씬(/:헐·썩) 뚱띠·이·더·라.
(0789) 【고성】 니카·마 :헐·씬(/:헐·썩) 뚱띠·이·더·라.

(0790) 【창원】 지세·이·카·마 ·심·이 :쎌·라·꼬?

(0790)【고성】 지세·이·카·마 ·심·이 :셀·라·꼬?

(0791)【창원】 ·내·가 기·철·이·마·아 :몬·하·겠·나?
(0791)【고성】 ·내·가 기·철·이·마·아 :몬·하·겠·나(/몬하겠·나)?

(0792)【창원】 :아·리 가·아 온거마·아 :몬·하·겠·나?
(0792)【고성】 :아·리 가·아 온거마·아 :몬·하·겠·나(/몬하겠·나)?

(0793)【창원】 고거해가·아·꼬 :마·이·해·앴·다·꼬 자·빠·짔·나?
(0793)【고성】 고거해가·이·고 :마·이·해·앴·다·꼬 자·빠·짔·나(/자·빠·졌·나)?

(0794)【창원】 :요·마(:)·치 퍼온·나.
(0794)【고성】 :요·마(:)·치 퍼오이·라.
(0794)【고성】 :요·마(:)·치 퍼오이·라.

(0795)【창원】 니세·이·마·안·치·마 하·모 ·누·가 머·라 ·카·나?
(0795)【고성】 니세·이·마·안·치·마 하·모 ·누·가(/:누·가) 머·라 ·쿠·나(/쿠겠·나).

(0796)【창원】 :움·매·에·치(/:울·매·에·치) 줄끼·인·데?
(0796)【고성】 올매넌·치·나 줄낀·데?

(0797)【창원】 아까·아·만·치 하·모 대·나?
(0797)【고성】 아까·아·만·치 하·모 데·나?

(0798)【창원】 ·물·맹·키·로 :돈·을 써재·낀·다 아이·가?
(0798)【고성】 ·물·매·키·로 :돈·을 써재·낀·다 아이·가?

(0799)【창원】 니매·애·로 하·모 펭사·아 :도·온 :몬·뻐·얼·인·다(/:몬·뻐·언·다).
(0799)【고성】 니매·이·로 하·모 펭사·아 :도·온 몬버어·린·다(/몬번·다).

(0800)【창원】 미추개·이 매·앵·키·로(/미추개·이 매·앤·치·로) 해가·아·꼬자·아 ·욌·더·라(/·왔·더·라).
(0800)【고성】 미칭개·이 매·이·로 해가·이·고 자·아 ·왔·더·라.

(0801)【창원】 니겉·이 생·기 가·아·꼬·는 ·출·세 :몬·한·다.
(0801)【고성】 니겉·이 생·기 가·지·고·는 ·출·세 :몬·한·다.

(0802)【창원】 :기·생(/:기·상) ·오·래·비·겉·이 채·리 입·고·는 오데가는·고 ·가·더·라.
(0802)【고성】 :기·생(/:기·상) ·오·래·비·겉·이 채·리 입·고·는 오데가는·고 ·가·더·라.

(0803)【창원】 :날·로 똥겉·이(/·시·뿌) 보·이·꺼·네 :그·란·다 아이·가?
(0803)【고성】 :날·로 똥겉·이(/·시·뿌) 보·이·께·나 :그·란·다 아이·가?

(0804) 【창원】 저그 아부·지·하·고(/적아부·지·하·고) :영·파·이·네.
(0804) 【고성】 저그 아부·지·하·고(/적아부·지·하·고) :영·파·이·네.

(0805) 【창원】 ·이·기·이 :우·째 내거·캉 ·같·노·오?
(0805) 【고성】 ·이·기·이 :우·째 내거·캉 ·같·노·오?

(0806) 【창원】 :쪼·깽(:)·디·이·마·는 인자·아 내·캉 비슥(:)하·다.
(0806) 【고성】 :쪼·깽(:)·더·이·마·는 인자·아 내·캉 비슷(:)하·다.
(0806) 【고성】 쪼깽(:)더마·는 인자·아 내·캉 :비·슷(:)·하·다.

(0807) 【창원】 ·읍·내·핵·구·로 전·근·간·다 ·카·더·라.
(0807) 【고성】 ·읍·내·핵·교·오·로 전근·간·다 ·쿠·더·라.

(0808) 【창원】 :순·젬·이 저그차·로 갈끼·입·니·꺼?
(0808) 【고성】 :순·젬·이 저그차·로 갈끼입니·꺼?

(0809) 【창원】 구·자·이(/구·재·이) :대·포·로 ·가·는·거 아이·가.
(0809) 【고성】 구·자·이 :대·포·로 ·가·는·거 아이·가.

(0810) 【창원】 보·름 ·안·으·로 돌·리 주꺼·마(/주께·에).
(0810) 【고성】 보·름 ·안·으·로 돌·리 주꺼·마(/주께·에).

(0811) 【창원】 ·내·가 나·안 :재·로 ·이·꼬·라·지·를 ·보·능·갑·다.
(0811) 【고성】 ·내·가 나·안 :제·로 ·이·꼬·라·지·로 ·보·능·갑·다.

(0812) 【창원】 :아·무·리 에·럽·은 :일·이·라·도 :돈·으·로 안대는기·이 오데있·노?
(0812) 【고성】 :아·무·리 에·럽·은 :일·이·라·도 :돈·으·로 안데는기·이 오데있·노(/오있·노)?

(0813) 【창원】 :돌·로 문대·애(/엉때·애) ·바·아·라.
(0813) 【고성】 :돌·로 문때·애(/엉때·애) ·바·아·라.

(0814) 【창원】 겡운기·로 실·어 올끼·이·라(/올끼·라) ·캐·앴·는·데.
(0814) 【고성】 겡운기·로 실·어 올끼·이·라(/올끼·라) ·캐·앴·는·데.

(0815) 【창원】 겡운기·로 가·아·꼬 실·어 온·나?
(0815) 【고성】 겡운기·로 가·아·꼬 실·어 ·오·이·라?

(0816) 【창원】 지따·안·에 ·한·다·꼬 ·하·더·라.
(0816) 【고성】 지따·안·에 ·한·다·꼬 ·하·더·라.

(0817) 【창원】 ·차·열·이 지따·안·에 잘한·다 캐사·아·도 ·벨·수 :없·을·끼·다.

(0817)【고성】 ·차·열·이 지따·안·에 잘한·다 캐사·아·도 ·벨·수 :없·을·끼·다.

(0818)【창원】 내따·안·에 :움·매·나 ·열·심·히 ·해·앴·다·꼬?
(0818)【고성】 내따·안·에 :올·매·나 ·열·심·히 ·해·앴·다·꼬?

(0819)【창원】 ·나·로 :마(:)·이 묵·우·도 :시·거·이 안들었·나?
(0819)【고성】 ·나·로 :마(:)·이 묵·우·도 :세·건·이 안들었·나?

(0820)【창원】 :사·람·꼴·이 :말·이 아인기·이·라(/아인기이·라, 아인기·이·라, 아인기이·라).
(0820)【고성】 :사·람·꼴·이 :말·이 아인기·이·라(/아인기·라, 아인기·이·라, 아인기이·라).

(0821)【창원】 아부·지·예·에, ·할·매·가 ·찾·습·니·더.
(0821)【고성】 아부·지·예·에, ·할·매·가 ·찾·십·니·더.

(0822)【창원】 ·보·이·소 ·철·수 적아부·지·요. 그아·아·들 조·옴(/그아·아·들·조·옴) 머·라 ·카·이·소.
(0822)【고성】 ·보·이·소 ·철·수 적아부·지·요. 그아·아·들 조·옴(/그아·아·들·조·옴) 머·라 ·쿠·이·소.

(0823)【창원】 :순·점·아, :전·섬·부·터 채·리·라.
(0823)【고성】 :순·점·아, :정·섬·부·터(/:정·심·부·터) 채·리·라.

(0824)【창원】 기·주·야. ·쌔·기 ·이·리 :오·바·아·라(/:와·바·아·라).
(0824)【고성】 기·주·야. ·쌔·기 ·이·리 :와·바·라.

(0825)【창원】 ·점·식·이 니이 오데갈라카·노?
(0825)【고성】 ·점·식·이 니이 오데갈라쿠·노?

(0826)【창원】 영·수 니이 아까·아 구·자·이(/구·재·이) ·찾·아·상·던·데 오데갔다왔·노?(/오·데 ·갔·다 -·왔·나?)
(0826)【고성】 영·수 니이 아까·아 구·자·이(/구·재·이) ·찾·아 상·던·데 오데갔다왔·노?(/오·데 ·갔·다 -·왔·나?)

(0827)【창원】 영산띠·기 ·할·매·는 부산 아·들·한·테·서 :도·이 부·치 ·온·다·아·이·가.
(0827)【고성】 영산띠·이 ·할·매·는 부산 아·들·한·테·서 :도·이 부·치 ·온·다·아·이·가(/·온·다 아이·가).

(0828)【창원】 ·큰·집 아·지·매·는 :움·매·나 손·끝·이 야·물·다·꼬.
(0828)【고성】 ·큰·집 아·지·매·는 :움·매·나 손·끝·이 야·물·다·꼬(/야·무·다·꼬).

(0829)【창원】 씨근·밥·은 :다·아 묵·우 체·았·습·니·더.
(0829)【고성】 씨근밥·은 :다·아 묵·우 체·았·습·니·더.

(0830)【창원】 사·돈·은 ·겔·온·식·에 안가볼낌·니·꺼?

(0830) 【고성】 사·돈·은 ·겔·온·식·에 안가보낌니·꺼?

(0831) 【창원】 아부·지·는 :만·날 내·마 가·아·꼬(/내보·고·마) 머·라 상습니·꺼?
(0831) 【고성】 아부·지·는 :만·날 내·마 보·모(/내보고·마) 머·라 상십니·꺼?

(0833) 【창원】 짐·치·도 조·옴 꺼어 내·애 온·나·이(/온·나).
(0833) 【고성】 짐·치·도 조·옴 꺼어 내·애 ·오·너·라.

(0834) 【창원】 나·도 조·옴 찡가·아 도·고(/:도·고).
(0834) 【고성】 나·도(/내·도) 조·옴 찡가·아 :주·라(/:도·라).

(0835) 【창원】 :어·르·이 그라·이·께 아·아·도 따·라 ·하·는·기·이·제.
(0835) 【고성】 :어·르·이 그라·이·께(/그랑·께·에, 그랑께·나) 아·아·도 따·라 ·하·는·기·이·제.

(0836) 【창원】 우리 ·큰·사·우·도 당그·라 매이·이 가·아·꼬 발빠·닥 :시(:)·기(/억(:)·시·기) 뚜디·리 맞·았·다.
(0836) 【고성】 우리 ·큰·사·우·도 당그·라 매이·이 가·주·고 발빠·닥 :시(:)·기(/:세(:)·기) 뚜디·리 맞·았·다.
(0836) 【고성】 우리 ·큰·사·우·도 당그·라 매이·이 가·아·꼬 발빠·닥 억(:)·시·기 뚜·디 맞·았·다.

(0837) 【창원】 밭때·기·도 :다·팔·아 체·았·담·시·로.
(0837) 【고성】 밭때·기·도 :다·팔·아 체·았·담·성.

(0838) 【창원】 헹핀·도 안댐시·로 머한다·꼬(/머한다꼬) 아·아·로 ·객·지·로 보낼끼·이·고?
(0838) 【고성】 헹펜·도 안댐시·로 머한다·꼬(/머한다꼬, 마알라·꼬) 아·아·로 ·객·지·로 보내·노(/보낼끼·고)?

(0839) 【창원】 ·벨·실·이 :돈·도 :없·는·기·이 ·기·분·은 살·아 가·아·꼬?
(0839) 【고성】 ·벨·실·이 :돈·도 :없·는·기·이 ·기·분·은(/·기·분·마) 살·아 가·아·꼬?

(0840) 【창원】 ·피·죽·도 한그·륵 :몬·얻·어 묵·운 :사·람 :안·겉·나?
(0840) 【고성】 ·피·죽·도 한그·륵 :몬·얻·어 무·운 :사·람 :안·겉·나?

(0841) 【창원】 인자·아 :좋·온 시·절·도(/:시·상·도) :다·아 ·가·삐·렀·제(/:다·아 ·가·뺐·제, :다·가·삐 –렀·제)?
(0841) 【고성】 인자·아 :좋·온 시·절·도(/:세·상·도) :다·아 ·가·삐·렀·제(/:다·아 ·가·뺐·제, :다·가·삐 –렀·제)?

(0842) 【창원】 ·차·암 인·물·도 :좋·더·마·는(/:좋·디·이·마·는) 마암·씨·도 그마·이·다.
(0842) 【고성】 ·차·암 인·물·도 :좋·더·마·는 마암·씨·도 그마·이·다.

(0843)【창원】 ·키·도 :쪼·깮(:)·더·마·는(/:쪼·깮(:)·디·이·마·는) ·이·러·치·컸·나?
(0843)【고성】 ·키·도 :쪼·깮(:)·더·마·는 ·이·러·키 ·컸·나?
(0843)【고성】 ·키·도 쪼깮(:)더마·는 ·이·러·치 ·컸·나?

(0844)【창원】 세·이 니·마 묵·나?
(0844)【고성】 세·이 니·마 묵·나?

(0845)【창원】 :만·날 책보따리·마 갖다·아 놓는·다 아이·가.
(0845)【고성】 :만·날 책보따리·마 갖다·아 놓는·다 아이·가.

(0846)【창원】 :돈·마 갖다·아 내삐·리·제(/내·애 삐·리·제)?
(0846)【고성】 :돈·마 갖다·아 내삐·리·제(/내·애 삐·리·제)?

(0847)【창원】 보·름·만 조·옴 ·참·아 :도·고(/도·고).
(0847)【고성】 보·름·만 조·옴 ·참·아 :도·라(/:주·라).

(0848)【창원】 :우·째 ·밥·만(/·밥·마) 묵·고 :사·노?
(0848)【고성】 :우·째 ·밥·만(/·밥·마) 묵·고 :사·노?

(0849)【창원】 ·날·마·다 띠·이 댕·긴·다.
(0849)【고성】 ·날·마·다 띠·이 댕·긴·다.

(0850)【창원】 장마·다 :다·아 나댕·기·야 묵·고 :살·제.
(0850)【고성】 장마·다 :다·아 나댕·기·야 묵·고 :살·제.

(0851)【창원】 ·때·마·다 :우·째 ·옷·을 해입·노?
(0851)【고성】 ·철·마·다 :우·째 ·옷·을 해입·노?

(0852)【창원】 저넘·우(/·저·넘·우) :개·가 ·모·티·이·마·다(/·모·티·이 마·다) 똥·을 싸놓·고.
(0852)【고성】 ·저·넘·우 :개·가 ·모·티·이·마·다(/·모·티·이 마·다) 똥·을 싸놓·고.

(0853)【창원】 내부·터 그·래 :몬·하·겄·는·데.
(0853)【고성】 내부·터 그·리 몬하겄는·데.

(0854)【창원】 ·저·짜·아·서·부·터 해온·나.
(0854)【고성】 ·저·짜·아·서·부·터 해온·나(/:해·오·이·라).

(0855)【창원】 :짜·증·부·터 :내·이·꺼·네 머·언 :말·로 할·수 있·어·야·제.
(0855)【고성】 ·짜·증·부·터 :냉·께·에 무·신 :말·로 할·수 있·어·야·제(머신말로 하겄·노)?

(0856)【창원】 :만·날 :말·부·터 앞세·우·이·꺼·네 안믿는기·이·지(/안믿는기·이·지).

(0856)【고성】 :만·날 :말·부·터 앞세·우·이·께·에 안믿는기·지.

(0857)【창원】 넉아·베 산·소·부·터 댕·기 ·오·이·라.
(0857)【고성】 넉아·베 산·소·부·터 댕·기 ·오·이·라.

(0858)【창원】 새북부·터 ·저·라·고 있·다.
(0858)【고성】 새벅부·터 ·저·라·고 있·다.

(0859)【창원】 엊징때·에·꺼·정 바·아 처백히·이 있더마·는 오드로갔는·지 :없·다.
(0859)【고성】 엊정때·에·꺼·정(/엊정때·에·꺼·장) 바·아 처백히·이 있더마·는 오드로갔는·지 :없·다 (모리겠·다).

(0860)【창원】 죽·기·꺼·지·야 하겠·나·마·는 ·큰·고·상 하겠·다.
(0860)【고성】 죽·기·꺼·지·야 하겠·나·마·는 ·큰·고·상 하겠·다.

(0861)【창원】 ·미·랑·꺼·정 ·갑·니·더.
(0861)【고성】 ·미·랑·꺼·정(/·미·랑·꺼·장) ·갑·니·더.

(0862)【창원】 :오·밤·쭝·에 지·가(/:지·가) 요·오·꺼·지(/요꺼·정, 여꺼·정) 오겠·나.
(0862)【고성】 :우·밤·쭝·에 :지·가 요·오·꺼·장(/여꺼·정) 오겠·나.

(0863)【창원】 니꺼·정 ·이·래 :애·로 믹·이·나?
(0863)【고성】 니꺼·정(/니꺼·장) ·이·리 :애·로 믹·이·나?

(0864)【창원】 가·아 이·름·조·차 이자삐랐·다(이자삐·랐·다, 잊어뿠·다, 잊어뻤·다).
(0864)【고성】 가·아 이·름·조·차 이자삐랐·다(이자삐·랐·다, 잊아뻤·다).

(0865)【창원】 아·들·마·자 이자뿌·고 ·할·매 혼·차·서 손·자 데·리·꼬 :산·다.
(0865)【고성】 아·들·마·저 잊어삐리·고 ·할·매 혼·채·서 손·자 데·리·꼬 :산·다.

(0866)【창원】 ·넘·이·사 자·빠·지 ·자·든 :말·든 :니·가(/니·가) 무슨상과이·고?
(0866)【고성】 ·넘·이·사 자·빠·저 ·자·든·지 :말·든·지 :니·가(/니·가) 무슨상관이·고(/무슨상과이·고).

(0867)【창원】 ·내·사 모르겄·다.
(0867)【고성】 ·내·사 모르겄·다.

(0868)【창원】 :말·이·사 :벤·호·사 ·빰·치·지.
(0868)【고성】 :말·이·사 :벤·호·사 ·빰·치·지.

(0869)【창원】 술찌끼·기·라·도 있·으·모 :좋·겄·다.
(0869)【고성】 술찌끼·이·라·도 있·으·모 :좋·겄·다.

(0870) 【창원】 마암·이·라·도 써주·이·꺼·네 :고·맙·다.
(0870) 【고성】 마암·이·라·도 써주·이·께 :고·맙·다.

(0871) 【창원】 지쏘·옥·으·로 나·안 아·아·라·도 그·래·는 안할끼·다.
(0871) 【고성】 지이 ·쏘·옥·으·로 나·안 아·아·라·도 그·래·는 안할끼·다.

(0872) 【창원】 :니·라·도(/니·라·도) 조·옴 :우·째 보·지.
(0872) 【고성】 :니·라·도 조·옴 :우·째 보·지.

(0873) 【창원】 ·백·만·언·이·라·도 구해 ·바·아·라.
(0873) 【고성】 ·백·만·언·이·라·도 구해·애 ·바·아·라.

(0874) 【창원】 :다·큰 ·딸·로 ·시·집·이·나 조·옴 안보내·고.
(0874) 【고성】 :다·큰 ·딸·로 ·시·집·이·나 조·옴 안보내·고.

(0875) 【창원】 우선·에 ·밥·이·나 묵·고 보·자.
(0875) 【고성】 우선·에 ·밥·이·나 묵·고 보·자.

(0876) 【창원】 :너·이·나 ·왔·나(/·왔·나)?
(0876) 【고성】 :너·이·나 ·왔·나?

(0877) 【창원】 ·씰·떼·없·는·말 고마하·고 :도·이·나 벌·어 ·오·이·소.
(0877) 【고성】 ·씰·떼·없·는·말 고마하·고 :도·이·나(/:돈·이·나) 벌·어 ·오·이·소.

(0878) 【창원】 ·점·센·들 머·언 뽀족한 ·수·가 있겠·나?
(0878) 【고성】 ·점·센·들 머·언(/머·어) 뽀족한 ·수·가 있겠·나?

(0879) 【창원】 ·낸·들 :우·짜·겠·노?
(0879) 【고성】 ·낸·들 우짜겠·노?

(0880) 【창원】 ·잠·인·들(/·잼·인·들) 지대·로 자겠·나?
(0880) 【고성】 ·잠·인·들 지대·로 자겠·나?

(0881) 【창원】 ·에·미 마암·인·들 오죽하겠·나?
(0881) 【고성】 ·에·미 마암·인·들 오죽하겠·나?

(0882) 【창원】 거·기·나·따·나 옇·어 나·아·소.
(0882) 【고성】 거·기·나·따·나 옇·어 노·오·소.

(0883) 【창원】 강내·이·나·따·나 :실(:)·컨 잡수·이·소(/:자·시·이·소).
(0883) 【고성】 강내·이·나·따·나 :실(:)·컨 잡수·이·소.

(0883) 【고성】 강내·이·나 따·나 :실(;)·컨 :자·시·이·소.

(0884) 【창원】 ·밥·이·나·따·나 묵·고 :살·모 :좋·겄·다.
(0884) 【고성】 ·밥·이·나·따·나 묵·고 :살·모 :좋·겄·다.

(0885) 【창원】 묵는거빼·끼 안배인·다(/안배이인·다).
(0885) 【고성】 묵는거빼·끼 안베인·다(/안베이인·다).

(0886) 【창원】 히·수·는 지빼·끼 모른·다·이.
(0886) 【고성】 히·수·는 지빼·끼(/지빼·이) 모린·다.

(0887) 【창원】 하나빼·끼 :몬·사·욌·다(/:몬·사·왔·다).
(0887) 【고성】 하나빼·이 :몬·사·왔·다.

(0888) 【창원】 :서·이·서 ·저·짝·으·로 ·가·던·데.
(0888) 【고성】 :서·이·서 ·저·쪽·으·로 ·가·던·데.

(0889) 【창원】 우리 :너·이·서 :널·띠·기 하·자.
(0889) 【고성】 우리 :너·이·서 :널·띠·기 하·자.

(0890) 【창원】 너그 :너·이·서 요·오·꺼·지(/요·오 꺼·정, 요꺼·정) ·줄·끄·어 나·아·라.
(0890) 【고성】 너그 :너·이·서 요·오 꺼·지(/까·지, 꺼·정, 꺼·장) ·줄·끄·어 나·아·라.

(0891) 【창원】 전·에 니·캉 ·철·수·캉 저그집·에 안가바·았·나(/아안 :가·바·았·나).
(0891) 【고성】 전·에 니·캉 ·철·수·캉 저그집·에 안가바·았·나(/아안 :가·바·았·나).

(0892) 【창원】 니·캉 내·캉 가·모 안대·겄·나?
(0892) 【고성】 니·캉 내·캉(/니·랑 내·랑) 가·모 안대·겄·나?

(0893) 【창원】 내·캉 종샘·이·캉 흘·을 마악 ·파·아 디비·이(/파디비·이) ·바·았·다 아이·가.
(0893) 【고성】 내·캉 종샘·이·캉 흙·을 마악 ·파·아 디비·이(/파디비·이) ·바·았·다(/:바·았·다) 아이·가.

(0894) 【창원】 까락·지·랑 ·기·고·리·랑 목걸·이·랑 ·예·다·이 마·아 한그·슥·이·라.
(0894) 【고성】 까락·지·랑 기·고·리·랑 목걸·이·랑 ·에·단·이 마·아 한그식이더·라.

(0895) 【창원】 ·책·이·랑 공·책·이·랑 :다·사·모 :움·매·고?
(0895) 【고성】 ·착·이·랑 공·착·이·랑 :다·사·모 :올·매·고(/:얼·매·고).

(0896) 【창원】 니하·고 내·하·고 :둘·이 ·짰·다 안카·겄·나?
(0896) 【고성】 니하·고 내·하·고 :둘·이 ·짰·다 안쿠·겄·나?

(0897) 【창원】 :민·장·하·고 조·합·장·하·고 한꾼·에 있더마·는.
(0897) 【고성】 :멘·장·하·고 조·합·장·하·고 한꾼·에 있더마·는.

(0898) 【창원】 펭·수·하·고 적아·베·하·고 그·리 ·왔다 ·갔·습·니·더.
(0898) 【고성】 펭·수·하·고 적아·베·하·고 그·리 ·왔다 ·갔·습·니·더.

(0899) 【창원】 콩지·름 :오·백·언·어·치·하·고 정구·지 한다·발·하·고 그·래 사온·나.
(0899) 【고성】 콩지·름(/콩기·름) :오·백·언·어·치·하·고 정구·지 한다·불·하·고 그·리 :사·오·이·라.
(0899) 【고성】 콩지·름 :오·백·언·어·치·하·고 소·풀 :오·백·언·어·치·하·고 그·레 :사·오·이·라.

(0900) 【창원】 ·큰·사·우·하·고 ·딸·하·고 마악 ·딜·이 닥·치·네.
(0900) 【고성】 ·큰·사·우·하·고 ·딸·하·고 마악 ·들·어 닥·치·네.

(0901) 【창원】 세·이·고 나·발·이·고 마·아 :없·다.
(0901) 【고성】 세·이·고 나·발·이·고 마·아 :없·다.

(0902) 【창원】 :도·이·고 머·어·고 간·에 :다·아 :소·용(/:소·양) :없·습·니·더.
(0902) 【고성】 :도·이·고 머·어·고 간·에 :다·아 :소·용(/:소·양) :없·습·니·더.

(0903) 【창원】 때·나 ·걸·이·나 :아(:)·무·끼·이·나 :나·오·이·라(/나온·나).
(0903) 【고성】 때·나(/·때·나) ·걸·이·나 :아(:)·무·끼·이·나 :나·오·이·라(/나온·나).

(0904) 【창원】 :지·나 ·내·나(/:지·나·내·나) :다·아 ·벨·수 :없·거·마·는.
(0904) 【고성】 :지·나 ·내·나(/:지·나·내·나) :다·아 ·벨·수 :없·거·마·는(/:엄·꺼·마·는).

(0905) 【창원】 :도·이·나 ·수·포·나 :아·무·끼·이·나 댑니·더.
(0905) 【고성】 :도·이·나 수·포·나 :애·무·끼·나(/:아·무·끼·나) 댑니·더.

(0906) 【창원】 ·큰·아·아·나 :작·은·아·아·나 :내(:)·나 한가·진·기·라.
(0906) 【고성】 ·큰·아·아·나 :작·은·아·아·나(/작은아·아·나) :내(:)·나 한가진기·라.

(0907) 【창원】 맨·밥·이·든 ·팥·밥·이·든 개·앤 찮습니·더(/·찮·습·니·더).
(0907) 【고성】 맨·밥·이·든 ·폳·밥·이·든 개·앤 찮습니·더(/·찮·습·니·더).

(0908) 【창원】 ·죽·이·든 ·밥·이·든 요·구·만 대·모 댑니·더.
(0908) 【고성】 ·죽·이·든 ·밥·이·든 요·기·만 데·모 뎁니·더.

(0909) 【창원】 :오·만 :사·람·에·다·가 차·에·다·가 마·아 ·비·꺼·지 오가·아·꼬 :말·이 아이더·라·꼬?
(0909) 【고성】 :오·만 :사·람·에·다·가 차·에·다·가 마·아 ·비·꺼·지 오가·아·꼬 :말·이 아이더·라.

(0910) 【창원】 콩지·름·에·다·가 메·엑·나·물·에·다·가 메르·치·이·다·가 반·찬 요만하·몬 :작·은·것·도

아이·다.
(0910)【고성】 콩지름에다·가 메·억 나물에다·가 메르치에다·가 반·찬 요만하·모 :작·은·것·도 아이·다.

(0911)【창원】 :부·자·는 나·아 뚜·고·라·도 ·밥·이·나·따·나 묵·고 :살·모 :좋·겄·다.
(0911)【고성】 :부·자·는 나·아 뚜·고·라·도 ·밥·이·나 따·나 묵·고 :살·모 :좋·겄·다.

(0912)【창원】 만언짜·리·는 고사하·고 ·일·언 땡·전 하나 :없·다.
(0912)【고성】 만언짜·리·는 고사하·고 ·일·언 땡·전·도 한·푼 :없·다.

(0913)【창원】 넘·우 갓·에(/넘·우·갓·에) :매·를 ·써·어 가·아·꼬(/써가·아·꼬) :야·다·이 ·났·다 아이·가.
(0913)【고성】 넘·우 갓·에(/넘·우·갓·에) :메·를 써가·이·고 :야·다·이 ·났·다 아이·가.

(0914)【창원】 요눔·우 달구새·끼·가 오데다 똥·을 ·싸·노(/오데다똥을싸·노)?
(0914)【고성】 ·요·놈·우(/·요·눔·우) 달구새·끼·가 오데다 똥·을 ·싸·노(/오데다똥을싸·노)?

(0915)【창원】 부·곡 온천 ·갔·다 ·옵·니·더(=/온천갔다옵니·더).
(0915)【고성】 부·곡 온천 ·갔·다 ·옵·니·더(=/온천갔다옵니·더).

(0916)【창원】 아·아 ·어·메 마암·이·사 오죽하겄·나?
(0916)【고성】 아·아 ·어·메 마암이·사 오죽하겄·나(/오·죽 하겄·나)?

(0917)【창원】 ·이·기·이 ·누·옷·고?
(0917)【고성】 ·이·기·이 :누·옷·고?

(0918)【창원】 저그아·아·보·고 안머러카·고.
(0918)【고성】 저그아·아·보·고 안머러쿠·고.

(0919)【창원】 주기·는(/주·기·는) ·준·다·마·는 :우·짜·든·지(/:우·째·앴·든·지, 우째앴든·지) 애·끼 ·쓰·거·라(/·써·라).
(0919)【고성】 주기·는(/주·기·는) ·준·다·마·는 우짜든·지(/우째앴든·지) 애·끼 ·쓰·거·라(/·써·라).

(0920)【창원】 ·기·분·이 조·옴 찝찝하더·라·마·는 :우·짜·겄·노? ·쏘·옥·으·로 생·키·야·지.
(0920)【고성】 ·기·분·이 조·옴 찝찝하더·라·마·는 우짜겄·노? ·쏘·옥·으·로 생·키·야·지.

(0921)【창원】 :시·상·이 그·래 대·애·삐·렀·는·데 :우·짤·끼·고?
(0921)【고성】 :세·상·이 그·래 대·애·삐·렀·는·데(/대애삤는·데) :우·짤·끼·고(/우짤끼·고, 우짜끼·고).

(0922)【창원】 :만·날 우리집·에 :살·다·시·피 :안·하·나.
(0922)【고성】 :만·날 우리집·에 :살·다·시·피 :안·하·나.

(0923) 【창원】 나·는 자알 모른다·꼬 :말·해·앴·다.
(0923) 【고성】 나·는 자알 모린다·꼬 :말·해·앴·다.

(0924) 【창원】 니이(/니·이) 금방 머라캐앴·노?
(0924) 【고성】 니이(/니·이) 금방 머라캐앴·노?

(0925) 【창원】 한분 만·나(/만·내) ·바·아·라(/보·라) ·캐·애·서 ·왔·습·니·더.
(0925) 【고성】 한분 만·내 ·바·아·라(/보·라) ·캐·애·서 ·왔·습·니·더.

(0926) 【창원】 ·자·아 ·간·다·카·데.
(0926) 【고성】 ·자·아 ·간·다·쿠·데.

(0927) 【창원】 그집 ·큰·아·아·는 :호·자·라·꼬 :소·문·났·다·이.
(0927) 【고성】 그집 ·큰·아·아·는 :호·자·라·꼬 :소·문·났·다.

(0928) 【창원】 ·내·가 묵는·다·이.
(0928) 【고성】 ·내·가 묵는·다·이.

(0929) 【창원】 너그 :서·이·서 요·오·꺼·정 들·어·다 나·아·라.
(0929) 【고성】 너그 :서·이·서 요·오·꺼·장 들·어·다 나·아·라.

(0930) 【창원】 그사·람 집·에 있·었·어·예.
(0930) 【고성】 그사·람 집·에 있·었·어·예.

(0931) 【창원】 그기·이 머업니·꺼·예(/멋입니·꺼·예).
(0931) 【고성】 그기·이 머업니·꺼·예(/멋입니·꺼·예).

(0932) 【창원】 오데부터하·꼬·예.
(0932) 【고성】 오데부터하·꼬·예.

(0933) 【창원】 ·밥·은 믹·있·어·예.
(0933) 【고성】 ·밥·은 믹·있·어·예.

(0934) 【창원】 썹썹하·이, ○○하·다→○○하·이
(0934) 【고성】 섭섭하·이, ○○하·다→○○하·이

(0935) 【창원】 조·옴 :질·다.
(0935) 【고성】 조·옴 :질·다.

(0936) 【창원】 ·간·을 싱겁·기 ·해·애·서 짐·치 ·담·아·라.
(0936) 【고성】 ·간·을 싱겁·기 ·해·애·서 짐·치 ·담·아·라.

(0937)【창원】 바람·이 :우·짠·다·꼬 ·이·래(/·이·러·치) :마·이 :부·노(/:마·이·부·노)?
(0937)【고성】 바람·이 우짠다·고 ·이·리(/·이·리·키) :마·이 :부·노(/:마·이·부·노)?

(0938)【창원】 오·올 돈·내·기 모숭·구·로 가·자.
(0938)【고성】 오·올 돈·내·기 모숭·구·로 가·자.

(0939)【창원】 서답널거·로 간때·이 바장·때 우·에 :걸·치·라(/·걸·치·라).
(0939)【고성】 서답널거·로 ·가·이·때·로 작수·발 우·에 ·걸·치·라.

(0940)【창원】 이엉이·이·서 간초 ·달·아·라.
(0940)【고성】 이엉이·이·서 간초(/가초) ·달·아·라.

(0941)【창원】 ·저·기·이 ·저·래 저그 ·오·래·비·한·테 개살·을 ·부·린·다.
(0941)【고성】 ·저·기·이 ·저·래 저그 ·오·래·비·한·테 앙·살·을 ·부·린·다.

(0942)【창원】 떡국·에 끼미 여·었·나? 끼미·로 여·어·야 ·맛·이 나·지(/나·제).
(0942)【고성】 떡국·에 끼미·개 여·었·나? 끼미개·로 여·어·야 ·맛·이 나·지(/나·제).

(0943)【창원】 니·는 :마·알 안해애·도 댈낀·데 :와·아 :내·띠·노? :내·띠·는 ·주·막·강·새·이·겉·다.
(0943)【고성】 니·는 :마·알 안해애·도 댈낀·데 :와·아 :내·띠·노(/:내·띠·서·노)? :내·띠·는 ·주·막-·강·새·이·겉·다.

(0944)【창원】 바람 막·지 :말·고(/막지 :말·고, 막지말·고) 조·옴 ·내·시·앉·아·라.
(0944)【고성】 바람 막·지 :말·고(/막지 :말·고) 조·옴 ·내·시 앉·아·라.

(0945)【창원】 한분·두·분·도 아이·고 :와·아 덜부더·나 ·기·로 채·아·노?
(0945)【고성】 한분·두·분·도 아이·고 :와·아 덜부더·나 ·기·로 채·우·노?

(0946)【창원】 ·돌·상·넘·이·가(/·돌·넘·가)? :와·저·래 행·사·가 :더·럽·노?
(0946)【고성】 ·돌·상·놈·이·가(/·돌·놈·가)? :와·저·래 행·사·가 :더·럽·노?

(0947)【창원】 딸막(:)딸막하디·이 ·겔·국 안샀는가·베.
(0947)【고성】 딸막(:)딸막 하더·이 ·겔·국 안샀는가·베.

(0948)【창원】 말뚝(/말띠·기) 박거·로 ·매·방·을 나·아·라.
(0948)【고성】 말뚝 박거·로 ·매·방·을 나·아·라(/말뚝·을 ·처·라).

(0949)【창원】 저녁·에 :동·네·사·람 모다·아 가·아·꼬 :음·석·해(/:임·석·해) 묵는것·도 부지러·내-·야·한·다(/부지러내애·야, 부지런 ·해·애·야 ·한·다).
(0949)【고성】 지잉·에 :동·네·사·람 모다·아 가·아·꼬 :임·석·해 묵는것·도 부지러내애·야 ·한·다(/부지런·해·애·야 ·한·다).

(0950)【창원】 모지·리 앞·에·서 :착(:)·착 해가·아 온·나.
(0950)【고성】 모지·리(/모조·리) 앞·에·서 :착(:)·착 해가·아 ·오·이·라(/온·나).

(0951)【창원】 ·파·리 달·라·든·다. 밥수·군 가·아·꼬 밥상(/·밥·상) 조·옴 덮·우·라.
(0951)【고성】 ·포·리 달·라·든·다. 밥수·군 가·아·꼬 밥상(/·밥·상) 조·옴 덮·우·라.

(0952)【창원】 오·올 :다·하·고 :갈·라·캐·앴·디·이 :일·이 ·버·겁·다. 내·앨·해·애·야 대겠·다.
(0952)【고성】 오·올 :다·하·고 :갈·라·캐·앴·더·이 :일·이 ·버·겁·다. 내·앨·해·애·야 데겠·다.

(0953)【창원】 :아·무·일·이 :없·어·도 ·때·때·로 베개모서·리·가(/·베·개 모서·리·가) 홍건(:)하·이 ·눈·물·이 ·나·네.
(0953)【고성】 :아·무·일·이 :없·어·도 ·때·때·로 베개모서리·가 홍건(:)하·이 ·눈·물·이 ·나·네.

(0954)【창원】 고마 불·우·라(/고마불·우·라). :불·티·이 ·터·지·겄·다.
(0954)【고성】 고마불·우·라(/고마불·우·라). :불·티·이 ·터·지·겄·다.

(0955)【창원】 물·우 ·바·아·도 :말·도 안하·고 :신·질·로 ·절·로 ·가·데.
(0955)【고성】 물·우 ·바·아·도 :말·도 안하·고 바로 ·절·로 ·가·삐·데.

(0956)【창원】 ·내·기 해가·아·꼬 :심·패·때·리·기 하·자.
(0956)【고성】 ·내·기 해가·아·꼬 폴목때·리·기 하·자.

(0957)【창원】 ·논·을 ·갈·아·서 써어·리 가·아·꼬 고르고르 써어·리 나·아·모(/나·아·몬) 모숭구·기 :좋·다.
(0957)【고성】 ·논·을 갈·아·서 써어·리·로 고로고로 써어·리 노·오·모 모숭구기·가 :좋·다.

(0958)【창원】 씽·티·이 매·앤·치·로 :와·아 :자·꾸 ·밥·만 묵·울·라 ·카·노?
(0958)【고성】 씽·티·이 매·이·로 :와·아 :자·꾸 ·밥·만 묵울라쿠·노(/묵·울·라·쿠·노)?

(0959)【창원】 ·안·들·이 오데그래나돌아댕기·노?
(0959)【고성】 ·안·들·이 오데그래나돌아댕기·노?

(0960)【창원】 ·지·신·밟·기〔·지·신·발·끼〕 할·때 매앤 먼저 성·주 앞·에·서 :빈·다.
(0960)【고성】 ·지·신·볿·기〔·지·신·봅·기〕 할·때 매앤 먼저 성·주 앞·에·서 :빈·다.

(0961)【창원】 안사·도 댈뿐·했·네. :무·다·이 :우·엣·거·로 사가·아·꼬?
(0961)【고성】 안사·도 댈뿐 ·해·앴·네. :무·다·이 :우·엣·거·로 사가·아·꼬?

(0962)【창원】 〈물음〉 :심·바·람 조·옴 :해·줄·래?
〈대답〉 어언·다(/아안·다). 내애 ·지·끔 바뿌·다.
(0962)【고성】 〈물음〉 :심·바·람 조·옴 :해·줄·래(/·해·애 :줄·래)?
〈대답〉 안할란·다. 내애 ·지·끔 바뿌·다.

(0963) 【창원】 모숭구·고 :빈·데·다·가 조·옴 머디·리·야 댄·다.
(0963) 【고성】 모숭구·고 :빈·데·다·가 조·옴 머더리·야 덴·다.

(0964) 【창원】 ·자·아·는 얼라·아·때(/에·릴·때) 잘몬업·웄·나(/잘몬업웄·나)? :와·아 다리·가 ·엥·구·다·리·고?
(0964) 【고성】 ·자·아·는 얼라·아·때(/엘라·아·때, 에·릴·때) 잘몬업었·나? :와·아 다리·가 엥고다리·고?

(0965) 【창원】 :우·짠·닐·로 ·이·래 빼어·수·가 안오·노? 지다·리·기 지·업·아 죽겄·네.
(0965) 【고성】 우짠닐·로 ·이·래 빼·스·가 안오·노? 지다리·기 지·업·아 죽겄·네.

(0966) 【창원】 :윤·헤·이·가 :울·고 :불·고 :난·리·가 ·났·는·기·라.
(0966) 【고성】 :윤·헤·이·가 :울·고 :불·고 :난·리·가 ·났·는·기·라.

(0967) 【창원】 ·옷·벗·어·서 ·줄·때·에 걸·어·라.
(0967) 【고성】 ·옷·벗·어·서 줄때·에 걸·어·라.

(0968) 【창원】 딩·기·는 나불거·리·모 한·때·꺼·리·가 생·기·고, :말·은 나불거·리·모 싸·암·이 댄·다.
(0968) 【고성】 딩·기·는 나부닥거리·모 한·때·꺼·리·가 생·기·고, :말·은 나부닥거리·모 싸·암·이 덴·다.

(0969) 【창원】 :도·온 :많·다·고(/:돈·많·다·고) 너무 그·러 샇지 :마·라(/샇·지 :마·라, 샇처마·라, 샇지마·라).
(0969) 【고성】 :도·온 :많·다·고(/:돈·많·다·고) 너무 그·러 샇지 :마·라(/샇·지 :마·라, 샇처마·라, 샇지마·라).

(0970) 【창원】 구디·기 :넝·꺘·다. 오·올 조·옴 퍼내·애·라.
(0970) 【고성】 구디·기 :넝·꺘·다. 오·올 조·옴 퍼내·애·라.

(0971) 【창원】 :아·이·구 ·야·아·가 :쪼·깸(:)·디·이 매꼬롬(:)하·이 수태기겄·다.
(0971) 【고성】 :아·이·구 ·야·아·가 :쪼·깸(:)·더·이 매꼬롬(:)하·이 수태·이·겄·다.

(0972) 【창원】 모당가·리·로 :동·개·동·개 모다·아·라. :디·에 ·불·때·거·로.
(0972) 【고성】 모당가리·로(/메당가리·로) 동개 동개 모다·아·라. :디·에·불·때·거·로.

(0973) 【창원】 소내·기·가 :올·랑·가 :디(:)·기 무루까·안·다.
(0973) 【고성】 소내기·가 :올·랑·가 :디(:)·기 무루쿠·운·다.
(0973) 【고성】 쏘내기·가 :올·랑·가 :데(:)·기 무루쿻·는·다.

(0974) 【창원】 흘·린 밥떠꺼·리 쭈·우 묵·우·라.
(0974) 【고성】 흘·린 밥떠꺼·리 주·우 묵·우·라.

(0975) 【창원】 무·이 ·이·가 안맞·나 :와·저·래 뺄룸(:)하·노?

(0975)【고성】 무·이 ·이·가 안맞·나 :와·저·래 뻴룸(:)하·노?

(0976)【창원】 해거름대·모 ·소·믹·이·로 ·가·아·라.
(0976)【고성】 해거름대·모 ·소·믹·이·로 ·가·아·라.

(0977)【창원】 낯짝·은 :비·단 각·시·겉·거·마·는 ·하·는 :일·이 :바·보 :등·시·이·다.
(0977)【고성】 낯짝·은 :비·단 각·시·겉·거·마·는 ·하·는 :일·이 :바·보 :등·시·이·다.

(0978)【창원】 뿍덕강새·이 맨·앤·치·로 :와·그·래 꺼부지·기·로 덮·우 ·씨·고 ·있·노?
(0978)【고성】 뿍덕강새·이 매·이·로 :와·그·래 거부지·기·로 덮·우(/둘·러) ·씨·고 ·있·노?

(0979)【창원】 이·불·을 그·래 ·발·로 삐대·지 :마·라(/삐대·지 :마·라, 삐대지마·라, 삐대저마·라).
(0979)【고성】 이·불·을 그·리 ·발·로 삐대·지 :마·라(/삐대·지 :마·라, 삐대지마·라, 삐대저마·라).

(0980)【창원】 에·릴·때 삣나가·도 :후·지 ·커·서 :시·거·이 생·기·모(/나·몬) 개·앤 찮·다.
(0980)【고성】 에·릴·때 삣나가·도 :후·제 ·커·서 :세·건·이 나·모 개·앤 찮·다(/·찮·다).

(0981)【창원】 사·잎·에 :쪼·깨(:)·이 숭·구 나·왔·디·이·마·는 자알 안대·네.
(0981)【고성】 사·닢·에 :쪼·깬(:) 숭·구 나·왔·더·마·는 자알 안데·네.
(0981)【고성】 사·잎·에 :쪼·깬(:) 숭·구 나·왔·더·이 자알 안데·네.

(0982)【창원】 ·살·성·이(/·살·세·이, ·살·시·이) :더·럽·다.
(0982)【고성】 ·살·시·이 :더·럽·다.

(0983)【창원】 삼·발·이 가·아 ·와·서 구루·마 앞·에 바·치 ·바·아·라.
(0983)【고성】 삼·발 가·아 ·와·서 구루·마 앞·에 바·치 :바·아·라.

(0984)【창원】 ·야·아·가 :마(:)·이 아푼갑·다. ·누·이 :상·그·랗·다.
(0984)【고성】 ·야·아·가 :마(:)·이 아푼갑·다. ·누·이 생그랗·다.

(0985)【창원】 ·소·이 :사(:)·느·랗·네.
(0985)【고성】 ·소·이 :사(:)·느·랗·네.

(0986)【창원】 :아·이·구 :새·실·은 :좋·거·마·는 ·하·는 :일·이 안야무치·고 ·이·입 ·뿌·이·다.
(0986)【고성】 :아·이·구 :새·실·은 :좋·거·마·는 ·하·는 :일·이 안야무치·고 ·이·입 ·뿌·이·다.

(0987)【창원】 새앵·키 후두·카·라.
(0987)【고성】 새앵·키 후두·카·라(/훜·카·라).

(0988)【창원】 아·아 그거 ·크·이·께 새칩·다.
(0988)【고성】 아·아 그거 ·크·이·께 새·첩·다.

(0989)【창원】 :사·람·이 버·릇 나뿌·거·로 그·래 선·손·질·을 히떡히떡 안해샇·나?
(0989)【고성】 :사·람·이 버·릇 나뿌·거·로 그·래 헛·손·질·을 히떡히떡 안해샇·나?

(0990)【창원】 :설·치·리 머해주더·노?
(0990)【고성】 :설·치·리 머해주더·노?

(0991)【창원】 감자숭구·로 가·자.
(0991)【고성】 감자숭구·로 가·자.

(0992)【창원】 성·아!
(0992)【고성】 성·아!

(0993)【창원】 손끈티·이·가 시·리·다.
(0993)【고성】 손끄티·이·가 시·리·다.

(0994)【창원】 지푼·데 가지 :마·라·이(/가저마·라·이). 시부꾸디·기(/움푹구디·기) 있을·라.
(0994)【고성】 지푼·데 가지 :마·라·이(/가저마·라·이). 웅·더·이 있을·라.

(0995)【창원】 그·래 :둘·이 맞씨라·아·다·가 ·크·일 :내·겠·다. 고마·아 하나·가 ·저·주·몬 댈·텐·데 (/댈낀·데).
(0995)【고성】 그·래 :둘·이 맞씨루·우·다·가(/맞씨루우ㅎ다·가) ·큰·닐 나겠·다. 고마·아 하나·가 저주·모 델·텐·데(/데낀·데).

(0996)【창원】 :말·을 씨부·리·지 :마·라.
(0996)【고성】 :말·을 씨부·리·지 :마·라(/씨버리지마·라).

(0997)【창원】 칼궒·기 쒀·어·라.
(0997)【고성】 칼궒·기 쒀·어·라.

(0998)【창원】 :개·씹·내·이 그거·는 ·씹·우·도 ·참·씹·내·이 그거·는 맛있·다.
(0998)【고성】 :개·씬·내·이(/고·들·빼·이, 항새댕·기) 그거·는 ·씹·우·도 ·참·씬·내·이 그거·는 맛있·다.

(0999)【창원】 가시나·아·가 앉음앉음·이 :와·그·렇·노?
(0999)【고성】 가시나·아·가 앉음앉음·이 :왜·그·렇·노(/와그렇·노)?

(1000)【창원】 저눔·우 달구새·끼·가 ·알·짜·리 ·본·다·꼬 ·저·래 울·우 쌓는·다.
(1000)【고성】 저넘·우 달구새·끼·가 ·알·짜·리 ·본·다·꼬 ·저·래 울·우 샇는·다.

(1001)【창원】 :사·람·죽·윴·을·때 앞소·리·로 잘하·모 청성시·럽·고 :돈·도 :마·이 ·들·어 ·온·다 (/:들·온·다).
(1001)【고성】 :사·람 죽·었·을·때 앞소·리·로 잘하·모 청성시럽·고 :돈·도 :마·이 :들·온·다(/:거·니·라).

(1002)【창원】 그짝골짜·아 전·부 애·장·터·다. ·비·가 :올·라·카·모 헤·치·이·불·이 나·고 아·아 :우·는 소·리·도 나·고 :안·그·라·나.
(1002)【고성】 그짝골짜·아 전·부 애·장·터·다. ·비·가 :올·라·쿠·모 헛거시불·이(·토·깨·비·불·이) 나·-고 아·아 :우·는 소·리·도 나·고 안그라·나.

(1003)【창원】 :일·꾸·이 댈라카·모 :일·꾸·이 대든·가 ·글·꾸·이 댈라카·모·글·꾸·이 대든·가. 어중개-비 데·에·꼬(/데·리·꼬) 농·사 :짓·는·다·꼬 :마·느·래·가 ·욕·본·다.
(1003)【고성】 :일·꾸·이 델라쿠·모 :일·꾼·이 데든·가 ·글·꾸·이 델라쿠·모·글·꾼·이 데든·가 어중개-비 데·에·꼬 농·사 :짓·는·다·꼬 :마·느·래·가 ·욕·본·다.
(1003)【고성】 :일·꾼·이 델라쿠·모 :일·꾼·이 데든·가 ·글·꾼·이 델라쿠·모 ·글·꾼·이 데든·가 어중개-비 데·리·꼬 농·사 :짓·는·다·꼬 :마·느·래·가 ·욕·본·다.

(1004)【창원】 :더·럽·고 앵·꼽·아·서 :말·도·하·기 ·싫·다.
(1004)【고성】 :더·럽·고 애·이·꼽·아·서 :말·도 하·기 ·싫·다.

(1005)【창원】 내애 앵끼송까·락·도(/앤지송까·락·도) 안들어가겠·다.
(1005)【고성】 내애 앵기송까락·도 안들어가겠·다.

(1006)【창원】 그사·람 보·기 요·량 하·고 :말·씨·피 보·모 ·차·암 :얄·궂·다.
(1006)【고성】 그사·람 보·기 요·량 하·고 :말·씨·피 보·모 ·차·암 :얄·궂·다.

(1007)【창원】 얼석기·는(/얼석·기·는) :한·정·도 :없·네.
(1007)【고성】 어리석기·는 :한·정·도 :없·네.

(1008)【창원】 ·이·로 지·때 안빼주윴띠이마·는(/안빼주윴띠·이·마·는) 저·래 :엄·니·가 ·났·다.
(1008)【고성】 ·이·로 제·때 안빼조옸더·니 ·저·래 :엄·니·가(/덧·니·가)·났·다.

(1009)【창원】 똥·을 :엄·버·지·기·겉·이 싸나·았·다.
(1009)【고성】 똥·을 엄버지·기·겉·이 싸나·았·다.

(1010)【창원】 엉그럼·도 허덜시·리 지·긴·다.
(1010)【고성】 엉구룽·도 허덜시·리 지·긴·다.

(1011)【창원】 벡·에 :엉·그·럼·갔·다.
(1011)【고성】 벡·에 ·금·갔·다.

(1012)【창원】 서답 매·애 매·애 엉때·애·라(/치대·애·라).
(1012)【고성】 서답 매·애 매·애 엉때·애·라(/치대·애·라).

(1013)【창원】 ·소·가 어덕·에 등더·리·를 비빈·다.
(1013)【고성】 ·소·가 어덕·에 등더·리·를 비·빈·다.

(1014)【창원】 에·링·기·이 :우·째·저·래 :시·거·이 :올·대·앴·으·꼬?
(1014)【고성】 에·링·기·이 :우·째·저·래 :세·건·이 :올·데·엤·이·꼬?

(1015)【창원】 여나·암·시 ·욨·덩·가 모르겄·네.
(1015)【고성】 여나무·시 ·왔·덩·가 모리겄·네.

(1016)【창원】 그집 ·오·래·비 :시·상 베·렸·나?
(1016)【고성】 그집 ·오·래·비 :세·상 베·렸·나?

(1017)【창원】 다리·를 오마·고 앉·아·라.
(1017)【고성】 다리·를 오무·우·고(/오마·아·가) 앉·아·라.

(1018)【창원】 오줌시·끼·가? :와·아 지잉 :내·애 통시까·이·고?
(1018)【고성】 오줌시·끼·가 ·났·나? :와·아 지잉 :내·애 통시·이 ·가·노?

(1019)【창원】 :와·이·래 오지랖·을 :다·베·리·나·았·노?
(1019)【고성】 :와·이·래 오지랖·을 :다·베·리 나·았·노?

(1020)【창원】 :왈·기·지 :말·고 :사(:)·살 달개·애·라.
(1020)【고성】 :왈·기·지(/:왤·기·지) :말·고 :사(:)·살 달개·애·라.

(1021)【창원】 :아·무·리·바·아·도 우투럽·다.
(1021)【고성】 :아·무·리·바·아·도 우투럽·다.

(1022)【창원】 :이·지·서 :유·웅 :처·이·겉·네.
(1022)【고성】 :이·저·서 :여·엉 :처·니·겉·네(/:처·니·가 데·엤·네).

(1023)【창원】 일·라 주지 :마·라·이(/주·지 :마·라·이, 주지마·라·이, 주저마·라·이).
(1023)【고성】 일·러 주지 :마·라(/주지마·라).

(1024)【창원】 짝수바·리 조·옴 가·아 온·나.
(1024)【고성】 작수·발 조·옴 가·아 온·나.

(1025)【창원】 장·개·이·가 아푸·다.
(1025)【고성】 정·개·이·가 아푸·다.

(1026)【창원】 :만·날 :산·다 사·아·도 정지꾼 :밍·천 :몬·한·다.
(1026)【고성】 :만·날 :산·다 사·아·도 정지·꾼 :면·천·을 :몬·한·다.

(1027)【창원】 :전·닢·은 :말·케(/:말·키) 개라·아 내·애·라.
(1027)【고성】 :진·닢·은 :말·케 개라·아 내·애·라.

(1028)【창원】 ·알·키·는 :없·꼬 쭉디·기 ·뿌·이·다.
(1028)【고성】 ·알·티·이·는 :없·꼬 쭉디·이 ·뿌·이·다.

(1029)【창원】 산꽃(/창꽃) 따묵·우·로(/따무·우·로) 갈래(/:갈·래)?
(1029)【고성】 :진·달·래(/창꽃) 따묵·우·로(/따무·우·로) :갈·래?

(1030)【창원】 :오·온 천·지·에 천·지 삐까·리·다.
(1030)【고성】 :오·온 산·에 천·지 삐까리·다.

(1031)【창원】 첩사·이 :새·는 :말·도 :몬·한·다.
(1031)【고성】 첩사·이 :새·는 :말·도 :몬·한·다.

(1032)【창원】 청솔깨·이·로(/청솔까지·로) 밀·이 옇·어 나·았·디·이·마·는 ·저·래 영·개·가 ·난·다.
(1032)【고성】 청솔깨·이·로(/청솔까지·로) 밀·이 옇·어 나·았·더·마·는 ·저·래 연·기·가 ·난·다.

(1033)【창원】 :해·꺼·리 :사·옸·다(/:사·왔·다). 초·집 맨들·어·라.
(1033)【고성】 :해·꺼·리 :사·왔·다. 초·집 맨들·아·라(/맨들아·라, 맹글아=·라).

(1034)【창원】 ·이·집·에 오·올 소·이·옸·나? :와·이·래 축담·에 ·시·이 :많·노?
(1034)【고성】 ·이·집·에 오·올 소·이·왔·나? :와·이·래 축담·에 ·시·이 :많·노?

(1035)【창원】 ·소·오 :몬·움·직·이·거·로 코꾼더·리 잡·아·라.
(1035)【고성】 ·소·오 몬움직이거·로 코뜨래·로 잡·아·라.

(1036)【창원】 ·키·가·커·서 ·팔·때·장·걸·다.
(1036)【고성】 ·키·가·커·서 ·팔·때 장승걸·다.

(1037)【창원】 그아·아 :썽·질 :패·악·시·럽·네.
(1037)【고성】 그아·아 :썽·질 :패·악·시·럽·네.

(1038)【창원】 :사·람·들 있는·데·서 ·또·오 :패·악 지·길·래?
(1038)【고성】 :사·람·들 있는·데·서 ·또·오 :패·악 지·일·래?

(1039)【창원】 ·색·깔·이 포롬(:)하·이 :좋·네.
(1039)【고성】 ·색·깔·이 포롬(:)하·이 :좋·네.

(1040)【창원】 ·풀·쏘·옥·에 :아·무·데·나 앉·지 :마·라(/앉지 :마·라, 앉지마·라, 앉저마·라). 푸룽 ·물·든·다(/풀·물 ·든·다).
(1040)【고성】 ·풀·쏘·옥·에 :아·무·데·나 앉·지 :마·라(/앉지 :마·라, 앉지마·라, 앉저마·라). 푸룽 ·물 ·든·다(/풀·물 ·든·다).

(1041)【창원】 ·힌·서·답·에 푸룽·물 들라·아 나아·모 자알 지·지·도 않는·다.
(1041)【고성】 ·힌·서·답·에 푸룽·물 ·들·모 자알 지·지·도 않는·다.

(1042)【창원】 ·풋·나·물 무·치·라.
(1042)【고성】 ·풋·나·물 무·치·라.

(1043)【창원】 우리 ·옴·마 오·올 해·차·갔·습·니·더.
(1043)【고성】 우리 ·옴·마 오·올 헤·치·갔·습·니·더.

(1044)【창원】 니·는 ·허·풍·시·이·가? :와·아 :자·꾸 맞·고·마 ·오·노?
(1044)【고성】 니·는 ·허·풍·시·이·가? :와·아 :자·꾸 맞·고·마 ·오·노?

(1045)【창원】 ·이·집 아·아 요새·애(/요시·이) 홍지·이 걸리·이·서(/홍지·이 들리·이·서) :유·웅 :얄·궂·다·카·네.
(1045)【고성】 ·이·집 아·아 요새·애(/요시·이) 홍지·이 걸리·이·서 :여·엉 :얄·궂·다·쿠·네.

(1046)【창원】 그으 :어·른·께·서 :만·날 새북겉·이 산먼디·이·에 올·라 ·가·시·는·기·이·라.
(1046)【고성】 그으 :어·른·께·서 :만·날 새벅겉·이 산먼다·아 올·라 ·가·시·는·기·이·라.

(1047)【창원】 가·아 ·살·시·이 ·차·암 ·희·네.
(1047)【고성】 가·아 ·살·신·이(/·살·꺼·리·가) ·차·암 ·희·네.

(1048)【창원】 :장·골 :너·이·가 그것·도 :몬·뜨·나?
(1048)【고성】 :장·골 :너·이·가 그것·도 :몬·뜨·나?

(1049)【창원】 ·살·키·가 :하(:)·한·기·이 ·차·말·로 :이·뿌·더·라.
(1049)【고성】 ·살·꺼·리·가 :하(:)·야·이(/:하(:)·얀·기·이, :하(:)·야·이) ·차·말·로 :이·뿌·더·라.

(1050)【창원】 그단새·애 ·바·압 :다·묵·읐·나?
(1050)【고성】 그새·애 ·바·압 :다·무·읐·나?

(1051)【창원】 올뽐·에 ·큰·딸(/·큰·아·아) 체·아·야·제.
(1051)【고성】 올뽐·에 ·큰·딸(/·큰·아·아) 치·아·야·제(/치·아·야·지).

(1052)【창원】 항새배·기·는(/·억·새·는) 산찌·실·에 :마(:)·이 있·지.
(1052)【고성】 셋·대·는 산뻔덕·에(/산찌실·에) :마·이·있·지.

(1053)【창원】 ·할·매·한·테 고마 치대·애·라(/고만치대애·라).
(1053)【고성】 ·할·매·한·테 고만치대애·라.

(1054)【창원】 삽작밖·에·서 쌩가·암·을 질·러 샇는·데.

(1054) 【고성】 사릅·문 밖·에·서 고·암·을 질·러 샇는·데.

(1055) 【창원】 :만·날 다리밑·에·서 쭈·우·왔다(/쭈·우·왔·다) 카고 :보·굴·믹·이·더·라.
(1055) 【고성】 :만·날 다리밑·에·서 주·우·왔다 쿠·고 :보·골 채·우·더·라.

(1056) 【창원】 베륵바·아 :항·칠·하·다·가 들키·있·다.
(1056) 【고성】 베륵바·아 :항·칠·하·다·가(/:햄·칠·하·다·가) 들키·있·다.

(1057) 【창원】 지이 ·키·마·안·치 가·아 오가·아·꼬·는 쎄·아·는·데.
(1057) 【고성】 쪼깨마 가·아 와갖·고·는 쎄·운·다.

(1058) 【창원】 지이 공부빵·으·로 :패(:)·내·끼 ·가·더·라.
(1058) 【고성】 지이 공부빵·으·로(/공부빠·아·로) :패(:)·내·끼 ·가·더·라.

(1059) 【창원】 ·가·는·데·마·다(/·가·는·데 마·다) 오가·아·꼬 :해·작·을(/:히·적·을) ·치·는·기·이·라
(/·치·는·기·라).
(1059) 【고성】 ·가·는·데 마·다 와가·지·고(/와가·이·고) :해·작·을 ·치·는·기·라(/지·이·는·기·라).

(1060) 【창원】 니마·자(/니꺼·정) :날·로 ·이·래 뚜·아 쎄·아·나?
(1060) 【고성】 니꺼·장(/니꺼·정) :날·로 ·이·래 뚜·아 씨·우·나?

(1061) 【창원】 생·긴 바·꾸·야 :허(:)·언 하·지.
(1061) 【고성】 생·긴 바·꾸·야 :허(:)·언 하·지.

(1062) 【창원】 체·리 배이·이·기·는 :돈·빼·끼 :없·다.
:돈·빼·끼 체·다 배이·이·는·기·이 :없·다.
(1062) 【고성】 체·리 베이기·는 :돈·배·끼 :없·다.
:돈·뿌·이 체·리 베이는기·이 :없·다.

부록②

표현적 장음화 자료

(0022) 【창원】 ·또(:)·옥 강새·이·겉·네.
【고성】 ·또·옥 강새·이·겉·네.
【성주】 ·꼬(:)·옥 강새·이·겉·네.
【대구】 ·또(:)·옥 강새·이·겉·네.

(0025) 【창원】 :몬·묵·는·거 :말(:)·키 개라·아 내·애·라.
(0025) 【고성】 :몬·묵·는·거 :말(:)·키 개라·아 내·애·라.
【성주】 :몬·묵·는·거 :말(:)·케 개라·아 내·애·라.
【대구】 :몬·묵·는·거 마(:)카 가래·애 내·애·라

(0048) 【창원】 ·고·시·레(:)! :우·째·앴·든·지 재·수 있거·로 :해·주·이·소.
(0048) 【고성】 고·시·레(:)! 우째앴든·지 재·수 있거·로 :해·주·이·소.
(0048) 【고성】 고·시·레(:)! 우째앴든·지 재·수 있거·로 :해·주·소.
(0048) 【고성】 게·시·레(:)(/꺼·시·레(:))! 우째앴든·지 재·수 있거·로 :해·주·이·소.
【성주】 ·고·시·네(:)! :우·째·앴·든·지 재·수 있거·로 :해·주·소.
【대구】 ·고·시·네(:)! 우야든·지(/우짜든·지) 재·수 있구·로 해주이·소.

(0059) 【창원】 니이(/니·이) ·저·거 ·쓰·능·것·까? :와·아 ·멫(:)·날 메·칠·로 방꾸숙·에 구불·아 댕·기-·거·로 나·아·뚜·노?
(0059) 【고성】 너어(/니·이) ·저·거 ·씨·능·것·까? :와·아 ·멫(:)·날 메·칠·로 방꾸숙·에 구불·아 댕·기-·거·로 나·아·뚜·노?
【성주】 너어 ·저·거 ·쓰·능·것 아이·가? :와·아 ·멫(:)·날 메·칠·로 방꾸숙·에 구불·아 댕·기·구·로 나·아·뚜·노?
【성주】 너어 ·저·거 ·쓰·능·것 아이·가? :와·아 ·및(:)·날 미·칠·로 방꾸숙·에 구불·아 댕기구·로 나·아 ·뚜·노?
【대구】 :니 ·저·거 ·쓰·능·기·이·가? :와 ·및(:)·날 미·칠·로 방꾸석·에 구불·어 댕기구·로 나-·아·뚜·노?
【대구】 :니 ·저·거 ·쓰·능·거 아이·가? :와 ·및(:)·날 미·칠·로 방꾸석·에 구불·어 댕기구·로 [나]뚜노?

(0063) 【창원】 ·멫(:)·분·이·나 씨·기·도 ·군·소·리 하나 안하·고 ·저·레 잘한·다.
(0063) 【고성】 ·멫(:)·분·이·나 씨·기·도 ·군·소·리 하나 안하·고 ·저·레 잘한·다.

【성주】 ·및(:)·분·이·나 씨·기·도 ·군·소·리 하나 안하·고 ·저·레 잘한·다.
【대구】 ·및(:)·분·이·나 씨·기·도 :군·소·리 하나 안하·고 ·저·레 잘한·다.

(0094) 【창원】 깨(:)끗하·이 해낳·고(/해놓·고) :사·네.
(0094) 【고성】 깨(:)끗하·이 해놓·고 :사·네.
【성주】 깨(:)끗하·이 해놓·고 :사·네.
【대구】 깨(:)끗하·이 해놓·고 :사·네.

(0096) 【창원】 :도·라·샇·는·거 안주우띠·이 가·고 나·앙·께(/나·이·께) 끼꾸룸(:)하·네.
(0096) 【고성】 :도·라·쿠·는·데 안조오떠·이 가·고 나·앙·께(/나·이·께) 께꾸룸(:)하·다.
(0096) 【고성】 :도·라·쿠·는·데 안조오떠·이 가·고 나·앙·께(/나·이·께) 께꾸룽(:)하·다.
【성주】 :돌·라·카·는·거 안조오띠·이 가·고 나·이 끼꾸룸(:)하·네
【대구】 :돌·라 캐샇는·거 안조오띠·이·마·는 가·고 나·이·까 찝찝(:)하·네

(0100) 【창원】 :두·손·으·로 깻·대·로 잡·고, :사·살 털·어·라. :그·래·야 밖·으·로 안나간·다.
(0100) 【고성】 :두·손·으·로 깻·대·로 잡·고, :사·살 떨·어·라. :그·래·야 밖·으·로 안나간·다.
【성주】 :두·손·으·로 깻·대·를 잡·고, :살(:)살 털·어·라. :그·래·야 밖·으·로 안나간·다.
【대구】 :두·손·으·로 깻·대·를 잡·고, 살(:)살 털·어·라. □래애야 밖·으·로 안나간·다.

(0102) 【창원】 개·기 말라·아 나·앙·거(/나앙거) 꺼덕꺼덕하·모 안·에 들라·아·라.
(0102) 【고성】 개·기 말라·아 나·앙·거(/나앙거) 꺼덕꺼덕하·모 안·에 들라·아·라.
【성주】 기·기 말야·아[ly] 나·앙·거 까닥까닥하·마 안·에 들야·아·라[ly].
【대구】 기·기 말라·아 나·았·능·거 까닥까닥(:)#하·마 안·에 들라·아·라.

(0105) 【창원】 ·불·에 :살(:)·짝 끄실·라 ·바·아·라.
(0105) 【고성】 ·불·에 :살(:)·짝 끄실·라 :바·아·라.
【성주】 ·불·에 :살(:)·짝 끄실·라 :바·라.
【대구】 ·불·에 살(:)짝 끄실·러 :바·라.

(0109) 【창원】 서답 꼽꼽(:)하·모 걷·어 가·아·꼬 밟·아·라.
(0109) 【고성】 서답 꼽꼽(:)하·모 걷·어 가·아·꼬 볿·아·라.
【성주】 서답 꼽꼽(:)하·마 걷·어 가·주·꼬 밟·아·라.
【대구】 서답 꼽꼽(:)하·마 걷·어 가·주·고 밟·버·라.

(0123) 【창원】 오데서 ·이·래 :자(:)·꾸 꾸룽·내·가 ·나·노?
~오데서이래자(:)꾸꾸룽내가나·노?
(0123) 【고성】 오데서 ·이·래 :자(:)·꾸 꾸·룽·내·가 ·나·노?
~오데서이래자(:)꾸꾸룽내가나·노?
【성주】 오데서 ·이·래 :자(:)·꾸 꾸룽·내·가 ·나·노?
~오데서이래자(:)꾸꾸룽내가나·노?
【대구】 어데서 ·이·래 자(:)꼬 꾸렁·내·가 ·나·노?

(0132) 【창원】 ·야·아·는 ·한·참·을 :몬·업·고·있·겄·다. :유·웅 등더·리·이·서 나부대·애 샇·아·서 :사–·람·이 대·애 죽겄·다.
(0132) 【고성】 ·야·아·는 ·한·참·을 몬업고있겄·다. :여·엉 등더·리·서 나부대·애 샇·서 :사·람·이 데·에 죽겄·다.
【성주】 ·야·아·는 ·한(:)·참·을 :몬·업·고·있·겠·다. :여·엉 등거·리·이·서 나부대·애 샇·아·서 :사·람·이 대·애 죽겄·다.
【대구】 :야·는 ·한(:)·참·을 :몬·업·고·있·겠·다. :여·엉 등더·리·애·서 보시대·애 사·아·서 :사–·람 ·이 대·애죽겠·다.

(0144) 【창원】 가르지·기·로 날랄(:)하·이 누·우·라.
(0144) 【고성】 가리지·기·로 날랄(:)하·이 누·우·라.
【성주】 가리지·기·로 ·나·란(:)·히 누·우·라
【대구】 옆·으로 널럴(:)하·이 누·버·라

(0162) 【창원】 낯·이 넙떡(:)하·이 넙띠·기 ·겉·네.
(0162) 【고성】 낯·이 넙떡(:)항·께 넙띠·이 ·겉·네.
【성주】 낯·이 넙떡(:)하·이 넙띠·기(/넙띠·이) ·겉·네.
【대구】 낯·이 넙떡(:)하·이 넙띠·기 ·겉·네.

(0168) 【창원】 ·놋·그·륵 재끼·미 가·아·꼬 땎·아 노·오·모 반들반들하·이 ·참 베·기 :좋·다.
(0168) 【고성】 ·놋·그·륵 제엣깨·미 가·아·꼬 땎·아 노·오·모 반들반들(:)하·이 ·참(:)·암 베·기 :좋·다.
【성주】 ·놋·그·륵 재깨·미 가·아 땎·아·노·오·마 반짝(:)반짝하·이 ·참(:) 베·기 :좋·다.
【대구】 ·놋·그·륵 쟁깨·미 가·아 땎·어·노·오·마 반짝(:)반짝하·이 ·참(:) 비·기 :좋·다.

(0175) 【창원】 ·내·가 :다·대·앴·는·갑·다. ·누·이 ·토·옹 안배인·다.
(0175) 【고성】 ·내·가 :다·대·앴·는·갑·다. ·누·이 ·토·옹 안베인·다.
【성주】 ·내·가 :다·대·앴·는·갑·다. ·누·이 ·통(:) 안배인·다.
【대구】 ·내·가 :다·대·앴·는·갑·다. ·누·이 ·통(:) 안비·인·다.

(0178) 【창원】 눈떠부·리·가 뿌숙(:)하·네.
(0178) 【고성】 눈꺼부·리·가(/눈뚜·덕·이, 눈뚜덕·이) 뿌숙(:)하·네.
【성주】 눈뚜·둑·이 뿌숙(:)하·네.
【대구】 눈떠부·리·가 퍼석(:)하·네.

(0179) 【창원】 ·눈·티·이·가 :시(:)·푸·렇·네.
(0179) 【고성】 ·눈·티·이·가 :시(:)·푸·렇·네.
【성주】 눈티·이·가 시(:)푸렇·네.
【대구】 눈티·이·가 시(:)퍼렇·네.

(0223) 【창원】 접·시 매·앵·키·로 도르뱅(:)하·다.
(0223) 【고성】 접·시 매·이·로 똥구람(:)하·다(/동구람(:)하·다).

【성주】 접·시 맨드·로 똥구리(:)하·다.
【대구】 접·시 맹쿠·로(/맨츠·로) 똘방(:)하·다.

(0227) 【창원】 인자·아 :촌·에·도 젊·은 :사·람·은 :말(:)·키 ·도·애·지·로 :다 ·나·가·고 :일·할·사·람·이 :없·다.
(0227) 【고성】 인자·아 :촌·에·도 젊·은 :사·람·은 :말(:)·케 ·도·에·지·로 :다·나·가·고 :일·할·사·람·이 :없·다.
【성주】 인자·아 :촌·에·도 젊·은 :사·람·은 :말(:)·케 도·휘·지·로 :다·나·가·고 :일·할·사·람·이 :없·다.
【대구】 인자·아 :촌·에·도 젊·은 :사·람·은 마(:)카 도·휘·지·로 :다·나·가·고 :일·할·사·람·이 :없·다.

(0248) 【창원】 :허(:)·헌 두루매·기·로 입·고 꿈·에 보이·이·데.
(0248) 【고성】 :허(:)·연 두루매·이·로 입·고 꿈·에 베이·이·데(/베이이데·에, 베이데·이).
【성주】 허(:)연 두루마·기·를(/두루막·을) 입·고 꿈·에 비·이·데.
【대구】 허(:)연 두루매·기·로 입·고 꿈·에 보이·이·데.

(0251) 【창원】 그집 :부·잔·갑·다. 두지(/나락두지)·가 억(:)·시·기 ·크·다.
(0251) 【고성】 그집 :부·잔·갑·다. 두지(/나락두지)·가 억(:)·시·기 ·크·다.
【성주】 그집 :부·잔·갑·다. 두지(/나락두지)·가 억(:)·시·기 ·크·다.
【대구】 그집 :부·잔·갑·다. 두지(/나락두지)·가 어어·시(/어(:)시) ·크·다.

(0269) 【창원】 손·끝·이 야무치거·로 밍지·는 따디·미·질·로 반들반들하거·로 ·해·애·야·한·다(/·해·애 –·야·댄·다).
(0269) 【고성】 손·끝·이 야·물·거·로 멩지·는 따디미찔·로 반들반들하거·로 ·해·애·야 덴·다(/·해·애·야 덴·다,·해·애·야·덴·다).
【성주】 손·끝·이 야무치구·로 밍지·는 따디·미·질·을 반들반들(:)하구·로 :해·야·한·다(/:해 –·야·댄·다).
【대구】 손·끝·이 야무치구·로 밍지·는 따디·미·질·을 반들반들(:)하구·로 :해·야·한·다(/:해 –·야·댄·다).

(0270) 【창원】 드문(:)드문하·이 숭·구·라.
(0270) 【고성】 드문드문하·이 숭·구·라.
(0270) 【성주】 드문드문(:)하·이 숭·구·라.
(0270) 【성주】 드문드문(:)하·이 숭가·아·라.

(0281) 【창원】 고치 고고(/고거) :쪼·깨(:)·능·기 억(:)·시·기 맵·다.
(0281) 【고성】 꼬치 고고 쪼깨(:)능기·이 억(:)·시·기 맵·다.
(0281) 【고성】 고치 고거 쪼매(:)능기·이 억(:)·시·기 맵·다.
【성주】 고치 고고(/고거) :쪼·깨(:)낭기·이 억(:)·시·기 맵·다.
【대구】 고치 고고(/고거) 쪼만(:)한기·이 어어·시(/어(:)시) 맵·다.

(0282) 【창원】 :쪼·깨(:)·이 남·안·거 떠리·미 :해·가·소(/떠리·미·해·애 ·가·소).
(0282) 【고성】 :쪼·깬(:) 남·은·거 떠리·미 :해·가·소(/떠리·미 ·해·애 ·가·소, 떠리·미·해·애 ·가·소).
【성주】 째매(:) 남·은·거 떠리·미 :해·가·소(/·하·소).
【대구】 쪼·매(:) 남·안·는·거 떠리·미 해가소(/떠리·미·해·애 ·가·소)

(0285) 【창원】 똥띠·이·가 :장·띠·이·보·고 :누(:)·렇·다·꼬 나무래·앤·다.
(0285) 【고성】 똥띠·이·가 :장·띠·이·보·고 누(:)렇다·고 나·무·래·앤·다.
(0285) 【고성】 똥띠·이·가 :장·띠·이·보·고 :누(:)·렇·다·꼬 나·무·래·앤·다.
【성주】 똥띠·이·가 :장·띠·이·보·고 :누(:)·렇·다·꼬 나무래·앤·다.
【대구】 똥뜽거·리·가 :장·뜽·거·리·보·고 누(:)렇·다·꼬 나무래·앤·다.

(0286) 【창원】 ·비·가 :올·랑·갑·다. 마다·아 뚜끼·비·가 :불(:)·불 ·기·이 댕·긴·다.
(0286) 【고성】 ·비·가 :올·랑·갑·다. 마다·아 뚜꺼비·가 :불(:)·불(/:벌(:)·벌) ·기·이 댕·긴·다.
【성주】 ·비·가 :올·랑·갑·다. 마다·아 뚜꺼·비·가 구부렁 구부렁 :기·이 ·들·온·다.
【대구】 ·비·가 :올·랑·갑·다. 마다·아 뚜끼·비·가 :뻘(:)·뻘 기(이)댕긴·다.
·비·올·랑·갑·다. 마다·아 뚜끼·비·가 뻘(:)뻘 기(이)댕긴·다.

(0287) 【창원】 벌시·로(/버시·로) ·자·능·가 :대·답·이 :없·노? 한분 더어:쎄(:)·기 뚜디·리 ·바·아·라.
(0287) 【고성】 벌시·로(/버시·로) ·자·능·가 :대·답·이 :없·노? 한분 더어 :세(:)·기 뚜디·리 ·바·아·라 (/:바·아·라).
【성주】 벌시·로 ·자·능·가 :대·답·이 :없·노? 한분 더어 :시(:)기 뚜디·리 :바·라.
【대구】 벌시·로(/버시·로) ·자·능·가 :대·답·이 :없·노? 한분더 :씨·기(/씨(:)기) 뚜디·리 :바·라.

(0292) 【창원】 고거 :우·쩨·그·래 마(:)치맞·노?
(0292) 【고성】 고거 우찌그·래(/:우·쩨·그·래) 마(:)치맞·노?
【성주】 고거 :어·쩨·그·래 마(:)치맞·노?
【대구】 고거 :우·찌·그·리 마(:)치맞·노?

(0293) 【창원】 낱·에 마른버·짐·이 :허(:)·허·이 ·피·있·다.
(0293) 【고성】 낱·에 마린버·짐·이 :허(:)·여·이(/:허(:)·여·이) ·피·있·다.
【성주】 낱·에 마른버·즘·이 허(:)여·이 :폈·다.
【대구】 낱·에 마른버·짐·이 허(:)여·이 :폈·다.

(0312) 【창원】 국·물·이 ·토·옹 안울어나·고 :맬(:)·갛·다.
(0312) 【고성】 국·물·이 ·토·옹 안울우나·고 말(:)그맣·다.
(0312) 【고성】 국·물·이 ·토·옹 안울어나·고 말(:)금하·다(/맬(:)금하·다).
【성주】 국·물·이 ·토(:)·옹 안울어나·고 맬(:)갛·다.
【대구】 국·물·이 여엉 안울어나·고 맬(:)갛·다.

(0315) 【창원】 바람·이 설렁(:)하·이 안불·고 덥덥(:)하·이 ·모·구·가 :까(:)·악 ·찼·다.

(0315)【고성】 바람·이 설렁(:)하·이 안불·고 덥덥(:)하·이 ·모·구·가 :까(:)·악 ·찼·다.
(0315)【고성】 바람·이 살랑(:)하·이 안불·고 덥덥(:)하·니 ·모·구·가 :까(:)·악 ·찼·다.
【성주】 바람·이 살랑살랑 안불·고 텁텁(:)하·이 ·모·구·가 :까(:)·악 ·찼·다.
【대구】 바람·이 선(:)하·이 안불·고 텁텁(:)하·이 전시·내 ·모·구·다

(0325)【창원】 딩·기·로 가·아·꼬 ·모·캣·불 몽개(:)몽개 낳·아·라.
(0325)【고성】 딩·기·로 가·이·고(/가·주·고) ·모·캣·불 몽개몽개 놓·아·라(/낳·아·라).
【성주】 딩·기 가·주·고 ·모·기·불(/·모·개·이·불) 몽개몽개(:) 낳·아·라.
【대구】 딩·기 가·주·고 ·모·기·불(/·모·개·이·불) 모랑(:)모랑(/뭉텅(:)뭉텅) 낳·아·라.

(0336)【창원】 :일·로 :마(:)·이·해·애·서 물·팍·이 제·리·다.
(0336)【고성】 :일·로 :마(:)·이 ·해·애·서 물·팍·이 제·리·다.
【성주】 :일·을 마(:)이 :해·서 다리·가 제·리·다.
【대구】 :일·을 마(:)이해·가·주·고 다리·가 지·리·다.

(0337)【창원】 씨락국·은 :보(:)·하·이 지·름·에 다라·아·서 끼·리 나아·모 삼삼(:)하·이 맛있·다.
(0337)【고성】 씨락국·은 :보(:)·하·이 지·름·에 다라·아·서 끼·리 나아·모 삼삼(:)하·이 맛있·다.
【성주】 씨래·기·꾹·은 :보(:)·하·이 지·름·에 다라·아·서(/달카·아·서, 딸카·아·서) 끼·리 노·만 삼삼(:)하·이 맛있·다.
【대구】 씨락국·은 보(:)하·이 지·름·에 다라·아·서 끼·리 노·오·마 심심(:)하·이 맛있·다.

(0340)【창원】 묵·돌·이·가? :와·아 :씩(:)·씩 묵·기·마(/묵·기·마) ·하·노?
(0340)【고성】 묵·돌·이·가? :와·아 :씩(:)·씩 묵·기·마(/묵·기·만) ·하·노?
【성주】 묵·돌·이·가? :와·아 :씩(:)·씩 묵·기·마 ·하·노?
【대구】 무꾸재·비·가? ·와 씩(:)씩(거·리·미) 묵·기·마 ·하·노?

(0341)【창원】 ·물·로 :찰·찰(:) 허·치 가·아 ·씰·이·라. 미금·이 :풀(:)·풀 ·난·다.
(0341)【고성】 ·물·로 :찰·찰(:)(/:찰(:)·찰) 허·처 가·아 ·씰·어·라. 미금·이 :풀(:)·풀 ·난·다(/풀풀 난·다).
【성주】 ·물·을 :살·살(:)(/:살(:)·살) 흔·처 가·아 ·씰·이·라. 미금·이 :펄(:)·펄 ·난·다.
【대구】 ·물·좀 뿌·리 가·주·고(가·주·고) ·씰·어·라. 문지·가 풀(:)풀 ·난·다.

(0346)【창원】 물떠무·우 ·물·때·가 :새(:)·파·라·이 앉·았·네. :하(:)·악 조·옴 치내·애·뿌·라.
(0346)【고성】 물떠무·우 ·물·때·가 :새(:)·파·라·이 앉·았·네. ·화(:)·악(/:하(:)·악) 조·옴 치내애삐·라 (/처내·애·뿌·라, 처내·애 삐·이·라).
【성주】 물떠무·우 ·물·때·가 :새(:)·파·라·이 앉·았·네. :화(:)·악 조·옴 처내·애·뿌·라.
【성주】 물떠무·우 ·물·때·가 :새(:)·파·라·이 앉·았·네. :화(:)·악 조·옴 쒸·어 내·애·뿌·라.
【대구】 물떠미·이·에 ·물·때·가 새(:)파·라·이 앉·었·네. 확(:) 쫌 시·꺼·뿌·라.

(0348)【창원】 모숭굴·때 ·물·우·우 :뺄(:)·가·이 ·물·자·새(/넝·구·리) 떠댕·기·능·거 ·바·았·나?
(0348)【고성】 모숭굴·때 ·물·우·우 :뺄(:)·가·이 ·무·자·수 떠댕기능·거 :바·았·나?

(0348) 【고성】 모숭굴·때 ·물·우·우 :빨(:)·가·이 너불딴지·가(/넝·거·리·가) 떠댕·기·능·거 ·바·았·나?
【성주】 모숭굴·때 ·물·우·우 :빨(:)·가·이 ·물·배·암·이(/너불리·기·가, 넝·거·리·가) 떠댕·기·능·거 :밨·나?
【대구】 모숭구·울·때 ·물·우·에 빨(:)가·이 ·물·뱀 떠댕·기·능·거 :밨·나?
〈고성 방언〉 ·무·자·수(빨간 색이 아님)

(0354) 【창원】 오데서그래시(:)퍼러이미이들었·노?
(0354) 【고성】 오데서그래시(:)퍼러이머이들었·노?
(0354) 【고성】 오데서그래시(:)퍼러이 ·머·이 ·들·었·노?
【성주】 어데서그래시(:)퍼러이 미이들었·노?
【대구】 어데서그래시(:)퍼러이미이들었·노?

(0355) 【창원】 :밍·파·이 :헌(:)·하·네.
(0355) 【고성】 :멘·파·이(/:멘·판·이) :헌(:)·하·네.
【성주】 :민·대·가 :헌(:)·하·네.

(0364) 【창원】 발꼼·치 :살·째(:)·기 들·어 ·바·아·라.
(0364) 【고성】 발·꼼·치 :살·째(:)·기(/:㗊·째(:)·기) 들·어 ·바·아·라.
【성주】 발꼬머·치 살찌(:)기 들·어 :바·라.
【대구】 ·발 :디·꿈·치 살찌(:)기 들·어 :바·라.

(0368) 【창원】 방매·이·로 가·아·꼬 :통(:)·통 뚜디·리·서 칼캤·기 ·빨·아 온·나.
(0368) 【고성】 방마·이·로 가·아·꼬 :탕(:)·탕 뚜·디·리·서(/뚜·디·라·서) 칼캤·기 ·빨·아 온·나.
【성주】 방매·이 가·지·고 통(:)통 뚜디·리·서 깨(:)끗·이 ·빨·아 온·나·아.
【대구】 방매·이· 가·주·고(/까·주·고) 통(:)통 뚜디·리·서 깨(:)끔하·이 ·빨·아 온·나.

(0375) 【창원】 까마·구 개·기·로 묵·윴·나. ·멫(:)·분·을 배·아(/개르·차) ·주·우·도 이자삐·노?
(0375) 【고성】 까마·구 개·이·로 묵·윴·나. ·멫(:)·분·을 배·아 :조·오·도 이자삐리·노?
(0375) 【고성】 까마·구 개·이·로 무·윴·나. ·멫(:)·분 갤차·아(/갤카·아) :조·오·도 이자삐·이·노?
【성주】 까마구기·기·를 묵·윴·나. ·몇(:)·분 가리·키 :조·도 이자·아뿌·리·노?
【성주】 까마구기·기·를 묵·윴·나. ·몇(:)·분 가리·키 :조·도 이자뿌리·노?
【성주】 까마구기·기·를 묵·윴·나. ·몇(:)·분·을 :캐·도 모르·노?
【대구】 까마·구 기·기 무·윴·나. 몇(:)분을 갈차·아 :조·도 이자·아·뿌·노?

(0377) 【창원】 배·이 따시·이·서 ·잼·이 :사(:)·살 ·온·다.
(0377) 【고성】 바·이 따시·이·서 ·잠·이 :사(:)·살 ·온·다.
【성주】 바·이 따시·이·서 ·잠·이 살(:)살 ·온·다.
【성주】 바·이 떠시·이·서 ·잠·이 살(:)살 ·온·다.
【대구】 바·이 뜨새·애·서 ·잠·이 살(:)살 ·온·다.

(0383) 【창원】 버·부·리·라·도 :말·끼·는 :허(:)·언·하·다.

(0383)【고성】 버·부·리·라·도 :말·끼·는 :헌(:)·하·다.
【성주】 버·부·리·라·도 :말·끼·는 :훤(:)·하·다(/:환(:)·하·다).
【대구】 버버·리·라·도 :말·끼·는 훤(:)하·다.

(0400)【창원】 부숙문·을 :까(:)·악 닫·아·라(/:까(:)·악닫·아·라).
(0400)【고성】 부섞문·을 :까(:)·악 닫·아·라(/:까(:)·악닫·아·라).
【성주】 부석문·을 :꼬(:)·옥 닫·아·라
【대구】 부석문·을 깍(:)닫·아·라

(0406)【창원】 부·치·로 :사(:)·살 부·치 ·바·아·라.
(0406)【고성】 부·채·로 :사(:)·살 부·치 :바·아·라(/·바·아·라).
【성주】 부·채·로 살(:)살 부·치 :바·라.
【대구】 부·채·까·주·고 살(:)살 부·치 :바·라.

(0409)【창원】 불묵·돌 하거·로 넙떡(:)한 :돌·하·나 구해 ·바·아·라.
(0409)【고성】 불묵·돌 하거·로 넙떡(:)한 :돌·하·나 구해·애 :바·아·라(/·바·아·라).
【성주】 불목·돌 하구·로 넙떡(:)한 :돌·한·개 조·오 온너·라
【대구】 (생략) 하구·로 넙떡(:)한 :돌·한·개 조·오 온느·라
〈고성 방언〉 솥니·망·똘

(0410)【창원】 아직·에(/아칙·에) 이·일 나·모 낯·이 ·이·래 뿌석(:)하·이(/뿌석(:)하·이) 붕는·다.
(0410)【고성】 아척·에 일·어 나·모 낯·이 ·이·래 뿌석(:)하·이(/뿌석(:)하·이) 붕는·다.
(0410)【고성】 아척·에 이·일 나·모 낯·이 ·이·래 뿌숙(:)하·이 붕는·다.
【성주】 아직·에(/아즉·에) 이·일 나·마 낯·이 ·이·래 뿌숙(:)하·이 붕는·다.
【대구】 아직·에(/아칙·에) 일나·마 낯·이 ·이·래 푸석(:)하·이 :붕·는·다.

(0412)【창원】 미꼬래·이(/미꾸라·지) 그거 비렁·내 억(:)·시·기(/억(:)·시·이) ·난·다.
(0412)【고성】 미꼬래·이 그거 비·린·내 억(:)·시·기(/억(:)·시·이) ·난·다.
【성주】 미꾸래·이(/미꾸라·지) 그거 비렁·내(/비린·내) 억(:)·시·기 난·다.
【대구】 미꾸래·이(/미꾸라·지) 그거 비렁·내 어어·시(/어(:)시) ·난·다.

(0417)【창원】 오데 :어·른·앞·에 :말·대·꾸·로(/:말·대·답·을) 하·고 :빠·꼬(:)·미 체·다 ·보·노?
(0417)【고성】 오데 :어·른·앞·에 :말·대·꾸·로(/:말·대·답·을) 하·고 :빠·꼬(:)·미 체·다 ·보·노?
(0417)【고성】 오데 :어·른·앞·에 :말·대·꾸·를 하·고 빠꼼(:)하·이 체·다 ·보·노?
【성주】 어데 :어·른·앞·에(/:어·른·한·테) :말·대·꾸·로(/:말·대·답·을)하·고 ·㗛·꼬(:)·미 체·다 ·보·노?
【대구】 어데 :어·른·앞·에 :말·대·꾸·로(/:말·대·답·을) 하·고 빠꼬(:)미 쳐·다 ·보·노?

(0425)【창원】 그다·안·에 오·데 아·팠·는·가? :사·람·이 :여·엉 :빼(:)·빼 말·랐·네.
(0425)【고성】 그다·안·에 오·데 아·팠·는·가? :사·람·이 :여·엉 빼(:)빼 (/:빼(:)·빼) 몰·랐·네.
【성주】 그다·안·에 어·데 아·팠·는·가? :사·람·이 :여·엉 :빼(:)·짝 말·랐·네.

【성주】 그다·안·에 어·데 아·팠·는·가? :사·람·이 :여·엉 꺼추룸(:)하·다.
【대구】 그새·에 어·데 아·팠·능·가? :사·람·이 :영 빼(:)빼 말·랐·네.

(0426) 【창원】 :삐(:)·이 :알·멘·서 ·넘·한·테 :묻·기·는 :와·묻·노?
(0426) 【고성】 :삐(:)·니(/·뻰녀(:)니) :알·멘·서 ·넘·한·테 :묻·기·는 :와·묻·노?
【성주】 삐(:)니(/·삐·년·이) :알·면·서 ·넘·한·테 :묻·기·는 :왜·묻·노(/:와·묻·노)?
【대구】 삐(:)이 :알·민·서 ·넘·한·테 :묻·기·는 ·와·묻·노?

(0427) 【창원】 ·들·어 오지 :마·라(/·들·어 오·지 :마·라, ·들·어 오지마·라, ·들·어 오저마·라, 들오저-마·라, 들오·지 :마·라). 이·게·는(/여·게·는) :오·온·천·지 뻘꾸디·기·라·서 ·발·이 :푹(:)·푹 ·빠·진·다.
(0427) 【고성】 ·들·어 오지 :마·라(/·들·어 오·지 :마·라, ·들·어 오지마·라, ·들·어 오저마·라, 들오-저마·라, 들오·지 :마·라). 이·게·는 :오·온·천·지·가 뻘꾸디·기·라·서 ·발·이 :푹(:)·푹 ·빠·진·다.
【성주】 ·들·어 오지 :마·라(/·들·어 오·지 :마·라, ·들·어 오지마·라, ·들·어 오저마·라, 들오-지마·라, 들오·지 :마·라, 들오지 :마·라). 여·게·는 :온#천·지·가 수·북·이·라·서(/수·북·구·딕·이·라·서) ·발·이 :푹(:)·푹 ·빠·진·다.
【대구】 들오지마·라 여·게·는 :온·천·지 진흙꾸디·이·라·서 ·발·이 푹(:)푹 ·빠·진·다.

(0437) 【창원】 삐뚜룸(:)하·다. :쪼(:)·옥 바로끄·어·라.
(0437) 【고성】 삐뚜룸(:)하·다. :쪼(:)·옥 바로끄·어·라.
【성주】 삐뚜룸(:)하·다. :쪼(:)·옥 바로 끄·어·라.
【대구】 삐뚜룸(:)하·다. 쭉(:)바로 꺼·어·라.(/쭉(:)바로꺼·어·라.)

(0438) 【창원】 ·이·래 사아·이 무슨(/무·슨) 뽀족(:)·한 ·수·가 있겠·노?
(0438) 【고성】 ·이·래 사아·니 무슨(/무·슨) 뽀족(:)·한(/뽀족(:)한) ·수·가 있겠·노?
【성주】 ·이·래 사아·이 무슨 빼족(:)한·수·가 있겠·노?
【성주】 ·이·래 사아·이 무슨 뺏족(:)한·수·가 있겠·노?
【대구】 ·이·래 사·아·이 무슨수가있겠·노?

(0439) 【창원】 손·에 ·비·로 :마(:)·이 맞·아·모 :사·마·구 생·긴·다·카·더·라.
(0439) 【고성】 손·에 ·비·로 :마(:)·이 맞·이·모 :사·마·구 생·긴·다 ·쿠·더·라.
(0439) 【고성】 손·에 ·비·로 :마(:)·이 맞·이·모 :사·마·구 생·긴·다·쿠·더·라.
【성주】 손·에 ·비·를(/처·마·물·을) :마(:)·이 맞·으·마 :사·마·귀 생·긴·다·카·더·라.
【대구】 손·에 ·비·를 :마·이 맞·으·마(/마(:)이맞·으·마) :사·마·구 생·긴·다·카·더·라.

(0440) 【창원】 :사(:)·살 빌·어 ·바·아·라.
(0440) 【고성】 :사(:)·살 빌·어 ·바·아·라.
【성주】 살(:)살 빌·어 :바·라.
【대구】 살(:)살 빌·어 :바·라.

(0441)【창원】 ·저·집·은 사·우·로 ·차(:)·암 잘바았·다.
(0441)【고성】 ·저·집·은 사·우·로 ·차(:)·암 잘알 :바·았·다(/잘바았·다).
【성주】 ·저·집·은 사·우·를 ·차(:)·암 잘(:) :밨·다.
【대구】 ·저·집·은 사·우·로 ·차(:)·암 잘(:) :밨·다.

(0443)【창원】 :씽·을 그·래 :펄(:)펄 내·애 샇처말·고 :씽·좀 사카·고 :말·해·애·라.
(0443)【고성】 ·씽·을 그·래 :펄(:)펄 내·애 샇지말·고 ·씽·좀 사카·아 가·아 :말·해·애·라.
【성주】 ·씽·을 그·래 :펄(:)펄 내·애 샇처말·고 ·씽·좀 죽하·아 가·주·고 :말·해·애·라.
【대구】 :성·을 그·래 펄(:)펄 내·애 샇·치(/샇치) :말·고 :성·좀 사쿠·우·고 :말·해·애·라.

(0449)【창원】 ·날·씨·가(/·날·이) :여·엉 새꼬롬(:)하·이 ·춥·네(/·칩·네).
(0449)【고성】 ·날·씨·가(/·날·이) :여·엉 새꼬롬(:)하·이 ·춥·네(/·칩·네).
【성주】 ·날·씨·가(/·날·이) :여·엉 새꼬롬(:)하·이 ·춥·네.
【대구】 ·날·이 :영 새꼬롬(:)하·이 ·춥·네(/·칩·네).

(0457)【창원】 지·때 지·때 안빨·고 서답·을 ·이·래 :마(:)·이 모·아 놓·았·나?
(0457)【고성】 지·때 지·때 안빨·고 서답·을 ·이·래 :마(:)·이 모·아 놓·았·나?
【성주】 지·때 지·때 안빨·고 서답·을 ·이·래 :마(:)·이 모·아 놓·았·나?
【대구】 지·때 지·때 안빨·고 서답·을 ·이·래 :마·이(/마(:)이) 모·아 놓·았·나?

(0467)【창원】 소내·기·다. :쪼·깨(:)·이 있으·모 근·칠·끼·다.
(0467)【고성】 쏘내기·다. :쪼·깬(:)(/:쪼·꼼) 있이·모 근·칠·끼·다.
【성주】 쏘내·기·다. :쪼·깨(:)·이 있으·마 그·칠·끼·(·이)·다.
【대구】 소내·기·다. 쪼매(:)이시·마 근·칠·끼·(·이)·다.

(0479)【창원】 :쪼·깨(:)·마 :얻·어 오·라·캐·앴·더·마·는(/오·라·캐·앴·디·이·마·는) 수태기대·네.
(0479)【고성】 :쪼·깨(:)·마 :얻·어 오·라·캐·앴·더·마·는 수태기데·네.
(0479)【고성】 :쪼·깨(:)·마 :얻·어 오·라·캐·앴·디·이·마·는 수태·기 데·네.
【성주】 :쪼·깨(:)·마 :얻·어 오·라·캐·앴·디·이·마·는(/얻어오·라·캐·앴·디·이#마·는) 수태기-디·네(/수타·네).
【대구】 쪼매(:)마 :얻·어 오·라·캐·앴·디·마·는(/얻어오·라·캐·앴·디·이·마·는) 수타기대·네.

(0488)【창원】 숭년지·모 :할(:)·수 있·나(/:할·수·있·나)? 꼽장리·라·도 :얻·어 묵·우·야·제(/묵·우-·야·지).
(0488)【고성】 숭년지·모 :할·수·있·나? 꼽장리·라·도 :얻·어 무·우·야·제.
(0488)【고성】 숭년지·모 :할(:)·수 있·나? 꼽장리라·도 :얻·어 묵·우·야·지.
【성주】 숭년지·마 :할(:)수있·나? 꼽장·리·라·도 얻어 묵·우·야·지(/무·우·야·지).
【대구】 숭년지·마 할(:)수있·나? 꼽장·리·라·도 얻어무·우·야·지.

(0490)【창원】 시지부지(:)하·이 있다·가 ·큰·코 다·친·다(/·큰·코·다·친·다).
(0490)【고성】 시지부지(:)하·이 있다·가 ·큰·코 다·친·다(/·큰·코·다·친·다).

【성주】 시지부지(:)하·이 있다·가 ·큰·코 다·친·다(/·큰·코·다·친·다).
【대구】 시지부지(:)하·이 있다·가 ·큰·코 다·친·다(/·큰·코·다·친·다).

(0491) 【창원】 ·칩·우·서 :시(:)·푸·렇·다.
(0491) 【고성】 ·칩·어·서 :시(:)·퍼·렇·다.
(0491) 【고성】 ·춥·어·서 :시(:)·푸·렇·다.
【성주】 ·춥·어·서 :시(:)·푸·렇·다
【대구】 ·춥·어·서(/·칩·어·서) 시(:)퍼·렇·다

(0511) 【창원】 바램·이 설렁설렁(:)하·이(/설렁(:)설렁하·이) 오·올·은 :우·째·이·래 써언·노?
(0511) 【고성】 바람·이 설렁설렁(:)하·이(/설렁(:)설렁하·이) 오·올·은 :우·째·이·래 써언·노?
【성주】 바람·이 설렁설렁(:)하·이 오·늘·은 :어·째·이·래 시연(:)하·노?
【대구】 바람·이 설렁설렁(:)하·이 오·올·은 ·우·애·이·래 서언·노?

(0513) 【창원】 쎗바·알·이 ·나·서 :아(:)·무·껏·도 :몬·묵·겄·다.
(0513) 【고성】 쎗바늘·이 ·나·서(/일·어·서) 아무껏·도 몬묵겄·다.
(0513) 【성주】 썼바·알·이 ·나·서(/돋·아·서) :아·무·껏·도 :몬·묵·겠·다.
(0513) 【대구】 썼바·알·이 ·나·서(/돋·아·서) :아·무·껏·도 :몬·묵·겠·다.

(0522) 【창원】 :쪼·깨(:)·이 ·씹·우·도 ·참·고 묵·우·라.
(0522) 【고성】 :쪼·깬(:) ·씹·어·도(/·쑵·어·도) ·참·꼬 묵·우·라.
【성주】 :쪼·깬(:)(/:쪼·끔) ·씹·어·도 ·참·꼬 무·우·라.
【대구】 ·쪼·매(:) ·씹·어·도 ·참·고 무·우·라.

(0534) 【창원】 오·올 ·물·긴·을 자알 :몬·사·서(/잘몬사·서) :또·옥 앵·토·애 죽겄·다.
~오·올 ·물·긴·을 자알 :몬·사·서 :또·옥 앵통(:) ·해·애 죽겄·다.
(0534) 【고성】 오·올 ·물·긴·을 잘몬사·서 :또·옥 앵·토·애 죽겄·다.
~오·올 ·물·건·을(/·물·겐·을) 자알 :몬·사·서 ·또·옥 앵·통·애 죽겄·다.
【성주】 오·올(/오·늘) ·물·건·을 자알 :몬·사·서 앵토(:)·애(/앵토(:)·해) 죽겠·다.
【대구】 오·올 ·물·건·을 잘 :몬·사·서(/잘몬사서*특수형) 원·토·애 죽겠·다.

(0539) 【창원】 어자침·에 이·일 나보·옹·께(/나보옹께·에) 싸악 :다·떠·나·고 :아·무·도 :없·더·라.
어·지 아침·에 이·일 나보·이·께 싸악 :다·떠·나·고 :아·무·도 :없·더·라.
(0539) 【고성】 어·제 아침·에 이·일 나보·이·께(/나봉·께, 나보옹·께, 나보·옹·께·에) 싸악 :다·떠
-·나·고 :아·무·도 :없·더·라(/:없·더·라).
【성주】 어·지 아침·에 이·일 나봉·게 싹(:) :다·떠·나·고 :아·무·도 :없·더·라
【대구】 어·재 아침·에 일나보·이·까 싹(:) :다·떠·나·고 :아·무·도 :없·더·라

(0582) 【창원】 (·맛·이) 짭소롬(:)하·이 개·앤 ·찮·겄·다(/개·앤 찮겄·다.).
(0582) 【고성】 (·맛·이) 짭짤(:)하·이 개·앤 찮겄·다.
(0582) 【고성】 (·맛·이) 짭소롬(:)하·이 개·앤 ·찮·겄·다.

【성주】 짭쪼롬(:)하·이 개·앤 찮·다(/개·앤 찮겠·다.).
【대구】 짭쪼름(:)하·이 갠찮겠·다(/개·앤 찮겠·다.).

(0595)【창원】 :히(:)·히 젓·어·서 마·시 ·바·아·라.
(0595)【고성】 :히(:)·히 젓·어·서 마·시 ·바·아·라(/:바·아·라).
【성주】 휘휘(/휘(:)휘) 젓·어·서 마·시 :바·라.
【대구】 잘(:)젓·어·서 마·시 :바·라.

(0639)【창원】 챔·빗 가·아·꼬 :싹(:)·싹 빗·어 ·바·아·라.
(0639)【고성】 참·빗 가·아·꼬 :싹(:)·싹 빗·어 ·바·아·라(/:바·아·라, :빠·아·라).
【성주】 챔·빗 가·주·고 싹(:)싹 빗·어 :바·라.
【대구】 챔·빗·가·주·고 싹(:)싹 삣·어 :바·라.

(0649)【창원】 ·파·알·에(/·팔·얼·에) 사주꺼·마. 그·때·까·지 :가·마(:)·이 기다·리·고 있거·라.
(0649)【고성】 ·팔·얼·에 사주꺼·마. 그·때·까·지 :가·마·이 기다·리·고(/지다·리·고) 있거·라.
【성주】 ·팔·얼·에 사주끄·마. 그·때·까·지 :가·마·이 기다·리·고 있거·라.
【성주】 ·팔·얼·에 사주끄·마. 그·때·까·지 가마(:)이 기다·리·고 있거·라.

(0651)【창원】 팔목때·이·로 :와·그·래 까딱까딱 놀·리 쌓·노?
(0651)【고성】 폴목때·이·로 :와·그·래 까딱까딱 놀·리 쌓·노?
【성주】 팔목띠·이·를 :와·그·래 까딱까딱 놀·리 쌓·노?
【성주】 고·개·를 :와·그·래 까딱(:)까딱 놀·리 쌓·노?
【대구】 고·개·를 :와·그·래 까딱(:)까딱 놀·리 쌓·노?

(0655)【창원】 소마구·가 집안·에 있으·이 파래·이·가(/·파·리·가) :디(:)·기(/억(:)·시·기) 날·라 댕·긴·다.
(0655)【고성】 소마구·가 집안·에 있으·이 포·리·가(/·파·리·가) :디(:)·기(/억(:)·시·기) 날·라 댕·긴·다.
【성주】 소마구·가 집안·에 있으·이 파래·이·가(/·파·리·가) :디(:)·기(/억·시·기) 날·라 댕·긴·다 (/끓는·다).
【대구】 ·소#:마·구·가 집안·에 있으·이 파래·이·가 디(:)기(/어어·시) 날·라 댕·긴·다(/끓는·다).

(0659)【창원】 ·푸·세·가 빳빳(:)하·이(/빳빳(:)하거·로) ·풀·로 믹·이 ·바·아·라.
(0659)【고성】 ·푸·세·가 빳빳(:)하·이 ·풀·로 미·이 ·바·아·라.
(0659)【고성】 ·푸·세·가 빳빳(:)하거·로 ·풀·로 믹·이 ·바·아·라(/:바·아·라).
【성주】 ·푸·세·가 빳빳(:)하·이 ·풀·을 믹·이 :바·라.
【대구】 ·푸·세·가 빳빳(:)하구·로 ·풀·로 믹·이 :바·라.

(0663)【창원】 ·피·끼 그거 야들야들(:)할·때 ·뽑·아 묵·우·모 달달(:)하·다(/달짝(:)하·다).
(0663)【고성】 삐삐 그거 보드랍을때·에 ·뽑·아 무·우·모 달달(:)하·다.
(0663)【고성】 삐삐 그거 야들야들(:)할·때 ·뽑·아 묵·우·모 달짝(:)하·다.
【성주】 삐삐 그거 보들보들(:)할·때 ·뽑·아 무·우·마 달싹(:)하·다.
【대구】 삐삐 그거 야들야들(:)할·때 ·뽑·아 무·우·마 달달(:)하·다.

(0666) 【창원】 마다·아 ·물·조·옴 :하(:)·악 핑·기 ·바·아·라.
(0666) 【고성】 마다·아 ·물·조·옴 :화(:)·악 핑·기 ·바·아·라.
【성주】 마다·아 ·물·조·옴 ·홱(:) 조·옴 뿌·리·라.
【대구】 마다·아 ·물·좀 ·홱(:) 쫌 뿌·리·라.

(0674) 【창원】 :해(:)·나·싶·우·서 한기때·기 숭·구 나·았·디·이·마·는 그기·이 ·저·래 잘대·앴·다 (/잘대앴·다).
(0674) 【고성】 :해(:)·나 싶·어·서 한구시·이 숭·구 나·았·더·이 그기·이 ·저·래 잘데·엤·다.
(0674) 【고성】 :해(:)·나·싶·어·서 한구시·이 숭·구 나·았·더·마·는 그기·이 ·저·래 잘데엤·다.
【성주】 해(:)나 싶·어·서 한귀티·이 숭가·아 나·았·디·이#마·는 그기·이 ·저·래 잘(:)데·앴·다
【대구】 해(:)나싶·어·서 한때·기 숭가·아 나·았·띠·이·마·는 그기·이 ·저·래 잘(:)대·앴·다

(0681) 【창원】 :해(:)·나 우리아·아 :몬·빠·았·능·기·요?
(0681) 【고성】 :해(:)·나 우리아·아 :몬·빠·았·십·니·꺼(/:몬·빠·았·소)?
【성주】 :해·나 우리아·아 :몬·밨·소?
【대구】 :해·나 우리아·아 :몬·빠·았·능·기·요?

(0690) 【창원】 :호·래·이·가 눈·에 :시(:)·푸·런 ·불·로·씨·고 그·래 댕·기·더·라 ·카·데.
(0690) 【고성】 :호·래·이·가 눈·에 :시(:)·푸·런 ·불·로 써·고 그·래 댕·기·더·라 ·쿠·데.
(0690) 【고성】 :호·래·이·가 눈·에 :시(:)·푸·러·이 ·불·로 써가·아·꼬 그·래 댕·기·더·라 ·쿠·데.
【성주】 :호·래·이·가 눈·에 시(:)퍼런 ·불·을 써가·주·고 그·래 댕기더·라 ·카·데.
【대구】 :호·래·이·가 눈·에 시(:)퍼런 ·불·을씨·고 그·래 댕기더·라·카·데.

(0693) 【창원】 오·올 밀·때 ·물·을 너무 :마·이 축사·았·다(/추자·았·다). 홀·깨·로 훑·으·이 ·물·이 :줄(:)·줄 ·한·다.
(0693) 【고성】 오·올 밀·때 ·물·을 너무 :마·이 적사았·다(/추자·았·다, 축사·았·다). 홀·깨·로 훑·으·이 ·물·이 :줄(:)·줄 ·한·다.
【성주】 오·올 밀·때 ·물·을 너무 :마·이 추가·았·다(/추자·았·다). 홀·깨·로 훑·으·이 ·물·이 :줄(:)·줄 ·한·다.
【대구】 오·올 밀·때 ·물·을 너무 :마·이 추가았·다. 홀·깨·로 훑·으·이 ·물·이 줄(:)줄 ·한·다.

(0700) 【창원】 ·담·넘·에·서(/담넘·에·서) :호·박·이 :투·욱 너·얼 찌는기·이·라(/찌는기이·라).
(0700) 【고성】 ·담·넘·에·서(/담넘·에·서) :호·박·이 :투·욱 너·얼 찌는기·이·라(/찌는기이·라).
【성주】 담넘·에·서 :호·박·이 ·툭(:) 너·얼 찌는기·이·라(/찌는기이·라).
【대구】 담넘·에·서 :호·박·이 ·툭(:) 너·얼 찌는기·이·라.

(0759) 【창원】 :개·한·테 고마·아 :빵·을 :쪼·깨·이 ·띠·이 ·주·우·뿌·라.
(0759) 【고성】 :개·한·테 고마·아 :빵·을 :쪼·깬(:)·마 ·띠·이 ·주·우·뿌·라.
(0759) 【고성】 :개·한·테(狗) 고마·아 :빵·을 :쪼·깬(:) ·떼·에 :조·오·삐·라.
【성주】 :개·한·테 고마·아 :빵·을 ·쪼·매·마 띠·이 :조·뿌·라.
【대구】 :개·한·테 ·고·마 :빵·을 쪼매(:)띠 :조·뿌·라.

(0768)【창원】 :쪼·깨(:)·는 구녀·어·서 무슨 깨애·미·가 ·이·래 :마(:)·이 ·기·이 :나·오·노?
(0768)【고성】 :쪼·깨(:)·는 구녀·어·서 무슨 깨애미·가 ·이·래 :마·이 ·기·이 :나·오·노?
(0768)【고성】 :쪼·깨(:)·는 구녀·어·서 무슨 깨애·미·가 ·이·래 :마(:)·이 ·기·이 :나·오·노?
【성주】 :쪼·매(:)·는 구무·에·서 무슨 개애·미·가 ·이·래 :마·이 :기·나·오·노?
【대구】 쪼맨(:)한 구녀·어·서 무슨 개애·미·가 ·이·래 :마·이 기·이(/기이) ·나오노?

(0794)【창원】 :요·마(:)·치 퍼온·나.
(0794)【고성】 :요·마(:)·치 퍼오이·라.
(0794)【고성】 :요·마(:)·치 퍼오이·라.
【성주】 요만·치·마 퍼온너·라.
【대구】 요만(:)치 퍼온·나.

(0806)【창원】 :쪼·깽(:)·디·이·마·는 인자·아 내·캉 :비·슥(:)·하·다.
(0806)【고성】 :쪼·깽(:)·더·이·마·는 인자·아 내·캉 비슷(:)하·다.
(0806)【고성】 쪼깽(:)더마·는 인자·아 내·캉 :비·슷(:)·하·다.
【성주】 ·쪼·맨(:)·티·이·마·는 인제·에 나·캉 비슷(:)하·다.
【대구】 쪼맨(:)티·이·마·는 인자·아 내·캉 비슷(:)하·다.

(0819)【창원】 ·나·로 :마(:)·이 묵·우·도 :시·거·이 안들었·나?
(0819)【고성】 ·나·로 :마(:)·이 묵·우·도 :세·건·이 안들었·나?
【성주】 ·나·를 :마(:)이 무·우·도 :시·건·이 안들었·나?
【대구】 ·나·로 마(:)이무·우·도 :시·거·이 안들었·나?

(0836)【창원】 우리 ·큰·사·우·도 당그·라 매이·이 가·아·꼬 발빠·닥 :시(:)·기(/억(:)·시·기) 뚜디·리 맞·았·다.
(0836)【고성】 우리 ·큰·사·우·도 당그·라 매이·이 가·아·꼬 발빠·닥 :세(:)·기(/억(:)·시·기) 뚜디·리 맞·았·다.
【성주】 우리 ·큰·사·우·도 달아매이·이·서 발빠·닥 :시(:)·기(/억(:)·시·기) 뚜디·리 맞·았·다.
【대구】 우리 ·큰·사·우·도 당그·라 매이·이 가·주·고 발빠·닥 시(:)기 뚜디·리 맞·았·다.

(0843)【창원】 ·키·도 :쪼·깽(:)·더·마·는(/:쪼·깽(:)·디·이·마·는) ·이·러·치 ·컸·나?
(0843)【고성】 ·키·도 :쪼·깽(:)·더·마·는 ·이·러·키 ·컸·나?
(0843)【고성】 ·키·도 쪼깽(:)더마·는 ·이·러·치 ·컸·나?
【성주】 ·키·도 쪼맨하디·이·마·는 이리·키 ·컸·나?
【대구】 ·키·가 쪼맨(:)하디·이·마·는 ·이·러·키 ·컸·나?

(0883)【창원】 강내·이·나·따·나 :실(:)·컨 잡수이·소(/:자·시·이·소).
(0883)【고성】 강내·이·나·따·나 :실(:)·컨 잡수이·소.
(0883)【고성】 강내·이·나 따·나 :실(:)·컨 :자·시·이·소.
【성주】 강내·이·나·따·나 실(:)컨 잡수이·소(/잡수·소, :자·시·이·소).
【대구】 강내·이·나·따·나 실(:)컨 잡수이·소(/:자·시·이·소).

(0903) 【창원】 때·나 ·걸·이·나 :아(:)·무·끼·이·나 :나·오·이·라(/나온·나).
(0903) 【고성】 때·나(/·때·나) ·걸·이·나 :아(:)·무·끼·이·나 :나·오·이·라(/나온·나).
【성주】 또·나 ·걸·이·나 아(:)무끼·이·나 ·나·오·너·라.
【대구】 또·나 ·걸·이·나 아(:)무끼·이·나 나온느·라(/나온·나).

(0906) 【창원】 ·큰·아·아·나 :작·은·아·아·나 :내(:)·나 한가·진·기·라.
(0906) 【고성】 ·큰·아·아·나 :작·은·아·아·나(/작은아·아·나) :내(:)·나 한가진기·라.
【성주】 ·큰·아·아·나 작은아·아·나 :내(:)·나 한가·지·다.
【성주】 ·큰·놈·이·나 :작·은·놈·이·나 :내(:)·나 한가·지·다.
【대구】 ·큰·아·아·나 :작·은·아·아·나 :매·나 한가·진·기·라.

(0920) 【창원】 ·기·분·이 조·옴 찜찜하더·라·마·는 :우·짜·졌·노? ·쏘·옥·으·로 생·키·야·지.
(0920) 【고성】 ·기·분·이 조·옴 찝찝하더·라·마·는 우짜졌·노? ·쏘·옥·으·로 생·키·야·지.
【성주】 ·기·분·이 조·옴 찝찝(:)하디·이·마·는 :우·짜·겠·노? :쏙·으·로 생·키·야·지.
【대구】 ·기·분·이 좀 찝찝(:)하디·이·마·는 ·우·야·겠·노? :속·으·로 생·키·야·지.

(0947) 【창원】 딸막(:)딸막하더·이 안샀는가·베.
(0947) 【고성】 딸막(:)딸막 하더·이 ·겔·국 안샀는가·베.
【성주】 딸막(:)딸막하디·이 안샀는가·베.
【성주】 딸막(:)딸막하디·이 안샀는갑·다.
【대구】 딸막(:)딸막하디·이 안샀는가·베.
【대구】 딸막(:)딸막하디·이 안샀는·가·베.

(0950) 【창원】 모지·리 앞·에·서 :착(:)·착 해가·아 온·나.
(0950) 【고성】 모지·리(/모조·리) 앞·에·서 :착(:)·착 해가·아 ·오·이·라(/온·나).
【성주】 모지·리 앞·에·서 착(:)착 해가·주 온너·라.
【대구】 모지·리 앞·에·서 착(:)착 해온·느·라.

(0953) 【창원】 :아·무·일·이 :없·어·도 ·때·때·로 베개모서·리·가(/·베·개 모서·리·가) 헝건(:)하·이 ·눈·물·이 ·나·네.
(0953) 【고성】 :아·무·일·이 :없·어·도 ·때·때·로 베개모서리·가 헝건(:)하·이 ·눈·물·이 ·나·네.
【성주】 아(:)무 :일이 :없·어·도 ·때·때·로 베개모서·리·가 헝건(:)하·이 ·눈·물·이 ·나·네.
【대구】 아(:)무 :일이 :없·어·도 ·때·때·로 비개모서·리·가(/:비·개모서·리·가) 헝건(:)하·이 ·눈·물·이 ·나·네.

(0958) 【창원】 씽·티·이 매·앤·치·로 :와·아 :자(:)·꾸 ·밥·만 묵·울·라 ·카·노?
(0958) 【고성】 씽·티·이 매·이·로 :와·아 :자(:)·꾸 ·밥·만 묵울라쿠·노(/묵·울·라·쿠·노)?
【성주】 ·식·티·이(/·씽·네·이) 맹·구·로(/매·앵·구·로) :와·아 :자·꾸 ·밥·만 묵·울·라·카·노?
【대구】 ·식·치·이 맹·구·로(/매·앵·구·로/맹쿠·로) ·와 :자·꼬 ·밥·만 무·울·라·카·노?

(0971) 【창원】 :아·이·구 ·야·아·가 :쪼·깽(:)·디·이 매꼬롬(:)하·이 수태기컸·다.

(0971) 【고성】 :아·이·구 ·야·아·가 :쪼·깽(:)·더·이 매꼬롬(:)하·이 수태·이 ·컸·다.
【성주】 :아·이·고 :야·가 쪼매나디·이 매꼬롬(:)하·이 수티·기(/수타·이) ·컸·네.
【대구】 :아·이·고 ·야·야. 쪼맨(:)티·이·마·는 미(:)끈하·이 :마·이·컸·다.

(0973) 【창원】 소내·기·가 :올·랑·가 :데(:)·기 무루까·안·다.
(0973) 【고성】 소내기·가 :올·랑·가 :디(:)·기 무루쿠·운·다.
(0973) 【고성】 쏘내기·가 :올·랑·가 :데(:)·기 무루쿻·는·다.
【성주】 쏘내·기·가 :올·라·나 :데(:)·기 무루·운·다.
【대구】 소내·기·가 :올·랑·가 디(:)기 텁터부리(:)하·네

(0980) 【창원】 에·릴·때 삣나가·도 :후(:)·지 ·커·서 :시·거·이 생·기·모 개·앤찮·다.
(0980) 【고성】 에·릴·때 삣나가·도 :후(:)·제 ·커·서 :세·건·이 나·모 개·앤찮·다(/·찮·다).
【성주】 에·릴·때 삣나가·도 :후·지 ·커·서 :시·건·나·마 생·기·모 개·앤 ·찮·니·이·라.
【대구】 에·릴·때 삣나가·도 :후·제·에 ·커·서 :시·건 생·기·마 갠찮니·이·라(/개·앤 찬니·이·라).

(0981) 【창원】 사·잎·에 :쪼·깨(:)·이 숭·구 나·았·디·이·마·는 자알 안대·네.
(0981) 【고성】 사·닢·에 :쪼·깬(:) 숭·구 나·았·더·마·는 자알 안데·네.
(0981) 【고성】 사·잎·에 :쪼·깬(:) 숭·구 나·았·더·이 자알 안데·네.
【성주】 사·잎·에 ·쬬(:)·매 숭·구 나·았·디·이 자알 안디·네.
【대구】 사·잎·에 쪼매(:)숭가·아 나·았·디·이·마·는 잘 안대·네(/잘안대·네).

(0984) 【창원】 ·야·아·가 :마(:)·이 아푼갑·다. ·누·이 :상·그·랗·다.
(0984) 【고성】 ·야·아·가 :마(:)·이 아푼갑·다. ·누·이 생그랗·다.
【성주】 :야·가 :마(:)·이 아푼갑·다. ·누·이 상그랗·다.
【대구】 :야·가 :마(:)·이 아푼갑·다. ·누·이 상(:)그랗·다.

(0985) 【창원】 ·소·이 :사(:)·느·랗·네.
(0985) 【고성】 ·소·이 :사(:)·느·랗·네.
【성주】 ·소·이 :사(:)·느·랗·네(/:싸(:)·느·랗·네).
【대구】 ·소·이 사(:)느랗·네

(1020) 【창원】 :왈·기·지 :말·고 :사(:)·살 달개·애·라.
(1020) 【고성】 :왈·기·지(/:괼·기·지) :말·고 :사(:)·살 달개·애·라.
【성주】 :왈·기·지 :말·고 :살(:)·살 달개·애·라.
【대구】 머·라 카지 :말·고 살(:)살 달개·애·라.

(1039) 【창원】 ·색·깔·이 포롬(:)하·이 :좋·네[:존·네].
(1039) 【고성】 ·색·깔·이 포롬(:)하·이 :좋·네[:존·네].
【성주】 ·색·깔·이 포롬(:)하·이 ·죻·으·네·에.
【대구】 ·색·깔·이·가 포롬(:)하·이 ·죻·으·네·에.

(1049) 【창원】 ·살·키·가 :하(:)·한·기·이 ·차·말·로 :이·뿌·더·라.
(1049) 【고성】 ·살·꺼·리·가 :하(:)·야·이(/:하(:)·얀·기·이, :하(:)·야·이) ·차·말·로 :이·뿌·더·라.
【성주】 ·살·꺼·리·가 하(:)야·이 ·차·말·로 :이·뿌·더·라.
【대구】 ·살·찌·리·가 하(:)얀·기·이 ·차·말·로 :이·뿌·더·라.

(1058) 【창원】 지이 공부빵·으·로(/공부빠·아·로) :패(:)·내·끼 ·가·더·라.
(1058) 【고성】 지이 공부빵·으·로(/공부빠·아·로) :패(:)·내·끼 ·가·더·라.
【성주】 지이 공부빵·으·로 :패(:)·내·끼 ·가·더·라.
【대구】 지공부빵·으·로 퍼(:)떡 ·가·더·라.

(1061) 【창원】 생·긴 바·꾸·야 :허(:)·언 하·지.
(1061) 【고성】 생·긴 바·꾸·야 :허(:)·언 하·지.
【성주】 생·긴 바·꾸·야 ·훨(:)·언 하·지.
【대구】 생·긴 바·꾸·야 ·훨(:)·언 하·지.

찾아보기

〈ㅈ〉

〈ㅊ〉

〈ㅌ〉

〈ㅍ〉

〈ㅎ〉

〈기타〉

지은이 소개

- 경남 창원군 동면 석산리에서 태어남(1939)
- 마산고등학교 졸업(1958)
- 서울대학교 문리과대학 언어학과 졸업(1964)
- 서울대학교 대학원 언어학과 문학석사(1966)
- 서울대학교 대학원 언어학과 문학박사(1977)
- 세종문화상(학술부문) 받음(1995)
- 목포동광고등학교 교사
- 서울강남여자중학교 교사
- 경상대학 외국어교육과 조교수
- 충남대학교 국어국문학과 교수
- 현재 충남대학교 언어학과 교수
- 한글 학회 이사
- 대한언어학회 학회장(1986~1987)
- 한국언어학회 학회장(1999~2000)

【저 서】

- 『경상도 방언의 성조 체계』(과학사 1980)
- 『나랏말의 소리』(태학사 1988)
- 『우리말의 시제와 상의 연구』(태학사 1990)
- 『우리말의 성조』(태학사 1993)
- 『우리말의 음운』(태학사 1993)
- 『나랏말과 겨레의 슬기에 바탕을 둔 음운학강의』(태학사 1998)
- 『우리말의 시제 구조와 상 인식』(태학사 1999)
- 『우리말 방언 성조의 비교』(도서출판 역락 1999)
- 『영호남 방언 운율 비교』(도서출판 역락 2002)

【논 문】

- 『축약의 관점에서 본 현대 국어의 구개음화』
- 『한글 242호』 한글 학회 외 다수.

국어 방언 성조론

◈ 인쇄 2002년 1월 15일　　◈ 발행 2002년 1월 22일
◈ 저자 김차균　　◈ 발행인 이대현
◈ 편집 이은희 · 김민영 · 정봉구　　◈ 표지디자인 파스텔
◈ 발행처 역락출판사 / 서울 성동구 성수2가 3동 277-17
성수아카데미타워 319호(우 133-123)
◈ TEL 대표 · 영업 3409-2058　편집부 3409-2060　팩스 3409-2059
◈ 전자우편 yk3888@kornet.net / youkrack@hanmail.net
◈ 등록 1999년 4월 19일 제2-2803호
◈ 정가 30,000원
◈ ISBN 89-5556-143-1-93710

** 잘못된 책은 교환해 드립니다.*